다큐멘터리
중국현대사 3권

아편전쟁(1840~42년)을 기점으로 하여 급전직하 패망의 길을 줄달음질친 청조(淸朝)는 마침내 손문의 11번째 봉기인 신해혁명 (1911년)으로 그 막을 내리지만, 대륙을 진감시킨 격동의 중국현대 사는 신생공화국 중국의 운명을 고난의 가시밭길로 몰아간다.

본기획 〈다큐멘터리 중국현대사〉는 아편전쟁으로부터 중국공산 당의 대륙 석권(1949년)에까지 이르는 파란만장한 100년간의 중 국현대사를 각종 자료를 동원, 사건 위주로 재구성한 것이다.

여기에 주가 된 자료로는 〈장개석 비록〉(산케이 신문 발행)이다. 이 자료는 특히 중화민국 및 중국국민당에 파일된 공적 문헌을 비 롯, 장개석이 남긴 기록과 저작물, 일본 외무성의 외교사료관, 동양 문고, 방위청 전산실의 자료 등을 풍부히 활용한 것으로, 처음으로 공개되는 극비문서도 적지 않게 포함되어 있어 자료적 가치를 아울 러 인정받고 있는 책이다.

이밖에도 〈현대 중국의 정치와 인물〉(彼多野乾一著), 〈Battle Hymm of China〉(Agnes Smedley 著) 등을 비롯하여 중국현대 사에 관한 권위 있는 저작물을 기본자료로 하여 일관성 있게 엮었 지만, 각 필자, 저자들의 정치적 입장에 따라 편향된 시각들을 되도 록 객관화시키는 데 힘썼다.

중국의 현대사는 그 내용의 방대함과 흐름의 복잡다기함으로 인 해 일반인으로서 접근하기에는 아무래도 부담스러운 감이 없지 않다. 본서는 이러한 난점을 해소하고, 중국사를 이해하고 그에 대한 인식을 깊게 하고자 하는 이들을 위해 현대 중국의 100년에 걸친 역사를, 주요 사건의 고리를 연결해가면서 종래의 역사서와는 다른 관점으로 서술한 것이다.

따라서 중년 이상의 분들 그리고, 학생과 젊은이들까지 재미있게 읽어나가는 동안에, 접근하기 어려운 방대한 중국현대사의 주된 흐름을 파악할 수 있도록 했다.

이 책이 중국현대사, 나아가서는 동양의 근현대사에 대한 독자들의 인식을 깊게 하고, 오늘의 역사적 상황을 보다 명확히 파악하는 데 조금이라도 도움이 된다면 더 이상 바랄 것이 없겠다.

서문당 편집실

＊ 다큐멘터리 중국 현대사 / 차례

항일연합전선

제32장 중국당파들의 항일 연합전선

1. 항일사상의 여러 요인들

민족혁명연합전선을 도모

중국에 있어서의 인민전선과 나아가 '항일구망연합전영(抗日救亡聯合陣營)'의 맹아가 배태된 것은 1932년 4월 26일자로 발표된 중화 소비에트 공화국 임시정부의 '대일선전통보'에서 비롯된다고 할 것이다. 그러나 이 통보에서는 '중국 국민당 통치를 전폭적으로 전복하여 전중국 민중의 소비에트 정권을 수립하자…'고 외치는 등 중국 공산당 및 소비에트 정부의 영도 하에 항일전쟁을 실천하는 것이었다. 즉 각 계층과의 연합전선을 취한다는 발상은 아직까지 볼 수가 없었다. 당시의 중공 및 소비에트로서는 3회에 걸친 장개석의 소비작전을 물리치고, 강서·복건·호북·안휘·하남의 각 성에 장대한 소비에트 구를 옹립하고 그 의기가 충천할 때의 일이었으며, 계속해서 이러한 취지를 되풀이 강조해왔으나, 드디어 1933년 4월 15일자 선언에서 다음의 조건을 제시했다.

'다음의 조건하에서 홍군은 어떠한 무장대오(隊伍)와도 작전협정을 체결하고 일본 제국주의의 침략에 반대하는 준비를 해놓고 있다. ① 즉 각 소비에트 구의 공격을 중지할 것. ① 즉각 민중의 민주적 권리인 집회·결사·언론·출판·시위의 자유와 정치범 석방 등을 보장할 것. ③ 즉각 민중을 무장하고 무장적인 의용군 부대를 창설하여 이로써 중국을 보위하고 중국의 독립·통일과 영토의 보전을 쟁취할 것'

위의 조건이 제시된 1개월 전 곧 3월 8일에 손문의 미망인 송경령(宋慶齡)을 내세워 국민어모자구회(國民禦侮自救會)가 성립되었다. 그 이면에 중공의 정예분자가 숨어 있었다는 것은 말할 것도 없다. 이어서 5월 28일에는 중소정부 주석 모택동, 홍군의 총수 주덕의 이름으로 광동군 및 복건의 19로군에 대해서 항일합작의 제의가 행하여지고 있다. 나아가 9월 30일에 상해에서 개최된 세계 발전·반파시스트 대회를 거쳐서 11월 복건혁명이 일어나자 그달 26일에 서금 중소정부와 복건 인민정부 사이에 항일합작협정이 성립됐다.

1934년에 들어서자 앞의 중국영토보장동맹·국민어모자구회는 일변하여 중국민족무장 자위위원회가 되고, 5월 3일에는 유명한 '대일작전선언(對日作戰宣言)' 및 '중국인민대일작전 기본강령'이 발표되었다. 공산당도 이를 지원하여 '중국공동홍군 북상(北上)항일선언'을 발표하고 이 한해 동안은 민족무장자위운동으로 버텨낸 셈이었다. 그러나 그들에게 있어서 유감된 일은 이해 11월 10일에 적색 수도 서금이 함락되어 홍군 주력은 부득이 장정을 해야 했던 사실이다.

홍군의 장정에 관해서는 여러 가지 변명이 제시되었다. 예컨대 국제노선의 타개라든가 혹은 새로운 전략적 후퇴라든가 하는 주장을 내세웠으나 그것은 표면적인 허세이고 실지로는 매우 낭패한 처지였다. 장개석 계통의 심복이 지키고 있는 강서·안휘·복건 지방에 버티고 있으면서 대소(大小)의 소비에트 구를 속생시키고 그 지역의 토벌군을 견제하고 있다는 것과 귀주나 사천, 섬서의 산속에서 유격활동을 하고 있는 것은 엄연히 실력 차가 나는 것이다. 그래도 얼마 동안은 다시 세력을 회복을 할 수 있을 것으로 생각했으나 장개석의 소비군대가 예상외로 우세하여 홍군은 가까스로 그 실력을 보존하는 것이 고작이었으며 아무리 힘써도 중원 지역에 근거지를 확보한다는 것은 불가능하다는 판정을 내리지 않을 수 없었다. 그럼에도 불구하고 공산당은 전략적 후퇴론의 그늘에서 절실한 자기비판을 했고 그 결과 종래의 잘못을 깨달았다. 즉 공산군 및 소비에트 편중의 오류를 인정하고 공산운동 본래의 모습으로 되돌아가서 도시에 있어서의 대중의 획득, 즉 인텔리겐치아·쁘티 부르죠아·

노동자 등의 각 계층을 자기편으로 끌어들이려는 방침으로 복귀하는 것이 현명하다고 결론 내린 것이다. 그리하여 대일선전 통전과 국민어모자구회 및 반전·반파쇼대회 그리고 국민무장자위원회로 연결되는 일련의 운동을 확대·강화하여 국민당으로 하여금 용공을 부득이하게 하여 다시금 1925~27년의 민족혁명 연합전선의 시대를 실현시키려고 도모하였다.

진쇼우의 연설

한편 모스크바 주재의 중공 대표단 주석 진소우(陳紹禹)와 단원 이립삼(일명 康生)·주화생(周和生, 일명 趙霍新)·사평(史平)·이광(李廣)·서걸(徐杰)·강용(康容)·이명(李明) 등은 1935년 7월의 코민테른 대회를 눈앞에 두고 이와 같은 새 방침, 새 전술을 결정하기에 이른 것이다. 이에 입각하여 대회에 출석한 진소우·강생·주화생 등은 각각 그들이 즐겨 쓰는 제목으로 장광설을 펼치고 특히 당의 유일한 이론가인 진소우는 〈식민지와 반(半)식민지에 있어서의 혁명운동 및 공산당의 전술에 관하여〉라는 제목으로 논리정연한 연설을 시도하고 만장의 갈채를 받았다. 소위 새 전술의 기조는 말할 것도 없이 항일연합전선의 결성이며 이 내용을 8월 1일자로 발표되었다. 중공의 '항일구국선언'은 요원의 불길처럼 타오른 항일구망연합진영의 유일무이한 지도원리가 되었다. 1932년 4월 26일자의 대일선전통보를 기점으로 하여 3년의 세월이 지나서야 겨우 그 봉우리를 펼치게 된 것이다.

'각 당파가 과거에 또는 현재에도 정견(政見)과 이해(利害)를 함께하지는 않고, 각 군대가 서로 적대행동을 취하고 있다하더라도 한결같이 모든 사람은 '형제가 담장을 두고 싸워도, 밖으로부터의 모멸을 방지한다' 라는 참다운 자위가 필요한 때다. 우선 일체의 내전을 정지하고 모든 국력(인력·물력·재력 등)을 집중하여 항일구국의 신성한 사업을 위하여 싸우지 않으면 안 된다. 국민당군은 즉시 소비에트 구

공격을 중지하고 항일전을 준비해야 한다. 홍군은 국민당군과의 구원(旧怨) 내지 구구(旧仇)에 구애받지 않으며 오로지 그들과 친밀한 제휴 아래 협동구국을 희망한다. 동포와 군관·사병·제당파·제단체·국민당 및 남의사 내의 민족의식이 있는 청년, 피압박 소수민족은 일어서서 일구(日寇) 및 장적(蔣賊)의 압박을 깨고 중소정부와 동북의 항일정권을 단일적·전국적 국방적으로 조직하고 홍군과 동북 인민혁명군 및 각지의 반일의용군을 단일적·전국적 항일의용군으로 조직하지 않겠는가. 당 및 소부(蘇府)는 국방정부의 발기인이 될 것을 희망하고 즉각 각 당파·단체·지방군정기관과 국방정부의 공동수립을 토의하자. 국방정부는 기존의 임시 지도기관, 전체 동포의 대표기관으로서 항일구국의 구체적 방법을 토론해야 하며 그 중요 책임은 항일구국에 있고, 그 아래에 항일연합군이 조직되지 않으면 안 된다. 통일 있는 국방정부 지도하에 먼저 단일적 항일연합군을 성립한다면 필연코 일본 제국주의를 이겨낼 수가 있을 것이다'

반일운동의 고조

1935년 8월 1일 선언은 대체로 이러한 취지의 것이었으나 이를 계기로 각종의 반일조직(反日組織)이 생겨나고 운동은 날로 치열해갔다. 그중 두드러진 것을 들어보면 8·1 선언 직후 중공계의 '항일구국대동맹'이 상해에서 성립됐고, 10월 25일에는 평소부터 준비 중이던 소비에트 러시아의 대중국 문화공작이 표면화되어 입법원장 손과(孫科)를 회장으로 하는 중소 문화협회가 생겨났다. '문화'는 표면상의 것일 뿐 기실은 친소계 인물을 등장시키기 위한 무대제공에 불과했다. 이 단체는 1936년에 기관지 <중소문화(中蘇文化)>를 발행했다. 11월 16일에는 추도분(鄒韜奮)의 <대중생활>이 창간되었다. 중국 교육계의 원로로 일찍이 북경정부의 교육총장을 역임한 황염배(黃炎培)라는 인물이 있는데, 추(鄒)는 그의 심복으로 어디서 학문을 했는지는 모르나 꽤 필치가 뛰어나고 특히 선동에 탁월한 사내로서 7, 8년 전부터 상해에서 생활서점이라는 것을 열어서 <생활주간(生活週刊)>이라는 잡지를 발행했는데 제법 팔려지고 있었다. 만주사변이 일어나서 동북 의용군 원조운동이 번창해지자 본래 흑룡강성장(省長)을 한 일이 있는 주경란(朱慶瀾)이 총대장이 되어서 대대적으로 후원사업에 나섰다. 추도 이에 참가하여 <생활주간>의 명의로 몇 십만 원을 모금하여 이를 만주에 보내기도 하고 혹은 일부를 착복하기도 하여 그것이 들통 날듯하니 그 길로 외유하고 말았다. 그의 부재중 <생활주간>은 복건혁명에 동정한 혐의로 발행이 금지됐다가 1934년 2월 10일에 추의 친구인 두중원(杜重遠)에 의하여 <신생(新生)>이라는 이름으로 복간됐으나 1935년 5월 4일자 호에 실린 <한화황제(閑話皇帝)>의 한 글이 일본 측의 분격을 유발하여 일본인들이 엄중히 항의함으로써 발매금지됐다. 이러한 사건으로 열풍이 다소 가라앉은 8월경에 추는 몰래 귀국하여 다시 <대중생활>을 창간하는 데 성공하였던 것이다. 최근 수년 이래 이러한 항일 팜플렛과 소잡지의 범람은 중국 출판계의 일대 특징이었다. 이들 소총알의 횡행은 <대중생활>지에 국한되지 않았다. 그러나 그 중에서도 대중생활지는 최대의 발행부수를 가지고 그 당시 항일운동의 대표적 아이텐티티로 알려지고 있는 장내기(章乃器) 등을 논단으로 내보냄으로써 항일운동사상의 한 대목을 차지하는 가치를 지니고 있다.

그 후 12월로 접어들자 도행지(陶行知)가 개설한 '국잡교육사(國雜敎育社)'가 생겼다. 심균유·장내기·추도분·왕조시(王造時)와 나란히 구국운동의 다섯 지도자의 한 사람인 도(陶)는 안휘인으로 그때 나이 45세로, 콜롬비아 대학 출신의 교육가로 교육에 관한 다수의 저서가 있다. 그는 교육자의 입장에서 <국난교육방안>이라는 것을 편술했는데 이 책은 1935년 12월 28일에 생긴 장내기 등이 간부로 있는 '상해문화계국회'라는 단체에서 만장일치로 구국독본으로 채택되었다. 그 밖에 <생존선(生存綫)>이니 <항일선봉>이니

하는 등속의 책자들도 이 무렵에 창간되고, 중공의 구망운동 지도기관지인 <구국시보(救國時報)>가 프랑스 파리에서 성립되어 진소우 이하의 이론가를 총동원하여 지도적 언론을 조국에 보냈다. 12월 25일 중국 공산당 정치국은 '현하의 정치정세와 당의 임무'를 결의하고 다시금 국방정부와 항일연합군 조직을 강조하였다.

이러한 항일선전의 충실과 앙양은 마침내 북경의 학생운동을 야기시켰다. 북부 중국의 자치 반대를 외치는 학생들의 데모는 12월 9일과 16일 2회에 걸쳐 행해졌고 그것은 각 성으로 비화하여 마치 5·4운동 당시를 방불케 하는 정세를 나타냈다. 그들은 뼈를 찌르는 한풍 속에 맨주먹으로 경관과 싸우거나 열차를 점거하여 남경으로 향하고, 양자강두(楊子江頭)에서 철야를 하면서 나룻배를 기다리고, 한우(寒雨)를 무릅쓰고 기아를 참고 철야로 뛰어다녔다. 그 중 과격한 행동은 주로 북경·상해·무창 등의 도시에서 일어났다. 다만 그중에도 온건한 질서로 데모를 감행하고 5·4운동과 같은 원시적 운동이 아니고 대규모의 양상을 보인 것은 북경학생들의 12월 9일 및 12월 16일의 데모였다. 북경학생회의 빈틈없는 사전배치 아래 계획된 행위는 주로 청화대학(淸華大學)과 연경대학(燕京大學)의 두 대학생들이 중심이 됐다. 이들의 일대 시위는 기차규찰대(騎車糾察隊)·강연대·슬로건대·삐라살포대의 네 갈래로 나뉘어 북경의 번화가인 천교(天橋) 지방에 10만의 민중을 집결시키는 데 성공했다. 여기서 반일(反日)·반한간(反漢奸)·민중무장의 3결의를 통과시키고 그 여력을 근교로 진출시켜 농민에의 선전까지 결행하였다. 이에 비하면 상해와 기타 지방의 데모는 무질서하고 조잡한 것이었다.

공산당, 항일구국선언 발표

이 북경 학생 데모는 전국에 커다란 영향을 주어 항일구망연합전선의 전도는 더욱더 유망할 것으로 보였다. 이 성과에 크게 힘입은 중국 공산당은 1936년에 접어들자 2월 11일 '전국항일구국대표대회 소집 통보'를 발송하고 즉시 전국항일구국대표대회를 소집했다. 그리하여 정식으로 국방정부와 항일연합군을 조직하고 항일전쟁준비의 구체적 방침을 결정할 것을 주장하고 나섰으며 이어서 3월 10일에는 중공중앙북국의 이름으로 장문의 항일구국선언을 발표하였다. 다음에 그 문안의 일부를 보자.

'망국멸종의 위기에 즈음하여 각 정당·정파·단체·군대가 아무리 소비에트 제도와 토지혁명에 동의하지 않더라도 또한 그 밖의 문제에 있어서 역시 의견과 주장이 다르다 하더라도 적어도 자기의 실제 행동으로써 반일(反日)을 표시하고 한간(漢奸)과 매국노 반대의 투쟁을 한다면 당과 소부(蘇府)는 즉각 그들과 연합하여 항일·반한간·반매국노의 연합진영을 결성할 것이다. 가령 홍군과 소비에트가 과거에 19로군과 항일·반장개석 협정을 체결한 것과 같은 것이 될 것이다. 그러나 홍군은 당시 즉각 실력을 가지고 19로군을 원조할 수는 없었으며 장개석을 공격할 수도 없었다. 물론 19로군도 이것을 적극적으로 희망하지는 않았다. 그것은 극히 중대한 착오였다. 금후 홍군과 소부는 모든 가능한 방법으로써 동맹의 우군을 원조할 것이다'

이와 상응하여 전선통일운동은 한층 활발해졌다. 북경학생구국선언(4·26)과 상해 문화계·상해 부녀계·상해 직업계·상해 각 대학교수의 구국회 및 국난교육사의 공동기관지인 <구망정보(救亡情報)>를 5월 6일에 창간하고, 5월 29일에는 중국학생구국연합회가 동 6월 1일에는 전국각계구국연합회가 성립되었다. 그중에 각계구국연합회의 성립은 구망운동사상에 한 획을 그은 것으로, 참가단체는 평진(平津) 민족해방선봉대와 남경 구국협진회·상해 문화계구국회·동 부녀계·동 직업계·동 대학교수 각 구국회·하문 항구회(厦門抗救會)·홍콩 항구회·광동교육회·광서 전성 학련회·무한 문화계구국회·상해 공인구국회·천진공인구국회·19로군 등 30여 단체에 이른다. 촉진 항일연합전선·즉시항일작전·민중무장·방공협정반대·

일본 화북증병반대·밀수무력제지·국민구망대회소집·평진 학생구국운동의 원조 및 의용군조직 등의 각 안을 가결하고 장문의 대회선언을 채택하면서 동시에 다음과 같은 중대한 제의를 내놓았다.

(1) 대일경제절교(對日經濟絶交).

(2) 각당각파는 즉시 군사충돌을 정지할 것.

(3) 각당각파는 즉시 정치범을 석방할 것.

(4) 각당각파는 인민구국전선의 소개 하에 즉시 정식대표를 파견하고 공동항적강령(共同抗敵綱領)을 제정하고 통일적인 항적정권을 건립할 것.

(5) 인민구국전선은 각당각파의 공동항적강령의 충실한 이행을 전부의 역량으로써 제재할 것.

이상의 제시 외에도 동 대회에서는 7월 13일에 장내기(章乃器) 등을 남경으로 파견, 장개석 측 대표로서의 풍옥상을 방문하고 있었다.

1936년 6월 7일에는 작가 모순(茅盾)·홍심(洪深)·섭성도(葉聖陶)·정진택·정백기(鄭伯奇)·구양예청(歐陽豫倩)·섭자(葉紫)·사빙심(謝冰心)·사육일(謝六逸) 등의 문예가협회가 생겨서 인민전선에의 참가를 성명했으며 노신(魯迅)·파금(巴金)·노언(魯彦)·맹십환(孟十還)·소군(蕭軍)·소건(蕭乾)·오조상(吳組湘) 등도 '문예공작자선언'을 발표하여 그에 호응하였다. 한편 평론가로는 심균유·장내기·제청래(諸靑來)·왕조시(王造時)[1]·반대규(潘大逵)·오청우(吳淸友)·심자구(沈玆九) 등이 6월 28일 '저작인협회'를 조직하여 연합전선에 합류하였다.

이리하여 1936년 6월까지 조직된 중국인민전선에 공동보조를 취한 단체는 다음과 같다.

중국 공산당, 공산군, 소비에트정부, 중국학생구국연합회, 전국각

---

1 **왕조시** 강서인으로 1903년생. 청화학교 졸업 후 미국 위스콘신 대학 정치학 박사. 청화시대 학생회(淸華時代學生會)의 주석. 5·4운동 청화대표. 미국에서 귀국 후 상해 각 대학교수와 변호사로 지냈다. 국가주의과의 영수.

계구국연합회에 포함되는 각 계층은 전기한 것과 같음, 저작인협회, 문예가협회 및 문예공작자 일파, 중화민족혁명동맹(이제침·진명추· 채정개 등 19로군계로 지금 광서군에 참가한 일파), 광서군, 동북 의용군, 19로군, 29군.

이상 단체·당·군을 측면에서 원조하는 세력에는 코민테른이 있었으며, 소비에트 러시아의 대중국 문화공작이 있었다. 국민정부 내에 있어서도 중소 문화협회 회장이 있으며 항상 그 대표를 모스크바에 상주시키고 있는 입법원장 손과(孫科)와 누차 항일적 언론을 중외에 발표하고 있는 풍옥상(군사위원회 부위원장)과 그 밖에 C·C단의 일부도 인민전선의 동조세력으로 지목해도 좋다.

첫째 조건으로는 이와 같이 광범위한 각 계층이 존재하고 또 그 상대방이자 전중국의 통일을 완성하려 하고 있는 둘째 조건으로서의 장개석 파쇼정권이 있으며, 셋째 조건으로는 이러한 배후에서 유력하고도 용의주도한 지도를 하고 있는 중국 공산당의 존재이다. 이러한 세 가지 조건을 볼 때 이제야말로 중국에서 인민전선이 성립한 것으로 단정하지 않을 수 없다.

중국의 인민전선 이론

그러면 이미 현실화한 중국의 인민전선의 이론 및 문화공작은 어떤지 살펴보자. 첫째는 앞에 언급한 상해에서의 〈대중생활〉 혹은 홍콩에서 〈생활일보〉를 창간하고 있는 추도분과 도행지 그리고 절강성인으로 일본의 법정대학을 졸업하고 민국 중의원 비서장직과 상해 법과대학 교무장 및 상해 변호사회장직 등을 역임한 심균유 그리고 절강인으로 절강실업은행 부경리와 은행학회 상무를 역임한 후 잡지에 항일논평을 발표하게 된 장내기 등 네 사람의 이름으로 1936년 7월 15일에 발표한 〈단결어모(團結禦侮)의 몇 가지 기본조건과 최저요구)라는 글이 가장 핵심적인 자료라고 하겠다.

'구망연합전선의 정확한 입장은 다음과 같다. ① 항일구국은 우리 전민족의 생사존망에 관한 대 문제이므로 일체의 인력·재력·지력(智力), 물력을 집합하여 전국 총동원을 실행하여야만 비로소 최후의 승리를 얻는다. 민중만으로도 안 되고 정부만으로도 안 된다. 어떠한 당파라도 단독으로는 이 대사업을 청부할 수는 없다. ② 이미 연합전선일 바에야 각당각파를 취소하여 한 집단으로 될 수는 없다. 각당각파는 그대로 두고 다만 항일구국의 한 점에 있어서만 일치를 구하려고한다. ③ 일체 행동의 공개를 요구한다. ④ 연합전선의 주요 목적은 항일구국 대오의 확대에 있다. 한간(漢奸)이라도 뉘우치기만 하면 이를 포용해도 무방하다. ⑤ 연합전선은 과도적·일시적 결합이어서는 안된다. 항일 구국의 완성은 최후의 하루까지 존속하여야만 한다'

그리고 이어서 '우리들의 희망은 다음과 같다'고 발표하였다.

'국민당 영수 장개석 선생에 대해서는 우선 첫째 국내의 안정을 도모한 후에 외환을 쫓는다라는 주장을 포기하지 않도록 권고하고 (ㄱ) 서남에 대한 군사행동을 정지할 것 (ㄴ) 공산군과의 정권회의 및 항일제휴를 할 것 (ㄷ) 항일언론·구국운동의 자유를 요망할 것. 둘째 서남당국에 대하여는 연합전선에 대하여 보다 더 인식을 강화할 것과 그 통치구역 내에 있어서의 언론자유 및 중앙과의 대립취소를 요구한다. 공산당도 중국인이다. 일본인 이상으로 미워할 까닭은 없지 않는가. 넷째 송철원(宋哲元) 장군에 대해서는 환경을 고려하여 다만 학생의 애국운동을 압박하지 말고 항일민중을 체포하지 않는다는 것만 요청한다. 다섯째 공산당과 홍군에 대해서는 8·1선언 이후 누차의 선언·성명을 구체적으로 실현하여 중앙군에 대한 공격을 정지하고 점령구 내에서의 노자충돌(勞資衝突)을 완화하고 연합전선 내에서의 계급투쟁이나 그 밖의 이론을 봉쇄할 것을 요구한다. 여섯째 민중에 대해서는 당분간 생활문제에 관한 요구를 연기하고 항일이라는 공동목적을 향하여 단결할 것을 요구한다'

이상과 같은 주장은 매우 포괄적이고 어떤 당파에도 편중되지 않은 그야말로 공통의 목적을 위하여 각 집단이 서로 부분적인 양보를 할 것을 촉구하고 있다. 이는 민족 및 국가수호를 위한 연합전선이나 통합을 위한 전제로서는 한번 깊이 생각해볼 만한 방법론이라고 하겠다.

물론 문자에 의한 선전은 이밖에 무수한 팜플렛, 소잡지 등이 1선(一仙)·2선(二仙)의 값으로 날개 돋힌 듯 팔려나갔다. 그 내용은 민족해방과 그 자위방법 또는 구망전선의 조직문제 및 학생운동·국난극복·부녀해방·아동의 구국운동·재정경제상으로 본 중일전쟁 같은 것이 많았고, 일본을 왜구(倭寇)·도이(島夷)·일구(日寇)·적·대방(對方) 등으로 쓰고 중일전쟁이 발생하면 반드시 최후의 승리가 중국에 귀한다고 단언했다. 극단적으로는 '금융상태로 볼 때 51일밖에 계속할 능력이 없다. 더구나 상해사건에서도 34일에 끝나지 않았는가!'라고 선동하기도 했다. 이러한 화살 같은 운동은 전국의 어디에서든지 자유자재로 잠행할 수 있기 때문에 그 미치는 영향은 크다고 하겠다. 특히 성도사건(成都事件)은 중학생이 주동이 됐었다. 그밖에 좌익작가들의 이른바 국방문학(國防文學)이 실로 놀라울 만큼 속속 출판되었다. 선전공작에는 이러한 좌익문학과 좌익연극 및 영화가 있었다. 각계 구국연합회가 성립한 날에도 그 여흥을 위해 연극 '동북의 집', '밀수꾼' 등이 공연되었다.

한편 조직공작으로는 각 학교에 '구국회'가 있음은 물론 각 공장·상점 등 사람이 모이는 곳에는 어디든지 그 조직이 있었으며, 학생들은 농촌에 들어가서 '당신들이 고생하는 것은 결국 일본 제국주의 때문이다'라고 선전하고 농촌 구국회를 조직하고 있었다.

항일구국 연합전선은 중국식의 인민전선운동이며 그 주요한 특징은 항일을 유일한 기치로 하고 있다는 점이다. 중국 공산당의 이에 대한 영도력은 지대한 것이었으며 인민전선운동은 사실상 공산운동의 한 형태로서 특히 중공전술의 계급투쟁론을 은폐하고 반파쇼적인 선언을 삼가면서 오로지 '항일'에 대중의 관심을 집중시키고 있었다. 그들에게 있어서는 어떤 형태로든 일단 대중을 조직하는 것이 1차 목적이고 조직이 이루어지면 어떻게든지 유도할 수 있다고 믿었다. 그것이 곧 공산운동의 연장선상인 용공촉진·국공합작촉진운동이다.

이때 일본에서는 서서히 만주에 관동군을 증강시키고 화북으로 군대를 진출시키고 있었다.

2. 항일운동과 중국의 경제사정

항일에서 모일로

전국각계구국연합회 및 항일통일전선의 형성이 완성되어가면서 중국의 긴장은 도를 더해가고 있었다. 여기에서 주의해야 할 점은 항일선언의 기조가 '반일'에서 '모일(侮日)'로 변화하고 있다는 것이다. 지금까지의 항일선언에는 '일·러가 만약 싸운다면 중국은 어떻게 되며 또 싸움의 결과는 어떻게 될 것인가?'라는 물음이 심심찮게 등장했었다. 그러나 이 물음은 어느새 확고한 결론으로 단정 지어져 온 민중 층에 침투하고 있었다. 즉 일본과 러시아는 꼭 싸울 것이며, 그 결과 러시아가 꼭 이긴다. 그 경우에 중국은 물론 러시아 측에 가담한다는 결론이다. 곧 러시아가 강하고, 러시아의 군비도 그만큼 강대하다는 러시아의 대중국 선언이 그대로 먹혀들어간 것이다. 그래서 일본의 동북 및 중국의 침략을 방지할 수 있는 세력은 오로지 러시아뿐이라는 주장을 여러 해 동안 거듭해온 결과 그 노력이 효과를 거둔 것이다. 또 바꾸어 말하면 그것은 일본은 약하다는 방식으로 전개되고 그래서 항일 아닌 모일(侮日)의 싹이 트게 된 것이다. 그래서 오히려 중일전쟁을 원하는 선언이 나타나고 모든 항일선언의 기조에는 중일전쟁의 필연성과 승리에의 확신이 가득 차 있었다. 이러한 선전이 민중에 영향을 주고 그 결과 성도사건이 발생하게 된 것으로 판단되고 있다.

모일선전의 한두 가지 예를 들면, 우선 장내기가 발표한 다음의 글을 들 수 있다.

'중국의 출로(出路)는 오직 희생을 아끼지 않는 에티오피아 식의 출로만이 있을 뿐이다. 5백만 밖에 안 되는 에티오피아도 능히 이탈리아와 결전을 할 수가 있었는데 4억 5천만의 인구를 가진 중국이 어찌하여 적과 사전(死戰)할 수가 없겠는가? 만약 무기가 만능이라고 한다면 동맹회(同盟會)는 어찌하여 만청정부(滿淸政府)를 타도할 수 있었으며 국민혁명군은 어찌하여 북양군벌(北洋軍閥)을 소멸할 수가 있었겠는가. 중국과 제국주의의 전쟁 초기에 있어서 실지(失地)는 불가피하겠지만 그 한도는 필경 현재의 굴종외교로 인한 것보다 심하지 않으리라'

라고 주장하고 있으며, 한편 국가주의파를 대표하여 항일연합전선에 함께 활약하고 있는 왕조시(王造時)도 다음과 같이 쓰고 있다.

'9·18 이후 4년간의 사실은 민중역량의 위대함을 증명하고 있다. 일본에 대해 항전하려면 먼저 민중을 해방시키지 않으면 안 된다. 민중을 해방하여야만 비로소 조직이 가능하며, 민중의 조직이 있어야만 비로소 위대한 역량이 발휘된다. 그래서 민중의 이 위대한 역량이야말로 우리들의 최후의 승리를 보장하는 것이다. 우리들과 일본과의 전쟁은 피압박민족이 외래의 침략에 반항하는 전쟁이며, 물질이 낙후한 국가와 물질이 진보한 국가와의 전쟁이다. 우리들이 의지하는 것은 신식의 대포와 비행기·탱크·군함이 아니고 관대한 민중의 피와 살과 정신과 이 정신이 뭉쳐진 한 조각의 무력이다. 상해사변은 그 철증(鐵證)이다.' 그 당시 직접 작전을 지휘한 옹조원(翁照垣) 장군은 다음과 같이 말하고 있다.

'19로군과 적과의 물질적인 격차는 비교가 불가능할 만큼 심했다. 그들에게는 2백 대 이상의 비행기, 2백 대 이상의 중화포, 4백 대 이상의 야포가 있었으나 우리들에게는 하나도 없었다. 군대의 수적 대비에 있어서도 적에게 미치지 못했다. 그러나 2개월간의 전투에서 적은 우리 전선을 한 발자국도 넘을 수 없었다. 이것은 어찌된 사실인가? 상해 각계의 민중이 분기하여 전쟁에 참가한 일이 그 주요 역량이 된 것이다. 적의 역량은 19로군을 타파할 수는 있었으나 상해의 전체 민중을 타파할 수는 없었다. 마찬가지로 만약 전국의 군대가 전선으로 나가고, 전국 민중이 일치하여 항전한다면 전승은 곧 우리들의 수중에 있을 것이다'

이 말은 사실이었다. 그러나 애석하게도 상해 정전협정 이후에 민중은 억압받고, 쇄침하고 말았다'

다음에는 평론가 전준서(錢俊瑞)라는 사람이 쓴 <중·일의 재정경제상의 전쟁의 미래를 관찰함>이라는 논문을 통해서 당면한 사정을 알아보기로 하겠다.

'중요한 적에 대하여 항전을 하지 않는 한 중국의 전도에는 한줄기의 사로(死路)가 있을 뿐이다. 중국의 국민경제는 식민지화로 치닫고 있다. 다만 항전을 하게 되면 적의 무기가 아무리 우리의 몇 배가 된다 해도 최후의 승리는 우리들에게 속하는 것이다'

어찌하여 항전을 하지 않으면 식민지화한다고 하는가? 현하 중국의 전 경제는 제국주의에게 잡혀 있다. 석탄·철 등은 거의 외국인 특히 일본인의 수중에 있다. 동북(만주)의 탄광은 전국의 40%를 점하는데 그것은 이미 적의 자원에 귀속되어 있다. 산서(山西)의 석탄도 바야흐로 일본의 손에 들어가려 하고 있으며 중국의 철광(鐵鑛)은 거의 일본에게 빼앗기고 있다. 80% 이상이 이미 일본의 것이다. 잠사업(蠶絲業)도 일본에 눌려서 질식해 있으며 연초업도 영국제국주의의 유린하에 있다. 뿐만 아니라 민족공업의 왕이라는 방직업에 있어서도 일본 자본이 중국의 3배 이상에 달하고 있다. 동북(만주)도 북지(北支)의 시장을 잃어버렸고 원료를 일본에게 점유당한 중국 방직은 정지하느니 폐쇄하느니 하는 판국이다. 그런데 일본은 상해와 천진·청도 등에서 자본을 증가하고 새 공장을 증설하고 있다. 천진의 중국 방직은 거의 일본인의 경영에 넘어갔다.

농업은 어떤가? 원래 식민지의 농촌이라는 것은 제국주의적 자본약탈의 주요 원천이다. 최근 일본은 계속 경제제휴를 말하며 '공업일본, 농업중국'의 계획을 제출하고 있으나, 일본이 호의를 가지고 중국의 '이농입국(以農立國)'의 황금간판을 보존하려 하고 있는 것이 아니다. 그 궁극의 목적은 중국을 알짜배기 낙후 식민지로 보고 중국에서 일본에 염가의 원료를 수출케 하고, 일본은 중국에 고가의 제조품을 수출하려는 것이다. 이래서는 중국은 영구히 일본에게 경제적 예속을 강요당하게 된다. 북중국에 있어서의 면화재배 따위는 중국의 농민을 일본 자본가의 제2노예로 만들려는 것과 다름없다.

다음 금융과 재정은 어떤가? 이것도 표면은 당당하지만 실권은 외채달러(外債弗)에 목이 잡혀 있다. 최근 일·영·미 3국의 중국 화폐권 쟁탈은 중국의 금융과 화폐가 이미 제국주의에 부용(附庸)되고 있음을 말하고 있다. 관세·염세수입, 내외채의 모집은 모두가 외국인의 콧김을 살피지 않고는 안 되는 상태이다.

그러니까 만약 현재의 상황을 이대로 계속해서 행한다면 공업·농업은 말할 것도 없고, 재정·금융은 물론 전국민경제가 완전히 식민지화의 길을 걷게 될 뿐이다. 그럼에도 불구하고 최후의 승리가 우리에게 귀속한다고 단정하는 것은 어찌된 셈인가?

병가(兵家)의 말과 같이 '나를 알고 상대를 알면 백전백승한다'라는 교훈을 생각해서 우리들은 우선 재정·경제 방면에서 '지피공작(知彼工作)'을 해보자.

일본 제국주의의 일대 특징은 기술과 경제의 발전 수준과 군비의 현황 사이에 격차가 매우 크다는 것이다. 현재의 육군 상비군이 40만, 전시에는 3백만이 된다. 군함 총 톤수가 60만 톤 이상, 군용 비행기가 1천 7백 대, 탱크는 5백여 량이며 이렇게 거대한 군비를 일본의 능력으로는 부담하기 어렵다. 일본의 자원결핍은 이탈리아에 비교가 안된다. 전시의 주요 동력에 관해 말한다면 전국 동력 총액의 43%를 점하는 것은 석탄이지만 그 저장량의 82억 톤에는 만주(몽고)의 44억 톤이 가산되어 있음에도 불구하고 전 세계의 1%에 불과하다. 석유의 저장량은 눈에 보일 정도로 적다. 철광은 전 세계의 0.21%이다. 전략금속(戰略金屬) 곧 비철질금속은 은 이외는 모두가 캐나다·호주·유럽에서 수입하고 있다. 식량 중에서 가장 중요한 쌀은 소비량의 4분의 3만을 산출하고 있을 뿐이다.

금융과 재정은 현금이 5억, 지폐유통고 14억, 합계 19억 원이다. 제1차세계대전에서 각 참전국의 하루 전비(戰費)가 3천 7백만 원이었으니 그것으로 계산하면 일본은 51일간을 견딜 수 있을 뿐이다. 실제로 1932년의 송호사변(淞滬·상해사변)에서도 34일로 끝나지 않았는가. 일본의 국부(國富) 총액은 1백 33억 엔, 1일 3천 7백만으로 계산하면 일본은 2백 58일간의 전쟁 유지비를 가지고 있을 뿐이다.

조세증가(租稅增加)는 어떤가? 이것은 대단치 않다. 일본 민중의 궁핍과 덤핑은 세계적으로 유명하다. 그래서 화폐를 증발하고 있다. 이것은 국내적으로 극히 위험한 일이다. 1935년 11월 28일자의 다카하시 성명(高橋聲明)은 '단순히 국방에만 주의하고 악성 인플레를 야기시키고 신용을 파괴한다면 국방도 결코 공고하다고 할 수 없다'고 경고하였다. 지폐남발·악성 인플레는 사회정책상의 대문제이며, 그것이 생긴다면 '양외(攘外)' 보다도 '안내(安內)'가 더 중요하지 않겠는가?

공채증모(公債增募)는 어떤가? 일본의 국채는 이제야 백억을 돌파하려 하고 있으며 금융기관의 공채소화력은 이상하리만큼 박약한데도, 전시가 되면 군수물자 구입으로 대종(大宗)인 자금이 외류(外流)하기 때문에 소화력은 더욱 약화된다. 일본 전국 은행 예금액 1백 25억, 공채소화율은 20%로 한다면 25억원, 불과 67일간의 전비를 유지할 수 있을 뿐이다.

외채는 어떤가? 목하의 국제관계는 일본에게 불리하다. 일본과 미국, 일본과 소련 사이의 갈등과 충돌은 거의 피할 수가 없으며 영국도 미래의 중일전쟁에 있어서는 분명히 일본을 돕지 않을 것이다. 따라서 외채를 빌릴 수 있는 희망은 희박하다. 3일 이내로 일본이 중국을 점령할 수 있다는 주장은 조금도 근거가 없다. 우리들이 굳건히 저항한다면 전 사회경제면에서 고찰해볼 때 미래의 승리는 우리들 손에 있다.

다음으로는 우리들의 역량을 살펴보기로 하자.

중국의 지대물박(地大物博)은 기술경제 발전의 가능성을 매우 크게 하고 있다. 석탄 저장량은 미국과 소련, 캐나다 다음으로 많은 약 2천 5백억 톤, 철광 11억 톤 이상, 석탄 3천 2백조 톤, 전략금속은 매우 풍부하며 텅스텐 같은 것은 세계적인 산물이다. 쌀은 4,5억 석이 나고 소비량은 4억 5천 석이며 보리는 3억이 된다(중국의 쌀 부족량은 5%이나 일본의 부족량은 25%라는 것이 통계전문가에 의해 발표되었다).

은(銀)의 매장량은 20억 온스로(혹은 18억 온스 정도일지도 모른다) 은 집중정책을 취한다고 한다. 18억 온스 즉 미국 달러로 10억 불, 중국법정 화폐로 30억 원. 이를 준비하여 지폐를 발행하면 적어도 60억 원은 충분하다. 전시이므로 그 이상 증발하여도 무방하다. 소득세·유산세를 징수할 수도 있으며 한간(漢奸)의 재산을 몰수 할 수도 있다. 군대는 상비수가 2백 50만 명, 전국동원의 전시편제가 된다면 일본의 몇 배인가? 광서 한 성의 민단(民團)만을 동원해도 3백만이 있지 않은가.

미래에 있어서의 전쟁의 승패는 무기의 수나 질만으로 해결되는 것은 아니다. 사회와 민족의 구조가 전쟁의 승패를 결정하는 주요 요인이다. 중국이 일단 항전을 발동하면 전국 인민은 일조(一條·한줄기)의 노선에 서서 한 마음·한 덕(一心一德)으로써 적에 대한 작전을 편다. 적의 '침략전쟁'은 이와는 다르다. 그들 중에서 침략에 찬성하는 것은 소수의 군벌과 자본가이며 일반 대중은 반대하고 있다. 후방에서 반대운동을 일으킬 것이다. 농촌 소작쟁의, 도시의 노동쟁의와 이번 총선거의 결과에 대한 불만 등등은 일본으로 하여금 미래의 전쟁에 실패하게끔 하는 기본 요소이다. 하물며 중국 민중은 필시 전 세계 약소민족 및 광대군중(일본의 대중도 포함)의 동정과 원조를 얻음에 있어서랴. 그러므로 외치노라! 미래의 전쟁의 승리는 필시 우리들 수중에 있다고'

위 글은 일본의 군비나 국력 곧 국가경제의 판단에 오류가 있고, 일본의 국민성과 단결심 등을 지나치게 소홀히 여겼으며 현대전의 승패를 지나치게 민중의 힘에만 의존하고 있는 등의 문제점을 내포하고는 있으나 전쟁의 필연성과 국민의 단결을 호소하는 선전문으로서, 그리고 민중봉기를 선동하는 역할로서의 효과를 지니고 있었으며 미비하나마 그때 당시의 경제·사회 사정을 잘 말해주고 있었다.

3. 중국 공산당과 그 인물들

공산당사의 3단계와 주요인물

1920년에 당이 창립된 이래 벌써 14년이 흘렀다. 불과 수십 명 남짓한 단체로 출발하여 14년 후에는 이미 일개 성(一省)과 그 절반에 해당하는 소비에트 구를 가지고 있었으며 이를 옹위하는 홍군이 20만에 달하여 수천만의 민중을 통치하고 있는 실로 경이로운 발전을 하였던 것이다. 이러한 발전의 이면에는 수많은 희생과 통절한 자기비판과 심각한 숙청이 있었다. 그 결과 당의 영도적 인물에도 현저한 신진대사가 있었고 희생자도 있었다. 또 탈락자도 있고 전향자도 있었다. 그리하여 남아 있는 영도자들은 모두 후래의 준수한 인물들이고 창립 당시의 인물은 몇 명에 지나지 않았다. 이러한 생성유동하는 변화와 희생 아래 획기적 약진이 이룩되는 것은 중국 공산당의 역사뿐만 아니라 모든 정당사에서 찾아볼 수 있는 예라고 하겠다.

중국 공산당의 발전단계를 대략 3단계로 구분해보면 첫째, 1924년 1월 국민당과 합작했다가 1927년 8월 상호분리될 때까지 시기를 말하며 이를 '진독수시대'라고 하겠다. 둘째, 국공이 분리된 후 전국 총폭동의 방침을 세우고, 각지에 봉기한 공산군과 적재적소에 수립된 소비에트 구 등의 현상에 혼동을 가지면서도 감연히 독자노선을 내걸고 코민테른 노선에 반대했던 시기다. 물론 이립삼과 그 영도는 1930년을 한계로 종언을 고했으나 이 시기를 '이립삼시대'라고 부를 수 있다. 셋째, 이립삼이 몰락한 후 잠시 로봇 총서기 향충발이 중추적인 자리에 있었으나 그가 형사(刑死)한 후 백면의 소련통 진소우가 등장, 한때 소련유학파의 전성기를 맞이하였다. 그러나 이 잠정시기를 지나 오랜 세월 동안 실력을 축적한 모택동이 등장, 1931년 11월 7일의 중앙 소비에트 정부수립과 동시에 주석에 선출되었다. 이때부터 이른바 '모택동의 시대'가 열린 것이다.

이상의 구분은 일종의 편의적인 구분에 불과하지만 이를 근거로 하여 인물론을 펴나가는 데 별 무리는 없으리라고 본다.

진독수시대의 중요 인물들

1920년의 당 창립에서 1927년의 국공분리까지는 대체로 진독수에 의한 가부장제(家父長制)였다고 해도 과언이 아니다. 안휘성 회령이 고향인 그는 1879년생이다. 북경대학의 문과대장으로 호적(胡適)과 함께 백화문학을 제창한 일과 공자교(孔子敎)의 배격을 주장한 일 등으로 북경대학을 사직한 후 상해로 가서 1920년 9월 코민테른의 파견인이요 중요 대표인 보이틴스키의 조력으로 중국 공산당을 창립한 얘기는 앞에서도 언급한 바 있다. 이 창립대회에 참석한 당원은 진립부와 진과부 형제 외에 대천구·심정일(沈定一)·진망도·시존속·원소선·양명제·장태뢰·주불해·장동손(張東蓀)·소도자 등 10여 명이다. 초기의 당은 계몽단체 또는 학술단체적인 요소가 강했기 때문에 골수 공산주의자가 아닌 인물들도 가입하는 경우가 많았다. 나중에 남경정부의 요인이 된 대천구나 소도자 같은 인물들이 대표적인 예라 하겠다. 그 밖에 진망도(陳望道)·장동손·이한준(李漢俊) 등은 창립 후 곧 탈당하였고, 시존속은 1927년경까지 당에 잔류했다가 그 후에 꼴사납게 전향을 하여 일개 매문가로 전전했다. 양명제는 보이틴스키의 통역이었으나 그 후 아무런 소식이 없으며 초기 당원으로 끝까지 남은 사람은 원소선(院嘯仙) 한 사람뿐이다.

1921년 7월에 당의 1차전당대회가 열렸으나 이때에는 진공박·포혜승·이한준·이달·장국도·유인정·동필무·진담추·모택동·하숙형·주불해 등의 각 지방 대표가 출석하여 중앙위원장에 진독수, 부위원장에 주불해, 조직부장에 장국도, 선전부장에 이달을 선출했다. 이 1차전당대회를 전후하여 이대교·담평산·우수덕·임조함·구추백·주은래·이립삼 등이 입당하였다. 당의 외곽단체인 중국공산주의청년단에서는 장태뢰·유수송 등이 활약하였다. 진독수에 다음가는 시대를 조성한 이립삼과 모택동도 이미 이때에 등장한 인물들이다. 그러면 그 당시의 개별적인 인물 경력을 살펴보자.

한인부와 그의 처

풍옥상군과 중앙군 사이에서 회색적 태도를 취하고 있던 손전영(孫殿榮)의 비서장에 한인부라는 인물이 있었다. 그가 중국 공산당 창당시의 영수인 한인부이다. 열하(熱河) 부호의 아들로 때의 도통(都統) 미진표(米振標)의 아들 미국현(米國賢)과는 죽마고우였다. 이때 미씨(米氏)의 집안에 유형(劉馨)이라는 여비가 있었다. 그녀는 교소영롱(嬌小玲瓏)으로 평가되는 천생의 재질을 타고난 여자로 어느새 연소풍류의 한인부와 남몰래 속삭이는 사이가 되어 있었다. 같은 상상의 행각을 지닌 미구현도 형에게 혼을 빼앗기고 있어서 아버지 도통에게 간청하여 그녀를 북경의 배화여학교(培華女學校)에 진학을 시켰다. 졸업을 하면 며느리로 앉힐 예정이었으나,

뜻밖에 한공자가 미공자보다 먼저 손을 써서 형이 북경으로 나오자 그는 먼저 북경대학에 입학하고서 그녀와 만나고 있었다. 그 사정을 모르고 미공자가 보낸 돈으로 공부하던 형은 한공자와 중앙공원이며 북해(北海·발해)에서 랑데부를 하면서 그 돈을 비용으로 쓰기도 했다. 이러던 중에 한인부는 교수인 이대교의 감화를 받아 마르크스주의연구회에 들어가고 당 후기의 중요인물로 지목되었다. 졸업 후에는 천진으로 가서 그곳에서 당의 공작을 6개월간 보다가 북경으로 돌아와서는 곧 형과 공공연히 동거생활을 하면서 그녀를 여자사범대학에 통학시켰다. 그 후 그는 내몽고의 장가구로 파견되어 구외(口外) 일대 토비의 적화를 지도했다. 여자를 말아먹는 수완도 능하지만 토비의 포섭공작에도 능하여 어느새 3천 명의 토비 수령으로 행세하며, 당에서는 '구외왕(口外王)'으로 불릴 정도로 역량을 발휘했다.

그 후 그가 북경으로 돌아와보니 이미 미국현이 북국군벌의 관헌에 손을 써서 그와 형은 수배인물이 되어 있었다. 소문난 수완가인 그도 당황하여 가까스로 상해로 도피하여 숨었으나 역시 애인 유형을 대동하고 있었으니 과연 놀랄 만하다. 유형은 유형 나름대로 '여러 가지 폐를 끼쳤습니다만 여러 이유로 헤어져야 하겠습니다. 지금까지 저에게 보내 주신 물건은 그대로 두고 갑니다'라는 쪽지와 함께 교과서며 신발이며 화장품 따위는 북경의 은신처에 남겨두고 미국현에 대한 인사를 한 것은, 여자의 죄도 깊다는 것을 말하지만 연정에 관한 얘기니 어쩔 도리가 없다.

상해에서 다시 광동으로 간 한인부가 국공합작시대에 국민당의 중앙집행후보위원이 된 것은 모택동의 경우와 같다. 동시에 그는 황포군관학교에서 정치교관을 하고, 북벌군의 무한점령과 함께 무한에 나타나서 민중운동을 지도했으나 국공분리와 7·8회의 이후에는 천진으로 돌아가서 지하운동에 몰두하였다. 그러다가 이대교가 장작림의 군벌관헌에게 소련 대사관에서 체포되자, 그는 북중국 공산당의 원로로서 간부파와는 뜻이 맞지 않았으나 어쨌든 독자적인 지위를 확보하고 있었다. 그 후 한연회(韓連會)라는 사내의 밀고로 천진에서 부부가 함께 잡혔으나 '구외왕'이라는 후덕으로 각계의 석방운동에 힘입어 석방된 후에 손전영의 평진대표(北平·天津代表)로 있다가 마지막으로 손군에 들어가 비서장으로 군림하고 있었다.

주불해(周佛海) 호남인으로 일본 경도제대의 경제학부 출신이며, 당 창립 시에는 재일유학생 대표로 참가했고, 1전대회에서는 중앙부위원장에 뽑혔었다. 그러나 후에 사상적인 전향을 하여 광동대학 및 상해대하대학의 교수가 되어 <삼민주의의 이론적 체계>라는 저서를 펴내는 등 우파의 논객으로도 유명했다. 뿐만 아니라 남경정부의 훈련총감부 정치훈련처장을 지냈으므로 지금은 그가 과거에 공산당원이었다는 사실을 기억하는 사람조차도 거의 없을 정도다.

진공박(陳公博) 왕조명파 곧 남경정부 좌파의 영수로서 남경정부의 실업부장이며 그 역시 공산당 생활은 극히 짧아 1921년에서 1923년경까지로 제명됐다고도 하고 탈당했다고도 한다.

이달(李達) 후에 전향하여 상아탑에 틀어박혀 상해에서 대학교수를 지냈다.

이한준(李漢俊) 이달과 거의 동시에 탈당하였으나 그 후 당원으로 오인되어 어느 성(省)의 관헌에게 체포되어 총살되었다.

유인정(劉仁靜) 1전대회에 북경대표로 참가한 그는 그 후 계속 진독수와 행동을 함께 하다가 1924년에 그도 함께 제명되어 이른바 탈락(해소)파의 한 사람으로 1932년 10월 진독수가 체포된 후 혼자 고립되었다.

국공합작시대의 인물

초기의 공산당 세력이 약하기 때문에 코민테른에서는 식민지혁명의 원리에 입각하여 국민당과의 공존협상을 명령하였다. 그러나 이것은 극히 어려운 문제였으므로 이에 대한 찬반 양파가 갈라져

1922년 8월까지 당 내부는 벌집을 쑤신 듯한 혼란이 계속되었다. 그러나 코민테른 대표인 마린은 단호히 명령을 집행하여 1922년 9월의 2전대회에서 민주주의 연합전선의 형성이 필요함을 가결시키고 그해 8월 항주(杭州)에서 열린 중앙위 전체회의를 강요하고 당원의 국민당 가입을 결의시켰다. 이 결의에 따라 이대교와 등중하가 개인자격으로 맨 먼저 국민당에 입당하고 1923년 6월의 3전대회에서 국공합작이 정식 결의되어 1924년 1월의 국민당 1전대회에서 정식으로 합작이 성립되었다. 이때 이대교·담평산·우수덕이 중앙위원이 되고, 임조함·구추백·모택동·장국도·한인부·우방주는 후부위원이 됐으며 그중 담평산은 국민당 중앙조직부장을 차지하게 되었다.

　　담평산(譚平山) 광동의 부두노동자의 아들로 태어나 12,13세경에 손문의 진남관 전투에 참가했다고 한다. 1920년에 북경대학을 졸업하고 진독수를 따라서 당 창립에 참여하고 특히 노동조합운동에 열중하였다. 국민당 개조에 즈음하여 조직부장이기는 하지만 분리파의 책임자로 한때 성명을 떨쳤으나 1927년의 국공분리 후에는 태도가 분명치 않다는 이유로 우경파로 지목되었다. 그러자 그는 거액의 운동자금을 가지고 홍콩으로 망명하여 1927년 11월에 제명됐다. 등연달 등의 국민당 좌파와 손을 잡고 제3당을 조직하였으나 그 후 소식이 없다.

이립삼시대의 주요인물

　　국공이 분리된 1927년 8월부터 1930년까지의 당간부는 이립삼·향충발·주은래·구추백 등으로 형성되고 그중 이립삼이 가장 활발한 활동과 수령의 역할을 맡았기 때문에 이립삼시대라 부른다.

　　이립삼 그의 자(字)는 능지(能至), 호는 백산(伯山)으로 호남출신이다. 1933년 당시 나이 38세. 호남대학 졸업 후 도불(渡佛) 유학생이 되어 귀국 후 상해총공회위원장으로 5·30사건을 지도하고 일약 유명해졌다. 당내에서도 1927년에 계속 두각을 나타내고 국공분열 후에는 진독수를 쫓아내고 향충발을 총서기로 로보트화시켜 놓고 사실상의 수령이 되었으며, 1928년 6월에는 스스로 선전부장이 되어 매사를 뒤흔들었다. 1927년 말까지 전국폭동이 실패하고 상처를 입고 있어서 주·모군을 비롯하여 각지에 공산군이 일어나서 이른바 유격작전이 전개되고 소비에트 구가 수립되는 시기도 이때였다. 이 기운을 타고 이립삼은 새로운 혁명의 팽창기가 왔다고 믿고 1930년 6월 그의 지도하에 중앙정치국을 두면서 '새로운 혁명의 기운을 고조시키고 한 성(省) 내지 몇 개의 성에서 먼저 승리를 쟁취한다(新的革命高潮與一省惑幾省的先勝利)'는 것을 결의하였다. 그에 따라 7월 공산군의 장사 점령을 보았으나, 겨우 삼일천하로 끝나고 오히려 코민테른의 질책을 받아서 이립삼의 과격 노선은 청산을 강요당하고 1930년 말 실각하여 그는 주 러시아 대표단의 일원이 되어 모스크바로 떠났다. 그는 도불하여 고학시에 오치훈(吳稚暉)과 이석증(李石曾)의 동료와 함께 도불하였으며, 1921년에 모스크바 동방대학에 들어가 조세염(趙世炎)·하송림(何松林) 등과 어울렸다. 그 후 1923년에 귀국하여 당산(唐山) 스트라이크를 지도하기도 하고 국공합작 후에 경한철로공회 서기로 전국총공회 조직간사를 겸했다는 것이 그가 출세하기 전의 추가기록이다.

항영과 장국도 1933년 당시 중국 소비에트의 부주석인 항영은 호북 황파(黃陂)가 고향이며 당년 나이 38세였다. 그는 전당포의 사환으로 출세하여 2·7사건 후 공산당에 들어와서 하층공작을 담임하였다. 안색이 어둡고 모집이 왜소했으나 선동술에는 천재적 소질을 지니고 있어 쉽게 비상한 성과를 거두어 1926년에는 상해총공회에서 한구로 파견되어 호북총공회 당서기 겸 호북성위원이 되어 위원장 향충발을 내세워 모든 일은 자기가 휘둘렀다. 1927년에 상해로 돌아와서 상해총공회 당서기 겸 전총집위원으로 출세하여 이립삼의 심복이 되었으나 이립삼노선이 실패한 후로는 상해를 단념하고 강서로 가서 모택동에게 의지하여 서금정부가 성립되자 동시에 중국 소비에트 중앙 정부 부주석으로 원로인 장국도와 어깨를 겨누는 신분이 되었다. 그가 이 지위를 얻은 것은 모택동에게만 의지한 것이 아니고 역시 군계(軍昇)에도 세력을 부식하고 있었기 때문이다. 그는 중앙정부 조직의 명령을 받고 상해를 떠나와서 우선 홍군 제8군장을 겸하고 아울러 상해·한구에서 모스크바군정학교 출신으로 공인규찰대 대원으로 있던 옛 부하들을 불러들여 그들을 각 부대에 배속시켜 공고한 지반을 구축하였다. 현재 저명한 제20군장인 진의(陳毅)도 따지면 순전히 향영의 직속부하이다.

또 한 사람의 중국 소비에트 부주석인 장국도는 강서 길안(吉安)에서 대대로 이름 있는 가문의 자제로 북경대학 출신이다. 진독수시대부터 계속된 당의 간부로 현재 원로급에 속한다. 현재는 사천소비에트 조직의 중책을 맡고 있으며, 사천의 서향전군에 들어가 있는 인물이나 훗날 모택동에게 반기를 들고 반역을 시도하여 자멸하게 된다.

소조징(蘇兆徵) 광동성 향산현인으로 해원(海員) 출신의 뛰어난 지도자로 중국 최초의 대규모 파업인 홍콩해원파업을 주도했다. 5·30 사건에 이어서 광동의 대영(對英) 보이코트와 파업위원회의 의장을 맡기도 했다. 1925년 전국총공회 의장에 선출되어 종신 그 직을 맡았다. 1927년 3~6월 사이에 무한정부의 노동부장을 역임하고 1927년 12월의 광동 코뮌에 선발되어 소비에트 정부의 주석이 되기도 하고 1928년 코민테른 6전대회에 중국 대표로 출석, 코민테른 및 프로핀테른(적색 노동조합 인터내셔널) 집행위원에 선출되고 태평양노동조합 서기국의 창립위원이 되기도 했으나 1929년 2월에 병사했다.

팽배(彭湃) 광동 해풍 출신으로 이 해풍과 육풍(陸豊)지방은 중국에서 최초의 소비에트정부가 수립되었다는 점에서 유명할 뿐만 아니라 중국 농민운동의 발상지로서 잊어서는 안 될 지방이다. 팽은 일찍이 일본 와세다대학 경제과를 졸업하고, 재학 중에는 일본 건설자동맹의 일원으로 일본인과 함께 활약하였다. 귀국하여 공산당에 입당하고 농민문제에 두루 밝다고 하여 당내에서 중책을 맡고 무한정부시대에는 나기원·원소선·모택동과 함께 농민운동에 주력하다가 국공분리후에는 하룡과 섭정 양군의 원조를 얻어 1927년 11월 해·육풍 소비에트를 수립했다. 익년 2월까지 지탱하였으나 동 정부가 전복되자 상해로 도피하여 당중앙 농민부장의 일을 보고 있던 중에 1929년 체포되어 총살되었다. 그는 공처주의(公妻主義)와 에로반(班)을 주장·조직하여 활동케 한 일로도 유명한 혁명가였다.

　진소우(陳紹禹) 그 일파에 관해서는 앞장에서도 진소우에 관하여 간략히 논급했으나 여기서 그 일파에 관한 얘기를 보충한다. 진소우는 1925년에 모스크바 중산대학(中山大學—중국계)에 입학하기 전까지는 상해에 있었고 새파란 국민당원이었다. 중산대학에 들어가서 중공청년당에 입당하였다. 이 대학시절을 물론 스탈린의 강권시대로, 이때 부교장이었던 미프가 소비에트 전국공산당 내에서 차지하는 지위는 미약했다. 단지 최하간부로서 중국문제에 통달하다 하여 1926년에 코민테른 대표단을 이끌고 중국에 도착했다. 이때 진소우가 통역을 맡았다. 그런데 이때 중국의 공산당을 장악하고 있는 사람이 보로딘이었으므로 중국공산당 간부들도 미프를 크게 대우하지 않았으며, 또한 진소우보다도 구역(口譯)에 보다 뛰어난 장태뢰(張太雷)가 있었고, 필역(筆譯)에 역시 정초린(鄭超麟)이 월등했으므로 진소우도 크게 환영받지 못하고 미프 일행은 귀국하고 말았다. 그러나 이들이 귀국하고 곧 중산대학 교장인 라디크가 스탈린에 의하여 파직됐다. 이로 인해 미프가 교장이 되고 진소우도 출세의 행운을 맞게 된 것이다. 당시 중산대학 내에서는 교무처장 아쿨과 교내 당지부 서기 시토니코프가 다투고 있었다. 교무파에 중공유학생으로는 유수송(俞秀松)·황역상(黃亦湘)·고곡위(顧穀毅)·주달명(周達明) 등이 있었고, 당무파에는 심택민(沈澤民)·장문천(張聞天)·오종(吳鍾)·이준지(李俊之)·복세기(卜世畸) 등이 있었으나, 여기에 이른바 교장파로서 진소우가 등장하여 제3파로서 곧 양파를 견제하고, 아쿨과 시토니코프 대신에

코디무프와 바르망이 임명되고, 진도 지부선전부장이 되었다. 교무파의 황역상·고곡위 등은 그 후에도 계속 미프와 진에 반항하여 내분은 당분간 계속되었으나 당무파의 심택민·장문천·복세기 등은 완전히 교장파에 항복하고 미프·바르망·진소우·진방헌(陳邦憲) 등이 중산대학을 농간하기에 이르렀다. 이때가 1927년 겨울이다.

1928년의 중국 6전대회 이후의 중국 공산당은 이립삼이 실권을 장악하고 있었다. 코민테른이 볼 때 너무 전권을 행사하고 있는 것으로 확정짓고 곧 이립삼노선을 타도하기 위하여 모스크바에서 사람을 보내기로 하였다. 그리하여 다음의 진소우·장문천·심택민·하지술(何之述) 등 28명이 1929년에 중국으로 파견되었다. 진은 중앙선전부장의 간사로 있으면서 기회를 보고 있던 차에 당내의 나장룡·하맹웅·왕극전 등의 반(反)이립삼파가 있음을 알고 이들과 연락하여 반이(反李)투쟁을 개시했다. 그러나 곧 이립삼파에 발각되어 '요주의자(留意察者)'로 처분되었다. 진이 당황하여 모스크바에 지원을 요청하자 미프가 날아왔다. 그래서 진의 당적을 회복하고 오히려 그를 호동구위(滬東區委)의 서기로, 뒤이어 강소성위 서기로 발탁시켰다. 이로부터 이립삼 대 미프의 암투가 계속됐다. 1930년 7월의 장사사건의 실패로 이립삼의 세력은 쇠퇴하여 1931년 초두에 이의 노선은 완전히 붕괴하게 된다. 잠정간이지만 그후는 미프·진파의 당권독재시대가 되고 1931년에 총서기 향충발이 사형을 당하자 진이 중앙 총서기가 되고 일파의 진방헌·장문천·심택민 등은 모두 요직에 앉는다.

정치국 서기로 진소우를 능가할 권력을 행사하고 있는 진방헌은 강소성 상숙(常熟) 태생이며 당시 20대의 청년이었다. 그는 소주공전(蘇州工專)을 졸업하고 중산대학에 유학한 후 28인조의 일원으로 1929년에 귀국하고 중공 청년당의 총서기에서 현직으로 전임했다. 진소우 이상의 유능한 인물로, 그는 총서기의 대리를 맡고 있었던 실권파이다. 장문천은 항주인으로 당시 34세. '사미(思美)', '낙보(洛甫)'의 아호를 지니고 있는 문인이기도 하며 구추백이나 심안빙(沈雁冰)과도 친구 사이로 문헌방면에 알려져 있고 모스크바의 중산대학을 거쳐 28인으로 귀국. 당시 정치국원이었다. 심택민은 모스크바 중산대학의 28인파로 사천인. 나이는 30세 미만이고 소설가 모순(茅盾·본명 沈雁冰)의 동생이며 그 당시 정치국원이었다. 정치국에는 이밖에도 조용(趙容·別名 謝康)과 요정운(廖程雲), 왕운정(王雲程)이 있다. 조는 산동성 제성(諸城) 출신이며 30여세. 상해대학 출신으로 감소성위 조직부장, 중앙조직부 비서 등을 역임했다. 요정운은 강소인으로 상무인서관(商務印書館)의 직공 출신이며, 왕운정은 호북생으로 그 역시 공인(工人) 출신이다. 그 밖에 진소우 일파에는 진의 애인 맹용(孟容)이 있었는데 그녀 역시 모스크바 중산대학 출신이다. 이작성(李作聲)은 안휘인으로 역시 소련유학파이며 관향응(關向應)도 마찬가지이고, 같은 모스크바계의 여류로는 오하금(吳阿錦)·두작상(杜作祥)의 두 여인이 있었다.

공산당 거물과 유격전시대

앞에서 모택동 시대를 1931년 이후로 선을 긋고 공산당 초기의 역사를 3분하였으나 다음에는 반드시 그 구분에 의하지 않고 인물 중심으로, 특히 유격전과 항일연합전선 등의 전면적인 측면에서 주요 인물들을 살펴보기로 하겠다.

하룡(賀龍)·**단덕창**(段德昌) 공산당의 유격전에는 본래의 창당동지보다도 예외의 인물이 많다. 그것이 중국의 청조시대의 군벌과 대립되는 토비(土匪)의 존재이다. 하룡은 말하자면 수호전(水滸傳)적 인물이다. 그는 호남 상식(桑植)에서 일어난 토비로 청방(靑幇)의 용두대가(龍頭大哥)이다. 상당히 부유한 토착부호의 집에서 태어났다고 하지만, 태생이 방약무인한 파격적인 성격으로 1912년경부터 뿌리를 내리고 1921년경에는 지방 토비단의 수령으로 이미 지반을 굳히고 있었다. 1925년에 국민당의 초무(招撫)에 응하여 사천성 건국군 제2

사장으로 있다가 국민혁명군에 들어가 장발규(張發奎)의 부하로 하남에서 전공을 세우고 1927년 6월에는 임시편제군의 제20군장으로 출세하여 남창에 주둔하고 있을 때 국공이 분리되자 공산당 쪽에 가담하여 주덕·섭정과 함께 8월 1일 남창폭동을 일으켰으나, 2,3일의 실패로 끝나고 섭정과 함께 복건·광동을 유격하다가 참패를 거듭하여 한때 홍콩으로 피했었다. 여기서 운 좋게 주은래와 이립삼 두 사람을 만나서 정식으로 공산당에 입당, 고향에 돌아가 다시 궐기하려고 소련인 고문 아트리프스키와 함께 상해로 들어가 한구(漢口)로 잠행하였다. 그는 애초에 청방의 중견간부였기 때문에 잠행하는 데는 유리했다. 한구에서 당의 장강국(長江局)과 연락을 취하고, 고향 상식으로 가서 부근 일대를 휩쓸어 채 2개월이 되기도 전에 홍군을 조직하여 말하자면 그 후의 악서 소비에트 구의 기반을 구축하였다. 거기서 동진하여 무한 서쪽의 양산백이 있는 홍호에 의거하여 상악서 소비에트 구를 건설하였다. 여기서 그는 1932년까지 버티었으며, 러시아인 고문 8명과 정치 인재로서 하희(夏曦)를 맞아서 난공불락을 자랑했으나 장개석의 제4차 대토벌에 무참히 궤멸하고 단덕창과 함께 잔군을 이끌고 하남·섬서·사천 등지를 유격하는 1천 6백 리의 대유격선을 그으면서 본래의 근거지인 악서 소비에트 구로 돌아가서 잔류 중이던 왕병남군과 합쳐서 다시 그곳을 근거지로 고향 상식을 취하는 등 극력 지반을 확장하고 있다.

하룡이 아직 홍호에서 크게 패권을 자랑하고 있을 때 맹장(猛將)으로 이름을 떨친 다른 한 사람이 단덕창이다. 그는 명성과는 달리 여자아이처럼 생긴 아직은 젊은 29세의 사내였다. 모택동과 같은 고향인 호남 상담 출생이며 소상인의 아들로 친척이 조달해주는 학비로써 겨우 중학을 졸업하고 곧 광동으로 가서 공산청년단에 들어가 정치훈련반을 졸업하고 국민혁명군 제8군 제1사의 정치부비서로 섭기(葉琪) 사장의 총애를 받고 곧 정치주임이 되었다. 무한정부시대는 제1사는 의창에 주둔하고 있었는데 그는 능숙한 변재(辯才)로 토지의 민중운동을 지휘하고, 그의 호남색으로 애국여학교의 '여황후(女皇后)'라 불리우던 소여하(蕭麗霞)라는 미녀를 사귀어 아내로 삼고 청춘을 구가하였다. 국공 분리 후에는 즉각 농민협회에 편입하여 농민유격대를 조직하여 총포 세 자루로 유격을 시작하여 보기보다 대담한 장부 기질을 보여 반년도 안 되어 7,8백의 총포를 만들고 그 지역에서 농민자위군을 확대조직했다. 한편 동지 양걸(揚傑)이 병사하자 단은 그 부하를 합쳐 약 2천의 병력으로 후에 하룡의 소속하에 들어와 명장의 이름을 떨치게 되었다.

하룡은 상악서 소비에트 구를 근거로 하여 공산군의 중요군단으로 행세하면서 결국 소극군과 함께 1935년 이래 장개석 5차토벌작전으로 서천을 하게 되지만 그럼에도 불구하고 공산군 조직상 막강한 지위에 있음은 이미 여러 곳에서 언급되고 있다.

방지민(方志敏)·**소식평**(邵式平) 강서 소비에트 구는 범위는 좁지만 꽤 짜임새 있는 소비에트 구로 알려져 있다. 이 구의 영도자가 방지민과 소식평, 그리고 주건병(周建屛)의 세 사람이다. 그중 방지민이 가장 떨쳤으나 그는 1936년경 작전실수 등의 이유로 실각을 하고 이 구의 총책임은 소식평이 맡고 있다.

방지민은 강서 이양(式陽) 사람으로 상해대학 출신이다. 국공분리 후에는 강서성의 농공부장이었으나 8·7회의 후에 귀향하여 농민군을 조직하고 주·모의 정강산(井崗山) 거점을 모방하여 한때 마반산(磨盤山)을 근거로 소비에트 구를 창립했다. 최근 군사상의 실패로 소식평에게 수령자리를 내놓았으나 한때는 소모택동으로 불리며 조직력을 과시했고, 문헌방면에도 두각과 업적을 남겼으며, 통솔력도 있는 인물이다.

소식평은 남창의 민국일보 기자로서 동성위(同省委)의 선전부 간사를 겸하면서 농민운동에 주력하다가 방지민과 동지적인 연락을 취하고 있었으나 결국 신문사를 파하고 이양의 농촌에 들어가 방과 함께 농민유격대를 조직하여 방은 총대장, 자기는 총참모 노릇을 하면서 각지를 유격하였다. 말하자면 그는 인텔리겐치아 출신으로 전투군에 투입한 인물로 결국 강서동북구 소비에트를 수립하였다. 그의 유격대는 홍군 제10군으로 개칭되고 방은 군장으로, 그는 정치위원으로 활약하였는데 중국 공산당과 군대의 특색은 항상 군부에 정치위원제를 두어서 문관과 군관의 구별을 두면서도 문무일치(文武一致)제를 취한 점이다.

하맹웅(何孟雄)과 나장룡(羅章龍) 이 두 사람에 관해서도 이립삼의 경우와 마찬가지로 다른 곳에서도 언급됐지만 개인별로 보면 하맹웅은 모택동과 동향인 호남 상담인이다. 향리의 고등학교를 나왔을 뿐으로 국회의원을 하던 북경의 숙부를 찾아가서 북경대학의 청강생으로 있었다. 그때 나이가 16세였으나 당시의 북경에는 적화(赤化)의 선풍이 일고 있어서 그도 곧 적화하여 경한철로공인(京漢鐵路工人)의 그룹에 파고들어 운동을 전개했으며 나이는 어렸으나 한 집단을 이끄는 영도 노릇을 하다가 1927년경 상해로 와서 강소성위 겸 구의 서기와 상해총공회의 경제투쟁부장이 되었다. 그러나 지극히 솔직한 성격이었기 때문에 다른 사람과 자주 충돌하여 정식의 중앙위원은 되지 못하고 후보위원에만 머물러 있었다. 그는 이립삼에게 정면으로 반대하는 노선을 주장하여 한때 주목을 받기도 했으나, 비겁한 간부파가 밀고하여 1930년 11월에 국민정부파에게 체포되었다가 다시 석방되었다.

나장룡도 반이립삼파의 영수였다. 그는 호남 유양 출신으로 대지주의 집안에 태어나 북경대학 철학과를 졸업하였다. 재학 중에 이대교의 소개로 입당하여 주로 북방공작을 맡다가 1928년에 공산당의 중앙위원이 되고 전국총위의 상무위원을 겸하고 있었다. 진소우가 모스크바에서 돌아오자 그는 하맹웅, 왕극전 등을 인솔하여 진과 연락하고 이립삼 노선을 타도하였다. 그러나 그 후 그는 진으로부터 배반당하고 나장룡을 위시하여 하맹웅, 왕극전 및 서석근 등도 당직을 박탈당했다. 이에 불복한 그들은 비상회의를 주도하면서 간부파와 대립하여 3년간의 고투를 전개하여 소위 '나장룡 우파'의 활동은 상당히 주목을 끌었다. 1933년 4월 27일에 동지 3인과 함께 체포되었으나 손문의 삼민주의로 전향하여 석방되었다.

팽술지(彭述之)와 향충발(向忠發) 이립삼이 '중국의 스탈린'으로 불릴 때 구추백은 '중국의 부하린'으로 호칭되면서 당내 제1의 이론가로 추대되었다. 그는 강소성 상주(常州) 출생으로 북경의 러시아어(語) 전문학교를 거쳐서 모스크바 동방근로자 공산대학을 졸업하였다. 이때 동학으로 팽술지가 있었으며 그들은 1924년에 귀국하였다. 팽은 부하린을 사숙하고 구는 트로츠키파의 경향 하에 있었다고 한다. 그런데 귀국하고 보니 팽은 진독수의 총애로 일약 선전부장이 되었다가 후에 1932년 7월 진독수가 상해에서 체포될 때 함께 체포되어 처형되었으나, 구는 학문이 팽보다 위였음에도 불구하고 하등의 직함도 맡지 못하고 상해대학의 사회학 교수를 하면서 신변을 호도하고 있었다. 그 후 진연년과 이립삼의 후원으로 중앙집행위 후보가 되어 1927년의 5전대회에서야 겨우 정식의 집행위원이 될 수 있었다. 국공분리로 진독수가 실각하자 구는 비로소 때를 만나 이립삼·향충발과 함께 비상위원회의 새중앙을 조직하고 8·7회의 때, 코민테른 대표 로미나제의 추천으로 총서기 겸 정치국 주석이 되었다. 그래서 문제의 맹동정책(盲動政策)을 실행하여 추수폭동에서 나아가 광주폭동을 일으켜 계속 실패를 거듭하여 1928년의 6전대회에서 그는 그 누구의 동정도 받지 못하고 완전히 규탄되었다. 그때 그를 가장 맹렬하게 공격한 사람이 향충발과 이립삼이라고 한다. 구추백은 아무런 저항도 못해보고 총서기와 정치국 주석을 향충발에게 빼앗겼다. 그래서 그는 모스크바 대표단의 일원으로 러시아에 갔다가 1930년에 귀국하였으나 1931년 초에 실각하여 진소우 등의 간부파에 대하여 비간부파의 입장을 취하게 되었다. 그러나 그는 당 유일의 이론가로 정치상으로 이립삼과 동조했을 뿐이다. 그 후 중소정부 곧 서금정부(瑞金政府)의 인민교육위원으로 있기도 했으나 일종의 명예직이었다.

이 구추백에 관한 얘기는 다음 정치얘기와 함께 논의하기로 하고, 그와 주석직을 바꾼 향충발은 호북 출생으로 한양병기공창의 직공 출신이다. 그는 구추백과는 달리 학문은 전혀 없고 오로지 코민테른 의 명령을 충실히 실행함으로써 총서기에 임명되었을 뿐이다. 그는 이 립삼의 농간에 시달리다가 결국은 코민테른의 지시에 부응하지 못하 고 끝내 1931년 6월 중앙군에 체포되어 총살되었다. 그는 국민당의 담연개(譚延闓)와 비슷한 호호야(好好爺)로 알려지고 있다.

황평(黃平) 등 그 밖의 전향파 1931년 6월 향충발이 사망하자 국 민정부의 공산당원 색출은 한층 가열되어 나기원(羅綺園)·나장룡· 황평(黃平)·여비(余飛)·서석근(徐錫根)·호균학(胡鈞鶴)·호대해(胡 大海)·원병휘(袁炳輝)·진형주(陳亨洲) 등 중소중앙위원·전국청년공 인부장과 강소성위·산동특위의 간부들이 대거 체포되었다. 특히 나 기원은 모택동·팽배·원소선 등과 병칭되는 농민문제의 권위자로 포 박되었으나 전향을 하지 않았고 그밖에 나장룡 이하는 모두 전향하였 다. 나장룡을 제외한 황평 등 중소중앙위원이었던 한 패를 자신파(自 新派)라고 부르고 있다.

그중에서 인재로 꼽히는 황평은 1927년 12월의 광서 소비에트 정 부에서 외교인민위원으로 등장하기도 하였다. 그는 광동인으로 처 음에는 프랑스유학을 하고 그 후 모스크바 동방대학을 나왔다. 그 의 형도 누님도 모두 유학생으로 모두가 박사 학위를 취득하고 있었 다. 그도 대학의 천재로 영·불·독·러 등 4개 국어에 통달하는 공산 당 유수의 재사였다. 1925년 광동구위원회 공인부장 보로딘의 통역 을 맡았다. 국공분리 후 귀경하여 광동성위원회 공인부장이 되고 광주폭동으로 광주 소비에트 외교위원이 되었으나 폭동이 실패하여 모스크바로 달아났다가 1930년에 귀국하였다. 1931년에 중소중앙위 로, 1932년에는 상해로 들어가 중국공산당 중앙위후보로 천거되어 강서성 위원회 서기를 겸하였으나 동년 12월에 중앙의 명령으로 북방 공작을 지도하던 중 천진의 관헌에게 체포되어 한 달이 채 안 되어 전

향했다.

위 글은 모두가 1933년과 1936년 당시의 글로서 그 시점에서의 한계를 지니고 있는 글이다. 따라서 그 후의 개인적 혹은 전공산당사 곧 1937년 2월의 2차 국공합작과 중일전쟁 이후의 역사는 본고에서 제외된다. 다만 자료상으로 개인문제에 있어서 황소봉(黃少峯·일명 華岡)은 <중국대혁명사(中國大革命史)>의 저자로 절강상 소흥인으로 중앙당 선전부장에서 하북성위원회 서기를 역임하였고, 유소기(劉少奇)는 황호(黃豪) 또는 금계평(禁季平)의 변명을 가지고 있으며 호남인으로 1933년 당시 39세이며, 모스크바대학 출신으로 이미 전국총위원장을 지낸 거물급 인물이다.

제33장 공산군 추격전

1. 대장정에 오른 공산군

서쪽으로의 대도주

공산당의 '중앙 소비에트'를 포위한 제5차 소공전은 서금점령 (1934년 11월 10일)에 의해 완전한 승리로 마무리 지어졌다.

그러나 이보다 빨리 모택동·주은래·주덕 등이 인솔한 '중앙 소비에트' 공산군의 주력, 제1방면군 10만(제1·3·5·8·9군단)은 국민당군의 포위망을 뚫고 서쪽으로 탈출해 있었다.

국민당군이 이를 쫓아 추격해 가니, 이른바 '대서천'의 시작이었다.

'정부 소비에트'가 괴멸되었을 대, 공산군 측은 호남성 서북부에는 하룡(賀龍)이 이끄는 제1방면군(제2군단 등 3개사)이, 사천성 북부에는 서향전(徐向前)의 제4방면군(제4군단 등 5개군)이 산재해 있었다. 이들 공산군도 코민테른의 지시에 따라 일제히 서천을 개시했다. 남쪽은 귀주·운남, 서쪽은 서강·감숙까지 10성에 걸친 14천km의 거리를 2년 이상 갈팡질팡 달아나는 문자 그대로 '대도주'였던 것이다.

이를 추격하여 토벌하는 국민당군은 각지에서 공산군에게 커다란 피해를 주었으나, 최종적으로는 모택동·주은래 등을 놓치고 말았다. 섬서성까지 몰아갔으나, 뜻밖에도 장학량(張學良)의 배신으로 인한 '서안사건'이 발생, 최종 국면에서 실패하기에 이른 것이다.

'중앙 소비에트'를 버리고 도망쳐 나온 공산군은 당 중앙 기관과 그 가족들 5천 명을 합해 약 10만명이었다.

그들의 무기제조설비, 인쇄기, 무선기, 조폐설비 등 모두를 싸짊어진 행렬의 길이는 수십 리에 달했다.

그들은 호남, 광동·광서성 경계를 따라 서쪽으로 나아갔다. 산악지대의 좁은 길을 큰 짐을 짊어지고 가기란 쉽지 않았다. 밤을 낮삼은 긴 세월의 도주에는 추위와 굶주림이 기다리고 있었다. 그들은 지나는 곳의 민가를 습격, 식량을 약탈하기도 하였으나 그것으로도 충분치 않았다.

행렬은 몹시 지쳐 있었고, 부상자를 부축해주는 이도 없었다. 처지게 되면 그대로 두고 떠나, 죽는 수밖에 없었다. 어디까지 도망칠 것인지를 아는 사람도 없었다. 피로와 절망에 못 이겨 자살하는 병사도 적지 않았다.

들것에 탄 간부들

모택동은 처음에는 도보로 출발했으나 겨우 2천m도 가지 못해 발에 물집이 생겨 걸을 수가 없게 되어 징발된 농민에 의해 들것에 실려지게 되었다. 주은래도 마찬가지로 들것을 탔다. 그들은 한밤에도 일이 있어 자지 못한다고 청해, 들것 위에서 낮잠을 자며 갔다. 공산당 간부들은 이렇게 들것에 흔들리며 긴 여행을 계속했던 것이다.

국민당군은 11월 30일 추소(追剿)군 총사령관에 하건(何鍵)을 임명하여, 총사령부를 호남성 형양(衡陽)에 두었다. 귀주성 소공군 총지휘인 왕가열(王家烈, 귀주성 주석)과 동 광서성 총지휘인 백숭희(白崇禧)에게도 토벌령을 내려 긴 행렬을 남북에서 공격해갔다.

그러나 산악의 험난한 지세를 타고 도망치는 공산군을 일격에 치기란 쉽지 않았다.

11월 말, 광서성의 상강(湘江)을 건너는 지점에서 대규모의 공격에 성공, 금주와 흥안에서 3천 명을 살상시켰으나 주력은 광서성의 묘족(苗族)의 거주구를 빠져나가 북으로 도망쳐, 다음해인 1935년 1월 5일 귀주성의 준의(遵義)로 멀리 달아났다.

서강을 출발하고 나서 겨우 2개월밖에 지나지 않았으나, 당초 10만명의 공산군은 이때 이미 3만 5천 명으로 감소해 있었다. 가지고 나섰던 기계 등 무거운 짐들은 거의 대부분 버리고 없는 상태였다. 코민테른과의 연락에 필요한 대형 무선기는 파손되어 이후 1년 남짓, 연락이 두절되었다.

이와 같은 유랑과 참패의 행군은 당연한 일이지만 그것은 공산당 내부의 분열을 초래했다.

이제까지 당의 실권을 쥐고 있었던 것은 당중앙 총서기인 진방헌(博古) 등 이른바 국제파였는데, 모택동은 이들에게 실패의 책임을 덮어 씌워 국제파의 지위를 빼앗으려 하였다. 이것이 이른바 '준의회의'라 불리는 것이다.

1월 6일부터 8일까지, 준의 구(旧)시내에서 열린 준의회의(공산당 확대 중앙정치국 회의)에는 진방헌을 비롯, 장문천(張聞天)·주은래·진운·주덕·하극전(何克全) 등의 정치국위원, 후보위원 외에 중앙위원인 모택동·유소기·이유한(羅邁)·팽덕회 및 지명위원인 유백승(劉伯承)·임표가 출석했다. 코민테른이 파견한 군사고문인 이덕(李德)(오토·브라운)도 배석했다.

서로의 책임전가

진방헌에 의해 주재된 회의는 공산군의 이번 행동에 대해 토의하기 위한 것이었다. 그러나 주은래의 군사보고가 끝나자 먼저 팽덕회가 논쟁의 물고를 텄다. 그는 '이사짐 싸듯이 잔뜩 짐을 꾸린 서천은 행동을 둔화시켜 공산군에게 중대한 손실을 초래했다'고 진방헌의 집행부를 비판했다. 이 비판은 끝없이 계속되는 '도피행'에 지쳐 버린 병사들의 불만을 대변하는 것이기도 했다.

모택동은 이 기회를 놓치지 않고, '제5차 소공전 때 채택된 탄촉돌발·단순방위의 전술은 잘못된 것이었다. 그 결과 우리들은 중앙 소비에트 구를 잃어 부득불 서천을 하게 되어 중대한 손실을 가져왔다'고 당의 지도방침을 공격했다. 유소기도 또한 모택동에 동조하여 '사중전회(四中全會) 이후의 백구공작(비공산화 지역의 활동)은 좌익 모험주의의 잘못을 범한 것이다'라고 공격했다.

논쟁은 꼬박 이틀이나 계속되었다.

모택동 등의 비판에 대해 단촉돌격 전술의 주창자 이덕은 시종 그 잘못을 인정치 않았다. 그는 '제5차 소공전의 실패는 적의 역량을 과대평가한 군 간부들의 오해와 방법상의 잘못에 있었다'고 반박했다.

진방헌도 '제5차 소공전의 결과만 가지고 이제까지의 전당의 공적을 무시해 치울 수 없다'라고 자신이 지도해 온 중공중앙 총노선의 정당성을 강조하며 물러서지 않았다.

2. 모택동 신격화의 제일보

재출발을 다짐하는 공산당

공산당의 '준의회의'(확대 정치국회의=1935년 1월)의 대논쟁에서 가장 먼저 태도를 바꾼 것은 주은래였다. 그는 논쟁이 끝나갈 무렵 정세가 그에게 불리하게 돌아가자 갑자기 태도를 바꾸어 제5차 소공전 및 대서천에 있어서의 군사지휘의 실패를 인정하고 나왔다. 유백승도 이제까지는 모택동 노선에 계속 반대해왔으나 태도를 돌변, 모택동을 지지하며 진방헌 등의 현집행부의 잘못을 인정하는 의견을 표시했다.

최후로 장문천이 중재에 나서, 당내의 단결을 강조, 한편으로는 서중전회 이후의 당의 총노선은 옳았다고 하고 한편으로는 제5차 소공전에서 서천에 이르는 군사노선에는 잘못이 있었다고 하는 절충안을 제시, '이 잘못의 책임은 당의 중요 책임자와 군사위원회 주석 및 코민테른 군사고문이 져야 한다'고 제안했다.

장문천의 의견이 준의회의의 결론이 되어져 대회 3일째에는 '진방헌, 주은래, 이덕의 잘못된 군사노선에 대한 검토'라는 부제가 붙은 결의를 채택, 다음과 같이 결정했다.

(1) 진방헌 당중앙 총서기를 해임, 장문천에게 인계한다.

(2) 주은래 중앙군사위원회 주석을 해임, 모택동을 후임시킨다.

(3) 모택동을 정치국위원 및 정치국 상무위원으로 한다.

(4) 진방헌을 총정치국 주임으로 옮기고 이유한을 동 조직부장, 하극전을 동 선전부장으로 한다.

진방헌 일당은 이렇게 해서 자리에서 밀려났다. 코민테른은 여전히 국제파를 지지하고 있어 당총서기의 직위에는 국제파의 한 사람인 장문천을 추대하지 않으면 안 되었으나, 모택동은 이로 인해 공산당 중앙의 주도권을 쥐는 계기 마련에 성공한 것이다.

▶ '준의회의'로부터 10년 뒤에 채택된 중국 공산당의 '역사문제에 관한 결의'에서는 동 회의를 다음과 같이 평가하고 있다.

'1935년 1월 모택동 동지의 지도 아래 귀주성 준의에서 개최된 확대중앙정치회의는, 당중앙의 좌경노선을 극복하여 위기에 빠져 있던 당을 구해냈다.

준의회의에서 당시 당내에 결정적 영향력을 미친 군사상, 조직상의 잘못을 시정한 것은 매우 옳다. 이 회의가 모택동 동지를 새로운 지도자로서 선출 일보를 내딛은 것은 중국 공산당사상, 역사적 의의를 지닌 전환이었다'

실제 작전 지도자는 주은래

'준의회의' 후 공산당 중앙군사위원회 주석에 취임한 모택동은 군 정책에 어두워 대략적인 전략이나 군사방침을 결정할 뿐 실제 작전지휘는 할 수 없었다. 이로 인해 그는 전중앙군상위원회 주석인 주은래를 소비에트 혁명군사위원회 부주석으로 앉히고 나아가 군의 지휘를 맡겼다.

준의에서 열흘 남짓 휴식을 취한 공산군 제1방면군은 서금에서 가져온 짐들을 버리고 가벼운 몸으로 1935년 1월 15일 다시 서북쪽을 향한 이동을 시작했다.

모택동의 의도는 사천성 북부에 소비에트 구를 형성하고 있던 공산군 제4방면군과의 합류에 있었다. 당시 제4방면군의 병력은 7만 명, 군사위원회 주석이 장국도(張國燾), 총지휘가 서향전이었다.

제4방면군에 대해 코민테른은 1월 7일 시베리아에서 폭격기와 전투기 각 6대로 무기 등을 공수하여 전략 보강을 꾀하고 있었다. 서금탈출 이후 난국에 처해 있던 이들은 이로써 원조를 구하려 했던 것이다.

1월 5일과 16일 공산군은 인회(仁懷)·모태(茅台)를 점령, 사천성경을 몰아갔다.

국민당군은 공산군의 제1방면군이 제4방면군과 연락하는 것을 반드시 저지해야 할 필요가 있었다.

즉시 제5차 소공전에서 활약한 남창행영의 참모단을 사천성 중경(重慶)에 파견하는 동시에 사천성 정부를 중경에 두어, 사천초비군 총사령 유상(劉湘)을 성정부 주석 겸 보안사령에 임명하여 사천군 부대를 남하시켜 모택동의 제1방면군의 북상을 성경에서 격퇴시켰다.

2월 1일에는 군사위원장의 행영을 남창에서 무창(호북성)으로 옮겨 소공전 전반을 스스로 지휘하도록 했다. 무창행영의 주임에는 유럽에서 돌아온 장학량을 기용했다. 그러나 이것이 도리어 이후 서안사건의 복선이 되어 버리는 것이다.

▶ 모태의 명산물인 마오타이 주는, 공산군 서천 후 연안에 들어온 미국인 저널리스트 에드가 스노의 저서 <중국의 붉은 별>에서 마오타이 주의 '발견'의 에피소드를 다음과 같이 적고 있다.

─모태(茅台)에 공산군이 들어왔을 때 어느 양관(洋館) 안에 백 개 이상의 큰 항아리가 줄지어 있는 것을 발견했다. 처음 발견한 병사들은 그저 물이라 여겨 이것으로 발을 씻었다. 그러다 냄새를 맡고는 술이란 것을 알아차렸다. 술을 좋아하는 코민테른의 고문 이덕이 시음하자 곧 취해버렸다. 이후 모태를 통과하는 병사가 모두 한 잔씩 마셔, 마지막 부대는 발을 씻은 것까지 남김없이 마셔버렸다. 마오타이 주는 최근 대만에서도 제조되고 있다.

3. 10분의 1만 살아남은 군대

공산군의 돌연한 남하

모태를 점령하고 귀주에서 사천성경을 목표로 북상을 시작한 모택동의 제1방면군에 대해, 유상이 이끄는 사천군은 1월 23일(1935년) 귀주성 토성에서 기다리고 있다가 커다란 타격을 주었다. 그 후 공산군은 그 일부가 사천성의 고린(古藺)·서영(敍永) 부근까지 진출하였으나 봉쇄선을 돌파할 수 없어, 2월 28일에는 다시 준의로 물러나야만 했다.

귀주 남부에는 귀주군이 주둔하고 있어 소공작전은 순조롭게 진행되고 있는 듯 보였다.

3월 5일에 쓴 장개석의 2월의 〈반성록〉에는 다음과 같이 기록되어 있다.

'주덕(공산군 제1방면군)이 되돌아와 준의와 동재(桐梓, 귀주성)가 함락되었다. 그러나 섬서성 남부에서는 서향전(동 제4방면군)을 격퇴해, 한중(섬서성)은 무사하다. 사천의 남부와 북부의 공산군(동 제2방면군)은 수동적인 자세가 되어 있다. 능히 대처하면 쉽게 평정할 수 있으련만'

사천방면으로의 북상을 포기한 공산군 제1방면군은 돌연 귀주성을 남하하기 시작했다. 운남성에서 서강성으로 크게 우회하는 작전을 편 것이다.

3월 24일 중경에서 비행기로 귀성의 성도(省都)·귀양(貴陽)으로 날아와 귀주군을 독전했다.

그러나 귀주군 중에는 아편을 사용하는 자가 많았으며, 군대로서의 총재도 결여되어 있었다. 정부군의 움직임이 공산군 측에 새어나오는 일이 있을 정도여서, 공산군은 쉽사리 추격을 피해 운남성으로 도주하였다.

'주덕·모택동의 잔비를 용리(龍里)와 반강(盤江)에서 섬멸하지 못하고 호기를 놓쳐버린 것은 무선전보가 신중치 못해 정보가 누설되었기 때문이다. …앞으로는 더욱더 주의해 적의 교활함을 읽는다면 반드시 승리할 수 있을 것이다'(5월 2일, 반성록)

공산군이 거처간 뒤에는 극심한 황폐함만이 남았다.

'귀주의 전부(田賦-농가의 세금)를 면제하고, 성민에게 반년의 휴식을 주어야 한다. 국가와 국민에 대해 가능한 한의 일을 하려고 하는 데는 이것 이외의 방법은 없다'

운남에 들어온 공산군 제1방면군은 세 길로 나뉘어 5월 초순에 9일 밤낮을 다해 금사강(金沙江)을 건너 서강성에 들어왔다. 그들은 서강성 동단을 북상, 5월 말에는 안순성과 노정교(瀘定橋)에서, 장강지류의 대도하(大渡河; 강의 이름)를 건넜다. 그 후 협금산(夾金山)을 넘으며 수많은 사상자를 낸 후, 6월 6일 마침내 사천성으로 돌아와 무공(懋功)에서 장국도·서향전 등의 제4방면군과 합류했다.

이미 8개월에 걸쳐 정부군의 추격을 받아온 제1방면군은 비전투원을 포함해도 겨우 1만 명으로 격감해 있었다.

의복이 너덜거리고 짚신조차 신고 있지 않은 채라 그들 스스로도 '거지군'이라 불렀을 정도이다.

5월 26일 통합된 공산군을 추격, 사천성의 성도로 옮겨 토벌의 총지휘를 계속했다.

5천km에 걸친 장정

7월 중순, 추격대의 연장(連長; 중대장) 이상의 간부를 소집해 더욱 분발을 촉구했다.

'제군들은 서강에서부터 적비추초(赤匪追剿; 공산군 추격·소탕)를 출발한 이래 호남·귀주·운남의 여러 성을 거쳐 현재의 사천에 도달했다. 반전을 거듭하며 종횡으로 전장을 누벼 5천km의 여정을 주파,

온갖 고난과 난관을 헤치며 이룩한 대장정은 중국의 유사 이래 처음이다.

우리 측의 선전으로 공산군은 현재 5,6천 명 정도가 남아 있을 뿐이며 이는 강서를 탈출할 때의 거의 1/10의 전력에 지나지 않는다. 제군들은…더위에 굴하지 않고 금사강을 건넜으며 추위를 두려워하지 않고 대도하를 넘었다. 그런 연유로 지금과 같은 성공을 거둘 수 있었던 것이다' (註 : 중앙군의 적비토벌의 의의 및 경과의 성적, 1935년 7월)

공산군, 또다시 내분

무공에서 겨우 합류한 공산군은 한숨 돌린 것도 잠시, 다시 내분에 시달려야 했다.

8개월에 걸친 유랑을 계속해온 모택동의 제1방면군에 비해, 장국도가 이끄는 제4방면군은 아직까지 장비와 진용이 모두 갖추어져 있었다. 그들은 패주에 패주를 거듭 만신창이가 된 당중앙과 제1방면군에게 경멸의 눈초리를 보냈다. 지도자를 자처한 모택동이 이에 반발한 것은 말할 것도 없었다. 모택동과 장국도의 대립은 여기에서 시작된다.

6월 25일 양하구에서 개최된 정치국회의석상에서 장국도와 제4방면군 정치위원인 진창호(陳昌浩)는 '준의회의에 있어서의 중앙 개조는 비합법적이다'라고 모택동 등을 비판, 장국도를 총서기로 하자고 주장했다.

향후 진로에 대해서도 섬서성 북방으로 북상하여 유지단(劉志丹)의 부대와 합류해야 한다는 모택동에 대해, 장국도는 그와는 반대로 남하하여 사천·서강의 변경에 근거지를 구축한 뒤 성도평원(사천성) 쟁취의 기회를 얻어야 한다고 주장, 서로 대립했다. 이때 주덕이 중간에 서서 수습에 나섰다.

4. 둘로 분열된 공산군

모택동의 북상론 결정

모택동과 장국도의 대립이 결정적 국면에 이른 것은 1935년 8월 5일 모아개(毛兒蓋)에서 개최된 정치국회의에서이다.

앞선 양하구 회의에서 미해결된 채 끝나 있던 모택동의 북상론과 장국도의 남하론이 다시금 이곳에서 대두되었다. 절충에 이르지 못한 채 표결에 붙여져 모택동의 북상론이 통과되었다. 장국도도 다수결에 따를 수밖에 없었다.

공산군은 의견이 서로 다른 제1·제4방면군을 뒤섞어 우로군, 좌로군으로 재편성했다. 우로군에는 제1방면군에서 1·3군단, 제4방면군에서 4·30군, 또한 좌로군에는 제1방면군에서 5·9군단, 제4방면군에서 9·31·33이 배치되었다. 모택동은 서향전·진창호 등과 함께 우로군을, 장국도는 주덕과 함께 좌로군을 지휘해, 군사도 지휘자도 서로 의견을 달리하는 자들이 조직된 혼성군이 된 것이다.

8월 23일 모택동을 비롯한 공산군의 우로군은 모아개를 출발하고, 장국도·주덕 등의 좌로군도 또한 탁극기(卓克基)를 떠나 북으로 향했다.

우로군은 사천성 북부 일대에서 감숙, 청해, 서강성경을 거쳐 드넓은 대초원으로 들어갔다. 이 대초원은 남북 3백km, 동서는 그 수배에 달하며, 그중 일부지역은 여름 동안 습지가 되어 있었다.

때마침 계속해 비가 내리고 있었다. 공산군은 진창에 몸을 빠뜨리며 습지를 헤쳐 나갔다. 밤이 되어도 땅이 마르지 않아 진창 위에 몸을 눕히고 젖은 채로 잠이 들었다. 무수한 말라리아 모기들이 병사들을 덮쳐와 6일 후 겨우 습지를 빠져나와보니 이미 5백 명 이상이 병사하고 전원이 피로에 지쳐 있었다.

그곳을 국민당군 49사가 덮쳤다.

적의 선두에 섰던 것은 우로군 제39군으로 원래 장국도의 제4방면군에 속한 주력부대였다.

이 일전은 쌍방이 각각 1만 3천 군사를 투입, 창칼을 꽂고 맞붙은 장렬한 육탄전이 되었다. 이틀 밤 하루 낮에 걸친 전투에 의해 공산군은 5천 명이 넘는 사상자를 냄으로써 거의 괴멸상태에 이르렀다.

장국도는 모택동에 의해 자신이 몹시 아끼는 부대가 최전선에 투입되어 크나큰 타격을 받았다는 소식을 듣고 몹시 불안을 품게 되었다. 이대로 북상을 계속하면 전군 괴멸의 결과를 초래할 것이라 판단한 장국도는 군을 남하시킬 것을 모택동에게 건의했다.

그러나 모택동은 끝까지 북상을 고집, 장국도나 우로군의 총지휘인 서향전 등에게 알리지 않고 당의 간부와 자신이 길러낸 병사 6천 명만을 이끌고 북쪽을 향해 출발했다. 주은래·임표·팽덕회·섭검영·장문천·동필무 등이 이를 따랐다.

'반역자' 대 '도망주의자'

모택동이 장국도와 결별했을 때의 양상을 당시의 신문은 다음과 같이 보도했다.

'목격자의 말에 따르면 모택동과 장국도는 백룡강 가까이의 천산(天山; 감숙성) 산중의 샛길에서 격렬한 논쟁을 했다. 병사들은 그 옆에서 해결이 나는 것을 기다리고 있었으나, 의견대립은 격심해질 뿐이었다.

모택동은 마침내 병사들을 불러 모았다.

"장국도, 진창호는 동요하고 있다. 죽음이 무서워 당을 거역하고 당

중앙에 반역했다. 감숙의 기병이나 비행기를 두려워하고 있는 것이
다"

장국도, 진창호 등도 지지 않고 맞섰다.

"모택동이야말로 중국혁명의 용기를 잃었다. 소련으로 도망쳐 편히
살려고 생각하고 있는 것이다"

장국도는 병사들이 초원을 겁내고 있는 것에 대해

"이곳 백룡강에서 감숙까지 아직 21일이나 걸린다"

고 선전, 다음과 같은 성명을 발표하였다.

'제4방면군은 모택동의 지휘를 벗어나 모아개로 돌아간다. 중국혁명
의 계속을 바라고, 또한 21일간의 대초원 진군을 원치 않는 자는 제4
방면군을 따르라'

양쪽은 서로 공격·선전하며 병사를 서로 빼앗아 큰 혼란을 빚었다.
모택동은 이때 눈물을 흘리며 울었다고 전해진다…'

장국도는 좌로군 전부와 우로군 중 자신의 군대인 4·30군 6만
여 명을 데리고 U턴하여 대초원을 다시 한 번 빠져나가 모아개로
되돌아갔다. 그 후 그들은 '모택동 타도', '도망주의 중앙을 타도하
자' 등을 외치며 장국도를 총서기로 하는 또 하나의 공산당중앙을
결성했다.

1년에 걸친 서천을 끝내다

모택동이 이끄는 겨우 6천 명의 공산군은 그대로 북상을 계속했
다. 그들은 9월 초원의 출구 부근에서 국민당군의 포위망을 빠져나
와 10월에 육반산(六盤山)을 넘어, 10월 12일경 섬서성 오기진에
서 겨우 유지 단군과 합류했다.

11월 7일에는 연안 남쪽 5km 지점인 상비자만(象鼻子灣)에 도
착, 여기서 1만 2천km에 이르는 1년여 동안의 대서천을 끝낸다.

이에 대해 국민당군 측은 11월 1일 섬서성의 성도·서안에 서북
초비 총사령부를 두어 장학량을 총사령인 장개석의 전권대리로 삼

아 최후의 토벌계획을 추진했다. 이곳이 1년 후 서안사건의 무대가 된 곳이다.

한편 모아개로 되돌아온 장국도 일당은 서강·사천성을 따라 헤매고 다니며 '천전(天全)·노산(蘆山)까지 가면 쌀밥을 배불리 먹을 수 있다'라고 외치며 사천성 서부의 평야지대로 진출하려 했다. 한때는 성도로 통하는 요지인 영경(榮經)을 빼앗을 정도의 기세였으나 설악(薛岳)이 이끄는 토벌군에게 격파 당했다.

장국도군은 이후 성경의 산악지대로 도망친 후 서강성의 감시(甘孜)에 겨우 도착, 소비에트 구를 선언했다. 이듬해 6월 호남 서부를 국민당군이 추격, 귀주·운남을 돌아 도망쳐 온 하룡이 이끄는 제2방면군과 합류, 감숙·영하(寧夏)를 돌아 섬서로 향했다.

11월에는 동심(영하)에서 결별한 후 모택동과 오랜만에 해후, 원군을 요청했으나 거절당하고, 직후 정원(靖遠 : 감숙) 부근에서 국민당군에게 전면적인 패배를 당했다. 12월, 2년여에 걸친 유랑 끝에 겨우 연안으로 들어갔으나, 그후에도 장국도는 모택동과 의견이 맞지 않아 1938년에 공산당을 이탈, 국민당에 들어간다.

5. 항일 통일전선의 권유

중·일관계의 이간을 꾀함

대장정 때, 공산당이 내세운 구호는 이른바 '항일 구국', '통일전선'이었다.

'주·모(朱德·毛澤東)의 비군은 국민혁명군의 소공에 의해 최후에는 소부대만 남아 도망해버렸다. 그들은 군사면에서는 이미 절대절명의 위기에 빠져 있으므로 마침내 '국공합작, 항일구국'의 슬로건을 내세워 정치적인 포위를 벗어나려 하는 것이다'(중국 속의 소련, 1956년 12월)

그들의 의도 중 하나는 '합작'을 부르짖음으로써 국민당군의 삼엄한 추급의 손길을 늦추도록 하여, '통일'이라는 이름 아래 국민당의 조직을 무너뜨리려는 데 있다.

그러나 주목하지 않으면 안 되는 점은 그 배후에 소련, 코민테른이 존재하고 있다는 것이다. 그들은 중일간의 모순을 확대시켜 중일관계를 한층 더 악화시키려 했던 것이다.

이 시기는, 중일상호이해를 설득한 '적인가, 친구인가'(1934년 10월)의 발표가 계기가 되어 중일간의 긴장완화를 요구하는 목소리가 싹트려 했던 시기이기도 하다.

공산세력은 중일관계 개선을 바라지 않았다. 중일관계가 험악해지면 험악해질수록 소공에 쏟는 힘은 약화되고 그때를 틈타 세력확대를 꾀할 수 있었기 때문이다.

그 구체적인 움직임은 7월 25일(1935년)부터 8월 20일까지 모스크바에서 개최된 코민테른 제7회 대회에서 시작된다. 정확히 모택동·주덕 등의 제1방면군과 장국도·서향전 등이 이끄는 제4방면군이 서천 도중 사천성 변경인 무공에서 합류, 모·장이 대립 분열하기 직전이었다.

코민테른 제7회 대회는 코민테른이 유럽에 있어서의 독일 나치즘과, 아시아에 있어서의 일본제국주의를 최대의 위협으로 간주, 반제국주의·반파시즘의 통일전선방식으로의 커다란 노선전환을 가져온 대회였다.

이제까지의 소련은 스탈린이 트로츠키와의 권력투쟁에서 승리한 후, 그 지위의 독재화와 국내건설에 주력을 쏟고 있었으므로 외교적으론 유화정책을 취하고 있었다.

9·18 만주사변에 의해 일본군이 동북을 빼앗았을 때에도 소련은 무간섭주의를 관철했다. 그러나 '만주국'이라는 일본의 괴뢰정권이 성립하여 열하·화북에까지 미치자, 소련은 일본의 위협을 느끼기 시작했다.

또한 유럽에서는 이탈리아의 무솔리니 정권의 파시즘, 독일 히틀러 정권의 나치즘이 반공·반소를 외쳐 공산세력에 압박을 가해왔다.

'항일구국'을 주창한 선언

코민테른의 '통일전선'의 구호는 이러한 국제정세에 대한 판단 속에서 생겨난 것이다.

중국 공산당의 코민테른 수상대표로서 대회에 출석한 왕명(陳紹禹)은 스탈린의 의도에 따라, 대회에 '식민지 및 반식민지국가에 있어서의 혁명운동과 공산당의 전술'이라는 제목의 보고를 통하여 '중국 공산당은 모든 인민을 제국주의에 대한 단호한 투쟁에 총동원하여 통일전선을 결성한다'고 밝혔다.

코민테른의 방침에 따라 8월 1일 '중국 소비에트정부·중국 공산당중앙'의 이름으로 발표한 것이 '8·1선언', 즉 '항일구국을 위하여 전 동포에게 고하는 글'이다.

이 선언은 국민정부의 '안내양외(安內攘外)' 정책을 비방하여, 소공의 중지, 항일을 위한 통일적 국방정부, 항일연합군 결성을 제안한 것이다.

이 '8·1선언'에서는 여전히 국민당과 국민정부 및 그 책임자에 대한 공격을 반복하고 있었으나, 국민정부 타도라는 과격한 구호만은 표방하지 않고 있다.

반일감정에 대한 선동적인 슬로건

이러한 자세는 중국 공산당의 전술전환이기도 했다. 그들은 그때까지도 '통일전선'을 외치고 있었으나 그것은 하층통일전선이라 일컬어, 먼저 민중을 하부에서 붕괴시켜 상층부를 뒤집어엎으려 한 것이었다.

그러나 이 '8·1선언' 이후 상층통일전선으로 바꾸어 넘어뜨리려는 대상의 상층부에 갑자기 달라붙어 위에서 조직을 붕괴시키는 방식으로 전환하였다.

이 상층통일전선은 이후 제2차 세계대전 후에도 '상층에는 아부, 중층에는 타격, 하층에는 강제'라는 슬로건 아래 답습되었다.

한편 이 '8·1선언'은 대일전략에 대해 '일본의 모든 재화재산을 몰수하여, 대일전비에 충당한다'는 등 극히 선동적인 슬로건을 내세워 중국의 반일감정을 부채질했다.

이와 같은 공산당의 과격한 대일전략은 오히려 후일 일본의 중국 침략 구실로 이용되게 되었다. 예를 들어 이해 12월 북경에서 열린 학생 대규모 반일시위(12·9운동)는 대일전략에 근거, 북경에 잠입한 공산분자의 선동에 의한 것이었다.

6. 1936년의 공산군 세력분포

연초의 공산군 태세

군사편중주의를 탈피한 중국 공산당은 항일구국의 기치를 내세우는 신전술로 사회 각 계층의 민중을 재조직하고, 국민정부로 하여금 '용공(容共)'을 수용하도록 압력을 가하는 한편, 소비에트군의 강화와 확대는 잠시 중지하고 있는 듯하다. 장개석의 서남토벌 이후부터 1935년 말까지의 공산군은 바쁜 지역이동으로 공세보다 수세에 몰려 새로운 작전태세까지 일정기간 동안 각지를 배회하고 있었다. 그러나 그 유격지역이 내몽고 지방까지 접근하고 있는 점을 볼때 홍군의 위력이 감소하고 있다고 볼 수는 없다. 말하자면 홍군 병력의 외관적인 열세에도 불구하고 대국적으로는 '중국 공산군은 동아시아 정국변화의 그날을 위한 혁명의 총예비부대'로 주목되고 있었다. 1936년 초에 있어서 공산군의 태세를 각 구·군별로 살펴보면 다음과 같다(괄호 안은 추정 병력 수).

섬감구-모택동·팽덕회·임표·서해동·유지단(3만)

천강(川康)구-주덕·서향전·장국도·나병휘(3만)

하·소군(賀蕭軍)-하룡·소극·하회·임필시(2만)

잔비-항영·진의·서언강(徐彦剛)·유영·속유(粟裕)·고준정(高俊亭)(2만)

즉 약 10만의 공산군이 섬서·감숙·사천·서강·귀주의 각 성에서 유격활동을 전개하고 있었다. 잔비는 강서·복건·절강·안휘·하남·호북의 각 성에 흩어져 대체로 그 활동이 저조하고, 대국(大局)에 미치는 영향이 적으므로 이에 관한 서술은 제외하고 주로 모·서군(毛徐軍)과 주·서군(朱徐軍), 그리고 하·소군(賀蕭軍)에 관한 활동을 추적해 보기로 한다.

산서에 침입하는 주·서군

1935년 7월로 소급하여 말하면, 산서의 일각에서 염석산(閻錫山)이 다음과 같이 비통하게 절규했다.

'섬북 23현 중, 다소나마 적화되지 않은 현은 한 곳도 없고 완전 적화하고 있는 곳이 8현, 절반 적화하고 있는 곳이 10수 현에 달한다. 공산당은 무력을 사용하지 않고 소비에트 구를 확대할 수 있을 정도의 위세를 이미 확보하고 있다. 섬북에서 적화된 민중은 70만을 헤아리고 적위대(赤衛隊)는 20만, 정규 홍군만도 2만에 달한다'

염석산은 뒤이어 제2의 성명을 발표하고, 토지공유제의 실시로 적화의 위기를 면할 수 있다고 말했다. 그러나 이러한 그의 경종에도 별다른 반향이 없었다. 그 까닭은 섬북에 근거하는 유지단군의 실력은 도저히 성외(省外)로 사건을 일으킬 만한 능력이 없다고 보았기 때문이다. 그러나 염석산의 염려는 결코 기우가 아니었다. 형세의 변화를 감지하는 데 있어서 국중인(局中人)의 직감은 국외자(局外者)가 도저히 따를 수 없는 것이다. 그 개중(個中)의 국면은 이때 크게 변화하고 있었다. 섬남의 서해동군은 섬북으로 들어가려 하고 있었으며, '적표(赤豹)'로 불리우는 모택동 역시 서향전의 뒤를 따라 섬북으로 향하고 있었던 것이다.

　그 후 2개월이 지났다. 모·서·유의 3군은 마침내 섬북에서 합류하여 홍군 3만, 소비에트 현 수 20여의 엄연한 섬감 소비에트 구는 다음의 표와 같은 진용으로 북중국 적화의 중추적인 역할을 하고 있었다.

　　(ㄱ) 섬감지대(支隊) (추정병력 1만)
　　　　　사 령 팽덕회
　　　　　부 사 령 임 표
　　　　　정치위원 모택동
　　　　　정치주임 왕가색(王稼嗇)
　　　　　코민테른대표 이 덕(러시아인)
　　　　　제1종대사령 임 표
　　　　　제2종대사령 등 발
　　　　　제3종대사령 팽설풍(彭雪風)
　　(ㄴ) 홍군 제25군(추정병력 1만)
　　　　　군 장 서해동
　　　　　제41사장 장사겸(張士謙)
　　　　　제 73 사
　　　　　제 75 사
　　　　　보 충 사
　　(ㄷ) 홍군 제26군(추정병력 7천)
　　　　　군 장 유지단
　　　　　홍1단장 하진년(賀進年)
　　　　　홍2단장 엄홍염(嚴紅燄)
　　　　　홍3단장 왕조상(王兆相)
　　　　　홍4단장 식광윤(識光潤)
　　　　　홍5단장 최세준(崔世俊)

홍6단장

　섬북 땅은 본래 척박한 토지다. 유지단의 군대만으로도 어려운 처지에 모(毛)군과 서(徐)군이 들어가 네 배 이상의 군사를 먹여 살리려면 내용의 충실을 말하기에 앞서 우선 물자의 결핍 때문에 비명을 지르지 않을 수 없는 상황이다. 물자가 필요하다. 때마침 새 소비에트 구로 들어간 '적색의 표범' 모택동이 사방을 둘러보았으나 눈에 띈 것이라고는 염석산이 보유하고 있는 산서(山西)의 가축뿐이었다. 드디어 표범은 울타리를 부수고 산서의 한 농촌인 대안(對岸)을 습격했다. 2백 명의 홍군은 꽁꽁 얼어붙은 황하를 순식간에 건너 산서로 침입했다. 그때가 1936년 2월 17일의 일이었다. 이후 연일 도하하는 부대가 늘어나, 황하 연안에서 산서의 석루(石樓) · 이석(離石) 일대에는 약 6천의 병사가 치밀려왔다. 이곳을 정면으로 지키고 있던 산서 정부군 온옥여(溫玉如) 여단은 거의 무저항 상태로 굴복했기 때문에 앞의 3현이 먼저 함락되고 기세를 탄 모택동은 스스로 오보에서 가까운 도하지점인 삼교진(三交鎭)으로 출마했다. 3월 10일까지는 일승일패를 거듭했으나 결국 이석 · 중양(中陽) · 석루 · 영화(永和) · 습현(隰縣) · 냉양(冷陽) · 효의(孝義) · 영석(靈石)의 8현을 점령했다. 침입 병력은 2만 2천에 달하고 5할이 모 · 서군, 3할이 섬서 토착의 급조부대, 2할은 구(舊)동북군으로부터의 투항부대였다.

　방위측의 산서군은 제1종대(사령 楊澄源)와 제2종대(사령 楊效歐) · 제3종대(사령 李生達) · 제4종대(사령 孫楚)의 합계 3만 병력에, 총예비대 1만과, 성성(省城)인 태원(太源)을 수비하는 3개 여단과 산서를 남북으로 관통하는 동포(同蒲) 철도 수비대의 2개 여단의 병력 1만을 합쳐 총 5만이었다. 그러나 산서군이 강하지 않다는 것은 이미 주지의 사실이다. 정예를 자랑하는 중앙군에서도 공산군의 토벌에는 적의 5,6배의 병력을 요하는 것이 상례이기 때문에 산서군만으로는 토벌이 불가능했다. 어느 방면에서든 구원이 필요했으나 기찰(冀察)의 송철원에게는 그럴 기색도 없고 여력도 없었으며, 산서측도 응하지 않으므로 산동성의 한복구(韓復榘)도 출진하지 못하고 결국 중앙군이 진출하기에 이르렀다.

공산군이 어떤 성(省)을 침입하면 뒤따라서 중앙군을 투입, '3분군사·7분정치'를 실시하는 것이 장개석의 상투수단이다. 귀주·운남·사천과 마찬가지로 산서에도 같은 요령으로 출병했다. 기찰에서 출병이 없음을 간파하자 장개석은 결연히 7개 사의 중앙군 4만을 투입하고 아울러 상진군(商震軍) 2개 사 1만을 합쳐 강서토벌의 용장 진성(陳誠)을 파견하여 총지휘를 맡겼다. 양애원(楊愛源)이 총지휘하는 제2로 군 6만은 산서군과 상진군의 합성부대이며 그 밖에 비행기 19대도 참가시켰다.

토벌군이 이러한 진용을 갖추는 동안에 공산군은 착착 점령지구를 확대하고 있었다. 먼저 점령한 8현 외에 태원서북의 두 현과 태원서남의 두 현, 그리고 동포선 남·동·서쪽 등의 현을 3월 20일경까지 손에 넣었다. 합계 27현 내지 30현, 따지면 전성의 약 3분의 1에 해당하며, 더욱 서남부의 부서구(富庶區)까지 와있으니 과연 침입군(홍군)의 전성시대라고 할 만했다.

그러나 토벌군이 준비를 끝내고 10만의 병력으로 출동하자 침입군의 형세는 내리막길로 치달아 3월 말에는 곽현−신강간의 동포철도 연선 및 양현 부근의 모(毛)군은 5천, 태원 서북의 서(徐)군은 2천만이 잔류했을 뿐이다. 그것도 5월 상순에는 전부 퇴거하고 산서는 다시 토벌군의 수중에 들어갔다. 불과 2개월 반의 적치(赤治)였다.

섬서의 옛 둥우리로 쫓겨 온 공산군은 물론 상당한 타격을 받았으나 한편 다수의 홍군을 보충하여 병력은 감소하지 않았고, 무기의 손도 적었으며 물자는 오히려 더 잔뜩 싣고 왔다고 한다. 여기서 약 보름 동안 휴양을 한 후, 모택동은 다시 안정·보안에 모습을 드러냈다. 6월 상순에는 멀리 감숙성의 곡자진(曲子鎭)·부성(阜成)에서 마홍규(馬鴻逵)군과 교전하고 환현(環縣)·홍덕성(洪德城)·산성보(山城堡)·영하성을 거쳐 예왕(豫旺)과 동심성(同心城)에 주둔하였다. 한편 서해동군은 섬서·정변(靖邊)·영하·염지(鹽池)를 거친 후 홍수성(紅水城)에서 모택동군과 합치했다. 그후 모·서군은 중위(中衛)를 공략했고 이어서 영무(靈武)·금책(金積)을 수복한 것이 8월까지의 동태이다. 9월 하순이 되자 모(毛)군은 감숙의 해원(海源)·회령(會寧) 방면으로 남하하여 바야흐로 주·서군과 합류하려 했으나 토벌군에 의해 저지되어 다시 예왕·환현에 주둔하게 되었다.

다소 복잡한 감이 없지 않지만, 이상이 1936년 동안 산서지방을 중심으로 벌어진 국·공공방전의 대강이다. 여기서 유의해야 할 점은, 보다 강력해진 토벌군의 공격을 피하면서 주·모·서군이 어떻게 종횡무진한 유격전을 펼쳐나갈 수 있었는가 하는 점이다.

賀·蕭軍의 북상

호남 서부에 웅거하고 있던 하룡·소극군은 행동을 개시하여 1935년 연말에 귀주로 침입하고 1936년 2월 하순까지 필절(畢節)에 있었다. 26일 이곳을 포기하고 운남을 침입하여 3월 2일에는 진웅으로 박두했으나 정부군에게 격퇴되었다. 27일에는 귀주 반현(盤縣)을 점령하고 여기서 두 대로 나뉘어 하룡군은 평이(平彝)·점익(霑益)에서 심전으로 가고, 소극군은 곡정(曲靖) 남방에서 마룡 북방을 거쳐 역시 심전으로 와서 4월 6일에는 숭명(崇明)에 도달하였다. 이어서 부민(富民)·나차(羅次)·녹풍(祿豊)을 공격하였으나 실패하여 다시 두 대로 나뉘었다. 하군은 광통(廣通)·초웅(楚雄)·진남·상운(祥雲)을, 소군은 염흥(鹽興)·요안(姚安)을 거친 후 빈주(賓州)에서 다시 합쳤다. 학경(鶴慶)·여강(麗江)을 공략한 후에 25일에서 29일 사이에 금사강(金沙江)을 건너고, 5월 5일에는 서강(西康)으로 침입하여 정향(定鄕)과 덕영(德榮)에 도달했다. 이화(理化)와 파안(巴安)의 선으로 진출하여 첨화(瞻化) 부근에서 주·서군과 합류하여 7월 중순까지 감자(甘孜)에서 체류하였다.

하·소군은 이후 다시 단독행동을 취해 대설산과 대금천을 넘어서 사천과 서강 성경을 서북진하여 7월 25일에는 청해성(靑海城)의 백의사(白衣寺)에 도달했다. 그러나 여기서 정부군 마보방군(馬步芳軍)에게 격퇴되어 아군(阿軍)에서 다시 방향을 바꾸어 청해성으로 향하여 9월 중순 주덕·서향전군과 합쳐 감숙의 민현(岷縣)을 공격했으나 탈취하지 못했다. 이들은 다시 동진하여 감숙 남부의 성현(成縣)·강현(康縣)·휘략(徽略)을 공략하여 이 부근에서 소규모의 유격을 시도하였다.

주덕·서향전군의 유격전

1936년 초에 사천과 서강 성경의 무공(懋功)·단파(丹巴) 일대에 있었던 주덕·서향전군은 3월에 들어서 서강성 도부(道孚)와 노곽(鑪霍)에 진출했다가 감자부근으로 이전하여 여기서 하·소군과 분리하였다. 7월 중순에 노곽 동쪽에서 사천으로 들어가 수정둔(綏靖屯) 북방에서 대금천을 건너고 북방 준마(梭磨)를 경유하여 24일에는 포좌(包座)에 도착하였다. 28,29 양일에는 송반(松潘)을 공격했으나 실패하고 다시 포좌로 되돌아가 감숙을 침입하여 8월 중순에는 민현을 공략하였다. 9월 10일경에는 임조를 공취하고 12일에는 나아가 난주를 핍박했으나 역시 실패하고, 임조로 되돌아와서 공창(鞏昌)과 통위(通渭) 일대에 주둔한 것이 10월 상순의 일이다.

이상 1936년 말까지의 공산군의 동태를 총괄하면 각 군은 거의가 감숙성으로 집중한 셈이 된다. 동북부의 환현에서 영하의 예왕·염지·금적 지방의 전역에는 모택동·서해동·팽덕회·임표 등의 군이 모여 있었고, 중부의 통위·공창·위원·장현·민현·무산·복강·진안

지방에는 주덕·서향전군이 있었다. 한편 동남부의 섬서 성경의 성현·휘현·양당·강현·백수 강 일대와 섬서의 약양·면현·봉현 지방에는 하룡·소극·나병휘 각 군이 있는 소비에트 구이며 그 현수는 20여이나 정확한 병력은 밝혀지지 않았다.

7. 만주에서의 공산주의 운동

여러 민족이 뒤엉켜 있는 용광로

만주라는 나라는 중국 근세의 명(明)나라를 뒤엎은 후금족(后金族) 곧 말갈족이 세운 청국(淸國)의 본고장이다. 이 만주를 현대 중국역사에서는 청조에 속한 동삼성(東三省)이라고도 부른다. 이 만주의 공산당 운동은 중국인 곧 한족(漢族)에 의한 공산운동과는 달리 이민족의 개입으로 인한 복잡성이 상당히 얽혀 있다. 그 한 가지는 인종문제이다. 일본·조선·중국·만주·몽고·소련 및 브리야트 등 여러 민족이 서로 뒤엉켜 있는 용광로가 바로 만주라는 곳이다. 다른 또 한 가지 복잡성의 원인은 그 지리적인 형세이다. 만주와 사방으로 접하고 있는 북조선(北朝鮮), 몽고, 러시아 시대로부터의 소련, 그리고 서남의 중국 본토 등의 각국으로부터 각종의 사상과 문물이 만주로 유입됐다. 조선민족의 독립사상을 비롯하여, 삼민주의, 왕도사상, 대아시아주의, 공산주의 등 온갖 사상이 제멋대로 침입하여 각자 그 대상을 찾아서 이곳에서 도량하게 된다.

그중에서 가장 복잡다양하게 전개된 것이 공산주의운동이다. 물론 이 사상은 1917년 10월의 러시아 혁명을 계기로 전세계로 확대된 것이지만 만주의 경우는 직접 소비에트·러시아계를 그 본줄기로 하면서 대체로 ① 거류 소련인을 대상으로 하는 경우 ② 중국을 거쳐 중국인을 포섭대상으로 하는 경우 ③ 조선을 거쳐 거류 조선인을 포섭대상으로 하는 경우 ④ 일본을 거쳐 거류 일본인을 상대로 하는 경우 등이 4대 주류를 이루고 있었다. 그러나 신해혁명 이후에는 순수한 만주인과 몽고인들을 상대로 하는 공산주의운동도 전혀 배제할 수가 없다.

그런데 이 만주에서의 조선인 공산주의운동은 다른 광복운동가들의 복벽파(復辟派), 즉 입헌군주제파와 민족종교인 대종교파, 그리고 민주·공화파 등의 여러 파벌과 대립하는 외에 내부적으로도 친소파·친중파로 엇갈려 상호견제와 이합집산 등 혼란을 거듭했다. 그러나 여기서는 이 가운데 특히 중국 공산당과의 관계를 중심으로 하여 설명하기로 하겠다.

소련계 공산당

최초의 볼세비키 당이 만주의 하얼빈에 조직된 것은 1917년이며, 당면의 목표는 호트와트 백계 러시아 군의 적화(赤化)에 있었다. 이어서 북만주의 노동자, 특히 동북철도종업원의 적화를 목표로 1920년에 동철도부속지구당 사무국을 만들고 이 운동의 본거지로 삼았다. 나아가서 적색직업동맹을 만들고 동 철도국장 이바노프를 지휘자로 만들었다. 이들은 1925년 12월의 곽송령(郭松齡) 사건 때 봉천군수송을 방해하는데 그 때문에 이바노프가 체포된다. 이때 중국은 손문 중심의 국민당 혁명기로 진독수의 공산당이나 만주 군벌 장작림 등도 중국 국민당의 강세에 밀려 그 세력을 크게 떨치지 못하고 있을 때였다. 그런데 1927년 중국공산당의 광동폭동 배후에 소련이 관련되고 있음이 밝혀져 국민당정부와 소련의 국교단절이 한동안 지속됐다. 이 사이에 소련 측은 사실상 단교의 범위 밖에 있는 만주에 전력을 집중시켜 소련의 외무인민위원부 극동부장 메리니코프를 하얼빈 총영사로 삼았다. 그는 동철부속 지구당 사무국을 통칭 당북만현위회(黨北滿縣委會; 하얼빈 현위원회)로 고치고 적색직업동맹과 임업(林業) 트러스트 등을 외곽단체로 하여 맹렬히 적화공작을 시도했으나 그 역시 1929년 5월에 국민당정부에 체포됐다. 이 사건을 세칭 '하얼빈 총영사관 수사사건'이라고 한다. 이러한 국민정부 측의 승세에 이어 역시 정부 측의 비호 하에 있던 장학량의 동삼성군은 1929년 7월에 무력으로 동철(東鐵)의 강제회수를 결행했다. 그러나 소련 역시 군대를 출동, 여기서 결국 장학량군이 패배하여 이른바 굴욕적인 '하바로프스크 협정'을 조인하는 사태에 이르게 된다. 이 조인에 따라 하얼빈현위는 북만위원회로 개칭됐다. 만주의 소련계 공산당은 권토중래를 획책하였으나, 만주사변의 발발과 동시에 부의(傅儀)의 '만주국' 건국선포라는 여세에 밀려 끝내 활동을 종식 당하게 되었다. 말하자면 이때 소련 측에서 북만철도(北滿鐵道)를 매각하겠다는 제의를 해왔는데 이는 바로 북만으로부터의 퇴각의사를 의미하는 것이었다. 교섭이 성립되면 북만공산당위원회는 자동적으로 소멸되고 만주지역의 공작은 당분간 종식되게 된다.

독립운동으로서의 조선 공산당 운동

둘째 경우는 조선 공산당의 운동인데, 이 경우는 앞에 언급했듯이 여타 독립운동과 연관 관계에 있을 수밖에 없는 특수 사정으로 매우 복잡했다. 다만 여기서 공산당의 직접 관련사항을 말하면 1918년으로 소급하는데, 그 당시에는 이미 간도(間島) 등을 중심으로 조선민족주의 단체가 존재하고 있었다. 그들은 적화된 최초의 조선인 공산주의 단체로 하마로프스크에서 결성된 이동휘(李東輝) 계열의 한인사회당(韓人社會黨)이다. 또 한 단체는 이르쿠츠크 파로 김철훈(金哲勳) 계열이다. 다음해인 1919년에 제3인터내셔널의 일원으로 인정되어 그 명칭을 '고려공산당(高麗共産黨)'으로 바꾼 후 중심을 상해로 옮겼다. 그러나 만주에서 이동휘 계열이 빠져나가자 급진적인 공산주의자들이 이르쿠츠크에서 '전로한인공산당(全露 韓人共産黨)'을 결성하고 만주에서의 주도권을 행사하려 했다. 이 두 파는 서로 대립하여 코민테른에서는 조정에 나서서 결국 서로의 활동범위를 구분하고 양자가 공존하기로 하였다.

그러나 불과 얼마 되지 않아서 이동휘의 상해공산당은 다시 두 파로 분열되어 일부가 전로파(全露派)에 가담했다. 이로써 힘의 균형이 깨지고 상대적으로 우세해진 전로파는 교묘하게 코민테른과 접촉하여 결국 1921년 11월에 '전로고려공산당'으로 개칭하고 조선인 공산운동의 최고단체로 행세했다. 그러나 상해파는 이에 불복하고 만주의 영고탑(寧古塔)에 고려공산당 북만지부를 만들어 서로 대립하면서 대일항쟁(對日抗爭)을 계속했다. 코민테른은 조선인 단체의 내분에 손을 써서 고려공산당을 해산시키고 1923년 블라디보스톡의 전로공산당 극동지방위원회내에 고려부를 설치하였다. 이 고려부의 지도부는 역시 이동휘파였고, 그 지도하에 간도 일대에서는 '대한의용군(大韓義勇軍)'을 조직하고 그 산하에는 따로 동·남·북만주의 3개 청년총동맹을 성립시키는 등 1926년까지 활동을 계속했다.

이상은 러시아 및 만주지역에서의 조선인 단체였으나, 조선 내에도 공산주의 단체의 성립을 보게 되어 1925년 서울에서 '고려공산당'이 조직되어 역시 코민테른으로부터의 승인을 얻었다. 그러나 일제(日帝)의 검거로 이 당은 소멸되고 검거망을 피한 나머지가 블라디보스톡으로 도피하여 제3차 당을 조직하고 또한 1926년에는 '만주총국(滿洲總局)'을 설치하기도 하였다. 이 조선 공산당의 만주 진출 결과 블라디보스톡 고려부 내의 고려파는 이 만주총국에 합작·통일되는 형세를 취했으나 사색당파적(四色黨派的)인 분당작용이 계속되어 급기야는 7,8개 파로 분열되어 서로 배척하기에 이르고 운동은 위축·침체되었다.

이렇게 되자 만주와 중국, 그리고 국내의 공산운동은 그 중심세력을 잃고 러시아에 거주하는 계통은 모스크바의 조선인계와 합작하고, 나머지는 코민테른의 위협적인 지시에 의하여 '조선 공산당 만주총국'을 해체하고 중국 공산당 산하에 편입되고 말았다. 1930

년 4월에서 8월에 걸쳐 생긴 일이다.

항일을 겸한 중국 공산주의 운동

셋째는 중국 공산당의 만주에의 진출이다.

1928년에 동삼성(東三省)이라는 역성(易姓)의 혁명기치후를 내세운 후에 만주개편과 동시에 중국 공산당 중앙이 직접 관할하는 만주성위원회가 결성되고 그 지도하에 무순(撫順)에 최초로 적색공회(赤色工會)가 탄생한 것을 비롯하여, 그 밖의 공업지대와 철도연선을 따라 적화선전이 성행하기에 이르렀다. 오랜 경험과 국공합작 및 국민정부의 토벌작전에 대항해온 중국 공산당의 활동은 과연 활발했다. 그래서 조선인 단체의 이합집산으로 골머리를 앓던 코민테른은 중국 공산당 산하에 이들을 흡수·통합시키기로 한 것이다. 그 결과 중국 공산당 만주성위원회는 재만선지부(在滿鮮支部) 공산당원 위에 군림하면서 한층 활동이 신장되었다. 북·동·남만주의 3개 특별위원회와 2개의 시위원회, 15개의 현(縣)위원회 17개의 특별지부가 있었고 따로 독립된 군사위원회·중공청년단만주성위·만주성호제회(互濟會)·전총만주군사처(全總滿洲軍事處)·반제동맹(反帝同盟)·사회과학연맹·농민협회 등의 조직과 계획이 추진되었다. 그리고 실천운동으로서는 간도지방의 조선인 무장유격, 하얼빈 지방의 반제운동, 무순의 노동운동, 반석(盤石)의 농민운동 등이 있었는데 이런 것들은 매우 적극적 투쟁상까지 보인 항일운동을 겸한 공산주의운동이었다. 그러나 중국국민정부의 탄압도 바야흐로 중국 내의 토벌작전과 병행하여 활발해지고 본격화되면서 동시에 일본의 재만경찰권까지 발동되어, 만주사변 발생 전의 일부지방을 제외하고는 거의 모든 공산당조직만이 파괴·분산되고 말았다. 만주사변 후 중국 공산당의 활동은 더욱더 제한·위축되어 마침내 중국 공산당 만주성위는 블라디보스톡으로 이전하게 되었고 간도지방에서의 소규모 유격 외에 전 만주에 걸쳐 공산주의운동은 추풍낙엽과 같은 신세가 되었다.

그런데 일본 공산주의자의 만주 침투는 이렇다할만한 것이 없었다. 다만 1925년에서 1931년까지 당조직의 전제로서의 외곽단체인 사회과학연구회를 만들었다가 검거된 것이 23건이 이르며 이들이 만주 사무국조직까지 결성했지만 결국 사전에 발각되어 실패하고 말았다. 이것이 마지막 활동이다.

만주에 있어서의 공산주의운동은 사실상 중국 공산당의 창당이나 발생보다 더 오래됐다. 그것은 앞에 언급한 하얼빈이나 동철(東鐵)이 근거지로서 상당히 적합했기 때문이며, 또 러시아 영토와 직접 접경을 이루고 있다는 이점도 있다. 그러나 만주 공산주의운동의 성과는 중국 공산당의 그것과는 전혀 대조가 되지 못하며, 소비에트지구나 홍군의 성립도 보지 못했다. 이러한 이유는 주로 일본 제국주의가 1900년을 전후로 해서 청일(淸日)과 러일전쟁에 승리하고, 조선을 병탄하고 만주의 남부를 우선 손아귀에 넣고 남만주 철도부설권을 쥐고 침략적 행위를 시작하면서 만주의 군벌이 혼란을 야기시킬 여유를 주지 않고 자기들의 세력부식에 힘썼기 때문이다. 곧 1931년의 만주사변 후에 만주건국을 선포한 후로는 만주 토착의 여진족을 이용하여 중국인, 조선인과 소련인들을 경계시켜 그들의 활동을 비밀 탐지케 하고 표면상으로는 만주 황제를 위한 질서유지에 힘썼기 때문에 조선인의 독립운동은 물론 중국 공산당과 소련인의 적화공작도 미미한 상태로 끝내고 두 전로(全露), 중공(中共), 조선인 단체는 모두 파괴·체포되는 결과를 낳고 말았으며 중공의 만주성위는 블라디보스톡으로 이동하고 소련은 만주북철(北鐵)을 매각하는 상태에 이르고 말았다.

8. 중국 적화와 외몽고와의 관계

내몽고 국민혁명군 조직

외몽고를 근거로 하는 적화운동은 그 범위가 생각보다 훨씬 넓은 것이다. 중국 적화를 위한 소련(모스크바)의 계획은 곧 세 가닥의 코민테른 루트를 의미한다. 이 노선은 동시에 동북아시아의 공산화의 길이기도 했다. 첫째 동로(東路)는 만주로 들어오는 루트요, 둘째 중로(中路)는 외몽고를 통하는 길이요, 셋째의 남로(南路)는 중국 서북의 신강으로 들어오는 길이다. 이 3로는 소비에트조직의 변경지역의 공작이다. 중국이나 만주의 적화와 동시에 외몽고의 적화도 그간에 이루어져 있었다. 외몽고 적화는 붉은 소비에트의 동방 진출을 위하여 가장 중요한 근거지이다. 진출의 주요 목표는 무엇인가? 외몽고에 인접하여 그 영향을 직접 받는 것이 내몽고여야 한다. 이리하여 외몽고를 근거로 하는 중국 적화의 마수는 우선 내몽고로 뻗쳤으나 그 공작과 공구(工具)는 무엇인가? 그것은 풍옥상(馮玉祥)의 대두요, 내몽고 국민혁명당의 결정이요, 내몽고청년당이 존재하게 된 것이다.

말하자면 외몽고에서의 혁명이 성공을 거두자 그 영향은 즉시 내몽고에 나타나서 백운제(白雲悌)·곽도보(郭道甫)·복명태(福明泰) 등의 소수 지식계급분자에 의하여 '내몽고국민혁명당'이라는 비밀결사가 조직되었다.

(1) 내몽고의 자치자결을 완성한다.

(2) 평민정치를 확립한다.

(3) 중국의 군벌정치를 타도한다.

(4) 봉건제도를 제거한다.

(5) 몽고의 침략과 압제에 반대한다.

(6) 몽고를 파는 왕공(王公)을 배제한다.

이것이 당의 정강이며 슬로건이었다. 당이 조직됨과 동시에 외몽고 국민당과의 연락을 도모하고 백운제 스스로 고륜(庫倫)으로 갔다. '왕공타도(王公打倒)'의 슬로건은 외몽고 측에서 제안한 것이다. 백이 외몽고로부터 돌아온 후에 지식계급의 입당자가 갑자기 증가하였다. 내몽고 국민당의 결성일자는 분명치 않으나 1924년 중으로 알려져 있다. 이때 풍옥상이 나타난 것이다. 직예파(直隸派)의 우두머리였던 그는 1924년의 제2차 봉직전(奉直戰)에서 비밀리에 장작림 및 손문과 내통하여 군대를 고북구(古北口)에서 북경으로 돌리고 유명한 '도육(倒戈)'의 일막을 연출하고 대총통(大總統) 조곤(曹錕)을 내쫓고 오패부(吳佩孚)를 격파하여 하얼빈과 수원(綏遠)을 그 수중에 넣었다. 그리고 이때 내몽고 국민혁명당과의 관계를 가지고 그의 중재에 의하여 동당과 중국 국민당과의 제휴가 성립되었다. 그러자 내몽고 국민당의 당세는 급성장하여 내몽고 각지에 당부(지방당)가 생겨나고 고륜에는 70~80명, 황포군관학교에는 10여 명의 학생당원이 유학하였다.

1925년 봄, 풍옥상 세력 하에 내몽고의 장가구(張家口)에서 제1차 당전국대표자대회가 열렸다. 출석자는 내몽고 각지에서 참집한 40여 명과 외몽고당과 정부대표, 중국 국민당·코민테른·풍옥상 대표 등이었다. 대회는 중앙집행위원 21명, 당무위원 21명, 상무위원 7명을 선출하고 내몽고국민혁명군 조직을 결의하고 대회선언을 발표하였다. 7명의 상무위원은 백운제·곽도보·복명태·이봉강·포열경·악경도·윤덕흠이다.

풍옥상의 패배

이 해에 풍옥상군이 열하(熱河)로 진출하자 경붕(經棚) 개로(開魯), 임서(林西)의 세 현에 몽기민군(蒙旗民軍—중요시군) 8천이 조직되고 악경도(樂景濤)가 총사령이 되었다. 차하르(察哈爾)와 수원에는 몽기민군훈련처(처장 奇子俊)가 설립되고 경북에는 군관학교가 생겨서 70~80명의 학생을 수용하였다. 군비의 3분의 2는 지방에서 각출하기로 하고 3분의 1은 풍옥상이 지급하고 병기는 외몽고 및 러시아에서 공급되었다. 당원수는 이때 1만 수천 명, 맹(盟)·기(旗)·구(區)의 각급당부의 조직도 정비되고 장가구에서는 주간(週刊) 및 월간 기관지의 발행을 보게 되고 정책으로서는 학교설립, 기제개혁(旗制改革·市格1旗)과 국민대표회의의 기성회, 왕공우대조건의 폐지, 그리고 자치실행 등을 내세웠다.

이러한 국민당의 전성시대는 외몽고 및 러시아의 후원과 풍옥상의 보호 하에서 발전하였다. 따라서 풍옥상이 세력을 상실하게 됨으로써 당이 곧 그 세력을 실추하게 되는 것은 당연한 추세이다. 풍국이 남구(南口)에서 청(淸)의 군벌에게 패전하고 영하성과 감숙성으로 퇴각하자, 몽기민군도 차하르를 탈출하고 총사령 악경도는 러시아로부터 파직되었다. 그리고 적로군관(赤露軍官) 다수의 감시하에 백운제가 내몽고국민혁명군 총사령이 되어 4여단, 6천 명으로서 시국을 수습하려고 하였으나, 산서(山西)로부터 압박을 받아 역시 영하의 아랍선(阿拉善)으로 퇴각하였다. 이때의 잔군은 겨우 1천여 명이었다.

이 무렵 우당(友黨)인 중국국민당에서는 손문의 사망 후 1926년 초부터 국민당 내부의 공산파와 비공산파 사이에 분쟁이 일어나고 있어서 내몽고국민혁명당에서도 같은 모양의 내분이 시작되었다. 당중앙은 최종적으로 이 문제를 해결할 것을 영하에서 각지부에 통지를 하고 1926년 가을 고륜에서 긴급대회를 소집하였다. 백운제, 곽도보, 악경도, 코민테른, 외몽고 각 대표와 소련유학생 대표를 지적하면서 간부개선을 주장하였다. 구간부를 축출하고 청대(淸代)계보의 친로분자 일색으로 새중앙부서를 조직하려고 하였다. 이에 대해 백운제 등이 각지 지부의 반공(反共), 반로(反露) 주장을 배경삼아 극력반대를 하였기 때문에 대회는 끝내 결렬되고 말았다. 그러자 백과 낙 등은 영하로 돌아가 구간부회의를 소집하여 반소(反蘇), 반공을 결의하고 공산분자의 숙청을 선언한 후 백운제가 대표가 되어 중국 남경으로 가서 장개석 및 국민당 우파와 타협하고 내몽고당무위원회를 성립시켜서 오로지 내몽고자치운동에 노력하였다. 그 한편으로는 내몽고국민혁명군을 개조하여 총사령에 윤덕흠과 7백 명의 실력자가 주동이 되고 기보안대(旗保安隊)를 꾸며 풍옥상으로부터 재정후원을 받기로 하였다.

반공산파가 국민당우파와 결속하게 되자 친로파분자인 곽도보와 친로학생대표는 코민테른 및 외몽고의 지도하에 고륜에 새 중앙부서를 조직하였으나 그 세력은 미미하여 내몽고 각지에는 하등 세력이 없어 코민테른에게 물심양면의 뒷바라지를 의존하고 있는 1백여 명의 소단체에 불과하였다. 그것은 다시 얼마 있지 않아서 둘로 갈라지고 그 일파는 호류패이(呼倫貝爾)의 독립을 획책하다가 실패하고 그중 다른 일파에서 그 후에 내몽고청년당이 생겨났다.

내몽고 반장파의 분쇄

한편 장개석의 남경정부와 합작한 반공산파는 앞에 언급한 것과 같이 북경에 당무지도위원회를 세운 후 악경도·윤덕흠·포열경·김영창·이영신·이봉강·우난택·폭자청·왕혜민 등이 위원이 되어 백운제를 남경대표로 하여 매월 9천 원의 경비를 얻어 당무를 진행시키려고 하였다. 그러나 얼마 있지 않아서 내몽고의 왕공(王公)과 남경정부 사이에 인연이 생겨나자 백운제일파는 거추장스러운 존재가 되었기 때문에 그들은 당장에 남경을 떠나서 반장파(反蔣派)로 돌아서고 백운제·곽도보·악경도 등은 북경에 새조직을 만들었다. 청조의 군벌 염석산, 풍옥상과 왕조명이 반장(反蔣)의 대단결을 형성하여 소위 확대회의를 개최하자 백 등은 북경에 내몽고각맹기당부연합판서처를 조직하여 한때는 60여기(旗)의 대표를 망라한 기세를 보였으나, 장학량의 무장조정에 의하여 반장파가 폐쇄되자 역시 저마다 분산되고 말았다. 그러나 그들이 뿌린 씨앗은 땅에 떨어져 죽지는 않고 3년 후에 덕왕일파(德王一派)의 고도자치요구운동이 되어 1934년에 내몽고가 고도자치구역으로서 일어설 수 있게 하였다.

소급해서 내몽고국민당의 백운제파와 결별한 친공산파는 호류패이사건, 곧 1929년 8월 15일의 회의가 실패가 끝난 후에 1929년 말경에 해랍이에서 내몽고공산정부의 설립을 결의하고 처음으로 내몽고청년당의 이름을 정했다. 수령은 하명태(何鳴泰)로 소련 유학생이라고 하니 1924년 내몽고국민혁명당에서 고륜으로 파견된 70·80명 학생 중의 한 사람인 것 같다. 그와 함께 8명의 유력한 간부진이 있었다고 하는데 그 성명은 분명치 않으나 모두가 소련유학생임은 확실하다. 현재 그들은 외몽고 차신한부(車臣汗部) 지방으로 옮긴 한 장군의 격지지휘하(隔地指揮下)에 호시탐탐 내몽고를 노리고 있으나 내몽고에서는 덕왕일파(德王一派)의 세력이 날로 강성해져서 이빨이 서지 않을 것 같다. 어쨌든 이빨도 서지 못할 처지이기는 하지만 언제 어떤 동기로 큰 파문을 내몽고에게 일으킬지 모른다. 이때 일본이나 중국국민당우파에서는 '내몽고는 덕왕의 것이다'라고 기정사실로 보고 있으나 내몽고에도 역시 공산당이 있으며 외몽고의 일각에 근거하여 호기를 노리고 있다는 것을 잊어서는 안 된다.

다음에 내몽고청년당의 정강을 소개한다.

(1) 민족자결, 내몽고독립국 설립.

(2) 국체는 민주공화국. 주권은 노동자에게 있으며 최고기관은 국민대표회의.

(3) 토지 및 기타 일체 자원의 국유.

(4) 일체의 구조약을 인정치 않음.

(5) 무역국영(貿易國營).

제34장 광풍 속의 타협외교

1. 중일관계 호전의 징조

일본에 싹트는 위기의식

제5차 소공작전이 한창일 때 '만주국'을 제국화하여 '아모우(天羽)성명'에서 중국침략을 공표한 일본의 사이토마코토(齋藤實) 내각은 의옥사건(제인사건)에 의해 와해되고 1934년 7월 8일 해군대장 오카다 케이스케(岡田啓介)를 수반으로 하는 내각이 성립됐다. 오카다는 온건파에 속하는 인물로 외상에는 히로다 고우키(廣田弘毅)가 그대로 유임되었다.

이 무렵 일본에는 "1935, 6년의 위기"라는 말이 유행했는데 일본이 느끼고 있던 '위기'의 하나는 중국이 일본을 국제분쟁의 소용돌이 속에 끌어들이기 위해 일본과의 일전을 벌이려 하지 않을까 하는 걱정이었다.

그러나 '전쟁의 위기'는 오히려 일본군벌이 조성하고 있는 상황이었다. 그 증거로 일본의 군사예산을 보면 9·18 만주사변 이듬해인 1933년부터 급격히 팽창하기 시작해 1931년에 비해 2배 이상으로 늘어나 일본은 분명한 전쟁준비에 들어가 있던 것이다.

오카다 내각은 12월 3일 워싱턴 해군군축조약의 단독폐기를 결정했다. 이미 일본은 군축제한 이상의 전함을 비밀리에 건조하고 있었다. 앞서의 국제연맹 탈퇴에 이어 여기서도 국제적 고립의 길을 선택한 것이다.

히로다 외교에 협조적인 기미가 비친 것은 1935년 1월 25일에 행한 의회연설에서였다.

그는 '중국의 정국은 최근 다소 평정한 상태를 보이고 있어, 일본이 가장 염원하는 동아평화를 위해서 매우 기쁜 일이다. 양국간의 현안은 점차 해결될 전망이며, 중국 국민도 차차 일본의 진심을 이해하는 경향을 보이고 있다. 앞으로도 이런 경향이 더욱 촉진되기를 바란다'고 말해, 중일관계 개선을 시사했다.

1월 29일에는 접촉을 개시, 남경에서 일본공사부 육군무관 스즈키(鈴木美通)와 30일에는 주화(駐華)공사 아리요시(有吉明)와 각각 의견을 교환한 뒤, 2월 1일 관저에서 중국의 중앙통신사 기자와 회견, 다음과 같이 언명했다.

'이번 일본의 히로다 외상이 의회에서 발표한 중국에 관한 언명에는 성의를 담고 있다고 우리는 생각하고 있다. 우리나라 조야도 이에 대해 깊이 납득하고 있으나, 중국국민은 거듭된 도발을 받아왔기 때문에 일부에서는 반일감정이 생겨났다. 소부는 계속해서 합리적으로 이에 대처해왔다.

중국의 이제까지의 반일감정과 일본의 중국에 대한 우월감을 나타내는 태도는 모두 개선되어야 하며, 그것이 우호를 돈독히 할 수 있는 것이다. 우리 동포들도 정정당당한 태도로 이지(理知)와 도의에 따라 일시적인 충동이나 반일행동을 억제하여 신의를 나타내야 한다. 그러면 일본도 신의로써 응답할 것이라고 나(장개석)는 믿고 있다'

마침 이때 국제재판소 판사가 되어 있던 왕총혜(王寵惠)가 네덜란드의 헤이그에 돌아오게 되어 있었다. 거기서 왕조명(汪兆名)과 협의하여, 왕총혜를 '사인(私人)'자격으로 일본에 보내 외상인 히로다와 직접 면담케 해 일본정부의 진의를 타진케 하였다.

구체화되는 중일우호

국민정부의 '특사' 왕총혜는 1935년 2월 19일 동경에 도착, 즉시 히로다와 회담했다.

왕총혜는 중일 양국의 조속한 동북문제(만주문제) 해결의 필요성을 강조하고 다음의 2대원칙을 일본정부와 국민이 실행토록 요구했다.

(1) 중일 양국은 완전히 평등한 입장에 서서, 상호 독립을 존중한다. 그를 위해서도 일본은 솔선하여 중국에 대한 모든 불평등조약, 그 중에서도 영사재판권을 취소한다.

(2) 중일 양국은 진정한 우호관계를 유지하기 위해, 상대방의 통일을 파괴하거나 치안을 문란케 하는 행동을 삼간다.

게다가 왕총혜는 중일간의 외교교섭을 본궤도에 올리기 위해 평화적 수단 이외의 위협이나 폭력은 일절 삼간한다라고 진술했다.

이에 대해 히로다는 2대원칙 및 외교교섭을 궤도에 올리는 것에는 동의하였으나, 동북문제에 대해서는 '중국은 얼마 동안 만주문제에 대해 거론하지 말아 주었으면 한다. 만일 만주문제의 해결을 양국친선을 위한 선결조건으로 내세운다면 호전된 양국관계가 오히려 역전된다'고 답했다.

왕총혜는 이어 수상인 오카다를 비롯하여, 육상(陸相)인 하야시 센쥬로, 해상(海相)인 오오스미 미네오(大角岑生), 외무차관인 시게미쓰 마모루(重光葵) 등과 정력정으로 회담을 계속했다. 그리고 26일에는 히로다와 재차 회담했다.

일본의 정부 당국자들은 동북문제에 대해서는 이전까지의 완미한 태도를 바꾸지 않았으나, 일련의 회담은 평화적인 분위기 속에서 진행되어져 중일간의 급속한 접근을 진행시킬 듯 보였다.

10년간의 현안 문제였던 중일 양국의 공사를 대사로 승격시키는 문제도 거론되어 5월 7일(1935년) 양국 정부가 동시에 발표했다. 중국의 초대 주일대사에 임명된 자는 장작빈(蔣作賓)으로, 그는 6월 20일 국서를 봉정했다. 한편 일본의 주화대사가 된 자는 아리요시(有吉明)로, 6월 14일 봉정했다.

대사로의 승격은 중일 양국의 우호촉진을 상징하는 것으로, 열국도 이에 대응해 중일 양국에 대해 외교체제를 강화하기 시작했다.

소련의 배신행위, '중동철로 매각'

이러한 중일의 접근을 방해한 것은 소련, 공산분자, 그리고 일본의 군부였다.

소련은 3월 23일 중국의 반대를 무시하고 동북의 중동철로를 1억 7천만 엔에 '만주국'에 양도하였다. 중국은 앞서 1931년 12월에 소련과 국교를 회복한 상태였으니 이는 중국에 대한 배신행위라 하지 않을 수 없었다. 이 무렵 대서천 도중에 있던 공산당도 정부군의 추급(追及)을 피하기 위해 끊임없이 항일을 부르짖고 있었다.

한편 일본의 관동군도 히로다 외교에 불만을 품고 있었다.

1935년 1월 관동군은 대련에 중국주재무관이나 관동군 참모를 소집, 중국에 대한 대응책을 논의했다.

이 회의에서 무력을 배경으로 한 화북분리 정책의 추진과 동시에, 서남의 반중앙 세력을 지원하여 '반장(反蔣)운동'을 활발화시킨다는 등의 이야기가 오고 갔다. 이러한 방침에 근거하여 봉천(奉天) 특무기관장인 도비하라 켄지(土肥原賢二)가 홍콩에 파견되어 호한민(胡漢民) 등과 접촉했으나, 거부당해 실패로 끝났다.

도비하라는 3월, 동북으로 돌아오자 다시 회의를 열어 히로다에 의해 추진되고 있던 '중일친선'을 근저에서부터 파괴할 방침을 확인했다. 힘에 의해 화북을 속지화(屬地化)하려는 일본 군부에 있어서는 '중일친선' 따위는 없는 편이 나았던 것이다.

3월 30일 관동군은 다음과 같은 '대중국정책'을 결정했다.

'화북에 대해서

(1) 당고(塘沽)협정 및 부속 체결 사항 등에 의한 일본의 기득권을 신장하고 이로써 화북의 정권을 절대복종으로 이끈다.

(2) 장래, 민중을 대상으로 하는 경제관계를 밀접하게 하기 위해 면, 철도 등의 산업개발 및 거래를 급속히 촉진시킨다.

서남에 대해서는

(1) 중앙측(국민정부)에 대항할 수 있도록 물질적 원조를 비밀리에

행한다.

(2) 장래 중국남부의 경제계를 일본의 손에 넣기 위한 제일보로써, 필요한 경제적 설비를 시설한다'

관동군은 이렇게 까지 '비상수단'을 강구하여, 무력발동을 정당화하기 위한 구실 만들기에 힘썼다.

2. 일본군이 짜낸 모략

하룻밤에 2명을 암살

1935년 5월 2일 밤 천진의 일본 조계(租界; 아편전쟁 후, 개항도시)에서 외국인들이 그들의 거류구 안에서 경찰·행정을 관리하는 지역)에서 2명의 친일파 중국신문사 사장이 암살당했다. 양국의 대사승격이 발표되기 불과 2주 전의 일이다.

한 사람은 '국권보' 사장 호은부(胡恩溥)로 북양반점에 숙박 중 권총에 맞아 사망했으며, 또 한 사람은 '진보(振報)'의 사장인 백유환(白逾桓)으로 '만주국 중앙통신사' 기자를 겸하고 있었으나 자택에서 취침 중 사살되었다.

어느 쪽도 범인은 밝혀지지 않았다.

두 사람이 발행하고 있던 것은 중국어 신문이었으나, 일본군의 원조를 받아 중국인 상대로 친일적인 선전을 계속해왔다. 특히 백유환은 총에 맞았을 당시 관동군 사령관에게 보내는 밀서를 휴대하고 있어, 일본 육군과 깊은 관계에 있음을 보여주고 있다.

이 사건 역시 제2차대전 후 더욱 분명해진 일본군이 꾸민 모략이었다. 사건의 흑막의 배후는 지나주둔군 참모장인 사카이(酒井隆)라고도 하나, 적어도 일본군 앞잡이인 중국인 불량분자가 관계했음이 틀림없다.

그럼에도 불구하고 일본은 이 사건의 책임을 중국 측에 돌리려

했다.

5월 11일, 일본의 북병주재공사관 부무관 다카하시(高橋坦) (소좌)는 군사위원회 북경분회 대리위원장인 하응흠(何應欽)을 방문, '하룻밤에 두 사람이 암살된 것은 지극히 계획적인 일로, 국가단체나 유력단체의 소행이다. 하북성 정부나 천진시 정부는 사정을 알고 있으면서도 조사하려 하지 않는 것이 아닌가'라고 말했다.

그는 사건의 배후에는 비밀결사 '남의사(藍衣社)'가 관계하고 있다고 지적하고, 게다가 남의사는 중국국민당과 유대가 있는 특무조직이라는 당치 않은 구실을 끌어댔다.

일본군부의 속셈은 사건을 빙자하여 국민정부와 일을 꾸며 화북을 손에 넣으려는 데 있었다. 그러기 위해서는 사건을 국민정부 혹은 국민당과 관계 맺을 구실이 필요했던 것이다.

'당시 우리 중국과 일본은 아무런 분쟁도 없었으나, 일본은 일본 조계 내의 신문사에서 백과 호가 '남의사'에 의해 살해되었다고 하여 이를 구실로 삼았다. '남의사'는 애초 일본인이 날조한 것으로 우리는 이에 대해 말할 필요는 없다. 그러나 이 사건은 일본 조계에서 발생하였다.

중국의 권력이 미치지 않는 조계, 그 조계에서 무슨 일이 일어나든 우리 정부와는 관계없는 일이다. 그럼에도 불구하고 이 사건은 후일 중앙군 철수, 당부(黨部) 철폐라는 사태로 몰고 갔다. 이것이야말로 일본이 대륙정책을 실현하기 위해 필요에 따라 계획해낸 음모였던 것이다' (전국 중등 이상의 학교장 및 학생대표에 대한 담화)

일본군 일제히 도발개시

일본군이 암살사건과 더불어 구실로 삼은 또 하나의 사건은 열하성의 손영근(孫永勤) 의용군 문제였다.

손영근은 일본군이 침략한 열하남부에서 3천 명의 의용군을 이끌고 저항하고 있었다.

일본군은 이를 '비적(匪賊)'으로 취급, 백·호 암살사건 직후 철저한 공격을 시작해, 손영근은 '당고협정'에서 설정된 장성남(長城南)의 정전지역으로 쫓겨갔다. 손영근이 준화현장(遵化縣長) 하효이(何孝怡)에게 탄약을 보급해줄 것을 요청하였으나 하효이는 '당고협정'에 근거해 이를 거절했다. 그러나 일본군은 준화현 당국이 '당고협정'을 위반, 손영근을 원조하여 정전구역내의 치안유지를 방해하고 있다고 억지를 부렸다.

5월 20일 다카하시는 하응흠에게 '중국관사가 비적을 보호하여 소탕할 수 없었다. 중국 측의 책임을 추궁한다'라는 편지를 보내왔다.

동시에 천진의 일본군은 하북성 정부, 천진시 정부, 중국국민당 시당부(市黨部) 등에 대해 일제히 위협적인 도발을 개시했다.

일본의 장교들은 2월 4일 하북성 주석 우학충(于學忠)에게 면회를 강요하여 '네가 암살범이다!', '바보자식' 등 큰소리를 치며 모욕했으며, 장교들도 기세가 등등하여 '우학충과 천진시장 장연악(張延愕)을 체포하라'고 소리쳤다.

2월 9일 사카이는 다카하시와 함께 하응흠을 방문, 다음과 같은 '사전통고'를 했다.

'(1) 일본·만주에 대한 소란행위가 만일 북경·천진을 근거지로 해 계속된다면 일본은 이를 당고협정 및 신축(辛丑)조약을 파기하는 것으로 간주, 정전구역을 평북·천진 양시까지 확대한다.

(2) 호·백 암살에 대해 일본군은 이를 중국군의 반일활동이며, 일본 주둔군에 대한 도전행위라 생각하고 있다. 만일 일만에 대한 소란행위가 재발한다면 일본군은 언제라도 출동할 것을 중국 측에 알려둔다'

이 밖에도 이들은 항일활동 중지에 관한 무리한 요구들을 늘어놓았다.

3. 무력한 타협외교

무력한 외상 히로다

5월 30일(1935년) 천진의 일본군은 드디어 시위행동을 개시했다.

하북성 정부 문앞을 장갑차와 포병대 등이 포진, 북경·천진 양시의 상공에는 일본기가 초저공으로 선회하였다.

국민정부는 만일의 사태를 대비, 3월 1일 하북성 정부를 천진에서 보정(保定)으로 옮길 것을 결정, 이어 성정부 주석인 우학충과 천진시장인 장연악을 경질할 방침을 세웠다.

이날 주일대사인 장작빈과, 외상 히로다에게 면회를 요구, 일본군의 행동에 외무성에서 브레이크를 걸도록 요청했으나 히로다는 '순전히 군사상의 문제'라고 발뺌을 할 뿐이었다. 히로다에게는 이미 군부를 억제할 만한 힘이 없었던 것이다.

일본의 지나주둔군 참모장인 사카이는 6월 4일 재차 군사위원회 북경분회 대리위원장 하응흠을 방문, 2번째 회담을 행하였다. 그들의 요구는 중앙군의 철수 외에 ① 하북성 주석인 우학충의 파면 ② 하남성 시당부의 철폐 ③ 군사위원회 북경분회 정치훈련처 및 헌병 제3단의 이주 ④ 항일단체의 철폐 ⑤ 51군(평진지구 주둔군)의 이동 등이었다.

6월 9일의 제3차 하응흠·사카이 회담에서, 하응흠은 거의 받아들이는 동시에 '중국과 일본은 친선·제휴하지 않으면 안 되며, 그렇게 해야만 동아의 평화를 유지할 수 있다. 이것이 중앙의 기본 방침이며, 장위원장의 방침이기도 하다'라고 말했다.

그러나 사카이는 이를 귓전으로 흘려버리고는 더더욱 강경한 다음과 같은 요구들을 내놓았다.

'① 하북성 안에서 국민당의 모든 당부를 완전히 소멸시킨다 ② 51

군의 하북성 철수 ③ 중앙군의 하북성 밖으로의 철수 ④ 전국의 항일 행위 금지'

게다가 사카이는 '이 요구를 즉시 받아들여 처리하지 않으면 일본군은 자유행동을 한다. 1,2,3항목은 절대로 양보할 수 없다. 12일 정오까지 회답할 것'이라고 강요해왔다. 최후통첩이나 다름없는 요구였다.

눈물을 머금은 요구수락

일본군은 동시에 고북구(古北口)·산해관(山海關) 등에 항공기나 기병·보병부대를 증강, 평진에 출동태세를 취하는 위협을 가했다.

중국 측으로서는 평화적 해결을 위해 노력하는 수밖에 달리 길이 없었다. 마침내 국민정부는 일본군의 요구를 수락할 방침을 세웠다.

국민정부는 6월 10일 배외(排外)·배일을 전국적으로 금지하기 위해 '목린돈교령(睦隣敦交令)'을 발표했다. 이는 국민의 자중을 구하는 것으로서, 이에 따라 하남성의 국민당부가 폐쇄되고, 제2사(師)·제25사 등이 섬서나 하남·안휘를 향해 이동하게 되었다.

하응흠은 중앙의 결정에 따라 10일 저녁 다카하시에게 일본 측 요구의 '전면수락'을 구두로 통보, 다카하시는 '만족'의 의사를 밝혔다.

그런데 다음날인 11일 다카하시는 돌연 '각서'의 초안을 북경분회로 가져와 하응흠이 날인, 지나주둔군 사령관인 우메즈(梅津美治郎)에게 제출토록 강요했다.

'각서'에는 중국 측이 실행을 승낙한 사항 외에 새로이 '① 중국 측은 일본 측에 약속한 조항을 규정시간 안에 완전히 이행한다 ② 일중관계를 해칠 만한 인물이나 조직은 두 번 다시 하북에 들어오지 못하게 한다 ③ 일본은 중국이 성·시 등의 직원을 임명할 때 일중관계를 방해하지 않는 인물을 선정하기를 희망한다 ④ 약속된 사항의 이행에 대해 일본 측은 감시 및 규찰의 수단을 채용한다'라는 부대사항이 추가되었다.

이는 곧 화북의 군사와 정치를 완전히 통제하려는 의도를 노골적으로 드러낸 것이다.

12일 남경에서 개최된 중앙정치회의와 국방회의는 당연히 하응흠에게 '서명 날인의 거부'를 제시하여, 하응흠은 '각서'에 대한 회답을 묵살한 채 13일 오전 북경을 떠나 남하했다.

당황한 쪽은 오히려 다카하시였다. 그는 40일 외교부특파원 정석경(程錫庚)에게 면담을 요구 '일본군은 중국이 사인을 거부하는 경우 발생될 중대한 사태에 직면해 있다'고 위협하였다.

다카하시는 중국 측의 강한 '거부'의 자세 앞에서 결국은 '각서'를 포기, 부대조항을 제외시킨 일본 측의 요구라도 승락의 '통지'를 해달라고 나왔다.

이 통지가 후일 '하응흠·우메즈 협정(何梅협정)'이라 불리는 '환상의 문건(文件)'으로 둔갑하는 것이다.

정식협정으로 둔갑한 '통지'

중국 측은 7월 6일(1935년), 행정원정 왕조명(汪兆銘)의 동의를 얻어 다음과 같은 '통지'를 발송했다.

'6월 9일 사카이 참모장으로부터 제출받은 모든 사항을 승낙하고, 자주적으로 실시할 것을 이로써 통지한다. 우메즈 사령관 각하 하응흠'

타이프로 친 이 한 장의 '통지'가 교섭을 통해 일본 측에 전달된 유일한 문서였다.

일본 측은 이를 제멋대로 '하·우메즈 협정'이라고 이름 지어 마치 정식 군사협정을 체결한 것처럼 선전했다. 이는 어디까지나 '자주적 실시'의 '통지'일 뿐 '하·우메즈 협정' 따위는 애초에 존재하지도 않는 것이다.

'나(장개석)는 일본이 선전하는 '하·우메즈 협정'과 같은 협정이 존 재하지 않음을 단언하는 바이다'

그러면 대체 어찌해서 이런 말이 사람들의 입에 오르내리게 된 것일까. 일본은 하군정부장에 대해 중국의 하북성 안의 중앙군 철수, 평진·하북·차하르 당부의 철수 및 특무기관의 철폐를 요구해왔다.

하부장은 이에 대해 극히 간단한 회답을 보내, 이는 일본 측의 요구를 기다릴 것도 없이 우리 중국 측이 자발적으로 조치했다고 하였다. 편지에는 이러한 몇 마디 말 뿐이었다.

그러나 일본은 이 편지에 의해 무에서 유를 창조하는 것처럼 '하·우메즈 협정'이 성립되었다고 과대선전을 퍼뜨리고 있는 것이다.(전국 중등 이상의 학교장 및 학생대표에 대한 담화, 1936년 1월)

이 직후에 체결된 '진덕순(秦德純)·도히하라(土肥原) 협정'도 비슷한 경로를 거쳤다. 일본군은 이 협정에서 열하성의 서린(西隣), 차하르(察哈爾) 성으로부터도 중국군을 철수시켰다.

무력을 사용한 협박

일본군이 구실로 삼은 사건은 이른바 '차하르 사건'(6월 5일)이었다. 이는 장북(張北)에 잠입하려 한 일본군 특무기관원 4명이 차하르성 주석 송철원(宋哲元)의 제29군에게 체포된(8시간 후 석방) 사건인데, 모략의 기회를 엿보고 있던 북경의 도히하라(土肥原賢二)는 이를 놓치지 않았다. 그는 이 사건을 '일본군인에 대한 모욕'이라 칭하여 6월 1일 장가구(張家口)의 특무기관장인 마쓰이(松井源之助; 중좌)에게 사건의 직접 책임자를 처벌, 송철원의 사죄 등을 5일간의 기한을 주어 중국 측에 요구했다.

국민정부는 이제까지의 일본의 행위로 미루어 보아 그대로 방치하면 또다시 터무니없는 요구를 계속해올 것이라 간파, 18일 선수를 쳐서 송철원을 면직시키고 차하르성 주석(대리)에 민정청장·진덕순을 새로이 임명했다.

헛다리를 짚은 도히하라는 이번에는 진덕순을 물고 늘어졌다.

도히하라는 6월 23일 밤 계속 면회를 거부하는 진덕순의 자택에 '개인'자격으로 방문하여 송철원 부대의 철수, 배일기관의 해산 등 5개항의 '요구사항'과 '차하르성에서의 일본 특무기관의 활동원조' 등 6개항목의 '요망사항'을 제시했다.

'진장군, 당신은 외교의 뒷배경이 되는 것이 무엇인지 아나?'

암암리에 무력을 드러내어 협박한 것이다.

'그렇다면 군대를 파견해 차하르를 점령하면 되지 않는가. 29군은 최후의 한 사람까지 싸우겠다'

생각 같아서는 도히하라를 한대를 갈겨주고 싶은 진덕순이었으나 후일을 생각해 분노를 억누를 수밖에 없었다.

진덕순으로부터 도히하라와의 회견을 보고받은 국민정부는 일본군의 '자유행동' 발동을 막기 위해 교섭에 의한 해결을 선택하지 않을 수 없다고 판단, 진덕순에게 교섭에 응하게 하였다. 그 결과 진덕순이 서면으로 제출한 것이 차하르 북부에서의 중국군의 철수, 국민당의 차하르 퇴각, 반일조직·반일활동 금지 등을 내용으로 하는 '진덕순·도히하라 협정'인 것이다.

하북에 이은 차하르에 있어서의 일본군의 책략은 겨우 서광이 비치기 시작한 중일관계 개선의 움직임을 수포로 돌린 것이었다.

4. 외교에 의한 관계개선의 노력

도발견제의 외교교섭

하북·차하르에서의 일본군벌의 확장이 계속되는 동안, 외교 루트에 의한 중일관계 개선의 노력이 착실히 진행되었다.

일본과의 우호는 중국의 변하지 않는 바램이었다. '적인가, 친구인가' 발표를 계기로 중일간의 외교관계는 이윽고 완화의 조짐이 보이기 시작했다. 일본군의 확장에 관한 일련의 행동은 이에 대해 찬물을 끼얹는 도발행위로, 이를 견제하기 위해서도 외교교섭을 강화하지 않으면 안 되었다.

7월 28일(1935년) 새로운 군관훈련단을 창설하는 준비를 위해 주재해 있던, 아미(峨眉-사천성)에 일시 귀국중인 주일대사 장작빈을 초청한 장개석은 일본정부에 다음과 같이 전해달라고 하였다.

'진정한 동맹이란 강자가 약자에 대해 배려함에 있는 것이다. 상대에게 위협을 가하지 않는 관계에서 비로소 동맹이 성립되는 것이다'

배후에 무력이 있는 한 진정한 우호란 결코 생겨날 수 없음을 일본정부에 고한 것이다.

장작빈도 신문을 통해 '다소의 불유쾌한 사건이 있었으나 중국정부는 중일 양국의 관계개선 정책을 변경하지 않는다'라는 태도를 표명하고 8월 30일 동경으로 향했다.

중국 측에서 보인 최대한의 호의

장작빈은 9월 7일에 외상 히로다를 방문, 비밀회담을 나눈다. 석상에서 장작빈은 중일국교를 근본적으로 조정하기 위한 3대원칙을 제기한다.

'(1) 중일 양국은 국제법에 있어서의 완전한 독립을 존중할 것. 즉 일본은 중국에 대한 일체의 불평등조약, 예를 들면 조차지·거류지·영사재판권 등을 폐지한다. 군대·군함 등은 허가 없이 상대국의 영지·영수(領水)에 정박·주둔 혹은 통과하지 않는다. 이 외에 독립국가가 국제법상 가질 수 있는 모든 권리 및 의무는 중일 양국이 서로 향유하며, 또 준수한다.

(2) 중일 양국은 향후, 진정한 우호를 유지한다. 일체의 비우호 행위, 예를 들면 통일의 파괴, 치안의 교란, 상대국에 대한 중상 혹은 파괴, 그 밖의 비우호적 성향을 띤 일체의 행위를 하지 않는다.

(3) 중일 국교를 금후 정상 궤도로 회복한다. 앞으로 중일 양국간의 일체의 사건이나 문제는 모든 평화적인 외교수단으로 해결을 지어, 외교기관 이외의 기관이 행동을 한다거나 혹은 임의로 압박수단을 취하거나 하는 것을 즉시 중지한다'

장작빈은 게다가 만일 일본이 3개 항목의 기본원칙을 승낙하고, 더불어 해정전협정·당고협정 그 밖의 화북과 관련된 군관계의 약정을 파기, '만주문제'를 돌아보아, 9·18 이전의 상태로 복원한다면, 중국 측은 ① 배일 및 일본물품 보이코트를 정지시킨다 ② 중국 측으로부터는 '만주문제'를 제기하지 않는다 ③ 호혜평등, 무역균형의 원칙하에 중일 양국의 경제제휴에 대해 논의한다. 양국에 이익이 있는 것은 물론, 일본에 이익이 있고, 중국에는 이익이 없는 경우라 하더라도 협의에 응한다 ④ 만일 경제제휴가 성과를 거두면 양국 국민간의 적대감도 없어지고, 군사문제에 대해서도 협의한다—등에 동의할 의사를 표명하였다. 중국으로서는 최대한의 우호적인 제안이었다.

이에 대해 히로다는 즉각적인 대답은 하지 않았으나 적극적인 자세를 보여 18일 재회담 때에는 '중국정부의 희망에 모두 부응하고 싶다. 다만 어떻게 실행하느냐에 대해서 현재 군측과 검토 중에 있다'는 뜻을 비추었다.

그러나 10월 7일 다시 장작빈을 초청한 히로다는 '중국이 제출한 3대원칙을 그대로 실행하는 것은 가능하다'고 하면서도 '거기에는 중국 측에 먼저 동의를 받아야만 할 것이 있다'라고, 다음 세 가지 조건을 제시했다.

'(1) 중국은 이후 오랑캐로서 오랑캐를 다스린다는 이이제이(夷以制夷) 정책을 반드시 철폐하여, 구미세력의 힘을 빌려 일본을 견제하려는 일을 하지 않을 것. 이제까지와 같이 입으로만 친일을 외치며, 뒤쪽으로는 구미와 연락을 취해서는 중일친선의 실현이 불가능하다.

(2) 일본·중국·만주 3국의 관계를 항상 원만히 유지하도록 하는

것을 일중친선의 기본전제로 삼을 것. 중국이 만주국을 정식 승인한 다면, 일본은 비로소 중국에 성의가 있음을 인정할 수가 있다. 혹시 중국 측이 즉시 정식 승인할 수 없는 사정이 있는지도 모르나, 여하튼 중국은 만주국의 존재 사실을 존중하지 않으면 안 된다. 먼저 만주국과 거기에 인접해 있는 화북지방 간에 분쟁이 일어나지 않도록 하는 방법, 둘째로는 만주국과 화북지방 사이의 밀접한 경제관계를 유지하는 방법—을 찾을 필요가 있다.

(3) 중국은 적화(赤化) 방지를 위한 유효한 방법을 일본과 협의할 것. 중국을 적화하려는 운동의 원천은 아무개국가(소련을 가리킴)에 있어, 북에서 남으로 내려오는 것이니, 중국 북방 일대의 경계지방의 적화방지에 관해 일본과 협의할 필요가 있다'

이것이 이른바 '히로다 3원칙'이며, 이후 중일외교의 초점이 된 것이다.

히로다는 장작빈에게 '3원칙'을 설명한 후, 더불어 '중국정부가 이 3원칙에 완전히 동의한다면 일본은 중국이 제출한 3대원칙을 계속해서 협의해 나가고 싶다'라고 말했다.

장작빈은 그 자리에서 제1항(중국이 친일정책을 취하는 것)에 대해서는 '금후의 사실들을 보아주기 바란다. 의심할 필요는 없을 것이다'라고 말한 후에 제2항('만주국' 문제), 제3항(적화방지를 위한 노력)에 대해서는 '본국정부와 협의할 필요가 있다'고 회답을 보류했다.

양국 간의 신의확립이 필요

히로다 3원칙의 개요에 대해서 장개석이 장작빈으로부터 보고를 받은 것은, 소공전을 지휘하는 송철원·염석산(閻錫山) 등의 지방 지도자들과의 회담을 위해 섬서·하남·산서 등지를 비행기로 돌고 있을 때였다.

10월 13일 개봉(開封)에서 태원(太原)으로 날아가는 잠깐 동안의 시간을 이용해서, 대일외교의 직접책임자인 행정원장 왕조명에게 다음과 같이 타전, 의견을 전달했다.

'장(작빈) 대사의 전보 원문은 아직 받아보지 못했으나, 만일 전해지는 바와 같이, 일본 측의 요구가 이이제이의 외교의 철폐·가짜 만주국의 존중·방공(防共) 동맹이라는 3개항이라면, 형식은 비교적 가볍더라도, 그 의의는 심각하고도 중대하다.

즉 일본의 요구는 중국이 국제동맹을 탈퇴하고, 가짜 만주국을 승인하고, 동맹을 맺어 소련에 대항하는 것으로써, 요구 실시의 제1보로 삼자는 것임에 틀림없다. 신중히 고려해야만 할 것이다.

나(장개석)의 생각으로는, 중국 측은 이에 대한 대안을 준비하여 무슨 일을 실행함에 있어서나 반드시 중국의 주권을 존중하고, 중국의 통일을 방해하지 않으며, 먼저 양국 국민간의 의혹을 제거하여 감정을 누그러뜨릴 수 있도록 하는 것을 근본 방침으로 삼아야 할 것이다. 따라서 먼저 일본 측이 외교의 정도(正道)에 바로 서야 할 것이며, 특히 화북의 전시상태를 무엇보다 먼저 해제하여 양국 정부간의 신의를 확립해야 할 필요가 있다. 그렇게 해야만 비로소 서로 이야기가 가능해지며, 대화의 효과도 기대할 수가 있는 것이다'

장작빈은 21일, 히로다에게 중국 측의 회답을 다음과 같이 전했다.

'(1) 중국은 애당초 이이제이는 생각하고 있지 않다. 다른 나라와의 관계에 있어, 중일 양국의 관계에 좋지 않은 영향을 미치거나, 일본을 배제하고 방해하려는 생각은 결코 가지고 있지 않다.

(2) 앞으로도 중국은 '만주국'과의 관계에서 정부간의 교섭은 할 수 없다. 그러나 동북지방의 현상태에 대해서는 평화적 방법 이외의 수단을 사용해서 변사를 일으키거나 하는 일은 절대 하지 않을 것이며, 또한 관외 인민과 경제관계를 취할 방법을 강구한다.

(3) 중국 북방 일대의 경계지방에 있어서의 적화방지에 대해서는, 중국이 제출한 중일친선의 기본조건인 3대 원칙을 일본 측이 먼저 완

전히 실행한다면, 중국의 주권과 독립을 침해하지 않는다는 원칙하에, 일본과 유효한 방법을 협의할 것이다'

중국 측의 주권이란 극히 간단하다. 주권과 영토의 완전한 존중에 입각해 평화적으로 문제를 해결하자—하는 것 뿐이다.

장작빈은 회의 참석을 위해 중국에 일시 귀국하게 되어, 10월 28일 인사를 겸하여 히로다를 방문하였다.

이 자리에서 히로다는 먼저 중일 친선의 취지에 대한 상호 이해가 이루어졌으니, 앞으로 구체적인 방법에 대해 협의하자고 제안하였으나, 히로다의 3원칙에 대해서는 외무·육군·해군 또한 대장성의 합동회의에서 결정된 근본방침이라 하여 일본도 양보하지 않으려 했다.

그 결과 중일 양국 모두 앞으로 외교 루트를 통합 교섭을 행하기로 하여, 11월에 들어서 주일대사관 참사관인 정소급(丁紹伋)과 외무차관 시게미쓰(重光葵) 간에 양국 교섭의 절차문제와 준비에 대한 협의가 시작되었다.

그러나 중국 측의 3대원칙과 일본 측의 '히로다 3원칙'과는 근본적으로 서로 맞물리지 않는 성격을 띠고 있었기에 히로다 3원칙의 전면적 수용은 거부한다는 중국 측 방침에는 조금도 흔들림이 없었다.

이를 곡해한 히로다는 이듬해인 1936년 1월 21일 국회에서 '히로다 3원칙'을 공표했을 때 '중국도 찬성의 뜻을 밝히고 있다'고 진술하였으나, 이는 전혀 말하여진 바가 없는 것으로 중국 외교부는 성명을 발표, 이를 부인하였다.

10

서안사건

제35장 침략의 마수

1. 일본군의 목표는 화북5성

화북을 제2의 만주국으로

화북에서는 중일간의 외교 루트를 통한 교섭을 전혀 무시, 일본군에 의한 '화북자치'의 책동이 진행되고 있었다.

일본군은 애초부터 무력에 의한 침략을 포기하지 않고 있었으나 당시의 일본군은 대소전략 준비에 중점을 두고 있어, 가능한한 출혈이 적은 방법으로 화북을 '제2의 만주국'화하려 했다.

관동군은 화북을 손 안에 넣기 위해 3단계에 걸친 모략을 획책하고 있었다.

먼저 중앙군과 중국 국민당을 철수시켜 화북을 '진공상태'로 만든다(제1단계). 이어 허수아비를 내세워 일본군이 조정하는 '자치'를 실현한다(제2단계). 마지막으로 중국정부를 압박하여 일본의 화북5성(하북·동산·산서·수원·차하르)에 있어서의 지도적 지위를 승인시킨다—라고 하는 구상이다.

관동군이 하응흠, 이어 주덕순을 상대로 강요한 것은 제1단계의 완성에 해당하는 것이었다. 그들의 제2단계는 허수아비를 찾는 것이다. 맨 처음 눈에 띈 상대는 과거 북양군벌의 거두 손전방(孫傳芳)이었다. 관동군은 먼저 옹손도장(擁孫倒蔣, 손전방을 옹립하여 장개석을 타도한다)의 '여론' 조성에 나서, 6월 14일(1935년)에 북경시내에 이 슬로건을 인쇄한 삐라를 살포했다. 그러나 손전방은 '나의 이름을 이용한 비라는 일본인의 음모가 틀림없다. 나는 전혀 흥미를 갖고 있지 않다'라고 신문기자에게 언명, 선수를 쳐 관동군의 책략을 봉쇄하였다.

이어 6월 27일, 백견무(白堅武)라고 하고 오페부(吳佩孚)의 옛 부하가 지도하는 폭동이 일어났다. 중국 유민과 일본 낭인 3백여 명이 북경 교외의 풍대(豊台)역을 점령, 장갑차를 빼앗아 북경의 영정문(永定門) 밖에 모여 포격을 가한 사건이다.

백견무는 '만주국'의 군정부 고문과 일본 낭인조직의 '북지청년동맹회' 회장 등을 매수한 것으로, 여기에는 지나주둔군 참모장 사카이(酒井隆)가 뒤를 조정하였다.

이때 막 '하·우메즈 협정'에 의해 중앙군과 우학충군이 남하 철수하기 시작하였다. 당초의 계획으로는 북경성 안에 숨어 있는 일당들과 호응하여 북경을 제압 '동아동맹군'의 이름으로 '반장도당'(장개석에 반대하고, 국민당을 타도한다)을 선언하고 '화북국'이라는 자치정부를 만든다는 계획이었다.

그러나 하북성 주석 겸 진고(津沽)보안사령에 취임한 상진(商震)이나, 만복린(万福麟)의 부대가 즉시 북경성 안과 풍대에 출동, 곧 진압했다.

이 폭동의 배후에 일본인이 있었음이 조사에 의해 밝혀져, 이를 북경주재 각국 외교사절들로부터 지적당한 일본군 처치에 대해 고민하다가 '북지청년동맹회'를 해산, 회장을 귀국시켜 버렸다.

일본에 역습을 가하다

화북5성의 당국자들에 대한 정치공작도 활발하였다.

일본이 '기대'를 걸었던 것은 산서성의 염석산이었다. 구시대의 군벌이기도 하며, 전국통일 후에도 중앙에 반란을 일으킨 경력이 있는 인물이기 때문이다.

태원(太原)에 살고 있는 염석산의 집에는 6월 하순, 일본육군성의 만몽(滿蒙) 담당자가 방문한 것을 시작으로 주화 일본대사관 부무관인 다카하시, 천진의 중국주둔군 간부 등이 방문을 계속했다. 그러나 염석산은 동요하지 않고 역으로 일본의 음모를 폭로하는 공개서한을 신문에 발표했다.

또한 재정부장 공상희(孔祥熙)에게 '일본군관이 태원에 가지고 온 군사지도를 보면, 일본은 당초 황하 이북을 대소 보급기지로 이용할 것을 생각하고 있었으나, 현재는 그것을 장강 이북으로 확대하고 있음이 분명히 나타나 있다'고 편지로 연락하여 중앙의 경계를 일깨워주었다.

제29군장 송철원(전 차하르성 주석)도 일본이 눈여겨 본 인물이었다. 일본군인, 특히 중국주둔군 참모장 사카이 등은 송철원이 희봉구(喜峰口)에서 있은 장성항일전에서 눈부신 공적을 세워 항일영웅이라 불리고 있는 것을 잊고, 그가 반장(反蔣)이었던 풍옥상(馮玉祥)의 옛 부하이며, 중앙 직계가 아니라는 점을 들어 이용 가능하다고 생각하고 있었던 것이다.

국민정부는 일본에 역습을 가한 7월 17일 송철원과 부하인 진덕순, 풍치안(馮治安), 장자충(張自忠), 유여명(劉汝明) 등에게 중국 최고의 명예인 '청천백일훈장'을 주어 외국의 침략에 저항한 공적을 기렸다.

또한 행정원 북경정부 정리위원회를 해산하고, 송철원을 평진 위수사령에 임명하여 일본군에게 음모공작을 계속해도 소용없음을 보여주었다.

마침내 방법이 궁해진 일본은 은연중에 무력발동의 위협을 가했다. 9월 24일 중국주둔군 사령관이 된 다다(多多駿 ; 소장)가 일본인 기자단을 상대로,

'일중만 공존의 바탕이 될 화북의 안녕을 저해하는 국민당 및 장 정권을 화북에서 제거하기 위해서는 위력행사도 부득이한 것이 아닌가' 하는 등의 폭언을 한 것(이른바 '다다(多田)성명')이 그것이다. 다다는 또한 중국 측의 중일 관계개선의 노력을 '한 때를 넘기기 위한 것'이라고 공격하는 팜플렛 〈북지(화북) 기초적 관념〉을 배포, 드러내놓고 국민정부를 중상하였다.

그러나 제아무리 일본정부라 하더라도 다다의 폭언이 지나쳤음을 인정, 취소성명을 발표하였다.

공공연한 내정간섭

10월 30일(1935년), 관동군은 대련에 중국 각지의 주재무관 외에 중국주둔군 사령관 오다와 참모본부 제2부장 오카무라(岡村寧次)를 불러들여 회의를 개최, '화북분리' 방침을 재확인했다. 그 후 오카무라는 천진·상해를 돌며 현지의 일본군에게 방침을 전달, 이후의 화북분리 움직임은 한층 더 적극화되었다.

천진에서는 중국인 유민과 한간(漢奸 : 적과의 내통자)을 매수, '화북인민자치회', '화북인민급진회'라고 하는, 이른바 자치를 요구하는 단체를 조직했다. 10월 21일에는 하북성 향하현 성에 약 1천 명에 의한 폭동이 일어났다. '만주국' 군사고문의 선동에 의한 것으로, 폭도 중에는 일본인도 포함되어 있었다.

중국에 대한 내정간섭도 공공연화되었다. 맨 먼저 구실로 삼은 것이 8월 4일, 하북성 정부의 전구특경(戰區特警) 제3총대장인 유좌주(劉佐周)가 난주역에서 암살된 사건이다.

일본군은 이 사건을 군사위원회 북경분회의 지도 아래 있는 '특무수류탄대'의 소행이라 하여, 당고협정 위반을 이유로, 북경정부 정리위원회참의 도상명(陶尙銘)을 사건 관계자로 체포, 10일 이상을 감금했다. 도상명은 당산(唐山)의 행정감찰전원 시절, 일본군의 앞잡이 노릇을 하지 않은 데 미움을 샀던 것이다.

외교부의 엄중항의로 도상명은 겨우 석방되었으나, 일본군부는 또 다른 트집을 잡으려 하였다.

사건이 난지 2개월이나 경과한 10월 29일이 되어, 주화대사관 부무관 다카하시, 중국주둔군 참모 나카이(中井增太郎)가 하북성 주석인 상진에게 구도로 '난주사건은 중국 측의 조직적인 항일운동이다'라고 하며 ① 상진이 하북 각 기관을 대표하여 유감의 뜻을 표명한다 ②범인을 신속히 체포한다―를 요구하고, 또한 ③ 군사위원회 북경분회의 철폐 및 북경시장 원량(袁良)의 면직 ④ 장래 반일·만기관을 북상시키지 않을 것―등을 국민정부 중앙에 '권고'하라고 강요했다.

권고라는 이름의 협박

일본의 무법적인 요구에 대해 국민정부는 즉시 북경시장의 면직 등은 중국의 내정문제라며 거부하였다.

그러자 11월 1일 밤 다카하시·나카이 두 사람은 재차 상진의 거처를 방문하여,

'당초 귀국 정부의 체면을 존중하여 짐짓 자주적인 실행을 권고한 것이다. 이렇게 된다면 우리 군은 즉시 자유행동으로써 실현할 수밖에 없다'라고 통보하고 돌아갔다.

이와 같은 경위로 북경시장 원량은 11월 3일 자발적으로 사직, 군사위원회 북경분회도 11월 26일 철폐되었던 것이다.

또 하나의 내정간섭은 중국의 화폐개혁에 대한 것이다. 이는 11월 4일부터 예고 없이 갑작스레 실시된 것으로, 그 내용은 각양각색으로 유통되고 있던 은화의 사용을 금지하고, 중앙·중국·교통의 정부 3은행이 발행하는 은행권만을 법정통화로 하는 것이었다.

이와 동시에 이제까지의 은본위제를 관리 통화제로 이행시켜 1원(元)을 영국 파운드당 1실링 2페니 반으로 설정했다. 이는 당시의 런던 은시장 시세로 보아 약 40%의 원(元)절상에 상당하다.

화폐개혁의 집적적인 계기가 된 것은 중국으로부터 외국으로 한없이 유출되는 은과 그에 따른 경제정체 때문이었다.

중국은 남경에 정부를 수립(1927년)한 이래 화폐의 혼란과 재정난으로 허덕이고 있었는데, 이에 박차를 가한 것이 1934년 6월 20일 미국이 정한 은구입방법이었다. 미국은 이 법률에 의해 국고 준비금을 추가하려고 대량의 은을 구입하기 시작했던 것이다.

그 결과 국제시장의 은가격은 즉각 폭동, 중국 국내의 은들은 급격히 외국으로 유출되어졌다. 은구입법 시행 직후부터 10월 중순까지의 3개월 반 사이, 해외로 유출된 은은 2억 원 이상에 달해, 국내 통화(은화)조차 부족하게 되었다.

재정부는 10월 15일 은수출세의 강제징수 등에 의해 은의 수출을 막아보려 하였다. 이는 일시적으로는 효과를 거두었으나, 한편으로는 대규모의 밀수출을 불러왔다. 전장(錢莊 : 환전상)들이나 상점 등은 잇달아 도산했다.

화폐개혁은 이러한 중국의 경제위기를 구하기 위해 결단을 내린 외과수술이었다. 또한 동시에 중국 금융상의 '전국통일'이라는 획기적인 의의도 지니고 있었던 것이다.

그런데 일본이 여기에도 간섭의 손길을 뻗쳤다.

2. 성공한 화폐개혁

심각한 금융위기를 극복

국민들은 새로운 화폐제도를 전폭적으로 지지했다. 국내의 은행들도 이제까지의 은화를 자진하여 국민정부에 제출했다. 폭락을 계속하고 있던 상해 환시장의 혼란이 점차 평정되어져, 시세도 안정일로를 향해갔다. 수출은 증가하고 산업활동은 활발화되었으며, 경기는 날로 호전되어 갔다.

화폐개혁의 성공에 의해 중국은 심각한 금융위기를 일단 면할 수 있었다. 또한 중국 정부가 긴급시에 대처할 수 있는 능력을 지니고 있음을 내외에 과시하였다.

그러나 이와 같은 화폐개혁에 대해 일본은 시종 반대의사를 표명, 이를 방해하였다.

그 첫 번째 이유는 통화의 통일에 의해 중국의 통일이 점차 강화되어 화북분리 공작이 어려워질 것을 두려워하고 있었기 때문이며, 두 번째 이유는 화폐개혁이 영국의 협력 아래 이루어졌으므로, 중국에 대한 영국의 발언권이 강해지는 것을 막으려 했던 것이다.

영국은 개혁에 앞서 중국정부에 재정상의 협력 의사가 있음을 표명하여 영국정부 수석경제고문 프레드릭 리스로스를 경제사절로 파견할 것을 결정했다. 그러자 일본정부는 주영, 주화 양 대사를 통해 이를 중지시키려고 획책하였다.

리스로스는 일본의 양해를 얻기 위해 중국방문에 앞서 1935년 9월 6일, 동경에 들렀다. 그는 외상 히로다·외무차관 시게미쓰 등과 회담, 중국에 대한 공동차관의 의사를 타진하는 동시에 중국에 화폐개혁을 진언할 계획임을 밝혔다. 이에 대해 일본 측은 '시기상조이다'라고 하여 반대했다.

이로 인해 리스로스는 영국이 단독으로 중국과 교섭할 수밖에 없다고 판단, 9월 22일 남경으로 들어가 재정부장 공상희·중국은행이사장 송자문(宋子文)과 협의를 거듭했다.

그는 당면한 재정위기 구제책으로서 영국은 1천만 파운드의 차관에 응할 용의가 있음을 밝혔다. 그 결과 화폐개혁이 단행된 것이다.

일본의 노골적인 방해

일본 군부는 노골적인 간섭에 나섰다.

개혁실시 직후인 11월 8일 대사관 부무관 이소가이 랜스케(磯谷廉介 : 소장)는 '파견군부로서는 국민정부의 이번 화폐개혁에 절대 반대한다. 일본정부는 반대 의사를 내외에 명백히 밝혀 개혁을 중지시킬 것이다'라는 성명을 발표했다.

이튿날인 9일, 육군중앙도 비공식적인 견해로서 '화폐개혁은 반드시 실패로 끝날 것이다. 은의 국유는 중국민중에게 불행을 안겨줄 것이며, 특히 영국의 원조에 의존함은 매국적인 행위이다'라는 입장을 분명히 했다.

그러나 일본군의 '기대'에 반하여 화폐개혁이 훌륭히 성공을 거두자, 일본군은 초조해진 나머지 무력을 앞세워 개혁을 방해하기 시작했다.

일본대사관 부무관 다카하시는 먼저 화폐개혁을 트집 잡아 송철원을 위협했다.

'백은의 국유화와 현은의 상해 집중은 화북경제를 궁지에 빠뜨려
일본의 이익을 방해한다. 만일 당신(송철원)이 자주적으로 이를 방지
하지 않으면 일본은 실력을 행사하겠다'

11월 12일에는 도히하라(土肥原)가 북경으로 건너와 송철원에게,

'화북5성의 '자치정부' 수립에 동의하라. '자치' 선포의 최종기한은 11월 20일, 만약 거부한다면 일본군은 하북과 산동을 빼앗는다'라고 무리한 과제를 떠맡겼다.

이와 동시에 관동군은 전차·중포를 거느린 부대를 산해관·호북구 등에 증강시켰다.

대고중(大沽沖)에는 여순이나 청도로부터 순양함·구축함이 파견되고, 북경 상공에는 일본기가 시위비행을 계속했다.

송철원은 연일 계속되는 도히하라의 협박을 완고하게 거부했다. 기한 직전인 19일 오후 1시, 송철원은 북경을 떠나 천진으로 잠적했다. 일본에 대한 암묵의 저항이었다.

이를 알게 된 도히하라는 허둥지둥 송철원의 뒤를 쫓아갔다. 협박으로 나왔던 도히하라도 무력발동에 나서지는 못하고 '자치선언'의 책략을 흐지부지시켜버리고 말았다.

일본군은 이와는 별도로 산동성에서 한복거(韓復渠)에게 공작을 폈으나 이것 또한 실패로 끝났다. 하북성 주석인 상진도 보정(保定)의 병원에 들어가 도히하라를 피했다.

그 사이 남경에서는 중국국민당 제4기 6중전회(中全會)가 11월

1일 개막하고, 이어 12일부터 제5차 전국대표회의(5전대회)가 개최 중이었다.

제4기 6중전회의 개최 당일(11월 1일), 행정원장 왕조명이 남경의 신광(晨光) 통신사 기자 손봉명(孫鳳鳴)의 총에 맞아 중상을 입어 행정원장직을 물러나는 사건이 일어났으나, 풍옥상·염석산 등 일본이 '반정부 세력'으로 끌어들이려 했던 지도자들도 참가하여 국내의 단결을 과시했다.

장개석은 19일 5전대회에 참가했던 동지들에게 '대외관계 보고'를 행하여, 중국의 근본방침을 다시금 분명히 밝혔다.

'국제간의 사건은 우리 국가의 생존과 부흥의 길을 끊어 놓는 게 아닌 한, 국가와 민족의 전체적인 이해를 위하여 일체의 지엽적인 문제에 대해 최대한의 인내를 계속 견지하고, 또한 주권이 침해받지 않는 한도내에서 각 우방과의 정치적 협력을 꾀하여야 한다. 호혜평등의 원칙에 따라 각 우방과의 경제협력을 도모하지 않으면 안 된다'

한편 도히하라는 천진에서 끈질기게 송철원을 쫓아다니며 '자치 선포'를 설득시키려 하였다. 또한 중국주둔군 참모 나카이(中井)는 보정의 병원에 입원중인 상진의 침상에까지 찾아가,

'송철원이나 한복거는 이미 동의하였다. 당신이 늦장을 부리고 북경에 가지 않으면 자치를 파괴하는 것이 아니냐는 의심을 받는다'는 등 새빨간 거짓말로 어르고 위협하였다.

그러나 송철원도 상진도 전혀 동요되지 않았다. 궁지에 몰린 도히하라는 난유구 행정감찰전문위원인 은여경(殷汝耕)에게 접근하였다.

은여경은 곧 이들의 이야기에 넘어가 11월 23일 도히하라와 천진의 일본 조계 여관에서 '매국'의 술잔을 나누며 국가를 배반, 일본군과 손잡을 것을 약속했다.

2월 4일 은여경은 '기동(冀東)방공 자치위원회'를 발족시켜 중앙으로부터의 이탈을 선언했다. '자치'의 범위는 기동(하북성 동부)으

로 축소되어 있었으나 그렇더라도 약 5백만 명의 인민을 포함하고 있는 것이었다.

또한 동 지구의 세수나 교통기관 등의 수입은 하북성 총세입의 22%를 차지하고 있었는데 은여경은 자신의 앞잡이를 파견하여 이러한 수입을 거두어들였다.

관내에서의 최초의 괴뢰 조직이 일본의 조정에 의해 생겨난 것이다.

각지에서 일어나는 폭동

은여경의 '기동자치선포'(1935년 11월 4일)에 호응하듯이, 12월 5일 천진에서 일본인에 조정당한 일부 반동분자와 한간이 무장데모를 일으켜 시정부에 대해 '정치를 인민에게 돌려주라'고 요구하며 각지에서 폭행을 일삼는 사건이 일어났다.

'일구(日寇 : 일본군)는 역적 은여경을 유혹하여 난동에서 반역적인 독립을 시키고 한간이나 불량배를 부추겨 천진시정부와 사령부의 추방을 강요시켰다. 그들은 일본의 헌병에 의해 해산되었다고는 하나, 시내의 도서관에 집합하여 시위·난동을 계속하고 있다'(장개석의 11월 25일 일기)

송철원은 이 무렵 천진에서 북경으로 돌아가 있었다. 도히하라도 또한 북경에 있었다. 예측불허의 사태를 막기 위해 장개석은 같은 날 25일 송철원에게 다음과 같은 전보를 쳤다.

'난동이나 철원시에서 잇달아 사건이 발생한 것으로 보아 다른 지방에서도 반드시 책동이 이어질 것임. 형(송철원)은 엄중 경계를 해주기 바람'

중국정부는 '기동방공 자치위원회'의 성립에 대해 26일 국가 반역자로서 은여경의 체포령을 발하였다.

그러나 일본군의 행동은 이를 계기로 더욱 난폭해졌다.

교통 감시라 사칭하여 풍대역이나 천진역에 병사를 배치하는 한편, 도히하라는 '11월 30일까지 자치를 선포하라'고 계속해서 송철원을 윽박질렀다.

북경 각 대학의 교장·교수들은 중앙으로부터의 이탈은 '매국적음모'에 지나지 않는다는 선언을 발표하였으나, 일본군은 29일 이 선언에 대표로 서명한 북경대학 교장인 장몽린(蔣夢麟)을 북경의 병영으로 연행하는 등, 마치 점령군과 같은 행동을 하고 나섰다.

사태수습을 위해 하응흠을 파견

11월 30일 송철원으로부터의 전보는 '정세 급박. 인민의 감정은 점점 더 격양되고 있다. 자치를 제창하는 자가 있는가 하면 자결을 주장하는 자도 있어, 이미 제어할 수 없는 상황에 있다'고 호소하였다.

국민정부는 이날 밤 군정부장 하응흠을 북경으로 보내 사태를 수습토록 했다.

일본군부의 압력에 시달리고 있던 송철원 등은 하응흠의 도착에 용기를 얻어 일본에 굴복하지 않을 것을 다짐했다.

하응흠의 북경 입성으로 송철원 한 사람만을 공격할 수 없게 된 일본군은 북경 상공에 15대의 비행기를 저공비행시켜 위협하는 동시에 '자치'에 호응하라고 주장하는 은여경의 삐라를 살포했다.

이러한 정세 속에서 12월 7일 국민당 제5차 1중전대회의 결정으로 부상당한 왕조명을 대신하여 장개석이 행정원 원장에 취임하게 되고 동시에 중앙 상무위원(주석 호한민(胡漢民))과 중앙 정치위원회(주석 왕조명)의 부주석도 맡게 되었다. 군사뿐 아니라 정치에도 공식적인 중책을 맡게 된 것이다.

12일에는 내정부장에 장작빈, 외교부장에 장군(張群), 정치부장에 하응흠을 임명했다. 모두다 일본에 밝은 인물들이었다.

이날 중앙 정치위원회의 첫 회의에서 이제까지의 화북문제 처리의 경과를 보고하고 다음의 4가지 원칙을 밝혔다.

(1) 정세가 허락된다면 즉시 하응흠이 행정원 북경주재 판사장관에 취임한다. 그것이 가능해지면 서남 정무위원회의 실정에 따라 기동 정무위원회를 설립한다.

(2) 기동 정무위원회의 조직은 북방의 특수정세에 적합토록 하며, 위원은 중앙에서 위임하고, 송철원을 위원장으로 한다.

(3) 기동의 일체의 내정·외교·군사·재정은 정상적인 상태를 유지하며, 중앙 법령의 범위를 이탈하지 않는다.

(4) 자치의 명의나 독립 상태는 절대로 피한다.

구국의 의지

하응흠의 노력에 의해 기동 정무위원회는 12월 18일(1935년)에 발족되었다. 국민정부는 위원장 송철원을 포함, 17명의 위원을 임명하였으나, 이 중에는 왕극민(王克敏) 등 일본인과 관계 깊은 7명도 포함되어 있었다.

그러나 위원장 송철원을 비롯해 진덕순·장자충·만복린(万福麟) 등 10명은 일본군의 침략에 맞서 싸운 경험을 지닌 제29군(구 서북군) 및 구 동북군 계통에 속한 인물들로, 적어도 비친일파가 수적으로 우위에 있었다.

동시에 구 동북군의 리더인 장학량이 떠난 후 염석산 계통(상진 등)과 풍옥상 계통(송철원 등)이 들어와 말썽을 일으키고 있던 하북의 군을 통일하기 위하여 염석산과 풍옥상을 군사위원회 부위원장으로 임명, 중앙에 직속시켰다.

이 위원회의 목적은 일본 군사력의 직접적 위협 아래 드러나 있는 하북·차하르의 특수 사정을 고려하여, 일본군의 압력을 피하면서 행정의 편의를 도모하여 일본의 '화북자치' 책동을 중지시키는 데 있었다. 영토와 주권의 안정을 침해하지 않는 범위 내에서 명목보다도 실질을 확보하려는 것이었다.

1936년 1월 1일, 행정원 원장과 군사위원장을 겸직, 중화민국의 정치·군사를 한 몸에 짊어지고 있던 장개석은 라디오 방송을 통해 구국의 결의를 전국 국민에게 촉구하였다.

'우리를 둘러싸고 있는 국가정세는 시시각각으로 위험이 닥쳐오는 위급존망 속에 처해 있다. 그러나 국가와 민족의 운명은 모두 우리 전 동포가 결정하는 것이다. 우리들은 4억 동포의 공유물인 중화민국을 구해, 유구한 역사와 문화를 지닌 영광스런 중화민국을 부흥시켜야만 하는데, 여기에는 방법이 있다—고 나(장개석)는 믿고 있다. 다름 아 닌 우리 중화민국 자신의 노력이다. 바꾸어 말하면, 4억의 전국 국민 한 사람 한 사람이 자강의 노력을 하는 것이다'

날로 긴박해지는 세계정세

1935년 10월 이디오피아를 침공했던 이탈리아는 또다시 알바니 아를 향한 진공 태세를 보이는 등 긴박한 정세가 전해져왔다.

런던에서는 영·불·중·일 4개국이 참가한 제2차 해군군축회의 가 개최되었으나, 패권을 노린 일본의 지나친 요구로 회의는 난항을 거듭하고 있었다.

소련도 또한 외몽(外蒙)을 무대로 중국에의 진출을 기도하고 있 었다.

'세계의 전사(戰事)는 일본이 우리 중국의 동북을 침략한 이래, 이 탈리아에 이어 독일·소련도 현재 불온한 형세에 놓여 있다. 그러나 미·영·불 등은 이를 깨닫지 못하고 있다. 제2차 세계대전은 결국 피 할 수 없을 것이다. 나(장개석)는 세계 인류를 생각할 때 슬픔을 금할 수 없다'(1월 4일의 일기)

화북에서는 일본군의 도발행동이 끊임없이 자행되고 있었다.

기찰(冀察) 정무위원회 위원장 송철원은 주덕순과 천진시장 소 진영(蕭振瀛)을 도히하라의 거처에 파견, 은여경의 '기동방공 자치 정부'의 취소를 타진하였다. 그러나 일본 측은 전혀 귀담아 듣지 않 은 채, 1월 9일 밤에는 북경의 조양문으로 진입하려다 중국군 수비병을 구타하여 부상케 하는 사건을 일으켰다. 일본군은 '화북자치' 책동에 응하지 않은 송철원에게 '항일, 옹장(擁蔣)의 경향이 농후한 인물'이라는 레테르를 달아 곤란한 지경에 빠뜨리려 했다.

3. 암운의 2·26 사건

나가노 세이고와의 회견

1월 13일(1936년) 장개석은 관저에서 일본의 정치가 나가노(中野)와의 회견에서 중일간의 현안에 대해, 서로 대화를 통해 해결할 의사가 있음을 분명히 밝혔다.

'나 장개석은 중일문제 해결을 위해 무엇보다 먼저 양국 간에 존재하는, 그러나 존재해서는 안 되는 2가지 심리를 제거해야 한다고 생각한다.

즉 일본인이 중국인을 두려워하고, 중국인을 의심하는 마음이다. 이를 타파하지 않는 한 양국관계는 호전되지 않는다.

중일문제 해결을 위해 확실하게 책임질 수 있는 인물이 필요하다는 의견에 전적으로 동의한다. 중국에 있어서는 나 장개석이 책임을 지고 문제해결을 위해 노력할 결심을 굳혔다.

지금이야말로 중일간의 모든 문제를 해결하여, 영원한 병화적 관계를 수립할 좋은 기회라 생각하고 있다'

또한 송철원은 도히하라와 만나 '기동방공 자치정부' 문제를 대화를 통해 해결하려 하였다. 그러나 일본은 반대로 '자치정부'와 기동방공위원회의 '합류'라는 당치않은 요구와 주장을 펴며 대화의 노력에 찬물을 끼얹었다.

이러한 정세 속에서, 일본 내에 이른바 '2·26 사건'이라는 큰 사건이 벌어졌다.

2월 26일 아침, 일본육군의 보병 제1·제3연대, 근위보병 제3연

대 등의 청년장교가 약 1
천 4백 명의 하사관 보병
을 이끌고 반란을 일으켜
장상(藏相) 다카하시·내
대신 사이토·교육총감 와
타나베(渡邊錠太郎) 등을
살해하고 동경의 관청가
를 점거, 황도파(皇道派)
인 전육군 교육총감·대장
마자끼(眞崎)가 내각을 조
직하도록 요구한 사건이다.

'2.26 사건'을 보도한 일본 신문(1936년 2월 26일)

히로다(廣田) 내각의 탄생

반란군은 4일째인 29일에 진압되었으나 오카다 내각은 총사직하고, 3월 9일 외상인 히로다를 수상으로 하는 새로운 내각이 성립되었다. '2·26 사건'은 일본군벌이 정부를 지배하는 도약대가 되었으며 중국의 운명에도 커다란 영향을 미쳤다.

군인들은 이어 수도인 동경에서 반란을 일으켜, 원로와 중신·주요각료들을 살해하고 의회를 점거, 정부를 혼란 속에 빠뜨렸다.

히로다 새 내각의 외상에는 아리타 하치로(有田八郞)가 취임하게 되었으나 이에 앞서 아리타는 주화대사로서 중국을 방문, 화북 일대를 시찰했다. 그때 국민정부 외교부장 장군은 남경에서 아리타와 만나 중일관계에 대해 이야기를 나누었다.

회담은 3월 16일부터 연속 사흘간에 걸쳐 진행되었는데, 장군은 '먼저 동북(만주)문제부터 토의하여 중국의 영토를 완전히 회복해야 한다'고 주장하고, 또한 기찰 및 내몽고의 행정에 대해서도 중국측의 주권에 대한 침해를 제거해야만 한다고 주장했다.

그러나 아리타는 동북문제의 해결에 대해서는 아직 그럴 시기가 아니라고 하며 응하지 않았으며, 그밖의 문제에 대해서도 일본 측의 이제까지의 주장을 반복하는 데 머무르고 말았다.

아리타가 외상에 취임한 후, 후임 주화대사에는 천진총영사인 기와고시 시게루(川越茂)가 승격되었다.

제36장 비등하는 항일기운

1. 일본군 직영의 밀무역

침략국가 2개국의 경쟁

한편 중국에서는 일본의 화북침략과 보조를 맞추려는 듯이, 소련의 외몽 침략이 현실화되어가고 있었다.

3월 12일(1936년), '독립'이라는 이름 아래 소련의 앞잡이화 되어 있던 외몽고(몽고 인민공화국)가 소련과 '상호원조 의정서'에 조인했다.

'의정서'는 동몽에서 서쪽으로 진출하려 하고 있던 일본에 대항하기 위한 것으로 '무장 공격의 위협을 피하고, 막아내기 위해 전력을 다해 상호 원조한다'라고 규정되어 있었다.

즉, 일본과 소련이라고 하는 침략국가가 장래에 발생할 우려가 있는 대전쟁에 대비, 중국 내에서 전략적으로 우세한 지위를 차지하려는 경쟁이 시작된 것이다.

국민정부는 4월 7일 '외몽고는 중국의 일부로서, 여하한 국가도 조약이나 협정을 체결할 수 없다'고 소련 측에 엄중 항의하는 동시에 '의정서'는 일절 승인할 수 없음을 밝혔다.

일본의 히로다 새 내각의 발족과 동시에 중국 측에서는 주일대사 장작빈을 내정부장으로서 귀국시키고, 후임에 허세영(許世英)을 기용했다.

허세영은 수상인 히로다, 외상인 아리타(有田)와는 과거 봉천(瀋陽)에서 20년 이상이나 사귄 '옛 친구'로, 히로다와의 교섭에 기대하는 바가 컸다. 허세영은 3월 26일 황실에서 천황에게 국서를 봉정하며, 위기에 처해 있는 중일관계를 호전시키기 위한 노력을 간곡히 요청하였다. 천황은 이에 대해서 '나도 마음을 쏟겠으며 또한 대사의 노력도 기대한다'고 대답하였다.

공공연히 운송되는 밀수품

그러나 이와 같은 외교노력에도 불구하고 일본의 침략공작은 점점 더 강화되어져 갔다.

이 시기에 커다란 문제가 된 것은 기동(冀東 : 하북성 동부)을 근거지로 하여 중국경제를 교란시킨 대규모의 밀무역이다.

앞서 1933년 당고협정이 성립, 기동이 비무장지대가 되었을 때 일본군은 일방적으로 중국의 해관(세관) 감시선의 기동해안 출입을 금지했다. 이로 인해 '만주국'으로부터 기동에 대한 밀무역은 육로, 해로 모두 방임 상태가 되어 있었다.

일본 군부는 이 밀무역을 암암리에 인정하고 있는 상태였다. 밀수업자들은 '만주국'으로부터 인견사나 설탕을 몰래 가지고 들어와, 국제수준보다 가격이 싼 중국의 은괴나 은화로 바꾸어 가지고 돌아가 엄청난 이익을 보았다. 소형 발동선을 새로 사들여서 3번만 왕복하면 본전이 떨어진다고 했을 정도였다.

밀무역은 '기동방공 자치정부'가 성립되어, 기동이 관동군 세력 하에 놓이고 나서 더욱 비약적으로 증가하였다. 1936년 1월 관동군과 '기동방공 자치정부'는 밀무역을 암인하는 것에서 한 걸음 더 나아가, 수수료를 지불하면 공인한다는 제도를 만들어냈다.

이로써 관동군, 일본인 밀수업자 '기동방공 자치정부'가 삼위일체가 된 밀무역태세가 확립되었다.

노대(蘆台)에서 진황도(秦皇島)에 이르는 해안 일대에는 대형선들이 밀수품들을 가득 싣고 발착하였다. 이 밀수품은 공공연히 하북으로 운송되어 중국 전역으로 팔려나갔다.

밀수품의 양은 점점 더 늘어나 1935년 8월부터 1936년 4월 사이에 만도, 중국 측의 관세수입의 감소는 2천 5백만 원(元)을 넘었다. 특히 1936년 4월에는 1개월 만에 8백만 원 감소하였는데 이는 전중국 관세수입의 3분의 1에 해당하는 금액이다.

중국은 원래 관세수입이 국가수입의 큰 기둥의 하나로 되어 있어, 밀무역은 화폐개혁에 의해 회복되어져 가고 있던 중국경제를 파괴하려고 하는 관동군의 음모라 하지 않을 수 없다.

동시에 밀수 수수료는 기동의 허수아비정부의 재정을 살찌게 하고, 그 일부가 관동군 참모 다나까(田中隆吉) 등의 모략비로 충당되어져, 침략의 자금으로 쓰여지고 있었다.

중국 외교부는 일본에 대해 거듭 항의하였으며, 미·영·소 등의 열강들도 '중국의 시장과 재정을 일본의 지배하에 두려는 일본제국주의의 새 방식', '화북의 관세를 중앙으로부터 분리·독립시켜 일본의 엔과 연결시키려고 계획하고 있다'는 비난을 퍼부었다. 그러나 일본은 이를 완전히 무시하였다.

중국 외교부는 5월 15일 6번째의 엄중항의를 제출하는 동시에, 동월 25일 외교부장 장군(張群)은 일본 측의 태도에 대해 다음과 같이 비난하였다.

'현재 중국 북부는 대량의 탈세 화물수입에 의해 경제기반이 동요되고 있으며, 국고도 중대한 손실을 입고 있다. 우리 해관당국은 전력을 다해 밀수를 방지하고 있으나 장해가 많아 효과를 거두지 못하고 있다.

일본이 만일 진심으로 중국과의 제휴를 바라고 있다면 깊이 생각하여 조그만 노력을 기울인다면 이러한 정세는 즉시 개선될 수 있을 것이다'

그러나 일본군이 깊이 생각한 부분은 개선의 방향이 아닌, 또다시 무력에 의한 위협이었다.

북경을 노리는 일본군

화북지배를 서두르는 일본군이 생각한 것은 천진군(지나주둔군)

의 증원이다. 기찰정무위원회 위원장인 송철원이 일본군의 압박에 굴하지 않아 허수아비로 내세울 수도 없다고 판단한 일본군은 군사적 압력에 의해 송철원 추방을 꾀하려 하고 있었다.

3월 하순(1936년), 일본의 대사관부무관 이소타니(磯谷)는 육상인 데라우찌(寺內壽一)에게 전보로 다음과 같이 상신하고 있다.

'송철원은 오직 남경(국민정부)의 명에 따르고 있으며, 우리 쪽의 위령을 완전하게 행사할 수가 없다. ……우리의 자치공작이 괴도를 회복하는 데는 송철원을 압박하여 우리에게 복종시켜야 할 필요가 있다. 그러기 위해서는 중국주둔군(천진군)을 증강하는 것이 선결 조건이다. 천진의 증병 시기를 앞당겨, 반드시 4월 중에 실현할 것을 요청한다'

일본의 천진 주재권은 의화단사건 때 신축(辛丑)조약에 의해 인정된 것이나 일정수가 정해져 있어 일방적으로 증병할 권리는 없었다.

그러나 현지로부터 압력을 받은 데라우찌는 '산동성에 공산군이 침입하여 화북이 위기에 처해 있다. '방공'과 '거류민 보호'를 위하여 반드시 증병이 필요하다'라는 제멋대로의 이유를 붙여 천진군 증강을 계획, 4월 17일 일본의 각의와 협의하여 천진군을 6천 명 이상이나 증가하여 합계 8천 4백 명으로 할 것을 통과시켜 불과 1개월 후인 5월 14,15일에는 3천 명이 진황도에 상륙했다.

일본군은 상륙시 '화북의 치안유지를 위한 최소 한도의 증병'이라는 성명을 발표했다.

중국은 5월 18일 주일대사 허세영을 통해 일본의 수상 히로다에게 '현재 일본군을 증병할 필요는 전혀 없다고 보여지며, 그것은 분명한 국제조약 위반이다. 또한 히로다 외상(당시)이 선포한 불위협, 불침략의 정책에도 부합하지 않는 것이다'라고 하는 각서를 수교, 항의했다. 그러나 일본은 전혀 귀를 기울이지 않고, 천진의 주력군 외에 보병 2개 부대를 북경에, 1개 부대를 산해관과 천진 사이에 배치했다.

일본 군부는 증병의 힘을 얻어 화북 분단공작을 적극화하였다.

5월 26일 중국외교부 북경특파원 정석경(程錫庚)으로부터 남경에 도착한 보고에 따르면, 일본의 방침은

(1) '기동방공 자치정부'를 해체하고 '만주국'에 상당하는 지위를 준다.

송철원(宋哲元 1885~1940) 산동인으로 민국의 군인

(2) 송철원, 소진영(蕭振瀛)을 추방하고 제29군을 배제하여 조곤(曹錕)에 별도로 화북정부를 조직시킨다.

(3) 관세, 염세, 화물세는 중앙으로부터 이탈시킨다.

(4) 산서성의 염석산, 수원성(綏遠省)의 부작의(傅作義)의 세력은 분하(汾河) 이남으로 철수시킨다.

이와 같은 노골적인 침략적 증병에 대해 북경·천진을 비롯, 중국 각지에서는 학생들이 계속적인 항의시위를 벌였다. 천진과 당고 사이에서는 철도를 폭파하는 사건도 일어났다.

5월 29일 국민정부는 외교부 아주사국장 고종무(高宗武)를 북경에 파견하여 송철원·진덕순과 회담케 하였다. 일본군의 거듭되는 압력에도 불구하고 송철원의 의지는 굽혀질 줄 몰랐다. 송철원은 그날 밤, 제29군의 장령(將領)들을 모아 의견을 들었으나 장령들은 일본에 대해 강경한 태도를 취하라고 주장했다. 당시 친일분자라 일컬어졌던 소진영도 '일본과는 타협하지 말라'고 송철원을 지지했다.

대화에 의한 해결은 이미 한계에 다다라 있었다.

일본, 아시아 전역을 넘보다

일본군의 화북증병은 분명한 '개전준비 노선'에 해당되는 것이다.

증병결정 직후, 일본은 '군부대신 현역제'를 29년 만에 부활시켰

다. 이는 육군·해군대신의 임용범위를 현역인 대장·중장에 한정시
킨다는 것으로, 군벌이 일본의 내각정치의 생사를 한손에 움켜쥐는
무기가 된 것이다.

때마침 일본에서는 제69특별국회가 열리고 있었으나 정치가들
은 이것이 장차 정치에 미칠 영향은 조금도 깨닫지 못한 채 군벌 지
배의 길을 열어 주고 말았다.

이어 6월 8일에는 '제국국방방침'과 '용병강령'을 개정했다. 이는
'가상적국을 미국·소련으로 하고, 더불어 중국·영국에 대비한다'라
고 규정하여 육해군의 대폭적인 확충을 기도했다.

8월 7일에는 5상회의(首相·外相·藏相·陸相·海相)에서 '국책의
기준'이 채택되었다.

'국책의 기준'에서는 일본의 근본국책을 '외교·국방에서 모두 아
시아 대륙에 있어서의 일본의 지위를 확보하는 동시에, 남방해양에
진출하는 데 있다'라고 확인, 이에 대응하는 국방군비책으로서

① 육군은 소련 극동병력에 대해 개전초두에 일격을 가할 수 있도록
만주와 조선에 있는 병력을 충실히 한다.

② 해군은 미국해군에 대해 서태평양의 제도권을 확보할 수 있는 병
력을 정비한다 등의 아시아 전역의 패권을 노리고 있었다.

일본은 중국침략만으로는 만족하지 않고 마침내 남북 동시 병진
의 방향을 비로소 명확히 한 것이다.

2. 일본인 기자 살해의 진상

화북의 자치확인

이어 8월 11일(1936년)에는 '제2차 화북처리 요강'이 정해져
'화북의 분할자치정부 육성', '국민정부에게 화북의 특수성을 승인
케 한다'는 등이 확인되었다. 또한 자치화 공작의 범위로 새로이 산

동·산서·수원이 추가되어 하북·차하르와 함께 5성이 대상에 올랐다.

이러한 일련의 정책결정은 중국침략을 전세계 침략구상을 위한 일부분에 짜넣은 것이라 하지 않을 수 없다.

'만일 전중국을 점령하려 한다면, 태평양문제의 해결 없이는 실현 불가능한 것이다. 그런 까닭에 일본은 태평양과 관계있는 몇 개의 유력국 모두를 정복하지 않으면, 중국을 삼켜 동아의 패권을 차지할 수 없음을 인정하고 있다.

현재 일본육군의 목표는 소련이며, 해군의 목표는 미·영국이다. 우리 중국을 병탄하려는 일본의 목적은 먼저 소련을 정복하고, 미국을 잘게 씹어, 영국을 쳐부수지 않는 한 달성할 수 없는 것이다'(〈외모(外侮)에로의 저항과 민족의 부흥〉이라는 1934년 7월의 장개석의 글)

여기에 또다시 새로운 사건이 발생했다. 8월 24일 사천성 성도에서 일본인 기자 등 4명이 중국인 민중을 폭행하여 그중 2명이 사망한 이른바 '성도(成都)사건'이다.

이 사건은 일본이 중국정부의 승인을 얻지 않고 성도에 총영사대리를 파견하려 했기 때문에 일어난 것이다.

중국 국내에 각국이 설치할 수 있는 영사관은 통상항(通商港)에만 한정한다는 원칙이 있었다. 성도는 통상항이 아니어서 당연히 영사관은 승인될 수 없었다. 그러나 일본은 1918년 6월 성도 총영사관을 설치했다. 이 총영사관은 9·18사변 이후 일단 폐쇄되었으나, 이해 5월 이와이(岩井英一)를 총영사대리로 임명, 성도 총영사관을 재개한다고 표시해왔다.

중국 측은 2번에 걸쳐 '조약상, 각국 영사의 성도주재는 승인할 수 없다'고 통고, 번의를 촉구하였으나 일본의 외무성은 '기득권'을 내세워 중국정부의 항의를 무시하고 이와이의 부임을 강행하려 했다.

일본이 이렇게까지 해서 성도에 주재하려 한데는 이유가 있었다.

성도에는 당시 공산군 토벌작전의 근거지가 있어, 정치·군사적 중요도가 매우 높았기 때문이다. 일본정부는 총영사관을 재개하여 이곳에서 각종 정보를 수집하려 했던 것이다.

이와이는 7월 27일 상해에 도착, 기선을 타고 양자강을 거슬러 올라 8월 18일 중경(重慶)에 도착했다. 그러나 이와이 부임 강행의 뉴스가 신문에 크게 보도되자 성도에서는 시민들의 항의운동이 격화되었다. 이와이는 곧바로 성도로는 들어오지 못하고, 중경영사관에 머물렀다.

그런데 이와이와 동행하여 중경까지 온 오사카(大阪)매일신문 상해특파원인 와타나베(渡邊洸三郞), 상해매일신문 기자 후쿠가와(深川經二), 만철(滿鐵)상해 사무원 다나카(田中武夫),한구(漢口)의 세토(瀨戶) 양행 주인 세토(瀨戶尙) 4명은 이와이에 앞서 2월 1일 아침 중경을 출발 3일 오후 성도에 들어와 대천(大川)반점에 숙소를 정했다.

이날 성도 시내에서는 영사관 설치 반대대회가 열려 1만 명이 참가, 가두시위를 벌였다. 4인의 도착은 이러한 반일의 기운을 한층 더 자극했다.

성도의 경비당국은 만일의 사태에 대비, 수십 명의 사복경찰을 배치하고, 4명의 일본인에게는 안전을 위해 호텔 밖으로 외출하지 말도록 권고했다. 그러나 4명은 이를 무시하고 다음날 아침, 시내 관광과 함께 쇼핑에 나섰다.

오후 5시경이 되자 대천반점 앞에는 격노한 중국인 군중들이 속속 모여들기 시작했다.

성도의 경비사령 장상복(葬尙樸)과 공안국장 범숭실(范崇實)은 경비를 강화하기 위해 1개중대 병력을 지원받고, 중앙 헌병대로부터도 1개반이 출동했다.

그러나 격분한 군중들은 제지를 무릅쓰고 호텔에 난입하여 기물을 부수고 방화하려 하였다. 4명의 일본인은 곤봉을 휘두르며 응전하였으나, 도저히 당할 수가 없었다.

경비당국은 4명 중 다나카와 세토 두 사람(모두 부상)을 겨우 구출했으나 와타나베와 후쿠가와 두 기자는 행방불명이 되었다.

기자 두 사람은 다음날 아침 대천반점 근방에서 숨진 채 발견되었다. 두 사람의 사체는 식별하기 곤란하리만치 손상되어 있는 상태였다.

이날 아침 군중은 또다시 이미 대부분이 파괴되어 버린 대천반점 앞에 집결, 다시 군대·경찰과 충돌하였다.

이에 대해 군경측에서는 진압을 위해 발포라는 강경수단을 취해 수십 명의 사상자를 냈다. 경비대는 27일, 체포한 주범격인 소덕성(蘇德盛)·유성선(劉成先) 두 사람을 처형하여 사태를 수습하려 하였다.

외교상의 트러블을 역이용하는 일본

성도에서 발생한 일본인 폭행사건은, 사건의 불씨는 일본인 측에 있다고는 하나 일부의 적색분자들의 선동에 의해 앞뒤를 살피지 않은 군중의 행위로 인해 다수의 사상자를 낸 매우 불행한 사건이 아닐 수 없었다.

때를 놓치지 않고 일본은 이를 외교문제화하였다.

일본의 남경총영사 수마(須磨彌吉郎)는 26일 즉각 외교부장인 장군에게 면회를 요청 '우리 측의 요구는 실정조사를 끝낸 후에 다시 제출하겠으나, 이 사건에 대한 중국 측의 책임은 무겁다'고 의견을 표시하였다.

27일 오해를 피하고, 사건의 조기 해결을 꾀하기 위하여 외교부에 명해, 중국정부의 입장을 다음과 같이 표명하였다.

'사천성에 있어서의 홍군의 활동을 아직 평정하지 못한 사이에 이번 폭동이 발생, 일본인이 구타로 사망하였다. 외교부는 이를 매우 중시하고 있으며, 또 우리 중국에 들어온 외국인에 대해서는 충분히 주의를 기울여왔으며, 각 지방당국도 또한 엄중한 보호를 위해 힘써왔다.

이번의 돌발사건은 매우 유감스럽게 생각한다. 이미 지방당국에 엄중한 조치를 취한 동시에, 조속히 원흉을 체포 처단하여 확실하고 적절하게 외국인 보호에 힘쓸 것을 타전·통지했다. 또한 외교전문위원 양개갑(楊開甲)과 정보사 과장 소육린(邵毓麟)을 현지에 파견, 진상조사에 나서게 했다. 중일 양국 국민은, 양국의 외교당국이 국교조정에 노력하고 있는 이때, 대세를 내다보고 과격한 감정에 좌우되지 않아, 결단코 트러블이 일어나지 않기를 바라마지 않는다'

또한 29일에는 재차 국내에 친방(인방우호)령을 발표하여, 국민들의 자중을 호소했다.

사건은 한 지방의 우발사건에 지나지 않으나, 중국정부는 원만한 해결을 위하여 가능한 한의 모든 조치를 취했다. 그러나 일본이 이를 절호의 구실로 삼아 물고 늘어질 것이 확실했다.

사실 일본 외무성과 육해군 수뇌는 사건 직후, 다음과 같은 새로운 요구사항을 결정해 놓고 있었다.

'(1) 히로다(廣田) 3원칙을 승인시켜 일중의 실제적인 경제제휴를 촉진한다.

(2) 화북 건전화 계획을 완전히 수용시켜 구체적 실행을 촉구한다.

(3) 양자강 상류의 수로를 개방시켜 연안 내의 일본인의 거류, 무역, 토지구입, 공장설립의 자유화 승인을 얻어낸다'

일본은 이미 대장성에 '동아경제 조사과'를 둔 것 외에, 남만주 철도의 사무소를 천진에 설치하고, 천진주둔군에도 경제고문부를 두는 등 몇 개의 경제제휴 거점을 완성하고 있었다. 신임대사 가와고시(川越茂) 또한 적극적인 경제 제휴론자였다.

또다시 발생한 일본인 살해

이 무렵 재차 일본인 살해사건이 일어났다.

9월 3일 오후 7시경, 광동성의 북해(北海)·주해(洙海) 중간에 있는 일본인 상점 마루이찌(丸-약방)에 괴한이 습격, 주인인 나가노(中野)를 살해한 '북해(北海)사건'이 그것이다.

이 사건은 '성도사건'과는 달리, 반정부 세력이 조작한 것이었다.

당시 북해일대에서는 구 19로군계의 옹조환(翁照垣) 등의 광서군이 중앙에 반기를 휘둘러, 정부군이 출동 중이었다. 정부군에게 몰린 옹조환 등은 중일간에 문제를 일으켜 정부를 위기에 빠뜨리기 위해 일본인을 살해한 것이었다.

이날(7일) 외교부장 장군에게는 일본에 대해 용의주도하게 준비하고, 신중히 교섭에 나서라고 지시했다.

이미 일본의 각의는 4일 외·육·해 3상회의 결과에 근거하여, 성도사건에 대해 일단 다음과 같은 요구를 할 것을 결정, 5일 주화대사 가와고시에게 훈령하였다.

(1) 국민당이나 국민정부의 배일정책을 근절한다.

(2) 국민정부 및 사천성 정부가 엄중 사과하고 책임자와 범인을 처벌, 피해자에게 배상을 지불한다.

(3) 국민정부는 책임지고 성도 총영사관 재개에 대한 일체의 장해를 배제시킬 것.

8일 가와고시(川越)에 앞서, 남경 총영사 수마(須磨)가 외교부장 장군의 거처에 다음과 같이 타진해왔다.

'일본의 일부 유력자는 중국이 배일사상을 개선하는 것은 매우 어렵다고 생각하기 시작했다. 현재의 일중 양국의 공기는 최악의 상태에 달해 있으나, 만일 여기서 처리를 잘못하면 더더욱 관계 악화를 피하기 어려우며, 최악의 경우는 정면충돌도 일어날 수 있다'

장군은 이에 대해 단호하게 말했다.

'우리 국내의 문제는 당신이 요구하지 않아도 자력으로 처리할 것이므로 걱정하지 않아도 좋다. 다만 당신은 배일사상 운운하지만, 우리에겐 책임이 없다. 실은 배일사상의 근원은 일본에게 있다. 예를 들면 9·18사변에서부터 최근에는 차하르, 내몽고, 화북 등 일본의 침략적인 행위가 우리나라의 배일사상을 자극하는 재료가 되고 있다. 국교조정의 최대의 장해는 여기에 있다. 당신이 이점을 이해해 주기 바란다'

3. 반발하는 사건들

일본, 전면전쟁을 준비

9월 10일(1936년) 일본군부가 국가 총동원계획을 기도하고 있음을 안 장개석은 스스로 중일간의 문제를 분석·정리하여 7가지의 주의사항을 일기에 다음과 같이 적고 있다.

'(1) 일본은 우리나라에 대소 군사동맹의 체결을 강요하려 하고 있다.

(2) 일본은 우리에게 군사훈련의 취소를 강요하고 있다.

(3) 일본은 우리에게 화북 5성의 '세력'을 승인하도록 강요하고 있다.

(4) 일본은 우리에게 일본인 고문을 초빙토록 강요하고 있다.

(5) 일본은 우리에게 종종 가혹하고도 무리한 요구를 조건으로 내놓고 있다.

(6) 일본의 의도하는 바와 그에 치명상이 되는 점을 나(장개석)는 상세히 연구해야만 한다.

(7) 광서지역 밖의 반도(叛徒)에 대해서도 이와 같은 일본의 압력이 거세지고 있는 시기이므로 더더욱 안내하여 국력을 낭비하지 않도록 해야만 한다'

일본의 주화대사 가와고시는 동경으로부터의 훈령을 받고 남경에서 재차 외교부장 장군과 중일간 국교조정을 교섭하게 되었다.

9월 18일에 개최된 2번째 장군·가와고시 회담에서, 가와고시는 즉각 북해사건의 조사를 이유로 해 '일본해군은 해남도 또는 청도의 보호점령을 고려하고 있다'고 위협적인 발언을 했다. 사실 일본해군은 광동방면에 함대를 파견하고 있어 회담은 긴장감을 더해갔다.

그런데 교섭이 시작된 18일에는 북교교외인 풍대에서 일본군과 29군의 충돌사건이 발생하고, 이어 19일에는 한구(漢口)에서 일본 영사관 경찰관이 사살되었다. 또다시 새로운 문젯거리가 교섭을 가로막고 있었다.

일본조계 안에서 경찰살해

풍대에서의 중앙 양군의 충돌은 18일 저녁 풍대역 근방의 연습장에서 중국군 29군 제5진의 부대와, 북경에 막 증원된 일본군 중대가 맞부딪쳐 서로 길을 양보하지 않는 데서 일어났다.

이때 일본군 소대장 이와이(岩井某)가 말에 올라타고 중국군에게 달려든 것을 계기로 일본군은 중국군을 포위하였다. 연장(連長) 손향정(孫香亭)이 앞장서서 충돌을 막아보려 하였으나 일본군에게 체포, 연행되어 갔다.

천진에서 보고를 받은 기찰(冀察)정무위원회 위원장 송철원은 즉시 사장(師長) 풍치안(馮治安)에게 전화로 충돌을 막도록 명령하는 한편, 일본 측의 중국주둔군 북경여단장 가와베(河邊正三) 등과 교섭한 결과, 19일에야 겨우 충돌을 끝낼 수 있었다.

한구사건은 경찰 요시오카(吉岡庭二郎)가 일본조계에서 누군가의 총에 맞아 사망한 것이다. 일본조계 안에서 발생한 사건이라 중국의 경찰력이 미치지 못해 조사할 수가 없었다.

또한 요시오카가 맞은 탄환은 최소구경의 브라우닝에서 발사된 것으로 이러한 종류의 피스톨은 중국에 수입된 적이 없어 범인이 중국인인지 아닌지도 의문이었다.

그러나 일본의 해군 제3함대는 사건 직후 거류민보호를 이유로 육전대원 수백 명을 2척의 구축함으로 날라 즉시 한구에 상륙시켰다. 육전대는 손에 잡히는 대로 23명이나 되는 중국인을 용의자로 체포, 구금하였다.

도쿄에서도 사건을 매우 중대시하여, 외무성과 육해군 수뇌가 연일 협의를 계속했다. 회의 때마다 대소 강경론이 우세하였다.

외교부장 장군과 일본의 주화대사 가와고시가 3번째 회담을 치른 것은 23일이다.

이 석상에서 가와고시는 다음과 같은 7개 항목의 새로운 요구를 제출하였다.

(1) 하북·차하르·산동·산서·수원의 5성을 완충구역으로 한다. 남경정부는 이상의 각 성에 대해 그 영토종주권을 갖으나, 다른 일체의 권리와 의무, 예를 들면 관리임명권·징세권 및 군사관리권은 모두 당지의 자치로 한다.

(2) 화북에서의 경제제휴 방식에 준하여 중국 전역에 일중 경제 합작을 추진한다.

(3) 공동방공협정을 체결한다.

(4) 일중간의 정기항로를 개설한다. 특히 상해-복강선(福岡線)을 우선적으로 고려한다.

(5) 중국정부에 일본인 고문을 초빙한다.

(6) 일본상품에 특별 관세를 적용하여 우대한다.

(7) 교과서에서 배일적인 서술을 완전 삭제하는 것을 비롯, 배일선전을 진면 금지한다.

이에 대해 장군은 일본 측의 제의는 무리한 요구라고 잘라 말하고 즉석에서 가와고시에게 대안을 제출했다.

(1) 상해, 당고 정전 협정을 폐기한다.

(2) 기동 괴뢰조직(기동방공 자치위원회)를 취소.

(3) 밀수 단속.

(4) 화북에 있어서의 일본군 및 일본군 비행기의 자유행동과 비행 정지.

(5) 찰동(察東) 및 수원북부의 홍군(덕왕군 등)의 해산.

장군은 '내가 제시한 이 5개 항목은 현재 중일간의 분쟁의 원인이 되어 있는 핵심이다. 이 문제를 해결하지 않는 한 아무리 국교조정 문제를 의논하여도 소용이 없을 것이다'라고 토로하였다.

그러나 이러한 5개 항목에 대해 가와고시는 검토조차 하지 않은 채 거절하고는 일본 측의 제안만을 계속 강요, 그 결과 회담은 결렬 상태에 빠지게 되었다.

전쟁이 발발하면 어느 쪽인가는 멸망

주불대사 고이균(顧維鈞), 주영대사 곽태기(郭泰祺) 등은 국제연맹총회가 열리고 있는 제네바로부터 외교부로 전보를 보냈다.

'가와고시가 제출한 공공방공계획 및 경제합작은 중국 전토의 병탄을 의도한 것이다. 그 요구는 21개조의 요구를 훨씬 상회하는 것이며, 또한 일본은 조선을 삼킨 때와 같은 방법으로 중국을 멸망시키려 하고 있는 것이다'

고이균은 9월 29일(1936년), 국제연맹총회에서 중국대표로서 연설하여 극동의 위험한 국면에 주의를 기울일 것을 촉구한 동시에 '일본의 야심을 막지 않으면 유럽에도 중대한 영향을 끼치게 될 것이다'라고 경고하였다.

이보다 앞서, 제3차 장군·가와고시 회담이 열린 9월 23일 밤, 상해에서 또다시 일본 수병이 사살되는 사건이 일어났다. 일본의 제3함대 기선 '이조모(出雲)'의 수병 4명이 상해 공동조계 오송로(吳淞路)에서 갑자기 폭도의 총탄에 맞아 1등 수병 다코우(田港朝光)가 즉사하고 2명이 부상당한 사건이다.

이를 계기로 상해주둔 일본해군 육전대는 장갑차를 출동시켜 상해의 교통을 차단하고 동행인에게 총검을 들이대며 검사하여, 의심스러운 사람은 모두 감금시키는 포악한 행동으로 나왔다.

사건을 보고 받은 일본의 해군성은 이날 밤 철야회담 후, 24일 아침 제3함대 사령장관에게 해군육전대의 상해파견을 훈령했다.

게다가 26일에는,

'병력을 배경으로 중국에 대한 "위협외교"를 행하여, 요구가 들어지지 않을 때는 실력행사로 나간다'는 강경방침을 내렸다.

27일부터 28일에 걸쳐 일본의 순양함 5척·구축함 24척·포함 10척·특무함 2척이 상해에 집결하고, 육전대 약 2천 2백 명이 상륙하여 임전태세에 들어갔다.

▶ 이때 결정한 해군의 '대중 시국처리방침'은 무력을 배경으로 장개석과의 직접외교를 요구한 것이다. 당시 장개석은 중앙정부에 복종하지 않는 이종인(李宗仁)을 설득하기 위해 광주에 나가 있었는데, 처리방침에 의하면 '남경에 귀환토록 촉구하여 일본과 직접 교섭시킨다. 장개석이 남경으로 돌아오지 않는 경우에는 최후통첩을 내고, 일본인 거류민을 상해·대만·청도 등지로 퇴각시킨다. 그래도 요구를 들어주지 않으면 육군과 협력하여 청도를 보호 점령하여, 중국 안에 남부의 요점을 봉쇄하고, 항공기지 및 군사시설을 폭격한다'는 것이었다.

전례 없는 직접교섭

9월 28일 일본의 각의는 해군의 요구를 들어 '행정원장 장개석과의 직접외교'를 제의할 것을 결정했다.

그 후 외상 아리타하찌로(有田八郎)는 각국 기자단과 회견, 중일 국교 조정교섭이 전혀 진전되지 않고 있음을 분명히 하고 그 책임이 마치 중국 측에 있다는 듯한 말투로 '중국은 지금 일본과 손을 잡느냐 마느냐를 선택하는 중대한 기로에 서 있다. 내 자신으로서는 중국이 모든 어려움을 물리치고 일본과 손을 잡기를 희망한다'고 일방적인 중국의 양보를 요구하였다.

장개석은 이날 광동에서 이종인 문제가 마무리 지어졌으므로 광주에서 남창(강서성)으로 날아와, 군대의 새로운 배치를 책정하는 동시에 대일정책을 상세히 검토했다.

일본이 요구하는 직접 교섭도 국제관례에서 보면 전례가 없는 일이었다.

그러나 아시아 전체의 안위에 관련된 난국의 타결이라는 대국에 맞서, 애써 직접 교섭에 응할 것을 결의하였다.

4. 내몽고에서의 군사충돌

고난에 찬 10년을 회상하는 장개석

10월 8일(1936년) 오전, 장개석은 행정원장으로서 남경의 관저에서 일본대사 가와고시를 접견했다. '직접교섭'이라고는 하나 구체적인 문제들은 일단 접어두고 중일 양국의 앞날과 아시아 대국과의 관계에 대해 서로의 의견을 교환하였다. 회담은 비교적 상호우호적인 분위기 속에서 진행되어져, 자칫 결렬의 위기에 처해 있던 양국은 서로 난국타결을 위해 계속 회담할 것을 약속했다.

이리하여 장군·가와고시 회합은 10월 19일부터 재개되었다. 장개석은 22일 소공전의 지시를 내리기 위해 남경을 출발 서안(협서성)으로 날아가, 29일에는 낙양(하남성)으로 옮겨갔다. 10월 31일 장개석은 이곳에서 50회 생일을 맞았다.

그가 받은 생일선물 중 무엇보다 기억할 만한 것은 신식군용기 68기였다. 이것은 '장원장의 생일날 비행기를 선물하자'는 국민헌금운동에 의해 국민 각계각층의 성금을 모아 소련으로부터 구입한 것이었다. 전국에서 축하의 등불 행렬이 이어졌고, 낙양에서는 종일 폭죽소리가 그치지 않았다. 이러한 선물을 받은 장개석의 감회는 남다른 것이었다.

생각해보면 1928년 6월 북벌을 끝내고 전국을 통일하고부터 오늘에 이르기까지의 세월은 중국 건국과정 속에서 가장 험난한 시기였다. 밖으로는 일본·소련의 도발이 있었고, 안으로는 야심을 품은 구군벌과 국가에 소용돌이를 일으키는 공산당의 반란이 그칠 새 없었다.

그러나 바꾸어 생각해보면 중화민국이 근대국가로서 빛나는 활약을 보인 시기이기도 했다. 갖은 어려움 속에서도 국민정부는 국부(國父) 손문의 건국이념과 건국방침을 따라 착실하게 국가건설을 추진해나갔다. 전국통일에서부터 7·7사변(盧溝橋 사건—1937년)까지의 10년간을 과거 연합군 참모장을 지낸 알버트 C 웨드마이어는 '황금의 10년'이라고 불렀을 정도였다.

비약적으로 신장한 국내교통망과 농공업

고난을 극복해가며 계속되어온 '황금의 10년'의 국내건설은 중화민국의 면목을 일신했다. 가장 현저한 성공을 거둔 것은 철도, 도로, 항공, 우편 등 교통건설의 추진이다.

먼저 철도는 10년 동안 연장 8천km에서 1만 3천km로 늘어났다. 전국통일 전에는 철도가 거의 화북과 동북에 집중해 있었으나, 새로이 화남에 철도건설 5개년 계획을 실시하여 월한로(粵漢路 : 광동—창무)·강남로(남경—선성)·절감로(浙贛路 : 항주—남창) 등 7개선이 개통되었다.

북벌 전에는 불과 1천km 남짓하던 도로도 10년 동안 11만 5천 7백km 이상으로 늘어나 오지의 농산물 수송에 혁신을 가져왔다.

또한 1930년 8월에는 미국자본과 합병한 중국항공공사가 처음으로 민간항공회사로서 발족, 국내의 민간여객 수송이 시작되었다.

우편, 전보도 현저하게 발전되어 1만 5천 3백 국으로 늘어나 전국 주요도시를 커버할 수 있는 연락망이 형성되었다.

교육의 보급도 중점시책으로 두어져, 각종 학교와 연구기관이 건설되고 커리큘럼의 정비, 구어문(口語文)운동의 추진, 표준발음기호가 보급되어졌다.

그 결과 대학, 전문학교 수는 1928년 74개교에서 1937년 1백 8개교로 증가, 의무교육도 제1단계의 보급계획을 완료했다.

신생활운동과 나란히 민족부흥운동의 양 날개가 되었던 것은 '국민경제건설'이었다. 이는 1932년부터 실시된 경제건설 기본정책

3개년계획을 이어받아 1935년부터 행해진 것으로 농축산업의 진흥 및 광공업 개발, 소비와 금융의 조절 및 유통개선 등 공업화 사회의 기초를 다지는 것을 목표로 삼고 있다.

또한 '국가의 기본'인 농촌부흥을 위해 농촌 합작사의 확충이 추진되어졌다. 1933년에는 중국 농민은행을 설립하여 농민과 합작사에 대해 부채상환, 토지구입, 농기구나 비료구입 등을 위한 자금을 대여해 주었다.

중일전쟁의 예감

통일 후 불과 10년 동안, 그것도 끊임없는 내우외환 속에서 이만큼 국내건설에 성공한 국가는 세계 어느 곳에서도 전례를 찾아보기 힘들다. 중화민국은 착실히 근대국가로서의 자신감을 얻고 있었던 것이다.

일본군의 중국침략은 이와 같은 중국의 부강화에 대한 방해였다.

1936년 10월 중일국교조정을 위해 장군·가와고시 회담(제4차)이 재개되었던 무렵에 장개석은 중일간에 일전을 피할 수 없을 것이라는 예감을 그의 반성록에서 다음과 같이 적고 있다.

'대일정책에서 일본이 싸우지 않고 우리를 굴복시키려 한다면, 우리는 싸움으로써 굴복하지 않음을 보이겠다. 일본이 선전포고 없이 우리에게 덤벼들더라도 우리는 일전을 불사하겠다'

과연 일본은 외교 루트에 의한 교섭에서 털끝만큼의 양보도 하려 하지 않은 채, 장군·가와고시 회담도 진전되지 않았을 뿐 아니라, 일본군은 화북에서 대규모의 군사훈련을 개시하는 등 도발준비에 여념이 없었다.

10월 4일 마침내 내몽고에서 군사충돌이 일어났다.

이것이 이른바 '수원사건'의 시작이었다.

사건은 관동군에게 부추김을 당해 '자치'를 요구하는 내몽고군이 정부군에게 공격을 시작해온 것이나, 정부군은 반란군의 본거지인 백령묘(百靈廟)를 급습, 대승을 거두고 내몽고에게 일본의 허수 아비인 '대원제국'을 건설하려는 야망을 분쇄하였다.

수원사건은 가까스로 재개된 중일 국교조정 교섭을 완전히 중단 시키는 한편, 중국 내의 항일기운을 점차 불러 일으켜, 나아가서는 서안사건을 유발시키는 하나의 원인이 되었다.

내몽에 자치권을 주다

일본군의 내몽고 침략은 9·18사변(만주사변-1931년) 이후, 점 차 노골화되어 갔다. 특히 열하 침략 후 관동군은 대소전략의 중요 지역으로 내몽고 지배계획을 추진했다.

1933년 8월 관동군은 홍군 출신의 몽고인 이수신(李守信)을 조 정하여, 그의 부대를 열하성에서 차하르성으로 침입시켜 다론(多 倫)에 이수신을 행정장관 겸 군장으로 하는 '찰동(察東)특별자치 구'를 만들게 해 차하르·수원 진출의 발판을 구축했다.

이어 동년 10월에는 수원성 안에서 거세지고 있던 몽고인 왕족 에 의한 자치요구운동에 눈을 돌려, 백령묘에 '내몽자치정부'를 발 족시켰다. 이른바 '자치'라는 명분을 내세워 분할을 노리는 일본의 상투수단이었다.

이에 대해 국민정부는 각 부족이 차하르·수원에 자치구를 만드 는 데 동의하고, 정부가 파견한 사치시도장관의 지도 아래 군사·외 교를 제외한 대폭적인 자치권을 주었다.

이렇게 해서 1934년 4월 24일 하응흠을 지도장관, 조대문(趙戴 文)을 부장관으로 하고, 운왕(雲王)·덕왕(德王) 이하 24인을 정무 위원으로 하는 몽고지방 자치정무 위원회(蒙政會)를 발족했다.

그러나 관동군의 '자치'란 진정한 의미에서의 자치가 아닌 허수 아비 역할에 지나지 않았다.

관동군 참모부장 이타가키(板垣)와 참모 다나카(田中)는 주덕을 1935년 10월 몽정회(蒙政會)에서 탈퇴시켰다. 12월에 관동군은 이

수신군에게 차하르성 보창(宝昌)을 기습시키고, 이어 고원(沽源)·장북(張北)·상도(商都) 등 성의 요충 6현(縣)을 차례로 점령(察東사건) 시켜 덕왕의 세력확대를 도왔다.

국민정부는 관동군과 덕왕의 진출을 막기 위해 1936년 3월 새로이 수원경내에 삭토르잡프를 위원장으로 하는 각 부족 지방자치 정무위원회를 발족시켜 몽고왕족의 결속을 꾀했다.

한편 관동군은 5월 2일 덕왕을 주석, 이수신을 부주석으로 한 '내몽고정부'를 화덕(化德)에 두었다. 이 조직의 군정실권은 일본인 고문에 의해 조정되었다. 그들은 이윽고 '흥아연합군단(약 2만명)'을 조직하여, 새로운 내몽고 특무기관장이 된 다나카(田中)의 음모 아래 수원성에서 난동을 일으킬 기회를 엿보았다.

이후 수원에서는 수많은 도발과 분규가 계속되었다.

8월에 들어서 내몽고군이 백령묘에 집결하여 대량의 물자를 실어 들인다는 정보가 속속 중앙으로 들어왔다. 이런 상황에서 수원성 정부주석 부작의(傅作義)에게 전보로 다음과 같이 방비강화를 촉구했다.

반란군대는 관동군이 보급지원

'(1) 장북현 일대에는 잡군이 5천 명 정도 있고, 또한 이수신이 수동에 진격할 준비를 갖추고 있다. 그 전략은 먼저 편의대 및 지방의 불량배로 조직된 폭력대로 하여금 각지 관청을 점거시키고, 주둔군을 습격한다. 그 결과를 관망하며 다시 정식부대를 진격시킬 것을 계획하고 있다.

(2) 북덕위 군정부는 북덕성 동남의 비행장을 확대하여 비행기 2백 대를 받아들일 준비를 하도록 발령했다.

(3) 덕왕·이수신·탁세해(卓,世 海) 등은 7월 13일, 장춘으로 가 몽고군과 몽고기병 3천 명을 편제해, 그 편제비는 관동군이 지급할 것을 결정했다. 비용은 수령 즉시 각지에 사람을 파견, 말 5천두를 사들

이도록 하고 있다'

일본의 원조를 받은 이수신·왕영(王英) 등의 내몽고 반란군은 11월 14일부터 수원에 잇달아 침입, 도림(陶林)과 홍격이도(紅格爾圖)를 공격했다. 병력은 기보병 2천, 비행기 8대, 산야포 10여 대였다.

11월 15일(1936년) 밤, 큰 눈이 내려 내몽고의 벌판은 은세계를 이루었다. 전투는 혹한 속에서 전개되었다. 전세는 정부군에게 유리하게 진전되어 24일까지는 패주하는 적을 쫓아 근거지인 백령묘를 점령했다.

'이러한 승리는 전국민을 기쁨과 흥분 속에 몰아넣었다. 전력을 다해 국가에 헌납하자는 헌금운동이 각지에서 일어났다.

우리 군의 백령묘 수복에 의해 관동군이 음모하고 있던 '대원제국' 또한 실패로 돌아갔다.

그들이 이 조직에 투입한 금액은 5천여만 원을 넘었으며, 이토록 힘을 쏟은 것은 백령묘를 수복 유일의 군사, 교통의 근거로 삼기 위해서였다.

이를 위해 계속 북경·천진에서 대량의 석탄과 밀가루를 사들여 백령묘까지 날랐다. 모든 연료와 식량도 백령묘 수복에 의해 모두 우리 손에 들어왔다' (주 : 낙양의 군관학교에서의 보고, 1936년 11월)

수원사건은 겨우 본궤도에 올랐던 중일교섭을 결정적으로 결렬시킨 사건이었다.

11월 17일 국민당은 담화를 발표, '중일교섭이 진전하느냐 마느냐는 일본 측의 태도에 달려 있다'고 경고했다.

또한 18일에는 외교부 아주사장 고종무(高宗武)가 일본의 주중대사 가와고시에게 면회를 신청하고 수원공작이 계속되는 한 중일교섭은 이루어질 수 없다고 분명히 전했다.

이에 대해 일본 측은 21일 외무성 담화를 발표,

'수동(綏東)의 전투는 단순한 중국 국내의 사건으로 일본과는

관련이 없다. 임시로 일본인이 내몽고군에 가입해 있다 하더라도 이
는 개인적인 행위로 보아야 마땅하며, 일본정부 및 일본군과는 조금
도 관계가 없다'는 괴로운 변명을 했다.

제37장 서안사건의 진상

1. 항일 통일전선의 제창

공산당 내부의 권력투쟁

'화북분할'에 광분하는 일본군벌과 행동을 같이하기 위하여 공산당의 책동도 끊임없이 계속되고 있었다.

모택동이 1년여에 걸친 2만 5천리 대서천 끝에 6천여 명 남짓한 패잔병을 이끌고 섬서성 북부에 겨우 도착한 것은 1935년 11월이었다.

섬북에서의 최초의 일은 권력투쟁이었다. 모택동은 공산당 내부에서 격화되고 있던 좌우 양파의 대립을 교묘하게 조정하여 먼저 '흠차대신(欽差大臣)'이라 불리었던 주리치(朱理治 : 공산당 중앙대표)와 '토황제(土皇帝)'라 불리었던 곽홍도(郭洪濤) 두 사람의 실력자에게 '좌경 기회주의자'라는 꼬리표를 달아 제거해버렸다.

이어, 우경분자로서 감시되고 있던 유지단(劉志丹)과 고강(高崗)을 석방하여 부하로 삼았다. 이 두 사람은 당시 그 지역의 홍군을 쥐고 있던 인물이며, 모택동은 자신이 인솔하는 '홍일방면군'과 그 지역 홍군을 합하여 1만 7천 명의 병력을 정비, 지배태세를 가다듬었다.

그러나 이렇게 해서 모택동의 부하가 된 유지단은 곧 전사(일설에는 모택동이 암살)하였고, 고강도 또한 1955년 모택동에게 숙청되어 자살하는 운명을 맞았다.

이러한 공산군의 무기와 장비는 극히 빈약했으며 식량이나 의약품도 부족했고, 항상 굶주림과 병에 시달리고 있었다. 산악지대인 섬서북부에서는 식량의 자급은 매우 어려웠다.

1936년 2월 21일 모택동은 '동정 항일'을 선언하고 스스로 군사를 이끌고 유지단을 선봉에 세워 성경의 하남을 건너 산서성에 침입했다. 식량, 물자를 약탈하여 공산군의 병원을 징용하는 것이 목적이었다.

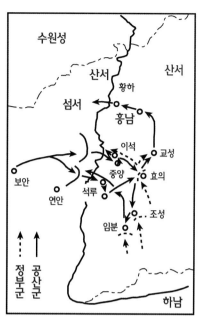

공산군의 1개 부대는 22일, 중양(中陽)·석루현성(石樓縣城)을 포위 공격하였고, 다른 1개 부대는 북쪽의 이석(離石)방면으로 향했으며, 주력부대는 남하하여 습(隰)방면까지 진출했다.

그때 화북에서는 은여경(殷汝耕)의 '기동자치정부'가 독립을 선언하고, 차하르에서는 '기동사변'이 일어난 직후로, 일본군의 침략에 대처하고 있던 정부군으로서는 배후에 적을 두고 있던 형세였다. 공산군의 침입은 '항일'이란 이름뿐이고 오히려 결과적으로는 일본의 침략을 이롭게 한 것이라 하지 않을 수 없다.

산서성의 태원수정(太原綏靖) 주임 염석산군이 즉시 이를 기다렸다 공격하였고, 또한 섬서성 서안에 있는 서북소비(掃匪) 부사령 장학량군과 섬서수정 주임 양호성(楊虎城)군도 공산군의 후방을 공격할 태세를 갖추었다.

3월 8일 하남성 방면에서 응원에 나선 정부군은 공산군 주력을 효의서교(孝義西郊)에서 조우했다.

3일간의 격전 후 공산군에게 사망 3천 명이라는 피해를 주어 격파했다. 3월 22일에는 유지단의 부대를 이석의 북쪽 기가원(冀家原)에서 야습하여 섬멸했다. 유지단도 이때 전사했다.

'반장(反蔣)'에서 '연장(連蔣)'으로

3월 27일에는 전보로 염석산에게서 다음과 같은 군사위원장 앞의 승리의 보고를 받았다.

'우리 군은 24일 공산군의 요충을 일제히 공략하였다. 포로의 말에 따르면 모택동은 각 요충을 지킬 수 없다고 보고 홍군 5백여 명을 이끌고 서쪽으로 달아났다. 그러나 도중에서 우리 군이 길목을 저지하여 3백여 명의 사망자를 내는 성과를 거두었다. 모택동과 그의 처(3번째 처인 하자정—賀子貞. 강청은 4번째)와 정치주임 양상곤(楊尙崑)은 간신히 도망쳤다'

공산군은 다시 산서성 안에서 약탈을 계속하면서 도주하였으나 5월 3일 마침내 섬서성으로 철수했다. 그들이 통과한 장소는 어디나 심한 약탈을 면치 못했다.

이 '동정(東征)'에서 호된 맛을 당해야 했던 모택동 등이 계책한 것이 '반장'에서 '연장'으로의 전환이다.

군사력에서는 정부군에게 도저히 당할 수 없음을 알고 '정전화의(和議)'를 들고 나왔다. 이것이 이른바 모택동과 주덕의 연명으로 제출된 '5·5 통전(通電)'이다. 이 통전 안에 모택동은 이제까지의 '장개석'이라는 호칭에서 '장개석 씨'로 바꾼 후에 1개월 이내에 정전화의를 행하여, '항일 통일전선'을 결성할 것을 제안했다.

이 '항일 통일전선' 결성을 목적은 '항일'이나 '구국'을 앞세운 '중립민중단체'를 자기편으로 삼아 자기들 마음대로 조정하려는 것이었다.

—북경·천진 및 화북 각 성에서만도 소위 '화북 각계 구국연합회', '북방인민 구국동맹', '평진학생 구국연합회', '평진문화계 구국회' 등 30여 개 이상의 단체가 생겨, 모두 기관지와 그 밖의 출판물을 통해 천편일률적으로 코민테른이 지도하는 '인민전선'의 선전활동을 벌였다. 이는 상해나 그 밖의 도시에서도 마찬가지였다.

'인민전선'은 또한 공산당의 지령에 따라 각지에서 지방군과 중앙군의 이간을 피하고, '항일은 하고, 소공은 하지 않는다'라든가, '중국인은 중국인을 치지 않는다'고 하는 슬로건으로 지방군을 부추기어 정부군과 공산군에 대해 중립 노선을 취해 국민당 정부의 소공과 국내 안정책을 방해했다.

'인민전선'의 목적은 국민정부와 중앙군을 독립시켜 공산군을 생존시키는 한편 발전시키고, 그 위에 공산군이 다시 군비를 정비하여, 다음의 반란과 공격에 나설 준비를 시키는 데 있었다.

게다가 그들이 내세우는 '항일구국'의 주장은 명백히 항일 전면 전쟁을 불러일으켜 공비들로 하여금 항일 진영의 배후에서 군비를 확장하여 기회를 엿보아 정부를 전복, 전중국을 지배하려고 하는 기도인 것이다(중국 속의 소련, 1956년 12월).

난국에 대처하기 위해서는 어떠한 희생도 마다하지 않겠다는 결의가 필요한 것이며, 그 결의를 단행하기 위해서는 국난이 한계점에 달했다는 분명한 인식이 있어야 했다.

그러한 상황 아래 7월 13일 국민당 제5기 2중전회에서 장개석은 다음과 같은 결의를 밝혔다.

'중앙이 외교에 대해 품고 있는 최저한도의 선은 영토주권을 완전하게 보호한다는 것이다. …분명히 말해 만일 어느 나라인가가 우리의 영토주권을 침해하는 때야말로 우리의 최후의 희생을 치를 때인 것이다'

공산당의 미소공작

국민당의 이러한 '최저한도'의 보고에 대해 공산당 측은 1936년 8월 25일 '반장·반국민당'의 슬로건을 내리고, 섬서성 보안에서 <중국 국민당에게 보내는 서한>을 발표했다.

'장위원장의 보고는 귀당 5대전회의 정책에 새로운 해석을 첨가시켰다. 즉, 만일 누군가가 우리의 영토주권을 침해한다면 결코 용인하지 않겠으며 우리의 최후의 희생을 치르겠다고 토로하였다. 장위원장의 이러한 해석은 대단히 중요한 것이다. 왜냐하면 우리 중국 인민은 어떠한 때가 비로소 '평화 포기의 때'라 할 수 있는지, 또 어떠한 때가 '희생의 최후의 관두'인지를 이제까지는 알지 못했기 때문이다. 우리는 장위원장의 이러한 해석이 과거에 비해 약간 진보해 있다는 것을 인정한다. 우리는 이러한 진보를 진심으로 환영한다'

이러한 서한은 선전과 궤변을 담고 있는 것이긴 했으나, 국민당의 구국정책을 승인하고, 군정·군령의 통일에도 응하겠다는 것을 명기하고 있어 분명한 공산당의 정책전환을 의미하는 것이었다.

또한 5월 5일의 정전통전 때의 '장개석 씨'라고 하던 호칭도 이번에는 '장위원장'으로 달라져, 정부의 정식직명을 인정하고 있었다.

한편 공산당은 주은래와 반한년(潘漢年-코민테른 대표)을 남경에 보내 정부와 접촉하고 있었다. 진립부(陳立夫)가 반한년과의 담판에 있어 정부로서의 4가지 조건을 제시했다.

'(1) 삼민주의를 순봉한다.

(2) 장위원장의 지휘에 복종한다.

(3) 공산당(홍군)을 해산하여 국군에 편입한다.

(4) 소비에트를 해산하고 지방정부로 개편한다'

반한년 등은 이 4가지 조건을 받아들여 정부에 복종할 것을 약속했다.

그러니 이러한 '정부 복종의 약속'은 어디까지나 공산당의 당리당략이었으며, 공산군도 위반시까지의 시간을 벌 수밖에 없었다.

그들은 오로지 중간파의 포섭공작에 주력, '항일'의 이름을 빌어 반정부 활동을 부추겼다.

11월 9일 일본인이 경영하는 상해·동화방적 등 상해의 8개 공장에서 약 1만 명의 근로자가 스트라이크를 일으킨 사건도 모택동이나 주덕으로부터의 편지에 조정을 당한 심균유·장내기·왕조시·추도분 등 '항일구국회' 간부들의 선동에 의한 것이었다. 그들은 공산당원은 아니었으나, 심균유·장내기 등은 스트라이크 사건 후 공산당 측으로부터 '7군자'로 칭송되어 당적 없는 공산주의 세력으로서 활동을 계속했다.

전후 공산정권이 성립된 후에도 '인민정치협상회의'에 '민주제당파'의 유력 멤버로서 참가, 공산당의 '1당전정(一黨專政)'을 위장하는 데 공헌했다. 그러나 그 사이 장내기·왕조시 두 사람은 1959년 우파분자로서 비판되어 요직에서 추방당했다.

동요하는 장학량

공산당의 포섭, 선동동작은 도시의 민중뿐 아니라 군대에 대해서도 활발히 행해졌다.

그들이 제1목표로 삼은 것은 섬서성에서 소공을 맡고 있던 서북초비 부총사령 장학량 이하의 동북군이었다.

장개석의 신임을 얻어 섬서의 국방요지의 전권을 위임받은 장학량은 공산당의 공작에 의해 동요하고 있었다.

서북초비 부총사령이던 장학량에게 먼저 커다란 충격을 준 것은 직계 부대의 연이은 패배였다. 그의 취임을 전후로 하여 섬서에서는 강서에서 잇달아 패주해 들어온 공산군이 합류, 이들이 동북군의 제110사(師)·제107사·제109사를 연이어 격파했다.

특히 1935년 9월 제110사는 감천 전투에서 괴멸에 가까운 손해를 입고 사장(師長) 하립중은 전사하였으며, 수천 명이 포로로 잡혔다.

하립중은 장학량이 동북군에서 가장 뛰어난 준재로 신임하던 간부였다.

동북군은 9·18사변(만주사변) 이후 고향인 동북을 일본군의 유린에 맡긴 채로 어쩔 수 없이 관내(장성 이남)에 주재하게 된 부대였다. 동부군 일반장병은 고향을 떠나 수년 동안 망향의 설움과 함께 항일기운은 특히 격렬해 있었다.

공산당은 이러한 심리를 교묘히 이용하였다. '중국인은 중국인을 치지 말라', '공동항일'의 슬로건을 주입시켜 동북군 파괴공작을 꾀하였다.

1936년 1월, 공산당은 주은래를 서기로 하는 백군(정부군)공작위원회를 발족시켜, 동북군 공작을 강화했다. 그들은 동북군의 포로를 원대로 돌려보내 소공정지를 선전시켰다. 감천에서는 자발적으로 동북군에 대해 포위를 해제하라는 '우호적인 태도'를 외치는 데모가 일어났다.

이와 같은 공산당의 '미소공작'에 사병들은 점차 전이를 상실해 갔다. 장학량에게 협력하여 소공에 종사해야 할 섬서수정 주임 양호성에 이르러서는 유럽에서 돌아온 공산당원 왕병남을 개인 비서로 둘 정도였다. 왕병남은 전후 공산정권의 주 루마니아 대사가 되어 북경-워싱턴 대사급회의 공산정권 측 당사자였던 인물이다.

양호성은 이때를 틈타 '소공 정지를 장위원장에게 진언해 달라'고 장학량을 다그쳤다.

장학량은 군사적으로도 심리적으로도 괴로운 입장에 몰려, 공산당의 '내전정지, 공동항일'의 슬로건에 마음이 흔들렸다.

2. 장학량의 공산당 접근

장학량, 주은래와 비밀회담

－장학량과 양호성에게 중앙에 대해 반대하도록 책동한 공산분자는 극히 소수였다. 공공연히 반동적인 선전을 한 것은 공산당이 아닌 공산당의 외곽조직이다. 그중에서도 가장 주요한 것은 '제3당', '구국회', '학생연합' 등의 이른바 중립분자였다.

이러한 중립분자들에 대해 공산당은 조직에 가입시켜 당적을 취득 시키려고는 하지 않았다. 단지 그들이 중립적인 태도를 취하든지, 혹은 제3당의 명의로 발언하면 그것으로 충분했던 것이다. 게다가 그들은 공산당이 아닌 까닭에 아무 거리낌 없이 서안에서 유언 비어를 퍼뜨리고, 군민을 교란시키며 전력을 다해 장학량과 그의 부하들에게 포위 도발을 전개, 심리작전에 의해 끊임없이 자극을 주었다.

장학량이 '소공'과 '항일'은 모순이라고 생각하는 심리적 약점을 그들은 간파한 것이다(중국 속의 소련, 1956년 12월).

장학량은 공산당과의 직접 접촉을 요구하여 상해에서 반한년과, 낙천(섬서성)에서 이극농(李克農)과 만났다. 이어 동북군이 수비하는 연안에서 주은래와 만나 극비리에 회담했다.

장학량이 쓴 〈서안사변 반성록〉에 의하면, 주와의 회담의 양상은 다음과 같다.

'어느 날 밤 연안의 교외에서 주은래와 회담, 약 2,3시간 가량 이야기 하였다.

……주는, 장공(장개석)은 국가에 충성이며, 항일을 위해서는 먼저 장공이 지도하는 것을 옹위하지 않으면 안 된다고 인정했다.

주는, 그 밖의 공산당 관계자들도 물론 장공의 옛 부하이며, 항일의 강령 아래서 공산당은 국민당과 옛날의 관계를 회복하고, 다시금 장공의 지도를 받는다고 역설했다'

〈반성록〉에 따르면 두 사람의 회담에서는 '공동 항일'을 실현하기 위해, 공산당에 대한 조건으로서, ① 공산당의 무장부대를 국민정부군에 편성, 집단훈련을 받으며 항일을 준비한다 ② 홍군이라는 명칭을 취소, 국군과 동등한 대우를 받는다 ③ 공산당은 군내에서 공작하지 않는다 ④ 공산당은 일체의 투쟁을 정지한다 ⑤ 공산당원을 석방하고, 정부에 반대하며, 영수(장개석)를 공격하는 것 이외에는 자유행동을 허락한다 ⑥ 항일전 승리 후에는 공산당을 합법 정당으로 승인한다─등 10개 항목의 합의를 보았다.

장학량은 '장공에게 적극 진언하여 실현을 도모한다. 서로 식언은 하지 않기로 약속한다'고 확인하고 헤어졌다. 장학량은 이로써 국내는 평화로워지고, 모든 것이 하나로 뭉쳐 항일을 향해 진군할 수 있다고 믿어 기뻐하였다 - 고 한다.

이리하여 그는 공산당의 통일전선 공작의 도구가 되었던 것이다.

공산군과 실질적으로 휴전

이후에도 장학량은 섭검영과 접촉하기도 하고 공산군에게 식량, 방한복 외에 거액의 사재를 송금하는 등 공산당과의 관계를 점차 깊이 맺어갔다.

이러한 장학량의 움직임은 그가 서북에서의 소공전에 힘을 기울이지 않은 것에서도 엿볼 수 있다.

10월 22일, 남경에서 서안으로 날아가 장개석 자신이 소공전 독전에 나서는 한편, 10월 28일에는 장학량과 회담했다. 이때 장학량은 공산당과 타협하자는 의견을 제시한 후 다음과 같이 말했다.

'군사가에게는 승리하느냐, 패배하느냐, 항복하느냐의 3가지 길밖에 없습니다'

이 말을 들은 장개석은 소공의 전권을 맡은 장학량의 입에서 항복이란 말이 나온 것에 대해 몹시 격노하며 그를 꾸짖었다.

장학량과의 회견 후 기차로 낙양에 간 장개석은 다시 태원으로 날아가 염석산과도 회담하였으나, 이때에도 전하여지는 동북군의 동향은 불안한 요소만이 더 늘어날 뿐이었다.

동북군 안에는 '항일, 불소공'의 선전이 횡행하고 있어, 양호성의 군대는 이미 공산군과 실질적인 휴전상태에 있다고까지 전해졌다.

위험을 각오한 서안 입성

12월 2일(1936년) 장개석은 낙양에서 장학량과 다시 만나 실정을 물었다. 그는 서안은 내일이라도 '변'이 일어날지도 모르는 급박한 상황이라고 설명, '부디 서안에 와 달라'고 요청했다.

장개석이 위험을 각오하고 낙양에서 서안으로 날아온 것은 12월

4일이었다. 서안 동쪽의 임동(臨潼)에 있는 화청지(華淸池)에 투숙했다.

서안 일대의 공기는 자못 심상치 않았다. 서안의 비행장에 내렸을 때 일찍부터 수백 명의 장교들이 대기하고 있다가 저마다 '소공전에 대해 의견이 있다'고 요구하였다. 그들에게는 의견이 있다면 상관인 장학량을 통해 상신토록 설득했다.

또한 고급간부를 모아 소공은 이미 앞으로 잠시면 성공이라는 최후의 단계에 달해 있으므로 작전을 강화할 필요가 있음을 설명하고, 항일작전은 시기상조임을 피력했다.

7일에는 장학량과 양호성에게 소공을 강화하도록 재차 명령했다. 서안에서는 대공보의 주필 장계란(張季鸞)이 숙소인 화청지를 방문했다. 그는 신해혁명부터의 오랜 동지로 이미 서안에 와서 4일간 현지의 공기를 취재하고 있었다.

장계란은 이미 소문이 나 있던 장학량과 주은래의 회담을 '공산당의 이간책'으로서 부정하고, 또한 서안에는 '소공정지, 일치항일'의 공기가 팽배해 있음을 보고했다.

12월 9일 서안에서는 공산당에게 선동된 '구국회'나 '학생연합회'의 데모대가 서북초비총부나 섬서성 정부로 몰려들었다. 이어 '장위원장에게 청원한다'고 하여 경찰의 저지선을 돌파, 용해(隴海)철로를 따라 임동을 향해 들어왔다. 소식을 듣고 달려온 장학량이 파교 부근에서 그들과 회담을 벌이며 저지하였으나, 장학량의 자세는 데모대를 설득하는 것이 아니라 그들과 영합하여 그들을 감싸는 데 지나지 않았다.

불길한 예감

다음날, 장학량으로부터 보고를 들은 장개석은 이러한 장학량의 태도에 대해 엄중한 질책을 가했으며, 그가 심리적으로 불안정함을 깊이 걱정하였다.

11일 아침, 다수의 군용차가 서안방면으로부터 이동해왔다. 이어 장학량 아래서 정치공작을 담당하고 있던 여천재(黎天才)가 사전에 연락도 없이 면회를 요청해왔다. 여천재의 의견 역시 소공방침에 대해 회의를 표명하는 것이었다. 이는 전날의 장학량과 궤도를 같이 하는 것으로, 이를 들은 장개석은 이들이 이렇게까지 물들어 있음에 대해 불안과 통탄을 금할 수 없었다.

그날 밤, 장학량·양호성·우학충 등을 연회에 초대하였으나, 양호성·우학충은 모습을 나타내지 않았다. 장학량의 설명에 따르면 서안에서 연회의 선약이 있기 때문이라 했다.

그날 밤의 연회로 서안에서의 모든 일정을 마치고, 다음날인 12일에는 남경으로 돌아갈 예정이었다. 그러나 잠자리에 들어서도 장개석은 이날 하루의 공기가 어딘지 심상치 않은 곳이 있음이 마음에 걸렸다. 장학량의 태도도 여느 때와는 달랐다. 시종장을 불러 경비를 강화하도록 하려 했으나 이미 밤이 늦어 있어 여의치 않았으며, 자신에게 거리낄 바가 없는 이상 방비를 강화하지 않아도 좋을 것이라고 생각했다.

그러나 의외의 일이 일어날지도 모른다는 예감이 마음을 어지럽혔다. '예감'이 현실로 나타난 것은 다음날이 밝은 12일의 일이었다.

3. 서안사건의 발발

새벽녘의 총성

새벽 4시 30분, 자리에서 일어난 장개석이 옷을 갈아입으려 하였을 때, 갑자기 문 밖에서 총성이 들려왔다. 즉시 호위병을 불러 알아보게 하였으나, 호위병이 돌아오기도 전에 제2발의 총성이 들려왔다. 다시 사람을 보낸 사이에도 총성이 그치지 않자, 장개석은 동북군의 반란임을 알았다. 그는 사복의 호위병과 위병 20명을 데리고 왔을 뿐이고, 총성이 나는 밖의 경비는 장학량의 친위대가 담당하고 있었기 때문이었다. 곧 이어 호위관인 축배기와 시문표가 다음과 같이 보고해 왔다.

　'반란군이 잇달아 침입하여 이미 제2교를 돌파했습니다. 우리의 응수로 많은 사상자를 내고, 반란병은 우리 방위선이 견고함을 알고는 현재 퇴각중에 있습니다'

　이들의 보고가 끝나자 모(毛裕禮)구대장으로부터의 전령이 와 보고하였다.

　'반란군은 이미 제2분을 들어섰습니다. 그러나 뒷산 보초의 전화에 따르면 그쪽은 이상이 없으며, 반란군도 보이지 않는다고 합니다'

　'모구대장은 어디있나?' – 장

　'구대장은 지금 제2교 부근의 축산(築山)에서 부대를 지휘하며 저항하고 있습니다. 위원장께서는 빨리 뒷산으로 피하십시오'

　'반란군은 어떤 모습을 하고 있나?' – 장

　'가죽모자를 쓰고 있습니다. 전원 동북군의 장병입니다'

　'서안사건'은 이렇게 하여 시작되었다. 이 사건은 마지막 단계에 들어와 있던 소공을 근저에서부터 뒤집어엎어, 중국의 전도에 보상할 길 없는 화근을 남겨놓은 것이다. 사건의 개황은 이미 공표된 장개석의 〈서안반월기〉 및 송미령이 쓴 〈서안사변 회상록〉(1936년 1월)에 자세히 실려 있으므로, 이하 그것을 자료삼아 경과를 더듬어 보도록 한다.

　사건발생 단계에서는 극히 소규모의 반란으로, 곧 수습되리라 보고 있었다.

　'호위관 축배기·시문표, 그리고 수행원 장효진을 따라 뒷산으로 향했다. 비홍교를 지나 동쪽 문에 이르자, 그 문은 자물쇠로 잠겨 있었다. 하는 수 없이 담을 뛰어넘어 밖으로 나갔다. 높이는 3미터밖에 되지 않아 뛰어넘기는 어렵지 않았으나 담 밖에는 도랑이 있는 데다 어둠 속이어서 발을 헛디뎠다. 일어서려 하니 통증 때문에 걸을 수가 없었다. 소묘(小廟) 근처에서 기다리고 있던 위병들의 도움을 받아 겨우 산으로 올랐다'

'포로로 삼으려거든 어서 나를 사살하라'

30분 정도 올라가 정상 가까이의 평지에 이르렀을 때 숨을 돌릴 사이도 없이, 완전 포위되어 총격을 받아 동행하던 위병들이 전원 쓰러졌다.

―나는 그때서야 사방이 겹겹으로 포위되었고, 이 병변은 국부적인 것이 아닌 동북군 전체의 반란임을 알았다.

나는 피난하는 것을 그만두고 되돌아갈 대책을 강구하기로 했다. 단신으로 서둘러 하산하였으나, 산중턱에서 바위굴로 굴러 떨어졌다. 주위는 가시덤불로 뒤덮여 있었으며, 굴은 겨우 몸이 들어갈 정도였다.

몸은 극도로 지쳐 있어 일어설 수도 없었다. 여기서 잠시 쉬며 정세를 살피기로 했다.

오전 9시경, 겨우 총성이 멎고 반란병들은 수색을 시작했다.

바위굴 위에서 반란병들의 이야기 소리가 들려왔다.

'이곳에 사복을 한 자가 있다. 위원장이 아닐까?'

'먼저 한 발 쏘아 볼까?'

그러자 다른 반란병 한 사람이 당치도 않은 소리라고 말렸다.

거기서 나는 있는 힘을 다해 외쳤다.

'나는 장위원장이다. 무례는 용서치 않겠다. 나를 포로로 삼으려거든 차라리 당장 나를 사살하라. 조그만 모욕도 용서치 않겠다'

반란군은 그렇게는 할 수 없다고 말하고 공중을 향해 장위원장이 여기 있다는 신호로 세 발의 총을 쏘았다.

이윽고 손명구(孫銘九―장학량의 위병대 제2영장, 반란군의 직접 지휘자) 영장이 올라왔다. 그는 잠시 무릎을 꿇고 눈물을 흘리며 거듭해 말했다.

'위원장, 산을 내려가시지요?'

손명구 등에게 이끌려 맨 처음 간 곳은 서안성내, 서북수정공사가 설치되어 있는 신성대루(新城大樓-양호성의 본거지)의 한 방이었다. 도착한 것은 오전 10시경이었다.

감금된 방 앞에는 '호위'라는 이름의 감시병이 서 있어, 방문을 닫는 것도 허락지 않았다. 서안수정공서의 특무영장 송문매가 인사차 나타났을 때 장개석은 장학량을 부르도록 명했다.

약 반시간 후에 장학량이 비로소 얼굴을 보이고는 정중하게 경례했다.

나는 물었다.

'오늘 일을 자네는 사전에 알고 있었나?'

'몰랐습니다'

'몰랐다면 즉시 날 남경이나 낙양으로 돌려보내야 마땅하다. 그렇게 하면 사태는 수습할 수 있다'

'사변에 대해서는 알지 못했습니다만, 위원장에게 말씀드리고 싶은 것이 있습니다'

'네가 나를 위원장이라고 부르는가? 상관이라고 인정한다면 명령에 따라 낙양으로 돌려보내라. 그렇게 하지 않으면 너는 반역자다. 나를 사살하라. 그 밖에는 너에게 할 말이 없다'

'만일 위원장이 내 의견을 들어 주신다면 명령에 따르겠습니다'

'너는 도대체 나의 부하인가, 적인가? 부하라면 명령에 복종하여 나를 돌려보내라. 적이라면 나를 죽여라. 둘 중의 하나다. 그밖에는 나는 아무 말도 듣지 않겠다'

이어 장개석과 장학량은 '반란'과 '혁명'의 문제를 놓고 격심한 언쟁을 계속하며, 조금치의 거리도 좁히지 못한 채 장학량은 그 자리를 물러났다.

남경에 8개항목의 요구통전

서안성 안에서는 양호성의 군대가 12일(1936년 12월) 아침 일찍, 헌병대와 경찰을 습격, 무장을 해제시키고, 손에 잡히는 대로 총살했다. 흥분한 병사들은 시내를 약탈하며 돌아다녔고, 서안역에서는 군용미 등 1백 5십만 원(元)에 상당하는 물자를 탈취 당하였다. 서안 외에 난주에서도 반란이 일어나 중앙정부 기관이 점거 당했다.

'장위원장 감금'의 제1보가 도착한 것은 오후가 되어서였다. 이어 저녁에는 장학량으로부터 전보가 도착했다.

전문은 '동북을 빼앗기고 나서 5년 동안 계속해서 굴욕을 당해왔다. 전선의 장병은 피로 얼룩져 싸우고 있는데, 후방에서는 외교 당국이 타협을 꾀하고 있다. 나 장학량은 이제까지 눈물로 진언하였으나 들어 주지 않았다. 마침내 좌시당함을 참지 못하고, 장공(장개석)을 충고하기에 이르렀다. 안전은 보장한다. 반성을 촉구할 뿐이다'라고 하여, 다음의 8개 항목을 요구해왔다.

▶ 장개석 감금의 동기에 대해 장학량은 13일 오후 5시부터 서북초비총부의 전직원을 소집, 대략 다음과 같이 설명했다.

—나(장학량)는 초비작전이 싫었다. 바깥의 위험이 절박해 있는 상황 아래, 자국인에게 총을 겨누는 것이 괴로웠다. 나는 몇 번이나 장위원장에게 요청했으나, 말주변도 없고 해서 뜻을 다 전하지 못했다. 장위원장과의 의견의 차이를 해소하는 방법으로서 ① 사직 ② 구두에 의한 방법 ③ 병력을 움직이는 방법─3가지를 생각하였는데, 마침내 3번째 방법을 사용한 이유는, 먼저 상해의 구국 7영수(심균유) 등의 체포 때문이었다.

그들에게 죄가 있다면 '애국 미수죄' 밖에 없다. 내가 이러한 의견을 장위원장에게 말했던 바, '그렇게 보는 것은 전국에서 너뿐이다…'라고 했다. 이어 12월 9일의 학생 데모에 관해, 내가 전력을 다해 학생들을 돌려보냈음에도 불구하고 장위원장은 오히려 '왜 탄압하지 않느냐'고 나를 나무랐다.

우리는 장위원장에게 개인적인 원망은 없으며, 장위원장 개인에게 반대하고 있는 것도 아니다. 다만 그의 주장과 행동방식에 반대하는 것이다. 장위원장이 이제까지의 주장을 버리고, 의연히 항일공작을 주재한다면 우리는 절대적으로 그를 옹호하며, 그에게 복종한다.

'① 남경정부를 개편하여 각파의 참가를 허락하고, 동시에 구국의 책임을 진다. ② 일체의 내전을 정지한다. ③ 상해에서 체포된 애국지도자(항일운동의 리더)를 즉시 석방한다. ④ 전국의 모든 정치적 자유를 보장한다. ⑤ 총리(손문)의 귀속을 확실히 준수하고 실행한다. ⑥ 즉시 구국회의를 개최한다'

이 통전에는 장학량·양호성의 간부 이외에 우학충·하주국·왕이철 등의 동북군, 섬서군 장교와 서안에서 감금되어 있는 중앙정부 고관 등 19명의 이름이 서명되어 있었다.

장학량의 통전을 접한 남경에서는 당일 오후 11시, 국민당 중앙상무위원회와 중앙정치 위원회가 소집되어 장학량의 전직무를 박탈하고, 체포·징벌할 것을 결의했다. 또한 군정부장 하응흠의 지휘 아래 반란군 토벌의 군사행동을 행할 것을 결정했다.

장학량의 태도 변화

장개석은 감금 2일째인 13일에는 다리의 통증이 심해져 자리에 누운 채로 지냈다. 감금 이후 일체의 식사도 거부하고 있었으므로 피로가 극에 달해 있었다. 장학량은 창백한 얼굴로 몇 차례나 그의 방을 다녀갔다.

3일째인 14일이 되자 장학량의 태도가 바뀌었다.

'나(장학량)는 위원장의 일기와 중요문건들을 모두 보고, 위원장의 인격의 고매함을 비로소 알았습니다. 위원장의 혁명에 대한 충성, 구국의 책임을 지고 고심하는 마음은 저로서는 상상할 수도 없는 것이었습니다.

위원장은 부하들에 대해 너무나 과묵하여, 일기에 씌어진 10분의 1만 알았더라도 이러한 경솔한 행동은 하지 않았을 것입니다. 지금 저는 제 생각이 잘못되었음을 느끼고 있습니다. 제가 전력을 다해 위원장을 지키지 못한다면 국가에 얼굴을 들 수 없을 것이라고 생각하고 있습니다'(서안반월기, 1937년 1월)

후회의 염을 얼굴에 가득 담은 장학량은 계속해서 방을 옮기도록 권유했다. 가장 안전한 장소를 마련했다고 했다.

나(장개석)는 '남경으로 돌아가는 것이 아니면 이곳을 절대로 떠나지 않겠다'고 거절했다.

그러자 장은 '위원장께 방을 바꾸라고 하는 것은 사실은 사람들의 눈을 피해 남경에 돌아갈 수 있는 방법을 강구하기 위해서입니다'라고 했다.

나는 대답했다.

'서안을 떠날 때에는 공명정대하고 당당하게 가겠다. 몰래 빠져나가는 것 같은 일은 하지 않겠다. 인격을 지키는 일은 생명을 지키는 일보다 중요하다'(서안반월기, 1937년 1월)

그러자 장학량은 급히 화제를 바꾸어 한 장의 전보를 보이며, 친구인 오스트레일리아인 W.H.도널드가 서안에 온다는 것을 알렸다.

도널드는 장개석의 오랜 친구이며, 과거에는 장학량의 고문 격으로 유럽 외유시에 동행한 적도 있는 인물이었다. 남경과 서안의 중간역으로서는 적임자였다.

도널드의 기용을 생각해 낸 것은 송미령이었다. 그녀는 무력에 의한 서안공격 이전에, 평화적인 해결을 위해 노력해야 한다고 주장, 도널드를 서안으로 불러들인 것이다.

오후 5시(감금 3일째인 1936년 12월 14일) 도널드는 비행기로 서안에 도착했다. 그는 송미령의 편지를 지니고 있었다. 장개석은 그의 권유도 있고 하여 방을 옮길 것을 받아들여 동북군 사단장 고배오의 집으로 옮겨갔다.

여기서 비로소 장학량의 8개 항목 통전에 대해서 알게 되었다. 장학량은 그중 몇 개만이라도 고려해달라고 청하였으나, 장개석은 전혀 듣지 않고, 오히려 장학량의 잘못을 지적하며 그의 반성을 촉구했다.

'장개석 감금'의 뉴스는 충격파가 되어 내외로 전해졌다.

일부에서는 '장위원장 옹호', '반란군 비난'의 소리가 높았으며, 사건 전에 장개석과 회견했던 대공보 주필 장계란은 연일 신문의 사설을 통해 반란군을 비판하고 '정치외교의 중심이며 전군의 총사령인 인물을 감금하여 어찌 구국을 말할 수 있겠는가'라고 호소하였다.

제38장 파국으로 접어든 중일관계

1. 장개석 석방에 관한 스탈린의 명령

국제적인 반향

'장개석 감금'의 뉴스는 국제적으로도 커다란 관심을 불러일으켰다. 일본의 신문이 '중국의 분열'을 예상하여 '사건은 소련공산당이 장학량과 결탁하여 일으켰다'고 보도하자, 소련의 신문은 '일본의 제국주의자가 조작한 것이다'라고 응수했다.

이에 비해 미·영 양국은 매우 호의적으로 나왔다. '서안사건 쇼크'로 인해 공채의 폭락 등 시장혼란의 조짐이 보이자 재빨리 중국에 대해 금융안전을 위한 원조의 성명을 발표, 시장을 안정시켰다.

여기에서 문제가 된 것은 공산당의 움직임이었다.

당시 공산당 간부가 진을 치고 있던 섬서성 보안에 서안사건의 제1보가 날아든 것은 12일 밤이었다. 그들은 이를 '낭보'로 받아들였다. '인민재판'을 외치는 자도 적지 않았다. 모택동의 의견은 '살장(殺蔣) 항일'이었다. 그는 장학량의 동북군, 양호성의 서북군과 함께 '삼위일체'의 군사위원회를 조직하여 국민정부와 대항하자고 호소했다. 그러나 일단, 본가인 소련공산당의 지시를 기다리기로 결정하고 모스크바에 전보를 보냈다.

한편 장학량도 이제 와서 사태의 형세를 지켜보니 궁지에 몰렸음을 느꼈다. 그가 후일 스스로 말한 바에 따르면 그는 정부가 토벌령을 내린 것을 듣고는 갑자기 공포심이 불어나, 공산당에게 도움을 요청하였다. 14일에는 비행기를 맞으러 나가, 대표가 서안에 와서 합작협의 해주기를 바란다고 부탁하였다. 동시에 서북초비총부(장학량이 부총사령)를 해산, 공산당의 오랜 주장을 받아들여 '항일연군 임시서북 군사위원회'를 결성했다.

장학량이 맞으러 나온 비행기는 보안에서 급조한 비행장에 맞지 않아 착륙하지 못하고 말았다. 이로 인해 15일 주은래·진방헌·섭검영 3인은 모택동의 명령에 따라 폭설 속을 말을 타고서 서안으로 향했다. 모택동은 그들에게 '장개석을 연행하여 돌아오라'고 지시했다.

그런데 중국공산당으로부터 상담을 받은 스탈린은 모택동의 '살장항일'에 반대했다. 스탈린은 그의 목전에 있는 중국공산당이 국민당군과 정면으로 일전을 치름에 따라, 파멸에 가까운 손해를 입을 것을 두려워 하였다.

송미령 앞의 유서

일설에 의하면 스탈린의 수하에는 베를린 주재의 타스통신 기자로부터, 당시 독일에서 요양을 하고 있던 왕조명이 총통인 히틀러와 회견하여 이달 11월에 막 조인한 일·독 방공협정에 중국도 참가한다고 하는 약속을 받아낸 후, 서둘러 귀국했다고 하는 정보가 들어와 있었다. 왕조명과 장학량은 원래 사이가 나빴다. 임시로 왕조명이 정권을 쥐자 장학량의 입장은 궁지에 몰렸다. 또한 친일가인 왕조명이 일본·독일과 연합하여 아시아와 유럽에서 반공·반소행동을 전개할 우려도 있었다.

스탈린은 14일 오후, 중국공산당에게 지령을 내렸다.

'연장 항일정책을 취하여, 10일 이내에 장개석을 석방하라'

'장 석방'의 '스탈린 명령'은 서안에 도착한 주은래에게 전해졌다.

'서안사건'은 장학량·양호성 등의 경솔함으로 인해 시작된 것인데, 이후 사건의 주도권은 공산당이 쥐게 되었다.

장학량은 그의 반성록에 다음과 같이 적고 있다.

'주는 이때부터 마치 서안의 주모자처럼 되었다. ……주 등은 이미 성립해 있던 위원회에 참가했다. 이것이 당시 서안에서 일컬어지던 동북군·서북군·공산당의 '3위일체'였다. 당시의 정세를 토의한 결과, 8개 항목의 요구는 견지한다, 사변은 이 이상 확대하지 않는다, 조기의 평화적 해결을 꾀한다─로 결의하였다……동시에 공산당군을 요현(耀縣), 삼원(三原)에 집중시켜 만일에 대비한다'

12월 15일(구금 4일째, 1936년), 장개석은 처 송미령 앞으로 유서를 써서 도널드와 동행한 황인림(黃仁霖)에게 건넸다. 그 유서에서는 부끄러움 없이 죽음에 임할 것을 전하고, 경국·위국 두 아이의 장래를 송미령에게 부탁했다. 동시에 그녀 자신이 위험을 무릅쓰고 서안에 와서는 안 된다고 덧붙였다. 이미 전날 장학량은 송미령 앞으로 '서안에 오도록'하는 전보를 보냈었다.

▶ 당시 장경국은 소련에 유학중이었고, 장위국은 독일에 군상학중이었다.

송미령의 활약

12월 16일, 중앙에서는 하응흠이 토벌군 총사령에 취임, 서안토벌의 본격적인 행동을 개시하였다. 서안근교로의 폭격이 시작되고, 화현(華縣)에서는 육상부대가 양호성군과 대치했다.

이날 이른 아침, 장학량이 창백한 얼굴로 나타나 '4일에서 7일 사이에 남경으로 돌아가도록, 지난밤 위원장을 겨우 설득했으나 폭격개시로 어렵게 되었다'고 했다.

저녁이 되자, 국민정부 군사위원회 고등고문 장방진(蔣方震)이 와서 민중의 고난도 고려하여, 중앙군의 폭격과 진격을 자제하도록 명령을 내려달라고 부탁했다.

사건발생 당시 유럽의 시찰여행의 보고를 위해 서안에 와 있던 그도 또한 장학량 등에게 체포되었으나, 장학량의 부탁을 받고 찾아온 것이다.

다음날인 17일 그의 요청을 받아들여 하응흠 앞으로 폭격을 3일간 정지시키라는 명령을 써서 장정문(복건수정 주임)에게 가져가게 했다. 이 편지는 다음날, 남경·상해의 신문에 게재되어 국민을 안심시켰다.

19일, 신체의 고통은 점점 더 심해졌다. 장학량이 밤에 찾아와 8개 항목의 요구 중 후반의 4개항을 취하할테니 나머지 4개항은 들어달라고 요구했으나 거부했다. 20일, 일단 남경으로 돌아간 도널드가 송자문(송미령의 오빠)을 데리고 나타났다. 그는 송자문과 단둘이 30분간 이야기하며, 5일 이내에 서안을 포위공격하는 구체적인 전술을 가르쳐, 중앙에 전달하도록 지시했다. 송자문은 다음날인 21일 남경으로 돌아갔다.

22일 이미 감금 10일째였다. 정부군의 총공격이 시작될 것을 기대하고 있던 장개석은 아무런 기미도 느낄 수가 없었다.

오후 4시 돌연 송미령이 방으로 들어왔다.

'놀랐다. 꿈만 같았다. 나는 일전에 송자문에게 부탁하여 결코 서안에 오지 말도록 전했으나 위험을 무릅쓰고 호랑이 굴로 들어온 것이다. 아내는 억지로 웃음을 지어보였지만 나는 더욱 걱정이 될 뿐이다. 이제까지는 나의 생사는 도외시하여 왔으나, 앞으로 아내의 안위를 생각하지 않으면 안 된다'(서안반월기, 1937년 1월)

남경에서는 반란군 무력제압의 의견이 강해, 장정문이 가져온 '공격정지명령'의 진위를 의심하는 사람까지 있을 정도였다. 그러나 송미령은 도널드나 송자문의 보고에서 평화해결의 전망을 확신, 달려온 것이다.

서안에 온 송미령은 장학량과 만났다.

장학량은 송미령에게 자신의 잘못을 인정하기는 하였으나 '양호성 등이 8개 항목의 요구를 들어주지 않는 한 석방에 동의하지 않겠다고 한다'고 변명했다.

또 한 사람, 송미령이 만난 중요인물은 그녀 자신의 '서안사변 회상록'에 등장하는 '대국을 움직일 수 있는 인물이나 장위원장이 만나고 싶어 하지 않는 유력자'이다.

그 '유력자'는 처음 만났을 때 중앙의 항일이 너무 미온적이라는 불만을 토로하였으나, '우리들은 감금에 관여하고 있지 않다. 장위원장을 숭배하는 마음에는 변화가 없다'고 말했다. 이에 대해 송미령은 '만일 위원장을 전국의 영수(領袖)라고 믿는다면 그에게 충성을 맹세, 그의 정책에 따라야 할 것'이라고 설득했다. 결국 그 '유력자'는 양호성에게 '위원장 남경송환'을 권고할 것을 약속했다.

그 다음날 '유력자'와 다시 회담한 송미령은 재차 '위원장은 공산당에 대해서도 관대한 마음을 갖고 있다. 만일 뉘우치고 선량한 백성이 된다면 결코 과거를 책하지는 않을 것이다. 진정한 애국자라면 실행 불가능한 정책을 버리고, 중앙의 지도에 대해 성의껏 협력하는 것이 마땅할 것이다'라고 설득, 이를 서안의 관계자에게 전달해달라고 의뢰했다.

계속된 '무조건 귀환'의 설득

24일은 크리스마스 이브였다. 송미령은 '위원장의 귀환'이라는 '국가최대의 크리스마스 선물'을 얻으려, 장학량을 계속 설득했다. 장학량은 석방을 반대하는 양호성의 군대가 성문을 지키고 있으므로 남경 귀환은 어렵다고 말하고, 대신 '위장하여 차로 낙양을 탈출한다'는 안을 제안했다. 그러나 송미령은 '변장해서 도망치는 것이라면, 나도 남편(장개석)도 함께 죽음을 택하겠다'고 의연하게 거절했다.

송자문도 서안의 각 그룹과 개별적인 절충을 거듭해 '무조건 귀환'을 설득했다.

'서안의 장성 중에는 중앙군이 동

▶ '유력자'의 이름에 대해서는 중화민국 측 공식기록은 현재도 발표되지 않고 있으나, 일반에게는 주은래로 알려져 있다. 에드거 스노·진방헌·장국도 등 당시의 공산당 관계자의 회상에 따르면 주은래는 송미령 외에도, 24일 밤에는 장개석 자신과도 만났다고 한다. 그 자리에서 주은래는 장개석을 과거의 황포군(黃埔軍) 학교 시절의 경칭인 '교장'이라 부르며, 극히 정중하게 '사건의 평화해결을 바라며 장교장을 전국의 지도자로서 옹호한다'고 하는 공산당의 방침을 전했다고 한다.

관(潼關)까지 철수하지 않으면, 나(장개석)를 서안에 잡아둘 것을 결의했다고 말하는 자도 있었으나 나는 개의치 않았다. ……하루에도 몇 번이나 변화가 일어났다. 밤이 되면 양호성이 끝까지 나의 남경송환에 반대하여 장학량과 언쟁, 두 사람은 거의 결렬 상태에 놓였다고 하나, 사실인지는 알 수가 없다'(서안반월기, 1937년 1월)

2. 조건 없는 송환

장(張)과 함께 낙양으로

구금 14일째인 12월 25일 사태는 일거에 달라졌다.

아침에 송자문이 방으로 와서 '장학량이 남경송환을 결정했다. 먼저 부인(송미령)을 비행기로 보내고, 위원장은 변장해서 장학량의 부대에 넣어, 때를 보아 비행기로 탈출한다'고 보고했다.

─장은 이를 아내에게 말하고 서두르며, '때를 놓치면 끝장입니다. 성내의 양군이 만일 충돌하면 부인도 휩쓸리게 될 것입니다'

그러나 아내는 곧 분명하게 말했다.

'내(송미령)가 위험을 두려워하고 목숨을 아까워했다면 이곳에 오지 않았을 것입니다. 여기에 온 이상 위원장과 함께가 아니면 절대로 움직이지 않겠습니다. 그리고 위원장의 성격으로 보아 변장해서 몰래 가는 것 따위는 결코 허락지 않을 것입니다'

장은 이 말을 듣고 깊이 느낀 바가 있어, 무언가 방법을 강구할 것을 약속했다(사안반월기, 1973년 1월).

시간은 마구 흘러갔다.

해지기 전 남경에 도착하기 위해서는 오전 10시 반에 서안을 출발해야만 했다. 그러나 아무런 소식도 없이 오전이 지나갔다.

점심 무렵 송자문이 와서 양호성이 태도를 바꿀 것 같으나 아직 결정을 보지 못하고 있다고 보고했다.

오후 12시 반, 장학량이 나타나 '비행기는 준비되었으나, 모든 것은 아직 미정'이라며, 황망히 방을 나갔다.

남경에 곧장 돌아가는 것은 이미 시간적으로 불가능했다. 그러나 그보다 가까운 낙양까지라면 오후 4시에 이륙하면 가능하니, 아직 희망은 있었다.

오후 2시에 송자문이 또 왔다. '준비하십시오. 오늘 중에 출발할 수 있을 것 같습니다'

이윽고 장학량이 보고하러 왔다. '양호성은 완전히 동의했습니다. 비행기도 준비되었으니, 곧 서안을 출발합니다'(서안반월기, 1937년 1월)

시계는 막 3시를 쳤다.

출발전, 장학량을 기다리도록 하고는 양호성을 부르러 보냈다. 30분이나 지나 겨우 양호성이 나타났다. 두 사람을 자리에 앉게 하고, 장개석은 자리에 누운 채로 진지하게 설교했다.

'너희들은 오늘 국가의 대국을 중시하여 나(장개석)를 남경으로 돌려보낼 결심을 했다. 나에게 문서에 조인하라거나, 명령을 내리라거나 하는 강요를 하지 않았으며, 또 어떠한 특수한 요구도 하지 않을 것을 결심했다. 이는 우리 중화민국이 위험에서 벗어나 안전으로 나갈 절호의 기회일 뿐 아니라, 실로 중화민족의 인격과 고상한 문화의 표현이다

너희들은 이제까지 반동파에게 선동되어 나에 대해 불평등하다든가, 혁명에 불성실하다고 생각해왔다…… 사변의 책임에 대해서 말하면 너희 두 사람이 책임을 져야 하나, 엄밀히 말하면 나에게도 또한 책임이 있다. 나는 최고통솔자로서 부하에게 이러한 위법행위를 하도록 한 책임을 지고, 중앙에 스스로 처벌을 청하는 동시에, 너희들의 회개의 심중도 중앙에 전하겠다.

너희들도 알다시피 나는 일생을 통해 다만 국가의 존망과 혁명의 달성을 위해 살아왔다. 개인적인 원망, 생사, 이해득실을 위해 일을 꾀한

적은 없다'

훈시를 행하고 비행장에 도착했을 때는 이미 오후 4시가 지나 있었다. 장학량도 또한 인부에게 자신의 짐을 가져오게 했다.

출발시 장학량이 무슨 일이 있어도 동행하고 싶다고 하였으나, 장개석은 동북군의 통솔 문제와 지금 중앙에 가는 것은 장학량 자신에게 좋지 않다고 말했다. 그러나 장학량은 모든 것을 양호성에게 부탁하고, 부하들에게도 그를 따르도록 조치를 취하였다고 간곡히 말해 그들은 모두 함께 비행기에 올랐다.

오후 5시 20분, 낙양에 도착했다. 즉시 우발적 충돌을 피하기 위하여, 서안방면의 국민당군에게 일체의 작전행동을 정지하도록 명령했다. 이날 밤은 낙양의 중앙군관학교 분교에서 숙박했다.

무사히 남경으로 돌아오다

이 '무조건 송환'에 대해서 반란군 및 공산당은 '장개석은 요구 조건을 수락했다'고 일방적으로 선전했다. 예를 들면 '해방일보'(서안발행)는 '장개석은 출발에 앞서 양호성에게 ① 내전 정지 ② 구국회 지도자의 석방 등 6개항을 남경귀환 후에 실행한다고 언명했다'고 보도했다. 또한 공산당도 12월 12일 '장개석 씨가 서명은 하지 않았으나 수락을 약속한 6개항의 조건을 실행하는지 지켜본다'고 하는 모택동의 성명을 발표했다.

그러나 그들이 말하는 '6개항', '4개항'의 내용도 제각기여서, 이 것만 보아도 그들의 말이 허구임을 알 수 있었다.

'위원장 위험에서 벗어나다'라고 하는 보도가 전해지자 이를 축하하는 군중들의 환호가 그치지 않았다. '위원장 만세', '중화민국 만세'라고 쓴 깃발을 들고 거리로 쏟아져 나왔으며, 밤새도록 환호의 폭죽이 터졌다.

다음날인 26일 오후, 낙양에서 남경으로 돌아왔다. 비행장에는 국민정부 주석 임삼(林森)을 비롯한 많은 동지들이 맞으러 나왔다.

남경에 귀환한 지 4일째인 12월 29일, 서안사건의 책임을 지기 위해 장개석은 행정원 원장 및 군사위원회 위원장 사직원을 제출했다. 그러나 국민정부와 국민당 중앙상무 위원회 쌍방으로부터 반려되고, 오히려 요양을 위한 1개월의 휴가를 받았다. 이렇게 해서 1937년의 정월은 고향인 봉화(奉化)에서 맞게 되었다.

한편 남경으로 동행해온 장학량의 처분은 군사위원회에 일임했다.

▶ 장학량의 사면은 장개석의 요청에 의한 것이다. 사면 후 장학량은 국방부의 엄중한 감시 하에 외부와의 접촉을 일체 끊고, 현재는 대북시 교외인 북투(北投)에서 과거 제2부인인 조일적(趙一荻)과 정식 결혼하여 살고 있다. 장개석이 죽었을 때는 장렬행렬의 맨 앞줄에서 유해를 운반했다.

3월 1일, 군사위원회 군법회의는 장학량에게 징역 10년, 공권박탈 5년의 판결을 내렸다. 4일 후인 1월 4일 특별사면 되었으나, 그 신병은 군사위원회의 엄중한 관리 하에 놓이게 되었다.

서안사건의 영향

'서안사건'에 의해 뜻밖의 이득을 본 것은 말할 것도 없이 공산당이었다.

사건발생 당시, 공산당은 연안 동쪽 70킬로미터 지점인 보안 등, 산 사이에 있는 4개의 현을 점거하는 데 지나지 않았으나, 장학량의 동북군이 정부군의 공격에 대비하여 남하한 후, 일거에 지배지역을 4배로 확대하였다. 그중에는 섬북의 요지인 연안이 포함된다. 모택동은 사변 중인 12월 20일경 연안에 진출, 이후 연안은 전중, 전후를 통해 국민정부 전복을 획책하는 근거지가 된 것이다.

이 사건은 또한 중국국민에게 일치단결을 묻는 시련이기도 했다. 행정원 원장과 군사위원회 위원장을 겸임하는 지도자가 반란군에게 감금되었던 2주일 동안 이에 호응하여 반란을 일으키려는 움직임은 전혀 일어나지 않았다. 전국민은 일심동체가 되어 국가의 기강을 바르게 유지하여 위기를 넘긴 것이다.

'서안사변이 그 이후에 미친 영향은 오히려 전국 군민의 우리 군사 영수에 대한 신봉을 더욱 강화시켰다. 이후의 8년 항전에 있어서의 전국 군민의 의지통일의 기초는 이때 다져진 것이다'(본당(국민당)의 혁명의 경과와 성패의 원인관계, 1949년 6월)

서안사건이 중일관계에 미친 영향도 적지 않았다.

일본의 관심은 국민정부가 공산당과 타협하느냐 마느냐에 있었다. 중국의 주일대사 허세영의 비밀전문에 의하여 일본 외상인 아리타(有田八郞)는 12월 19일 허세영에게,

'중앙정부가 만일 항일용공의 조건을 장학량과 타협한다면, 일본은 그것을 강력히 반대한다'고 전하고 있다.

또한 2월 3일 추밀원 회의에서도 수상 히로다(廣田弘報)는,

'서안사건에는 불간섭 방침을 취하나, 만일 국민정부가 용공으로 장학량과 타협한다면, 일본은 단연코 배격한다'고 보고했다.

사건은 결국 아무런 타협 없이 끝났으나, 일본 측에서는 국민정부의 항일정책이 한층 더 강화되었다고 보아, 화북 침략의 템포를 가속화했다. 일본의 야망에 장해가 되었던 소련군과의 관계에 대해서도 일본은 사건 직전 독일과 함께 소련을 가상적국으로 삼아 상호 방위협정이라 할 수 있는 일·독 방공협정을 체결, 소련의 눈치를 살피지 않고 화북에 손을 뻗칠 수 있게 되었다.

뜻밖에도 사건 발생 7개월 후에 '7·7사변(盧溝橋 사건)'이 일어났다. 서안사건은 일본의 본격적 중국침략을 촉진한 결과를 낳은 것이다. 서안사건 1주년인 1937년 12월 12일 장개석은 다음과 같은 감회를 일기에 적고 있다.

'나(장개석)는 다행히 위기에서 벗어날 수 있었다고는 하나, 아직도 국가의 위난은 호전되고 있지 않다. 죽지 않았음이 무슨 이득이 있었던가?

하지만 그때 내가 죽었다면 안으로는 공산당에 의해, 밖으로는 일본

의 침략에 의해 나라의 운명은 더더욱 위태로웠을 것이다.

다행히도 나에게 아직 몸이 있으니 오늘의 위험한 국면을 만회하여
민족부흥의 사명을 완수해야 한다'

3. 공산당의 위장 접근

공산당의 '적극적 접근'

서안사건에 의해 보안에서 연안으로 들어온 공산당은 스탈린의
지도에 따라 국민당에 적극적으로 '접근'하는 자세를 보였다. 이미
장개석을 감금 중이었던 12월 19일(1936년), 그들은 국민당·국민
정부 및 서안에 대해 '쌍방의 군대를 철수, 남경에서 평화회의 소
집' 등 4개 조건을 내세워 '일치단결, 항일구국'을 통전해오고 있었
다.

해가 바뀌어 1937년 1월, 국민당군은 소공전을 중단했다. 섬서
성 서안에 두어졌던 초비총사령부를 폐지, 과거 장학량이 통솔했던
동북군은 동쪽으로 후퇴시키고, 대신 고축동을 서안행영 주임으로
임명했다.

서안사건 때 입은 부상이 겨우 나아갈 무렵인 2월 장개석은 일기
에 당면한 5개 방침을 이렇게 적고 있다.

'(1) 대내적으로는 내전을 하지 않는다. 그러나 일단 내란이 발생하
면, 소란을 평정하여 국내를 안정시킬 책임을 다한다. (2) 정치·군사
는 이제까지대로 점진주의를 취한다. 가까운 곳에서부터 먼 곳으로까
지 3년 내지 5년 안에 완전한 통일을 이룬다. (3) '배일'의 용어 대신
'항일'이라 부른다. (4) 군대의 훈련을 강화한다. (5) 각 성마다 각각
품행방정한 인재를 물색한다'(2월 5일의 일기)

공산당과의 절충은 1월말부터 개시되었다. 교섭의 창구가 된 것
은 정치 측이 고축동, 공산측이 주은래였다.

1월 31일, 고축동으로부터의 전화보고에 의하면 주은래로부터 '공산당의 정부군 편입에 대해 상담하기 위한 대표를 파견하고 싶다'는 연락이 있었다. 정부로서는 이에 대해 일단 '다음달 20~30만 원의 군비를 양호성을 경유하여 지불한다. 공산당의 군번호는 당분간 그대로 하고, 주군지역이나 정부군 편입 등의 양상을 보고 협의한다'고 하는 방침을 제시했다.

두 번의 교섭 결과 2월 8일, 가장 중요한 사항으로서 다음의 내용을 고축동에게 지시하고 공산당 측에 동의를 구했다.

'가장 중시해야 할 한 가지 점은 형식상의 통일이 아닌, 정신적·실질적인 통일이다. 한 나라에 정신이나 성질이 다른 군대란 있을 수 없다. 엄밀히 말하면 그들이 삼민주의를 공동 실행하여, 적화선전 공작을 행하지 않는 것이다.

그들이 이 점에 동의한다면 그 밖의 것의 상담에 응하는 것은 어렵지 않다. 그와 면담할 때에는 이 점을 간곡히 말해주기 바란다. 본래 총리(손문)와 요페의 공동성명(1923년, 제2차 국공합작의 출발점이 되었다) 안에서도, 중국에서는 공산주의를 취할 수는 없음을 확인, 삼민주의에 찬성하고 있다'

접근의 조건

그 결과 공산당이 정부의 요구에 따라 '동조'를 서약한 것은 2월 10일 국민당 제5기 3중전회 앞으로 보낸 전보에서였다.

이 전보는 먼저 전제조건으로서 ① 내란의 정지 ② 언론·집회·결사의 자유와 정치범의 석방 ③ 각당파·각계·각군의 대표회의 소집 ④ 대일항전의 준비 ⑤ 민중의 생활 개선—을 요청, 그것이 받아들여지면 공산당은 4가지의 약속을 보증한다는 것이었다.

이 4개항의 '동조' 보증을 요약하면 ① 무장폭동 방침의 정지 ② 소비에트 정부와 홍군은 중화민국 특구정부·국민혁명군으로 각각 개칭하고, 국민정부와 군사위원회의 지휘 하에 들어간다. ③ 특구정부 지역에서는 보통선거에 의한 민주제도의 실시 ④ 지주의 토지몰수 정책의 정지—였다.

공산당의 '동조'를 국민정부 측은 무조건 받아들이지는 않았다. 이 무렵의 장개석의 일기에는 다음과 같은 견해가 적혀 있다.

'공산당을 편입한다 하더라도 용공하지 않으며, 항일한다고 하더라도 배일하지 않으며, 외교는 어디까지나 자주독립을 기초로 한다'(2월 16일)

'공산당의 인류를 무시한 부도덕한 생활과 국가 없는 반민족주의는 철저히 근절시켜야만 한다'(2월 18일)

국민당 제5기 3중전회는 15일 남경에서 개막, 21일 공산당이 전보로 알려온 서약에 대해 '적화근절 결의'로써 답하였다. 이 결의에서는 먼저 '과거 공산당원의 개인가입을 인정했을 때, 공산당원은 국민당의 내부 분열을 꾀하고, 더 나가서는 가짜 정부를 만들어 반란을 일으키고, 인민을 괴롭혔으며 생활을 파괴했다'고 이제까지의 공산당의 행동을 예를 들어 비판했다.

그러나 그 후 '국민당은 박애를 당제로 삼고 있으며, 공산당이 충성을 맹세한다면, 스스로 뉘우침의 길을 막는 일은 하지 않는다'라고 공산당원을 재차 받아들일 의향이 있음을 밝히고, 그를 위한 최저 조건으로서 다음의 4개항을 제시했다.

'(1) 하나의 국가 안에 주의가 서로 다른 군대가 공존하는 것을 절대 금지한다. 그런 까닭에 '홍군' 및 그 밖의 명목을 내세운 무력은 철저히 없애야만 한다.

(2) 세계의 여하한 국가에서도 한 나라 안에 2개의 정권이 존재하는 것을 결코 허락하지 않는다. 그러므로 이른바 '소비에트 정부' 및 통일을 파괴하는 그 밖의 모든 조직은 철저히 없애야만 한다.

(3) 적화선전은 구국국민을 기본으로 하는 삼민주의와는 결코 상용될 수 없는 것이며, 우리나라의 인민의 생명이나 사회생활과도 극도로 상반되는 것이다. 그러므로 적화선전은 그 근본에서부터 근절되어야

만 한다.

(4) 계급투쟁은 한 계급의 이익을 기본적 조건으로 하며, 그 방법은 사회 전체를 각종의 대립계급으로 분열시켜 서로 살육하고, 서로 적대화하게 만든다. 그러므로 계급투쟁은 근본적으로 근절되어야만 한다'

이 4개항의 조치는 말은 다르지만, 공산당이 서약한 4개항의 '보증'이나 다름없는 것이었다.

또한 전보를 통해 공산당이 요구하고 있는 언론의 자유와 정치범 석방 등에 대해서도 24일, 군사위원장 담화 발표를 통해 거의 받아들일 것을 밝혔다.

1927년의 '전면청당(全面淸黨)' 이후, 9년 만에 공산당의 투항을 허락한 것이다.

전면적인 투항

국민당 3중전회(1937년 2월)가 공산당의 투항을 받아들인 후 이른바 '소비에트 구' 해소, '홍군' 개편의 구체적인 교섭이 진행되었다.

다만 여기서 분명히 해 두어야 할 점은 국민당의 이러한 방침은 3중전회의 결의에서도 밝힌 바와 같이, 결코 '용공'이 아닌 공산당원의 수성수명(輸誠授命 : 성심을 다하여 명을 받는다=모든 것을 버리고 항복한다)을 인정한 것에 지나지 않는다는 점이다.

그러나 공산당에게 있어서 동조의 서약은 세력신장을 꾀하여 국민당을 내부로부터 붕괴시키기 위한 위장적 수단에 지나지 않았다.

4월 15일, 공산당 중앙은 다음과 같은 <전당 동지에게 고하는 글>을 발표하여, 서약을 한 장의 휴지로 만들어버렸다.

'(1) 금후의 임무는 국내평화를 강고히 하여 민주권리를 쟁취하고, 대일 항전을 실현하는 데 있다.

(1) 우리 당이 국민당에게 제시한 4개항의 보증은 투항이 아닌 양

보이다. 민족해방을 위하여 각 당파가 서로 양보, 타협하자고 하는 것은 2년 동안 우리 당이 주장해온 점이다. 양보와 타협은 결코 공산당 조직의 독립성과 비판의 자유를 없애거나, 약화시키는 것이 아니다. 우리 당이 전국적인 규모로 공공연히 활동할 기회를 손에 넣어 당의 정치적 영향력과 조직력을 백배 천배로 확대하기 위한 것이다.

(1) 과거에 있어서의 소비에트 정부와 홍군의 투쟁 노력은 무용한 것도 아니었으며 잘못된 것도 아니다.

(1) 우리 당이 제의한 '국공합작'을 국민당은 거절하지 않았다. 이것은 국민당의 정책이 변화하기 시작한 것을 증명한다.

'국공합작'은 전국인민의 요구이며, '혁명적' 3민주의를 특별히 내세우는 것이다.

(1) 마르크스 레닌주의 원칙의 구체화를 도모하는 행동 방침을 선택한다. 중화민족의 최종적 해방은 우리 중국공산당의 어깨에 걸려 있다'

이 〈전당 동지에게 고하는 글〉은 일단 비밀문서로 배포되어 후일 공개된 것인데, 이를 보면 공산당의 동조가 전술에 지나지 않았음을 알 수 있다.

표면상으로는 동조의 자세를 보이면서, 공산 세력의 침투와 국민당의 전복을 노리는 전술은 손문이 생존해 있을 때인 제1차 국공합작 당시와 다름이 없는 것이었다.

파국의 길로 나가는 중일관계

그 사이 중일관계도 파국 일로를 걷고 있었다.

중일국교조정 교섭도 1936년 12월 3일, 수원사건과 일본의 육전대의 청도 강행상륙에 의해 결렬되었다.

이때 일본 대사 가화고시(川越茂)는 일본 측이 멋대로 교섭의 경과를 정리한 '비망록'을 일방적으로 외교부장 장군에게 억지로 인정하게 하려 하였다.

중일 양국의 교섭은 중단된 채로 해를 넘겼다.

이듬해 1월 12일, 외교부장 장군은 전임귀국 인사차 방문한 남경총영사인 수마(須磨彌吉郎)에게 다음과 같은 중국정부의 의견을 전달했다.

'동북문제는 일단 차치하고라도, 화북의 현상태를 급속히 개선하는 것이 우리의 최저한도의 국교조정의 조건이다. 문제는 일본이 중국에 대해 어떠한 태도를 취하느냐에 달려 있다. 우리나라로서는 외교 루트를 통해 조정교섭을 진행시켜 나가겠으나, 다른 한편으로는 항일의 준비도 그칠 수 없다'

1월 23일, 일본의 히로다 내각은 총사직했다. '군인의 정치관여'가 의회에서 추궁당한 것이 원인이 되었다.

차기 수반으로는 육군의 노장 우가키 카즈나리(宇垣一成)가 지명되었다. 우가키는 정당인과의 친분이 넓어, 대중 친선정책을 취할 전망이었다. 그러나 일본의 육군이 강력이 반대, '군부대신 현역제'를 내세워 거부함으로써 우가키의 조각은 유산되고 말았다.

우가키가 실패한 후, 2월 2일 원조선군 사령관 하야시 센쥬로(林銑十郎)를 수반으로 하는 내각이 발족했다. 하야시 내각은 1명의 정당인도 포함하지 않는 군부·관료내각이었다. 주목되는 점은 일본 흥업은행 총재 유키(結城豊太)가 장상(藏相)에 취임한 것이다. 이는 재계와 군부의 결합에 대한 전조였다.

외상은 잠시 하야시가 겸임하고 있었으나 3월 3일 프랑스 주재 대사 사토 나오타케(佐藤尚武)가 취임했다.

중국의 외교부장도 장군에서 왕총혜(王寵惠)로 바뀌었다.

3월 6일 일본대사 가와고시가 서안사건의 위문차 방문하였다. 그는 공산당 문제에 관심을 표명, '중국정부가 공산당과 '타협' 했다는 신문보도가 있는데, 사실인가'하고 물어왔다. 이에 대해서는 '3 중전회의 선언, 결의에서 밝힌 대로 공산당에 대한 정책에는 전혀 변화가 없다'고 답했다.

벽에 부딪친 대중정책

4월 초순, 일본 외무성은 주중대사 가와고시에게 모든 방법을 강구하여 중일간의 기본적인 정치문제를 해결하라고 훈령했다.

(1) 중국에 '만주국 존재 사실을 승인시켜' 만주는 이미 잃어버린 영토임을 인정하게 한다.

(2) 중국에 일본과의 특수협약에 조인시켜, 극동에서 전쟁이 발생했을 때, 중국의 일본에 대한 친선적 중립 태도를 유지시킨다.

(3) 일본이 화북에 특권을 지닌다는 것을 중국이 동의하게 하고, 내몽고 문제에 대해서도 일본의 의도를 중국에 이해시킨다.

어느 항목도 재차 중국을 모욕하는 것으로서 중국이 받아 드릴 수 없음은 처음부터 명백했다.

이와 같은 훈령을 내리는 것 자체가 일본의 대중정책의 정돈을 의미하는 것이었다.

또한 하야시 내각은 4월 16일 외무·대장(大藏)·육군·해군의 4상회의에서 '대중 실행책', '북중(北中) 지도방책'을 결정했다.

이는 화북에서는 정치공작은 피하나, 경제공작을 활발화하여 화북의 괴뢰 자치정권을 '내면지도' 하여, 국민정부에 화북의 '특수한 지위'를 확인시키는 데 목적이 있었다.

소련에서 유학중이던 상개석의 장남 장경국(蔣經國)이 국가의 위급함을 듣고는, 12년 만에 귀국한 것(4월 19일)이 이 무렵의 일이다.

하야시 내각도 오래가지 못하고, 5월 31일 4개월 만에 총사직했다. 정우(政友)·민정 양당의 퇴진요구에 굴복한 것이다. 후계 내각의 수반은 귀족원의장인 고노에 아야마로(近衛文麿)였다.

고노에 내각의 외상에는 다시 히로다(廣田弘毅)가 취임했다. 히로다는 그가 전년도에 제시한 대중(對中) 3원칙(히로다 3원칙)은 취하하였으나, 군사면에서 외교를 독립시켜 중일관계의 개선을 꾀하는 외교방침을 내세웠다.

그러나 이제와서는 외교교섭도 전혀 움직여 볼 수 없는 상태에 빠져 있었다. 일본이 동북에 이어 화북의 '특수한 지위'에 집착하는 이상, 중일간의 평등한 외교교섭은 존재할 수 없었으며, 중국으로서도 이 이상 대화를 진전시켜 나갈 수가 없었다.

화북에 있어서의 일본군의 도발행동은 날마다 노골화해갔다. 일본군은 북경 교외인 노구교 부근을 '연습장'으로 삼아 연일 군사훈련을 통해 시위하였다. 게다가 풍대(豊大)에서 노구교에 이르는 약 6천여 핵타르의 토지에 비행장을 건설할 계획을 세워, 중국 측에 집요하게 매각을 요구하였다.

일본군은 엄청나게 높은 가격으로 지주를 유혹하였으나 대다수가 이에 응하지 않았다. 화가 난 일본은 행정당국에 압력을 가하는 한편, 노구교 주변에서의 도발훈련의 빈도를 더해갔다.

관동군 참모장인 도조 히테키(東条英機)는 6월 9일,

'일본 쪽에서 적극적으로 친선을 구하는 것은 배일·매일의 태도를 증가시킬 뿐이므로, 차라리 일격을 가할 필요가 있다'고 육군 중앙에 상신했다.

6월 16일에는 일본군이 동북에 2만 명의 군사를 증강했음이 전해졌다.

심상치 않은 긴장감 속에서 일본군은 6월 25일, 노구교 부근에서 장기훈련을 시작했다.

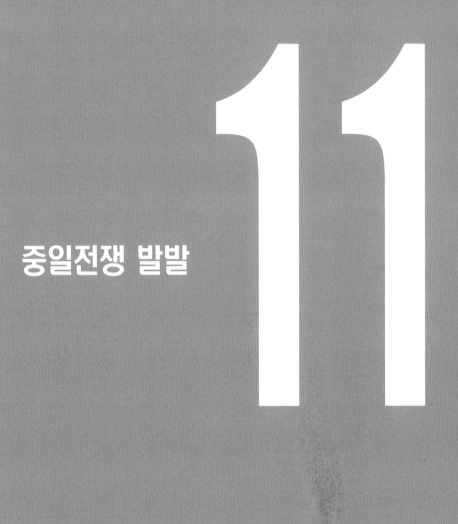

11

중일전쟁 발발

제39장 중일전쟁의 돌입

1. 노구교 사건으로 정면항쟁 결의

노구교 사건의 제1보

1937년 7월 7일 심야, 북경시장 진덕순(秦德純)의 거처에 전화 벨이 울렸다. 시계를 보니 자정에 가까운 시간이었다.

전화를 건 사람은 기찰정무 위원회 외교위원회 주임위원 위종한과 전원인 임경우였다.

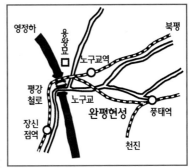

'지금 일본의 특무기관장 마쓰이(松井太久郞)가, 노구교 부근에서 훈련 중이던 일본군 중대가 중국군에게 사격을 받아 1명이 행방불명된 일의 조사를 위해 완평현성(宛平縣城 : 노구교성)에 들어와 조사할 것을 요구하고 있다'

중국을 8년간의 대일항전에 몰아넣었던 '7·7사변(노구교 사건)'의 제1보였다.

진덕순은 북경을 떠나 있던 화북의 책임자 송철원(기찰정무위원회위원장·제29군 군장)을 대신하여 군정의 대권을 위임받고 있었다.

진덕순은 잠시 생각한 다음 이렇게 대답했다.

'노구교는 중국영토이며, 일본군은 우리 측의 동의도 없이 연습을 행하여 우리나라의 주권을 침해하고 있다. 이는 국제법 위반이며, 행방불명된 일본인 병사에 대한 우리 측의 책임은 없다. 더구나 일본군이 성내에 들어와 조사하는 것은 허락할 수 없다. 단 양국의 우호를 생각해 날이 밝으면 우리 측 군경에게 조사시키겠다고 회답하도록

1937년 8월 8일, 북경으로 입성하는 일본군

　　……'

　　북경성 정문에서 서쪽 15km 지점. 영정하(永定河)에 놓여 있는 노구교(2백 35m, 1190년 완성)는 마르코 폴로가 〈동방견문록〉에서 그 위용을 칭송한 대리석의 명교이다. 노구교는 보정방면에서 북경에 이르는 교통상의 요충으로, 제29군 제37사 제21구단(단장 길성문)이 수비를 담당하고 있었다.

　　그 북쪽 벌판에서 일본군은 하루 걸러 야간 훈련을 행하고 있었다.

　　이날 밤, 훈련 중이던 것은 중국주둔군 제1연대 제3대대 제8중대 부대장 키요미즈(淸水節郞―대위)로 전년도인 1936년 9월 '제2차 풍대사건' 후, 완평현성에서 가까운 풍대에 진주한 부대의 일부이다.

　　그러나 이날 밤의 훈련은 평상시와 양상이 달랐다. 일본군의 목적은 명백히 중국군을 도발하는 데 있었다.

　　일본 측의 주장에 의하면 10시 반경, 용왕묘(龍王廟) 방면에서 몇 발, 제방(堤防)방면에서 수십 발의 총격을 받은 후 점호해 보니 기병 척후 1명이 행방불명되어 즉시 풍대의 대대주력(대대장—一木淸直)에게 출동을 요청했다고 한다.

그러나 실제로는 행방불명된 병사는 용변을 보기 위해 대열을 이탈했을 뿐으로 20분 후에는 귀대해 있었다.

일본군은 그 사실을 알면서도 어디까지나 완평현성으로의 진입을 계속 요구, 포화를 열 구실로 삼은 것이다.

불필요한 '조사'를 고집

8일 오전 2시 마쓰이는 재차 완평현성 안의 현장조사를 요청하여 '만일 받아들여 주지 않으면 일본군은 완평현성을 포위한다'고 통고해 왔다. 진덕순은 무력 충돌을 피하기 위해 완평현장 왕냉재(王冷齋)나 위종한 등을 북경의 마쓰이에게 파견하고 이야기를 해보도록 하였다.

마쓰이는 여기서 비로소 행방불명된 병사가 귀대했음을 밝혔으나, 이번에는 '행방불명의 상황을 분명히 해두어야 할 필요가 있다. 쌍방 합동으로 조사하자'고 주장했다.

왕냉재는 '그런 문제라면 행방불명병 자신에게 물어보면 될 것 아니냐'고 반문하였으나 마쓰이는 합동조사를 강경히 요구하고 나왔다.

조사에 나선 멤버는 중국 측이 왕냉재·임경우 등 3명, 일본 측에서 북경 특무기관 고문 사쿠라이(櫻井德太郎) 등 2인이었다.

왕냉재와 임경우가 조사를 위해 북경에서 완평현성으로 돌아오려 했을 때, 중국주둔군 제1연대장 무다구찌(牟田口)가 만나서 회담하고 싶다고 요청해왔다.

왕냉재 등이 일본군의 병영을 방문하자 무다구찌는 '당신(왕냉재)에게 사건을 처리할 권한이 있는가'라고 물어왔다.

당치않은 트집이었다. 즉 행방불명되었던 병사가 이미 귀대해 있었으므로, 이 단계에서는 처리해야 할 '사건' 따위는 있지도 않았던 것이다.

포문을 연 양군

일본의 특무기관장 마쓰이(松井)로부터 다시 현장조사의 요청을 받은 진덕순은 완평현성을 지키는 길성문(제219단)과, 북경주변을 방비하는 37사 사장 풍치안(하북성 주석 겸임)에게 경계를 강화하도록 지시했다.

이윽고 북경과 완평간의 전화선이 일본군에게 절단되어 불통되었다.

8일(1937년 7월) 오전 3시 반, 완평현성에 있던 길성문은 일본군의 보병 4,5명이 산포사문(山砲四門)이나 기관총대와 함께 풍대에서 노구교로 향해 이동해 있는 것을 확인했다.

합동조사를 위해 북경에서 완평현성으로 향했던 완평현장 왕냉재 등도 3백 명 정도의 일본병사가 대형 자동차를 이끌고 출동하는 것을 목격했다. 완평현성 북동의 사강(沙崗) 부근에서는 이미 배치를 끝내고 총격 자세를 취하고 있는 일본군 병사 다수와 조우했다.

진덕순은 이미 심상치 않은 사태에 돌입해 있다고 판단, 즉시 길성문에게 '노구교 및 완평현성을 고수하라. 국토의 방위는 군인의 천직이다. 완평현성 노구교를 우리 군의 가장 영광스러운 분묘로 삼으라'고 명령하고 '그러나 일본군이 발포하기까지는 절내로 쏘지 마라. 일본이 만일 발포하면 이에 응수해 공격하라'고 지시했다.

오전 4시, 왕냉재는 성내의 행정감찰 전원공서에 도착했다. 다른 차로 출발했던 일본 측 대표도 이미 도착해 있었으므로, 즉시 협의에 들어갔다.

일본군이 일제히 포문을 연 것은 바로 이때였다. 오전 4시 50분이었다. 중국군도 이에 응전했다. 마침내 본격적인 전투가 시작된 것이다.

일본군은 노구교의 강 위에 걸쳐진 평한(平漢)철로에 공격을 집중했다. 육상부대 외에 포격도 첨가된 본격적인 공격이었다. 용왕묘를 비롯한 노구교 북쪽의 중국군 진지는 거의 전멸에 가까운 피해를 입어 일본군에게 점령당했다.

완평현성에도 총탄 세례가 퍼부어졌다. 쌍방의 교전은 약 1시간 가량 계속되었다. 일본군은 동시에 약 3백 명이 용왕묘에서 영정하를 도하하여, 대안인 장신점(長辛店)을 탈취하려 하였으나, 중국군이 반격, 4시간의 전투 끝에 침공을 막았다.

이곳 전투는 '잠시휴지'하고, 일단 완평현성 밖에서 중일 양군의 교섭이 행하여졌으나, 일본군은 끝까지 '중국군의 철병'을 요구, 교섭은 결렬되었다.

정오 일본군은 재차 연대 규모의 증원군이 속속 도착, 장갑차 6대의 지원을 받아 수차례에 걸쳐 돌격을 거듭하였으나, 모두 격퇴당했다.

오후 5시, 일본군 제1연대장 무다구찌는 왕냉재와 길성문에 대해 '오후 8시까지 중국군은 영정하 서안으로 철수하고, 일본군은 동안으로 철수한다. 그렇지 않으면 포격을 계속한다'고 요구해왔다.

왕냉재가 이를 거부하자 일본군은 그것을 기다렸다는 듯이 오후 6시에 완평현성에 대한 포격을 재개했다. 성내의 전원공서를 비롯한 주요건물이 파괴되었고, 주민 가운데도 사상자가 발생했다. 이미 상황은 최악의 사태에 돌입해 있었다. 밤이 되자 중국군은 반격에 나서, 보병 2연(2중대)의 병사들에게 피스톨·대도·수류탄 4발을 들려 철교 부근의 일본군을 습격, 괴멸시켰다.

정전조약을 무시한 공격

그 사이 북경에서는 진덕순과 마쓰이가 교섭을 벌여, 8일 심야에 다음과 같은 3개항을 구두에 의해 합의했다.

(1) 쌍방은 즉시 총격을 정지한다.

(2) 일본군은 풍대로 철수하고, 중국군은 노구교 이서로 물러난다.

(3) 완평현성 안의 방비는 중국 측의 별도의 보안대 2백~3백 명이 전담하기로 하고, 9일 오전 9시부터 임무에 들어간다.

그러나 이것은 중국군을 방심하게 만들어 그 사이에 공격의 전열을 가다듬으려는 일본군의 '원병(緩兵)의 계(計)'였다.

9일 오전 6시, 완평현성의 중국군이 철수 준비에 한창일 때, 일본군은 또다시 완평현성에 대규모 포격을 가하여 왔다. 이는 당시 중병에 걸렸던 중국주둔군 사령관 다요(田代)를 대신, 주둔군의 최고 지휘권을 지니고 있던 카와베(河邊正三: 중국주둔 보병여단장)가 명령한 것이다. 그는 사건 발생 당시 산해관에 출장 중이었으나 서둘러 북경으로 돌아와 정전약속을 무시한 공격에 나선 것이다.

그 후 양군은 일단 정해진 선까지 철수하였으나, 일본군은 오리점(五里店)이나 대정(大井)방면에서 활발한 움직임을 보여, 또다시 일촉즉발의 정세가 이어졌다.

전시체제로 돌입한 군사기관

노구교 사건의 발생 경과에 대해 장개석은 7월 8일(1937년), 노산에서 진덕순으로부터 보고를 받았다.

중일간의 외교교섭은 중단된 채, 일본군의 도발적인 대훈련이 거듭되어진 끝의 교전이었다. 이것이 전중국에 대한 본격적인 침략의 개시가 될 가능성은 매우 높았다. 장개석은 즉시 송철원에게 전보로 지시하였다.

'완평현성을 고수하라. 물러서서는 안 된다. 전원을 동원하여 사태 확산에 대비하라'

9일 사천에 있던 하응흠에게 즉시 남경으로 가 전면항전에 대비하여 군의 재편에 착수하도록 명령하고, 또한 노산에 와 있던 제26로군 총지휘 손련중(孫連仲)에게는 중앙군 2개사를 이끌고 평한철로에서 보정 혹은 석가장(石家莊)까지 북상하도록 지시했다.

동시에 군사관계의 각 기관에는 총동원의 준비, 각지의 경계체제

강화를 명령하고, 하북의 치안을 맡은 송철원에게는 가일층의 국권 수호의 결의와 경계를 촉구하는 전보를 타전했다.

10일 국민정부는 일본대사관에 '일본군의 행위는 계획된 도발이며, 극도의 불법행위'라고 문서를 통해 항의했다.

동시에 전군사 기관의 활동을 '전시체제'로 바꾸기 위해, 다음과 같은 긴급조치가 내려졌다.

(1) 항전을 위한 군대로서 제1선 1백개사, 예비군 약 80개사를 편성하고 7월말까지 대본영, 각급 사령부를 비밀리에 조직한다.

(2) 현재 보유한 6개월분의 탄약은 장강(양자강) 이북에 3분의 2, 장강 이남에 3분의 1을 배치한다. 탄약공장이 폭격되는 경우를 고려해 프랑스·벨기에서 구입을 교섭하고, 홍콩·베트남 경유의 수송 루트를 확보한다.

(3) 병사 1백만 명, 군마 10만 두의 6개월분의 식량을 준비한다.

현지에서는 그 사이 중일 양군이 서로 대치한 채 계속해서 교섭을 벌이고 있었다.

9일 일본의 중국주둔군 총참모장 하시모토(橋本群)가 천진에서 북경으로 들어와 주북경무관 이마이(今井武夫) 등과 협의를 거듭한 끝에, 10일 제29군 책임자의 사죄, 중국군의 철병 등을 내용으로 하는 요구를 진덕순에게 제출했다. 이어 교섭의 무대는 천진으로 옮겨져, 중국군 측은 제29군 제38사 사장 장자충이 대표가 되어 교섭을 벌였다. 장자충은 병환중이어서 침대에 누운 채로 교섭을 벌였다. 그 결과 11일 오후 8시, 장자충은 중앙에 협의를 거치지 않고 마쓰이와의 사이에 다음과 같은 협정을 조인했다.

(1) 제29군 대표는 일본군에 대해 유감의 뜻을 표하고, 책임자를 처벌하여 장래 이러한 일이 일어나는 것을 방지한다.

(2) 풍대의 일본군과 인접한 완평현성 및 용왕묘에는 중국군을 주둔시키지 않으며, 보안대가 치안을 유지한다.

(3) 항일단체를 철저히 단속한다.

기찰정무위원회 위원장 송철원도 이 협정에 동의를 표하였으나, 국민정부는 다음날인 12일, 남경의 일본 대사관에 각서를 보내, 왕총혜 외교부장에게 '여하한 협정이든, 중앙의 동의가 없는 한 무효이다'라고 통보하게 했다.

송철원은 도쿄에서 진행되고 있던 일본군의 사변확대 움직임을 제대로 파악하지 못하고, 단독으로 협정에 응한 것이었다.

일본, 사변확대의 움직임

7월 11일 도쿄의 수상 관저에서 열린 5상회의는 본토에서 3개 사단, 조선에서 1개 사단, 만주에서 2개 여단의 파견을 결정해 조선과 만주의 부대에 화북출동의 명령이 내려졌다. 같은 날 저녁 일본정부는 성명을 발표했다.

'이번 사건은 완전히 중국 측의 계획적인 무력항일인 점은 의심의 여지가 없다. 따라서 정부는 일본의 각의에서 중대결의를 행하여, 북중국출병에 관해 정부로서 취해야 할 필요조치를 내릴 것을 정한다'

이 성명과 함께 사변을 '북지(北支)사변'이라 부르기로 결정했다. 그 명칭은 전화를 화북일대로 확대할 의도를 분명히 드러낸 것이었다.

12일에는 병상의 다요(田代)를 대신하여 새로이 가쯔기(香月淸司 : 중장)가 중국주둔군 사령관으로 임명되고, 참모본부도 '대지작전계획'을 책정했다.

14일 주일 대사관에서 도착된 보고는 일본 국내가 사변확대를 향해 움직이고 있음을 드러낸 것이었다.

'일본의 이번 출병은 중앙군과의 1일전을 목표로 한 것이다. 여론은 완전히 통제되어, 북경·천진의 소식은 10분의 9가 군부에서 나오고 있다. 일본의 신문기자는 국민정부의 태도와 중앙군의 북상에 집중되어 있으며, 현지에서 성립된 협정은 중시하고 있지 않다. 정부는 당초 불확대 의향이었으나, 이미 군부, 특히 현지 군부에 의해 주도되고 있음은 의심할 여지가 없다. 12일 일본의 외무성 당국은 앞으로는 군인 대 군인의 교섭이며, 외교 당국이 나설 시기가 아니라고 공언했다'

2. 날로 격화되는 전투양상

일본군의 요구대로 조인

7월 14일(1937년) 중국주둔군 사령관 가쓰기(香月)는 동참모를 통해 사건 해결을 위한 7개항의 '협정세목'을 기찰정무위원회에 제시했다.

그 내용은 예상대로 단순한 군사적 정전에 그치지 않고, 정치적인 색채를 가득 담은 것들이었다.

(1) 공산당의 책동을 철저히 탄압한다.

(2) 배일적인 인물을 파면한다.

(3) 배일적인 색채가 있는 중앙계 기관을 기찰(하북·차하르)로부터 철수시킨다.

(4) 남의사·CC단 등 배일단체를 기찰에서 철수시킨다.

(5) 배일 언론인과 그 밖의 선전기관 및 학생, 민중의 운동을 단속한다.

(6) 학교와 군대 내의 배일 교육을 단속한다.

(7) 북경의 경비는 보안대가 전담하여, 중국 군대는 성 밖으로 철수한다.

현지에서 교섭에 나섰던 송철원에게 장개석은 앞서 '단독으로 교섭에 응해서는 안 된다'고 지시(13일), 일본군의 공격에 대한 철저한 저항을 명하고 있었다. 그러나 그는 이러한 상황 아래서 여전히 '현지해결'을 고집하여 장자충 등에게 교섭을 하게 하였다. 그 결과 장자충 등은 19일 거의 일본의 요구대로 '협정세목'에 조인했다.

11일의 '정전협정' 및 19일의 '협정세목'은 모두 중앙의 승인을 얻지 않은 것으로, 현지교섭의 경위도 장개석에게는 전혀 보고되지 않고 있었다. 이와 같이 중앙이 알지 못하는 사이에 현지에서의 교섭이 단독으로 진행된 것은 후일의 사태 해결을 더욱 복잡하게 했다.

7월 16일 장개석은 송철원·진덕순(북경시 시장) 앞으로, 현실을 냉엄하게 직시하여 대일교섭을 오판하지 말도록 자각을 촉구하는 전보를 쳤다.

연일 일본 측이 전하는 바에 따르면, 형 등(송철원 등)은 이미 일본군과의 협정에 조인했으며, 그 내용은 대략 ① 사죄 ② 징벌 ③ 노구교에 주둔하지 않는다 ④ 방공 및 배일단속—에 관한 것이라 전해진다.

이러한 조항은 구미에도 전해져 있다. 현지의 정세를 보면 일본은 전력을 다해 북경·천진에 위협을 가하여, 이러한 종류의 약정에 조인시키는 것을 제1목표로 삼고 있다. 그러나 일본의 진의를 꿰뚫어보면, 협정조인을 제1보로 삼아 대군을 집결시킨 뒤 재차 정치적 조건을 제출하는 데 있는 것이다.

그러나 사태는 이미 1개 지방의 문제가 아닌 중국의 주권과 영토가 걸려 있는 나라와 나라간의 문제로 인식하지 않으면 안 되는 상황에 놓여 있었다. 이제야말로 중국은 일본에 대해서도, 또 국내의 군민에 대해서도 중화민국의 결의를 분명히 밝힐 시기가 된 것이다.

응전이 있을 뿐

이른바 '최후의 관두 연설', 즉 노구교 사건에 대한 엄정표시를 공표하여 중국의 항전의 각오를 공식적으로 밝힌 것은 7월 19일의 일이다.

이는 17일 노산에서 개최된 담화회에서 연설한 '일본에 대한 일관된 방침과 입장'을 재차 천명한 것이다.

'우리가 일개의 약소국이기는 하나, 만일 '최후의 관두'에 달했을 때에는 전민족의 생명을 희생해서라도 국가의 생존을 지키지 않으면 안된다. ……만일 피할 수 없는 사태가 발생하여 '최후의 관두'에 서게 되면, 우리에게는 당연히 최후의 희생과 응전이 있을 뿐이다.……'

이는 또한 사건의 해결을 위한 일본에 대한 최후의 충고이기도 했다.

'노구교 사건이 중일전쟁으로 확대하느냐 마느냐는 오로지 일본 정부의 태도에 달려 있다. 평화가 다하기 1초 전까지 우리는 평화를 희망할 것이며, 평화적인 외교방법에 의해 노구교 사건이 해결되도록 노력할 것이다.

그러나 우리의 입장에는 분명히 해두어야 할 4가지 점이 있다.

(1) 어떠한 해결도 중국의 주권과 영토를 침해하는 것을 용인하지 않는다.

(2) 기찰(하북·차하르)의 행정조직은 어떠한 비합법적인 개혁도 받아들이지 않는다.

(3) 중앙 정부가 파견한 지방관리, 예를 들면 기찰정무위원회 위원장 경질을 아무도 요구할 수 없다.

(4) 이상의 4가지 점은 약국인 우리 외교의 최저한도선이다.

만일 일본이 동북민족의 장래를 생각해 양국 관계가 '최후의 관두'에 달하는 것을 바라지 않는다면 우리의 이러한 최저한도의 입장을 경시하지 말아야 할 것이다.

우리는 평화를 희망하지만 일시의 안위를 바라는 것은 아니다'

그러나 일본에게 있어서는 '최후의 관두'야말로 바라는 바라 하지 않을 수 없었다.

같은 날 외교부는 일본 대사관으로부터 각서를 받았다. 거기에서 일본은 중국정부의 태도를 도전적이라고 비난하고 '화북의 지방당국이 해결조건을 실행하려는 것을 중앙이 방해하지 말도록 요구한다'고 전했다. 이에 대해 외교부는 '외교 루트를 통해 협의하여 해결을 꾀할 뿐이다. 지방적인 성격의 문제라서 현지에서 해결할 수 있

는 것이라 하더라도, 반드시 우리 중앙 정부의 허가를 필요로 한다'
고 반론을 가했다.

게다가 동일, 군정부장 하응흠도 일본의 주중대사 부무관 키타
(喜多誠一)의 방문을 받았다.

회담 석상에서 키타는

'지금 중국은 30사·29사·102사·10사 그 밖의 군대를 합하여 5,6
개사를 보정, 석가장에 진입시키고 있다. 일본은 이를 무시할 수 없다.
다시 하북에 들어온 이들 군대를 철수시키지 않으면 정세는 반드시
급변하여, 일중 양군은 전면 충돌을 하게 될 것이다. 이는 우정어린
최후의 충고이다. 공갈이나 협박이 아니다'
라고 위협했다.

이에 대해 하응흠이

'중국군대의 이동은 모두 자위를 위한 것이다. 일본이 증원한 군대
를 철수시키면 중국 측도 증원군의 철수를 생각해 보겠다. 사태의 확
대 여부는 일본군에게 달려 있다'
고 반박하자, 키타는

'일본은 이미 중대한 결의를 하고 있다'
는 마지막 말을 남기고는 그 자리를 떠나버렸다.

전면전쟁이냐, 전면평화냐

7월 20일 노산에서 남경으로 돌아온 장개석은 군사, 정치의 책
임자를 소집하여 대책회의를 열었다.

같은 날, 일본의 주중대사관 참사관 히다카(暭信六郎)는 외교부
장 왕총혜에게 면담을 요구,

(1) 남경은 화북의 모든 현지협정을 승인하라.

(2) 반일 선동을 즉시 중지하고 중앙군의 북상을 정지하라.
고 거듭 요구했다. 왕총혜는 어떠한 협정도 사전에 중앙의 승인을
필요로 하는 점, 중국 정부에는 충돌 확대의 의도가 전혀 없다는

점을 거듭 밝혔다.

확실히 사태는 복잡해져 있었다. 중국정부는 일본의 침략 확대를 절대로 용서하지 않을 것임을 분명히 하고 있었고, 만일 일본이 북경·천진에 대해 군사력을 발동하면, 그것은 즉각 '최후의 관두'를 의미한다고 보았다.

그러나 한편에서는 중앙이 승인하지 않았다고는 하나 현지의 제29단(군장 송철원)과 일본군 사이에 '협정'과 '협정세목'이 존재하고 있는 것도 사실이었다.

그 '협정세목'에 의하면 현지군이 싸우지도 않고 북경·천진을 그냥 내준다는 최악의 사태도 일어날 수 있는 정세였다.

9월 22일 장개석은 송철원에게 급전을 보냈다.

'들리는 바에 의하면 제38사의 진지는 철폐되고, 북경성 안의 방어시설도 또한 없어졌다고 한다. 외구(일본군)는 우리 성내의 경비가 허술해졌을 때, 반드시 더욱 무리한 요구를 해오거나 아니면 일거에 북경성을 점령해버릴지도 모른다. 위험은 매우 크다. 한시도 경계를 게을리 하지 말아야 한다. 일본과의 대화 결과를 지금 보고할 것'

그러나 송철원의 답신은 11일 장자충·마쓰이의 '협정' 내용을 간단히 적고 있을 뿐이었다.

동일 장개석은 송철원에게 다음과 같이 전했다.

'중앙은 이번 사건에 대해 처음부터 형(송철원)과 책임을 함께 해왔다. 앞서 말한 3개조(11일의 정전협정)가 만일 형이 이미 조인한 것이라면, 중앙은 동의하고 형과 함께 책임을 질 것이다.

다만 원문의 내용은 너무나 추상적이다.

제2조의 '군대를 주둔시키지 않는다(완평현성·용왕묘)'에 대해서는 임시의 조치, 혹은 기한부로 하는 것이 좋다. 군사 수의 제한은 안 된다.

제3조의 '항일 단체'의 철저한 단속은 어디까지나 우리 측이 자주적으로 처리할 문제로, 상대방이 요구할 사항이 아니다. 이러한 점은

분명히 결말을 맺어 두어야 한다.

　이 사건의 진정한 결말을 맺기 위해서는 일본이 7월 7일에 증파한 부대를 철수시키는 것이 중요한 포인트임에 특히 주의를 기울이기를 바란다'

병력증가를 꾀하는 일본군

　'현지해결'에 이끌리고 있는 기찰정무위원회 위원장 송철원(제29군 군장)에 대해 중앙의 의지를 전달하기 위해 참모 차장 웅빈(熊斌)이 은밀히 북경에 파견되었다. 웅빈은 7월 22일(1937년) 천진에 있던 송철원을 북경으로 불러 주권과 영토를 지키기 위해서는 일본군의 감언에 넘어가지 말고 항전을 결의해야만 한다고 설득했다. 송철원도 이 설득에 의해 겨우 중앙의 굳은 결의를 이해하고 항전의 결심을 굳혔다.

　일본군은 앞서 '현지협정'에 의해 철병을 약속했음에도 불구하고, 23일이 되어도 노구교·완평현성 동쪽·대정촌(大井村) 일대로부터 철수하지 않았다. 그뿐 아니라 장소에 따라서는 반대로 증병하여 진지구축을 강화했다.

　일본군의 작전수행은 극도의 비밀을 유지하고 있었으나, 중국 측이 얻은 정보에 의하면 이미 8개 사단, 약 16만 명이 북경·천진을 향해 집결 내지 이동 중이있다. 산해관에서는 전차·중화기·탄약 등을 가득 실은 열차가 연일 하북으로 들어와 서진을 계속했다.

　24일 천진의 제38사 사장 장자충은 가쯔기(香月)와 만나 일본군의 철병의지를 관철시키려 하였으나, 그는 몸이 불편하다는 평계로 만나려 하지 않았다.

　양보에 양보를 거듭한 중국군 현지군도 이제까지의 현지교섭이 전혀 무익하다는 것을 깨달았다. 송철원도 일본군이 말하는 '지방적 해결'의 허상을 깨닫지 않을 수 없었다.

　증강된 일본군에 대항하기 위해 중국군도 일단 철수한 진지에 재진주를 시작했다. 공중 공격에 대비하여 하남성의 고사포 부대가 보정(하남성)으로 이동, 송철원의 지휘 하에 들어갔다. 군정부는 각지의 보급기지에 대해 하북으로의 물자보급을 지원하도록 명령, 3백만 발의 탄약이 하북으로 급송되었다.

'최후의 관두' 연설이 공표된 이래, 전국의 여론은 일제히 항일로 기울어 과거의 희봉구(喜峰口)의 영웅, 곧 제29군에 기대를 품고 격려를 보냈다. 학생이나 청년들은 자발적으로 제29군의 방어시설 공사에 협력했다.

북경대학의 전교수는 24일 '우리는 인도와 정의를 위해, 자유와 평등을 위해 희생을 아끼지 않을 것이다. 전세계의 사람들은 평화를 파괴하고 문화를 무참하게 손상시키는 원흉은 중국이 아니고 일본이라는 사실을 명백히 인식해 주기 바란다'고 선언했다.

과연 일본군은 또다시 도발해왔다.

7월 25일 오후 4시, 동북방면에서 파견된 약 1백 명의 일본군이 장갑차로 천진−북경간의 낭방(廊坊)에 도착, '전화수리'를 빙자하여 동역을 점거했다. 낭방을 지키는 제38사 제113여(여장 유진삼)가 철수를 요구하였으나 이에 응하지 않고 서로 대치한 채 밤이 되었다.

26일 오전 0시, 일본군은 돌연 중국군에게 발포를 개시 전투상태에 들어갔다.

새벽녘에는 일본기 14대가 내습했다. 노구교에서 사건이 발생한 이래 첫 폭격이었다. 이어 오전 7시, 천진으로부터 일본군의 증원부대가 장갑차와 함께 몰려들어 맹공을 퍼부었다. 중국군 병사와 낭방역은 흔적도 없이 파괴되어, 오전 10시 중국군은 마침내 진지를

▶ 이 충돌은 사건 확대를 결정적으로 만든 것이었다. 그때까지 현지에서는 소규모의 충돌이 반복되고 있었으며, 육군 참모본부 작전과장 이시하라(石原 : 소장) 등 불확대파들도 이를 계기로 태도를 바꾸어 '이제는 국내 사단을 증원하는 수밖에 없다. 때를 놓치면 끝장이다. 지급처리를 요한다'라고 연락했다. 사건은 이후 확대일로를 향해 나아갔다.

내주었다.

3. 상해 공방전

광안문 사건

7월 26일(1937년) 낭방을 빼앗은 일본군은 이어 천진−북경간의 북창(北倉)·낙대(落坐) 등의 역을 잇달아 점령, 수송 수단이었던 철도를 차단했다. 동시에 일본의 중국주둔군 사령관 가쯔이(香月)는 기찰정무위원회 위원장 송철원 앞으로,

(1) 노구교 및 팔보산(八宝山) 부근에 배치되어 있는 제37사를 27일 정오까지 장신점(長辛店)으로 후퇴시켜라.

(2) 북경성 안의 제32사, 서원(북경 교외)의 제37사는 28일 정오까지 영정하 이북으로 이동한다.

고 하는 요구를 제출했다. 내용의 말미에는 '요구를 들어 주지 않으면 일본군은 독자적으로 행동을 취하겠다'고 하여, 사실상의 최후통첩과 다름없었다.

이날, 저녁이 되어 새로운 충돌사건이 북경에서 일어났다.

수십 대의 군용차에 분승한 일본군이 북경성 광안문(廣安門)으로 몰려들어 '야외 훈련에서 돌아온 일본 총영사관의 위병'이라고 속여 북경성 안으로 들어오려 했다.

그들은 실은 풍대에 주둔하는 실전부대였다. 광안문을 수비하는 제29군 독립25여 679단(단장 유여진)은 이를 간파하고, 문을 열고 일본군을 불러들인 후 일제히 포화를 퍼부었다. 이 돌연한 사태에 일본군은 큰 혼란에 빠져 수십 명의 사상자를 냈다. 이른바 광안문 사건이다.

27일 일본은 스스로 정한 '기한' 조차 기다리지 못하고 일제히 공격에 나섰다. 오전 3시, 북경 동쪽 20km 지점인 통주의 중국군

에게 습격한 데 이어, 5시에는 항공기 18대의 지원을 받은 기병대가 북경 남쪽의 단하(團河)에 내습했다. 단하의 수비군은 1천 명 이상의 희생자를 냈다.

새로운 단계로 접어든 전국

오후가 되어 북경 북쪽의 고려영(高麗營)·창평(昌平)·탄산(湯山)·사하(沙河) 등의 각지도 잇달아 공격을 받았다.

노구교에 불타올랐던 전화는 마침내 화북의 중추인 북경주변 일대로 일제히 퍼져나갔던 것이다.

28일 아침에는 북경성 밖 남쪽, 제29군 사령부의 소재지인 남원이 일본기 약 40대의 공습과 약 3천 명의 기계화 부대의 맹공격을 받았다. 진지는 모두 파괴되고 제29군 부군장 동린간, 제132사장 조등우 등 수많은 장병이 전사했다.

동시에 서원, 북원도 격심한 공격을 받았다.

28일 오후 송철원은 북경 성내에서 북경 시장 진덕순, 제38사 사장 장자충 등을 소집하여 긴급회의를 열었다.

북경을 사수하느냐, 포기하느냐, 길은 둘 중의 하나였다. 처음부터 전국의 민중은 북경 사수를 바랐다. 그러나 현지에서는 문화유산인 고성이 전화로 인해 재가 되는 것은 참을 수 없다는 소리가 압도적이었다.

긴급회의는 마침내 북경 포기를 결정했다. 북경에는 장자충이 대리기찰정무위원회 위원장 및 북경 시장을 맡아 머물기로 하였다.

송철원·진덕순은 오후 9시에 북경을 출발, 보정으로 향했다. 이어 밤을 택해 제29군 장병들도 입술을 깨물며 묵묵히 북경성을 빠져나갔다.

한편 천진의 중국군은 최후의 저항을 시도하였다. 29일 오전 2시, 천진의 경찰기관을 점령하려던 일본군에 대해 제38사 부사장 이문전이 인솔하는 부대가 반격에 나서, 한때는 일본군의 비행장과 일본군에게 점령되었던 천진 동역·서역을 탈환하였으나, 일본군의 폭격과 포격에 의해 30일 천진을 포기했다.

통주에서는 29일 미명(未明), 기동의 가짜 방공자치 정부의 보안대 3천 명이 항일전선에 가세하기 위해 결기했다(통주사건). 그들은 일본의 특무기관원이나 수비대원 약 3백 명을 섬멸하고, 가짜 정부의 주석 은여경을 체포하여 북경으로 압송하려 하였으나, 일본군의 반격을 만나 은여경의 신병을 탈취 당했다.

▶ 일본 측에 의하면 통주사건의 희생자는 일본인 1백 4명(기동정부의 직원, 관계자 80명) 및 조선인 1백 8명이다. 그 대부분이 비전투원이었다.

북경·천진의 전투에 의한 제29군의 사상자는 5천 명을 넘었다.

하북의 심장부인 북경, 천진 포기에 의해 대국은 새로운 단계에 접어 들었다.

일촉즉발의 상해

열세에 몰린 대국을 만회하기 위하여 수원성 평지천(平地泉)의 제13군(군장 탕은백)을 차하르성의 거점인 장가구(張家口)로 이동시키고, 그중 89사의 주력은 8월 6일 북경 북방의 관문인 장성의 거용관(居庸關)을 넘어 남구(南口)에 진주하여 북경을 북쪽으로부터 엿보였다.

8월 10일에는 손련중이 지휘하는 제27사가 북경 남서쪽 5km 지점인 독점까지 진출, 남쪽으로부터 북경으로 공격해갔다.

이와 같이 북경·천진 지구 탈환의 자세를 정비해가고 있는 가운데, 돌연 전화는 상해로 비화되었다. 일본 해군이 주력이었다.

7·7사변 당시 상해·장강방면을 '경비 담당지역'으로 삼았던 일본해군 제3함대의 사령장관인 하세가와(長谷川淸 : 중장)는 대만방면에서 훈련 중이었으나, 사변 발생 소식을 접하자 즉시 상해로 달려왔다.

하세가와는 7월 16일 해군군사부 앞으로,

'전역 국한 작전은 적의 병력 집중을 도와, 작전을 어렵게 할 우려가 있다. ……중국을 완전 제압하기 위해서는 상해·남경을 제압하는 것이 가장 중요하다'고 상신하여, 상해방면에서도 전쟁을 발발하도록 재촉했다.

해군은 먼저 노구교와 마찬가지 수단으로, 개전의 구실을 만들려고 했다.

7월 24일 상해주둔 일본해군 육전대는 돌연 '대원인 미야자키(宮崎)가 북사천로와 적사위로의 교차점 부근에서 중국인에게 연행되어 갔다'고 칭하여, 상해시 정부와 공동조계 공부국에 조사를 요청하는 동시에 갑북 일대에서 엄중 경계 태세에 돌입했다.

중국의 보안대도 경비를 강화하여, 쌍방의 대치는 3일이나 계속되었다.

일촉즉발의 긴장 속에서 27일, 상해로부터 3백km나 떨어진 상류인 진강 부근의 장강(양자강)에서 물에 빠진 일본인을 중국 배가 건져 올렸다. 이 남자가 바로 '연행되어 갔다'고 하던 병사 미야자키(宮崎)이다.

미야자키(宮崎)는 이렇게 진술했다.

'군규는 위반하고 놀러나갔다가, 후에 처벌이 두려워졌다. 그래서 몰래 일본 배에 숨어 들어 장강을 거슬러 올라가다 도중에 투신자살을 꾀하였으나 죽지 못하고……'

일본은 스스로의 군의 수치를 드러내 보이는 사건조차 개전의 구실로 삼으려 했던 것이다.

북경 북쪽에서 일본군이 일제히 공격에 들어간 다음날인 7월 29일 일본 정부는 한구(漢口)의 상류인 일본인 거류민에 대해 철수명령을 내렸다. 명백한 전면전쟁을 예견한 조치였다.

일본 함정의 경호를 받은 최후의 인양선이 상해에 도착한 것은 8월 9일이었는데, 이날 이른바 '홍교사건(虹橋事件─大山 중위사건)'이 발생했다.

오후 5시, 상해 특별육전대 서부파견 대장 오오야마(大山勇夫-중위)는 일등수병 사이토(齋藤)에게 승용차를 운전하게 하여 중국측의 경계선을 강경 돌파해 홍교의 비행장으로 향했다. 주변의 군사시설을 정찰하려 했던 것이다. 중국 보안대는 정차를 명령했으나 그들은 명령을 무시하고 발포, 보안대원 1명을 사살했다. 이로 인해 보안대는 반격을 가해 2명을 사살했다.

중국 측 주둔군이 없는 상해시내

사건은 상해시장 유홍균(兪鴻鈞)을 통해 상해 총영사 오카모토(岡本季正)에게 통고되어, 외교교섭에 의해 처리한다는 약속과 함께 중일간의 협의가 시작되었다.

그러나 제3함대 사령장관 하세가와(長谷川)는 '사태의 악화'를 이유로 임전상태를 갖추고 있었다. 장강(長江)에서 황포강(黃浦江)에 걸쳐 30척이 넘는 함정이 진을 치고, 육전대 3천여 명을 상륙시켰다.

이미 일본군은 홍구(虹口)의 육상부대를 중심으로 약 80개소에 진지를 구축 중이었다. 병력은 본래 있던 3천 2백 명, 새로이 상륙한 육전대 3천여 명이 가세하고, 재향군인 3천 6백 명, 그밖에 선상에 있던 행동 가능한 대원을 포함해 약 1만 2천 명으로 추정되었다.

한편 중국군은 '1·28 송호(淞滬)사변(제1차 상해사변=1932년)'의 정전협정에 의해, 상해시내는 송호 경비사령 양호(楊虎)가 지휘하는 상해시 보안총단·상해시 경찰종대·상해시 보위단이 치안유지를 맡고 있을 뿐, 정규 전투부대는 주둔하고 있지 않았다. 그러나 일본의 상해 총영사 오카모토(岡本)는 11일, 상해 시장인 유홍균에 대해 이러한 보안대의 철수와 보안대의 방비 시설의 철폐를 요구해왔다.

중국으로서는 치안을 위한 인원을 철수시켜 상해시내를 무방비

상태로 놓아둘 수는 없었다. 유홍균은 일본의 요구를 거절했다.

시시각각으로 상해시내에 증강되는 일본군에 대항하기 위해 8월 11일, 중국군은 경호(京滬)경비 총사령 장치중(張治中) 지휘하의 제87사·제88사 양사를 상해 교외에 배치했다.

이 2개사는 모두 5년 전 '1·28 송호사변'에서 일본군과 격전을 벌인 전력이 있는 부대였다.

이미 상해 주변에서는 일본의 재침입에 대비한 방어공사가 1935년 겨울부터 시작되어 있었다. 일대의 종횡으로 걸쳐져 있는 운하를 이용하여, 용화(龍華)·홍교(虹橋)·진여(眞茹)·갑북(閘北)·강만(江灣)·대장(大場) 등 상해시를 멀리서부터 감싸고 도는 듯한 형태의 진지가 구축되어 있었다.

1백 일에 이르는 전투 마침내 개시

13일 드디어 중일 양군은 충돌했다.

오전 9시 15분, 육전대의 1소대가 횡병로·보흥로로 진출, 중국군을 향해 발포했다. 이때는 20분 만에 끝났으나, 오후 4시경 팔자교·천통암·보흥로·보산로 등에서 마침내 전면적인 전투에 들어갔다. 황포강에서 대기하고 있던 일본 군함도 일제히 포화를 퍼부어 상해 시가를 함포사격했다.

여기서 약 1백 일에 이르는 상해 방위전이 개시되었다.

'7·7(노구교)'에 이은 이 '8·13(상해)'은 전중국을 전장으로 하는 전면전쟁의 개시를 알리는 것이었다. '8·13'을 계기로 이제까지의 불확대주의라는 위장을 벗어버리고 스스로 '북지사변'을 '지나사변'이라고 고쳐 부른 일본은 파멸의 진창 속으로 발을 들여놓은 것이다.

13일 밤 장치중에게 총공격 명령이 내려져 전면 항전으로 돌입했다. 14일에는 제87사가 일본인 구락부와 일본해군의 연병장을 공격하고, 제88사는 팔자교 일대에서 격심한 육박전을 전개했다.

일본의 폭격을 받은 상해 북 기차역 일대

14일은 폭풍우를 동반한 태풍이 상해의 동쪽 해상을 뒤덮어, 중국의 중부 연안 일대는 악천후를 만났다. 그 악천후를 따라 중국의 공군도 출동하여 오전 10시 일본군이 육상으로 올라오는데 사용하고 있던 상해의 회산(匯山) 부두를 비롯한 육전대 사령부·방적공장을 폭격하고 또 제2함대 기선 '이즈모(出雲)'에도 손상을 입혔다.

게다가 저녁에는 상해 남서의 항주·견교(筧橋) 상공에서 일본기와 공중전을 벌여 상해 방위전의 첫 성과를 올렸다.

이날 오후 5시, 하남성 주가구에서 항주를 향해 비행해오던 제4대대(대대장 고지항 : 高志航)의 비행기 27대는, 견교의 중앙항공학교에 착륙하기 몇 분전, 일본해군 항공기 소속의 96식 육상 공격기 16대와 조우하였다.

제4대대는 즉시 일본기를 급습, 먼저 고지항이 중일전쟁 최초의 격추를 기록한 데 이어 합계 6대의 비행기를 격추했다.

나머지 일본기는 비구름 속을 남쪽으로 빠져나갔는데, 그날 밤 일본의 방송은 '18대중 13대의 소식이 끊겼다'고 전했다.

중국군의 피해는 제로였다.

당시의 중국 공군은 겨우 2년 전 본격적인 건군에 들어갔을 뿐으로, 독일·이탈리아 등에서 3백 대(일본의 보유대수는 약 1천 5백

대)의 전투기·폭격기를 구입하고 있었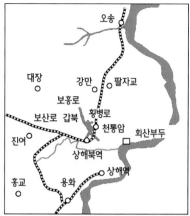
는데, 재정적인 어려움으로 전국 각계의
모금으로 사들인 것이었다. 그 모금활동
을 지도하고 있던 송미령(항공위원회 비
서장)의 건의로 이후 8월 14일은 '항공
절(군사 기념일)'이라 이름지어져 오늘
에 이르고 있다.

또한 이 공중전에 9대를 인솔하고 참
가한 모영초(毛瀛初 : 현 교통부 민영항
공 국장)는 37년 후인 1947년 4월, 일본항공 대북지점장에게 중일
항공로 단절의 '통고서'를 건넨 인물이기도 하다.

상해에서는 격렬한 전투가 이어졌다.

일본은 8월 13일에는 재빨리 육군 2개사단의 상해 증원을 결정
하고 다음날인 14일에는 상해 파견군(제3·제11사단 사령관 마쓰이
이와네 : 松井石根)이 편성되었다.

일본이 상륙시킨 해군 육전대에 비해 육군을 투입한 중국은 병력
에 있어 훨씬 앞서 있었다. 중국군은 일본군을 차츰차츰 공격해 들
어와, 19일에는 갑북 홍구·양수포 선을 확보하였다. 그러나 중화기
의 부족도 있고 하여 피해를 주기는 하였으나 결정적인 타격을 주지
는 못하였다.

한편 일본군은 함포사격과 포격을 날마다 강화하여, 본토로부터
의 증원군이 도착되기까지의 시간을 벌려 하였다.

4. 남경대학살의 비극

남경, 무한에도 전화 확산

8월 15일(1937년)에는 상해에 이어 수도 남경이 폭격을 받아

20일에는 내륙부의 무한까지 공습을 당했다. 일본의 전화 확대의 의도는 점점 노골화되었다. 중국 측은 8월 20일, 강소성 남부에서 절강성까지를 포함하여 제3전구(사령장관 장개석 겸임)로 하여 전면 전쟁에 대비하기 위한 초기 총합적 작전 계획을 수립했다.

21일에는 일본군을 상해에서 몰아내기 위하여 다시 총공격을 개시했다. 그러나 23일, 일본 본토에서 원군 제3사단이 오송(吳淞)에, 제11사단이 천사진(川沙鎭) 부근에 상륙하여 일본군은 세력을 만회하였다. 8월 28일에는 나점(羅店), 이어 9월 1일에는 오송을 점령했다.

9월 6일 중국군은 총공격을 정지하고 지구항전의 태세로 상해시가지의 확보와 수도 남경 방위의 강화를 주안점으로 하는 제2기 작전으로 전환했다. 일본군에 대한 포위선을 유지한 채, 희생이 큰 정면공격을 피하고 기동적인 전투에 의해 각개 격파를 꾀하여 적을 소모시키는 작전이었다.

9월 17일에는 상해 북역·강만·묘행진·나점 선으로 후퇴하고, 21일에는 우익·중앙·좌익의 3작전군으로 재편성하여 장발규(張發奎)·주소량(朱紹良)·진성(陳誠)을 각각 총사령으로 임명, 저항선의 새로운 구축에 힘썼다.

이에 대해 일본군은 앞서의 2개사단 외에 새로이 3개사단(제9·제13·제101) 및 야전 중포병 제5여단을 본토로부터, 1개여단을 대만으로부터 각각 투입시켜 전면 공격을 강화했다. 9월 25일에는 총 96대의 비행기로 남경을 공습했다.

10월 초순에 일본의 상해 파견군은 30만 명에 달했다.

중국군도 또한 50여개사를 투입했다.

10월 7일 일본군은 총공격을 개시하여 온조병(蘊藻浜)을 도하, 대장진을 향해 공격해왔다. 중국군은 10일 이상에 걸쳐 이를 저지하고 18일에는 제21집단군을 동 전선에 투입하여 전국만회의 희망을 걸고 총반격을 가했다.

일본군의 폭격은 극도로 맹렬했다. 수일에 걸친 반격에 의해 중국군은 거의 전진하지 못하고 마침내 23일, 공격부대를 철수시켜 전략적 전환으로 들어갔다. 25일에는 대장진을 잃고 중국군은 상해시 북쪽 교외를 포기, 오송강(소주하) 남안으로 철수하게 되었다.

그 사이의 전투는 상해 공방전의 절정을 이룬 것으로, 가장 치열한 싸움이었다. 중일 양군 모두 커다란 손실을 입었으나, 중국군 병사의 사기는 드높았다.

일본군의 맹공을 받은 제67사의 어느 부대는 격전 끝에 겨우 4명만을 남기게 되었는데, 그중 1명이 연장(중대장)의 시신을 후방으로 옮기고 나머지 3명만이 진지를 사수, 원군이 올 것을 기다리며 반격에 응수했다. 또 어느 부대에서는 연장만이 살아남아 싸웠다—고 하는 문자 그대로 사투의 보고가 이어졌다.

또한 10월 22일에는 상해의 전선을 위문한 송미령이 중상을 입었다. 송미령의 내방을 알아차린 일본군이 격심한 폭격과 포격을 집중시켜, 이를 피하기 위해 시속 1백 킬로 이상의 속력으로 달리던 자동차가 전복되어 늑골이 부러지는 중상을 입었던 것이다. 동승했던 W.H.도널드도 큰 부상을 입었다.

중국군의 상해 철수

상해에 있어서의 최후의 저항 거점이 되었던 것은 상해 갑북의 시가지와 공동 조계인 오송강 대안에 있는 사행(四行)창고였다.

이 창고는 원래 대륙·금성·염엽·중남의 4개 은행의 공동 창고로, 철근으로 된 6층의 이 건물은 고층건물이 거의 없는 갑북에 있어 금방 눈에 들어오는 것이었다.

6월 26일 밤(1937년), 제88사 사장 손원량(孫元良)은 갑북 지구로부터의 철수작전 원조를 위해 제524사 부중좌 사진원(謝晉元)에게 사행창고의 방비를 명했다. 이곳에 진을 치고 일본군을 유인하여 공격의 속도를 둔화시키려는 작전이었다.

27일 오전 11시 사진원은 동 사 제1영(대장 양서부)의 군사 8백여 명을 은밀히 이 창고에 집결시켜 방비를 강화했다.

이날 아침부터 일본군은 오송강을 따라 건물에 불을 지르며 수색, 전진을 시작했다. 오후 2시, 중국군이 버티고 있음을 모른 채, 일본군의 대부대가 사행창고에 접근해왔다.

사진원은 일본군을 충분히 끌어들인 후 일제히 사격을 개시했다. 일본군은 대혼란에 빠져 80여 명의 시체를 남기고 후퇴했다.

이를 계기로 사흘 밤낮에 걸친 사투가 시작되었다.

일본군은 대포·전차를 동원, 밤낮을 가리지 않고 파상공격을 감행해왔다.

두꺼운 콘크리트 벽도 포격으로 여기저기 구멍이 났다. 그러나 병사들은 창고 안에 있던 콩과 밀가루 포대를 쌓아 올려 방벽으로 삼으며 싸웠다. 옥상에서 수류탄을 비롯한 박격포탄을 손으로 던져 떨어뜨려 반격을 가하니, 창고의 주위에는 일본병사의 시체가 산을 이루었다. 일군의 전차 3대를 전소시키고 4대를 전복시켰다.

갑북 최후의 진지를 지키는 불과 8백 명 병사의 분투는 오송강을 사이에 둔 대안의 공동조계로부터 손에 잡힐 듯이 보였다. 대안에는 중국인은 물론 많은 외국인이 모여 성원을 보냈다.

이때 송미령과 만난 조계의 영국군 사령관은 눈물을 흘리며 상황을 설명하고 사행 창고를 사수하는 중국군의 결사 정신을 칭송했다.

28일 심야, 비오듯 퍼붓는 포탄 속을 뚫고 한 명의 중국인 소녀가 창고 안으로 뛰어들었다. 걸 스카우트의 단원이었던 양혜민(楊惠敏-당시 18세)이다.

소녀는 땀으로 얼룩진 제복 속에서 한 장의 헝겊을 꺼냈다. 길이 4m의 중국 국기인 청천백일기(靑天白日旗)였다.

국기는 28일 새벽 창고 옥상에 게양되었다. 이미 갑북에서는 도처에 일본기가 나부끼고 있었다. 그중에서 한층 높이 게양된 단 하나의 청천백일기는 상해 시민을 격려하였다. 일본은 이 깃발을 쏘아 떨어뜨리려 하였으나 이상하게 명중되지 않았다고 한다.

> ▶ 양혜민(현재 대북 거주)과 국기 이야기는 중화민국 국민학교 국어 교과서에 실려 있으며, 또한 사행창고의 방공전은 '8백장사'라는 이름으로 영화화되어 1976년에 개봉되었다.

이행되지 않은 약속

30일이 되자 포화가 조계에 미칠 것을 두려워한 영국군의 주선으로, 사진원 부대의 공동조계 내로의 철수를 제안해왔다. 중국 측은 이 제안을 받아들여 31일 새벽, 사행창고를 포기하고 오송강을 건너 공동조계 안으로 옮겨왔다.

4일간의 전투로 인한 중국 측의 손해는 사망자 37명에 그쳤다.

사진원의 부대는 조계를 거쳐 다시 중국군의 전선으로 되돌아올 것을 약속하였으나, 일본군의 간섭으로 인해 조계 당국은 약속을 이행하지 않아, 사진원 등 8백 명의 군사들은 그대로 억류의 몸이 되었다. 이후 사진원은 억류중인 1942년 4월 24일 일본군에게 매수된 자에 의해 죽음을 당했다.

나머지 병사들도 1941년 12월, 미·영 개전으로 상해의 조계를 점령한 일본군의 포로가 되어 각지로 끌려 다니며 고역을 치루었다. 전쟁이 끝나고 무사히 상해로 돌아온 사람은 1백여 명에 불과했다.

이렇게 해서 상해전은 종결되었다. 중국군은 후방으로 물러났다고는 하나, '2주 만에 중국을 점령해 보이겠다'고 호언한 일본군은 전략계획을 근본부터 다시 수정해야 했으며, 중국은 장강 하류의 중요 산업시설이나 물자를 후방으로 전송하여, 장기항전에 대비할 시간적인 여유를 얻을 수 있었다.

장기항전 계획

상해 전선의 중국군 주력이 오송강 남안으로 이동한 직후인 11월 5일, 일본군 3개사단(제10군)은 항주만 금산위에 상륙했다. 이

남경으로 입성하는 일본군 사령관

어 13일에는 일본군 1개사단이 장강의 백묘구(白茆口)에 상륙하여 동·남·북의 삼면에서 협공을 당한 중국군은 다시 서쪽으로 물러나 남경 방위에 총력을 기울이게 되었다.

한편, 화북의 일본군은 북경을 점령한 뒤 8월 3일 북중국 방면군(사령관 테라우찌 寺內壽一 : 대장)을 편성하여 9월 중순부터 남하를 개시하여 보정·석가장을 거쳐 10월말에는 하남성 북부까지 침입했다.

산서방면에서도 차하르에서 진공한 일본군이 11월 8일 태원(太原)을 점령, 전화는 급피치를 울리며 확대되어 갔다.

장기항전에 대비해 중국 전토를 포괄하는 전략을 세워야 할 시기가 닥쳐왔다.

중국 정부는 11월 19일 국방 최고회의에서 수도를 남경에서 서쪽의 중경(重慶)으로 옮길 것을 공식 결정하였다.

12월 7일 이른 아침, 일본군은 남경성의 동쪽과 북쪽에서 육박해와 성 밖의 중국군 진지에 총공격을 개시했다.

당일 오전 5시 45분, 장개석은 무거운 마음으로 강서로 향하는 비행기에 올랐다.

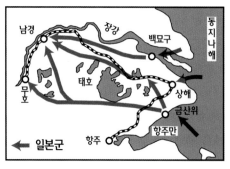

일본군의 기계화 부대와 파상적인 공습 앞에 12일 남경성 남방의 최대 방위거점인 우화대(雨花台)를 잃고, 다음날인 13일 일본군이 광화문·중산문 등을 통해 성내로 돌입, 시가전을 벌여 마침

내 남경은 함락되었다.

1927년, 남경은 국내 군벌 및 공산당과 싸우는 가운데 수도로 삼았던 이래 10년 만에 외국의 침략군에 의해 짓밟히게 된 것이다.

남경 방위전에 있어서의 중국군 사상자는 6천 명이 넘었다.

그러나 그보다 더한 비극이 일본군 점령 후에 일어났다. 이른바 남경 대학살이었다.

남경 대학살의 만행

일본군은 먼저 미처 철수하지 못한 중국군 부대를 무장해제 시킨 후, 장강(양자강) 연안에 정렬시켜 이들에게 기총소사를 퍼부어 모두 총살시켰다.

학살 대상은 군대뿐이 아닌 일반 부녀자에게도 미쳤다. 금릉(金陵)여자 대학 안에 설치되었던 국제 난민위원회의 부녀 수용소에 있던 7천여 명의 부녀자가 대형 트럭에 실려 옮겨진 뒤, 폭행 후 학살당했다.

일본군 장교 2명이 '1백 명 죽이기', '1백 5십 명 죽이기'의 경합을 벌였다는 뉴스가 일본 신문에 크게 보도되었다.

학살의 수단도 점차 잔학해져 갔다. 하반신은 땅속에 묻은 채 군용견을 풀어 습격시키는 방법, 쇠갈고리로 혀를 꿰어 전신을 들어 올리는 방법, 몸을 철제 침대에 묶고는 통째로 숯 불 속에 던져 넣는 방법 등─사람으로서는 도저히 생각해낼 수 없는 잔인한 살인 방법이 실행에 옮겨 졌다.

이러한 전투원·비전투 원, 남녀노소를 불문한 대

중국군 포로들을 총검으로 무찌르고 있는 일본군의 잔학살해 현장

량 학살은 2개월 동안 계속되었다. 희생자는 30만이라고도 하고 40만이라고도 하여, 아직도 그 실제 숫자를 파악하고 있지 못할 정도이다.

남경에 거주하는 외국인들로 조직된 남민 구제를 위한 국제위원회는 일본군 제6사단장 타니(谷壽夫)에 대해 방화·약탈·폭행·살인 등 합계 1백 13건의 구체적 사례를 지적하여 전후 13회에 걸쳐 엄중한 항의를 제출하였으나, 타니는 뒤도 한번 돌아보지 않았을 뿐더러, 오히려 피로 얼룩진 남경의 상황을 영화나 필름으로 정리하여 일본군의 '전과'로서 칭송하였던 것이다.

▶ 도쿄 재판의 판결에 의하면 남경에서 학살된 사람은 일반인과 중국인 병사를 합쳐 적어도 20만 이상이고, 약탈 방화된 가옥은 전가옥의 3분의 1에 달했다.
또한 타니는 1946년 3월, 남경 교외인 우화대(雨花台)에서 전범으로서 처형되었다.

5. 열강들의 움직임

냉담한 외국의 반응

노구교에서 시작된 일본군의 대규모 침략은 국제무대에서도 거론되어 졌다.

국민정부는 7월 13일(1937년) 국제연맹에서 제1차 성명을 보내고, 9월 20일 다시 보충성명서를 제출하여 국제연맹이 일본의 침략에 대해 필요한 행동을 취해줄 것을 호소했다. 그동안 상해에서 전투가 시작된 직후인 8월 14일에는 자위항전 성명을 세계에 발표, 일본의 행위는 세계 평화에 대한 도전임을 밝혔다.

그러나 당초, 각국의 반응은 중국의 기대를 배반하는 것이었다. 대부분의 열강들은 유럽에 있어서의 긴장에 정신을 빼앗겨, 동양의 1개 지역인 노구교에서 일어난 불씨가 마침내는 세계에 번질 것임을 알아차리지 못했다. 중국의 항일 초기전은 이와 같은 국제적 방관 속에서 행해진 것이다.

장개석은 7·7사변의 발생 소식을 듣고 노산에서 남경으로 돌아온 뒤 행정원장으로서 각국 주중대사와 회담을 행하여 각국에 이해를 구했다.

먼저 7월 21일 영국대사 휴게센을 불러 회담하고, 동아의 평화 유지와 긴장 완화를 위해 영국이 중재에 나서줄 것을 강력히 요청하였다.

대사로부터 지급전보를 받은 영국외상 이든의 반응은 즉각 나타났다. 그는 하원에서의 발언을 통해 '화북에서의 사태가 계속되는 한 영·일 친선관계 재건교섭을 개시하는 것은 적당하지 않다'고 하여 영·일 교섭의 중단을 발표하였다. 당시 일본은 중국의 이권을 둘러싸고 험악해져 가고 있던 영·일 관계 개선을 위해 새로이 영·일 협정의 체결을 계획, 주영대사 요시다(吉田茂)가 교섭을 벌이고 있었다.

영국외상 이든은 요시다를 불러 '영국정부는 중일간의 평화해결을 중시하고 있다. 일본은 극동 전체의 이익을 위해 자제해야만 한다'고 충고했다.

그러나 유럽에 있어서의 침략의 기회를 엿보는 독일에 대한 대책에 부심하고 있던 영국 정부는 장강 유역에서의 중국에 대한 이권을 침해당하지 않는 한, 일본과의 사이에 마찰을 일으킬 만한 일을 적극 피하려는 듯한 태도를 취했다.

또한 미국도 당초 아시아에서 일어난 사건에 말려들지 않으려는 소극적인 독립주의를 취했다.

7월 16일, 미국의 국무장관 헐은 '무력에 의한 대적 행위는 미국의 중국에 대한 권익에도 영향을 미친다. 미국은 이제까지 정책수행을 위한 무력행사를 피하고, 평화적 협정에 의해 국제문제를 조정할 것, 타국의 권익을 존중할 것 등을 주장해왔다. 미국정부는 평화적이고도 실제적인 방법에 의해 협조적인 노력을 행할 수 있음을 믿고 있다'고 하는 요지의 성명을 발표하였으나, 이 안에서는 중일 양국의 이름을 들지 않고, 국제 조약에도 언급을 회피한 매우 추상적인 성명이었다.

7월 25일 장개석은 남경에서 미국대사 존슨과의 회담에서, 미국은 중국의 주권존중을 강조한 9개국 조약의 발안국으로서 국제법적으로도, 도의적으로도 일본의 행위를 제지하기 위해 노력해야 할 의무가 있음을 설득했다.

이를 받아들인 미국무장관 헐은 8월 12일 제2차 성명을 발표, 처음으로 국제조약에 언급하고, 중일 양국이 전쟁을 벌이지 말 것을 요망했으나, 여기서도 '미국의 관심은 중국에 살고 있는 미국인의 생명과 재산의 보전에 있다'고 강조하고 구체적인 제지행위에 대해서는 언급하지 않았다.

7월 26일에는 독일대사 트라우트만, 프랑스대사 나자르와 개별적으로 회담했다.

그러나 각국은 제각기 자국의 국내사정과 이익에만 시선을 집중시켜 일본의 침략에 대해 표면적으로는 반대 의사를 제시하였으나, 사태 해결을 위해 유효한 수단을 강구하는 데는 소극적 자세 일변도로 나왔다.

각국의 이러한 태도는 오히려 일본 군부를 안심시키는 데 기여했을 뿐이었다.

외국을 얕보는 일본

그 사이 유럽에서는 중국의 특사로 파견된 공상희(孔祥熙)가 활발히 움직이고 있었다.

그는 7월 30일 런던에서 영국 은행단과 2천만 파운드의 차관계약에 서명하고 철도 기재, 재정 기금 등을 충당하는 동시에 영국제 전투기 36대의 구입을 계약했다. 벨기에·프랑스와도 신용차관에 조인하고, 프랑스로부터 폭격기 36대를 사들였다. 9월에는 이탈리아와도 병기의 구입계약을 맺었다.

그러나 일본은 중국이 외국으로부터 병기를 수입하는 것을 막기 위해 8월 25일에는 상해로부터 산두(汕頭)까지의 해안선을, 9월 5일에는 재차 중국의 전해안선 봉쇄를 선언했다. 그러자 각국은 일본과의 트러블을 피하기 위해 병기 수출을 잇달아 취소해버리기에 이르렀다.

중국은 하는 수없이 홍콩을 경유하는 철도편으로 소규모의 병기를 수입할 수밖에 없었다.

8월 26일에는 영국대사 휴게센이 남경에서 자동차로 상해로 가던 도중, 일본군의 비행기로부터 기총소사를 당해 부상하는 사건이 발생했다.

그러나 이러한 일을 당하고도 영국은 보복조치에 나서기를 주저했다.

또한 9월 19일 일본은 각국의 외교기관에 남경으로부터 대피하라는 일방적인 요구를 가하고 20일부터 남경의 공습을 시작했다. 미·영·불 3개국은 항의했으나, 일본은 이에 개의치 않고 폭격을 속행했다. 일본은 미·영 등 각국이 결코 강경수단을 취하지 않을 것이라고 얕잡아 보고 있었던 것이다.

'미소'에 숨겨져 있던 소련의 야심

각국이 일본의 중국침략에 대해 방관의 자세를 취하고 있을 때 소련만이 다른 움직임을 보여주었다.

소련은 7월 13일(1937년) 공산당 기관지인 프라우다를 통해 일본의 침략행위를 극렬히 비난하는 동시에 귀국 중이었던 주중대사 보고몰로프를 서둘러 남경에 보내어 23일, 외교부장 왕총혜와 장시간에 걸친 회담을 하게 했다.

소련의 제안은 '중소 불가침조약'을 단숨에 체결하자는 것이었다. 그러나 소련은 이 제안 안에 여러 가지 사실을 품고 있었다. 겉으로는 일본을 비난하면서도 내심으로는 중일의 충돌을 기뻐하고 있었다. 중일이 충돌하면 소련은 외몽고 침략이라는 어부지리를 차지할 수 있었기 때문이다.

중소간의 국교는 9·18사변(만주사변) 이후, 회복교섭이 진행되어 1932년 12월 정식 복교했다. 그 배경에는 동북에 진출한 일본군의 위협에 대처하기 위해 중국과 손을 잡는다는 의도가 있었던 것이다.

복교 후 소련은 외몽고에 대한 침략공작을 진행시켜 나갔으나, 1936년 초 일본이 '히로다(廣田) 3원칙'을 발포하고 중일국교 조정 교섭이 시작되자, 다시 중국에 미소를 보내온 것이다. 그것이 '불가침조약'이다. 즉 중국이 일본의 압력에 굴하지 않도록 소련 편으로 끌어들이려는 심산이었다.

따라서 소련은 교섭을 벌이는 한쪽에서 외몽고작전을 착실히 수행, 교섭이 한창이던 때에 외몽고 속국화를 위한 '소몽 상조의정서'를 체결(1936년 3월)하는 배신행위를 감행했다.

7·7사변도 또한 소련에게 있어서는 일본을 견제할 수 있는 호기였다. 중국을 도와 중일간의 싸움을 장기화시켜, 그 사이에 외몽고 문제를 둘러싼 중소대립을 해결하고, 더 나아가 그들의 수중에 있던 중국공산당의 세력신장을 꾀함으로써 중국을 적화시킬 수 있다고 보고 있었다.

자유주의 열강들로부터 원조를 거절당한 중국으로서는 양국이 평등한 기반 위에 선 조약이라면, 항일에 전력을 집중시키기 위해서라도 조약체결을 고려할 수밖에 없었다.

이렇게 해서 중소간의 교섭은 급속히 진전되어 8월 21일에는 중국 외교부장 왕총혜와 소련대사 보고몰로프 사이에 중소 불가침조약이 조인되었다.

이때 중국정부 외교부는 조인의 공표(8월 29일)에 있어 다음과 같은 담화를 발표했다.

'중소 불가침조약은 중소 양국간의 평화 보장에 도움이 될 뿐 아니라 태평양 각국에 있어서도 불가침과 안보 보장의 계기가 될 것이다.

중국은 금일, 외국의 격심한 침략을 받고 있어 무력에 대해서는 무력으로 저항할 수밖에 없으나, 본래 중국인은 평화를 열렬히 희망하는 특성을 지니고 있다. 금일 우리나라를 무력침략한 국가(일본) 역시, 결연한 각오로서 국책을 변경하여 우리와 불가침조약을 체결하고, 동시에 동아의 안전과 인류의 행복을 꾀하기를 희망한다'

소련의 배신행위

이 조약에는 구두에 의한 비밀약정이 있었는데, 그것은 다름 아닌 조약 유효기간 내에는(5년) '소련은 일본과 불가침조약을 맺지 않는다', '중국은 제3국과 공동 방공조약을 맺지 않는다'는 것이었다.

동시에 소련으로부터 무기를 구입하기 위한 차관협정도 이루어져, 그 총액은 3억 달러를 넘는 것이었다. 이는 개전 초기 중국이 외국으로부터 받은 유일의 원조로, 항일전의 힘이 되었던 것은 사실이다.

소련의 국방사 워러시러프는 또한 11월, 중국의 중소대사관 참사관 장충(張沖)에게 '중국이 불리해진 경우에 소련은 참전할 용의가 있다'고 약속했다.

그러나 12월이 되자 스탈린은 '소련이 참전하면 중국을 적화할 야심이 있는 것으로 받아들여져, 오히려 중국을 위해 좋지 않다'고 선언했다.

소련의 중국에 대한 호의도 결국은 국익주의에 지나지 않았던 것이다. 그 후 1939년, 독소 상호불가침조약이 체결되자, 무기원조를 대폭 감소하였다. 더구나 그 뒤, 1941년 4월 13일에는 중국과의 약속을 어기고 일본과 중립조약을 체결, 일본의 소련 진공의 위험이 없어지자 원조를 완전히 중단해버렸다.

송미령, 미국에 지원 호소

9월 4일(1937년), AP통신 기자와 회견한 장개석은 일본의 제국주의의 중국침략을 묵인하고 있는 책임은 열강 각국에도 있음을 다음과 같이 강조하여 국제 여론의 환기를 촉구했다.

'일본의 중국침략 목적은 첫째 '대륙제국'을 건설하려는 데 있다. 이는 세계 평화에 대한 위협이기도 하다.

우리나라의 항전은 단지 중국 자신의 존망에만 국한되어 있는 문제는 아니다. 세계 평화 유지를 위해서 싸우고 있는 것이기도 하다. 일본의 침략행위를 막는 것은 9개국 조약, 캘로그조약(부전조약), 또한 국제연맹 가맹국의 책임이기도 하다'

국제 여론 조성을 위해 송미령도 부상당한 몸을 이끌고 적극 협조했다. 그녀는 9월 12일 남경에서 미국의 라디오 방송을 통해 직접 미국국민들에게 중국의 처지를 호소, 미국의 지지와 지원을 요청했다.

이러한 상황 아래서도 미국은 여전히 독립주의를 고수한 채 적극적인 움직임을 보이려 하지 않았다. 그뿐 아니라 미국정부는 9월 14일 일본 및 중국에 대해 '중립법'을 준용하겠다는 성명을 발표했다. 중립법이란 이해 5월 스페인 내란시 발동된 것으로 무기·탄약류의 미국선박에 의한 수송 금지, 혹은 제한을 규정한 것이다.

이와 같은 조치로 보다 큰 피해를 입은 것은 군수품을 해외로부터의 수입에만 의존하고 있던 중국이었다. 국민정부는 즉시 미국에 항의하는 동시에, 9월 24일 장개석은 남경에서 행정원장으로서 미국의 신문기자들과 회견, 미국의 정책 전환을 강력히 촉구했다. 또한 9개국 조약의 조인국 및 국제연맹 가맹국들에게 대하여 그 의무를 준수, 중국의 분투에 대한 원조의 손길을 보내줄 것을 요구했다. 그중에서도 특히 미국은 워싱톤 회의의 주최국일 뿐 아니라, 9개국

조약 및 국제규약 성립에 있어 큰 몫을 담당한 국가인 만큼 그 책임 또한 중대함을 지적했다.

이미 독립주의는 통용 불가능

한편 중국의 제소를 받은 국제연맹은 9월 10일 제99회 이사회를 소집했다. 7·7사변으로부터 이미 2개월이 경과해 있었다. 중국 대표로 출석한 주불대사 고유균(顧維鈞)은 국제연맹이 필요하고도 적절한 행동을 취해줄 것을 요청하는 소장을 국제연맹 사무총장에게 제출했다.

이때 일본은 국제연맹으로부터 탈퇴한 상태였으며, 이사회는 중국의 요구를 받아들여 중일 문제를 23개국 극동자문위원회에 회부할 것을 결정했다.

동 자문위원회는 21일 개최되어 먼저 일본기에 의한 무차별 총격 문제부터 토의를 시작했다.

27일 동 위원회는 일본기의 무차별 총폭격을 견책하기로 하는 결의를 통과시켰다. 이 토의 가운데서 고유균은 일본의 행동을 '침략적이다'라고 인정할 것을 여러 차례에 걸쳐 주장했다. 그러나 영국 등 신중파들은 이에 찬성하는 것을 주저하고 있었다.

10월 1일, 일본은 국제연맹의 견책결의에 대하여 중일간의 분쟁을 국제적으로 처리할 것을 거부한다는 강경방침을 명백히 하고 나왔다. 그 결과, 국제연맹 가맹 각국의 움직임은 점차 약화되어, 10월 6일의 국제연맹 총회의 결의에서는 일본을 조약위반이라고 단정은 하면서도 제재조치에는 언급을 회피한 채 '중국에 대한 정신적 원조의 의사를 밝혀……'라고 하는 애매한 표현을 채택하였다. 미국이 강경한 태도로 전환한 것은 이 무렵의 일이었다.

10월 5일 미국대통령 루즈벨트는 시카고에서 행한 연설에서 침략국을 전염병에 견주어 '국제사회의 건강을 지키기 위해서는 격리시켜야만 한다'고 호소했다. 그는 또한 연설 중에서 '세계의 1할을 차지하는 국가는 매우 호전적이어서, 타국의 내정에 간섭하거나 혹은 타국의 영토를 침입하여 세계 질서 및 국제법을 파괴하고 있다'고 견제하고 '여하한 국가도 위급을 고하는 현 세계정세 속에서 독립주의를 취할 수는 없다. 평화를 애호하는 모든 나라는 분명하게 평화를 바라는 의사를 표현하여 그들의 행위를 개선하도록 결연히 요구해야 마땅할 것이다'라고 독립주의로부터의 전환을 밝혔다.

▶ 미국의 돌연한 정책전환은 이제까지의 방침과 너무도 큰 차이가 있어 영국 등은 이를 '대통령의 실언'이라고 논평했을 정도였다.

이 연설을 계기로 하여, 자유주의 국가간에 대일제재론이 비등해지게 되었다.

9개국 회의 개최 결정

국제연맹 총회의 결의는 대일 제재에 대해 구체적으로는 언급하고 있지 않았으나, 사건 토의를 위해 9개국 조약국 회의 개최를 요청하는 등 다소 전진적인 자세를 보였다. 이는 국제적 방관 속에 있던 중국에게 있어서는 미국의 독립주의로부터의 전환과 함께 희망적인 것이라 하지 않을 수 없었다.

게다가 미국은 국제연맹 총회의 결의가 채택된 10월 6일, 국무장관 헐이 성명을 발표 '일본의 행동은 국제관계를 규율하는 원칙에 위반되며, 9개국 조약과 부전조약에도 저촉된다'고 질책했다.

그러나 일본은 이러한 국제연맹 총회의 결의를 전혀 무시한 채 10월 9일에는 '사변은 합법적으로 훈련하고 있던 일본군이 공격을 받았으므로 자율권을 발동한 데 지나지 않는다. 대일도발을 행한 중국이야말로 부전조약을 위반한 것이다'라고 정부 성명을 발표, 국제연맹과 미국을 비난했다.

9개국 조약국 회의는 11월 벨기에의 수도 브뤼셀에서 열리게 되었는데 벨기에정부는 10월 16일 중일 양당사국을 포함한 애초의 조약 조인 9개국 외에, 그 후 조약에 가담한 19개국 및 비조인 2개국(독일, 소련)에게도 초청장을 발송했다.

이에 대해 중국정부는 즉시 출석을 결정했으나, 일본은 10월 27일의 각의에서 회의 불참가를 결정, 중일분쟁에 관해 타국은 간섭할 권리가 없음을 정부 성명을 통해 발표했다.

일본은 또한 독일에도 보이코트할 것을 요청, 독일도 불참의 뜻을 밝혔다.

9개국 조약국 회의는 11월 3일 개막되었다. 참가한 나라는 일본을 제외한 조인국 18개국과 비조인국인 소련을 포함한 19개국이었다.

모두에서 미국대표인 데이비스가 연설에서 '중일 양국의 충돌이 더욱 확대된다면 세계평화에 있어 중대한 위협이 될 것이다. 미국정부는 참가국이 공동 협력해서 적당한 방법을 발견하여, 극동의 평화유지에 기여해야 한다고 생각한다'고 하는 의견을 표명하였다. 영국·프랑스·소련 대표들은 미국의 이러한 견해에 찬성했다.

그러나 이탈리아대표만은 '일본이 출석하지 않은 9개국 조약국 회의에서 평화에 대해 협의한다 하여도 큰 성과는 없을 것이다. 지금 우리들이 할 수 있는 것은 중일 양국에 직접교섭을 요청하는 것뿐이다'라고 일본의 편을 들었다. 이탈리아는 일·독 방공협정에 참가를 결정하여(11월 5일 조인) 일·독·이 3국의 중추체제 추진을 위해 일본과 미리 타협한 후, 일본의 대변인 역할을 한 것이다.

회의는 이후 일본의 번의를 요청, 재초청장을 발송했으나 일본으로부터 다시 거부당했다.

회의를 더욱 어렵게 만든 것은 사태수습의 열쇠를 쥐고 있는 미국과 영국의 애매한 태도였다.

영국은 미국과의 공동보조를 희망하여, 미국이 강경태도로 나오면 이를 따르겠다고 생각하고 있었다.

그러나 미국의 루즈벨트 대통령은 미국대표에게 '회의에서 이니셔티브를 쥐어서는 안 된다'고 지시하고 있었다. 미국 국내에서는 앞서의 '격리연설'에 반대하는 노동자들이 '전쟁 불개입'의 청원을 낸다고 하는 어려운 국내 사정을 안고 있었기 때문이었다.

15일, 9개국 조약국 회의는 다음과 같은 대일선언을 채택했다. 그 내용은 일본이 조약에 위반해 있느냐, 아니냐 하는 문제를 회피한 채,

'중일간의 현재의 적대행위는 모든 국가의 권리와 물질적 이익에 강력한 영향을 미치며, 전세계를 불안하게 만들고 있다.

각국 대표는 쌍방이 정전을 위한 협의를 통해 해결을 할 수 있다고 믿고 있으며, 중국대표도 또한 그럴 용의가 있다고 말하고 있다. 그럼에도 불구하고 토론에 응하지 않고 있는 일본의 태도에 대해서는 이해할 수가 없다.

일본이 끝까지 다른 조약 조인국들과 상반된 견해를 유지한다면 각국은 일본에 대해 공동으로 대응할 것을 고려하지 않을 수 없다'

이 선언은 중국을 만족시킬 만한 것이 되지 못했다.

11월 24일, 9개국 조약국 회의는 최후의 합의를 가졌다. 석상에서 중국대표 고유군은 회의가 불만족한 결과로 끝을 맺은 것에 대해 항의했다.

이때 화중의 일본군은 이미 남경을 목표로 진격 중이었다. 각국 대표들과 더 이상 나눌 말도 없었다. 겨우 프랑스대표가 '실은 우리에게는 힘이 없는 것이다'라고 중얼거렸을 뿐이었다.

독일의 조정공작

일본도 또한 평화의 길을 모색하고 있었다고는 하나 일본이 노리고 있는 것은 우호를 위한 평화는 아니었다. 정전, 평화의 이름 아래 중국의 양보를 일방적으로 요구하는 데 목적이 있었던 것이다. 일본이 9개국 조약국 회의를 완강히 거부하고 계속 2개국 교섭을 들고 나온 것은 중국을 굴복시키기 위해 그쪽이 유리하다고 보았기 때문이다. 최초로 중일간의 조정에 나서려 했던 나라는 영국이었다.

화중에 많은 권익을 갖고 있던 영국은 상해를 비롯 장강 연안에

전화가 확대되는 것을 바라지 않았다.

1937년 9월, 상해전이 점차 격렬한 양상을 보이자 주일 영국대사인 크레그는 일본의 외상 히로다에게 일본의 강화조건을 타진했다.

이에 대해 히로다는 ① 천진-북경 선에서 남쪽으로 비무장 지대를 설치한다 ② 배일·매일의 정지 ③ 공동 방공 ④ 화북에 있어서의 대외적 기회균등-등을 '개인적 의견'으로서 대답했다.

히로다의 사안은 10월 초 주중 영국대사 휴게센을 통해 중국 측에 전달되었다.

그러나 일본 군부가 이를 반대하고 나섰다. 일본 군부는 영국과 미국을 모두 중국의 우호국으로서 적대시하고 있으며, 영국에 조정을 의뢰한 히로다를 '죽여라'하는 격앙된 의견까지 나와, 이는 그대로 취하되고 말았다.

그러나 일본 군부 내에서도 일본의 군사력을 비판하여 단숨에 전선을 확대하는 데 대해 불안감을 지니고 있는 사람도 적지 않았다.

특히 참모본부 제1부 부장 이시하라(石原莞爾) 등을 중심으로 하는 '불확대파'는 대소 전비의 확보라고 하는 점에서 가능한한 '교섭'에 의해 중국과의 전쟁을 일단락 지으려고 생각하고 있었다.

그들은 일·독 방공협정 체결 이후 급속히 접근한 독일에 눈을 돌리고 있었다.

먼저 참모본부 제2부의 독일계인 바나키(馬奈木敬信 : 중좌)가 주일 독일 육군무관 오토를 통해 주일 독일대사 디르크젠에게 접근했다.

당시 독일도 또한 소련을 주요한 가상적국으로 삼고 있어, 중일간의 전쟁이 장기화되면 반드시 중국을 소련 측으로 쫓아 보내게 되어, 독일로서는 불리한 결과를 초래할 것을 염려하고 있었다. 독일로서도 전쟁의 조기 종결을 바라는 바였다.

일본이 제시한 '평화조건'

바나키(馬奈木)는 오토와 함께 상해로 날아가 주중대사 트라우트만에게 일본 측의 의도를 직접 설명했다.

이러한 기초공작을 편 후 일본외상 히로다는 9개국 조약국 회의에 불참한 주일 독일대사 디르크젠을 불러 10월 21일 독일이나 이탈리아의 평화 주선을 희망한다고 공식적으로 전하고, 이어 11월 2일 디르크젠에게 다음과 같은 일본 측의 '평화조건'을 전달했다.

(1) 내몽고에 외몽고와 유사한 자치정부를 세운다.

(2) 화북의 비무장 지역을 평진 철로 이남으로까지 확대한다. 만일 평화가 성립되면 그때는 화북의 행정권은 모두 중국정부에 속하나, 행정장관에는 친일적 인물을 희망한다. 만일 즉시 평화조약이 체결되지 않고 화북에 신정권이 생긴 때는 그것을 존속시킨다. 단, 현재 일본에게는 그러한 의사는 없다.

(3) 상해의 정전 구역을 더욱 확대하고, 국제 경찰에 의해 관리한다.

(4) 배일을 정지하고 1935년, 가화고시(川越)가 장군에게 제출한 요구(교과서 개정 등)에 따라 처리한다.

(5) 공동 방공

(6) 일본 상품에 대한 관세를 경감한다.

(7) 외국인의 재중 권리를 존중한다.

이러한 평화 조건은 디르크젠으로부터 주중 독일대사 트라우트만에게 전송되어, 이른바 '트라우트만 조정'이 개시되게 된 것이다.

11월 5일 남경에서 트라우트만과 만난 장개석은 일본이 제시한 평화조건은 수리할 수 없음을 분명히 밝히고, 평화 교섭에 들어가기 위해 필요한 중국 측의 원칙만을 전했다.

트라우트만은 이에 대해 '그러면 극비리에 통지했다고 하는 수속만 취하자'고 말했다.

이 회담의 결과는 11월 7일 디르크젠을 통해 히로다에게 전달되었다. 동시에 트라우트만은 본국 정부에 대해 '남경은 타협하는 것에 반대하고 있다. 미·영의 조정에 의해 먼저 정전협정을 성립시키는 것이 어떠한가'라고 보고하여 일본인에 의한 평화는 가능성이 희박함을 전달했다.

그러나 9개국 조약국 회의는 일본에 대해 아무런 구체적인 조치도 내리지 않은 채 끝이 났다. 한편 화북에서는 태원이 함락 당했으며, 상해에서는 일본군의 항주만 상륙에 의해 중국군은 진로를 바꾸지 않으면 안 되었다.

히로다는 일본이 중국에 대해 '평화'를 내세우는 데 한층 유리한 상황으로 가고 있음을 판단, 재차 독일을 재촉했다.

트라우트만은 11월 28일에는 이미 한구로 이동해 있던 행정원 부원장 공상희와, 이어 29일에는 외교부장 왕총혜와 회담하여 일본의 평화 조건을 내보이며 타진한 후 '다시 위원장과 회견하고 싶다'고 요청해 왔다.

일단 회견에 응하기로 했다.

독일의 조정을 받아들여 재회담

주중 독일대사 트라우트만과 제2차 회담에 들어가기에 앞서, 12월 1일(1937년) 독일 주재 중국대사 정대방(程大放)은 독일외상 노이라트로부터 '중국의 이익을 생각할 때, 일본의 평화 건의는 거부하지 않는 편이 낫다. 시간이 늦어지면 중국의 국가 해체의 위험은 점점 더 커질 것이다'라는 충고를 받았다.

12월 2일 외교부 차장 서모(徐謀)로부터 사정을 전해들은 장개석은 군사장관 회의를 소집하여 일본군부가 제안한 평화안에 대한 의견을 들었다.

그 결과 백숭희, 서영창, 고축동, 당생지 등으로부터 교섭에 응해 보는 것이 어떠냐는 의견이 나와 회의의 결론으로,

(1) 독일의 조정은 거부하지만은 않는다.

(2) 화북의 정권(기찰정무위원회)은 유지할 필요가 있다−는 방침

이 세워졌다.

이날 오후, 장개석은 트라우트만과 제2차 회담에 들어갔다. 그 석상에서 특히 강조된 점은 다음 사항이었다.

(1) 중국 정부는 독일이 제출한 조건을 담판의 기초로 삼고 싶으나, 극히 중요한 조건으로서 ① 평화를 회복하기까지의 전과정에서 독일의 조정을 통해 협력한다 ② 화북에 있어서의 중국의 주권과 행정권에서 변화를 가하지 않는다-는 2가지 사항을 전제한다.

(2) 적대 행동이 진행되고 있는 동안에는 어떠한 담판도 불가능하다. 만일 독일의 히틀러 총재가 중국과 일본에 대해 적대행위정지를 제의한다면 중국은 이를 받아들인다.

(3) 담판이 매듭지어지기 전까지는 일절 공개하지 않는다.

(4) 제출된 조건은 담판의 기초로 삼을 수는 있으나, 최후통첩과 같은 형태로 제출된 개혁 불가능한 요구로 간주되어서는 안 될 것이다.

트라우트만은 '희망을 갖을 수 있다'는 언질을 주고 돌아갔다.

12월 7일 주일 독일대사 디르크젠은 본국으로부터의 훈령에 기초하여, 11월 2일부터 12월 2일까지의 경과를 적은 메모를 일본 외상 히로다에게 건넸다. 독일이 중일 양국의 조정을 개시함에 있어 중국이 표명한 조건에 따라 일본이 담판을 진척시킬 의도가 있는지 어떤지를 미리 확인하기 위함이었다.

그러나 히로다는 1개월 전의 조건을 기초로 담판을 할 수 있는지 의문스럽다는 태도로 나왔다. 이 1개월여 동안 일본군은 항주에 상륙, 이미 남경 점령을 목전에 두고 있었다. 그 군사력의 우세함을 배경으로 조건을 자국 쪽으로 유리하게 이끌고 나가려 했던 것이다.

이 무렵 전승으로 기세가 등등해져 있던 일본은 열강 제국들에게도 이러한 위세를 드러내어, 12월 12일에는 무오(蕪湖)에서 육군부대가 영국 군함 레이디 버드호와 부근의 영국 상선을 포격하고 남경의 상류에서는 해군기가 미국 군함 파네호를 폭격, 격침시켜버린 사건을 일으키고 있었다.

4개항의 조건 재추가

12월 13일 남경이 함락되고, 14일에는 북경에 새로운 가짜 정부 대본영 연락의회(대본영은 11월 20일 발족)가 14일부터 열려, 내상 스에쯔구(末次信正), 육상 스기야마(杉山元), 장상 가야(賀屋興宣) 등이 잇달아 새로운 조건을 제시했다. 그러한 의견과 함께 21일의 각의에서 결정한 새로운 요구는 다음의 4개 항목이었다.

(1) 중국은 용공·항일·반만 정책을 폐기하고, 일·만 양국의 방공정책에 협조할 것.

(2) 필요한 지역에 비무장 지대를 설치하고, 또한 그 지방에 각각 특수 기구를 설정할 것.

(3) 일·만·중 3국간에 밀접한 경제 협정을 체결할 것.

(4) 중국은 일본에 대해 필요한 배상을 할 것.

히로다로부터 이 4가지 조건을 제시받은 디르크젠은 자신이 '이렇게 해서는 교섭이 원만히 타협될 가망성이 없다'고 개탄했다고 전해질 만큼의 실로 망국이나 다름없는 가혹한 조건이었다.

일본의 4가지 조건은 12월 26일 트라우트만으로부터 행정원 부원장 공상희에게 전달되었다.

다음날인 27일 공상희는 트라우트만에게 '일본이 제출한 조건에는 생각해낼 만한 모든 것을 요구하고 있다. 일본은 10개의 특수 정권과, 10개의 비군사구라도 원한다는 말인가? 이러한 조건을 받아들일 수 있는 사람은 없다. 일본은 장래의 일을 생각하지 않는다면 스스로 멸망을 초래할 것이다'라고 일본의 반성을 촉구했다.

이와 같은 일본의 움직임에 대해 중국에서도 그에 영합하려는 움직임이 있었다. 중국군의 잇단 군사적 후퇴에 동요하여 화(和)를 구하려 하는 자들이 당·정부 내부에 적지 않았으며, 이를 오히려 일본이 파고들 허점을 만들어 주게 되었다.

가혹한 이 4가지 조건이 제시된 후인 27일에 개최된 국방 회의에서도 또한 '화의'를 주장하는 자가 있었다.

28일에는 장개석은 왕조명, 공상희, 장군 등 주요한 인물들을 불러 의견의 통일을 꾀했다. 이 자리에서의 결론은 일본이 제출한 조건은 일절 문제로 삼지 않는다는 것에 일치를 보았다.

1938년 1월 1일 중앙의 기구개혁을 실시, 장개석이 겸임하고 있던 행정원장을 사직하고, 군사위원회 위원장을 전임하여 항일전의 지도에만 전력을 기울이는 체제를 만들었다. 행정원장에는 부원장이었던 공상희를 승격시키고, 후임의 부원장에는 대일 외교에 밝은 장군을 임용했다.

중국의 5천 년 역사 가운데 미증유의 위기 속에서 맞은 새해였다.

주중 독일대사 트라우트만으로부터 일본의 4가지 조건의 세목이 외교부장 왕총혜에게 '비공식'으로 전해진 것은 이날 밤의 일이었다. 사실은 이 '비공식'이라고 하는 것이 후에 계속 문제가 되었다.

그 세목에 의하면,

제1항은 먼저 중국이 '만주국'을 승인하고 그 위에 적극적으로 공산당을 배제하는 증거를 보인다. 단 방공협정에 대한 가입이나 중소 불가침조약의 폐기를 중국 측에 요구하는 것은 아니다.

제2항의 '비무장 지대'란 ① 내몽고 ② 화북 ③ 상해 부근의 이미 일본이 점령한 지역의 일부(대략 시가지에서 소택(沼澤)지에 이르는 일대)-의 3지역이다

'특수 기구'란, 내몽고에 대해 외몽고와 동일한 국제적 지위를 지니는 '자치정부'를 말하는 것으로, 화북에 대해서는 트라우트만 자신도 잘 모름. 상해에는 조계 외에 특수정권을 만든다.

제3항 '경제협정'이란 관세와 상업 업무에 관한 것을 가리킨다.

제4항 '배상'은 일부는 전비의 배상, 일부는 일본 재산의 손실에 대한 배상이다. 또한 일본군의 점령 경비도 중국 측이 부담하지 않으면

안 된다.

또한 정전에 대해서는 일본의 참모본부는 중국의 대표가 일본에 와서 화의를 행하고, 상당한 보증을 얻은 뒤, 비로소 정전을 고려한다고 주장하고 있다.

갈수록 망국적인 조건의 제시였다. 중국 측은 이를 단호히 거부, 중화민족 4억의 피로서 국가를 수호하는 길밖에는 없다고 보았다.

외교교섭의 룰을 무시하는 행위

1월 9일, 일본의 주중대사 가와고시가 상해에서 '국민정부에게는 화평 교섭에 응할 의사가 없다. 현재의 정세에 있어서는 국민정부를 압박하는 것과, 점령지역에 신정권을 수립하는 것 2가지 점을 생각하지 않으면 안 된다. 일본은 국민정부를 중국의 중앙정부로는 인정하지 않게 될 것이다'라고 하는 담화를 발표한 것이 보도되었다.

이 담화는 일본의 진짜 의도가 침략확대에 있음을 분명히 드러낸 것으로, 중국의 '평화거부'를 학수고대하고 있다는 듯한 위장을 하고 있었다.

11일이 되자 일본의 내각이나 참모본부가 연일 합동회의나 긴급회의를 개최해, 본격적인 중국침략정책을 검토하고 있다는 보고가 들어왔다.

12일 트라우트만은 다시 왕총혜를 내방하여 일본에 대한 회답이 결정되었는지 어떤지를 문의해왔다.

바로 여기에서 세목을 '비공식'으로 전했다고 하는 것이 문제가 되었다. 즉 일본은 세목을 '공식적'으로 전달하지 않은 채 4가지 조건을 받아들이게 하려는 태세를 취하려 했다.

이는 외교 교섭상 전례가 없는 비열한 방법이었다. 4가지 조건이라는 큰 틀을 억지로 받아들이게 한 뒤, 세목을 형편에 따라 적당히 조작하려는 책략이었다.

왕총혜는 '만일 일본정부가 세목을 우리 쪽에 정식으로 통지하면 회답을 생각해 보겠다'고 답했다. 그러나 트라우트만은 '일본 측으로서는 세목을 분명히 하지 않으려 할 것이다'라고 말하고 또한,

　(1) 일본 군부는 중국 측이 신속히 명백한 회답을 제시하도록 주장하고 있으며, 만일 중국의 회답이 만족스럽지 못한 것일 경우 온건파는 급진파에 굴복하게 될 것이다.

　(2) 대중선전, 국민정부의 부인, 북경 괴뢰정권(중화민국 임시정부)의 승인, 군사행동의 계속 등의 문제에 대해 어전회의에서 결정이 내려질 것이다.

라고 하는 '됴쿄정보'를 분명히 했다.

왕총혜·트라우트만 회담은 다음날인 13일에도 2회에 걸쳐 계속되었다.

오후 지나서의 제1회 회담에서 트라우트만은 일본의 외무차관 호리우치(掘內謙介)가 20일 주일 독일대사관에 중국정부에 조속한 회답을 촉구하도록 요청하는 동시에 '15일까지 회답이 없으면 일본정부는 자유행동을 유보할 수 없다'고 말했다고, 도쿄의 공기가 점점 경화되어가고 있음을 전했다.

오후 4시 20분부터 행해진 이날의 2번째 회담에서 왕총혜는 이 시점에서 중국 측이 명백히 할 수 있는 태도를 다음과 같이 전했다.

'검토 결과, 우리는 다음과 같이 생각한다.

바꾸어진 조건은 너무나도 광범위하다고 할 수밖에 없다. 따라서 중국정부는 새로이 제출된 조건의 성질과 내용을 알고 싶다. 상세히 검토한 후에 다시 결정한다'

요컨대 일본이 세목을 공식적으로 통지하도록 요청한 것이다.

트라우트만은 서면을 일독한 후, 난처한 표정을 지으며 '이 통지가 회답인가?' 하고 물었다.

왕총혜가 '우리는 4가지 조건의 내용을 알고 싶은 것이다'라고 대답하자 트라우트만은 '만일 일본 측이 이를 'Evasive answer'

(회피적인 대답)로 보면 어찌하겠느냐'고 질문했다.

왕총혜는 분명히 대답했다.

'만일 우리가 회피할 생각이라면 다시금 내용이나 성질을 묻지 않을 것이다'

이것이 트라우트만 공작의 일단락이었다.

'국민정부를 상대로 하지 않는다'

외교부장 왕총혜의 통고는 주중 독일대사 트라우트만을 통해 주일대사 디르크젠에게 전달되어 일본정부에 들어갔다.

일본정부는 이를 '거부회답'으로 받아들여 1월 15일(1938년) 트라우트만 공작의 중단을 결정했다. 싸우지 않고 중국을 굴복시키려 했던 일본의 의도는 실패로 돌아갔다.

1월 16일 일본정부는 '국민정부를 상대로 하지 않는다'는 성명(제1차 고노에(近衛)성명)을 발표했다.

일국의 정부를 '상대로 하지 않는다'라고 하는 성명은 국제 관례상에도 그 전례가 없는 것으로, 실로 경우에 어긋난 것이라 하지 않을 수 없다.

이러한 성명에 대해 디르크젠은 외상 히로다와 만나 유감의 뜻을 표명하고 '향후 교섭의 길이 끊긴 책임은 일본이 져야 할 것이다'라고 밝혔다.

일본정부는 다시 18일, 성명에 관한 다음과 같은 '보충설명'을 발표했다.

"상대로 하지 않는다'고 하는 것은 '부인한다'고 하는 것보다 강한 의미를 지니는 것이다. 국제법으로 말하면 국민정부를 부인하기 위해서는 신정권을 승인하면 되는 것이나, 정식 승인할 수 있는 신정권이 발족되어 있지 않으므로, 특히 국제법상 새로운 예를 만들어 국민정부를 부인하며, 이를 말살하는 것이다'

국민정부는 이 고노에 성명에 대해 내외에 성명을 발표, '대량의 육해공군에 의해 중국영토를 공격하고, 중국인민을 도살한 것은 일본이다. 중국은 하는 수 없이 자위에 나서 침략과 폭력에 저항했으나, 수개월 동안 중국은 아직 한 명의 군사도 일본의 영토를 침입하지 않고 있다'고 하여 침략자는 일본임을 지적하고 더 나아가 평화에 대해서는 다음과 같은 입장을 밝혔다.

'중국의 평화에 대한 바램은 시종여일 변함이 없다. 중국정부는 어떠한 상황 아래 놓이더라도 전력을 다해 영토, 주권, 행정의 완비를 위해 노력할 것이다. 이러한 원칙에 기초하고 있지 않는 한 중국은 어떠한 평화회복도 절대로 받아들일 수 없다. 동시에 일본군 점령지역 내에 임시로 정권을 사칭하는 비합법조직이 있다고 하더라도 대내 대외를 불문하고 모두 절대 무효하다'

20일 국민정부는 주일대사 허세영을 귀국시켰다. 28일에는 일본의 주중대사 가와고시도 일본으로 돌아가 중일 양국간의 대화의 길은 완전히 막혀버렸다.

일본은 24일 다시, ① 어떠한 정보가 있든, 국민정부와는 교섭하지 않는다 ② 중국에 대한 외국의 군사원조를 막기 위해서는, 앞으로도 계속 선전포고할 수 있다 ③ 일본은 화북의 '신정권'에 대해 감호인의 지위에 있는다 ④ 제3자에 의한 화평조정은 절대 받아들이지 않는다－는 4가지 점을 분명히 하였다.

일본은 스스로를 더욱 막다른 골목으로 몰고 가, 점점 더 고립을 심화시켜 나갔던 것이다.

2월 5일 장개석은 '외모(外侮)에 대한 저항과 민족의 부흥'이라는 연설을 신문에 공표했다. 이것은 3년 전인 1934년 7월, 노산의 군관 훈련단에서 행한 연설로, 일본의 전면적 침략전쟁에 대한 방비 대책을 상세히 기술한 동시에, 세계대전 속에서 일본이 반드시 패전하게 되리라는 예언을 한 것이다.

지금 다시 이를 공표한 것은 고노에 성명에 대한 중국의 가장 확실한 '대답'이었다.

6. 제2차 국공합작

항일의 이름을 빌린 공산당의 음모

7·7사변(노구교 사건)의 발생에 대해, 연안의 공산주의자들은 오히려 이를 기뻐했다. 그들은 '대일항전'이 쓰러져가고 있던 중국공산당을 희생시켜, 공산당의 세력을 확대시킬 수 있는 절호의 찬스가 되리라고 보고 있었던 것이다.

공산당은 이제까지 오로지 '항일'을 외치며 대중을 선동해왔다. 그러나 그 진짜 목적은 '항일'에 눈을 쏠리게 하여, 공산당을 쫓는 손길을 늦추려 하는 데 있었음을 전술한 바와 같다. 다시 항일전이 시작되자 공산당은 스스로가 전선에 참가하려고는 하지 않고, 내부에서 온갖 음모를 꾀하기 시작했다.

여기서 7·7사변 이후의 공산당의 움직임을 잠시 살펴보기로 한다.

사변 다음날인 7월 8일(1937년) 공산당 중앙은 '일본군의 노구교 진공에 즈음한 통전'을 발표하고 중국공산당, 국민정부, 군사위원회 및 전국민에게 다음과 같이 호소했다.

'7일 밤 10시 일본군은 노구교에서 중국군을 공격……현재 쌍방은 여전히 대전 중이다. 북경·화북은 일본군에게 무장 침략당할 가능성이 있으며, 정세는 매우 긴박한 상황이다. 전국의 동포, 정부, 군대는 단결하여 민족 통일전선의 견고한 장성을 구축하여 일본 침략자들에게 대항하자, 국공 양당은 친밀하게 합작하여 일본 침략자들의 새로운 공격에 저항하자'

동시에 공산당 중앙은 모택동·주석 등 9인의 지도자의 연명으로 다음과 같은 전보를 장개석 앞으로 보내왔다.

'노산의 장위원장에게, 일본군은 노구교에 진공하여 이미 화북을 무력으로 탈취할 계획을 실행하고 있습니다. 북경·천진은 화북의 요지로, 결코 잃을 수 없는 지역입니다. 29군에게 전력을 다해 저항할 것을 엄명하고, 3중전회의 '대일항전'의 취지에 따라 전국 총동원을 실행하며 북경·천진 등 화북을 방위, 실지를 회복하고 싶습니다. 홍군의 병사들은 모두 위원장의 지도 아래 국가를 위하여 생명을 내걸고 적들에게 대항하여 국토방위의 목적을 달성하기를 희망하고 있습니다. 서둘러 명을 내려 주시길 기다리고 있겠습니다'

9일에는 팽덕회·하룡·유백승·임표 등 '인민 항일 홍군'을 인솔하는 전지휘관이 일치하여 '우리 홍군 전원은 홍군을 국민 혁명군으로 개명할 것을 바라는 동시에, 항일의 선봉부대로서 일본 침략군과 결전을 벌일 것을 명령 받기를 희망한다'고 전보를 보내왔다.

서안사건 후 귀순을 맹세하고 있던 공산당의 거듭된 신청을 받아 16일 노산에서 열리고 있었던 각계 지도자 담화회에 주은래를 불러 회담, 공산당이 정부의 지휘 하에 들어올 것을 다시 확인했다. 이 노산의 담화회에서는 천진의 남개(南開)대학교장 장백령이 '분파활동을 하지 말고, 일치단결하여 장위원장의 지도에 따르자'고 솔선하여 제안, 전원이 정부와 군사 위원장을 옹호하는 선언에 서명했다. 이때 주은래도 '옹호 장위원장'이라고 쓰고 서명했다.

주은래의 글씨체는 여성의 글씨체같이 힘이 없었다. 그는 남개 중학에 재학 중일 때 연극에서 여자역을 맡아 공연한 적이 있어 이를 알고 있는 사람들은 '장년의 혁명의 투사라고 생각할 수 없다. 지금도 여자 역을 하고 있는가'하고 놀렸다. 그러자 주은래는 일어나 하느작거리는 걸음걸이를 걸어 보여 좌중을 대폭소 속에 몰아넣은 일막도 있었다.

7월 23일 공산당 중앙은 '일본제국주의의 화북 진공에 즈음한 제2차 선언'을 발표하며 모택동이 다시금 '장개석 선생이 노산에서 발표한 담화(최후의 관두 연설 ; 7월 17일)는 항일 준비의 지침을 확정한 것으로, 우리는 이를 환영하여 받아들인다'고 연설했다. 이러한 표면적인 움직임을 보아서는 공산당은 성의를 갖고 국민정부를 따라오려는 듯이 보였다. 그러나 과거의 예를 보면 마음을 놓을 수 없는 불안이 있었다.

그러한 불안이 기우이기를 바랐으나 곧 적중되고 말았다. 나중에 안 일이지만, 공산당 중앙은 일찍이 8월 12일 '항전 중에 있어서의 지방공작의 원칙과 지시'라고 하는 다음과 같은 비밀지령을 내려, 나라의 단결과 통일을 파괴하려는 음모를 세우고 있었다. ① 모든 구정권의 무장조직, 예를 들면 민단·보안대·장정대·의용군 등을 이용하여 군중을 조직화·무장화하고, 그 가운데에서 지휘자의 지위를 획득할 것. ② 공산당원은 항일의 적극분자로서 체재를 정비하여 정부, 군대 안에 들어가 지도적 지위를 획득할 것. ③ 공산당원은 각당, 각파와의 투쟁을 언제, 어느 때라도 포기해서는 안 된다. ④ 모든 방법을 동원하여 공산당의 공개·비공개 조직을 확대하고, 동시에 당의 비밀조직을 확대 강화할 것.

공산당은 이러한 비밀 지력은 전혀 밖으로 드러내지 않은 채 상해전이 시작되자 곧 8월 15일에 '항일구국 10대 강령'을 발표, '일본과 절교하고, 일본 관리를 몰아내며, 일본의 스파이를 체포하고, 일본의 중국에 있는 재산을 몰수하고, 일본으로부터의 차관을 부인, 일본과 맺은 조약을 폐기하여 일체의 일본 조계를 회복하자'는 등의 위세를 드러내 보였다.

홍군을 8로군으로 개명

국민정부 군사위원회는 공산당의 희망을 받아들여 8월 22일(1937년) 공산군 주력을 국민 혁명군 제8로군으로 개편하여 국민정부군에 편입시켰다. 제8로군 총지휘에는 주덕, 부지휘에는 팽덕회를 임명했다. 제8로군의 병력은 3개사 2만 명으로 3명의 사장은 임표(제115사)·하룡(제120사)·유백승(제129사)이었다. 동군은 염석산의 지휘 아래 산서 북부전에 배치되었다.

공산군의 정부군 편입은 이후에도 계속되어 10월에는 장강(양자강) 남쪽의 공산군 게릴라 부대를 신 4군(군장·섭정)에 완성하고, 고축동의 지휘하에 들어가게 하였다.

공산당의 주덕과 팽덕회는 8월 25일 제8로군 정부(正副) 총지휘 취임에 즈음하여 다음과 같이 통전, 다시금 충성을 맹세했다.

'장위원장의 명령을 받들어 즉시 홍군을 국민 혁명군 제8로군으로 개칭한다. 현새 부내는 이미 재편성을 완료하여 적을 무너뜨리기 위하여 동으로 진격을 시작하고 있다. 우리는 지성으로서 장위원장을 옹호하고 전국 우군의 뒤를 따라 전장에 생명을 바칠 것을 맹세하고 침략 일본을 몰아내어 실지를 회복할 것이다'

이 통전 역시 입으로만의 맹세일 뿐, 같은 날 이 통전을 발표하기 직전 공산당 중앙은 섬서성 낙천(洛川)에서 정치국 확대회의를 개최하여 제8로군을 어떻게 개편할 것인가를 토의했다. 주은래와 주덕은 '정부의 군사위원회로부터 자금의 보급을 받아 공동 항일의 전제 아래 정부군의 편성과 제도에 따라 개편해야 한다. 그와 함께 일정한 한계 아래 군사위원회가 파견하는 참모를 받아들여야 한다'고 주장했다.

이에 대해 모택동과 임필시(任弼時)는,

'제8로군으로 이름을 바꾸어도 모든 조직은 홍군의 현 제도를 그대로 유지해야만 한다. 동시에 군사위원회로부터의 인원 파견을 받아들이지 말며, 공산당의 제8로군에 대한 절대적 지도권을 확보해야만 한다'고 주장했다.

토의 결과, 타협안으로서 형식적으로는 국민정부군의 제도를 따르지만, 홍군 정치부의 조직과 권한은 현상태를 유지하며, 군의 감독과 지도를 수행한다. 국민정부군 군사위원회가 파견하는 참모는 연락을 위해 연안에 상주시켜, 부대에는 받아들이지 않는다―라고 하는 것이 결정되었다. 즉 국민정부로부터 돈은 받지만 간섭은 받지 않겠다는 것이다. 또 하나의 중요한 결정은 산서에서의 작전방침이다. 주덕은 군사위원회의 통일전략의 의도 아래 국민정부군과 함께 대일작전을 행하며, 제8로군의 영향력을 확대시켜야 한다고 주장했다.

그러나 모택동은 일본군과 정면에서 충돌할 경우에 생길 병력의 손실을 두려워했다. 그는 '앞으로 가장 명심해야 할 사항은 전력을 다해 자기세력 확대에 노력하는 일이다. 작전지역과 그 범위는 지정된 전구의 제한에 구애받을 필요는 없다. 진지전을 피하여 분산해 허점을 노려 적의 배후를 둘러싸고 적의 후방에서 유격전을 전개하여 공산당의 근거지 확보에 주력해야 한다'고 주장했다.

이때 모택동은 '국민정부의 항전은 반드시 실패한다. 따라서 지금 공산당은 국민당에 대해 어떠한 양보도 해서는 안 되면, 통일전선 안에서 자주독립 정책을 취해 적극적으로 지휘권을 빼앗도록 하지 않으면 안 된다'고 강조했다.

모택동의 주장에 따라 공산당 중앙으로부터 제8로군에게 은밀히 지시된 저술은 다음과 같은 주덕의 통전과 하나도 다를 바 없는 내용을 담고 있었다.

'산서에 들어간 당초에는 국민정부 군사위원회의 명령과 전구(戰區) 통일전략에 따라 행동하며, 어떻게 하든 눈에 띄는 움직임을 보여 선전과 영향력 확대에 주력한다. 단, 일본군이 진격해 들어와 전국이 역전, 혼란할 경우에는 즉석에서 단독 행동을 취하여 산서를 진지로 삼아 하북·산동·하남·열하·수원·차하르 각 지구에 분산하여 독자의 유격전을 행하고, 적의 배후에서 민중을 끌어들여 무력을 확대하여 근거지를 건설한다'

제2차 국공합작

표면에서는 '항일'을 외치고, 안으로는 일본군과의 정면충돌을 회피, 지하로 파고 들어가 조직을 구축하여 국민정부의 발목을 잡는다고 하는 공산당의 이러한 전술은 이후의 항일적 기간 중 계속되는 일관된 것이었다.

'면종복배(面從腹背)'의 공산당은 주은래가 창구가 되어 거짓정부군 귀순공작을 추진하여 9월 12일에는 국민정부와의 연락을 위해 남경에 공산당 변사처(弁事處-처장·섭검영)를 개설하고 중앙과의 연결의 실마리를 열었다.

　　9월 22일 국민정부는 공산당의 귀순을 인정한다는 것을 공식적으로 선언했다. 이는 앞서 공산당 중앙으로부터 받은 '함께 국난에 대처하는 선언'을 공개하여 이를 정부가 받아들인다는 뜻을 밝힌 것으로, 공산당은 다음의 4가지 점을 정부에 서약하고 있었다.

　　'(1) 삼민주의 실현을 위해 분투한다.

　　(2) 국민정부를 전복시키기 위한 모든 폭동정책 및 적화운동을 중지하고, 폭력에 의해 지주의 토지를 몰수하는 정책을 중지한다.

　　(3) 현재의 소비에트 정부를 없애고, 민권정치를 실시하여, 그에 따라 전국 정권의 통일을 가한다.

　　(4) 홍군의 호칭과 번호를 폐지하고, 국민 혁명군으로 개편하여 국민정부 군사위원회의의 통괄을 받는 동시에 명령이 있는 즉시 출동하여 항일의 전선에서 직책을 맡기로 한다'

　　다음날인 23일 이 선언을 기초로 하여 군사위원장(장개석)의 이름으로 담화를 발표했다. 그 내용은 '그 과거가 어떠했는가를 불문에 붙이고, 국가에 충성을 다할 기회를 준다'고 하는 것이었다. 국민정부의 이러한 발표에 의해 공산당은 비로소 공개된 입장을 획득한 것이다.

▶ 이 '공개화'가 공산당이 말하는 이른바 '제2차 국공합작'이다. 공산당 측의 자료에서는 '함께 국난에 대처하는 선언'('제2차 국공합작 선언'으로 통칭된다)은 7월 15일, 노산에서 국민당에게 건네져, 9월 22일 국민정부로부터 발표된 것으로 되어 있다.

　　그러나 모택동은 또 다시 국민정부를 배신했다. 9월 26일 주덕이 제8로군을 이끌고 섬서성 북부로부터 전선에 출동하기에 앞서 모택동은 제8로군의 연(중대)장급 이상의 간부를 모아 강연하고 '중일의 싸움은 본당 발전의 절호의 기회이며, 우리 공산당의 기본정책은 전력

의 70%를 자기 세력 확대에, 20%를 국민정부와의 대응에, 나머지 10%를 항일에 사용한다'고 말한 것이다.

모택동은 이때 국민당에 대한 정책으로서 ① 타협 ② 경쟁 ③ 반공(反攻)의 3단계를 제시하고 그 단계를 따라 국민당의 영도권을 빼앗을 음모를 명백히 밝혔다.

내면은 적(赤), 외면은 백(白)

모택동의 의도는 '함께 국난에 대처하는 선언'을 발표한 직후, 공산당 중앙이 발행한 '몇 개의 문제와 해답'이라는 팜플렛(1937년 10월 4일 발행 인민 항일군=8로군=정치부편)에 의해 분명해졌다.

'문 : 국공 양당의 쌍방이 합작을 위해 양보했다고 하는데 사실은?

답 : 국민당이 과거의 정책을 바꾸어 최대한의 양보를 했으므로, 공산당은 국민당을 전복시키는 무장폭동의 정지 등, 그들에게 몇 가지의 보증을 해준 것뿐이다. 이 양보에 의해 공산당은 아무 것도 잃지 않았다. 공산당이 국민당에 투항했다고 하는 것은 연합전선을 파괴하기 위하여 일본의 끄나풀들과 친일파가 만들어낸 유언비어일 뿐이다.

문 : 홍군을 국민 혁명군이라 개칭한 것은 국민당의 군대가 되는 것이 아닌가?

답 : 홍군의 명의는 바뀌었어도 사실상은 아직 홍군과 동일하며 공산당의 영도 하에 있다. 외면은 백이지만, 내면은 아직 적색인 것이다.

문 : 왜 장위원장이 항일을 영도하는 것을 옹호하는 것인가?

답 : 그(장개석) 개인을 옹호하는 것이 아니라, 그가 항일의 주장을 실행하는 것을 지원할 뿐이다. 만일 항일을 하지 않으면 우리는 그를 타도할 것이다'

게다가 공산당 중앙은 이 무렵 '항전의 전술과 중국 공산당의 노선'에 대해 협의하여 다음과 같이 결의하고 중일 전쟁의 결과를 예상했다.

'항전의 결과가 비록 승리로 끝난다고 하더라도, 국민당 군대의 실력은 최소한으로 감퇴될 것이다. 이에 비해 홍군은 한없이 확충되어, 항전의 승리는, 즉 '10월 혁명' 승리의 달성과 직접 이어질 것이다.

또한 만일 항전의 결과가 실패로 끝난다면 중국은 3분으로 갈라져 일본이 동북과 화북을 점거하고, 국민당이 서남부를 점유하며, 공산당은 서북부에 지반을 구축하게 될 것이다.

게다가 또 항전의 결과가 완전히 실패로 끝난다면 국민당은 완전히 파멸, 공산당은 지하로 잠입해 들어가지 않으면 안 될 것이다.

중국의 정치상, 결정적인 요소가 되는 것은 무력이다. 우리는 항전 중에 극력하게 무력을 확충하고, 이로써 기초를 다져 장래 혁명의 주도권을 잡도록 해야 할 것이다'

이와 같은 모택동의 '사상'을 주입 받은 제8로군이 제대로 항일전을 수행할 리가 없었다. 그들은 국민정부군이 거둔 전승의 성과를 마치 자신들이 싸워 얻은 것처럼 선전하는 데 주력했다.

예를 들면 산서성 오대산 북동쪽의 평형관 싸움이 바로 그것이다.

8로군의 대일전 참가는 2번뿐

9월 중순, 일본군 제5사단(사단장 이타가키 : 板垣征四郎)은 차하르에서 산서성을 남하, 산서성 북부의 관문인 평형관(平型關)에 접근해 왔다.

여기서 일본군을 맞아 싸운 중국군 주력은 제2전구(사령장관 염석산)에 속한 제15군, 제17군, 제19군 등이다. 제8로군 임표 지휘하의 115사도 정부군과 함께 우익의 전투에 참가했다. 그들에게 있어 일본군과의 첫 전투였다.

23일과 24일 평형관 정면에 있던 일본군은 전차부대와 함께 평형관구, 단성구 및 동포지 서북쪽 고지에 포진하고 있던 중국군에게 공격을 가해왔다. 이에 대해 제17군의 84사·제3사 등의 중국군은 산악지대의 좁게 들어선 지형을 이용하여 과감히 저항, 좌우 양익으로 일본군의 주력을 포위해 막대한 손실을 입혔다. 결국 30일이 되어 중국군은 오대산·대현 선까지 퇴각하였으나, 우세한 일본군 주력과 최후까지 사투를 벌여, 침공의 발길을 막아 놓았다.

그런데 임표가 인솔한 제8로군 115사는 주전장에서 결코 정면에 나서려 하지 않았다. 그들은 평형관 우익의 산속에 잠입하여 24일 아침 일본군 주력이 다 빠져나간 것을 확인하고 채가곡·소채에 남아 있는 일본군 치중대를 공격했다. 그러나 그 공격도 얼마 안 되는 병력을 살상시킨 뒤 '목적을 달성했다'고 하여 퇴각해버렸다.

그러나 임표는 이를 과대하게 선전했다. 그는 '적의 보병1영(대대)을 전부 섬멸, 차량 80대를 파괴했다'고 보고하고 더구나 이를 보고 받은 제8로군 참모처는 26일 115사의 '전과'를 즉시 전국에 타전했다.

'제8로군은 산서성 평형관에서 만여 명의 적군과 격전, 반복 공격을 거듭한 끝에 진공하는 적군을 전멸시켰다'

1회의 공격이 반복 공격으로, 1치중대가 사단급의 부대로 둔갑한 것이다.

이 전보는 전국의 신문에 일제히 보도되어 사실을 알지 못하는 일반인들은 평형관의 승리가 공산군만의 전과라 믿게 되었다.

제8로군은 이후, 평형관 싸움을 비롯하여 항일전에서 싸운 것은 마치 공산당인 것처럼 선전했다. 그들의 선전에 의하여 '공산군은 대일본군 작전의 69%, 대 왕조명군 작전의 95%를 담당하고, 작전 회수는 12만 5천 회를 넘어, 일본군과 황군 1백 71만여 명을 섬멸했다'고 하는데 이는 모두 과장된 것이다.

공식적으로 남은 전사에선 중국군과 일본군의 전투는 소전투 3만 8천 9백여 회, 중요 전투 1천 1백여 회, 대전투 22회로 합계 4만 70회에 이르나, 제8로군이 전투에 참가한 것은 평형관과 산서 남부 유격전(1938년 봄)의 단 2회뿐이었다.

이것은 연합군 참모관 웨드마이어의 보고에 의해서도 확인되고 있는 바이다.

코민테른으로부터의 사자(使者)

이 무렵 공산당을 뒤에서 조정한 것은 코민테른이었다. 소련은 7·7사변 후 중소 불가침조약을 체결하여 3억 달러가 넘는 군사 차관 등을 통해 중국에 접근해오고 있었는데, 그 진의는 일시적으로 일본의 소련 진공에 대항한다는 기회주의적 국익주의에 있었다.

코민테른의 중국공산당에 대한 지도도 그와 궤도를 같이하는 것으로서, 그들이 말하는 '국공합작'을 표면적으로는 강조하여 기회를 틈타 국민정부를 내부로부터 붕괴시켜 공산당의 세력 확대를 꾀할 목적이었다.

코민테른으로부터 파견된 사람은 코민테른 집행위원으로 중국공산당의 코민테른 수석대표 왕명(진소우)이었다. 왕명은 상해전이 막바지에 접어든 1937년 10월 하순, 소련의 대형 전용기로 진운·강생·중산 등을 데리고 연안에 착륙했다. 전용기에는 대형 무전기와 고사포 등 선물도 탑재되어 있어, 환영 나온 공산당 간부들로부터 대환영을 받았다.

'본가'인 코민테른의 중요 인물인 왕명에 대해 모택동도 '기쁨이 하늘에서 내려왔다'는 식으로 그를 추켜올렸다.

왕명은 먼저 '스탈린의 의지'로서 공산당 간부들에게 다음과 같이 전했다.

'스탈린은 이렇게 말했다. 모택동에게는 결점이 매우 많다. 예를 들면 마르크스 레닌주의를 모르며, 세계적 시야가 없고, 다만 얼마간의 경험만으로 문제를 해결하여 혁명을 지도하고 있다……'

엄중한 말투로 바짝 긴장을 시킨 후 왕조명은 말을 이었다.

'그러나 모택동은 이미 중국 공산당의 영수가 되어 있다. 따라서 스탈린은 소련으로부터 많은 간부를 귀국시켜 이론, 사상 그 밖의 면에서 그를 도와 그의 약점을 극복시켜 당당한 영수로 기르고 싶다고 생

각하고 있다'

또한 왕명은 중앙 총서기 장문천(張聞天)과 전 총서기 진방헌 등 국제파 인물들의 당내 권력투쟁에 대해 다음과 같이 말했다.

'코민테른은 장문천이 중앙 총서기에 적합지 않다고 인정했다. 그는 모스크바의 중산(中山)대학에 재학 중, 당의 지부 서기가 되었으나, 그 결과 당원이 모두 트로츠키스트파가 되어버린 것이다. 장문천이 트로츠키스트라는 증거는 없으나 그 자신이 그러한 혐의를 벗기란 매우 어려울 것이다'

왕명은 모택동의 약점을 찌른 후 그를 영수로 치켜 올리고, 또한 장문천을 끌어내려 스스로 당의 실권을 확보하려 했던 것이다.

'이러이러한 것을 듣지 않으면, 언제라도 실각시켜 버리겠다'는 조건부 인정을 받은 모택동은 코민테른의 후광을 입고 있는 왕명에게 굴복하지 않으면 안 되었다. 예를 들면 '항일 통일전선'의 노선을 둘러싼 주도권 싸움이 바로 그것이었다.

11월 9일에는 태원, 11일에는 상해가 잇달아 일본군에게 함락되자 모택동은 이것 보라는 식으로 국민정부를 공격하여 '항일 통일전선'의 양상에 불만을 표시했다.

'국민당의 항일전은 완전 항전이 아니다. 제8로군에게도 이러한 영향이 나타나고 있다. 제8로군은 국민당원의 간부 취임을 거부하고, 완전한 공산당 지도하에 두어 통일전선으로부터의 독립·자주의 원칙을 관철해야 한다'

국민정부에 대한 면종복배를 서서히 드러내는 의견 제시였다. 이에 대해 왕명 등의 국제파는 모택동의 주장을 좌익 기회주의의 우를 범하고 있다고 비판, '현 시국을 타개해 나갈 열쇠는 전민족의 항일세력으로의 가일층의 단결에 있다'고 강조했다.

논쟁은 12월 9일부터 13일까지 연안에서 개최된 정치국 회의로 이어졌다. 이 정치국 회의는 1934년 1월 5중전회 이후 처음으로 정치국위원 전원이 출석하여 열린 것이었다. 석상에서 왕명은 '우리의

당면 임무는 어떻게 국민당에게 장기 항전의 결의를 유지시키는가 하는 데 있다'고 보고하고,

　'① 국공합작을 기초로 하여 항일 민족통일전선을 확대 강화하고, 국민당이 정부 및 군대 내에 지니고 있는 지도권을 옹호한다 ② 국민정부의 기초 위에 공산당이 주장하는 통일적인 국방정부의 강화를 꾀하나, 국민정부의 조직 개편은 요구하지 않는다 ③ 현재의 국민 혁명군을 기초로 하여 더더욱 통일된 국방군의 강화·확대를 꾀한다'라고 하는 것을 제안했다.

　이 보고는 모택동 노선을 정면에서 비판한 것이었으나 모택동도 이를 따르지 않을 수 없어 전원 일치의 찬성으로 승인했다. 그 결과에 근거하여 정치국 회의는 '한구 주재의 공산당 대표단(왕명, 주은래, 진방헌으로 조직)은 당면한 통일전선의 방침을 국민당에게 알리고, 국민당이나 각 지방이 국공합작에 대해 품고 있는 의혹과 오해의 해소를 위해 노력한다'는 것 등을 결의했다. 이 회의는 또 중앙 총서기 장문천에게 트로츠키스트라는 꼬리표를 달아 평서기로 떨어뜨렸다.

공산당, 국민당 중앙에 가입

　12월 25일, 공산당 중앙은 '국공 양당의 진정한 단결을 강화하여 항전을 최종까지 밀고 나가, 최후의 승리를 쟁취한다'고 하는 부제가 붙은 〈중국공산당의 시국에 대한 선언〉을 발표, 〈장개석 선생이 전국민에게 고하는 글〉에서 제기한 '항전을 최후까지 완수한다, 국가 민족의 최후의 승리를 쟁취한다고 하는 취지는 우리 당의 기본방침과 합치한다. 공산당은 일층 더 진심을 다해 국민당과 어깨를 나란히 하고, 손을 잡아 함께 나라를 구하고, 항전 승리의 그날까지 국민당과 마음을 합해 건국에 임할 결의이다'라는 것을 밝혔다.

　문장만을 보면 이 선언은 국민당에 대한 협력을 재확인하고, 모택동이 주창한 '국민당과의 절연론'도 부정한 것처럼 보이나, 이것

은 코민테른의 진의와는 다른 것이었다. 노골적이고 성급한 모택동 노선을 깊이 감추고, 보다 신중하게 진행시켜 나가기 위한 예의 '거짓 증문(証文)'에 지나지 않았던 것이다.

이듬해인 1938년 1월 공산당은 한구에서 기관지 〈신화일보〉를 창간, 이를 유력한 선전 무기로 삼아 활발한 활동을 벌였다. 이 가운데서 공산당은 '우리 당의 국민당과의 합작을 거짓 공작이라는 등으로 비난하는 사람들이 있으나, 이는 우리 공산당을 해치기 위한 유언비어이다'라고 거듭 부인했다.

한편 국민정부는 공산당의 귀순을 받아들이기는 하였으나 공산당 세력을 정부에 가세시키느냐 하는 문제에 대해서는 태도를 보류한 채였다. 공산당 측도 또한 초조해 하는 기색을 보이지 않고, 왕명은 UP의 미국기자에게 '① 중국공산당은 전력을 다해 국민정부의 항전에 협력한다 ② 현 상태에서는 국민 정부에 대한 참가는 요구하지 않는다'고 말하고, 모택동도 이를 받아 '우리 공산당원은 스스로 정부에 참가하지는 않으나, 솔선해서 항전을 영도하는 국민정부는 성의를 다해 옹호한다'는 주장을 폈다.

무한에는 주은래를 비롯, 섭검영·진방헌·왕명·서특립(徐特立) 등 공산당의 수뇌가 속속 모여들었다. 이 또한 공산당의 귀순을 나타내 보인 것이다.

2월 1일 국민정부는 공산당원을 중앙의 정치 기구 안에 맞아들이게 되어, 공산당 한구 주재 대표인 주은래를 군사위원회에 넣어 정치부의 부부장으로 임명했다. 정치부장은 국민당의 진성(陳誠), 또 한 사람의 부부장은 황기상(黃琪翔 : 제3당 대표)이었다. 이를 계기로 공산당은 주은래의 연줄로 당원을 중앙에 불러들였다.

공산당의 침투가 가장 극심했던 것은 정치부 제3청(선전기구) 안의 문화예술 공작자들로, 제3청의 청장에는 망명처인 일본에서 돌아온 작가 곽말약(郭沫若—후에 문화공작위원회 주임위원이 됨), 처장에는 작가 전한(田漢—동위원회 위원겸 조장), 과장에는 극작

가인 홍심(洪深)이라는 식으로 거의가 공산분자 및 동조자로 구성
되었다.

국민당 초대 총재로 천거된 장개석

공산당의 각지의 조직도 부활되기 시작했다. 그들은 1934년 서
금(瑞金)에서 밀려난 이후 공산당의 남방 각성의 조직은 파멸상태
에 놓여 있었으나, '8로군 변사처(사무소)', '8로군 연락소', '신4군
통신처' 등의 명목으로 당조직을 구성하고 연안에서 간부를 파견하
여 후방 활동을 강화했다. 그 지역은 호북·호남·사천·귀주·강서·
광동·복건·절강·강소 등 9성에 이른다. 또한 화북 각 성에서는 일
본군의 점령 지역 안에 제8로군의 공작원을 잠입시켜 주민의 적화
공작을 행했다.

3월 초, 공산당은 연안에서 정치국 회의를 개최, 2가지의 중요한
결정을 내렸다. 그 하나는 3월 하순으로 예정되어 있던 국민당 임시
전국대회에 대한 구호이다. 그 중에서 공산당은 '제1차 국공합작 공
작방식의 회복'을 요구했다. 즉 '공산당원을 공산 당적에 그대로 두
고 개인 자격으로 국민당에 가입시켜라'라는 제안이다.

두 번째는 당원 확대 방침의 결정이다. 이는 각지에 부활된 당조
직에 일정 수의 당원 획득을 의무지어준 것으로, 중점 대상을 '중
요 산업 근로자, 지식인, 정부군 안의 이른바 '좌경군관''으로 하고
있다. 이러한 '후방공작', '병운(兵運)공작'(정부군 내부에서의 파괴
공작)은 이후 항전 중에도 계속되어져 주민에게 반정부를 선동하
여, 정부군에게 반란을 일으키게 하는 등 일치 항일의 힘을 감소시
키게 되었다.

▶ 이후, 장개석은 계속 총
재의 지위에 있었다. 장개석
사후에도 총재는 개선(改選)
되지 않아, 현재에도 장개석
은 '총재'라는 이름으로 불리
고 있다.

이와 같은 상황 속에서 중국국민당은 일
치 항일의 태세를 정비하기 위해 3월 29일
부터 무창에서 임시 전국 대표대회를 개최
했다. 이 대회에서 국민당은 전당의 최고 지

도자를 제도상 명확히 하기 위해 총재제를 취하게 되어 장개석을 초대 총재로 천거했다.

또한 대회에서 '① 삼민주의와 총리(손문)의 가르침을 항전과 건국의 최고 기준으로 삼는다 ② 항전의 전역량을 국민당의 장위원장의 지도 아래 집중시켜 앞으로 나간다'—는 2대 원칙을 기둥으로 하는 '항전 건국 강령'을 의결, 그 가운데서 '국민 참정기관을 조직해 전국의 총력을 단결하고 전국의 지혜와 식견을 모아 국책 결정과 수행에 도움을 얻는다'고 하는 규정을 두었다

모택동 등 7명이 참정회 가입

이에 근거하여 국민당은 국민 참정회를 새로 설치하고 6월 16일 국민 참정회 참정원 1백 5십 명의 이름을 발표했다. 이중 공산당은 모택동, 왕명, 전방헌, 임조함, 동필무, 등영초 7명이었다.

국민 참정회 제1차 대회는 항전 1주년 기념일인 7월 7일, 무한에서 개막되었다. 의장은 왕조명이며, 장개석은 국민당 총재로서 다음과 같은 결의를 표명했다.

'적인(敵人—일본)이 우리나라를 경시하는 최대의 이유는 우리 국가 내부가 단결하지 못하고, 정치가 통일되어 있지 않아 현대 국가의 기초가 형성되어 있지 않다고 보았기 때문이다……지금 우리는 전국 일치, 항전할 조직과 행동이 가능하게 되었다. 적인도 우리 전국 국민의 역량을 새롭게 인식하지 않을 수 없게 된 것이다. 정부의 지휘 아래 침략을 막고, 일본에게 치명적인 타격을 주게 될 것이다'

국민 참정회에는 모택동을 제외한 6명의 공산당원이 출석, 참정회의 성공을 칭송해 '이로써 국민당과 공산당의 긴밀한 단결이 강화되었다'(왕명), '중국 역사상 이 국민 참정회에 비길 만한 대회는 없다. 이것이야말로 민족 독립, 민권 자유, 민생 행복의 초석을 다지는 것이다'(임조함)라고 말했다. 대회는 최종일인 15일 '① 중국 민족은 일본 민족을 적시하지 않으나, 흉악한 침략자에 대해서는 최

후의 승리의 날까지 장기 항전한다 ② 국민정부의 부인은 중국 국가의 부인이며, 장위원장을 원수로 보는 것은 전중국 민족의 국가의식을 원수로 보는 것이다'라고 하는 선언을 발표했다. 공산당의 음모를 숨긴 채 '대동단결'의 체제가 실마리를 잡은 것이다.

제40장 악화일로의 전황

1. 태아장의 대승리

무한 방위의 전술

7·7사변(노구교 사건)으로부터 반 년이 지난 1938년 초두, 일본 군은 화중에서 이미 남경·항주를 함락시키고, 화북에서는 산동성 의 제남(濟南)을 빼앗았으며, 또한 산서성 방면에서는 대원을 공략, 삼면에서 대륙 내부를 엿보고 있었다.

일본군의 병력은 남경방면에 14개 사단, 화북에 10개 사단, 산서 에 1개 사단, 도합 34만을 넘는 것으로 추정되었다.

한편 중국군의 병력은 2백 10개 보병사·34개 보병여·11개 기병 사·6개 기병여·18개 포병단·8개 포병여, 그 밖의 특수부대가 각 전구에서 작전 중이었으며, 이 밖에도 26개 보병사가 훈련 중이며 14개 보병사·7개 보병여가 준비 중에 있었다.

이 시기에 중국군이 최대의 중점을 두었던 것은 호북성 무한의 방위였다. 대륙의 중앙에 위치하는 무한은 장강(양자강)을 이용하 는 동서의 교통로이고 평한·월한 양철로에 의해 북경－광주를 잇는 남북의 교통이 교차되는 중요 지역이며, 역사적으로도 중화민국 탄 생을 알리는 신해혁명의 불길이 일어났던 기념비적인 장소였다.

1월 11일, 무한에 위수 총사령부를 두어, 총사령에는 진성을 임 명하고 최정예 부대를 무한의 주변에 배치하는 동시에 호북성에 인 접한 하남성, 안휘성에 유력 부대를 두어 방비를 강화하였다. 무한 을 지키기 위해 채택한 방법이 '자성(磁性)전술'이라 불리는 작전이 었다. 이는 유격전에 의해 일본군을 유인하여 미리 배치해 두었던 중국군의 포위망 안으로 끌어들여 섬멸하는 작전이었다.

올가미를 놓은 것은 서주(徐州)를 중심으로 한 진포 철로 연변(제5전구) 지역이다. 여기에는 이종인을 사령장관으로 하는, 군사위원회의 직할군 10개사를 포함한 2만 명의 병력이 배치되어 있었다.

서주는 일본군이 점령한 남경과 제남의 중간에 위치한다. 무한을 목표로 한 일본군을 이 방면으로 유인함으로써 옆길로 새게 하여, 무한 방위의 시간을 벌자는 것이었다.

제남방면에서는 제3집단군 총사령 겸 산동성 정부주석 한복거(韓復榘)가 지휘하는 군대가 후퇴를 계속하고 있었다. 그에게는 제남방면의 황하를 방위선으로 하여 진지를 고수하라는 명령이 내려졌으나 거의 싸우지도 못하고 후퇴를 계속해 제남에 태안, 제녕을 계속 포기하고 황하 방위선을 일본군에게 내주고 말았다.

군벌 출신인 그는 민족의 존망을 건 항일전에 있어, 여전히 구 군벌시대 그대로 '사병(私兵)'의 안위를 꾀하여 싸우지도 않고 물러났던 것이다.

'자생전술' 실시에 있어 한복거를 항명죄(抗命罪)에 의해 군사법정에서 처형하여 군기를 가다듬었다.

'트라우트만 공작'의 실패로 인해, 싸우지도 않고 중국을 굴복시키려 했던 책략이 무너져버린 일본군은 2월 18일, 남경방면의 화중방면군과 상해 파견군을 통합하여 화중 파견군(사령관 하타(畑俊六 대장))을 편성하여 한구방민으로 진공을 시작했다.

그런 이들을 유인하기 위한 중국군 유격부대가 북방으로부터 이를 공격한 후, 후퇴하는 척하자 일본군은 이들을 좇아 북상을 시작하여 안휘성의 방부를 넘어 준하 선까지 진출해왔다.

한편 제남방면에 있던 화북방면군도 마찬가지로 중국 유격부대에 유인되어 진포 철로를 남하하였고, 3월 25일 제4사단의 일부는 산동·강소성경의 대아주까지 진출했다. 여기에서는 손련중이 인솔하는 제2집단군이 대기하고 있었다.

26일 중국군은 서주와 개봉에서 중포, 대전차포대를 증원하는 동시에 군사위원회 직할 병단인 탕은백(湯恩伯)의 제20군단이 대아장 북부를 공격하여 일본군의 배후를 절단하고 대아장을 포위했다. 일본군은 독안에 든 쥐가 된 제10사단을 지원하기 위해 제5사단을 대아장으로 향하게 하였으나, 이들도 중국군의 포위망 안으로 유인되어 오도 가도 못하게 되었다. 4월 6일 밤, 중국군은 마침내 제10사단·제5사단을 격파하여, 3만 명을 섬멸하는 전과를 올렸다. 포위된 일본군 중 살아 남은 사람은 3분의 1도 안 되었다. 일본에게 있어서는 최초의 대규모 패배였다.

서주(徐州)작전

'대아장 대승'의 소식은 전국의 군민의 사기를 높여 주었다. 무한에서는 성대한 횃불 행렬이 이어졌다. 또한 전투의 양상이 외국특파원들에 의해 보도되어 중국의 항전의 결의를 세계에 알렸다.

대아장에서 일본군을 대파한 후 중국군은 일본군이 반드시 진포철로를 따라 반격하여, 서주를 공격해오리라는 것을 예측했다. 이 또한 중국군의 '자성 전술'에 적합한 것이었다. 일본군을 서주로 유인하는 것은 곧 무한방위의 시간적 여유를 갖는 것이기도 했다. 먼저 무한의 수비군 일부를 서주로 투입하는 한편, 황걸·계영청 등의 정예 병단을 하남성 동부의 귀덕(상구), 난봉 일대에 배치하여 서주의 배후를 굳건히 했다. 또한 군령부 차장 임울을 참모단과 함께 서주에 파견, 작전에 지휘를 맡게 하여 일본의 공격에 대비시켰다.

서주 북방의 전선에서는 일본의 화북방면군이 4월 중순부터 움직이기 시작했다. 일본군은 병력의 절반 수로 서주를 북으로부터 압박, 나머지 반 수를 서주 서

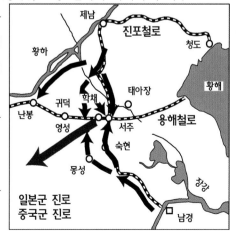

서주(徐洲)에 입성하는 일본군

방의 귀덕·영성방면 및 용해 철로의 난봉방면으로 진공시켰다.

한편 남쪽 전선에서는 화중 파견군이 방부에서 북상을 시작했다. 남쪽의 일본군은 진포 철로를 따라 북상할 뿐 아니라, 강력한 기계화 부대를 몽성 방면으로 진공시켰다. 북쪽으로부터의 공격과 함께 서주의 서쪽을 제압하여 서주를 포위하려는 전술이었다.

5월 9일, 몽성이 함락되고 12일에는 서주 서남방 20킬로 지점인 소현도 공격을 받았다. 14일에는 용해 철로의 학채 부근의 대철교가 폭파되었다. 중국군의 퇴로를 차단하려 한 것이다. 일본군은 포위망을 좁혀 18일에는 서주 근교인 숙현(宿縣), 소현(蕭縣), 패현(沛縣)이 잇달아 함락되었다. 이제까지 버텨온 이상 서주 방위의 임무는 달성되었다. 일본군의 주력을 1개월 이상이나 서주에 붙잡아 두어 막대한 희생을 치른 것이다 19일 밤, 중국군은 결전을 피해 서주를 철수하여 제5전구의 각 주력은 일본군의 포위망을 빠져나가, 대량의 기계화 병기와 함께 서남쪽으로 방향을 바꾸었다. 일본군의 일발 승부의 의도는 허사로 끝나고 말았다.

제5전구군의 서주 철수에 있어 평하·용해 철로를 지키고 있던 제1전구군은 난봉방면에서 양동 작전을 행하여 제5전구군을 원호, 철수를 도운 후 제5전구군에 이어 서쪽으로 방향을 틀었다.

중국군이 서주로부터 철수한 19일 오후 3시 23분, 한구에서 2대의 머친 B10 폭격기가 일본을 향해 날아갔다. 지휘를 맡은 것은 중국 공군 제14대대장 서환승(徐煥昇)이었고 탑재한 것은 폭탄이 아닌 20만 장의 선전 삐라였다.

삐라의 내용은 '중일 양국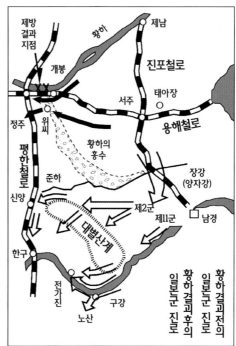
은 이와 잇몸 같은 친밀한 관계
에 있어 상호 협력하여 아시아
와 전세계의 자유·평화를 유지
해야 마땅하다. 일본군벌은 침화
전쟁을 개시하였으나, 이는 최후
에는 중일 양국을 모두 상처 입
게 할 뿐이다. 일본 국민은 군벌
이 침화의 미망을 버리고, 자주
적으로 일본 본토에 되돌아오도
록 각성시켜 주기 바란다'고 하
는 것이었다.

2대의 비행기는 연파에서 급
유한 후 20일 오전 11시 45분, 큐슈 상공에 도착 나가사키·후쿠오
카·쿠루메·사가 등의 주요 도시와 시고쿠의 일부에 이 삐라를 뿌리
고 20일 정오, 무사히 한구에 귀항했다. 한 방울의 피도 흘리지 않
은 이 '일본본토 폭격'은 이후 '인도 비행'이라 불리게 되었다.

일본군의 독가스 공격

서주에 진출한 일본군의 다음 목표는 개봉, 정주(하남성)로 예상
되었다. 이곳은 평한·용해 양철로가 교차되는 곳이며, 동서, 남북의
교통의 요충지였다. 과거 춘추전국시대로부터 중원(中原)이라 불리
어 정권을 좇는 제장들의 발길이 끊이지 않던 곳이었다. 평한 철로
를 똑바로 남하하면 무한 3진(鎭)에 이른다. 일본군이 무한을 거점
으로 삼기 위해 공격해올 것은 분명했다.

6월 상순(1938년), 일본의 화북방면군의 주력은 개봉을 함락하
고 8월에는 중모, 위씨에 이르렀다. 일부의 기병대는 정주 남방의 평

한철로까지 진출했다.

이때 중국군은 숨겨 두었던 비장의 방책을 내놓았다. 황하의 제방을 무너뜨려 '인공 홍수'를 일으켜 일본군의 진곡을 저지한다는 것이다.

6월 4일 중국군은 중무현경의 쪽에서 제방을 무너뜨리는 작업을 시작했다. 예정으로는 이날 오후에는 물이 넘쳐 흐를 것으로 보았

일본군의 독가스공격: 일본군은 무한 함락을 위해 1938년 10월 24일 중국군의 완강한 저항에 대량의 독가스(아카제) 공격을 감행 무한을 함락했다. 일본군은 이 밖에도 남창(南昌)작전 등 여러 전투에서 독가스를 사용 중국군을 제압했다.

으나, 수량이 적어 3일 밤낮을 계속한 붕괴 작업에도 불구하고 물은 흘러나가지 않았다.

이로 인해 7일 밤부터 화원구로 장소를 옮겨 붕괴 작업을 계속했다. 9일 오전 9시 마침내 작업은 성공, 황하의 물은 제방 밖으로 흘러나갔다.

황하의 물은 동남의 대평원으로 흘러들어 중무, 위씨, 부강 더 나아가 안휘성, 강소성의 일부를 물에 잠기게 했다. 이 홍수에 의해 일본군의 차량, 전차, 중화기류는 진창 속에서 애를 먹게 되었다. 황하의 치수는 역사 이래 중국의 위정자에게 있어 최대 사업 중의 하나였으며, 쌓아 놓은 제방의 폭도 3백 미터에 이르는 장대한 것이었다. 이를 스스로 무너뜨리는 것은 실로 애간장을 끊는 것과 다름없었다.

또한 홍수는 논밭을 뒤덮어 민중의 생활에도 영향을 주었다. 그러나 당시 황하의 물은 수량이 적고, 유수 속도도 매시 3킬로에 지

나지 않았다.

만일 제방 붕괴를 주저했었다면 일본군의 기계화 부대가 정주에서 단숨에 무한을 공격했을 것이다.

실제로 이 홍수에 의해 일본의 무한 진출은 반년 동안 제지될 수가 있었다. 또한 관수지대 이서의 지역은 이후 6년간에 걸쳐 일본군의 침략으로부터 보호되었다.

한편 '물 바리케이트'로 전진을 저지당한 일본은 북쪽으로부터의 무한 침략을 포기, 동쪽 및 장강 연안을 공격하는 전술로 나왔다. 안휘성에서 육로를 따라 전진하려면 성경의 대별산계를 넘지 않으면 안 되었다.

중국군은 대별산계의 각 관문에 병사를 배치, 중포를 두고 일본군의 육상 진공부대를 맞아 싸우는 동시에 장강에는 기뢰를 부설, 노산·구강·전가진·마두진 등 양안에 요새를 쌓아 장강 연안의 침공을 저지하게 되었다.

일본군은 대장 하타(畑俊六)를 사령관으로 중화 파견군을 재편성하여, 화북방면군으로부터 전속된 제2군 3개사는 육로를 제11군 4개사 1지대는 해군 제3함대와 협력하여 장강을 공격할 태세를 갖추었다.

일본의 공격은 먼저 장강방면에서 시작되었다. 제21군은 장강 연안의 안휘성에서 강서성으로 들어가, 7월 26일 해군 포함의 원호를 받아 장강 남안의 구강에 기습 상륙했다.

8월 1일에는 무창과 한양이 적기 72대의 공습을 받았다. 이때 폭격에 의한 사상자는 약 5백 명을 넘었다.

8월 22일, 일본의 대본영은 한구 작전을 발동했다.

'화중 파견군은 해군과 협력하여 한구 부근의 요지를 공격, 점거하라'

구강 및 태호에 집결해 있던 제11군은 이날 항구, 성자 등 강서성의 장강 남안 일대에 상륙했다.

이때 장개석의 장남인 장경국(현 행정원장)은 강서성 보안처 부처장으로서 남창에 있었으나 급보를 받고 덕안의 전선에 투입되어 병사들을 독려했다.

일본군은 23일 서창을 점령했으나, 중국군은 노산을 시작으로 한 바위산을 이용한 천연의 거점에 미리 대기하여 이 이상의 침입을 저지했다.

노산 일대의 방비는 두터웠다. 일본군의 3개 사단은 10월 말까지 2개월 이상이나 이곳에 머물게 되어, 한구 작전에 참가할 수가 없었던 것이다.

그러나 일본군은 장강으로부터의 함포사격에 지원을 받아 맹렬히 서진, 9월 29일에는 전가진의 요새를 함락시켰다. 동 요새는 무한 방위상 가장 중요한 요새로 약 20일간의 사투를 벌였으나, 파상적인 폭격기와 비열한 독가스 공격에 의해 마침내 함락당한 것이다.

2. 마침내 무한 함락

유일한 개방항 광주(廣州) 함락

무한 3진을 지키는 장강의 요새 전가구를 독가스 공격에 의해 함락시킨 일본군 제11군은 장강 북안을 따라 대별산계 남쪽 기슭으로 한구를 향하여 서진했다.

한편 대별산계 북쪽에서 육로쪽의 한구를 목표로 삼은 일본군 제2군은 일부가 대별산계를 강경 돌파, 한구로의 최단거리로 당도하려 하여, 일부는 산계 북쪽을 서쪽으로 우회하여 평한 철로의 신양방면으로 향했다. 장백충·손련중·호종남(胡宗南) 등이 인솔하는 정예군이 이를 공격하여 대별산 방면에서는 일본군 제13사단에 거의 파멸에 가까운 손해를 주는 등 격전을 거듭하였으나, 산양방면에서는 차츰차츰 일본군의 진출을 허락했다.

10월 20일 밤 중국군이 무한방면의 거점인 신양을 마침내 포기하자 일본군은 평한 철로를 따라 북으로부터 한구를 엿보았다.

일본군이 광동·바이아스만(대아만)에 상륙하여 전화를 남쪽으로까지 번지게 한 것은 중국군이 신양을 포기한 20일 새벽이었다.

대만 팽호도(澎湖島)에 몰래 집결해 있던 일본군 제21군(사령관 후루쇼(古莊幹郞 : 중장) 3개 사단)이 상륙용 주정(舟艇) 3백 여 척을 몰고 기습 상륙해온 것이다.

일본군이 목표로 한 광주는 일본군의 연해봉쇄 가운데 유일하게 하나 남은 해외와의 문호였다. 중국이 외국으로부터 사들이는 무기, 탄약은 대부분이 홍콩에서 광주 철로를 따라 광주로 운반되어져 월한 철로(광주—한구)를 따라 내륙으로 수송되어지고 있었던 것이다.

그러나 무한은 이미 위기에 처해 있어 중국군은 원군을 광주로 보낼만한 여력이 없었다. 일본군은 중국군의 발을 묶고 단숨에 진공하여 10월 21일 광주를 함락시켰다.

광주 함락에 의한 월한 철로가 지닌 전략적 의의는 변화하여 동 철로 북단에 있는 무한의 방비도 재고하지 않으면 안 되게 되었다.

25일, 남악으로부터 장개석은 무한 잔류부대에 대해 무한을 떠나기 전에 일본군에게 이용될 우려가 있는 시설을 모두 파괴하라는 명령을 내렸다.

무한은 20일간에 걸쳐 불길에 휩싸여져 목적을 달성한 잔류부대는 철수했다.

일본군, 7대 도시 점령

무한이 일본군의 수중에 들어감에 따라 북경·천진·청도·상해·남경·광주·한구의 7대 도시는 이미 일본군의 점령 하에 놓이게 되었다.

그러나 일본은 스스로 전략상 커다란 실수를 범한 것에 대해 알아차리지 못했다. 일본에서는 이때 7대 도시 점령으로 중국을 완전 제압할 수 있다는 낙관적 논의가 일고 있었다. 즉 이대로 내버려두어도 중국은 굴복해올 것이라고 보았던 것이다.

그러나 사실은 반대였다. 7대 도시를 점령한 일본이야말로 오히려 어려운 지경으로 가고 있었다.

즉 국토의 넓이가 결정적으로 다른 두 나라의 전쟁에서는 소국이 대국의 국토를 구석구석까지 점령하는 것은 절대로 불가능했다. 무력으로 점령할 수 있는 장소는 약간의 도시와 그것을 잇는 교통망, 즉 '점과 선'에 지나지 않는 것이다.

일본군이 넓은 지역에 걸쳐 점과 선을 점령하였으나, 그 주위를 메우고 있는 것은 다수의 중국 국민이었다. 일본의 군대가 다수의 도시를 빼앗기는 하였으나, 실제로는 성벽 안에 갇힌 상태로 여하히 움직일 수 없는 상황이었다.

일본군은 장기간에 걸친 충분한 침략준비를 갖춘 끝에 급전을 개시하여 왔다.

중국군의 전략은 이른바 '공간을 시간으로서 활용하여, 적전(敵前)을 바꾸어 적후(敵後)로 삼는다'는 장기 항전전략이었다.

중국의 주요 도시가 집중되어 있는 연안이나 장강 유역은 기동력과 보급이 유리하여 일본군은 종횡으로 작전을 개시할 수가 있었다. 그런 까닭에 일본은 '속전속결'을 생각하고 있었던 것이다.

당초 7·7사변 이후, 일본군은 압도적인 병력으로 평한·진포 양철로를 따라 남하를 시작했다. 그러나 이때 중국군은 황하를 방위선으로 하여 남쪽으로부터 이를 지탱하는 동시에 산서방면을 근거지로 삼아, 남하하려는 일본군에게 측면에서부터 압박을 가했다. 그 결과 일본군은 상해로 전화를 퍼뜨려, 전선의 방향을 서진 쪽으로 바꾸지 않을 수 없었다.

그곳에 중국은 일거에 50만의 정예 부대를 투입, 일본군의 주력을 호수와 늪이 산재해 있고 하천이 교차하여 흐르고 있는 싸우기 어려운 장강 하류에 3개월간이나 묶어 두었던 것이다.

게다가 장강을 거슬러 올라가려는 일본군을 자성전술에 의해 서주로 유인하여 우회하지 않으면 안 되도록 만들었다.

일본군이 겨우 무한에 닿았을 때는 이미 7·7사변 이후 16개월 가까이 경과해 있었던 것이다.

3. 항전의 총괄과 전망

장기화할수록 유리한 중국군

일본군이 진출한 화중·화남은 7·7사변 전의 '황금의 10년간'의 국가 건설로 현저히 발전된 지역이다. 무한도 또한 장강에 의한 동서의 선운(船運), 평한·월한 양철로에 의한 남북 육로의 교차점인 지역이다.

중국은 이러한 중요 지역을 잃은 것이다. 그러나 여기에 이르기까지의 16개월은 매우 귀중한 것이었다. 그 사이 장강 하류나 동남의 중요시설이나 물자는 서남의 오지로 이동을 끝내고 있었다. 중국의 광대한 공간이 그러한 시간적인 여유를 낳은 것이다.

중국에는 아직 1백만 명 이상의 정규군이 있고, '천혜의 나라'라 불리는 물자가 풍부한 사천성을 비롯, 무한한 배후지를 가지고 있었다.

이에 대해 '점과 선'만을 확보한 일본군에게는 병력, 물자 모두 더 이상 오지를 향해 대작전을 연발할 만큼의 힘은 이미 남아 있지 않았다. 전쟁이 장기화하면 할수록 중국에게는 득이 되고 일본은 열세에 몰리게 되어 있었다.

중국은 7대 도시를 유린당했다고는 하나 전략적으로는 성공한 것으로 이후의 전쟁의 주도권을 손에 넣을 기초를 얻은 것이다.

무한 방위전의 종결에 의해 항일전은 이제까지의 항일전 1기의

'수비작전'에서 새로이 제2기의 '지구전'으로 들어갔다. 방비를 유지하여 진공을 저지할 뿐 아니라, 후방의 생산력을 향상하여 반격에 나서기까지의 도약대로 삼은 것이었다.

무한을 철수한 뒤, 총사부(총사령부)는 호남성의 장사에 둘 예정이었으나, 장사에서 큰 불이 일어나 갑작스레 남악에 설치하기에 이르렀다. 장사의 큰 불은 그곳을 수비하는 호남성 정부 주석 장치중의 부하가 저지른 실수였다. 장치중은 일본군이 진공해오는 경우 초토전술을 취한 뒤 철수하기 위해 병사 3인 1조의 '방화조(放火組)'를 편성하여, 만일 시내로부터 불길이 오르면 그것을 신호로 삼아 중요 시설에 일제히 방화하도록 지령을 내렸다.

그런데 11월 12일 밤, 부상병을 수용하고 있던 남문 밖의 병원에서 이따금 화재가 일어나, 이를 '신호'로 착각한 병사들이 일제히 방화를 시작한 것이다. 주민에 대한 예고·유도의 조치도 충분히 내려져 있지 않았다. 불은 시가 전역으로 퍼져 아침까지 전 시의 3분의 2가 전소되었다.

26일 남악에서 장사로 간 장개석은 피해 상황을 시찰했다. 시내는 차마 눈뜨고 볼 수 없는 비참한 상황이었다.

책임의 소재를 분명히 하기 위하여 장사 경비사령 풍제, 경비 제2단 단장 서곤, 장사 경찰국장 문중부 3명이 군법에 따라 사형에 처해졌다. 장사는 1930년 7월에도 공산당인 팽덕회가 이끄는 반란군에게 화재를 당한 적이 있어 민중의 괴로움은 극심한 것이었다.

▶ 이때 일본군은 장사의 서방 약 1백 30킬로 지점인 관주(관양)를 막 점거해 있었다. 일본이 그대로 관주에 머물러 장사 공격에 나선 것은 3년 후인 1941년 9월이다. 장사의 화재는 이후 일본군과 결탁한 왕조명 등에게 장개석 비판의 구실로 이용되었다.

11월 25일 남악으로 돌아간 장개석은 제1차 남악 군사위원회를 소집, 항전 제1기의 싸움을 총괄하는 동시에 항전 제2기를 전망하여 거듭 장기항전에 대비하도록 격려했다.

장기전으로 중국이 시간을 버는 동안 국제 정세도 변화해가고 있었다.

'중화민국'을 사칭한 괴뢰정권

중국 대륙의 광활한 전선에서 진퇴양난에 빠진 일본은 군사작전에 의해서만은 중국을 굴복시킬 수 없다는 것에 서서히 눈을 뜨게 되어 기만적인 정치적 음모를 꾸몄다. 그중 하나가 괴뢰정권의 수립이고, 또 다른 하나가 평화공작이었다.

일본의 괴뢰정권 수립 공작은 '만주국'을 시작으로 7·7사변 직전에는 덕왕의 '내몽고 정부', 은여경의 '기동방공 자치정부'를 만들어 냈으며, 7·7사변 이후에도 군부에 의해 적극적인 공작을 벌여나갔다.

일본군은 먼저 북경·천진을 점령한 직후, 1937년 7월 30일에 '북경 임시 치안유지회', 8월 1일에 '천진 지방 치안유지회'를 잇달아 발족시켰다.

2개의 치안유지회는 일본군의 점령 행정의 '협력기관'이며, 그 책임자에는 원세개(遠世凱) 시절의 보병사령관 강조종(북경), 직예(直隷)계의 정객 고릉위(천진) 등 군벌시대의 '과거의 인물'들이 취임했다.

일본군은 이러한 종류의 치안유지회를 점령지 확대와 함께 각지에 만들어냈으나, 그것만으로 만족치 않고 치안유지회를 통합하여 새로운 화북의 괴뢰정권을 수립하여 국민정부를 무너뜨리려 하였다.

그러한 임무를 맡은 것은 9월 4일(1937년), 화북방면 특무부장에 취임한 키타(喜多誠一 : 소장)이다. 그 사전 준비로서 10월 28일 '화북정권 수립에 관한 연구'를 정리하여 '신정권은 화북의 지방정권이 아닌 국민정부를 대신할 '중앙정부'로 하여 일본군의 세력범위에 속하는 전지역에 그 정령(政令)을 보급시킨다'고 하는 구상을 육군성과 참모본부에 제안했다.

일본의 육군 중앙도 이 방침을 받아들여 기타를 독려했다.

키타 등이 '신정권의 파트너'로 선택한 것은 직예파의 원(元)재정 총장으로 당시 기찰정무위원회 위원의 한 사람이었던 왕극민(王克敏) 등 국민정부에 대해 불만을 품고 있던 북양군벌 시대의 노 정객들이었다. 이들을 포섭한 일본군은 남경 점령 다음날인 12월 14일, '중화민국 임시정부'를 북경 중남해의 거인당(居仁堂)에서 발족시켰다. 그 이름을 '중화민국'이라 사칭한 것이다.

여기에 참가한 것은 탕이화(의정위원회 위원장), 왕극민(행정위원회 위원장), 훈강(동 사법위원회 위원장) 등이었다.

화(華)로써 화(華)를 제압하려는 수단

이 '임시정부'는 하북·하남·산동·산서 및 차하르의 일부를 '관할지'로 하여 각지의 일본군 협력기관을 통합한다는 것으로, 이듬해인 1월 말에는 '기동방공 자치정부'도 흡수하여 북경과 천진을 직할시로 했다.

이에 대해 국민정부는 12월 20일 '임시정부를 부인하는 성명'을 발표하는 동시에 '일본군의 불법 점령지역에 있어 자진하여 적에게 접근, 가짜 조직에 참가한 것을 한간(앞잡이)단속조례에 비추어 조사·체포하여, 엄벌에 처한다'는 것을 선포, 왕극민 등의 체포명령을 내렸다.

1938년 1월 16일 일본의 수상 고노에(近衛)가 발표한 '국민정부를 상대로 하지 않는다'는 성명 가운데 '일본과 진정으로 제휴할 만한 중국의 신흥정권의 성립 발전을 기대하며, 이들과 양국 국교를 조정하여 신 중국의 건설에 노력한다'고 한 것은 이와 같은 배경을 지니고 있었던 것이다. 그들은 그들 말대로 된 '신흥정권'을 그들의 손으로 만들어 내려고 노력했던 것이다. 1월 20일 사령부를 천진에서 북경으로 옮긴 화북방면군 사령관 테라우치(寺內 : 대장)도 '신정권을 지지·공동 협력하여 '명덕 신민정책'을 추진한다'고 말하고 있었다.

일본의 진짜 의도는 괴뢰정권으로 하여금 중국을 지배하게 하여 거기서 착취한 중국의 인력, 물자를 전비에 충당하여 침략을 계속해 나가는 데 있었다. 결국 '화(華)로써 화를 제압하는 수단'으로 그들을 이용하려 했던 것이다.

제2의 '만철(滿鐵)'을 설립

일본이 처음 괴뢰정권에게 실행시킨 것은 일본상품의 수입제한 철폐와 일본으로부터의 수입관세 인하였다. 이어 '일화 경제협의회'가 만들어져 일본군과 괴뢰정권이 화북의 산업·경제를 좌지우지하게 되었다. 게다가 6월(1938년)에는 '제2의 만철'이라 할 만한 '북지 개발회사'가 설립되어, 화북의 교통·통신·광업·염업·발전 등 중요 산업이 모두 그들의 관리 하에 두어졌다. 화북은 이렇게 해서 일본의 경제적 식민지가 된 것이다.

괴뢰정권의 인사권도 또한 일본군이 쥐고 있었다. 당초는 화북방면군 특무장관 기타(喜多), 동 총무부장 네모토(根本) 등이 비공식 고문으로서 '지도'를 맡고 있었으나 4월에는 데라우치(寺內)와 왕극민 사이에 고문 초빙에 관한 조약이 맺어져, 그 이후에는 행정·군사·법제의 일본인 고문 3명이 기타의 추천을 받아 보내지게 되었다. 일본군에게 조정을 당한 한간들에게는 아무런 권한도 주어지지 않고 일본군의 꼭두각시화되었던 것이다. 왕극민조차도 '이런 상태로는 '신정부'의 필요성이 없다'고 한탄했을 정도이다. 이것이 고노에 성명에서 말한 '진짜 제휴', '건설에 대한 노력'의 본질이었다.

일본군은 화북의 '중화민국 임시정부' 공작과 병행하여, 화중과 내몽고에서도 괴뢰정부의 수립을 꾀했다. 화중에서는 12월(1937년) 상해에 '대도시 정부', 다음해인 1938년 1월 1일에는 남경에 '자치위원회'라고 하는 괴뢰 기관을 만들고, 1월 하순에는 화중 각지에서 대소 26개의 치안위원회가 생겨났다.

일본군의 의도는 이들 각지의 치안위원회를 하나로 모아 '신정권'을 만드는 데 있었으며 그 중심인물은 화중 파견군의 특무기관장 우스다(臼田寬一)였다. 그들은 먼저 상해를 목표로 했다. 상해는 국제 시장이며, 중국 경제의 중추이기도 했다. 이곳에 '신정권'을 만드는 것은 국제적으로도 주목을 끄는 일이었다.

　　일본군의 음모는 상해의 재계인에게 '시민 협회'의 결성을 부르짖는 것에서부터 시작되었다. 이 '시민 협회'란, 상해의 경제부흥을 내세우고 있었으나, 실제로는 일본군에 대한 '경제 협력' 단체였다. 이익에 밝은 재계인 가운데는 일본과 손잡아 한 몫 잡으려고 여기에 참가하는 자도 나오기 시작했다. 그러나 상해는 본래 민족의식이 높은 데다 일본군이 상해와 남경에서 수많은 잔학행위를 하였으므로 시민들 사이의 반일의식이 높았다. 시민들은 일제히 반대운동을 벌여 주모자인 육백홍(화상전기 사장)이 살해되는 사건이 일어나 마침내 사라지고 말았다.

　　이어 내세우려 했던 인물은 상해의 프랑스 조계에 은퇴해 있던 중화민국 성립 당시의 국무총리 당소의였다. 당소의를 내세우는 데는 상해의 정객 이국걸·주봉기 등이 암약하였으나, 이에 대해서도 시민들의 반대운동이 일어나 당소의의 거처에 항의 편지가 쇄도했다. 한때는 마음이 흔들렸던 당소의도 출마를 단념, 일본군의 음모는 결국 상해 시민의 힘에 의해 실패로 끝났다. 이후 당소의·주봉기·이국걸 3명 모두 암살되는 운명을 맞았다.

　　2번의 실패로 상해를 포기한 일본은 남경으로 무대를 옮겨 공작을 계속해, 3월 28일 마침내 남경에 '중화인민 유신정부'를 만들어 강소·절강·안휘의 3성을 통합시키게 되었다. 과거의 군벌 단기서파의 정객 양홍지가 행정원장을 사칭하였으나, 일본군으로부터 보내진 화중 파견군 특무부장 하라다(原田 : 소장)를 비롯한 27명의 일본인 고문이 사실상의 정무를 모두 장악하고 있었다.

　　이보다 앞서 차하르·산서·수원 방면에서는 동북으로부터 출격한 일본의 관동군에 의한 동일한 공작이 진행되어 1937년 9월부터 10월에 걸쳐 찰남·진북·몽고연맹이라는 3개의 '자치정부'가 잇달아 만들어졌다. 11월 25일에는 이들의 '연합정부'인 '몽강 연합위원회'가 장강구에 만들어져, 전 '만주국 간도성장 가네이(金井章次)'가 최고 고문으로 취임하여 내몽고의 실권을 잡았다.

이와 같이 해서 일본은 화북·화중·내몽고의 3점령지역에 3개의 괴뢰정권을 만드는 데 성공했던 것이다. 3개의 '신정권'은 상호 연계하여 일본의 앞잡이가 되어 활약하기 시작했다. 북경과 남경 사이에서는 5월 13일, 세관·염세·통세(화물세)에 관한 협정이 맺어졌다. 서주를 함락하고 남북 양 점령구가 생긴 후에는 일본의 상품을 우대하는 통일 관세를 실시하여 일본의 경제 침략을 도왔던 것이다.

일본의 고노에 내각은 이들 3개의 괴뢰정권에 대해 각각 지역의 특수성에 따라 자치를 인정하는 한편, 이들을 연합하여 '중앙정부'를 조직하였다. 이 '자치'라는 것의 실상은 현지 일본군이 자기 뜻대로 현지협정을 맺어 괴뢰정권을 조정하고, 또한 이들의 연합체로 예정되어 있던 '중앙정부'에 커다란 권한을 집중시키지 않으려는 책략이었다.

일본, 국가 총동원법을 시행

이 사이 일본에서는 전시체제를 점점 더 강화해 4월 1일에는 국가총동원법이 시행되었다. 5월 말부터 6월에 걸쳐 고노에 내각은 개각을 행하여, 육상에는 육군 중장 이타가키(板垣征四郎 : 전임은 스기야마), 외상에는 동 대장 우가키(字垣一成 : 전임은 히로다)가 취임했다.

이 중 이타가키는 전부터 '도장(倒蔣)'을 모토로 해온 인물이었다. 게다가 6월 10일에는 최고 국책 검토 기관으로서 5상회의(수·육·해·외·장상)의 설치를 결정했다. 5상회의는 6월 20일 '금후의 지나사변 지도방침', 7월 12일에는 '시국에 따른 대지(對支) 모략',

22일에는 '지나정부 내면 지도 대강'을 결정했다. 이 결정에 따라 일본의 괴뢰 중앙정권 조성은 일층 가속화되게 되었다.

9월 9일 일본의 5상회의는 '중화민국 연합 위원회 수립 요강'을 책정하여 북경의 왕조민, 남경의 양도지 등을 대련으로 불러 회의를 개최했다. 그 결과 일본군 점령구 내의 일반 정무·조세·교통업무 등에 대해 연합 위원회의 통제하에 협조 체제를 취할 것이 정해져, 22일 북경 근정전에서 왕극민이 주석인 '연합 위원회'의 성립식을 거행했다.

> ▶ '지도방침'은 '국력을 집중시켜 올해(1938년)중에 전쟁 목적을 달성한다', '제3국의 우호적 중간 역할은 조건에 따라 수락할 수 있다'는 2항이다. '북지모략'은 '항전 능력의 파괴, 중앙정부의 전복, 장개석의 실각'을 목적으로 한 것이다.
> 또한 '내면 지도 요강'은 신정권을 일본이 내면에서 지도하기 위한 가이드라인을 제시한 것으로 군사, 외교, 경제, 문화, 각 방면에서 신정권을 일본—만주와 연결하여 규정하고 있다.

4. 평화의 이름을 빌린 회유

이탈리아의 조정공작도 실패

일본은 고노에 성명(제1차)에 의해 '국민정부를 상대로 하지 않는다'고 선언하고 점령 지역에 괴뢰 신정권을 만들 음모를 추진해나가는 한편, 국민정부에게 은밀히 미소를 보내는 것도 잊지 않았다. 아무리 강력하게 신정권을 만든다고 하여도, 중국 국민들의 인심을 얻을 수 없음을 알고 '평화공작'이라는 이름의 회유정책을 병행하고 있었던 것이다.

1938년 1월 독일의 트라우트만 공작을 중단한 일본은 여전히 제3국 조정이라는 형태로, 일본의 평화 조건을 중국에게 제시하여 중국을 굴복시키는 방법을 포기하지 않았다.

그 조정역을 맡고 나선 것은 주화 이탈리아 대사 코라였다.

코라는 7·7사변 발생 이후, 국민정부에 대해 '이 전쟁은 이디오피아가 이탈리아에게 저항하려 했던 것과 마찬가지 양상으로, 반드시 중국의 실패로 끝날 것이다. 중국은 장기 항전을 하더라도 아무것도 얻을 것이 없다. 조속히 일·중이 같은 테이블에 앉아 화의를 진행시켜야 한다'고 설득했다.

코라의 움직임은 트라우트만 공작 실패 직후, 갑자기 활발해졌다.

이탈리아는 7·7사변 후 일독 방공협정에 가맹, 일본의 중국침략을 토의한 9개국 조약국 회의(1937년 10월)에서는 일본의 대변자가 되어 일본이 만든 '만주국'에 승인한 나라였다. 이탈리아에는 일본의 책략이 있음이 분명하였으며 중국이 그와 같은 화의에 응할리가 없었다.

코라의 조정 공작은 이후에도 계속되었으나 중국 측의 거절로 흐지부지되고 말았다.

별도의 파이프는 남만주 철도회사 남경 사무원장인 서의현으로, 그는 일본 유학의 동창 관계를 더듬어 국민정부 외교부의 아주사장 고종무나 동 일본과 과장 훈도녕 등과 접촉하여 평화 공작을 계속했다. 여기에는 만철(滿鐵) 총재 마쓰오카(松岡洋右)도 협조, 자금을 지급하고 있었다.

서의현의 공작에 의해 1938년 2월 훈도녕은 은밀히 일본을 방문, 육군 참모 본부장 제8과장(모략담당) 카게사(影佐禎昭)와 만났다. 카게사는 참모본부 내의 불확대파의 중심세력으로 고노에가 '국민정부를 상대로 하지 않는다'는 성명을 내려 했을 때 이를 강력히 반대, 참모본부를 움직여 천황에게 '직소'하여 만류하려 했던 인물이다.

약 2주간의 일본 방문 후 귀국하는 훈도녕에게 카게사는 한 통의 편지를 건넸다. 카게사의 옛 친구인 행정원 부원장 장군과, 군정부장 하응흠에게 보내는 것으로 그 내용은 '고노에 성명의 결과, 아시아의 운명은 궁지에 몰렸다. 훈도녕의 방일은 귀국의 성의를 보인 것으로 크게 감명 받았다. 앞으로도 계속 사람을 보내, 일본 조야의 오해를 풀어주기 바란다'는 것이었다.

이러한 움직임에 대해 4월 5일, 고종무는 장개석에게 보고를 올렸다.

4월 16일, 이번에는 무대를 홍콩으로 옮겨 고종무·서의현 회담이 행해졌다.

서의현의 회고록에 따르면 고종무는 다음과 같이 말했다고 한다.

'우리측으로서는 일본의 중국 작전의 첫째 의도는 소련에 대한 안보의 보장, 둘째로는 중국에 대한 경제적 발전과 의존관계의 보장에 있다고 생각할 수 있다.

단 제1항(대소 안보보장)에 대해서는 동북 4성·내몽고·하북·차하르의 문제이다. 동북4성·내몽고에 대해서는 후일의 협력을 기다린다고 해도, 하북·차하르는 반드시 중국에 반환하지 않으면 안 된다. 일본은 장성 이남의 중국의 영토주권의 확립과 행정의 완비를 존중해야 할 것이다.

이상의 점들을 이해한다면 일본군이 먼저 정전하고, 이상의 조건을 기초로 화평 세목의 교섭을 행한다'

서의현은 고종무의 회답을 곧 동경으로 가지고 갔다. 그러나 그 사이 전국은 더욱 확대되어 일본군은 대아장에서의 대패(4월 6일)에 격잉, 시주 공격에 전력을 기울이려 하고 있었다.

이러한 상황으로 인해 서의현의 평화공작은 참모본부에서 그대로 일축되어져 버리고 말았다.

그러나 고종무, 훈도녕 등의 활동은 그 후 일본의 왕조명 추대에 이용당하는 결과를 낳았다.

'우가키(宇垣) 공작'의 개시

일본 수상 고노에(近衛)는 이후 5월 초순 '장 정권을 철저히 응징하고 파괴시키는 목적을 달성하기까지는 결코 휴전하지 않는다.

비록 수년이 걸리더라도 제국의 결정 방침은 변경하지 않는다'고 강경 연설을 행해 평화공작을 공식적으로 부인했으나, 한편으로는 또 하나의 루트 '우가키 공작'을 은밀히 전개하려 하였다.

서주 작전 후, 고노에 내각은 개각을 단행, 6월 3일 외상에 육군의 노장 우가키가 기용되었다. 황하의 제방 파괴에 의해 대륙의 일본군이 진흙 속에 발이 묶이기 직전이었다. 우가키는 일본 군부 가운데 비교적 중국 사정에 밝았으며, 국민정부의 약간의 요인과 사적인 교우관계를 가지고 있었다.

우가키는 외상의 취임에 즈음하여 고노에에 대해 ① 내각의 결속을 강화한다 ② 대화 외교를 단일화한다 ③ 조속히 평화 방침을 결정한다 ④ '국민정부를 상대로 하지 않는다'는 성명에 너무 구애받지 않는다—는 4가지 조건을 제출, 고노에로부터 완전한 동의를 얻어냈다.

고노에도 또한 군인을 외상에 앉힘으로써 내각의 의견을 통일하는 동시에 우가키가 국민정부 내에 가지고 있는 인맥이 일말의 타개책이 될 것을 기대하고 있었던 것이다.

중국 측에서도 우가키의 외상기용이 일본의 평화공작을 가속화하는 것임을 예상했다. 그러나 무력의 힘을 빌려 굴복시키려는 화의에는 결코 응하지 않는다는 것이 중국의 입장이었다.

우가키는 6월 17일 첫 기자회견에서 추상적이기는 하였으나 '대국이 크게 달라진다면, 일본으로서도 태도를 재고하지 않으면 안 될 것이다'라는 식으로 중일간의 화의의 가능성을 표명했다.

이른바 '우가키 공작'의 계기가 된 것은 우가키의 외상취임을 축하하여 중국 국방 최고회의 비서장 장군이 개인 자격으로 보낸 축하 전보이다.

장군은 과거 우가키가 육상이었을 때 교토에서 알게 되어 아시아의 장래나 중일 양국제휴의 중요성을 서로 이야기한 사이로, 장군의 축하전보 속에는 중일 우호친선의 숙원이 실현되기를 바란다는 희망이 표현되어 있었다.

우가키는 즉시 회답을 보내 행정원장 공상회가 일본에 와서 서로 대화할 수 없겠느냐고 제안, 여기에서 교섭의 실마리가 생겨났다.

> ▶ 평화교섭의 중요한 문제는 장개석의 하야였다. 일본의 수상과 육상 등은 장개석의 하야를 강력히 주장하고 있었기 때문이다.

교섭의 사전 준비를 위해 6월 26일과 28일, 공상회의 비서 교보삼이 일본의 홍콩주재 총영사 나카무라와 홍콩에서 회담했다.

교보삼과 나카무라의 회의는 7월 18일부터 홍콩에서 재개되었다. 그 회의 결과 일단 공상회가 나가사키(長崎)로 가서 일본 측과 직접 담판하는 것까지 이야기가 진전되었다.

군부의 방해 움직임

이보다 앞서 일본의 군부는 우가키 공작 방해의 움직임을 보이는 가운데 육상 이타가키 등은 거듭 강경론을 발표, 국내 여론을 선동했다.

일본의 군부가 외교 루트에 의한 우가키 공작을 방해하고 나선 것은 당시 군부 자신의 손으로 별개의 공작, 즉 왕조명(汪兆銘)에 의한 괴뢰정권 조성(후술)이 진행되고 있었기 때문이었다.

중국 측에서 그러한 것에 이용된 사람은 앞서의 서의현을 통해 참모본부와 평화공작을 행한 외교부 아주사장 고종무이다.

고종무는 참모본부와의 교섭 실패 후 일본 군부의 감언이설에 넘어가, 왕조명 추대에 광분하게 된 것이다. 여기에는 육상 이타가키를 비롯하여 수상 고노에와 종종 만날 만큼 사태는 진전되어 있었다.

일본 군부에게 있어서는 그들이 말하는 대로 될 신정권 수립이야말로 본령이 되는 것이며, 외교 루트에 의한 해결은 들러리에 불과했던 것이다.

이 고종무 공작에 자신을 가진 아타가키는 8월 30일 다음과 같은 대중정책을 발표(담화)했다.

'대중정책은 여전히 1월 16일 발표된 고노에 성명에 따라 진행되어 나간다. 그러나 장개석이 만일 신정권에 참가한다면 재검토의 여지가 없지도 않다.

중국 신 중앙정부의 수립에 있어 몽강 자치위원회, 임시정부(북경) 및 유신정부(남경)가 각각 대표를 파견하여 중앙정부의 준비위원회를 조직, 곧 정부가 탄생되게 될 것이다'

우가키가 '공상회 방일'에 앞서 중일간의 접촉의 경과를 상세히 내각에 보고하면서 평화교섭의 전권을 주기를 바란다고 요청하자, 과연 육군은 '반 우가키'로 집결, 우가키를 그의 지위에서 끌어내려는 모략에 나섰다.

5. 왕조명의 배신행위

군부에 굴복한 우가키 외상

일본 군부가 외상 우가키를 몰아내는 데 이용한 것은 이른바 '대지원(對支院)' 설치문제였다.

'대지원'은 중국에 관한 정치·경제·문화 등 모든 문제를 통일적으로 처리하는 중앙기관으로서, 일본정부가 신설하려고 하던 것이었다. 이를 추진한 것은 육군으로, 그 의도는 대중외교에 있어서의 외무부의 권한을 군이 장악하는 데 있었다.

우가키는 이를 철저히 반대, '대지원'의 권한은 일본군 점령지역에 한정한다는 등의 수정안으로 저항하였으나, 수상인 고노에도 군부에 동조하여 마침내 9월 29일(1938년) 우가키는 사표를 제출하고 외무성을 떠났다. 우가키 공작은 이로서 끝나고 말았다.

▶ 대지원 설립은 우가키 사임 후 10월 1일 각의에서 정식으로 결정, 12월 26일 흥아원(興亞院)으로 이름을 바꾸어 발족했다.

우가키 공작이 끝남과 동시에 육군에 의한 왕조명 추대공작은 한층 활발화되었다.

왕조명은 중국 국민당과 국민정부 안에서 요직을 겸하고 있으며, 항일전이 개시된 이래, 화의에 대해 역설해왔다. 전국 항전에 반대하여 일본과 내통하고, 장강(양자강) 상류에 정박해 있던 일본 군함을 중국 측의 봉쇄선으로부터 탈출시키는 배신행위도 보였다. 주중 독일대사 트라우트만의 화평공작에 있어서도 오히려 일본의 역성을 들고 나왔다.

또한 광주 함락시에는 '중앙이 군대를 빼내어 무한으로 가게 했기 때문'이라는 유언비어를 유포하고, 이후 무한 함락과 장사에 큰 불이 일어난 뒤 정부군의 초토전술을 비난하는 등 반정부적 언동을 일삼았다.

일본의 고노에 내각은 이러한 왕조명을 괴뢰정권의 선봉에 세우려고 생각한 것이다.

일본의 왕조명 추대의 도화선 역을 맡은 것은 앞에서 말한 외교부 아주사장 고종무이다.

고종무는 남만주 철도회사 남경 사무소장인 서의현의 루트에 의한 평화공작에 실패한 뒤에도 홍콩에서 서의현과의 접촉을 유지하고 있었다. 고종무의 임무는 일본인으로부터 얻는 정보를 국민정부로 보내는 데 있었으나 서의현 등과 만나고 있는 사이에 점차 영향을 받아 일본군의 앞잡이가 되어 왕조명 추대 공작을 시작했다.

고종무는 왕조명 이외에도 군사위원회 시종실 부주임 주불해 등과 은밀히 연락하여, 아직 우가키 공작이 진행되고 있던 6월 23일 일본의 당국자와 만나기 위해 홍콩에서 일본으로 건너갔다.

고종무는 7월 5일 요코하마(橫濱)에 도착해 육군성 군무과장 카게사(影佐 : 전 참모본부 제8과장)의 안내로 수상 고노에와 육상 이타가키와 회담, 다음과 같이 말했다.

'장위원장은 일본이 한 일에 대해 화를 내고 있으나, 일시적인 것일 뿐이며, 화가 난 것 때문에 대의를 버리지는 않을 것이다. 그러나 만일 장위원장이 화의에 응하지 않으면, 왕조명이 반드시 응한다. 왕의 의지는 명백하다. 일본이 성의를 보이면 왕을 수령으로 하는 중국 내부의 화평세력을 모아 정전, 조정에 응한다. 왕은 이제까지 몇 십 차례나 장위원장에게 화평을 진언했다. 시기가 무르익으면 곧 계획에 옮기겠다.

일본은 국민정부를 상대로 하지 않는다고 하나, 이래서는 왕조명도 손쓸 방법이 없다. 국민정부 내에서는 왕조명이 내통을 취할테니, 일본은 먼저 강화를 맺어야 한다'

음모에 찬 제2차 고노에 성명

왕조명에 부리고 있던 또 한사람의 스파이역은 매사평이다. 매사평은 당시 상해의 문화단체의 이름을 빌려 평화운동을 하고 있던 사람이나, 왕의 신임이 두터워 4월(1938년)에 홍콩으로 건너가 일본의 참모본부 중국반장 이마이(今井武夫 : 중좌) 등과 은밀히 회담하였다.

그는 10월 22일 비행기로 중경(重慶)에 가 왕조명에게 '일본은 왕조명이 중경을 이탈하여 별도의 정부를 조직해 평화조건의 담판을 지울 것을 희망하고 있다'고 전했다.

왕조명의 집에 매사평·주불해·진공박·도희성 등이 모여 연일 비밀회의를 계속했다. 그 사이 25일, 무한이 함락되었으나 좀처럼 결론은 나오지 않았다.

일본의 의향을 받아들이도록 독촉을 한 사람은 왕조명의 부인 진벽군(陳璧君)이었다. 마침내 왕조명은 부인의 권유를 따르기로 했다.

왕조명의 의사는 11월 20일까지 홍콩을 경유, 일본에 전해졌다.

그 다음날 일본 수상 고노에는 일본의 전쟁 목적이 '동아 신질서'의 건립에 있다고 내외에 밝혔다. 이른바 제2차 고노에 성명이다.

이 성명은 앞서의 '국민정부를 상대로 하지 않는다'는 것을 수정, '일·만·중 3국 수상이 모여 정치·경제·문화 등에 걸쳐, 상호 연계의 관계를 수립한다'는 것으로, 이를 위해 국민정부가 정책을 전환하여 인적 구성을 바꾸어 참가한다면 '굳이 이를 거부하지 않겠다'고 하는 중국 내부의 분열을 책동하였다.

그런데 왕조명은 이 성명이 중경의 신문에 보도되자마자, 그 신문을 높이 치켜들고는 '이 성명을 기초로 일본과 강화 담판을 시작해야 한다'고 노골적으로 동조하고 나섰다.

11월 7일 매사평은 중경에서 홍콩으로 돌아와 고종무와 만난 뒤, 9일 아무도 모르게 상해로 건너갔다. 고종무도 11일 마찬가지로 홍콩을 떠났다. 상해에서 평화조건에 대해 일본 측과 구체적으로 합의하기 위해서였다.

일본 측은 이마이(今井)와 만철 촉탁 이토(伊藤)가 나서고, 후에 육군성의 카게사도 참가하였다.

19일과 20일 양일에 걸쳐 쌍방은 상해 북부, 신공원 근처의 빈 집에서 회담했다. 이후 이 빈 집은 토히하라(土肥原)의 공관이 되어 중광당(重光黨)이라 명명되었으므로 '중광당 회담'이라 불리고 있다.

20일 저녁이 되어 쌍방의 화평조건으로 결론을 맺은 것이 '일화 협의기록', '일화 협의기록 양해사항' 및 '일화 비밀협의록'이다.

중심이 된 '일화 협의기록'은 이제까지의 일본의 요구를 거의 대부분 그대로 받아들인 것으로 '① 일화 방공협정의 체결 ② 만주국의 승인 ③ 경제 제휴에 일본의 우선권을 인정한다'는 등 중국을 그대로 일본의 식민지나 조계로 본 매국적 조건을 늘어놓았다.

중경 탈출의 실패

이 회담에서는 앞으로의 절차에 대해서도 논의되었다. 일본 측 및 왕조명이 이 협정 기록을 재확인한 후, 왕조명은 12월 5일까지 중경을 탈출하여 곤명(昆明)에 도착하는 동시에 일본정부가 성명을 발표하고, 왕조명도 이에 응해 국민정부와의 단절 성명을 발표, 국민의 지지를 호소한다는 절차가 정해졌다.

또한 매사평과 고종무는 '왕조명이 행동을 벌인 후, 일본군은 즉시 귀양(귀주성)까지 진격, 정부 중앙군을 견제해 달라'고 요망, 이마이와 카게사로부터 '귀양 진격은 어려우나, 중앙군 후방 지역을 폭격하도록 노력한다'는 약속을 받아냈다.

22일 고종무와 매사평은 상해를 떠나 홍콩 경유로 중경으로 날아가 왕조명에게 결과를 보고했다.

이마이 등도 협의 사항을 도쿄로 가져가 육상 이타가키와 참모본부에 보고했다. 이 보고는 5상회의·각의에서 승인을 얻은 후, 다시 보고를 요약한 '일중 신관계 조정방침'으로 정리되어 30일 어저노히의에서 통과되었다. 이 '조정방침'에 의해 일본은 이후 왕조명 괴뢰정권을 중국의 '정통정부'로 간주한다고 하는 중국 노예화의 대전제를 확정한 것이다.

12월 2일 고종무는 일본 측에 '왕조명이 상해협정(일화 협정기록)을 승인했다. 그는 10일 곤명에 도착, 다시 하노이에서 홍콩으로 출발할 예정이다'라고 통지했다.

게다가 7일에는 부하의 외교부 정보사 과장 주륭상(周隆庠)을 홍콩에서 연락을 가진 서경현의 거처로 보내 '왕조명은 곤명에서 홍콩으로 올 가능성도 있다. 그때는 일본 총영사관의 보호가 필요하게 될지도 모른다'고 전해 '현재의 총영사 나카무라(中村)는 너무 면식이 없으므로 경과를 잘 알고 있는 외무성 조사부장 다지리(田尻愛義)를 총영사로 10일까지 임명해 주기 바란다'고 제의해왔다.

일본은 이 요구를 받아들여 외상 아리타(有田) 자신이 다지리(田尻)를 불러들여 곧 육군 비행기로 광주로 가 그곳에서 다시 포함으로 갈아타고 10일 오후에는 홍콩에 부임시키는 열성을 보였던 것이다.

이 사건만을 보더라도 일본이 얼마나 왕조명의 중경 탈출에 기대를 걸고 신경을 쓰고 있었는지를 알 수 있다.

그런데 여기서 왕조명의 계획이 어긋나고 말았다.

이 무렵 위원장 행영(行營)은 남쪽의 항일전에 대비해 광서성 계림에 배치되어져 중경을 비워두고 있었다. 왕조명은 그러한 허술한 틈을 이용해 탈출하려는 계획을 세우고, 그날을 8일로 잡아두고 있었다. 그런데 이날 8일, 계림의 행영에서 예정을 앞당겨 중경으로 돌아왔던 것이다.

한발 먼저 7일, 중경으로 돌아간 시종실 주임 진포뢰는 주불해가 이미 5일 곤명으로 출발했음을 알고, 곧 왕조명을 방문했다. 이때의 태도에서 진포뢰에게 의심을 받아 결국 중경 탈출을 포기할 수밖에 없게 되어버린 것이다.

왕조명의 하노이 도착과 호응 성명

'왕조명 탈출 연기'의 소식에 당황한 사람은 일본의 수상 고노에였다. 고노에는 이미 천황에게 왕조명의 탈출 계획을 상세히 보고하여 탈출 당일에 오사카(大板)로 나가 왕조명에게 호응성명을 발표할 만반의 준비를 갖추어 놓고 있었다.

홍콩으로부터의 지급전보로 예정 변경을 알게 된 고노에는 음모가 발각되는 것보다도, 오히려 왕조명의 계략에 걸려는 것이 아닌가 하는 것에 대해 걱정했다.

한편 장개석은 9일 중경에서 공상희·왕조명·왕총혜 등 주요 인물들을 불러 이번의 항전계획에 대한 의견을 들었다. 무한을 잃고, 전시 수도 중경으로 옮겨온 이래 처음 있는 수뇌회담이었다.

석상에서 공상희 등은 국제정세에 대해 소상히 의견을 제시하였으나 왕조명은 거의 발언을 하지 않았다. 다만 '전국의 어려움은 어떻게 전쟁을 결속하느냐에 있고, 우리의 어려움은 어떻게 전쟁을 지지하느냐에 있다'고 말했을 뿐이다.

12월 16일이 되어 왕조명이 '장 위원장과 단독으로 회견하고 싶다'고 찾아와 약 30분간 서로 이야기를 나누었다. 이때에도 왕조명은 화의에 대한 이야기는 꺼내지 않았다.

왕조명이 중경을 탈출한 것은 이로부터 이틀 후인 12월 18일의 일이었다.

이날은 마침 장개석과 그 측근들은 군사회의를 위해 중경을 비우고 서안으로 가게 되어 있었다. 악천후로 인해 갑자기 서안행은 이틀 뒤로 연기되었으나, 자리를 비운 틈을 노려 탈출을 위한 비행기의 수배를 이미 끝내놓고 있던 왕조명은 이 이상 중경에 머무는 것은 위험하다고 판단, '성도의 군사학교에 강연하러 간다'는 이유로 중경 탈출을 강행한 것이다.

처 진벽군과 비서 증중명도 동행했다.

이륙한 비행기는 일단 성도에 도착했으나, 곧 다시 이륙하여 진로를 남으로 향했다. 이들이 착륙한 곳은 운남성의 송도인 곤명이었다.

왕조명이 믿고 있던 것은 운남성 주석 용운(龍雲)이었다. 용운에게는 이미 계획을 모두 말해, 왕조명의 도착과 동시에 용운이 반(反)중앙, 왕 옹립을 전국에 통전하여 제4전구(화남) 사령장관 장발규가 이에 호응토록 미리 조치를 취해 두었던 것이다. 그런데 용운은 왕조명의 탈출직전 생각을 바꾸었다. 용운은 병을 핑계로 왕조명을 만나지 않고, 오히려 부하인 노한을 왕조명에게 보내 '중경으로 돌아가라'는 충고를 보냈다.

갑작스런 용운의 변심에 당황한 왕조명은 다음날인 19일 밤 운남 불인(佛印)철도의 기차에 올라 하노이로 향했다.

왕조명은 20일 하노이에 도착, 홍콩에 대기 중인 이마이(今井)를 통해 즉시 고노에 앞으로 암호전보를 타전했다.

타전의 내용은 늦어도 22일까지 고노에가 왕조명에게 호응하는 담화를 발표해 달라는 것이었다.

이에 응해 고노에는 22일 성명을 발표했다. 이것이 이른바 '제3차 고노에 성명'으로, 괴뢰정권과 함께 '일·만·중 3국이 결합한 동아 신질서'라는 제목으로 일본 지배권을 만들 것을 다음과 같이 표명한 것이다.

'일본정부는 시종일관 항일 국민정부의 철저한 무력 소탕을 기하는 동시에, 중국에 있어서의 동우지사(同憂之士)와 연계하여 동아 신질서의 건설을 향해 매진하려는 것이다.

지금 중국 각지에서는 갱생의 세력이 거세게 일어나, 건설의 기운이 점점 높아지는 것을 느낄 수 있다. 이에 대해 일본정부는 갱생 신중국과의 관계를 조정하는 근본방침을 만방에 알리고자 한다'

이 성명은 이외에도 괴뢰정권에 대한 구체적인 요구로서 ① 만주국을 승인한다 ② 일본과 방공협정을 체결한다 ③ 일본인의 중국 내지에 있어서의 거주, 영업의 자유를 인정한다—등을 들고 있다.

동아 신질서의 비판

왕조명의 중경 탈출을 보고받은 장개석은 12월 24일 오후 서안에서 중경으로 돌아왔다. 이날 밤 고문인 도널드를 통해 미·영 양국의 주중대사들에게 '왕조명은 누구와도 화평을 논할 권리는 없다. 중국은 일본과 화평 교섭을 할 의지가 전혀 없을 뿐 아니라, 현재 대규모 저항을 준비하고 있다'는 것을 전했다.

이미 왕조명의 중경 탈출은 각 방면에서 이야깃거리가 되어 개중에는 왕조명이 국민정부의 밀명을 받은 국민정부의 '화전(和戰)양면 작전'의 사자인양 추측하는 이들도 있었으므로 일단, 영·미 양국에 틀림없도록 다짐을 해둔 것이다.

12월 26일 장개석은 국민당 중앙당부의 총리 기념식에 출석하여 왕조명의 탈출에 호응하여 제시된 제3차 고노에 성명에 대해 반박을 가했다. 그들이 말하는 동아의 새질서란 일본이 영원히 중국을 지배하에 두려는 중국 멸망의 계획임을 통렬히 비난하였다.

그러나 이때 왕조명이 일본과 결탁해서 중경을 탈출한 일에 대해서는 일부러 언급하지 않았다. 옛 동지인 왕조명이 한때의 미혹으로 그렇게 행동한 것이라면 국민들의 비난을 받기 전에 복귀할 수 있는 여지를 남겨두고 싶었던 것이다.

다음날인 27일에는 그에게 전보를 보내 조속히 중경으로 돌아오도록 권유했다. 그러나 왕조명은 중경으로 돌아갈 생각 따위는 조금도 없었다.

그는 12월 28일 국민당의 중앙 상무위원과 국방 최고회의에 전보를 보내 '장총재가 트라우트만 공작 시의 일본 측 조건을 평화 담판의 기초로 삼을 것을 인정했다'는 등의 전혀 근거 없는 말을 전해 자신의 행위를 정당화하려 했다.

이어 29일, 왕조명은 중경의 국민당 중앙에 대해 이른바 '염전(艷電)—염은 전보 약자로 29일의 의미'을 발표, 화의에 응할 것을 제의했다.

이 '염전'에서 왕조명은 일본이 말하는 '선린우호', '공동 방공', '경제 제휴'의 감언이설을 그대로 받아들여 '국민정부는 이 성명을 받아들여 여기에 제시된 3가지 사항을 근거로 하여 즉시 일본정부와 협의, 평화의 회복을 꾀해야 한다. 그렇게 해야만 일본 군대는 모두 중국에서 철수하여, 중국의 주권과 행정의 독립을 지키는 항전의 목적을 달성할 수 있다'고 강조했다.

그러나 이 단계에서는 왕조명은 '제3차 고노에 성명'의 내용을 상세히 알지도 못했고, 고노에가 '일화 협의기록'에 충실한 성명을 내었다고 믿어, 가장 중요한 일본군 철수가 성명에는 들어가 있지 않음을 알아차리지 못했다.

동지, 왕조명과의 결별

1939년 1월 1일 국민당은 임시 중앙 상무위원회를 소집, 왕조명의 '염전'을 토의했다. 이때 장개석은 당 총재로서 왕조명의 개심을 다시 한 번 촉구해보기 위해 관대한 조치를 구했으나 중앙 상무위원들, 특히 임삼·장계·오경항 등의 분개는 대단한 것으로, 토의 결과 마침내 왕조명의 당적을 영원히 박탈할 것을 결의했다. 동시에 오경항이 기초한 결의문을 채택, 왕조명의 배신행위에 대해 엄중히 비판했다.

이것이 왕조명과의 영원한 결별이었다.

왕조명은 국부인 손문과 도쿄에서 동맹회를 결성한 무렵부터의 동지였다. 그러나 손문 사후 왕조명은 한때는 공산당의 유인에 이끌려 무한에서 정권을 잡고, 또 한때는 구 군벌과 손을 잡아 광동에서 반정부활동을 벌였다. 그리고 이제는 항일전 개시를 계기로 다시 국민당으로 돌아와 부총재의 중책에 있으며, 침략자 일본과 손을 잡은 것이다.

이날 영국의 옥스퍼드 대학 각 칼리지의 학장 및 교수들은 연명으로 중국의 항일을 상찬하고 격려하는 편지를 보내왔다. 그 편지에는 '세계의 민주국가들이 언젠가는 반드시 중국에 협력의 손길을 뻗칠 결의를 할 것을 희망하고 있다. 중국 인민들의 충성과 용기 앞에서 적은 반드시 굴복할 것이다'라고 하였다.

중경을 탈출한 왕조명은 잠시 하노이에 머물렀다. 당시 왕조명과 행동을 같이한 진공박(국민정부 전실업부장)과 도회성(전북경대학 교수) 등은 제3차 고노에 성명에 나타난 일본정부의 태도에 불만을 품고, 왕조명에게 일본군 점령지역으로 가지 말고 그대로 유럽으로 망명할 것을 권유했다. 그러나 주불해나 매사평은 상해로 나가 신정권을 조직하여 일본과 화평 담판에 나설 것을 주장하여, 잠시 어찌해야 할지를 망설이고 있었던 것이다.

일본으로부터는 육군성 군무과장 카게사 등이 대만을 경유해 하노이에 들어와 연락을 맡고 있었다.

여기에서 뜻밖의 일이 일어났다.

6. 왕조명, 신정권 수립에 착수

고노에 내각의 퇴진

　1월 4일(1939년) 일본의 고노에 내각이 총사직했다. 대중 문제·일독 동맹 문제 등 외교정책을 둘러싼 강경노선을 취한 군부를 누르지 못한 점, 군사예산 확대에 의한 물가 상승을 해결하지 못한 점 등으로 고노에 내각은 완전히 무력상태에 빠져 총사퇴했다.

　후임 수상에는 국수파의 두목인 히라누마 기이치로(平沼騏一郎 : 추밀원 의장)가 취임했다. 육상 이타가키(板垣)와 외상 아리타(有田)는 유임되었으나, 왕조명은 일본의 가장 유력한 '보호자' 고노에를 잃어버린 것이다. 하노이에 있던 카게사(影佐) 등도 이 정권 교체로 말미암아 일본으로 돌아가고 말았다.

　1월 17일 홍콩의 '남화일보'의 발행인 임백생이 누군가에게 습격당해 부상당하는 사건이 발생했다. 임백생은 왕조명의 동조자로, 중경 탈출 이후 왕조명 지지의 논조를 펴왔기 때문에 이 사건은 왕조명의 매국에 분개한 자의 소행으로 여겨졌다. 왕조명은 당황하여 유럽으로 망명하려고 독일, 영국, 프랑스의 입국 비자를 신청했다.

　이러한 정보는 도쿄의 독일대사관으로부터 국민정부에 입수되었다. 장개석 등은 국민당 중앙위원인 공정정을 하노이에 파견, 중화민국의 여권을 건네주는 동시에 왕조명에게 잠시 해외에서 쉰 후, 귀국하여 국가를 위해 일하도록 권유했다. 그러나 왕조명은 일본에 대한 미련이 아직 남아 있었다. 그는 2월 21일, 고종무를 다시 일본으로 보내 수상 히라누마와 외상 아리타와 만나게 해 일본의 태도를 타진했다. 일본정부가 5상회의에서 왕조명을 이용할 것을 결정하여 왕조명에게 연락을 취한 것은 3월 8일이었다. 그때까지 왕조명은 초조하게 만들어 조정하기 쉽도록 만들기 위한 작전이었다.

　3월 21일 왕조명의 비서 중중명이 하노이 시 코롬가의 왕조명의 은거에서 취침 중 숨어든 애국지사에게 암살당했다.

　이날 밤 왕조명과 증중명은 침실을 바꾸어 사용하고 있었다. 두 사람을 혼동하여 방아쇠를 당긴 것이었다. 이때 왕조명이 갖고 있던 돈은 모두 증중명의 명의로 은행에 예금되어 있었다. 증중명은 몸을 일으켜 침대 위에서 수표에 모두 사인, 그것이 원인이 되어 출혈과 다로 죽은 것이다.

　다음날 이 사건을 보고받은 일본정부는 5상회의를 열어 왕조명을 하노이에서 탈출시킬 것을 결정, 요인들을 하노이로 보냈다.

　일본의 흥아원도 왕조명의 활동을 돕기 위해 매월 3백만 원씩 6개월분의 경비를 일본이 압류한 중국의 관세 수입에서 지출할 것을 결정했다. 탈출에 나선 왕조명은 5월 8일 상해에 입항, 프랑스 조계 우원로(愚園路)의 은가에 몸을 숨겼다.

　왕조명은 즉시 괴뢰정권 수립에 착수했다. 왕조명은 신정부가 일본군의 압력 하에서 출현되었다는 것을 감추기 위해, 신정권을 새로 만드는 것이 아닌 중경의 국민정부가 남경에 '환도'해 온 것 같은 형태를 취하는 편법을 생각해냈다. 신정권은 '3민주의'를 지도이념으로 하여 명칭도 '국민정부'라 바꾸고, 국기도 '청천백일기'를 도용하여 중국인들의 눈을 속이려 했다.

　이는 일본의 방침과는 맞지 않는 것이었다. 일본은 이제까지 북경이나 남경에 괴뢰 지방 정권을 만든 것처럼, 다만 일본의 의노대로 될 신중앙정권이 생기면 그만이었다. 왕조명은 그의 신정권 구상에 대한 일본 측의 이해를 얻기 위해 5월 31일 주불해·매사평·고종무·훈도녕·주류상 등과 함께 일본을 방문했다.

　그러나 일본 측은 이미 5상회의에서 '① 신 중앙정부는 왕조명·오패부 및 중경정부로부터 이탈한 분자들로 구성한다 ② 신 중앙정부는 일화 신 관계 조정방침의 원칙에 일단 동의한다 ③ 장래의 정치 형태는 분치공작으로 하고, 화북을 국방·경제상의 일중 강도 결합지대로 삼는다'고 하는 방침을 재확인했다. 왕조명의 정치 구상

따위는 안중에도 없었던 것이다.

왕조명에게 체포령 발동

일본을 방문한 왕조명은 6월 10일(1939년) 수상 히라누마와 만난 것을 비롯하여 전수상인 추밀원 의장 고노에, 외상 아리타, 육상 이타가키 등과 각각 회견했다.

일본정부의 의도가 왕의 괴뢰화에 있음을 그때까지도 알지 못했던 왕조명은 6월 15일, 다시 이타가키와 회담했을 때, 내정·군사·경제 각 분야에 걸쳐 '중국의 주권 존중의 원칙에 관한 일본에 대한 요망'을 제출, 조속히 일본 측의 회답을 제시하도록 요구했다.

이 요망 가운데는 ① 중앙정부는 일체의 고문제도를 두지 않는 것으로 하여, 일본이 내정 간섭을 하는 듯한 의혹을 갖지 않도록 한다. 일본과의 교섭은 통상의 외교 루트인 대사를 통해서 행한다 ② 중앙군의 최고기관으로서 고문위원회를 설립하나, 고문에는 일본인뿐 아니라 독일·이탈리아인의 취임을 요청한다 ③ 일본 측이 점령지역에서 접수한 중국인의 공적·사적 자산을 즉시 반환한다—등의 조건이 포함되어 있었다.

이러한 요망들은 일본의 기정방침과는 전혀 맞지 않는 것으로, 왕조명이 일본에 머무르는 동안 이에 대한 아무런 회답도 주어지지 않았다.

일본정부가 정면에서 반대한 것은 '삼민주의'와 '청천백일기' 문제였다. 일본 측은 '삼민주의'는 일본인의 손으로 수정한다. '국기는 새로이 도안했

왕조명(汪兆銘)의 일본 방문. 왼쪽이 일본 육군대신 도조(東條)

'중화민국 임시정부' 라는 친일 정권 수립의 현판식

다'라는 것을 요구하여 결국 삼민주의의 수정은 일시 보류하고, 청천백일기에는 기 상부에 '평화반공 건국'이라고 쓴 천을 붙이기로 타협을 보았다.

이러한 왕조명의 매국적 행위에 대해 국민정부는 6월 8일, 마침내 체포령을 내렸다.

18일 왕조명은 일본을 출발, 천진으로 향했다. 일본군이 내세우려 하고 있는 오패부와 만나 협력을 구하고, 오패부에게 군사면을 맡아달라고 하였다. 그러나 오패부는 일단 면담을 약속하기는 하였으나 곧 이를 취소, 왕조명의 회견을 거절했다. 왕조명은 이후 편지를 보내 오패부를 설득했으나 일언지하에 거절, 일본군도 재차 '출마'를 권유했으나 '일본군이 먼저 철병하면 출마한다'고 오히려 일본을 회유하였다. 그러나 오는 12월 4일 일본 군의관에게 무리하게 이를 치료받다 그날 의문의 죽음을 당하는 운명을 맞았다.

6월 28일 상해로 돌아온 왕조명은 한때 일본군 화남 파견군 참모부장 사토(佐藤) 등과 협력하여, 화남에 신정권을 만들려는 운동을 벌였다. 왕조명은 장발규와 등룡광 등 광동의 장교들에게 참가를 호소했으나, 그들은 조금도 동요하지 않았다. 왕조명은 결국 화남 신정권 수립을 단념하지 않으면 안 되었다.

왕조명은 다시 남경에 정권을 수립할 공작을 시작했다.

가짜 국민당의 주석에 취임

왕조명은 먼저 자신을 중국 국민당의 '정통한 영수'라 사칭, 8월 28일 '중국 국민당 제6차 전국 대표회의'를 상해 제스필드로 76호의 전 안휘성 정부주석 진조원의 별장에서 소집했다.

대회에는 3일에 걸쳐 2백 33명의 대표가 출석했다. 대회는 왕조명의 '1인 독무대'로 일관, 그는 자신의 생각대로 대회를 조정하여 '주석'에 선출돼 반공을 가짜 국민당의 정책으로 삼고, 중일 관계를 조정하여 양국 국교를 정상화할 것을 결의했다.

9월 12일 일본은 중국에 있는 전육군 부대를 통솔·지휘하기 위해 중국 파견군 총사령부를 남경에 신설, 총사령관에 교육총감인 니시오(西尾壽造 : 대장), 총참모장에 전육상인 이타가키(중장)를 임명했다. 일본의 이러한 조치는 곧 왕조명의 중앙정부수립 공작의 진전에 대응하려는 의도이기도 했다.

10월 24일 일본정부는 왕조명에게 '중앙 정치회의 지도요강'을 제시, 이를 신정권 수립의 기초로 삼도록 요구했다. 이는 앞서 왕조명이 방일 중 일본에 제출한 '일본에 대한 요망'에 대한 회답이라 할 만한 것으로, 그 내용은 중앙정부 외에 재정·경제·과학기술의 모든 부문에 걸쳐 일본인 고문을 두도록 하며, 또한 군사 고문단에는 독·이의 참가를 허용하지 않는다는 등 왕조명의 희망을 거의 전면적으로 부인한 것이었다. 왕조명 측과의 교섭에 나서게 된 카게사 조차도 '이래서는 정말 괴뢰정권과 똑같다'고 말했을 정도였다.

일본 측과 왕조명 일파와의 협의는 11월 1일부터 상해의 우원로 왕조명 공관에서 시작되었다.

일본 측의 출석자는 이른바 '매기관(梅機關)'의 카게사(影佐 : 육군 소장), 스가(須賀 : 해군 소장), 이누카이(犬養 : 변호사), 타니하기(谷萩 : 육군대좌), 야노(矢野 : 외무성 서기관), 키요미즈(清水 : 동 서기관) 등이다.

'매기관'은 일본 측이 대 왕조명 창구로 만든 것으로서, 본거를 상해의 홍구(虹口) '매화당'이라는 집에 두어 그렇게 부르게 된 것이다.

한편 중국 측은 왕조명 자신과 주불해·진공박·고종무·매사평·

도희성 등이 출석해 교섭에 나섰다.

시작에 있어 카게사는 일본 측의 요망을 정리한 '일화 신관계 조정요항', '일화 신관계 조정에 관한 원칙', '동 구체적 원리' 등을 왕조명 측에 제출했다. 이 가운데는 전술한 바와 같이 일본인 고문 설치를 비롯하여 철도의 합병화와 해남도에 일본군의 기지를 설치하는 등을 포함한 최대한의 요구 조건들이 포함되어져 있었다.

그러나 왕조명에게는 협의라는 이름의 일본의 강압에 저항할 만한 여력이 없었다. 12월 30일 왕조명은 마침내 매국적 조건에 수락 '일화 신관계 조정 요강'에 서명했다.

협의에 참가한 사람들 중 도희성은 일본에 굴복하는 것을 끝까지 반대하여 왕조명과 진벽군에게 조인을 재고하도록 설득했다. 이에 대해 왕조명은 울면서 변명했다.

'중국과 같은 대국이 나 따위에 팔릴 나라는 아니다. 비록 내가 조인하더라도, 그것은 내 몸을 파는 계약에 지나지 않는다'

가짜 중앙정부의 성립

왕조명이 조인한 '일화 신관계 조정요항'과 그 '양해사항'은 다음과 같은 수많은 일본의 권익을 인정한 것이다.

'군사 : ① 방공 주둔권 ② 치안 주둔권 ③ 주둔 구역 안의 철도·항공·통신·주요 항만·수로의 군사상 요구권 및 감독권 ④ 일본군 군사 고문단의 중국군 지도권

경제 : ① 전중국에 있어서의 항공 지배권 ② 국방상 필요한 특정 자원의 개발 이용에 관한 기업권(화북에 있어서는 일본 우위, 그 밖의 지역에서는 일·중 평등) ③ 몽강에 있어서의 경제 지도권 및 참여권 ④ 화북의 철도 장악권 ⑤ 화북에 있어서의 무선 통신의 일화 공동 경영권 ⑥ 화북의 특정자원, 그중에서도 국방상 필요한 매장자원의 개발이용권 ⑦ 화북에서의 국방상 필요한 특정사업에 관한 합동사업 참여권(일본 우위) ⑧ 화북 정무위원회(임시정부)의 경제행정에 관

실로 십 수 년에 걸쳐 일본이 넘겨다본 중국 노예화가 이 조인에 의해 마침내 실현된 것이다.

이듬해인 1940년 1월 4일 왕조명이 사인한 '일화 신관계 조정요항'에 불만을 품은 고종무와 도회성은 왕조명을 단념하고 '요항'의 사본을 가지고 홍콩으로 탈출했다.

이 내용은 1월 20일 중경의 장개석에게 보고되었다.

또한 다음날인 1월 21일 홍콩의 각 신문들은 일제히 톱기사로 밀약의 내용을 보도했다. 고종무 등이 각 신문사 앞으로 '조정요항의 가혹함은 21개조의 요구(1915년)의 2배에 달하는 것으로 중국을 속국화하려는 것이다'라는 편지를 내어 조정요항의 사본을 폭로한 것이다.

다음날인 22일 왕조명의 대변인은 '고종무 등이 발표한 문서는 '최초의 시안'으로 조인된 내용과는 다르다'고 변명하였으나, 이날 도쿄에서 발행된 영자지 〈재팬 타임즈〉는 '이러한 문서는 작년 12월의 회담에서 만들어진 것으로 일본 내각의 '비준'을 받은 것이다' 라고 진상을 전했다.

정부주석 임삼의 이름을 도용

1월 23일 왕조명은 이미 일본에 의해 만들어진 '임시정부'의 왕극민, '유신정부'의 양홍지 등의 협력을 구하기 위해 청도로 건너가 회담했다. 이른바 청도회담이 바로 이것이다. 그 결과 '임시', '유신'의 두개의 괴뢰 지방정부를 폐지하고, 왕조명이 만드는 중앙정부에 흡수할 것을 합의했다. 단 북경에서는 임시정부를 화북 정무위원회라 이름을 바꾸어 남겨 두고, 중앙정부 하에서 자치를 인정하기로 하였다. 이는 화북을 직접 조정하려는 일본군의 의도에 의한 것이었다. 회의 기간 중 일본의 중국 파견군 총참모장 이타가키는 잠시 들렸다고 하며 청도를 떠나지 않아 이들의 미움을 샀다.

3월 22일 왕조명이 남경에 소집한 '중앙 정치회의'는 그의 제안 그대로 괴뢰정부의 명칭을 '국민정부'라 하여 3월 26일에 '환도식'을 거행하기로 결정했다. 정부주석에는 중경의 국민정부 주석 임삼의 이름을 그대로 도용하고 왕조명은 '주석대리'로 취임하여 '행정원장'을 겸임했다.

다음날 23일 왕조명은 남경에서 라디오 방송을 통해 어디까지나 자신들이 '정통정부'임을 주장하고 '국민정부의 조직에 대해서 우리들은 오랜 시간에 걸쳐 회의를 계속해왔다. 우리는 지금 중경의 임삼 주석이 가능한 한 빨리 남경으로 돌아와 주기를 희망하고 있으며 그때까지는 중앙 정치회의의 의결에 따라 정부를 운영할 방침이다'라고 말했다. 이에 대해 임삼은 왕조명 정권을 엄중 배척하는 성명을 발표, 국민이 왕조명에게 현혹되지 말 것을 당부했다.

왕조명이 남경에서 '환도식'을 거행하고, 가짜 중앙정부를 발족시킨 것은 3월 30일이다. 당초의 예정보다 '환도'가 4일 늦어진 것은 이 무렵 홍콩을 무대로 이른바 '동(桐)공작'이 진행되고 있어 여기에 기대를 건 일본 측이 왕조명에게 '환도'를 연기시켰기 때문이다.

왕조명의 '환도' 선언과 동시에 중경의 국민정부 외교부는 각국 주화대사에게 '일본이 날조해낸 남경 가짜 조직은 완전히 무효이다'라고 통고하는 동시에 왕조명 정부에 가담한 진공박·온종효·양홍지 등 77명에게 체포령을 빌했다. 외교부로부디 통고를 받기 전에도 각국은 사건의 진상을 이미 파악하고 있었다. 미국의 국무장관 헐은 통고 당일 '미국은 남경의 왕조명 정권을 결코 승인하지 않으며, 어디까지나 중경의 국민정부를 중국 유일의 합법정부로 인정한다'는 성명을 발표했다.

그런데 왕조명의 가짜 중앙정부의 발족을 늦어지게 한 '동공작'이란 중국 측에서는 전혀 그와 같은 사실을 나타내는 기록이 없다. 중국 파견군 총사령부의 이마이 등에 의해 동경과 중경 사이에 교섭이 행해진 것으로만 전해진다.

이른바 '동공작'이 어떻게 행하여졌든간에 이 시점에서 일본 측이 중경에 스파이를 보내 국민정부와 직접 접촉하려 했던 것은 사실이다. 그러나 이와 같은 접촉에 국민정부가 응할 리 없었다.

'전영명의 공작'도 중단

'동공작'이 무위로 끝날 무렵 일본의 외상 마쓰오카(松岡)는 만철의 서의현을 통해 별도의 평화공작을 행하려 했다. 중국 측의 창구가 되었던 것은 교통은행 사장인 전영명으로, 이른바 '전영명 공작'이라 불리었다.

서의현의 회고록에 따르면 전영명 공작의 발단부터 파국까지의 경위는 다음과 같다.

서의현은 전영명의 알선으로 국민정부의 전철도부 재무사장 장경립, 전영명의 조카인 성패동과 함께 9월 17일 일본으로 돌아가 마쓰오카 외상과 회견했다.

이들은 전영명안으로서 ① 국민정부의 건전한 통일(중경, 남경의 합작) ② 일본군 전병력의 철수 ③ 일본은 중국통일정부와 방수(防守) 동맹조약을 맺는다—는 평화 조건을 제시했다.

마쓰오카는 전영명의 제안을 기초로 교섭을 들어갈 것을 합의하여 10월 하순까지 홍콩에서 일본 측으로는 서의현·다지리(田尻 : 홍콩 총영사)·후나츠(船津 : 상해 특별시 고문), 중국 측에서 전영명·주작민(금성은행 총경리)·장경립 등이 참가해 교섭을 벌였다.

11월 7일 중국 측은 '일본군의 전면 철병, 남경정권의 취소' 등 2개 조건을 다시 제시하였다. 마쓰오카도 이를 승인, 국민정부는 11월 2일 전보로 '전주일대사 허세영을 수석대표로 일본에 파견한다'는 것을 통지했다.

그런데 이보다 앞서 일본은 11월 13일의 어전회의에서 '중경 정권의 항전 의지를 극력 삭감시켜, 조속한 굴복을 꾀한다'고 하는 '지나사변 처리요강'을 결정, 중국의 일방적인 굴복 이외에는 화평이 있을 수 없다는 방침을 내놓았다. 이어 대본영 연락회의는 11월 28일, 화평공작을 위해 지연되고 있던 '왕조명 정권승인'을 결정했으므로 전영명의 공작은 그대로 중단되었다.

11월 30일 일본의 특사로 남경에 파견되어 있던 전수상 아베(阿部信行)는 왕조명과 '일화 기본조약'에 조인했다.

이에 따라 일본은 왕조명의 괴뢰정권을 공식적으로 승인하고, 중일양국을 연결하는 끈은 완전히 끊기고 말았다.

제41장 대동아에의 야망

1. 일본군, 남진을 개시

해남도 점령

1939년 2월 10일 새벽녘, 일본군의 대만 혼성여단은 제3함대와 항공기의 지원 아래 돌연 해남도(海南島)의 해구(海口)에 상륙했다. 섬을 수비하던 보안(保安) 제5여단은 이 돌연한 진공에 저항했지만 수비 병력의 부족으로 차츰 진지를 돌파당해 오후 3시경에는 해구를 실함하고 말았다. 일본군은 계속 유림(楡林)·신영(新英) 등의 항구로 상륙해왔다.

섬이 해협으로 인해 본토와는 격리되어 있는 만큼 신속한 원군을 기대하기란 어려운 노릇이었다. 중국군 수비대는 사령(司令) 왕의(王毅)의 명령에 따라 소수의 그룹으로 나뉘어져 섬 중심부의 산악지대(해발 1천 3백 50m)로 들어갔다.

해남도는 광동성 뇌주반도(雷州半島)와 경주해협(瓊州海峽)을 사이에 두고 있는 섬으로, 면적은 약 3만 3천 5백㎢에 달해 중국에 있어 대만 다음으로 큰 섬이다.

당시 일본군의 해남도 상륙작전은 제한적으로 계속돼 중국침략의 일환 정도로 생각하는 사람이 적지 않았다. 그러나 해남도에서 울린 포성은 사실상 일본의 '남진정책' 개시를 알림과 동시에 일본의 소위 '동아 신질서', 한수 더 떠 '대동아 공영권(大東亞共榮圈)'에의 야망을 노골적으로 드러낸 것이었다.

해남도의 해구에 상륙한 일본군은 그 점령사실을 발표했다. 이것은 중·일전쟁의 개전 이래 미·영·불에 대한 최대의 위협이었다.

다음날인 11일, 장개석은 중경에서 외신기자들과 회견을 갖고,

사태의 심각성을 설명했다.

장개석—해남도에 일본군이 상륙한 문제는 극동 해양의 전국면에서
볼 때 중대한 의의와 영향을 갖는다고 나는 생각한다. 해남도는 동아
시아에 있어 태평양과 인도양간의 중요한 전략적 요충으로, 적군이 만
약 이 섬을 완전히 점령한다면 홍콩과 싱가포르 사이의 교통이 완전
차단되고, 나아가 싱가포르와 오스트레일리아간의 연락이 단절되고,
마침내는 필리핀까지도 제압당하게 될 것이다. 이는 불령 월남에 직
접적인 위협을 줄 뿐만 아니라, 실로 태평양 제해권을 장악하는 길목
이 될 것이다. 만약 일본군이 해남도를 장악하게 되면 일본해군은 서
쪽으로는 인도양에서 지중해를 넘보게 될 것이며, 동으로는 싱가포르
(영)·하와이(미)·진주만(미)의 영·미 해군 근거지에 대한 연결을 차
단할 수 있게 된다. 작년에 미국군함이 싱가포르를 방문한 일이 있었
는데, 일본의 이러한 행동은 명백히 그것에 대한 회답이다.

기자—어째서 일본의 그러한 행동이 태평양의 제해권 장악을 위한
것이라고 생각하는가?

장개석—일본에 있어 중요한 전략거점이 되는 3개소가 있다. 북의
가라후토 섬(樺太—사할린의 일본명), 서쪽의 해남도, 동쪽의 괌도가
곧 그것이다. 만약 세 섬이 모두 일본의 손에 들어간다면 필리핀—하
와이는 일본에 점령당할 수밖에 없다. 현재 가라후토는 이미 일본이
절반 정도를 점령하고 있다. 지금 또 해남도를 점령한 것은 영국해군
이 동쪽으로 미국과 연락하지 못하도록 하기 위해서이다. 만약 이 계
획을 저지하지 못했다면 일본은 다음 단계로 괌도를 손아귀에 넣으
려 할 것이다. 그렇게 되면 미국해군의 서진(西進)이 저지될 뿐 아니
라, 필리핀과의 연락선도 차단당하게 된다. 일본해군의 전반적인 상황
에서 보면, 일본에 있어 태평양 서안의 제2문호는 해남도이며, 태평양
동쪽의 제2문호는 괌도라는 사실을 알지 않으면 안 된다.

미국·프랑스에 경고

　기자—일본의 해남도 점령은 극동의 평화에 어떤 영향을 끼치리라 보는가?

　장개석—해남도 점령은 1931년 9월 18일의 심양 점령과 같은 것이다. 일본의 해남도 진공은 태평양의 9·18사건이라 할 수 있다. 바다와 육지라는 차이점은 있을지언정 그 영향은 꼭 같다. 9·18사건을 회고해보면, 당시 세계 각국은 미국 국무장관 스팀슨을 제외하고는 한 나라도 대수롭게 생각하려 하지 않았다. 그로 인해 그 후 8년간 일본은 침략을 확대하며 동아시아의 패권을 잡기에 혈안이 되었으며, 이윽고 세계를 정복하려고 광분하고 있는 것이다. 만약 일본의 점령을 그대로 방관한다면 그들이 구상하고 있는 해군·공군 근거지가 8개월 안에 초보적인 완성을 보게 될 것으로 생각된다. 그렇게 된다면 태평양의 정세는 급변할 것이다. 프랑스가 월남에 해군 근거지를 설치하려 해도, 또는 미국이 괌도에 방위시설을 하려 해도 그럴만한 시간적 여유는 없을 것이다. 일본은 결연히 남진할 것이고 또 중일전쟁을 계속 전개할 것이다. 이와 동시에 일본이 최후의 모험을 감행, 태평양에서 새로운 전국을 만들려 하고 있다는 것이 이번 해남도 침공으로 증명된 것이다.

'동아 신질서'에 열광하는 일본

　일본이 해남도 등 아시아·태평양 지역의 패권전쟁을 전개함에 있어 명분으로 내세운 것이 이른바 '동아 신질서'이다. 무한(武漢)을 점령한 직후 1938년 11월 3일에 발표된 일본정부의 소위 '동아 신질서 성명(제2차 近衛 성명)'은 심리적으로 강력한 무기가 되었다.

　'제국은 결코 창을 거두지 않을 것이다. 제국이 희구하는 바는 동아의 영원한 안정을 확보하기 위한 신질서의 건설에 있다. 금번 전쟁의 궁극적인 목적도 여기에 있다'

　이 성명이 발표된 후 일본에서도 '동아 신질서'라는 말이 열병처럼 번져나갔다. 일본의 정책은 대륙정책에서 해양정책으로 확대되고, 북진정책에서 남진정책으로 분화되어 갔다. 간단히 말하면, 일본의 침략정책은 대륙·해양의 동시병행으로 중국의 병합을 기도함과 동시에 국제질서를 뒤집어엎고 동아시아를 제압, 구미 세력을 축출하려는 것이었다.

고노에(近衛)의 소위 '동아 신질서'는, 말하자면 중국을 노예국으로 만들고, 나아가서는 일본을 '맹주'로 하는 '대륙제국', '아시아제국', 더욱 나아가 '세계제국'을 건설하는 데 그 목적이 있었다.

소련과 노몬한에서 격돌

당시 일본의 세계전략은 북방을 견고히 하고 남진을 꾀한다는 것이었다. 북방의 안정에 있어 가장 중요한 것은 소련의 움직임이었다. 일본과 소련은 중국이라는 '먹이'를 가운데 놓고 서로 가상적국의 관계에 있었다. 일본이 동북3성(만주)을 손에 넣자 소련은 즉각 외몽고에 세력을 확장하고 시베리아 개발에 박차를 가해 일본을 견제했다. 또한 일본이 나치 독일과 방공협정(防共協定)을 맺고 유럽 쪽에서 소련을 견제하자, 소련은 중국과 불가침조약을 맺고 아시아에서의 입장강화를 도모했다.

9·18(만주사변, 1931년) 당시 소련은 국내정정이 불안하여 일본의 만주침략을 좌시할 수밖에 없었다. 그러나 이윽고 소련은 만주·시베리아 국경선과 외몽고 경계선에 신경을 곤두세우기 시작하여, 7·7사변(노구교 사건, 1937년) 때는 만주주둔 일본군의 수배나 되는 병력을 시베리아 등지에 배치했으며, 블라디보스톡 방면에서는 육·해군을 증강 중에 있었다.

소련과 '만주국' 경계상에서 대치한 일·소 양군의 국경경비대 사이에는 소규모의 충돌이 자주 일어났다. 일본으로서는 이러한 북방의 불안정을 진정시키지 않고서는 남진에 전력을 쏟을 수 없었다.

일본군이 소련군과 최초로 본격적인 충돌을 빚은 것은 1938년

여름의 '장고봉 사건(張鼓峯事件)'이다. 7월 11일 소련군은 '만주국'의 동쪽, 소련·조선과의 경계 부근인 장고봉 산정을 점거하여 진지를 구축했다. 장고봉은 해발 1백 50m의 구릉에 지나지 않지만, 조선의 철도와 나진항(羅津港)이 한눈에 내려다보이는 전략 요충지이다.

더욱이 중국의 전장에서는 일본군의 무한진공작전이 본격화되고 있을 때였다. 장고봉 사태에 대해서 일본군이 어떻게 대처하느냐 하는 문제는 일본군의 전체적인 침략전략을 판단하는 데 더없이 중요한 문제였다.

소련군의 장고봉 진출은 일본의 대소전(對蘇戰) 준비상태를 알아보기 위한 것이며, 일본으로서는 소련이 중·일전쟁에 개입할 의사가 과연 있는가 하는 것을 확인해 볼 수 있는 시금석이기도 했다. 일본 참모본부는 당초 무한침공을 앞둔 시기였던 만큼 외교교섭으로 이 문제를 해결한다는 방침을 세우고, 현지군에게 문제를 확대시키지 말 것을 명령했다. 그런데 7월 27일이 되자 소련군은 장고봉에서 가까운 사초봉(沙草峯)에까지 진출해 진지를 만들기 시작했다. 현지의 제19사단은 이에 독단적으로 병력을 동원, 전투가 벌어지게 되었다.

▶ 사건 직전, 극동 제페우(G.P.U—소련비밀경찰, 정식 명칭 국가안전보위부) 장관 리슈코프(대장)가 만주로 망명한 일이 있었기에 소련이 장고봉 사건을 일으킨 것은 실추된 위신을 회복하기 위한 행동이라는 견해도 있었다.

일본군 전멸

일본군은 7월 31일 미명을 기해 장고봉에 야습을 감행, 일단 적을 격퇴시켰다. 그러나 소련군의 대규모적인 반격을 받자 일본군은 고전하기 시작했다. 이대로 가다가는 국지전에 머물지 않고 전면전으로 확대될 조짐이 보이자 당황한 일본정부는 외교 루트를 통해 일본군이 일방적으로 1km 퇴각하겠다는 제안을 모스크바에 전했다.

8월 10일, 모스크바 주재 일본대사 시게미쓰 마모루(重光葵)가 소련외상 리트비노프와 회담, 8월 11일 정오를 기해 전투를 중지한다는 협정을 겨우 성립시켰다. 이때 소련이 취한 태도는 교묘했다. 정전협정이 성립된 후 소련은 일본에 대해 철병할 필요는 없다면서 일본의 체면을 세워주었던 것이다. 일본군의 반소감정과 경계심을 완화시키고, 무한침공에 정신을 쏟게 하기 위한 술책이었다.

그러나 결국 두 나라는 '노몬한 사건'이라는 대규모 군사충돌을 일으키게 되었다. 이것은 외몽고군의 진출을 저지하기 위해 출동한 관동군 부대가 5월 중순, 노몬한(만주 서북부 지방과 외몽고와의 국경에 가까운 할하 강변의 땅)에서 소련군 전차대의 포위공격을 받아 전멸당한 사건이다(제1차 노몬한 사건). 패전에 격해진 관동군은 육군 중앙부의 '신중론'을 무시하고, 6월 27일 외몽고의 담스크를 대공습했다. 그리고 7월 1일부터는 제23사단을 동원, 대대적인 공세를 펴기 시작했다. 전황은 초기엔 관동군이 일시적으로 우세했다. 그러나 소련군은 항공기를 증원하는 한편, 주코프[1]의 지휘 하에 대기갑부대를 편성하여 8월 하순부터 전전선에 걸쳐 총반격을 개시했다.

일본의 제23사단은 각지에서 분리된 채 각개격파당한 끝에, 연대장 2명은 군기를 불태운 후 자결했고, 전병력의 73%에 달하는 1만 1천여 명의 사상자를 내는 대참패를 당했다(제2차 노몬한 사건).

---

1 **주코프**(1895~1974) 소련의 군인·정치가. 1919년 공산당에 입당하고, 1938~39년 노몬한 사건 때 제57저격사단장이었다. 그 후 서부전선군 사령관, 연합국 독일관저 소련사령관 등을 역임했다. 1957년 공산당중앙위원회 간부회원이 되고, 동년 10월 반정부적이며 영웅주의적이라는 이유로 흐루시쵸프에 의해 추방당했다.

그러나 소련군은 그 이상의 공세는 취하지 않았다. 9월 15일, 일·소 양국은 모스크바에서 정전협정을 성립시켰다. 소련은 장고봉과 노몬한의 접전에서 일본군에게 두 차례의 대승을 거두었지만, 일본에 대해 여전히 양보적인 자세를 취하여 '공존'을 도모하려 했다. 그리고 두 번의 패전으로 소련의 저력을 알아챈 일본군은 국경 부근의 주둔부대를 후퇴시키고, 군사적인 마찰을 극력 방지하여 북방의 안정을 꾀하려 했다.

소련이 양보한 데는 그만한 계산이 있었다. 유럽의 정세가 급박한 풍운을 예고하고 있었던 것이다. 즉 소련은 유럽의 돌발사태에 대비하려면 극동에서 문제를 일으키지 않아야 했고, 일본으로서는 남진정책의 추구를 위해 소련과는 사이좋게 지낼 필요가 있었다.

2. 영·미의 중국지원

긴박한 유럽 정세

장고봉 사건과 노몬한 사건을 둘러싼 일·소의 긴장이 양국의 정면충돌에까지는 이르지 않고 동결된 것은 당시 유럽에 있어 '태풍의 눈'이던 나치 독일의 위협 때문이었다.

히틀러가 정권을 장악한 이래(1933년), 독일은 급속히 군국주의 체제를 갖추어나갔다. 유럽의 패권을 추구하는 독일은 아시아의 일본제국주의와 서로 호응하여 세계평화를 위협하는 존재가 되었다.

독일은 원래 중국의 우방이었다. 독일에서 초청된 군사고문단이 소공전(掃共戰)에도 참여하고 있었다. 그러나 독일이 '만주국'을 승인하고부터 양국 관계는 급속히 냉각되어, 6월에는 군사고문단이 중국으로부터 철수한다고 하는 일방적인 조치가 취해졌다.

유럽에 있어서도 히틀러의 침략정책은 착착 진행되어, 1938년 3월에는 오스트리아를 병합하고, 11월에는 체코슬로바키아의 스데텐

지방을 할양받더니 마침내 이듬해 3월 체코를 점령, 병합했다.

이에 대해 장개석은 그의 일기에서 다음과 같이 쓰고 있다.

'독일이 이달 15일 체코를 병탄했다. 한발의 탄환도 쓰지 않고 한 방울의 피도 흘리지 않고 그처럼 한 것은 역사상 전례가 없는 일이다. 그 원인을 따져보면 작년 스데텐을 할양해준 것이 화근이었음을 알 수 있다. 7·7사변 전 우리나라의 동북을 할양해주었다거나 만주 괴뢰국을 승인해 줬더라면 전화를 피할 수 있었다고 주장하는 자가 있지만, 이제는 그들도 깨달았으리라. 나는 중국이 선택한 길에 결코 잘못이 없었다고 더욱 자신하게 되었다.'(3월 18일의 일기)

독·이·일의 세계침략 구상

독일 외상 리벤트로프는 일본에 대해 이미 체결한 방공협정을 더욱 진전시켜 일·독·이 3국동맹을 결성하자고 호소했다. 말하자면 '추축3국(樞軸三國)'에 의한 세계침략 구상이었다.

1939년 1월에 발족한 일본의 히라누마(平沼) 내각은 3국동맹에의 참여 문제를 놓고 국론이 분열되어 명확한 태도를 결정하지 못하고 있었다.

'적국은 연일 각료회의를 열고 독·이 군사동맹에 대해 협의하고 있다. 아직은 태도를 결정하지 못하고 있지만, 필경에는 군사동맹에 가담할 것이 틀림없다. 일본군벌의 침략성이나 호전성을 치료할 수 있는 약은 아직 없다'(4월 30일의 일기)

5월 22일, 독·이 양국은 일본을 제외하고 군사동맹(鋼銃協約)을 체결, 베를린—로마 추축을 완성했다. 비록 노몬한 사건이 있은 직후의 일이었다.

'일본은 결국 독·이동맹에 가담하고 국내의 의견을 통일시킬 것이다. 그러나 외교적으로는 곤경에 처할 것이 틀림없다. 독일, 이탈리아는 비록 일본과 동맹국이 되더라도 먼 극동의 일에 손 쓸 여유는 없을 것이다'(6월 3일의 일기)

독·이동맹에 가맹할 것을 강하게 주장하는 세력은 육군이었다. 중국 전선에서 수렁에 빠져 있고 노몬한에서도 고전을 면치 못하고 있는 육군으로서는 독·이와 동맹하면 소련을 견제할 수 있을 것이라고 계산한 것이다. 그러나 군부 내에서도 해군은 반대했다. 유럽의 정세가 일촉즉발의 위급을 고하고 있는 마당에 만약 독·이와 동맹한다면 유럽 전쟁에 휘말려들 것이고, 그러면 결국 미국을 적으로 하는 상황에 직면할 것이 두려웠던 때문이다.

국론이 분분한 가운데 8월 3일, 일본육군 3장관회의는 '8월 하순까지 3국협정의 무조건 체결을 반드시 필요로 한다'는 것을 결의했다.

이 무렵 정세는 크게 변해 노몬한의 소련군이 8월 20일을 기해 대반격으로 나왔다. 강력한 기계화부대의 진격으로 일본군 제23사단은 문자 그대로 괴멸적인 참패를 당했다. 그 직후인 23일에 소련은 돌연 '독·소 불가침조약'의 체결을 발표했다. 일본으로서는 일대 충격이 아닐 수 없었다. 일·독 방공협정이란 소련을 가상적국으로 한 대응책이 아니었던가. 그런데도 히틀러는 일본에 대해서는 한마디의 언질도 주지 않은 채 독·소 불가침조약을 맺어버렸던 것이다. 그것도 일·소 양국간에 첨예한 분쟁이 일어나고 있는 와중에 말이다.

일본의 대독접근론은 사라지고 정국은 걷잡을 수 없이 휘청거렸다. 히라누마 내각은 '유럽의 천지는 복잡기괴한 새로운 정세를 만들어냈다'고 말하면서 8월 28일 총사직했다.

일본육군만은 더욱더 기승을 부렸다.

'적국 군부는 소련과 독일이 불가침조약을 체결했음에도 중일전쟁(지나사변)의 처리방침에 전혀 변경함이 없이, 오로지 동아 신질서의 길로 매진 운운의 발표를 했다. 이로 미루어보건대, 일본군벌은 중대한 타격과 손실을 입기 전에는 결코 침략정책을 포기하지 않을 것임을 알 수 있다'(8월 28일의 일기)

'독·소 불가침조약'으로 인해 일본은 '대독접근, 대소견제'에서 '대소타협'으로의 전환을 강요당했다.

유럽에서 불안을 느낀 소련도 그것을 환영했다. 5월 이래, 분쟁이 계속되었던 노몬한의 정전이 급속히 성립된 것은 이러한 외교역학에 기인하는 것이다.

독일, 폴란드를 침공

일본에서는 히라누마 내각이 퇴진한 후 8월 30일(1939년), 육군대장 아베 노부유키(阿部信行)[2]를 수반으로 하는 새 내각이 들어섰다.

독·소 불가침조약은 일촉즉발의 유럽정세에 결정적인 작용을 했다. 조약이 발표되고 10일도 지나지 않은 5월 1일, 독일군은 돌연히 폴란드를 침공하기 시작했다. 불가침조약으로 배후의 위협을 제거한 독일이 폴란드 침공을 감행함으로써 마침내 유럽은 전화에 휩싸이게 되었던 것이다.

영·불 양국은 독일에 최후통첩을 전하고 9월 3일 오후부터 전쟁상태에 돌입했다. 일본 수상 아베는 4일, 다음과 같이 발표했다.

'일본은 구주대전에 개입치 않을 것이며, 오로지 지나사변(중일전쟁)의 해결에 매진할 것이다'

이는 곧 세계의 이목이 유럽에 쏠려 있는 동안 아시아를 독점하겠다는 의도를 드러낸 것이다.

결과적으로 유럽 전쟁은 중·일전쟁을 세계적 규모로 확대시킨 셈이 되었다. 여기서 문제가 되는 것은 미국의 움직임이었다. 태평양과 그 주변 지역에 포기할 수 없는 이해관계를 갖고 있는 미국이 일본의 아시아 제패라는 야욕과 마찰을 일으킬 수밖에 없는 위치에 있었다.

---

2 아베 노부유키(1875~1953) 일본의 군인·정치가. 1939년 수상이 되었으나 5개월 만에 사퇴했다. 1944년 최후의 조선총독으로 부임했고, 8·15해방 때 서울에 진주한 미군 사령관 하지 중장을 맞아 항복문서에 조인했다.

미국은 당초 독일이 폴란드를 침공하자 재빠르게 '중립' 입장을 선언했지만, 전화가 마침내는 태평양에까지 이를 것을 예상하고, 일본의 의도를 제지하기 위해 태평양 방위의 일환으로 '레인보 계획'에 착수했다. 미국의 이러한 움직임은 국제적인 방관 속에서 홀로 고군분투하는 중국에 대해 커다란 용기를 북돋아준 바가 되었다.

주미대사에 호적을 임명

일본의 중국침략을 날카로운 눈으로 주시하던 미국은 1937년 10월, 루즈벨트 대통령이 시카고에서 침략자(일본)을 전염병 보균자에 비유하는 이른바 '격리연설'을 행함으로써 고립주의에서 전환할 것임을 명백히 했다. 그 구체적인 움직임은 그로부터 1년쯤 후에 나타냈다.

1938년 9월 17일, 국민정부는 주미대사에 호적(胡適)을 등용했다. 호적은 외교관은 아니지만 중국을 대표할 만한 문화인으로 국제적으로도 명성이 높은 인물이었다. 이후 미·중 관계는 호적으로 인해 더욱 긴밀화되어 갔다.

호적의 대사임명과 동시에 중국은 상해상업은행 총경리 진광보(陳光甫)를 미국으로 보내 차관교섭을 하게 했다. 일본과의 지구전을 펴기 위해 미국으로부터 차관을 얻을 목적에서였다. 중국은 도료와 절연재 원료로 쓰이는 동유(桐油) 등을 담보로 하여 4억 달러 차관을 요청, 재무장관 모겐소와 협의를 계속했지만, 법률·제도상의 제한과 양측 입장의 차이로 좀처럼 합의에 이를 수 없었다.

난관에 부딪친 차관교섭을 타결하기 위해 장개석은 루즈벨트 앞으로 친서를 보내 협력을 요청했다.

'중국인민은 환난을 겪고 있는 이때 미국 대통령을 우리의 진정한 친구라고 깊이 믿고 있습니다. 지금도 피를 흘리며 싸우고 있는 인민을 대표하여, 각하께서 우리를

호적(胡適 1891~1962): 문학자이면서 사상가인 호적을 국민정부에서 주미 중국대사로 등용했다.

도와주심으로써 일본의 침략에 대한 중국의 저항을 성공적으로 이끌어주실 것을 기원하는 바입니다. 지금 우리는 항전을 위한 자금을 급히 필요로 하여 미국의 재정·경제적 원조를 갈망하고 있습니다. 만약 상당액의 차관이 제공되기만 한다면 항일전을 보다 효과적으로 수행할 수 있을 것입니다. 현재 미국에서 진행되고 있는 협의에 대해 각하의 선처를 간곡히 부탁드립니다'

10월 25일, 미국은 2천만 달러의 액수를 제시했다. 희망액수에는 훨씬 못 미치는 것이었지만, 차관에 응하려는 미국의 의지를 처음으로 명백히 한 것이었다. 그러나 때마침 광주와 무한이 잇달아 함락됨에 따라 미국은 차관제공에 더욱더 소극적인 자세를 보였다. 미국이 최종적으로 차관공여에 응하기로 결정하게 된 동기는 10월 31일, 무한철퇴에 즈음하여 발표된 '전국민에게 고하는 글' 때문이었다.

이보다 조금 전에 루즈벨트는 '중국이 광주 및 무한철퇴의 전략목적과 금후의 항전의지를 명백히 천명한다면 나는 기쁘게 차관을 승인할 것'이라는 의사를 비친 적이 있었다. '국민에게 고하는 글'의 요지는 즉시 호적에 의해 영문으로 번역되어 루즈벨트에게 건네졌다. 이로 인해 루즈벨트는 비로소 중국의 '시간을 벌기 위해 공간을 포기한다'는 대전략을 이해하게 되었다.

루즈벨트는 11월 10일, 중경(重慶)에 전보를 보내
'중국인민의 용감한 항쟁과 그들이 겪고 있는 고통에 대해 경의와 동정을 표하는 바입니다.'
라고 말한 데 이어 11월 19일에는 회답으로 보내온 친서에서
'미국정부의 행동은 요컨대 미국의 법률과 국민여론, 나아가 미국이 실행하고자 생각하는 일과 일치하는 것이어야만 한다'
고 하면서도 미국은 중국을 동정하며 극동에 평화와 공정이 동시에 이루어지기를 희망한다고 강조했다.

그 결과 차관은 2천 5백만 달러로 증액되고, 12월 15일 루즈벨

트의 승인을 얻었다.

이 '동유(桐油)차관'은 7·7사변(노구교 사건) 이후 미국이 응한 최초의 차관으로, 그 액수의 다과는 차치하고라도 미국이 종래의 단순한 도덕적 차원의 대일 비난에서 실질적인 중국원조로 자세를 전환했다는 데 큰 의미가 있는 것이었다.

힘을 얻은 호적은 기회가 있을 때마다 미국 국민에게 중국의 입장을 호소했다. 1939년 1월에는 미국유학 중인 친구이자 대학교수인 장팽춘(張彭春)과 힘을 합쳐 '일본의 침략에 반대하는 아메리카 위원회'를 조직, 전국무장관 스팀슨은 명예회장으로 추대하고 활발한 민간외교를 전개했다. 미국의회에서도 3회에 걸친 고노에 성명의 진의를 차츰 알게 되자 전에 적용키로 한 중립법(군수품 대중수출의 제한)을 개정하자는 논의가 일어나게 되었다.

이어 루즈벨트가 의회에 보낸 '태평양·괌도 방위 및 군사비 확대계획'이 의회의 승인을 얻었다. 미국은 일본의 해남도 점령(2월 10일)을 태평양에 대한 위협으로 받아들인 것이다.

'미국의회가 의연히 '태평양 방위안'을 통과시켰다. 그것은 9개국조약의 부활을 뜻하며, 또한 우리가 1년 반에 걸친 항전의 희생에 의해 획득한 결실이기도 하다'(2월 28일의 일기)

미국이 대중 원조를 개시한 것은 국제적으로도 커다란 영향을 미쳤다. 루즈벨트가 차관을 승인한 지 얼마 되지 않아 영국도 트럭 구입을 위해 50만 파운드의 신용공여를 하겠다고 선포했으며, 1939년 3월 15일에는 약정이 조인되었다. 이 트럭은 버마—운남(雲南)간의 물자수송에 사용될 것으로, 일본군에 해안선을 봉쇄당하고 있는 중국으로서는 버마루트라는 대대적인 수송로를 확보하는 셈이었다. 동시에 영국은 중국은행과 교통은행에 대해 별도로 통화안정을 위해 5백만 파운드를 대출했다. 일본군이 주요도시를 점령하고 국민정부가 중경으로 옮겨갔음에도 국민정부의 통화는 조계라는 거점을 통해 여전히 기본통화의 역할을 하고 있었던 것이다.

3. 수렁에 빠진 일본군

일본군의 무차별 공격

중국대륙의 '점(點)과 선(線)'을 점령한 데 지나지 않은 일본군은 마치 수렁에 빠진 것처럼 허덕였다.

1939년 4월 하순, 강서성(江西省)의 남창(南昌)을 점령한 일본군에 대해 중국군은 일대 반격전을 폈다. 일본군은 항공기의 대량 동원과 독가스탄을 난사함으로써 가까스로 방위했지만, 남창은 중국군에 의해 엄중한 포위망 안에 갇히게 되었다. 그와 동시에 다른 점령지에 대한 중국군의 압력도 점차 강해짐에 따라 일본군은 '선'을 유지하는 데도 고전을 면치 못했다. 그들은 중국의 항전의욕을 꺾어버리기 위해 항공기에 의한 폭격을 강화했다. 문자 그대로 무차별 폭격으로서, 민간주택 등 비군사 지역에도 무자비하게 폭탄을 떨어뜨렸다. 가장 치열한 폭격을 받은 곳은 전시 수도인 중경이었다. 5월 3,4일 양일간의 폭격으로 가옥 1천 2백 호 이상이 파괴되었고, 시민 4천 4백여 명이 사망했으며, 약 3천 1백 명이 부상당하는 등 일대 참사를 연출했다.

'적의 잔혹함과 비열함은 참으로 극에 달하고 있다. 나는 태어난 이래 이처럼 참혹한 광경을 본적이 없다. 눈뜨고는 차마 볼 수가 없다. 하늘은 기필코 이런 잔혹 횡포한 적에게 멀지 않아 그들의 죄에 상응하는 벌을 내릴 것이다'(5월 4일의 일기)

폭격은 쉼 없이 계속되었다. 8월 28일, 인도의 자와하랄 네루가 방중하여 중경 교외 장강(양자강) 대안에 있는 별장에서 장개석과 중·인합작 문제를 논의하게 되었다. 이 자리에는 장개석의 부인 송미령(宋美齡)도 참석했다. 그런데 이날도 일본기의 공습이 계속되어 회담이 3번씩이나 중단되고 방공호로 대피하는 소동을 빚었다.

중국군의 대공세

2차대전이 발발하자 일본군은 이에 호응하여 9월 12일, 중국 파견군 총사령부를 설치하고, 중·일전쟁을 단숨에 종결 짓기 위해 결전을 서둘렀다.

일본이 제1목표로 삼은 것은 장사(長沙)였다. 9월 중순 남창방면에 집결한 일본군 10만은 서진(西進)을 개시, 산악지대를 넘어 장사로 향했다. 제9전구 사령관 설악(薛岳)이 이끄는 20만 중국군 정예부대는 수수(修水) 부근에서 적을 맞아 대격전을 벌였다.

한편 호남성 악양(岳陽)에 집결한 별동대는 9월 말 해군의 지원 아래 동정호(洞庭湖)로부터 상강(湘江), 유위하(溜渭河)를 거슬러 올라와 이윽고 장사 주변의 영안(永安), 교두(橋頭)까지 진출했다. 중국군은 일본군을 깊숙이 유인한 다음 10월 2일 총반격을 개시, 적에게 섬멸적인 타격을 가해 패주시켰다. 수수방면에서도 24일 밤낮에 걸친 장시간의 육박전 끝에 일본군은 격멸당하고 말았다.

이리하여 제1차 장사회전은 4만을 넘는 일본군 사상자를 내고 중국군의 대승리로 끝나게 되었다. 이해의 쌍십절(10월 10일)을 장식해 줄만한 승보가 아닐 수 없었다.

일본군이 다음으로 노린 곳은 광서성 남녕(南寧)이었다. 남녕은 당시 베트남(불령 인도지나)에서 광서로 수송되는 물자의 집산지였다. 하이퐁 항에 양륙된 물자는 철도로 하노이를 경유해 광손으로 옮겨지고, 거기서 트럭에 실려 남녕까지 운반되는 것이다. 일본군은 이것을 원장(援蔣)루트라고 부르며 차단시킬 기회를 엿보고 있었다.

11월 15일, 일본군은 제5사단이 광동성 흠주만(欽州灣)에 기습 상륙했다. 이 제5사단은 전에 광동 바이어스 만 상륙에 참가하고, 그 후 노몬한으로 파견되었다가 남녕공격을 위해 동원된 정예부대였다. 일본군은 24일 남녕을 점령하고, 곤륜관(崑崙關)과 월남 국경 부근에 있는 용주(龍州)까지 진출했다.

이에 대해 중국군은 12월 하순, 계림행영주임(桂林行營主任) 백숭희(白崇禧)의 지휘로 반격전을 펴 곤륜관을 탈환하고 남녕을 포위했다. 남녕의 일본군은 보급이 차단되는 바람에 공수에 의해 근근히 생명을 부지해가다가 이듬해 1940년 1월 말 2개 사단의 증원부대가 도착함으로써 겨우 위기를 넘길 수 있었다.

중국군은 남녕에 대한 탈환작전을 폄과 동시에 수원(綏遠) 광동에 이르는 전전선에서 동계 대공세를 개시, 늘어난 적의 보급로를 곳곳에서 끊어 각지의 일본군을 수세로 몰아넣었다. 그러는 동안 기종의 원장 루트를 내륙 깊숙이 오지로 옮겨 백색(百色)·라오카이—곤명(昆明) 루트를 개척함으로써 이후부터는 일본군의 보급로 차단위협에서 완전히 벗어나게 되었다.

전략적인 면에서 보면, 물자보급면에서 궁지에 몰린 쪽은 오히려 일본이었다. 전략물자의 대부분을 미국에 의존하고 있던 일본은 미국이 미·일통상조약의 연장을 거부하고, 이윽고 이 조약이 1940년 1월 26일자로 실효됨에 따라 심각한 물자부족에 허덕이게 되었던 것이다. 중국 측으로서는 백만 원군을 얻은 것이나 다를 바 없었다.

'미·일통상조약은 오늘부터 실효되었다. 미국이 일본과 새 조약 맺기를 단호히 거부함으로써 적은 필히 중대한 타격을 받을 것이다. 이는 우리의 항일전에 커다란 힘을 북돋아주는 것이다'(1월 21일의 일기)

일본군의 약점

1940년 2월 22일, 동계공세를 총괄하기 위해 광서성 유주(柳州)에서 군사회의가 소집되었을 때 일본기의 폭격을 받았다. 회의에 대한 정보가 일본군에 새어나간 것 같았다.

'낮에 잠깐 눈을 붙이고 있을 때 어렴풋이 비행기 소리가 들려왔다. 즉시 병사에게 적기의 비행방향을 알아보게 한 결과 나를 폭격목표로 하고 있음이 틀림없었다. 나는 서둘러 옷을 갈아입었다. 서안사변 때 느꼈던 것과 같은 위기감이 강하게 일어났다. 밖으로 나오자 부관인 왕세화(王世和)가 '적기는 이미 기수를 돌려 사라져버렸습니다. 심려하지 마십시오'라고 말했다. 그러나 나는 적기가 유주에까지 나타났다는 것은 필시 나를 노린 때문이라고 생각하고 뒷산 방공호로 대피했다. 아니나 다를까 얼마 안 되어 적기 20여 기가 나타나 방공호를 목표로 일제히 폭격하기 시작했다. 저공비행으로 떨어뜨린 포탄이 계속적으로 방공호 주변에서 작렬했다. 이 때문에 병사 12명이 부상을 입었다'(2월 22일의 일기)

이러한 상황 하에서 열린 군사회의는 일본군의 강점과 약점을 다음과 같이 분석하고, 대처방안을 마련했다.

'적의 4가지 전술적 강점 ① '쾌(快)'=준비가 없는 곳을 공격, 민첩하게 의표를 찌른다. 처음에는 얌전한 처녀 같지만, 나중에는 탈토(脫兎)와 같이 재빠르다 ② '경(硬)'=진지를 고수하며 쉽사리 돌파당하지 않는다 ③ '예(銳)'=송곳같이 돌진하며 용감히 전진한다 ④ '밀(密)'=기밀을 지키며 움직임을 간파당하지 않는다'

그러나 광대한 대륙전선을 유지함에 있어 일본군은 투입할 병력도 보급도 바닥을 보이고 있었다.

'적의 4가지 전술적 약점 ① '소(小)'=소병력으로 침입하기 때문에 소규모의 소요만 일어날 따름이다 ② '단(短)'=단시간의 전투밖에 하지 못한다 ③ '천(淺)'=깊숙이 돌입하지 못하며 침공거리도 짧다 ④ '허(虛)'=예비병력 모두 써버렸기 때문에 적의 후방은 허술할 수밖에 없다'

이와 같은 분석에 따라 도출된 중국군의 전략과 대책은 다음과 같았다.

(1) 적의 약점을 이용하여 승리한다. 대부대로써 적의 소부대를 공격하고 장시간 교전함으로써 적의 단시간 공격을 깨뜨린다.

(2) 적의 강점을 파괴한다. '지구전'으로 적의 '쾌속'을 저지하고, '견고한 진지'로 적의 '강경'을 극복하며, '복병'으로 적의 '예리'를 꺾고, '명찰'로써 적의 '기밀'을 간파한다.

독일군, 파죽지세로 유럽을 석권

한편, 유럽 전선은 한동안 소강상태에 있다가 4월에 접어들자 격렬한 움직임을 보이기 시작했다.

4월 9일, 독일군은 돌연히 북상하여 덴마크·노르웨이를 침공, 덴마크를 무혈점령했다. 영국·프랑스 등 연합군이 노르웨이 방어를 위해 출동했으나 간단히 격파당해 버리고, 4월 30일 노르웨이 국왕 하콘7세는 런던으로 망명했다.

5월 10일, 독일군은 서부전선으로 돌아 벨기에·네덜란드·룩셈부르크를 침공하여 15일에 네덜란드의 항복을 받았다. 또한 독일군은 영·불연합군이 믿고 있던 마지노선을 돌파, 5월 말에는 당케르크에 육박하여 영·불군은 도버해협을 건너 영국으로 철수하지 않을 수 없었다.

벨기에·노르웨이가 잇달아 항복하고, 6월 10일에는 이탈리아가 참전했다. 파리에 독일군이 입성한 것은 14일이었고, 17일에는 프랑스가 항복(휴전제의)했다. 이리하여 독일은 파죽지세로 유럽을 황폐화시키면서 석권했던 것이다.

이에 호응하여 대륙의 일본군도 활발한 움직임을 보이기 시작했다. 동년 3월, 일본에 조정당하는 왕조명(汪兆銘)의 '남경 환도'와 동시에, 중경의 국민정부에 대해 '화평'에 응하게 하기 위한 대대적인 압력을 가하기 시작했다.

일본군이 노리는 곳은 양자강 상류의 의창(宜昌)이었다. 5월 1일, 일본군은 신양(信陽)·종상(鍾祥)방면에서 병력을 움직여 소양(棗陽)을 중심으로 광대한 지역을 수비하는 중국군과 한달 반에 걸쳐 치열한 공방전을 폈다. 제33집단군 총사령 장자충(張自忠)이 전사한 것도 이 전투에서였다.

장자충은 5월 14일, 소양 남방에서 적의 주력과 조우하여 적에게 엄청난 타격을 입혔지만, 16일 의성현 남과점(南瓜店)에서 기병 4천, 포 20문을 가진 적에게 포위당했다. 이른 아침부터 저녁까지

십수 회에 걸친 백병전 끝에 부하들은 거의 사상당하고 장자충도 5발의 명중탄을 맞기에 이르렀다. 마침내 일본군에게 포위된 장자충은 살아서 포로가 되어 치욕을 겪기보다 자결하는 쪽을 택했다. 그는 적병의 면전에서 칼을 뽑아 스스로 목숨을 끊었다. 그의 처 이민혜(李敏慧)도 상해에서 부군의 죽음을 듣고는 식음을 전폐, 7일 후에 남편 뒤를 따라갔다.

장자충의 장렬한 죽음에 대해 장개석은 '영렬천추(英烈千秋)'라는 애도의 만장을 보냈다. 그리고 후에 그의 영혼을 기리기 위해 의성현을 '자충현(自忠縣)'으로 이름을 바꾸고, 그의 유체를 중경 북방의 매화산록(梅花山麓)에 안장했다.

소양의 전투는 6월 4일 중국군의 승리로 끝났지만, 의장은 14일 일본군에게 함락되고 말았다.

이보다 조금 전에 일본에서는 또다시 정변이 일어나, 육·해군의 암투 결과 1월 16일 해군대장 요나이 미쓰마사(米內光政)가 조각했다. 일본해군은 사실상 남진정책의 추진자였다.

유럽 정세는 일본의 남진에 유리하게 움직이고 있었다. 인도지나를 식민지로 하는 프랑스·네덜란드가 독일군의 군화 아래 짓밟혔으며, 버마를 장악한 영국까지도 고전을 면치 못하고 있었다. 말하자면 인지반도는 후원자들을 잃어버린 상태였다. 일본이 무력으로 나간다면 일거에 일지반도를 집어삼킬 수 있었겠지만 문제는 그리 간단치가 않았다. 만약 일본이 그같이 남진한다면 중일전쟁은 곧바로 세계대전으로 확대될 것이 뻔하기 때문이다.

'일본의 남진은 유럽전쟁에의 개입이 되며, 미국과의 충돌을 초래할 것이다. 우리에게는 유리하다'(5월 25일의 일기)

일본을 파멸로 이끈 '트리오'

일본의 남진에는 3가지 의도가 있었다. 하나는 자원확보이다. 최대의 교역국이던 미국과의 통상조약이 곧 폐기되고 경제제재가 코

앞에 닥친 일본으로서는 무엇보다 남방의 자원을 손에 넣는 일이 급선무였다. 만약 이것이 실패한다면 전쟁은 고사하고 국민생활까지 유지하지 못할 상황이었다.

다른 하나는 남방과 중국 사이를 잇는 수송 루트를 차단하여 중국에 대한 자유국가의 원조를 끊어버리자는 것이었다.

▶ 일본 육군참모본부는 중국에 대한 보급량을, 불령인도 루트에서 월간 1만 5천 톤, 버마 루트에서 1만 톤, 소련의 서북 루트에서 5백 톤, 그밖에 일본해군이 봉쇄하고 있는 중국연안을 통하는 것까지 포함하여 월간 3만 1천톤 이상으로 추정하고 있었다.

일본은 최초로 네덜란드령 동인도에 손을 댔다. 5월 13일(1940년), 네덜란드가 독일에 항복하자 일본은 즉각 미·영·불에 대해 '네덜란드령 동인도의 현상변경은 없을 것'이라고 다짐하는 한편으로 동인도 당국에 대해서는 석유·보크사이트·고무·철 등 13개 품목의 전략물자 안정공급을 요구하여 승인을 받았다.

일본은 또 프랑스와 영국에 대해 대중국 수송로의 폐쇄를 강력히 요구하여 대독전에 여념이 없는 이들 두 나라로부터 그에 대한 승인을 받아냈다. 영국은 7월 17일 일본의 요구에 굴복, 3개월간 버마 루트를 폐쇄한다고 발표했다.

버마 루트의 폐쇄가 발표된 전날인 7월 16일, 요나이(米內) 내각은 육군의 비협조로 총사직했다. 실로 7개월의 단명 내각이었다.

해군 출신 요나이 미쓰마사는 영·미와의 '협조외교'를 주장하여 육군의 주장인 독일과의 동맹에 소극적이었다. 육군은 그러한 요나이 내각을 비난·공격하고 육상(陸相)을 단독사퇴 시킴으로써 내각을 붕괴시켰다.

다음 수상이 된 사람은 고노에 후미마로(近衛文麿)였다. 고노에는 7·7사변 당시 수상이었으며, 일찍부터 '거국일치를 위한 신정치체제'의 확립을 부르짖은 인물이었다.

제2차 고노에 내각이 성립된 것은 7월 22일이었다. 외상에는 독일 신봉자인 마쓰오카 요스케(松岡洋右), 육상에는 도조 히데키(東

條英機─중장)가 등장했다. 일본을 파멸로 이끌어간 트리오가 빠짐없이 모이게 된 것이다.

이 내각에 대한 장개석의 평은 이랬다.

'고노에 내각의 면면을 보면 인물은 평범하고 인망도 없다. 고노에는 허명(虛名)을 좋아하는데다 결단력이 없다. 중심사상이 없으며 투쟁경력도 보잘것없고, 강력한 의지력도 갖고 있지 않다. 쓸데없이 국민의 재조직이라느니 신정치체제라느니 하는 것을 주장하고 있지만 정견(定見)이 없다'(11월 23일의 일기)

새 수상이 된 고노에는 조각에 앞서 마쓰오카·도조·요시다(吉田善吾)의 외·육·해상 후보자를 소집하여 내외정책에 대해 의견일치를 꾀했다. 그 결과 채택된 정책은 ① 전시 경제정책의 강화 ② 일·독·이의 추축 강화 ③ 대소 불가침 ④ 영·불·네덜란드 식민지(인지반도·버마 등)를 대동아 신질서에 편입 ⑤ 미국의 실력 간섭 배제 등이었다.

이 결정에 따라 7월 26일의 일본각의는 '기본국책요강'을 채택했다.

'팔굉일우(八纊一宇)를 국시로 하고, 국가의 총력을 기울여 대동아의 신질서를 건설한다'

이 요강은 또한 고노에가 제창하던 일·만·지(支─중국)에 의한 동아 신질서에다 남방지역까지 포함시켜 '대동아 신질서'로 확대시켰다.

악화일로의 미·일관계

이튿날 27일, 왕궁에서 열린 대본영·정부 연석회의는 육·해군 수뇌가 작성한 '세계정세의 추이에 따른 시국처리요강'을 심의했다. 요강은 '지나사변의 해결을 촉진함과 동시에 호기를 포착하여 남방 문제를 해결한다'는 전략방침을 정한 것이었다. 참모차장 사와다 시게루(澤田茂)의 제안이유 설명에 의하면, 남방이란 '일·만·지(支

―중국)를 골간으로 하고, 인도 이동(以東)·뉴질랜드 이북의 남양'
을 가리키는 것이었다.

　이 '호기를 노린 남진'을 위해 다음의 정책을 결정지었다.

　(1) 중국에 대해서는 정(政)·전(戰) 양면작전을 구사, 모든 수단을
다해 중경정권의 굴복을 꾀한다.

　(2) 독·이와의 정치적 결속을 강화하고, 소련과의 국교를 비약적으
로 조정한다.

　(3) 미국과의 관계는, 일본의 시책수행에 따라 자연히 악화되는 것
도 부득이하다.

　(4) 불령 인도지나에 대해서는, '원장(援蔣) 루트'를 차단하고, 일본
군대의 통과 및 비행장 사용 등을 승인받으며, 또한 홍콩 및 조계에서
반일세력을 제거한다.

　(5) 남방에 무력을 사용함에 있어서는 상대를 영국으로 국한한다.
단, 대미(對美) 개전이 불가피할 경우에 대비, 개전준비를 한다.

　이 요강은 일본이 세계대전의 길로 나아갈 것을 결정한 것이다.

> ▶ 요강의 심의기록에 의하면, 해군측은 대미개전에 불안을 토로했
> 다. 이에 대해 외상 마쓰오카는 '그것 외에 길이 없을 때는 호랑이 굴
> 에 뛰어들어 호랑이 새끼를 잡는 것이다'고 역설했다.

　마쓰오카는 '시국처리요강'에 따라 군부의 앞잡이가 되어 불령
인도지나 공작을 개시했다. 8월 1일, 마쓰오카는 주일 프랑스대사
앙리에게 일본군의 인지반도 통과와 비행장 사용이라는 터무니없는
요구를 전달했다. 앙리는, 그것은 프랑스가 중국에 대해 선전포고하
는 것이나 다름없다고 반론했지만, 마쓰오카는 군사상 절대필요하
다면서 강경하게 나왔다.

　그 사이에 남녕작전에서 고전한데다 그 이후에도 보급곤란을 겪
고 있던 일본군 제5사단이 불령 인도지나를 거쳐 철수한다는 명목
으로 국경에 집결하여 압력을 가했다. 교섭의 결렬을 두려워한 프
랑스는 8월 30일에 마침내 일본과 불령 인도지나 진주에 관한 공

문 '마쓰오카·앙리 협정'을 교환하고, 세목을 현지 하이퐁에서 협의 결정키로 했다. 현지 교섭은 난항을 거듭했지만, 일본군은 '9월 23일 0시를 기해 무력진주한다'고 하는 일방통고를 했다. 이에 불인(佛印)측도 굴복하여 시간이 임박한 22일 오후에 통과지점·사용 비행장 등을 정한 세목협정에 응했다. 그러나 일본군 제5사단은 협정발효 전에 광서성으로부터 월경을 개시하여 저지하려는 프랑스군을 공격, 결과적으로 무력진주가 되고 말았다. 뿐더러 일본에서 파견된 인도지나 파견군(보병 3개 대대)도 원래 화평 안에서 진주(進駐)한 것임에도 불구하고 26일 하이퐁 시내를 폭격하여 수십 명의 시민을 살상, 그곳에 적전상륙(敵前上陸)했다.

일본은 마침내 염원하던 불인(佛印)에 군대를 투입시키는 데 성공한 것이다.

3국동맹의 조인

고노에 내각(제2차)이 들어서고 나서 일·독·이 3국동맹 문제도 급속한 진전을 보였다.

독일 본국으로부터 일본에 파견된 특사 스타마는 9월 9일부터 마쓰오카와 비밀교섭에 들어가 불과 3주도 안된, 9월 29일 3국동맹 조인을 제안해 왔다.

독일은 일본에 '이미 미·일전쟁은 피할 수 없다. 미·일 개전 시에는 독일은 비행기, 전차, 병기 등을 일본에 원조하겠다. 미국에 주재하는 2천만 명의 독일계 시민도 일본에 협력할 것이다'라고 제의했다. 일본에게 있어서도 불인, 난인(蘭印)에서 특권을 획득하기 위해서는 유럽에서 승리한 독일과 동맹을 맺는 편이 유리하다고 생각하고 있었던 것이다.

일·독·이 3국동맹은 독일, 이탈리아의 유럽에 있어서의 '지도적 지위'와, 일본의 아시아에 있어서의 '지도적 지위'를 상호 존중하여, 3국 중 어느 한 나라가 '실제로 구주전쟁 또는 중일전쟁에 원조한

한 나라에 의해 공격을 받았을 때는 경제·군사적으로 서로 원조할 것'을 약속했다.

그 한 나라란 미국을 지칭한 것이며, 명백히

베를린에서의 일·독·이 3국동맹의 조인식(1940년 9월): 왼쪽으로부터 일본의 주독일대사(來栖三郎) 이탈리아대사(지아노) 독일 총통(히틀러)

미국을 가상적국으로 삼은 것이었다.

이 3국동맹에 의해 '일·독·이 추축(樞軸)'과 미·영·불·중 등 '민주주의 국가'와의 대립이 확실하게 부상되게 된 것이다.

일·독·이 3국동맹에 대한 양상에 특히 주목한 것은 미·소 양국이다.

특히 소련은 3국동맹의 '보이지 않는 연출가'라고도 할 수 있었다. 세계를 제국주의 국가와 민주주의 국가군으로 2분하여 싸우게 하여 그 사이를 틈타 공산주의의 세계 침투를 꾀한다는 도식은 그들이 바라는 것이었다.

그러나 일본의 수상 고노에는 이와 같은 스탈린의 계략을 알아차리지 못했다. 그는 3국동맹 체결에 있어 추밀원에 대해 다음과 같은 낙관적인 설명을 하고 있다.

'추축관계의 성립에 의해 독일은 일·소 상호 불가침조약의 체결을 추진하는 데 협력해 줄 것이다. 또 미국이 경솔하게 행동하지 못하도록 견제해 줄 것이다'

독일은 또 소련을 3국동맹에 끌어들이려고 책동했다. 이른바 '4국협상'이 바로 그것이다.

독·소의 결렬

10월 13일 독일외상 리벤트로프는 스탈린에게 다음과 같은 편지를 보냈다.

'우리의 원수(히틀러)는 하나의 영구적 정책으로서 소련·독일·이탈리아·일본 4국이 전지구의 이익 범위를 정하여 그 인민들을 올바른 발전을 위하여 인도하는 것이 4국의 역사적 임무라 생각하고 있다'

즉 세계를 4국의 것으로 만들기 위해 미리 자기 몫을 '금 그어' 정해두자는 제안이다.

스탈린도 10월 22일 이에 동의하는 회답을 보내, 몰로토프에게 베를린으로 가라는 명령을 내렸다.

몰로토프와 리벤트로프의 독·소회담은 11월 13일부터 시작되었다.

이 회담에서 먼저 문제가 된 것은 중국대륙에 있어서의 일·소 세력범위였다.

몰로토프는 일본이 중국을 침략하여 그 이익을 독점하는 것을 우려, '일본의 이른바 '대동아 공영권'의 범위를 명확히 하는 것이 선결조건'이라고 강조했다.

이 '금 긋기'에 대해서는 일독일간에서 이미 이야기가 되어져 있었다. 즉 일본은 동남아시아, 독일은 아프리카 중부, 이탈리아는 아프리카 북부, 소련은 인도방면에서 이권을 갖는다는 것이었다. 리벤트로프는 이 협의에 근거하여, 몰로토프에게 '일소 상호 불가침조약을 체결하면 일본은 외몽고와 신강을 소련의 세력 범위에 둘 것을 승인한다'고 약속했다.

그러나 소련은 더욱 탐욕스러운 ① 보스포러스 및 다다넬즈(흑해에서 에게해, 지중해로 통하는 해협)에 해군기지를 설치한다 ② 바츠미에서 페르시아만에 이르는 지역(현재의 이란 동쪽)을 소련령으로 한다 ③ 일본은 북화태(북 사할린)의 탄전·유전권을 포기한다 ④ 독일군의 핀란드 철수―라는 요구를 들고 나왔다. 그러나 히틀러는 소련의 요구를 묵살하여 교섭을 파기한 후 즉시 대소전쟁을 결의, 12월 18일에 은밀히 대소전 준비를 전군에게 지령(선전은 이듬해 6월)했다.

그러한 사실을 모르는 일본은 남진의 안전을 꾀하기 위해 소련과 접촉을 계속해 1941년 4월에는 단독으로 '일소 중립조약'을 맺게 되었다.

그런데 나머지 강대국은 유럽전에 중립을 선언하고 있는 미국뿐이다.

미국은 1938년부터 적극적인 원화제일(援華制日) 정책을 취하기 시작해 중국에 대해 2천 5백만 달러의 동유(桐油) 차관에 응한 후, 1939년 7월에는 일본에 미일 통상조약의 폐기를 통고하고 유럽에서 전화가 일어난 반년 후인 1940년 3월에는 중국에 다시 주석(錫)을 담보로 2천만 달러의 차관을 제공하고 있다.

미국은 분명히 태평양에 있어서의 전쟁 준비에 들어가 있었던 것이다.

7월 2일 미국 대통령 루즈벨트는 '국방강화 촉진법'에 사인, 영국을 제외한 동반구 지역에 대해, 40여종의 군수물자의 수출을 허가제로 한 대통령 명령을 내렸다. 이어 7월 25일 허가적용품목에 양질 석유와 고철의 일부를 추가했다. 일본의 미국으로부터의 고철 수입은 1940년 전반(1월-7월)의 미국 총수출액의 3분의 1을 차지할 만큼 대량으로 늘어나 있는 상태여서 일본이 받은 충격은 매우 컸다.

9월, 일본의 북부 불인 진주는 미국을 더더욱 경화시켰다.

진주 직전 주일 미국대사 그루는 외상 마쓰오카를 방문하여 '일본의 행동은 극동의 현상유지라고 하는 일본의 약속을 스스로 파기한 것이다'라고 경고하였으며, 또 워싱턴에서는 병환 중인 국무장관 헐을 대신해 국무차관 웨일즈가 '불인의 완전점령과도 동등한 요구를 최후통첩으로서 강요하여 이를 받아들이지 않으면 즉시 군대의 침입을 강행한다고 하는 것은, 중국의 침략과 보조를 같이하여 프랑스의 식민지를 침략하는 것이다'라고 강력한 비난을 가하였다.

미국은 일본의 북부 불인 진주가 실행되는 것을 기다려 9월 25일 중국에 2천 5백만 달러의 추가 차관(외환원조)을 주기로 결정, 다음날인 26일에 수출허가제를 적용하는 고철을 전등급으로 확대했다. 마침 일·독·이 3국동맹이 공표되기 전날의 일이었다.

처칠, 일본의 요구를 무시

미국의 대일 태도는 일·독·이 3국동맹의 조인에 의해 한층 확실해졌다.

10월 2일(1940년) 미국정부는 '미국은 일본의 협박에 단 한 발짝도 물러나지 않는다는 강한 결의를 명백한 행동으로 나타내야 한다'고 하는 기본방침을 결정했다.

게다가 미국은 후원을 위해 태평양에 출동한 함대를 그대로 하와이의 진주만에 머물게 할 조치를 취하는 동시에, 10월 8일 국무성은 극동에 있는 미국인에 대해 긴급한 용건이 아닌 한 귀국하라는 최초의 경고를 내렸다.

10월 12일 루즈벨트 대통령은 '위협이나 협박에 굴하여 독재자들이 제시하는 길로 나갈 생각은 없다. 미국은 피침략국을 원조한다'고 표명했다.

미국의 강력한 대일 태도는 미국의 위협에 굴복해 있던 영·불에 대해서도 일본에 대한 양보를 재고하게 하는 작용을 했다.

10월 17일 영국의 수상 처칠은 일본의 집요한 요구를 무시하고 버마루트를 재개하여 중국으로 통하는 남쪽 동맹을 다시 살아나게 했다.

또한 일본의 상공상 고바야시(小林)가 현지에 나가 계속하고 있던 난인(蘭印 : 네덜란드령 동 인도)과의 석유 안정 수입교섭도 난인 당국의 강한 태도에 의해 결렬되었다.

11월 5일 미국에서는 민주당의 루즈벨트가 공화당의 윌키를 누르고 3선 대통령이 되었다. 독일이나 일본의 침략에 대해 강경한 자세를 관철한 그의 정책이 미국 국민들의 지지를 얻은 것이다.

중·영·미의 3국합작 방침

11월 9일 장개석은 주중 미국대사 존슨과 주중 영국대사 칼을 연이어 불러 '중·미·영 3국합작' 방안을 제의했다.

방안에서는 다음의 3가지 원칙을 기본으로 했다.

(1) 9개국 조약에 의해 주창된 문호개방과 중국의 주권, 영토, 행정의 완전 독립의 원칙을 견지한다.

(2) 일본의 '동아 신질서' 혹은 '대동아 신질서'에 반대한다.

(3) 중국의 독립과 자유가 극동의 평화의 기반이며, 또한 태평양 전역에 있어서의 질서 수립의 기초임을 인정한다.

또한 '상호협력의 구체적 조항'으로서 다음 4가지 점을 제시했다.

(1) 선언 발표 후, 영미 양국은 공동, 혹은 개별적으로 중국에 차관을 주어 중국의 외국환과 국내통화의 신용을 유지한다. 차관 총액은 2억 내지 3억 달러로 한다.

(2) 미국은 매년 신용대부 방식으로 중국에 전투기 5백~1천 대를 판매한다. 올해 안에 우선 2백~3백 대를 중국에 수송한다. 이밖에 영미 양국은 중국에 다른 무기도 공급하는데, 수량·종류는 별도 협의로 정한다.

(3) 영미는 군사와 경제·교통 대표단을 중국에 파견하여 극동합작기간을 조직한다. 이 대표단은 중국정부의 초청에 의해 고문이 될 수도 있다.

(4) 영국과 일본, 혹은 영미 양국의 어느 한 나라가 일본과 개전했을 때는 중국 육군 전부가 참전하고, 중국 전국의 항군 시설을 연합군이 사용할 수 있도록 한다.

이는 중국이 영미와 함께 침략자와 싸울 결의를 가지고 있음을 다시금 나타내는 동시에 영미 양국이 중국의 지위를 인정하도록 요구한 것이었다.

이후 영미 양국의 중국에 대한 대응은 거의 '합작방안'에 제시된 선을 따라 실현되어 갔다.

즉 군사원조의 증가를 비롯하여 일·독·이 3국에 대한 중·미·영 연합군의 결성, 더 나아가서는 중국이 염원하던 중미, 중영간 등의 불평등조약의 해소라는 노선은 이 '합작방법'이 제시한 것이었다.

11월 30일 일본은 남경의 왕조명 가짜 정권과 '일화 기본조약'을 체결했다. 이에 대응하듯, 미 의회는 12월 2일 중국에 대한 1억 달러의 차관안을 가결했다.

이어 영국도 10일, 중국에 1천만 파운드의 차관을 대여했다.

유럽 전국의 변화

한편 유럽 전선에서는 영국군이 독일군의 본토침공을 저지, 역으로 11월 11일 타랜트 해전에서 이탈리아 해군을 격파하여 지중해를 제압하였다. 12월 9일부터는 북아프리카 전선에서 이탈리아군에게 공격을 전개하는 등 전국은 서서히 변화하기 시작했다.

12월 21일 고노에는 내각을 일부 개편하여 내상에 히라누마, 해상에는 큐가와(及川)를 임명했다.

동시에 국내 치안의 중추인 경보국장과 도쿄의 경시총감도 경질되었다.

이 무렵 일본에서는 완전한 임전체제에 들어가 있었다. 수상 고노에가 제창하는 '거국 일치체제'에 따라 10월 12일 '대정익찬회(大政翼贊會)'가 결성되어 기성 정당을 모두 해산했다. 미

▶ 일본의 국민생활은 1938년 무렵부터 물자부족으로 어려움을 겪고 있었다. 1938년에는 철·금은제품의 회수, '국민정신 총동원'에 의한 유흥업의 시간단축, 퍼머넌트 금지 등 '사치는 적이다'라는 표어를 내걸고 있었다.

국의 경제제재와 더불어 전비의 팽배로 인해 일본 국민의 생활은 날로 악화일로에 놓여 있었다. 그러나 군국주의 일색의 일본에서는 불만의 소리도 토로할 수 없는 삼엄한 통제 하에 놓여 있었다.

12월 29일 루즈벨트는 '미국은 민주주의 국가의 병기창이 된다'는 노변담화를 발표했다. 일·독·이의 침략에 대해 미국은 물량으로서 대결을 벌일 결의를 분명히 밝힌 것이다.

제42장 국민당과 공산당의 새로운 대립

1. 신4군의 괴멸

공산당의 양면작전

7·7사변(노구교 사건)으로부터 1년이 지난 1938년 7월, 무한에서 개최된 국민참정회 제1차대회는 표면적으로는 중국공산당의 중앙귀순을 확인, 오랜 염원이던 중국의 '대동단결'이 이루어진 것처럼 보였다.

그러나 공산당은 겉으로는 '합작'을 주창하였으나, 다른 한편으로는 국민정부 전복의 의도를 견지하고 있었다.

7·7사변 직후, 국민혁명군 제8로군으로 개편되어 제2전구 사령장관 염석산의 지휘 하에 들어간 공산군 주력은 섬서·산서성의 방위를 맡도록 명령을 받고 있었으나 명령을 따르지 않고 수비범위를 이탈하여 1937년 말에는 산서성의 산악부를 중심으로 진찰기(晋察冀 : 산서·차하르·하북)군구 및 진기에(산서·하북·하남)군구를 잇달아 만들어냈다. 1938년에 들어서면 진동 일부는 하북·산도·하남평원에 달해, 주민의 적화 공작에 전념했다.

한편 장강(양자강) 남안, 곧 강남의 공산군은 신 4군에 편제되어 제3전구 사령장관 고축동의 지휘 하에 편입되게 되었다. 이 지구의 공산군은 과거 정부군의 5회에 걸친 소공전으로 거의 지리멸렬해져 산속에 수십 명씩 모여 있는 정도였다. 국민정부군에 편입되는 것도 이해 못한 채 개편명령을 전달하러 갔던 진기 등의 공산당 간부가 거꾸로 이들에게 체포되어 총살당하는 트러블도 있고 하여, 개편이 완성된 것은 명령이 내려지고 나서 반년이나 지난 1938년 5월이었다.

신4군은 안휘성을 중심으로 강소·절강에서 대일작전을 명령받았으나, 그들은 일본군과는 전혀 교전하지 않고, 오로지 지방 민병이나 국민당군 유격부대를 공격하여 그 포로를 자군에 집어넣어 병력을 늘이는 데만 주력하고 있었다.

공산당 내부의 권력투쟁

공산당 내부의 권력투쟁도 여전한 상황이었다.

코민테른으로부터 '결점이 많은 영수'라 불린 모택동은 제18집단군(제8로군=1938년 2월부터 개칭되었으나 8로군이라 통칭)을 중심으로 북방을 굳건히 했다.

한편 국제파인 왕명(진소우)·진방헌 등은 코민테른의 후광을 배경으로 주은래·섭검영·섭정(신4군 군장)·항영(동 부군장) 등과 결탁하여 무한을 중심으로 남방을 확보했다. 코민테른은 이 무렵 중국공산당과의 연락을 스탈린 직속으로 하여, 중국공산당에 대한 영향력을 강화하고 있었다.

이 권력투쟁의 여파로 진독수(陳獨秀)가 트로츠키스트로 비판되고, 장국도도 또한 우경 기회주의자라는 꼬리표가 붙어 제명되었다. 1935년 대서천 도중 양하구 회의에서 시작된 모택동—장국도의 대립에 겨우 결말이 지어진 것이다.

1938년 9월 28일, 공산당은 연안에서 '제6기 중앙 위원회 제6회 확대회의(확대6중전회)'를 개최했다. 대서천 직전 강서에서 개최된 이래 4년 만의 회의로, 40일에 걸친 장기 회의였다.

무한에 주재하고 있던 공산당 대표들은 모두 이 회의에 출석하기 위해 연안으로 향했다. 그런데 주은래만은 회의가 막 시작된 9월 29일 돌연 무한으로 돌아와 버렸다.

주은래의 이러한 행동은 스탈린의 명을 받은 것이었다. 마침 유럽에서는 히틀러가 체코의 스테텐 지방의 할양을 요구하는 등 전운의 확대를 예고하고 있었다. 대중국 관계에 안정을 기해 둘 필요를 느낀 스탈린은 모택동에게 국민당의 심중을 상하게 하지 말고 '합작을 견지하는 자세를 보이도록' 지령을 내렸다. 모택동은 급거 '귀순의 서문(誓文)'을 써서 주은래에게 전달토록 했다.

'서문'의 내용은 이미 전에 밝힌 바와 같이 '무릇 중국에 있는 사람치고 개석 선생을 숭앙하지 않는 사람은 없습니다'라는 등의 찬사를 늘어놓은 후 '선생(장개석)의 통일 영도 아래에서 전국민이 단결할 것'을 강조했다.

확대6중전회의 석상에서 모택동이 행한 '신단계를 논한다'는 장대한 연설 또한 같은 취지를 담고 있는 것이었다.

그는 '지금 전중국은 민족의 영수이며, 최고총수인 장위원장의 통일 영도 하에서 공전의 대일 대단결을 형성했다', '15개월의 항일전은 완전한 성공을 거두었다', '국민당에게는 광명이 넘치는 전도가 있다', '우리가 목표하는 것은 삼민주의 공화국으로, 소비에트도 아니며 사회주의도 아니다'라고 토로하고, 또한 '일부 사람들은 국민당의 전도에 의심을 품고 있으나 이와 같은 견해는 정확치 않다. 전체가 일치하여 성심성의껏 장위원장을 옹호하지 않으면 안 된다'고 주장하고 있었다.

밀살된 귀순의 서문

6중전회는 이 모택동 연설을 받아들여 '모택동 보고의 정치노선과 구체적 공작에 완전히 동의한다'고 결의했다.

이 노선은 말할 것도 없이 코민테른 대표 왕명의 노선과 일치하는 것이며, 코민테른도 이를 비준했다. 중국공산당 중앙의 노선이 코민테른으로부터 100% 긍정적인 비준을 얻은 것은 처음 있는 일이었다.

기묘한 일은 모택동의 이 '귀순의 서문'과 6중전회에 있어서의 '국민당 옹호'의 연설 '신단계를 논한다'가 나중에 공산당 측의 사서에서 말살되고, '모택동 선집'에도 수록되어 있지 않은 것이다.

뿐만 아니라 이때 '귀순'을 주장한 것은 왕명이었으나 모택동은 거꾸로 '국민당으로부터의 독립'을 주창하여 대논쟁이 벌어졌다는 식으로 고쳐 썼고, '모택동 선집'에는 왕명을 투항주의자로 규정한 '신논문'이 '6중전회에서 발표되었다'라고 하는 주석이 붙어 있다.

그 이유는 이후의 권력투쟁의 역사에 의해 분명해진다. 즉 4년 후의 '정풍(整風)'에 의해 왕명은 실각하고 또한 1937년에는 '문화대혁명'에 의해 주덕·유소기가 비판을 당하는데 그 단죄의 이유는 '당시 국민당과의 통일전선을 주장했다'는 것이었다. 즉 모택동 자신이 '신단계를 논한다'에 의해 국민당을 옹호한 사실이 존재해서 모택동의 입장이 곤란해지므로, 역사를 왜곡하여 존재하지 않았던 일로 만든 것이다. 당시 유소기는 이를 지지하여 그것이 그대로 그의 '죄상'이 된 것이다.

공산당의 세력확장 운동

중국공산당의 '확대 6중회의'에서 왕명이 어떠한 주장을 폈는지에 대해서는 왕명의 논문도 또한 공산당에 의해 역사적으로 말소되었으므로, 오늘날에는 분명치 않다. 현대의 공산당 측의 '사서'에 의하면 '왕명은 국민당을 중국민족 생존을 위해 분투하는 최대의 정당이라고 말하고, 항일을 위해서는 장개석을 영수로 하는 통일전선에 따라야 한다는 투항주의를 주장했다'고 되어 있으나 이는 실로 모택동 자신이 주장한 '신단계를 논한다'와 동일한 것이다.

한편 '모택동 선집' 안에 있는 '신논문'에 따르면 모택동은 '통일전선에 대한 복종은 잘못이다. 일일이 국민당의 동의를 구하는 것은 스스로의 손발을 묶는 행위이다. 공산당은 장개석·염석산이 말하는 대로 하지 말고, 통일전선 속에서도 자주독립을 도모해야만 한다'고 주장한 것으로 되어 있다.

이 '신논문'은 나중에 말을 맞추기 위하여 추가시킨 것이나, 이것이야말로 모택동의 본심을 토로한 것이라 볼 수 있다. 그의 생각은 통일 전선 안에서 계급투쟁을 벌여 공산당의 세력 확대 운동에 박차를 가하는데 있었던 것이다.

장개석은 '확대6중전회' 직전에 주은래가 목택동의 '귀순의 서문'을 가지고 왔을 때 이미 모택동의 본심을 간파하고 있었다.

'모택동의 이 친필서간은 '양당의 장기합작'이라는 말로 시작해 '중화민족의 통일단결'로 끝을 맺고 있었다. 이와 같은 언사는 공산당의 평소 의견과 전혀 달라 나(장개석)는 오히려 의심을 품고 있었다.

과연 그가 말하는 '장기합작'에는 별도의 실천적 요구가 들어 있었다. 주은래는 국민당에게 다음과 같은 3개항을 건의해왔던 것이다.

(1) 양당의 투쟁을 정지한다.

(2) 공산당원 전원을 국민당에 가입시킨다. 아니면 일부를 먼저 가입시키고 상황을 보아 전원을 가입시킨다.

(3) 공산당의 청년조직은 모두 취소하고 전원을 삼민주의 청년단에 가입시킨다.

여기서 나는 '장기합작'이 공산당이 국민당에 대규모로 침투하려는 두 번째의 음모임을 알았다. 우리에게는 제1차 국공합작이라는 용공의 뼈아픈 경험이 있었다'(중국 속의 소련, 1956. 12)

모택동의 '자주독립 노선'에 따라 특히 그의 영향력이 강한 제18집단군(통칭 8로군)은 국민정부의 명령에 따르지 않고 독자적으로 행동에 나서고 있었다. 그들은 국민정부군에게 총을 겨누어 병사들을 자기편으로 끌고 갔다.

'확대6중전회'가 끝난 12월 16일, 산동성 주석 심홍렬(沈鴻烈)의 전보에 의해 8로군이 국민정부에 대해 대적행위를 하기 시작했음이 보고되었다.

같은 무렵 하북성 중부에서도 8로군의 대적행동이 발생했다.

하북성의 박야(博野) 일대는 이미 일본군의 점령하에 있었으나 장음오(張蔭梧)가 조직한 항일군민이 은밀히 자위항일의 작전을 행하고 있었다.

이 지역에 구동북군으로부터 투항해온 여정조(呂正操)가 인솔한 공산군이 침입, 적화공작의 공격을 개시해온 것이다.

팽덕회의 요구

12월 20일 장음오로부터 도착된 전보는 하북에 있어서의 8로군의 전황을 다음과 같이 전했다.

'8로군은 하북에서의 1년 동안, 일본군과 싸우려 하지 않고 여정조 일파와 토비와 무뢰한들을 이용하여 지방의 부담을 합리화한다는 명목으로 계급투쟁을 실행해왔다. 그들은 민군을 '손톱 밑의 가시'처럼 취급해왔을 뿐 아니라 이간·선동하여 유언비어를 퍼뜨려 분쟁을 일으키는 데 전념했다.

8로군은 하북성을 적화지역으로 간주하여 우리 당이 들어가는 것을 허락지 않는다. 그들은 현재 누구 한 사람 거리낄 것 없이 통일을 파괴해 나가고 있다'

장개석은 곧 이 전보의 사본을 만들어 주은래와 중경에 와 있던 제18집단군 부총사령 팽덕회에게 보내 반성을 촉구했다.

그러나 팽덕회는 오히려 12월 29일 다음과 같은 요구를 들고 나왔다.

'(1) 올바른 해결법은 8로군이 주력이 되어 있는 지구의 우군, 지방 무장군을 8로군의 지휘 하에 맡겨둔다.

(1) 화북을 새로이 6개의 행정구로 분할하여 행정구 주임을 군의 지휘관에 겸임시킨다.

(1) 탄약의 보급이 어려우므로 탄약제조기계를 발급하라.

(1) 8로군 3개사를 3개군(약 9개사)으로 증강시키며, 포병단 1·특무단 1을 증편하라.

(1) 8로군의 현 유지세력은 12만이 되었다. 당초의 4만 5천 명 분의

경비로 부족하니 월 1백만 원으로 늘려주기 바란다'

장개석은 30일 팽덕회를 직접 불러 8로군의 파괴활동을 중지하도록 명령했으나 그는 전혀 이를 따르려 하지 않았다.

이날은 바로 왕조명이 하노이에서 '대일 평화성명' 이른바 '염전'을 발표한 다음날에 해당된다.

국민정부는 일본군의 괴뢰가 된 한간(漢奸)과, 명령에 따르지 않는 공산당이라는 2가지의 어려움에 직면해 있었다.

23개 현이 공산 세력 하에 들어감

1939년에 접어들며 8로군의 파괴활동은 점점 더 심해져갔다.

유백승·서향전이 인솔한 8로군은 하북성 북부·산동성 서부 등지에 침입하여 지방군을 무장해제시켜 그 지역을 점령하고, 하북·산동 양성의 행정을 마비시켰다.

1월 1일, 산동성 주석 심홍렬은 8로군의 행동을 전보로 타전해 왔다.

'제6구군 참모장 요안방(廖安邦)의 보고에 따르면 8로군 129사(사장 유백승)의 병사들의 수는 산동의 침입 이래 격증일로에 있어 이미 만여 명에 달하고 있다. 임청의 제4구군의 보고에 따르면 8로군은 왕래현(王來賢)의 부대를 격파, 관도(館陶)를 점령했다. 게다가 그중 오작수의 부대는 구현(邱縣)을 습격, 현성의 경찰국 및 보안대를 무장해제, 공·사유 재산을 모두 약탈했다. 또한 제2구군의 보고로는 8로군의 하북·산동 지대는 정도성(定陶城) 동쪽의 하루·왕집 일대 등으로 진주했다'

3월로 들어서자 산동의 공산군은 강소성에 침입하여 폭동을 일으키고, 산서성 남부에서도 국민정부군 부대의 반란을 선동했다.

한편 공산당은 섬감녕(陝西·甘肅·寧夏)의 변경 지구에서도 '변구(邊區)정부'를 만들어 중앙과 협의없이 법령을 유포, 돈과 식량을 징발하고, 젊은이를 징용해 군대로 보냈다.

그들은 하나의 근거지를 만들자 점차 인접지역으로 손을 뻗쳤다. 그 수법은 먼저 군대를 진주시킨 후 스스로 문제를 일으켜 치안유지의 명목으로 무력을 발동, 본거지의 보안대를 무장해제시킨다.

이어 국민정부로부터 파견된 인원을 추방, 공산당원이 현정부에 들어간다는 방식이다.

공산당의 세력 하에 있던 현은 서안사건(1936년 12월) 직후 연안에 진출했을 무렵에는 겨우 13개 현에 지나지 않았으나 이와 같은 잠식 작전에 의해 1940년 봄에는 23개 현으로 늘어나 있었다.

또한 강남의 신 4군에 대해서도 공산당 중앙은 3월 화중에서 북상하여 산동성의 8로군과 손을 잡도록 지령을 내렸다. 여기에는 중경에 있던 주은래가 고향인 소흥(紹興 : 절강성)을 방문한다는 구실로 직접 나가 금화(金華)에서 신4군 부군장 항영(項英)과 만나 지시를 내렸다.

항영은 장강을 넘어 북상하면 반드시 국민정부군과 마찰이 일어나게 될 것이라는 의문을 제기했으나, 주은래는 '중앙의 결정이다. 반드시 하라. 문제가 일어나면 그때 생각한다'고 강요했다.

이때 항영은 모택동과 강청의 결혼문제를 꺼내며 심하게 비난했다. 모택동은 이 무렵 3번째 부인인 하자정과 이혼, 강청과 결혼했으나 많은 동지들로부터 반대를 당해 '이는 혼인법상 적법하며, 결혼의 자유·이혼의 자유·1부1처제의 원리에 적합한 것이다'라고 각지에 전통을 보내고 있었던 것이다.

항영은 이와 같은 모택동을 '그는 어려움을 같이해 온 하자정을 버렸다. 헌 것을 버리고 새것을 좋아하는 후안무치의 남자다. 게다가 새로운 상대는 천한 배우 출신의 여자가 아닌가. 그와 같이 덕이 부족한 사람이 전당의 영도를 할 수 있는가. 스탈린은 왜 그런 남자를 우리 영수로 삼았단 말인가'라고 공박했다. 항영은 이후에도 반목택동적 언동을 일삼아 1941년 그의 사후 모택동으로부터 철저히 비판되었다.

이 무렵 공산당의 지휘계통은 연안 이외의 중경(남방국=왕명), 안휘성 경현(동남국=항영), 항남성 확산현(중경국=유소기)을 두어 상호연락을 맡고 있었다.

이밖에도 주요지에는 비밀 무선기지가 있었으며, 그 임무는 정부군 측의 정보를 알아내는 것이었다. 특히 중요한 중경의 남방국에서 왕명 외에 주은래·섭검영·동필무·요승지(廖承志—홍콩 주재) 등이 국민당 활동을 행하고 있었다.

주은래 등에게 반성을 촉구하는 장개석

이와 같은 공산당에게 반성을 촉구하기 위해 장개석은 6월 10일 밤 주은래와 섭검영을 불러 다음과 같이 경고했다.

'(1) 공산당 문제의 근본은 섬북의 몇 개 현문제에 있지 않다. 공산당은 근본적으로 태도를 바꾸어 성의를 가지고 중앙에 명령에 복종하고, 국가의 법령을 집행해야 마땅함에도 불구하고 마음대로 국가체제 밖으로 나가, 특수 관계를 조성하고 있는 것에 문제가 있다.

(2) 나(장개석)는 전국의 혁명 지도자인 이상, 어디까지나 공평하고 합리적인 태도로 국사를 처리하고 있다. 한쪽의 의견만을 들어 기울어진 태도를 취하거나 하지는 않는다. 나의 일체의 판단기준은 국가와 민족의 총합적인 이익을 전제로 하고 있다. 혁명을 위해서라도 타협하지나, 고식적인 수단을 취하는 일은 결코 하지 않는다.

(3) 공산당은 문제 해결을 요구할 때 특수한 사실을 만들어 내거나, 협박에 가까운 태도로 나오려 한다. 그러나 나는 혁명 지도자로서 모든 일에 공평히 처리하지 않으면 안 되므로, 그러한 협박에 가까운 태도로 나오는 것에 대해 용서치 않는다.

(4) 당면한 각지의 분규를 공정히 해결하려면 무엇보다 먼저 공산당이 성의를 가지고 중앙의 명령에 복종하고, 국가의 법령을 집행하여 사태회복을 도모해야 할 것이다. 그러면 나도 결코 공산당에게 불이익을 당하게 하지는 않겠다.

(5) 나는 이제까지 인애를 모토로 일을 처리하고 사람을 대해왔다. 공산당에 대해서도 마찬가지이다.

(6) 우리의 앞으로의 모든 행동과 조치는 국가의 통일과 독립에 합당한 것을 유일의 원칙으로 삼아야 한다. 우리가 통일을 구하는 것은 총체적인 국가와 민족의 이익을 생각하기 때문이다. 이와 같은 이익은 공산당도 고유하는 것이다'

국민정부군과 신4군이 호남성에서 충돌사건(평강사건)을 일으킨 것은 이 다음날의 일이었다.

평강사건의 진상

평강(平江)사건은 6월 12일(1939년) 호남성 평강에서 국민정부군 제27집단군 양삼(楊森)의 부대와 신4군 평강 통신처의 호위병이 충돌하여 공산당의 강서성 위원회 조직부장 증금성(曾金聲) 등의 간부 6명이 사살된 사건이다. 이 사건도 근본 원인은 공산당의 반국민정부 활동에서 기인된 것이었다.

당시 신4군은 주은래의 지령에 의해 평강을 비롯 강서·호남 성경의 산악지대에 유격전의 근거지를 만들기 위해 민중을 모아 무장시키고, 또 국민정부군 병사를 공산군으로 끌어들이는 공작을 계속하고 있었다.

그러한 결과 국민성부군 제27집단군의 소수부대가 평강·가의진(嘉義鎭)에 진주하여 일본군의 진공에 대비해 민중의 협력을 구하려 하고 있었다. 그러나 신4군은 주민을 선동하여 민중을 협력치 못하게 하려 했다.

마침 그때 제27집단군 134사의 병사 몇 명이 공산당원에 의해 신4군 평강 통신소로 연행되어 갔다. 사장 양한재는 5명의 부하를 통신소로 보내 조사하려 했으나, 신4군은 이를 저지하려다 총격전으로 발전했다.

공산당은 이 사건을 '평강 학살사건'이라 이름 붙여 국민정부군에 의해 일방적으로 일어난 것처럼 사실을 왜곡 선전했다. 그뿐 아니라 21일에는 하북성에서도 제18집단군(8로군)의 하룡이 인솔한 120사와 여정조의 부대를 움직여 북마장의 하북민군(총지휘 장음오)을 공격, 민군여장 이협비 등 2백 명을 학살하는 사건이 발생했다.

게다가 7월에 접어들며 이들은 산동성 서남으로 남하, 신4군의 원조에 나섰다.

항일전 2주년인 7월 7일, 전국 군민에게 고하는 글을 발표한 장개석은 재차 철저항전과 국내의 일치단결을 호소했다.

이날 공산당 중앙도 또한 '항전 2주년 기념시국에 대한 선언'을 발표했다. 그 내용은 철저 항일을 부르짖는 동시에 항전 진영 내에 '투항타협분자'가 존재한다는 비난을 가하였다.

모택동도 7월 7일부로 발행된 기관지 '해방'에 기념논문을 발표, '항전 진영 안에는 주전파와 주화파의 분쟁이 있다. 주화파는 반공을 그 제1목적으로 삼고 있으며 그들이 기도하는 것은 여론을 주화, 즉 투항으로 이끄는 데 있다. 우리는 시종 주전파의 입장에 입각해 있으며, 장위원장과 국민정부가 이제까지 수차례에 걸쳐 명백히 해온 항전의 국책을 옹호한다. 우리는 이른바 주화파에 단호한 반대의 사를 표명한다'고 논하고, 그밖에 주덕·왕명·주은래·유소기·진방헌 등도 일제히 '투항 타협분자'를 공격하는 논문을 발표했다.

모택동은 이 '투항 타협분자'를 구체적으로 지명하지 않고, 단지 '왕조명과 결탁하여 거짓 충성을 가장한 준한간(準漢奸)'이라 표현했으나, 그것이 누구인지는 이듬해인 1940년 11월 7일 공산당 중앙서기처가 발표한 다음과 같은 비밀지령에 의해 밝혀졌다.

'지금 가장 위험스러운 것은 하응흠을 괴수로 한 친일파 집단이다. 전 당은 하응흠의 죄상을 밝히는 데 노력해야 할 것이다. 단 비판은 구두로만 하며, 하응흠의 이름을 문자로 나타내는 것은 절대로 피하는 것이 좋다'

그러나 이상한 것은 12년 후에 출판된 '모택동 선집' 안에는 하응흠의 이름이 장개석으로 바뀌어져 있는 것이다. 즉 이들의 의도는 누구든 국민당의 일부 인사에게 주화파의 꼬리표를 달아 국민당의 분열과 이간을 꾀하고, 그 사이 공산당의 세력신장을 도모하려는 것이었다.

공산당의 반국민당 운동 개시

평강사건(1939년 6월)은 중국공산당의 지하잠입을 추진하는 계기가 되었다.

공산당 남방국(중경)은 7월 하순, 다음과 같은 비밀지령을 하달했다.

(1) 현재, 각지의 당조직은 반공개 형식을 취하고 있으나 이를 원칙적으로 지하당(비밀) 형식으로 고친다. 공작방법도 그에 맞게 적용한다.

(2) 완전 비밀리에 연락을 행하기 위해 회의나 통신기관 등에 공작과 직접관계가 없는 동지의 출입을 엄단하고, 개별적으로 연락을 취하는 방식을 채택한다.

(3) 비밀공작의 원칙을 위반한 조직과 개인은 처벌되며, 조직은 즉시 해산시키고, 당원은 제명한다.

(4) 체포되었을 때는 쉽게 당원임을 인정하는 것을 용서치 않는다. 항일분자, 혹은 일반 공민의 자격으로 자기변호에 나서며, 조직에 기대 보석을 요구하거나 해서는 안 된다. 어쩔 수 없이 당원임을 인정하게 된 때에도 당의 비밀이나 조직 상황을 누설해서는 안 되며, 동지를 파는 일을 해서는 절대로 안 된다.

공산당은 스스로 공개된 정당의 자리를 벗어나 지하로 들어가려 했던 것이다.

9월 16일 모택동은 연안에서 중앙사·귀탕보·신민보의 세 기자와 회견, 다음과 같은 '반마찰 투쟁' 강화를 주장했다.

'상대가 침략하지 않으면 이쪽도 침략하지 않는다. 상대가 침략하면 이쪽도 침략한다'

이는 모택동이 〈예기(禮記)〉를 인용, '예는 왕래를 존중한다'는 것으로써 무력침략을 공언한 것이다.

또 공산당 중원국이 이 무렵 각지에 내린 비밀지령에는 '우군(友軍)' 공작책략이란 것이 있다.

여기서는 "우군'이란 비공산당원이 지도하는 국민당의 부대를 지칭한다'고 정의한 후 그 파괴 공작을 다음과 같이 지시했다.

'우군공작의 주요한 대상은 국민당의 정치지도가 가장 취약한 부대에 있다. 현실에 대해, 정부에 대해, 혹은 국민당에 대해 불만을 품고 있는 부대를 공격하는 것이다.

본당과 비교적 관계가 좋은 부대는 우리 당으로 끌어들여 장래의 국공 분열에 대비한다. 또 우리 당과 관계가 좋지 않고 반공의식이 강한 부대에 대해서는 내부 비밀공작을 강화하고 조직의 역량을 신장시켜, 때를 보아 파괴방침을 실행해야만 한다'

공산당에게 있어서의 적이란 이미 일본군보다도 국민정부군에 포커스가 맞추어져 있었던 것이다.

이와 같은 이간과 파괴공작은 8로군 방면에서 특히 두드러졌다.

11월 20일 제17국장 고계자(高桂滋)로부터 도착한 전보는 다음과 같이 공산당의 활동을 보고해왔다.

'최근의 조사에서 공산당의 우리 당에 대한 음모가 점차 분명해지고 있다. 보고에 따르면 최근 공산당은 섬서에서 다수의 공작원을 강소와 산동, 기찰(하북·차하르), 하북과 산동, 진찰(산서·차하르)의 각 변구로 향하게 했다. 그들은 이 지역에 '특구'를 만들어 은밀히 민중공작을 진행하고 있다.

목적은 군민간의 감정을 이간시켜 우리를 난처하게 만들고, 자발적으로 '특구'로부터 물러나게 하려는 것이다. 국군 유격부대의 수가 적은 곳에서는 민중을 이용하여 위협을 가하게 하여 민중과 우리 군이 서로 다투도록 선동할 뿐 아니라, 일본군을 이용하여 우리 군에 타격을 가하게 조차 하고 있다. 산서의 동남에서는 희생구국 동맹회를 부추겨 우리와의 사이에 마찰을 일으키도록 하고 있다'

12월 1일 산서의 황수분(黃樹芬)으로부터의 보고 또한 이와 맥락을 같이하는 것이었다.

공산당이 세력확장의 중점지역으로 삼은 것은 섬서·감숙·영하의 변구였다.

그들은 11월 15일부터 12월 10일까지 변구 공산당 대표대회(제2차)를 열어 '변구의 상업자본과 부농의 경제적 발전은 당내에 자본주의 사상을 발생시켰다. 자산계급 내의 투항분자와 반공분자는 조직적·계획적으로 공산당에 파고들어, 우리를 파괴시키려 하고 있다'고 하고 '변구'를 항일 민주의 모범 근거지로 삼기 위하여 특무에 의한 반공분자 적발, 민중공작 등을 강화할 것을 결정했다.

모택동 노선

1939년 12월에 들어 섬서·감숙·영하의 공산당은 일제히 실력행사로 나왔다.

경양(慶陽), 진원(鎭原), 영현(寧縣), 합수(合水) 등이 잇달아 공산군의 공격을 받았다(隴東사건), 보안대의 무기를 빼앗고 인명을 살상, 정부기관은 점령되고, 정부 파견 직원들은 연행되어 갔다.

12월 24일, 제34집단군 총사령 호종남(胡宗南)은 '8로군의 보(步)·포병은 잇달아 증강 중이며, 각지의 교통은 차단되었다. 대거 침범을 기도하고 있는 것 같다'고 보고해왔다.

25일에는 산서성 주석 염석산 지휘하의 산서군 결사단(연대) 10여단이 공산당에 선동되어 반란을 일으켰다.

그러나 공산당은 이러한 트러블의 책임을 정부군에게 전가하려 하였다. 8로군 총사령 주덕은 29일과 30일 2회에 걸쳐 국민정부에 '항의'의 전보를 보내왔다.

이듬해인 1940년 1월 4일 국민혁명군 참모총장 하응흠은 제18집단군 참모장 섭검영을 불러 명령에 위반해 확충한 군대와 비합법적으로 설치한 '군구'를 폐지하라고 요구했다. 그러나 이에 대해 섭검영은 거꾸로 제18집단군의 병력을 명령에서 제시된 3개사에서 3개군 9개사단으로 확충하여 섭서영 변구를 확대한다고 주장하여 교섭은 결렬되었다.

1월 19일 모택동은 '신민주주의론'을 발표, 국민정부에 '반동'의 꼬리표를 달아 공공연히 비난 공격했다. 이 신민주주의론이란 연공(連共)·공농(工農)·연소(連小)의 3대정책을 삼민주의의 중앙에 채택해 넣도록 요구, 중화민국의 국시인 삼민주의를 개시하려 한 것이다.

변구에 이어 공산당은 화북 일대에서 일제히 움직이기 시작했다. 섬서성 북부에 있던 공산당과 왕진 여단의 일부는 황화를 건너 산서성에 들어와 산서군의 반란부대의 작전을 도와 성 북부를 세력권 안에 넣었다. 하북성에서는 하북성 주석 녹종린(鹿鍾麟)의 부대 및 주회빙(朱懷氷)의 97군이 하룡, 임표 등이 인솔하는 8로군의 봉쇄로 보급로를 차단당하자 결국 성 밖으로 철수했다.

산동성에서는 각지에 산재해 있던 8로군의 '연방 변사처', '항일행정위원회'가 무력행사를 개시, 국민정부의 군정기관과 현기관을 습격했다. 이러한 일련의 행동은 공산당의 의도가 섬서성 북부에서 산서성 북부—하북—산동을 연결하는 일대에 세력권을 만드는 데 있었음을 말하고 있다.

이와 같은 공산당의 불법행위를 충고하기 위해 3월 7일 밤 장개석은 제18집단군 대표에게 다음과 같은 훈시 요점을 초안했다.

(1) 방위 지역의 사유는 인정할 수 없다. 반란군을 원호하여 우군을 습격해서는 안 된다.

(2) 언행을 일치시켜, 상호협력하고 함께 신뢰를 회복한다.

(3) 공산당이 관리를 마음대로 두거나 국민정부의 관리를 살해하는

것은 용서할 수 없다.

(4) 국민이 기아에 시달릴 만큼 식량을 징발해서는 안 된다.

(5) 사조(私造) 지폐를 마음대로 발행해서는 안 된다.

이 무렵 일본군은 왕조명의 가짜 정권을 수립하기에 급급해 국민정부군에 대한 대규모 공격은 잠시 휴지하고 있었다.

이와 같은 공산당의 실력행사에 인상을 찡그린 것은 공산당의 후원자인 코민테른이다.

코민테른의 의향은 앞서 말한 바와 같이 국민정부와 '공존'한다는 왕명의 노선에 있지, 모택동의 폭력노선에 있는 것은 아니었다. 그들이 먼저 우려한 것은 국민정부의 삼엄한 단속으로 공산당이 타격을 받는 것이었다.

3월 1일 소련은 국민정부에 대해 간접적인 표현이기는 하나, '공산당 문제가 해결되지 않으면, 이 이상의 원조는 할 수 없다'는 취지를 전했다. 그러나 이와 같은 의견에 굴복할 국민정부는 아니었다.

코민테른은 동시에 중국공산당에도, 코민테른의 연안주재 연락원 스바노프가 4월에 열린 중국공산당과의 회의에서 국민당과의 무장투쟁을 그치도록 요구했다.

'중국공산당이 시국을 고려하지 않고 국민당과 전쟁을 일으키는 것은 극동에 있어서 반소 감정을 불러일으키게 될 것이다. 현재 중국공산당은 교묘한 방법으로 발전하고 있으나, 중소 양국의 외교관계에 어떻게 영향을 미칠까에 대해 배려하지 않으면 안 된다'

그러나 모택동은 코민테른으로부터 지도되는 것이 마음에 들지 않았다. 모택동은 소련이 국민정부에게 군사원조를 하고 있는 것에도 반대하고 있었다.

이후 소련과 중국공산당의 사이는 반드시 매끄럽다고 만은 할 수 없는 관계가 되었다.

2. 항일을 방해하는 공산군

해방구를 만든 공산당

1940년 4월 중경에 있는 공산당 비밀 훈련반으로부터 '공산당인'(제1기)이라는 비밀문서가 발견되었다. 이 문서는 전년 10월 월간지로서 연안에서 발행된 것으로 발간사에 모택동은 다음과 같이 쓰고 있었다.

'우리당의 기본문제는 통일전선·무장투쟁·당건설의 3가지에 있다'

모택동은 이를 '3가지 보물'이라고 불러, 3가지는 상호 밀접한 관계를 맺고 있으며 '통일전선이란 무장투쟁을 실행하기 위한 무기이며, 이로써 당을 견고하게 할 수가 있다'고 말했다. 즉 '항일'을 당의 세력 확대를 꾀해 국민정부를 전복하기 위한 수단으로 여기고 있는 것이었다.

산서에서 하북, 산동에까지 진출한 8로군은 '점과 선'을 점령한 일본군의 그물망을 빠져나가 뒤에 배비되어 있던 국민정부의 항일조직을 파괴하고, 변구(해방구)를 여기저기 만들어 놓았다. 공산당이 만들어 놓은 변구에서는 항일의 슬로건을 내건 공산당이 주민들로부터 식량이나 돈을 거두어 들여 조직 확대에 충당했다.

4월 22일 산서성 남부에서 일본군이 돌연 공격에 나섰다. 국민정부군은 다음날 산서성 동남의 고평(高平)에서 일본군 5천여 명을 섬멸하고 26일에는 중조산(中條山)에서 1천여 명의 일본군을 격과하였다.

5월이 되자 산서성 남부에 일본군이 침입, 섬서성 중부에 있던 국민정부군은 하북성으로 가는 루트를 차단했다.

이러한 직후 8로군은 정부군 공격에 나섰다. 이는 일본군에게 호응한 움직임이었다.

5월 13일, 하룡이 이끄는 8로군 120사와 115사 합계 1만 3천

명의 군사는 산서—섬서를 잇는 분리(汾陽—離石間) 공로 일대에 진입했다. 남으로부터는 일본군에게, 서로부터는 8로군에게 협공당한 정부군 2개 사단은 궁지에 몰려 사장인 반교가 전사하는 등, 마침내는 8로군에게 격파 당했다.

6월부터 7월에 걸쳐 이번에는 산동성에서 문제가 발생했다. 하북성에 있던 8로군이 황하의 남안으로 이동 산동성 서부에 주둔하고 있던 국민정부군의 손양성, 고수훈의 양 부대를 공격한 것이다. 싸움은 수십 일에 이르러 손, 고의 양부대는 황하 이북으로 철수하지 않으면 안 되게 되었다.

산동성 서부를 점령하고 있던 8로군은 하남성 동부와 안휘성 북부로까지 진출했다.

마침 그때 강남(양자강 남안)의 신4군이 장강(양자강)을 건너 북상 중이었으며, 8로군은 이를 원호해 산동에서 강소·안휘·하남에 이르는 화중에까지 세력을 확장하려 했다.

이러한 8로군의 행위가 여론의 공격을 받자, 이에 대해 공산당 중앙은 7월 4일에 발표한 항전 3주년 기념선언을 통해, '삼민주의 정책을 따르자. 폭동정책, 파괴정책은 절대로 허가하지 않는다. 공산당은 장위원장을 옹호한다'고 선언하였고 모택동도 또한 논문을 발표하여 '철저 단결'을 강조했다.

그러나 이 또한 한편으로는 공격하고, 한편으로는 회유하려는 정책이었다.

3일 후인 7월 7일에는 비밀지령을 내려 '국민당 내의 분열의 위기를 맞아, 제2의 왕조명의 출현도 불가피하게 되었다. 현재 단결을 강조하고 있는 것이 국민당에 대한 모든 투쟁을 정지하라는 의미는 아니다. 우리의 화력이 투항파에게 향하지 않으면 안 된다'고 지시한 것이다.

국민당이 제시한 분쟁 방지안

공산당의 이와 같은 군사활동은 중국전체의 항일전의 전력을 감소시켰다. 이는 일본군에게 이득이 되게 할 뿐이었다.

국민정부군 총사부는 7월 16일 이러한 우를 범하지 않기 위해 분쟁 방지안을 정리해 참모총장 하응흠, 부참모총장 백숭희(白崇禧)가 정치부 부부장 주은래와 제18집단군 참모장 섭검영에게 제시했다.

'(1) 강서영 변구의 범위를 정해, 18현을 포함하는 것을 인정하여 이를 '섬북 행정구'라 개칭하고 행정원에 직속시킨다. 단 섬서성 정부의 지도하에 두기로 한다.

(2) 8로군 및 신4군의 작전지역을 정한다. 즉 기찰(하북·차하르)전구를 폐지하고, 하북·차하르 양성과 산동성의 황하 이북을 제2전구로 합병, 염석산을 사령장관, 주덕을 부사령장관으로 두고 군사위원회의 명령에 따라 작전을 지휘한다.

(3) 8로군 및 신4군은 모두 명령이 발한 뒤 1개월 이내에 상술한 지구내로 이동을 완료한다.

(4) 8로군의 편제는 3개군 6개사 및 3개 보충단으로 하고 이에 2개 보충단을 증강할 수 있다. 신4군은 2개사로 한다' (중국 속의 소련 1956. 12)

이 제안은 8로군이 마음대로 넓힌 세력권을 거의 인정한 대신, 신4군을 황하 이북으로 이동시켜 군사위원회의 명령에 복종하도록 재차 요구한 것이었다.

주은래와 섭검영은 즉시 이에 동의를 표하였다. 주은래는 7월 24일 연안으로 날아가, 주덕과 팽덕회에게 정부안을 제시하고 실행을 촉구했다. 하응흠도 각 파견군에게 전보를 보내 8로군과 신4군과의 충돌을 피하도록 명령했다.

그러나 연안으로 돌아온 주은래는 갑자기 태도를 바꾸어 '정부안은 받아들일 수 없다'고 말했다. 뿐만 아니라 유격구의 조정과 유격부대의 대우에 대해서도 협의하자는 새로운 조건을 들고 나오는 동시에 공산군은 각 방면에서 군사행동을 재개, 국민정부군과 무력 충돌을 일으키기 시작했다. 공산군의 본거가 되어 있던 섬서성에서는 성도 서안조차 위협당할 정도였다.

국민정부도 이에 대해 섬서·감숙 양성의 군대에게 공산당의 도전에 대항하도록 지시하고, 공산당 변구 주변에 토치카를 구축하는 등 방위체제를 굳혔다.

신4군의 급성장

신4군 사건(皖南사건)이 일어난 것은 1941년 1월 공산당이 말하는 백단대전(百團大戰)이 일단락된 직후였다.

▶ 백단대전이란 1940년 8월부터 12월까지 화북 전선에서 전개된 교통통신망 파괴작전이었다. 1백개단(연대)를 상회하는 병력을 투입하였기 때문에 '백단대전'이라 불리며, 여기에 참가한 부대는 8로군 일부와 진찰기군구의 주력부대였다. 공산당 내부에서는 이 백단대전을 '중국항전사상 공전의 대규모 진공'이라 칭하고 있으나, 이들이 파괴한 철도는 곧 보수되었다. 이로 인해 일본군은 공산군에 대한 경비를 강화했다.

이 사건은 먼저 그 발단 배경에 대해 잠시 살펴보면, 끊이지 않는 공산군과 국민당군의 군사충돌로 인해 1940년 10월 19일 국민정부는 하응흠과 백숭희의 연명으로 8로군 총사령인 주덕, 부총사령 팽덕회, 참모장 섭검영 및 신4군장 섭정, 부군장 항영에 대해 다음과 같은 명령을 발했다.

'① 전구의 범위를 지키지 않고 자유행동으로 나온 것 ② 군편제의 숫자를 준수하지 않고 마음대로 확충한 것 ③ 명령에 복종하지 않고 명령계통을 파괴한 것 ④ 적군을 공격하지 않고 우군을 병탄한 것— 은 8로군과 신4군의 위법행동 사실이다. 이를 반드시 책임 있게 시정해야만 할 것이다.

군사위원회는 새삼 다음 사항을 정식으로 통달한다.

8로군 및 신4군의 각 부대는 이 전보가 도착된 후 1개월 이내에 7월에 중앙의 지시안 규정대로 황하 이북의 작전지역 안으로 전부 이동할 것. 중앙 지시안에 제시되어 있는 각항의 규정은 착실히 준수 실행하며, 명령의 집행에 관해서는 중앙의 지시를 받아야만 한다'

'황하 이북으로 이동'을 지시한 호전(皓電 : '호'는 19일의 전보 약호)이라 불리는 이 명령이 무시된 것이 이른바 신4군 사건의 발단이 되었다.

이러한 '호전'에 대해 8로군 총사령 주덕, 부총사령 팽덕회, 신4군의 군장 섭정, 부군장 항영 4인은 11월 9일(1940년) 연명으로 회답의 전문을 보냈다.

그 내용은 '대국을 생각해, 강남의 군대에게는 북방으로 이동하도록 애써 설득하고 있다. 강북의 부대에 대해서는 잠시 이동을 면제해주기 바란다'고 하는 것이었다.

또한 '호전' 직후, 신4군의 지휘권을 지닌 제3전구(강소성과 안휘성 남부·절강성·강서성) 사령장관 고축동은 제22집단군 총사령 상관운상(上官雲相)을 신4군이 본거지로 삼는 안휘성 경현(涇縣)으로 파견하여, 섭정·항영과 절충시켰다. 이때 섭정 등은 다음과 같은 '교섭조건'을 들고 나왔다.

'① 5개월분의 경비를 선불하고, 더불어 이전비용 2백만 원을 지급한다. ② 신4군 전체에 신식총과 탄약 백만발을 지급한다. ③ 일부의 무장병을 동릉, 번영(안휘성) 일대에 주둔시킨다. ④ 신4군의 가족을 위로·우대하고 그 소속한 항전조직의 존재를 보장한다. ⑤ 강남의 신4군은 강소성 남부까지 이동하여 그곳에 머무른다'

섭정 등의 이러한 요구는 군사위원회의 명령을 따르지 않은 것으로 북으로의 이동을 거부하기 위한 요구였다. 11월 중순에는 섭정 자신이 고축동과 만나 같은 요구를 반복했으나, 고축동은 5만 원만 지불한다고 대답, 그 대신 12월 말까지 이동을 끝내라고 재차 지시했다.

국민정부군과의 전투를 각오

실은 공산당측은 '호전'을 받은 단계에서 정부군과의 일전을 각오하고 있었다. 11월 1일에 공산당 중앙은 비밀공작에 대해 지령을 내려 '최대의 위기가 가까워오고 있다. 이제까지의 전보와 암호표를 모두 소각하고, 필요한 사항은 머릿속에 넣어두라'고 명령했다.

국민정부군의 참모총장 하응흠과 부참모총장 백승희는 12월 8일 주덕·섭정 등 5명 앞으로 다시 전보를 보내 '세 번에 걸친 명령에도 불구하고, 여전히 군기를 위반하여 도전적인 태도로 계속 나온다면 중앙으로서도 단호한 태도를 취하겠다'고 경고했다.

이어 9일에는 장개석은 군사위원장으로써 다음과 같은 이동명령을 직접 내렸다.

'일전에 8로군(제18집단군) 및 신4군의 각부에 대해 황하 이북에서 작전하도록 명하였으나, 다시 지역마다에 시기를 연기해 다음과 같이 명한다.

장강 이남에 있는 신4군은 모두 12월 31일 이전에 장강 이북지역으로 옮기고, 내년 1월 30일 이전에 황하 이북으로 이르러 작전에 종사하라.

황하 이남에 있는 8로군의 소속부대는 12월 31일까지 황하 이북으로 철수하라.

참모총장이 '호전'에서 지시한 작전 구역 안에서는 공동 작전에 대해 그 역할을 다하고, 다시 잘못된 행동을 취하는 일이 없도록 희망하여 이에 명령한다'

북방으로의 이동에 가장 강력히 반대한 것은 공산당 동남국 서기로 신4군 부장관인 항영이었다. 원래 모택동과 사이가 나빴던 항영은 연안에 대항할 수 있는 일대 근거지를 장강 유역에 구축토록 기도하고 있었던 것이다. 이와 같은 항영의 태도는 후일 문화대혁명 때 새삼 비판되게 된다.

나중에 고축동이 신4군 참모처장 조릉파(趙凌波)를 취조해 알

게 된 것이나, 신4군은 12
월 16일 경현의 운령에서
고급 간부회를 개최하여
이동문제를 검토했다. 그
결과, 항영의 의견이 통과
되어 강북으로의 이동을
거부, 다음과 같이 장강 삼
각주 지대의 강소성 남부
에 진출하는 전략을 결정
했다.

　'일본의 군함이 장강을 봉쇄하고 있는 것을 구실로 안휘성 남부에
서 장강을 건너는 것을 거절하고, 하류의 강소성 남부에서 도하한다
고 칭하여 장강 남안을 따라 강소성 남부로 병력을 동진시킨다.

　신근거지는 북경·상해·항주를 잇는 3각지구(강소 남부에서 절강
북부 일대)로 하고, 먼저 정치공작원·지방간부 및 무장공작대 등을
선발시켜, 전군의 도착을 기다려 공격을 전개, 국민정부군을 소탕한
다'

　이 결정에 따라 신4군은 서둘러 군의 확충을 꾀했다. 점거지에서
'병대 징발'이 행해져 성인 남자는 모두 군에 편입시켰다. 이때 급조
된 군대는 4개단(연대)에 이른다.

국민정부군을 급습한 신4군

　신4군으로부터 '강소성 남안에서 장강을 건너고 싶다'는 제안을
받고 고축동은 이를 허가했다.

　12월 23일까지 신4군의 정치공작 인원 등 비전투원 약 8천 명이
안휘성 남부에서 북동쪽으로 이동을 개시했다. 그러나 전투부대는
그대로 머물러 있는 상태였다.

　신4군의 이주 명령의 기한은 12월 31일이었다. 이주한 후에는 국

민정부군 제40사가 강소성쪽으로 부터 입성하여 방위를 맡을 예정이었다.

그러나 신4군은 전투부대를 이동시킨 것으로 가장, 각지에 배치하여 제40사의 도착을 기다리고 있었다.

그런 것을 모른 채에 제40사는 1941년 1월 1일 안휘성 남부의 낭교진(榔橋鎭) 부근에 도착했다.

신4군은 이러한 국민정부군의 움직임을 계속 정찰하고 있었다.

1월 4일 밤 신4군은 주력을 남으로 이동시켜, 무림(茂林)·교봉진(巧峯鎭)·동산(銅山) 등에 잠복시켰다. 그들은 정보가 새는 것을 막기 위해 민중에게 외출금지 명령을 내리고 제40사를 기다렸다.

제40사가 신4군으로부터 불의의 습격을 받은 것은 1월 5일 밤이었다. 동시에 다른 1대는 32집단군 총사령부의 습격을 받았다.

부대는 셋으로 나뉘어 제40사를 섬멸하려는 본격적인 습격을 감행했다.

제40사도 이에 맞서 포탄이 빗발치는 격전이 치러졌다.

보고를 받은 고축동은 단호한 제재조치에 나설 것을 결의, 원군을 급파했다. 이 반격에 의해 8일 아침에는 신4군은 지리멸렬해져, 각지에서 무장 해제되었다.

산골짜기 등지에 숨은 국민정부군이 공산군을 겨우 평정한 것은 15일이었다.

신4군의 군장 섭정, 부군장 항영, 정치부 주임 원국평(袁國平) 등은 운령까지 퇴각한 후 스스로 제1지대 제1단 및 특무단의 지휘를 맡아 국민정부군에게 맹렬히 저항했다. 그러나 섭정은 포로, 원국평은 사망, 항영과 참모장 주자곤은 도망했으나 도중에서 자신의 부관인 유후충에게 사살되었다.

항영의 죽음에 대해 공산당은 줄곧 '국민당군에게 사살되었다'라고 선전했으나, 문화대혁명 후인 1968년에 비로소 그 경위가 밝혀졌다.

▶ 전후 유소기에 의해 항영의 묘가 남경 교외에 만들어졌으나, 문화대혁명 후 공산당은 항영에게 반도(叛徒)의 꼬리표를 달아 묘를 파괴해버렸다고 한다. 또한 체포된 섭정은 군법회의를 거쳐 중경에 감금되었으나 1946년에 석방되었다. 그러나 동년 4월 중경에서 연안으로 가던 중 동행하고 있던 진방헌 등과 함께 비행기 사고로 사망했다.

신4군에 해산명령

1월 17일 군사위원회는 신4군에게 해산을 명하고 군번호를 취소하기로 결정, 다음과 같이 전달했다.

'신4군의 행위는 민족에게 위해를 가하고, 적을 이롭게 한 것으로 그 광기어린 소식은 무엇에도 비할 바 없을 정도다.

전도를 생각하면 통분을 금할 수 없으나, 긴급사태에 대응, 전열을 가다듬기 위해서 긴급처리를 취하지 않을 수 없다'

이와 동시에 군사위원회는 사건의 경과와 진상을 공표, '이 처분은 순수한 군기문제이다. 사건이 우발적으로 일어난 것이 아닌, 일관된 음모에 기초한 것임은 관계자들의 진술에서도 밝혀지고 있다'고 설명했다.

신4군의 군번호 취소결정에 대해 공산당 중앙은 1월 18일 '이번 사변은 친일파의 음모자 및 반공 강경파에 의한 계획적 책동이다'라는 담화를 발표하여 '① 신4군 환남부대 소멸의 음모를 기도한 원흉을 엄벌에 처하라 ② 포로가 된 신4군의 모든 장병을 석방하고 섭장군 등 간부의 생명의 안전을 보장하라 ③ 신4군 완남부대의 사상자 및 그 가족을 위로·구제하라' 등을 국민정부 측에 요구했다.

공산당은 또한 신4군의 해방명령을 거부하고 '진기(陳毅)를 신4군 군장대리, 장운일(張雲逸)을 부군장, 유소기를 정치위원에 임명한다'고 발표했다.

신4군 사건에서 군사진공에 실패하고 돌아온 뒤 공산당은 '정치적 전면진공'으로 나왔다.

공산당의 태도는 국민정부에 대한 적대감으로 가득 차 있었다. 2월 4일, 중경에 있던 주은래는 '현재의 상황은 이미 내전 개시이며, 이것이 호전될 전망은 없다'라고 각지의 공산당 조직에 밀전을 보내, 군사적으로는 수비 자세를 취해 때를 기다리며, 그 사이 전력의 확대를 도모하라고 지시했다.

모택동은 2월 15일 국민 참정회에 전보를 보내 '정부의 신4군에 대한 조치에 공산당 중앙은 엄중 항의한다'고 하여, ① 도전적 행동을 제지할 것 ② 신4군 해산 명령을 취소할 것 ③ 사변 책임자인 하응흠·고축동·상관우상 3명을 징벌할 것─등 12개 항의 요구를 제시해왔다.

동시에 공산당의 7인 참정원은 3월 1일부터 중경에서 거행된 제2차 국민 참정회의 출석을 거부했다.

3월 4일 장개석은 국민당의 참정원에게 훈시하고, 공산당 문제에 대한 국민당의 방침을 분명해 했다.

'공산당의 7참정원이 이번 회의에 출석치 않은 것은 그들이 자포자기하여 스스로 참정회나 중국 국민과의 관계를 단절하는 것이며, 이로 인해 국민당이 받는 손실은 조금도 없는 것이다. 그러나 우리 당은 국내의 정치·군사에 모두 주동적 지위를 갖고 있는 이상, 공산당에게는 이제까지와 같이 관대한 태도를 취해 그 잘못을 스스로 반성하게 하고 싶다'

이어 3월 6일의 참정회에서는,

'우리 정부는 중국공산당과 그에 관계하는 군대가 참정회와 일치하여 항전건국 강령을 지키고, 8로군의 장령들이 철저히 반성하여 국가와 민족을 존중하며, 당파의 관념을 타파하고 군령에 복종하여 국가가 하루빨리 자유평등의 지위를 획득할 수 있도록 해주기 바란다'고 밝혔다.

태평양 전쟁

제43장 고립되는 일본

1. 일소 중립조약과 독일의 소련침공

대일 포위망의 형성

1941년, 중일전쟁은 5년째로 접어들고 있었다.

일본은 국력을 총동원해 중국침략에 투입했으나, 대륙의 '점과 선'을 확보했을 뿐으로, 이제는 진퇴양난의 상황에 빠져 있었다. 대륙의 광대한 공간은 아무래도 일본에게는 힘에 부치는 것으로, 5년째에 접어든 전쟁은 여전히 종결의 기미를 보이지 않고 있었다.

일본의 군벌이 '정세해결'의 방법으로 선택한 것은 무모한 침략확대였다. 어느 지역을 무력으로써 빼앗으면, 그 곳을 유지하기 위해서는 인접한 새로운 땅을 빼앗지 않으면 안 된다. 더구나 국제적인 경제제재를 받고 있던 일본은 계속 늘어나는 물자 소모에 고심하고 있었다. 새로운 공급원을 확보하기 위해서라도 새로운 지역을 침략해야만 했던 것이다. 침략의 야망은 이렇게 해서 눈덩이처럼 불어나게 되었던 것이다.

일본의 '남진정책'은 점차 급피치를 올려갔다. 그리고 마침내는 이 해 12월 8일 진주만 기습으로 시작된 일미개전에 이르게 되는 것이다.

또한 지난해 12월부터 계속되고 있던 타이와 불인(佛印)간의 국경분쟁이 해가 바뀌며 더욱 격화해, 타이군이 캄보디아 지구(당시 불인은 베트남·라오스·캄보디아를 포함)로 침입하는 사건이 발생했다. 상해에서는 타이의 주력함이 격침되어 전면전쟁의 조짐을 보이게 되었다.

이 분쟁은 일본에게 있어 하나의 찬스였다. 이미 북부 불인에 무력진주를 끝내고 있던 일본군부는 분쟁조정을 구실로 타이 불인을 비롯 중남 반도(인도지나 반도)에 대한 군사·정치적 영향력을 강화하려고 생각했다. 인도지나 반도를 제압하는 것은 프랑스(불인)뿐 아니라, 영국(말레이·싱가포르)·네덜란드(난인=네덜란드령 동 인도) 등에 위압을 가하고, 또한 중국의 주요 보급로 운남성 침략의 발판이 되는 것이었다.

일본의 조정 이면에 감추어져 있던 위험성을 간파한 불인과 타이는 한번은 완곡하게 거절했으나 일본은 무력개입을 시사하여 '강제조정'을 수락케 했다.

타이·불인의 조정교섭은 1월 29일부터 사이공의 바다 위에 떠 있는 일본함상에서 행해져, 31일에는 조정협정이 성립되었다.

그 사이 30일에 개최된 일본의 대본영 정부연락회의는 '대불인·타이 시책요강'을 결정했다.

그 내용은 조정을 계기로 위압을 가해, 경우에 따라서는 불인에서 무력을 행사해 불인과 타이에 일본의 지도적 지위를 확립한다고 하는 것이었다. 조정의 강압에 의해 불인·타이를 '대동아 공영권' 안에 집어넣으려 했던 것이다.

불인과 타이는 이와 같이 일본군벌이 설정한 무대 위에 올려지고, 계속해 도쿄에서 조정회의를 개최, 3월 1일에 조정에 서명했다.

미국, 기습에 대비한 방위강화

일본의 노골적인 남진에 대비해 미국, 영연방(인도·오스트레일리아·뉴질랜드를 포함), 네덜란드로 경계를 강화했다.

미국 대통령 루즈벨트는 1월 16일, 육·해·국무 3장관과 회의를 열어 일독 양국이 미국을 기습할 경우의 방위대책을 논의했다. 1월 29일부터는 워싱턴에서 미영의 막료회의가 개최돼 인도·오스트레일리아·뉴질랜드·필리핀을 포함한 극동의 안전문제가 협의되었다.

2월 22일에는 싱가포르에서 영국·네덜란드·오스트레일리아에 의한 극동방위 협동작전 계획회의가 개최되어, 일본이 싱가포르 난인을 공격할 공산이 크다고 보아, 협력하여 방위에 나설 것을 합의했다. 이른바 'ABCD포위망(A=미국, B=영국, C=중국, D=네덜란드)'이 형성되었다.

일본은 남진을 강행함에 있어 북방, 즉 소련과의 관계를 유지하기 위해 소련과의 국제조정에 힘을 쏟기 시작했다. 일본은 1940년 9월에 체결된 '일·독·이 3국동맹'의 압력은 그것에 크게 기여할 것이라 기대하고 있었다.

1941년 1월 일본은 소련주재 일본대사 다테가와(建川美次)를 통해 소련에 상호 불가침조약의 체결을 제의했다. 그러나 일본이 중일전쟁에서 소모, 피폐해 있음을 알고 있던 소련은 오히려 일본에 무리한 요구를 해와 이를 무산시켰다.

일본은 이에 단념치 않고 타이·불인조정이 성립한 3월 12일 외상 마쓰오카를 소련, 독일, 이탈리아 방문에 나서게 했다.

일소 중립조약의 조인

마쓰오카는 3월 23일 모스크바에 도착, 스탈린·몰로토프 등과 회의, 본격적인 교섭에 대비한 공작에 들어갔다. 이때 마쓰오카는 스탈린에 대해 '일본인은 정치·경제적으로는 공산주의를 믿고 있지 않으나, 옛날부터 일본인은 개인 가정에서는 정신상 공산주의자이다'라는 등 비위를 맞추려고 노력했다. 그러나 마쓰오카의 이러한 태도에 대해 스탈린이 전혀 호응해오지 않자 마쓰오카는 그대로 독일로 향했다.

마쓰오카는 3월 26일부터 4월 5일까지 베를린과 로마에서 독·이 수뇌와 회담을 거듭했다.

독일 총통 히틀러, 수상 리벤트로프는 일소외교에 반대했다. 마쓰오카에게는 남진 적극책을 부추겨,

'만일 일본이 싱가포르를 점령한다면 세계의 대부분은 일·독·이 3

국의 통제 하에 들어와 미국은 완전히 고립되게 될 것이다.

그렇게 되면 독일은 군의 대부분을 동부전선에 집중할 수가 있다. 만일 소련이 일본을 공격하거나 하면 독일은 즉시 소련에 진공하여 수개월 내에 소련을 굴복시켜 보이겠다'

고 호언했다.

히틀러는 이때 이미 소련진공을 위한 '발바로사 공작'을 지령하고 있었다. 이를 위해서는 일·소간을 불안정한 상태로 두어, 소련이 시베리아 방면의 군비에 손을 데지 못하는 상태를 만들어 둘 필요가 있었다. 또한 일본이 남방에서 적극적인 군사작전에 나서면 독일의 적인 영국도 아시아에 병력을 일부 배치하지 않으면 안 되게 되어, 이 또한 독일에 유리하게 전개되는 것이기 때문이었다.

그러나 마쓰오카는 독일이 대소전 준비에 들어가는 것은 전혀 생각지 못하고, 4월 7일 다시 모스크바에 들어가 소련과 본격적인 불가침조약 교섭을 벌였다.

이 교섭에서 소련령 북 사할린에 있는 일본의 이권을 둘러싼 양국의 주장이 대립하여 교섭은 또다시 난관에 부딪쳤다.

스탈린은 이 무렵 조르게 간첩단으로부터 독일이 소련 공격을 준비하고 있다는 정보를 얻었다. 미국도 두 번에 걸쳐 히틀러가 소련에 진공할 위험이 있음을 경고하고 있었다.

이로 인해 스탈린의 태도는 순식간에 달라졌다.

독일과 일전을 치루기 위해서는 소련 측도 또한 일본에게 '아첨'을 부려서라도 서둘러 시베리아의 안정을 도모해야 할 필요가 생긴 것이다.

'일소 중립조약'은 실로 눈 깜짝할 새에 진척되어 4월 13일에는 크레믈린 궁전에서 조인을 거행했다.

▶ 이 일소 중립조약은 1945년 8월 8일 소련의 대일선전에 의해 일방적으로 파기되어 일본의 항복을 앞당기게 되었다.

이 조약은 ① 상호 영토의 안전 및 불가침을 존중한다 ② 체결국 일방이 제3국의 군사행동의 대상이 된 경우, 다른 한 편의 체결국은 중립을 지킨다—등을 내용으로 하고 기한은 5년으로 정해졌다.

문제는 조약에 부수된 '성명서'였다. 이 안에서 일본은 '외몽고(몽고인민공화국)'의, 소련은 '만주국'의 영토의 안전 및 불가침을 존중할 것을 성명으로 내세웠다. 일소 양국은 또다시 중국의 주권을 거래 조건으로 삼은 것이다.

이에 대해 중국정부는 14일, 즉시 외교부장 왕총혜 성명의 발표를 통해 '중국정부와 인민은 중국의 영토와 행정권의 완전성을 침해하는 여하한 제3국간의 약정도 승인할 수 없다'고 엄중히 반박했다.

조약의 주도권은 소련에게

4월 19일(1941년), 주중 소련대사 퍼뉴시킨이 장개석을 방문해 '일소 중립조약'에 대해 다음과 같이 설명했다.

"'일소 중립조약'안에서는 중국문제에 대해 아무것도 언급하고 있지 않다. 소련의 중국에 대한 정책과 태도는 시종여일 조금도 변함이 없다'

퍼뉴시킨은 '외몽고'와 '만주'를 가지고 일본과 소련이 교섭한 사실을 '중국에는 관계없다'고 한 것이다.

가상적국으로서 대립하고 있던 일·소 양국이 갑자기 손을 잡은 것은 세계정세에 커다란 영향을 미치는 것이었다.

일소조약 체결 후의 세계정세에 강력한 열쇠를 쥐고 있는 것은 미국이었으나, 그러한 미국도 이미 국무장관 헐이 4월 14일 '일소 중립조약에 의해 미국의 정책에는 아무런 변경도 있을 수 없다'는 성명을 발표했다. 실로 일소 양국의 악수는 자유민주주의 제국의 결속을 촉진하는 결과를 낳게 되는 것이다.

'미국은 민주주의 국가의 병기창이 된다'고 하는 노변담화를 발표한 지후 1941년 1월 6일, 미국대통령 루즈벨트는 의회에 대해 무기 대여법을 제출했다. 이 법은 영국수상 처칠의 원조요청을 받은 것으로 미국이 영국에 대해 대량의 무기를 무상으로 대여하기 위한 법률이었다.

이 법률은 또한 영국뿐 아니라 일·독·이의 침략국가와 싸우는 국가에 대해 모든 군수품, 식량 등을 무상으로 대여하는 길을 열었다. 루즈벨트는 이를 '이웃집의 화재가 우리 집에 옮겨 붙으려 할 때 자신의 정원에 호스로 물을 뿌리며, 그 호스를 이웃에 건네지 않으면 바보로 여겨질 것은 당연하다'고 표현했다.

중국에서는 마침 이 시기에 신4군 사건(환남사건)이 일어난 직후였다.

2월 7일 루즈벨트로부터 파견된 대통령 보좌관 큐리가 중경에 도착했다. 그의 방중의 목적은 중국의 군사·경제의 실정을 시찰하는 것으로, 장래의 '중미합작'의 예비조사라 할 수 있는 것이었다.

큐리는 21일간 중국에 머물렀다. 그동안 장개석과 10회 이상의 회의를 거듭하여 폭격기의 기지건설·버마 루트의 관리·미국으로부터의 원조무기 입수방법 등 중국 측의 계획이나 태세를 상세히 설명했다.

큐리가 루즈벨트에게 방중 보고를 위해 워싱턴에 도착한 것은 3월 11일이었으나 마침 그날, 미국의 무기 대여법이 의회를 통과하여 루즈벨트가 이에 서명했다.

이어 3월 5일, 루즈벨트는 '고난에 허덕이는 억만의 중국인민은 비장한 결의로써 국가를 분할하려는 것에 저항해 분투하고 있다. 그들은 장위원장을 통해 미국의 원조를 요구해왔다. 미국은 이미 중국에 대해 당연히 원조를 받을 수 있음을 전했다'고 표명했다.

미국의 지원으로 공군력 강화

워싱턴에서는 특사로서 파견되어 있던 송자문(宋子文)과 미국 육해군부와의 사이에 구체적인 군사원조에 대한 협의가 시작되어 있었다. 3월 31일, 송자문은 먼저 다음의 3가지 사항을 중심으로 한 정식요청을 제출했다.

'(1) 중국 항공위원회 사무국 부주임 모진초(毛邦初)와 미국 퇴역 장교 크레어 센노트가 제의한 지원 항공대 편제계획을 확대하여 중국에 1천대의 근대공군을 창설하고, 미국이 기술·훈련을 원조한다.

(2) 중국 육군 30개사의 장비와 훈련.

(3) 버마 루트 등 중국의 대외보급 교통망의 정비와 건설'

이 요청의 첫 번째로 들은 '지원 항공대'는 7·7사변 전(1936년)부터 중국의 공군 기술지도에 초빙된 센노트를 중심으로 추진되고 있던 계획으로, 미국 등 정부 차원의 공식원조와는 별도로 미국에서 지원 파일럿(퇴역군인)을 모집하여 중국의 항공을 강화하려 했던 것이다.

센노트와 모진초가 도미해 일을 추진한 결과 해군장관 녹스, 육군장관 스템슨 등은 호의를 나타내 루즈벨트나 재무장관 머겐스 등도 이를 지지했다.

그 결과 1941년 1월 P40전투기 백대의 매각을 받았으나, 지원병 문제가 남아 있었다. 당시의 미일 관계에서 보면 퇴역이라고는 하나, 미국의 군인이 중국의 전장에서 공공연히 참전하는 것은 어려웠던 것이다.

그러나 송자문의 요청을 받은 루즈벨트는 4월 15일 은밀히 미국의 예비 항공장병이 지원대에 참가할 것을 허가하는 명령을 발했다.

어디까지나 '민간사업'임을 가장하기 위해 미국 측은 중앙비행기 제조회사가 표면에 나서고, 센노트는 동사의 '관리인', 지원병은 비행기를 제조·수리·운용하는 '사원'이라는 형태를 취하게 되었다.

이러한 조치에 의해 계획은 즉시 실행에 옮겨졌다.

이후 응모한 '사원'의 제1진은 7월 10일 네덜란드 배로 샌프란시스코에서 싱가포르로 향했다. '사원'은 학생·음악가·농민 등 각양각색의 직업으로 위장했는데, 일본 측 정보기관은 이를 감지해 라디오 방송을 통해 '미국 공군의 지원병이 전투를 위해 중국으로 향했으나, 이 배는 영원히 중국에 닿을 수 없을 것이다'라고 위협했다. 이로 인해 미국 해군은 순양함 2척으로 하와이까지 호위하고, 이어 네덜란드 해군이 호위를 맡아 무사히 싱가포르까지 닿았다.

그들은 버마·랑군 북방 2백 70킬로 지점의 키에드 비행장에 집결하여 8월 1일 미국 공군지원대로서 정식 발족했다.

지원대는 엄한 훈련을 거쳐 마침내 12월부터 일본군에 대한 작전행동을 개시한다. 날개에는 '청천백일'의 마크, 기체 앞쪽에는 날카로운 상어의 이빨과 눈을 그려 넣은 이 공군기는 플라잉 타이거즈(飛虎隊)라 불려, 이후 중미 합작의 하나의 상징이 되었다.

미국의 1·2차 군사원조

1941년 4월 16일 장개석은 주중 미국대사 존슨을 불러 미국의 중국에 대한 군사원조를 조기 실현해 줄 것을 촉구했다. 존슨은 즉시 국무성에 '중국은 함께 싸울 동지로서, 타국과 평등한 대우를 받아 마땅하다고 생각한다'고 보고했다.

4월 26일 루즈벨트로부터 중경에 전보가 도착했다.

'이미 4천 5백만 달러의 대중 원조를 승인했다. 내용은 철도, 교통 기재, 트럭, 가솔린, 병기 등이다. 항공기 이외의 것에 대해서는 검토 중에 있다'

5월 6일 루즈벨트는 '중국의 방위는 미국의 국방에 있어서도 매우 중요하다'고 말해, 무기 대여법이 중국에도 적용됨을 정식으로 발표했다. 이어 5월 25일, 루즈벨트는 총액 4천 5백만 달러의 제2차 대중 군사원조를 승인했다.

이 무렵 유럽 정세는 한층 더 긴박함을 전하고 있었다.

3월에는 우세한 독일의 위력에 굴복한 불가리아와 유고가 잇달아 일·독·이 3국동맹에 가입했다. 유고는 3일 후에 쿠데타로 중립 정책으로 전환했으나, 오히려 독일군에게 공격을 받아 4월에 항복하였고 그리스도 또한 독일의 공격을 맞았다.

한편, 미국 전선에서 반격에 나섰던 영국은 4월 초 에티오피아를 회복했다. 미국의 영국 원조도 급피치를 올려, 무기탄약을 만재한 수송선단이 대서양 위를 열을 지어 영국으로 향하고 있었다.

한편, 독소 간에는 새로운 위기가 생겨나고 있었다. 5월에 접어들어 독일군은 독·소 국경에 집결하기 시작, 소련 측도 태세를 갖추기 시작했다. 스탈린이 소련의 수상에 취임한 것은 이 무렵(5월 6일)이었다.

독소간의 위기에 대해 5월 12일 장개석은 미국의 대통령 보좌관 큐리에게 다음과 같이 타전, 독소 개전이 임박해 있음을 경고했다.

'최근 얻은 정보에 의하면 6월 내내 미·독 관계가 현상유지 된 채 악화하지 않는다면, 독일은 1개월 반 이내에 소련에 대해 전쟁을 도발한다. 이를 루즈벨트 대통령에게 참고로 전해주기 바란다'

이러한 가운데 주중 미국대사 존슨이 오스트레일리아 대사로 전임되게 되어 5월 3일 인사차 방문했다. 여기서 장개석은 중미의 합작이야말로 세계 대동의 기초임을 역설했다.

히틀러의 대영 화평공작

5월 14일에는 독일의 나치당 부총통으로 히틀러의 후계자로 간주되고 있던 루돌프 헤스가 10일 메서슈미트 전투기로 독일을 출발, 영국에 낙하산으로 강하했음이 보고되었다.

헤스의 영국행은 히틀러의 명령을 받아 대영 평화공작에 나선 것으로, 독일이 이미 영국 상륙작전을 포기하고 영국과의 사이에 정전을 제의하여 새로이 대소 동부전선을 열려는 히틀러의 의도를 말하는 것이었다.

미영 양국의 움직임도 갑자기 분주해졌다. 존슨과 만난 다음날로 예정되어 있던 미국대통령 루즈벨트의 연설이 '건강상의 이유'로 연기되었다. 영국도 또한 어려운 상황 가운데서 '중국 적극원조'의 성명을 발표했다.

5월 27일 루즈벨트는 '국가비상 사태'를 선언하는 동시에 제2차 노변담화를 발표하여 해상의 자유를 지키고, 침략에 대결할 결심을 거듭 언명한 후, 중국과 영국의 침략저지 전쟁에 대해 미국은 전투 물자의 공급을 증가시킨다—고 강조했다.

6월 1일에는 '미국은 전쟁 종료 후, 중국에 있어서의 모든 특권을 포기한다'고 하는 중미간의 합의가 공식적으로 공표되었다. 이는 외교부장 곽태기(郭泰祺)와 미 국무장관 헐의 회담에서 합의가 이루어져 5월 25일에는 공문으로 교환되었던 것이다. 중국의 염원이었던 불평등 조약의 완전 폐기를 크게 진전시킨 획기적인 합의였다.

6월 22일 독일은 마침내 소련 침입을 개시했다.

독일의 소련침입에 의해 미국의 '병기고'로서의 역할은 일층 강화되어, 대서양에 있어서는 미·영·소, 태평양에 있어서는 미·중의 원조 루트가 더욱 활기에 띠게 되었다.

2. 최후의 미·일 교섭

회복하기 어려운 미·일관계

중미간의 협력관계는 이후에도 크게 진전을 보았다.

7월 25일(1941년), 중경에서 미·영·중 3국의 군사합작 회의가 개최되어 중요한 보급로인 버마 루트확보를 협의하고 8월 26일에 루즈벨트는 원중(援中) 군사대표단을 중국에 파견할 것을 결정했다. 이 군사대표단은 미국으로부터 중국에 대여된 무기의 사용법 등을 지도하는 것으로 10월 10일 마그르타에게 인솔된 일행이 도착했다.

9월에는 랑군으로부터 운남성에 물자수송을 위한 철도를 시설하게 되었는데, 그 자재의 90%는 미국이 공급하였고 약 2천km분의 레일이 미국에서 랑군으로 수송되었다. 그러나 이 철도계획은 이후 일본의 버마작전에 의해 중단되게 되었다.

10월 22일에는 7.5센티 구경의 대포 48문, 기관총 1만 1천 정 등이 미국으로부터 중국을 향해 선적되었다.

버마 루트에 의한 원조물자 수송량은 이해 초반의 월 4천 톤에서, 11월에는 1만 5천 톤으로 늘어났다.

이 해에 미국의 무기대여법에 기초하여 실제로 중국에 공급된 물자의 총액은 2천 5백 8십 2만여 톤에 달한다. 그러나 미국이 각국에 공급한 물자총액에서 보면 그 중 겨우 1.7%에 지나지 않는다. 이것이 대폭 증가하게 되는 것은, 일본이 미국과 개전한 뒤의 일이다.

> ▶ 미국의 자료에 의하면 미일개전 전의 미국은 유럽전선을 중시해 영국원조에 대부분의 힘을 쏟았다. 그러나 독소개전 이후는 소련에 대한 원조도 추가되어, 대중원조는 2차적인 것이 되었다. 이로 인해 원조를 약속하긴 하였으나 현물이 좀처럼 중국에 보내지지 않는 상황이 계속되었다.

한편, 미일간에서는 최후의 미일관계 타개교섭이 시도되어지고 있었다.

1940년 11월 27일 일본은 과거의 외상 노무라(野村吉一郎—해군대장)를 주미대사로 임명했다. 노무라가 루즈벨트와 친분이 있는 것을 기화로 미일관계 타개에 기대를 걸어 본 것이다.

노무라는 1941년 1월 23일, 일본을 출발하여 도중 호놀루루를 거쳐, 2월 11일 워싱턴에 도착했다.

14일 루즈벨트는 신임장을 봉정한 노무라를 '옛 친구'로서 맞이하는 동시에 솔직하게 일본에 대한 경계심을 밝혔다.

'현재, 미일 양국간의 상태는 악화하고 있다. 일본의 남진은 기정된 국책이라 생각된다. 미국의 영국 원조는 미국 독자의 의지이나, 일본에게는 3국동맹이라는 제약이 있으므로 일본의 행동에는 충분한 독립의 자유가 없고, 독·이 양국에 강제될 우려가 있다'

노무라는 이때 '나는 일미간은 전쟁을 하지 않는 것이 마땅하다고 믿고 있다'고 대답했다.

미일관계는 분명히 회복하기 어려운 길을 더듬어 가기 시작하고 있었다. 그러나 그 원인은 일본과 미국 2개국 간에 있는 것만은 아니었다.

미일관계 악화의 근원은 일본이 중국을 침략하고 더 나아가 아시아의 제패를 기도하고 있는데 있었다. 따라서 미일교섭이라고는 하나, 먼저 해결되어야만 하는 것은 중국침략 문제였다. 미일 간을 원만한 상태로 되돌리느냐, 아니냐 하는 것은 일본이 중국침략을 그만두느냐, 마느냐에 달려 있다고 해도 과언이 아니었다.

그러나 노무라의 사고방식은 달랐다. 노무라는 오히려 미일교섭에 의해 일본의 중국침략을 유리한 방향으로 끌고 나가려 하였다.

노무라의 주장은 이러했다.

'일체의 위기의 책임은 중국의 항일에 있다. 미국이 중국을 적극적으로 원조하지 않기를 희망한다'

이러한 일본의 터무니없는 주장에 대해 루즈벨트는 '수천 년의 문화를 지닌 중국을 일본이 통치할 수는 없다'고 잘라 말했다.

민간 루트에 의한 미일교섭

이 무렵 노무라 교섭과는 별도로 민간루트를 통한 미일교섭이 진행되어가고 있었다.

창구는 카톨릭 해외전도협회 회장 볼슈와 동 협회 사무국장 드라우트(신부)였다.

두 사람은 1940년 11월 방일하여 일본의 전직 관료로 산업조합 이사인 이가와(井川忠雄)와 접촉하고, 외상 마쓰오카와도 만나 미일의 평화교섭의 의사를 타진했다. 수상 고노에도 이 루트에 희망을 가졌다.

이가와와 육군성 군사과장이 미국으로 파견되고 워싱턴의 일본 대사관도 참가하여 드라우트와의 협의를 계속했다.

그 결과 '미일 양국 양해안(제1차 시안)'이 초안 되어 4월 9일드 라우트로부터 국무장관 헐과 노무라 쌍방에 전해졌다.

이 양해안은 일본 측의 요망을 기초로 한 것으로, 제3항의 '지나 사변에 대한 양국정부의 태도' 안에는 대중침략의 의도를 다음과 같이 드러내고 있다.

'미국대통령이 아래 조건을 용인하고, 일본정부가 이를 보장했을 때 미국대통령은 그 조건에 기초하여 국민정부에 대해 화평을 권고한다.

(1) 중국의 독립

(2) 중일간에 성립되어야 할 협정에 근거한 일본국 군대의 중국영토 철수

(3) 중국영토의 비병합

(4) 비배상

(5) 문호개방 방침의 부활

(6) 국민정부와 남경 왕정권과의 합류

(7) 중국영토로의 일본의 대량 집단 이민의 자제

(8) '만주국'의 승인

국민정부가 미국대통령의 권고에 응할 때에는 일본정부는 새로이 통일 수립된 중국정부, 또는 동 정부를 구성하는 자와 직접적으로 화평 교섭을 개시하기로 한다.

일본정부는 전기 조건의 범위 내에 있어 선린우호, 방공 공동방위 및 경제제휴의 원칙에 근거하여 구체적 화평조건을 직접 중국 측에 제시한다.

만일 국민정부가 루즈벨트 대통령의 권고를 거절할 경우에는 미국정부는 대중국 원조를 중단하는 것으로 한다'

헐의 4원칙

4월 20일(1941년), 민간루트에 의한 교섭을 이루어진 '미일 양국 양해안'에 대해 미국의 국무장관 헐은 회상록 가운데 다음과 같

이 서술하고 있다.

'2,3일간 나는 국무성의 극동문제 전문가와 신중히 검토했다. 우리가 이 제안을 연구하면 할수록 실망이 커졌다. 이는 우리가 예상했던 것보다 조정의 여지가 희박한 것으로, 그 조항의 대부분이 일본의 제국주의 요구에 기인한 것이었다'

이와 같은 내용의 양해에도 불구하고 미국은 일본의 침략행동 확대를 방지하기 위하여 미일의 교섭을 어떻게든 계속해보려고 노력했다.

'양해안'은 4월 16일에 재수정되어 '미국의 대중원조 중단' 등의 부분이 삭제된 후, 동일 행해진 헐과 주미 일본대사 노무라와의 비공식 회의에 부쳐졌다.

이날 회의에서 헐은 '미국정부에 있어 단 하나의 최고 전제는 일본이 정복과 침략의 정책을 포기하고 평화적 원칙으로 돌아오는 것이다'라고 설득하고 ① 모든 국가의 영토보전과 주권의 존중 ② 타국의 국내문제에 대한 불간섭 ③ 통상의 기회균등을 포함한 평등 ④ 평화적인 수단에 의한 것 이외는 태평양의 현상태를 소요시키지 않는다—는 4원칙(헐의 4원칙)을 제시했다.

이 외에 헐은 미국 측의 조항의 수정·삭제 혹은 새로운 제안을 행할 것을 전제로 해 '양해안'을 미일교섭의 기초로 삼을 것에 동의했다.

헐에 따르면 이때 노무라는 '양해안이 그대로 미국에 받아들여진 것으로 잘못 생각해 기뻐했다'고 한다. 노무라의 영어 실력이 빈약해 미국이 제시한 전제를 충분히 이해하지 못했던 것이다.

노무라의 잘못된 보고로 일본정부는 일거에 '전격 타협'으로 받아들여진 희망적 관측이 난무했다. 원래 이 '양해안'은 일본의 요구에 따른 것으로, 일본의 육군·해군 모두 이의가 있을리 없었다.

당시 일본외상 마쓰오카는 노무라 등의 반대를 뿌리치고 일소중립조약 교섭과 3국동맹 강화를 위해 독일, 이탈리아·소련을 순방

중이었다. 일본정부의 최종적 태도는 그의 귀국을 기다려 결정하기로 합의, 소련에 있던 마쓰오카에게 조속히 귀국하도록 전보를 보냈다.

마쓰오카는 4월 22일 도쿄, 다테카와(立川) 비행장에 돌아왔다. 마쓰오카는 그의 부재중에 미일교섭이 진전된 것을 몹시 못마땅해했다. 미일관계보다도 일·독·이 3국동맹을 중시한 마쓰오카는 태평양에 불안정 상태를 지속시킴으로써 미국의 유럽참전을 견제할 것을 생각하고 있었다. 3국동맹을 배경으로 삼으면 미국도 강력하게는 나올 수 없으리라 생각한 것이다.

마쓰오카는 그날 밤의 연락회의에서 미일 양해안이 거론되자 매우 흥분하여 독일에 대한 신의를 지키지 않으면 안 된다고 강조하는 동시에 '이 제안은 미국의 악의 70%, 선의 30%로 이해하고 있다. 이후 2주정도 생각할 시간을 달라'고 말하고 자리를 떠났다.

이후 마쓰오카는 감기를 내세워 시즈오카(靜岡)현의 어전장에 은거했다. 시간을 벌며 새로운 일본정부안 작성의 리더십을 잡으려는 것이었다.

일본 외교의 새로운 실패

마쓰오카는 5월 3일이 되어 겨우 상경하여 연락회의에서 '양해안'의 대수정을 요구했다. 연락회의는 마쓰오카의 요구를 받아들이지 않았으나 마쓰오카는 노무라에게 훈령을 내려, 미국정부에 대해 '일본은 3국동맹의 친분에 의해 독·이를 상처 줄 수 있는 행동은 하지 않는다'는 전문을 보냈다.

일본정부안이 노무라로부터 헐에게 전해진 것은 5월 11일이다. 그 내용은,

(1) 일본은 3국동맹이 방어적인 것으로 실제로 유럽에서 참전하지 않는 국가의 전쟁참가를 방지하기 위한 것임을 분명히 한다. 그러나 일·독·이 3국의 어느 쪽이 이들 제3국으로부터 공격을 받는 경우는

정치·경제·군사면의 상호원조를 발동한다. 한편, 미국은 장래에도 일반의 국가를 원조해서 다른 쪽을 공격하지 않음을 분명히 한다.

(2) 미국은 일본의 고노에 성명 및 왕정권과 체결한 '조약', '일만중공동선언'의 원칙을 승인하여 즉시 국민정부에 화평을 권고한다.

(3) 미일 통상관계를 개선하여 상호 필요한 물자의 통상을 확보한다.

(4) 미국은 남서 태평양방면에 있어서 일본이 원하는 자원생산·획득에 협력한다—등 일본에 유리한 것만을 확대한 것이었다.

이 일본정부안과 동시에 마쓰오카는 헐에게 '일본이 미일회담에 응하는 것은 미국이 참전하지 않을 것 및 장개석에게 대일 화평을 권고할 것을 전제로 한다'고 하는 메시지를 전달했다. 헐 등의 미국 수뇌는 이와 같은 마쓰오카에게 노골적으로 불신을 표명했다.

마쓰오카는 미일교섭을 지연시키는 한편, 교섭의 경과를 동맹국인 독일·이탈리아에게 통보했다.

당연한 일이지만 독·이 양국은 미일교섭에 반대했다. 독일은 5월 17일 '일본이 제3국과 조약을 맺는 것은 3국동맹을 약화시키는 것이다. 이미 미국은 추축군의 '적국'이다'라고 일본정부에 항의하며, 일본은 미국과의 교섭을 거절하고, 미국이 유럽에 참전치 않도록 견제해 달라고 요구했다.

독일로부터 항의를 받은 마쓰오카는 주일 미국대사 글루에게 '미국의 대영원조가 과녁이 되어 전쟁이 일어난다면 일본도 전쟁을 하게 된다. 그러한 경우 침략국의 비난을 받는 것은 미국이다'라고 말해, 미국을 점점 더 격분시켰다.

게다가 마쓰오카는 노무라에게 명해 일소 중립조약을 모델로 한 '일미 중립조약'을 맺을 수 있는지, 없는지를 미국에 타진케 했으나, 그대로 일축당하고 말았다.

워싱턴에서 행해지고 있는 미일교섭은 중국과도 매우 관계가 깊어 중국으로서도 그 추이를 지켜보고 있었다. 미국도 또한 이와 같은 중국의 입장을 이해하여, 일일이 미일교섭의 경과를 중국에 전달, 중국의 의견을 들었다.

5월 23일(1941년) 미국국무장관 헐은 주미 중국대사 호적(胡適)을 초대해, 미일교섭에 대한 미국의 생각을 설명했다. 헐은 이때 '유럽 전국은 점점 더 위험해지고 있으나, 유럽과 극동의 문제는 하나이다'라고 지적한 후 미일교섭은 무엇 하나 합의에 도달해 있지 않음을 밝혔다. 또한 '미일간의 평화문제에 대해서는 어떠한 것이라도 중국과 충분히 사전협의를 하지 않는 한, 최종적 교섭에 들어가지 않는다'는 보증을 받았다. 이 보증은 이후에도 계속 지켜져 최종적으로는 중국의 의견이 미국에 대일타협을 정체시키는 역할을 하였다.

5월 30일 헐은 주미 일본대사 노무라에게 미국의 대안을 제시했다. 이 가운데 미국 측은 앞서의 '미일 양해안'의 내용을 다시 수정, '3국동맹에 의한 상호 원조발동', '만주국 승인', '국민정부와 왕정권의 합류' 등이라는 일본 측의 요구를 모두 삭제, 중일 화평에는 일본군의 철수가 전제임을 주장했다. 일본 측에게 있어서의 예상과는 매우 다른 준엄한 내용이었다.

이 미국측 대안(헐 비공식 제안)은 6월 21일부로 일본의 외교정책을 비난하는 구두성명과 함께 일본 측에 건네졌다.

독·소전의 발발로 동요하는 일본

유럽전선에서 급변이 일어난 것은 다음날인 22일이었다. 동부전선에 집결해 있던 독일군이 일제히 소련 공격에 나선 것이다.

독·소전의 발발은 일본에게 있어서는 '예상외'의 사건이었다. 마침 남경의 가짜정부의 왕조명이 방일중이어서 일본외상 마쓰오카와 왕은 함께 도쿄 가부키좌(歌舞伎座)에서 관극 중 이 소식을 듣고 황망히 상주(上奏) 수속을 밟았다. 독·소 불가침조약의 체결로 아연해졌던 히라누마(平沼) 내각의 전철을 밟은 것이었다. 방독한 마쓰오카가 히틀러와 만난 지 채 3개월도 지나지 않아서였다. 독·소관계가 악화되고 있었다고는 하나, 일본과 추축동맹 하에 있는 독일이 일본과 중립조약을 맺은 지 얼마 안 되는 소련에 대해 일전을 교환하리라고는 생각도 하지 못한 것이었다.

'추축외교'를 유일의 나침반으로 삼고 있던 일본은 예기치 못한 사태에 당할 수밖에 없었다.

일본은 정책결정에 갈피를 잡지 못했다.

마쓰오카는 3국동맹의 '상호원조 조항'의 발동을 주장, 독일과 협력하여 소련을 공격(북진)할 것을 주장했다. 독일도 마쓰오카를 지원, 블라디보스톡을 공격할 것을 권유했다.

군부 안에는 세계의 이목이 독·소전에 집중되어 있는 사이에 남진책을 취해야 한다는 의견이 많았다. 수상인 고노에는 독일 불신을 이유로 3국동맹의 파기를 고려했다.

6월 26일부터 개최된 정부와 대본영의 연락회의는 먼저 첫날 남진, 즉 남부 불인침략의 방침을 세우는 '남방시책 촉진에 관한 것'을 결정했다. 이는 '불인과의 군사적 결합관계 설정'을 위해 남부 불인의 중요지역에 군대를 주둔시킨다. 만일 불인 당국이 요구에 응하지 않으면 무력으로 목적을 관철한다—고 하는 것이었다.

그러나 마쓰오카 등의 북진론도 강경하여 쉽게 결말이 나지 않았다. 거의 매일 밤낮을 계속한 연락회의에서의 격론을 거쳐, 마침내 7월 2일의 어전회의에서 '먼저 남진, 정세를 보아가며 북진한다'는 '정세추이에 따른 제국국책 요강'을 다음과 같이 결정했다.

'(1) 장정권 굴복촉진을 위해 남방지역의 압력을 더욱 강화한다. 정세의 추이에 따라 적시에 중경정권에 대한 교전권을 행사하는 한편, 중국에 있어서의 적성(敵性)조계를 접수한다.

(2) 영·미 전 준비를 갖추어 먼저 대불인 시책요강 및 남방시책 촉진에 관한 건에 근거, 불인 및 타이에 대한 제반 정책을 완수하고, 이로써 남방진출의 태세를 강화한다. 제국은 본 목적달성을 위해 대영·

미전을 사양하지 않는다.

(3) 은밀히 대소 무력적 준비를 정비하여 자주적으로 대처한다. 독·소전쟁의 추이가 제국을 위해 유리하게 진전하면 무력을 행사하여 북방문제를 해소하고, 북변(北邊)의 안전을 확보한다……'

북진론에는 일본의 오랜 '가상적국'인 소련을 단숨에 공략할 수 있다고 하는 기대가 있었다. 그 반면에서는 중국전선보다 배 이상의 대량의 군사를 투입하지 않으면 안 된다는 약점도 무시할 수 없었다.

한편, 남진론에서는 동남 아시아의 자원을 손에 넣는다는 매력이 있었다. 그 반면, 대미전쟁의 위험성은 매우 크다 하지 않을 수 없었다.

이러한 상황에 놓여 있던 일본은 마침내 북쪽도 남쪽도 모두, 즉 세계 전체를 적으로 삼는 전략을 선택한 것이다.

이에 따라 즉시 남진방면에서는 불인진주를 위해 새로이 제25군 편성의 명령이 내려졌다. 또한 북진방면에서는 '관동군 특별대훈련(관특련)'이라는 이름하에 '만주국'에 70만 명의 대부대와 막대한 병기를 집적하여 대비한다는 2면 작전에 착수했다.

독일군의 소련진격에 미국 또한 움직임을 보였다. 미국은 즉시 소련 원조의 성명을 내고, 군대를 아이슬랜드에 진주시켰다. 대영·미전을 사양치 않겠다는 일본과 경화된 미국과의 사이에서는 이미 교섭에 의한 해결은 바라볼 수 없는 상태가 되어 있었다.

3. 일본봉쇄 정책

총사직으로 강경파 마쓰오카를 추방

이 무렵 일본의 정부를 뒤흔드는 또 하나의 문제가 있었다. 6월 21일(1941년)부의 미국 측 대안과 함께 보내진 헐의 구두성명이 그

것이었다.

그 내용은 '일본정책의 지도자 가운데는 나치 독일과 그 정복정책에 말려들어, 미국이 유럽 전쟁에 휩쓸릴 경우 히틀러 쪽에 서서 싸울 수 밖에 없다고 생각하고 있는 사람이 있다. 이러한 지도자가 공적인 지위에서 그러한 태도를 표명하고 있는 한, 미일교섭은 환멸을 초래할 뿐이다'라고 하는 것으로, 지명은 하고 있지 않으나, 외상 마쓰오카(松岡)의 '불신임'을 암시한 것이었다.

'불신임'을 받은 마쓰오카는 세계 외교사상 전례가 없는 일이라며 격노했다.

마쓰오카는 이 구두성명과 미국측 대안(헐 비공식 시안)을 철저히 공격하여 미일교섭을 중지하자고까지 주장했다. 그러나 수상 고노에는 아직 교섭에 대한 희망을 갖고 있었다. 일본정부의 연락회의도 마쓰오카의 중단론에 아무도 찬성하지 않았다.

마쓰오카는 격분한 나머지 워싱턴 주재 일본대사 노무라(野村)에게 독단으로 구두 성명을 거부하라고 타전했다. 헐은 이후 철회에 응하나, 그 직전인 7월 12일 개최된 연락회의 석상에서 육해군이 공동으로 만든 미일교섭 촉진안의 심의를 마쓰오카가 거부한 것 등으로 마침내 고노에도 처치에 고심, 7월 16일 밤 '마쓰오카 추방'을 위해 내각 총사직을 단행했다.

제3차 고노에 내각은 7월 18일에 성립했다. 새로운 외상에는 해군대장 토요다(豊田貞次郎 : 전 상공상)가 기용되었다.

새 내각에 대해 육해군의 총사부(總師部)는 3가지의 요망사항을 제시하여 내각의 행동을 공공연히 속박했다.

① 7월 2일의 어전회의에서 결정한 '제국국책 요강'에 근거해 불인에 대한 군사행동을 실행한다 ② 남방·북방 양면의 전비를 촉진한다 ③ 미일교섭에 대해서는 3국동맹의 정신에 위배하지 않는다—는 것이다.

불인에 관해서는 이미 7월 14일 일본은 프랑스의 비시정부에 대해 동의의 유무에 관계없이 일본군이 남부 불인에 진주할 것을 일방적으로 통고하고 23일에는 현지의 불인당국에 진주 세목을 수락케 했다(진주는 28일).

일본의 이러한 폭거는 태평양 전역에 전쟁의 위기를 불러일으키는 것이었다. 중국은 7월 26일 외교부장 곽태기에게 명해 다음과 같은 정부성명을 발표하도록 했다.

'일본의 행동은 베트남 정복의 확대이며, 남진정책의 추진으로 향휴 베트남 전역은 일본의 군사점령구와 동일하게 되었다. 이러한 진전은 계속해 중국 서남변경을 위협할 뿐 아니라, 서태평양의 제국의 권익과 영토에 위험을 초래하는 것이다.

중국정부는 전력으로 스스로의 책임을 다해 침략에 저항하는 국책을 실시하여, 일본의 모험적 행동에 실패를 가져오게 한다.

중국정부와 인민은 그 밖의 관계있는 각국이 일본의 확대와 침략에 방관하여, 태평양 전역의 정세를 더욱 악화시켜, 나아가서는 수습할 수 없는 경지에 이르게 하지는 않을 것이라고 굳게 믿고 있다'

미국의 대일제재

미대통령 루즈벨트도 마침내 철저한 대일제재에 나섰다. 7월 24일 주미 일본대사 노무라에게 일본군의 불인으로부터의 철수를 권고하고, 불인의 중립화를 제안했다.

그 다음날인 25일 밤 미국은 이어 재미 일본자산의 동결을 발표하였고, 영국과 네덜란드도 이에 따랐다. 또한 영국, 인도, 버마, 캐나다, 뉴질랜드가 대일통상 조약의 폐기를 통고했다.

미국은 군사면에서도 7월 26일, 극동 미육군을 창설하여 필리핀군을 미국의 지휘 하에 들어오게 했다.

미국을 비롯한 이들 자유민주주의 국가의 대응은 일본이 남부불인진주를 불인당국에 강요한 지 불과 1주일도 지나지 않아 연쇄적으로 실시되었다. 이로써 일본을 봉쇄하는 'ABCD포위망'은 매우 강력해지게 되었다.

8월 1일 미국은 드디어 일본에 대한 석유수출을 전면적으로 금지했다. 석유야말로 일본의 생사를 제압하는 자원이었다. 일본의 남진도 원래 난인의 석유를 차지하기 위한 것이었으나, 난인에 있어서도 7월 말의 일본자원동결에 의해 석유의 공급을 중단해버렸다. 에너지원을 완전히 잃은 일본은 전쟁을 계속하기는커녕 국가의 생존조차 위태로운 비상사태에 직면했다.

당시 일본해군이 비축하고 있던 석유는 약 6백만 톤이었으나, 이는 평소에 아껴 쓴다 하더라도 약 3년, 전쟁이라는 비상사태 시에는 1년도 지탱하지 못할 양이었다. 육군의 비축은 더더욱 빈약해 9개월 정도면 전차도 비행기도 움직이지 못하게 될 형편이었다.

일본의 육군은 대영·미 개전을 주장했다. 유럽 전선에서의 독일군의 승리를 원호로, 이길 수 있다고 전망한 것이다. 한편 해군은 이길 자신은 없고, 미일교섭이 계속되는 쪽을 희망했다. 수상 고노에는 교섭의 길을 선택하려 했다. 8월 5일에는 '불인 이외에는 진주하지 않는다'고 하는 양보제안을 워싱턴의 노무라에게 훈령하고, 7일에는 루즈벨트와의 직접회담을 신청했다. 그러나 교섭에 반대하는 육군의 압력도 있고 하여, 일본의 기본적 태도에는 변화가 없이, 어디까지나 미국에게 양보와 타협을 구한다는 자세로 일관했다.

한편 영·미 양국에서는 루즈벨트, 처칠 양수뇌가 캐나다의 뉴펀들랜드에서 회담을 개최하여 8월 14일 '영·미 공동선언'을 발표했다.

이는 영·미 양국은 ① 영토의 확대를 꾀하지 않는다 ② 관계 국민의 의지와 일치하지 않는 영토의 변경을 희망하지 않는다 ③ 국민이 자국의 정체를 선택하는 권리를 존중한다 ④ 나치를 끝까지 파괴하여, 모든 인류를 공포와 결핍으로부터 해방시켜 평화를 확립할 것을 희망한다―등의 8개항으로 이루어져 있다. 동 선언은 후일 '대서양 헌장'이라 불려 세계질서를 새롭게 구축하는 원칙이 된 것이다.

처칠과의 회담을 끝낸 루즈벨트는 8월 17일 노무라를 불러 2가지의 문서를 건넸다.

하나는 '일본정부가 인접제국을 군사적으로 지배하기 위해 또다시 어떤 조치를 취하는 경우에는 미국은 즉각 필요하다고 인정되는 모든 수단을 강구한다'고 하는 최후통첩에 비할 만한 경고였다.

또 하나는 '일본이 태평양의 평화적 정책의 실행에 나선다면 미·일 회담의 재개에 동의한다'고 하는 교섭에 의한 해결의 여지를 남겨두고 있었던 것이다.

처칠도 또한 8월 24일, 일본의 중국침략과 불인점령을 맹렬히 비난하는 연설을 통해 일본의 싱가포르·필리핀 진출을 저지해야만 한다고 강조한 뒤 '우리는 미·일간의 교섭이 성공하기를 진심으로 희망하고 있다. 그러나 만일 희망이 수포로 돌아가 버리면 우리는 물론 주저 없이 미국의 편에 설 것이다'라고 말했다.

일본의 심각한 자원문제

세계 도처에 적을 만든 일본은 국내의 의견 통일에도 고심하고 있었다.

8월 28일 일본수상 고노에는 미국대통령 루즈벨트에게 메시지를 보내 험악해져만 가는 미일관계의 타개책을 마련하기 위해 다시 수뇌회담의 개최를 제안하고 동시에 ① 중일전쟁이 해결되어 극동의 평화가 확립되면 불인으로부터 철수한다 ② 불인 진주는 근접지역으로의 무력진출을 위한 예비행위가 아니다—라는 것을 내용으로 한 '일본정부의 태도 및 계획'을 제시했다.

루즈벨트는 한때는 수뇌회담에 응할 생각이었으나, 국무장관 헐 등의 반대로 생각을 바꾸어 9월 3일 일본대사 노무라에게 수뇌회담의 성공을 보증하기 위해서는 먼저 기본적인 중요문제에 대해 예비토의를 거쳐야 할 필요가 있다는 회답을 전했다. 동시에 구두성명을 노무라에게 건네, 예비토의에 있어서의 합의가 필요한 사항으로 앞서의 '헐의 4원칙'을 재차 제시하여 일본이 근본적으로 침략정책을 개혁할 의지가 있는지를 물었다.

이와 같은 미·일교섭은 주미 중국대사 호적에게도 즉시 전달되었다.

9월 4일 미 국무장관 헐은 호적과 회견하여 미국은 일본과 '서로의 의사를 타진하는 성격의 회담'을 진행하고 있으나 담판을 진전시킬만한 공통의 합의는 얻지 못하고 있다고 공식 통고했다.

호적은 '일본은 가까운 장래에 무력을 포기하고, 평화를 제의해 오지는 않을까?'하고 타진해 보았으나, 헐은 사태 진전 가능성으로서 ① 일본이 붕괴한다 ② 일본이 미국의 기본원칙을 받아 들인다 ③ 일본은 선택의 기로에서 약간의 사항에 대해 협의를 성립시켜 나가면서, 상황에 따라서는 무력을 사용해 타국에 대응할 것을 주장한다 ④ 당장은 미국과의 사이에 어떠한 협의도 성립시킬 것을 거절한다―는 4가지 경우를 생각할 수 있다고 전해왔다.

일·미교섭의 경과에 대해서는 갖가지 정보와 억측이 난무하고, 많은 사람들은 미·일타협의 가능성을 점쳤다.

그러나 중국은 일본이 타협에 응하지 않으리라는 관측이 주도적이었다.

과연 일본은 9월 6일, 어전회의에서 '제국국책 수행요령'을 결정, '외교교섭을 계속해나가며 한편에서는 10월 하순을 목표로 대미전 준비를 완료한다'는 것을 확인했다.

ABCD포위망 안에 갇힌 일본은 하루하루가 갖고 있는 자원을 탕진해 버리는 것과 같았다. 미·일교섭이 지연되면 그만큼 자원도 바닥이 난다는 심각한 상황에 몰려 있었다.

달라지지 않는 일본의 강요

1941년 9월 18일, 일본군의 동북 무력침략개시(만주사변)로부터 10주년을 맞았다.

장개석은 이날 발표한 '전국 군민에게 고하는 글'을 통해서, '중국항전 목적은 시종 중화민족의 독립과 생존, 영토와 주권과 행정의 완전성을 보장하기 위함임을 밝히고 이러한 목적이 달성될 때까지 끝까지 투쟁할 것'이라는 중국의 결의를 표명하였다.

그러나 일본은 여전히 위협적 자세를 계속 견지했다. 중국에 대해 일본군은 9월 하순부터 다시 장사(호남성)공격을 발동했다. 그러나 중국군은 역으로 이를 포위 반격하여 4만여 명을 섬멸하는 대승(제2차 장사전)을 거두었다.

미국에 대해서도 일본은 여전히 강요의 자세를 바꾸지 않았다.

9월 25일 일본외상 토요다(豊田)는 주일 미국대사 글루에게 '중일평화 기초조건'을 포함한 미·일 양해안의 일본 측의 '최종안'을 제시했다.

그 내용은 '중일 양국의 안정을 위해 위협이 되는 공산주의 및 그 밖의 질서파괴 운동방지와 치안유지를 위해 내몽고와 화북의 일정지역을 일본군대가 필요 기간 주재한다. 또한 종전의 결정과 관례에 근거한 지점(해남도·아모이)에 일본함선 및 부대가 주둔한다'라고 중국에 있어서의 군대 주둔을 공언한 외에 '만주국 승인', '중경·남경의 합류' 등을 조건으로 들어 미국에 중·일 화평의 중재를 요구한 것으로, 종래의 일본의 주장을 거의 그대로 반복한 것에 지나지 않았다.

강경론자 도조 히데키의 등장

미국국무장관 헐은 이 '최종안'을 단호히 거절했다.

그는 10월 2일 워싱턴의 일본대사 노무라를 불러 태평양의 화평유지는 일시적인 무마로는 불가능함을 밝히고, '헐의 4원칙'을 거듭 강조한 뒤, 일본의 중국 계속 주둔에 강한 반대를 표시하고 결론으로서 일본 측이 요구하고 있는 고노에·루즈벨트 회담을 실현시키기 위해서는 이러한 근본적 문제에 대해 토의를 진전시킬 것을 기대한다—고 통고했다. 일본 측이 태도를 바꾸지 않는 한 수뇌회담을 거부한다는 뜻을 분명히 한 것이다.

이러한 통보에 앞서 10월 1일, 헐은 주미 중국대사 호적을 불러 수뇌회담이 실현될 가능성은 100분의 1도 안 된다고 전했다.

일본수상 고노에는 여전히 미·일교섭을 계속할 길을 모색하려 했으나, 육상 도조(東條) 등은 대미개전을 시작하더라도 중국으로부터의 전면철병은 거부한다고 강경히 주장해, 마침내 고노에는 10월 16일 수상의 자리를 내놓았다. 후계 내각의 수반은 육상이었던 도조 히데키가 맡았다.

강경론자 도조의 수상취임은 세계정세에 대한 앞으로의 정국에 또 다른 파란을 예상케 하는 것이었다.

일본정부가 대미개전의 결의를 확정한 것은 1941년 11월 5일의 어전회의에서였다.

이날 결정한 '제국국책 수행요령'은 미·영·네덜란드와의 개전기간을 12월 초두로 잡아, 대미교섭의 기한을 12월 1일 오전 0시로 정했다.

대미교섭안에서 새로이 '갑안'과 '을안'의 2안이 결정되어 '이는 명실공히 최종안이며, 타협하지 않는 경우는 결렬되는 수밖에 없다'고 하는 '최후 훈령'과 함께 어전회의의 전일 (4일) 워싱턴의 일본대사 노무라에게 타전되었다.

갑·을 양안 모두 9월 25일의 일본 측의 '최종안'에 다소의 양보를 추가한 것으로 먼저 갑안으로 미국 측의 태도를 보아 최악의 경우에는 을안으

일본 군국주의의 상징인 도조(東條)내각 성립

로 잠정적인 타협을 꾀한다는 내용이었다.

갑안에 있어서의 일본의 주요한 양보는 다음과 같다.

(1) 통상문제=이제까지의 '중일간의 통상은, 중일간에는 특수하고 도 긴밀한 관계가 있으므로 그것을 원칙으로 한다'라는 주장을 바꾸 어 '통상무차별 원칙'이 세계적으로 통용되는 것을 조건으로, 중일간 에도 적용할 것을 승낙한다.

(2) 3국동맹문제=자위권의 범위를 극단적으로 확대할 의도가 없음 을 일층 명료히 한다.

(3) 중국으로부터의 철병문제=화평성립 후에는 화북과 몽강의 일 정지역 및 해남도에 '필요 기간' 주둔하나, 나머지 군대는 2년 이내 에 철수한다. '필요기간'이란 무기한 주둔을 의미하는 것은 아니며, 대 략 25년을 예정한다.

(4) 헐의 4원칙=정식 타협사항에 포기시키는 것은 극력 회피한다.

일본, 최후의 타협안

한편 을안은 미·일관계를 일거에 악화시킨 직접적 요인인 불인문 제만을 들어 일단 협정을 성립시켜 당장의 위기를 넘겨보려는 것으 로, 그 내용은 ① 일본과 함께 붙인 이외의 동남아시아 및 남태평양 에 무력진출을 하지 않을 것을 확약한다 ② 미·일 양국은 남인에 있어서 필요물자의 획득에 협력한다 ③ 미·일 양국은 통상관계를 자산동결 전의 상태로 회복시킨다. 미국은 석유를 일본에 공급한다 ④ 미국은 중일 양국의 화평노력에 장애를 주는 행동을 하지 않는 다—로 되어 있다.

즉 을안은 미·일간의 원칙상의 최대 쟁점이 되어 있는 '중일문 제'를 일시 제쳐두고, 위기를 수습하려고 하는 제안이었다. 그러나 이날 (11월 5일)을 경계로 일본의 개전준비는 마침내 '초읽기'에 들 어갔다.

이날, 대본영은 연합함대(사령장관 야마모토(山本五十六)에 대해 미국·영국·네덜란드에 대한 작전준비를 명령하였고 또한 다음날인 6일에는 남방의 일본군에게 중요지역의 공격준비명령이 내려졌다. 11월 7일 주미 일본대사 노무라는 미 국무장관 헐에게 '갑안'을 제시하고 이어 10일에는 대통령 루즈벨트와 회견, '최후의 교섭'에 들어갔다.

이와 동시에 일본은 노무라의 대미교섭의 응원을 위해 베트남 외교관 쿠르스(内栖三郎)를 특파대사로서 미국에 보냈다. 그는 16일 밤 워싱턴에 도착했다.

미국은 일본 측의 제안(갑안)을 전혀 받아들이지 않았다. 일본군의 중국주둔에 대해서는 문제로 삼을 수 없다고 보고, 3국동맹에 대해서도, 미·일간에서 결정하려는 협정과 3국동맹과는 본래 양립할 수 없는 것이다—라는 강경한 태도를 보였다.

미국이 끝까지 원칙을 무너뜨리지 않는 것을 본 노무라와 구루스는 '을안'도 희망이 없음을 깨달아, 을안보다 한층 타협적인 안을 서둘러 제시했다.

이는 일단 사태를 일본군의 남부불인 진주 전의 상태로 되돌리려 한 것으로, 일본군의 남부불인 철병에 대신하여 미국은 자원 동결령을 해제하고 또한 석유의 일정량의 수출을 재개한다—고 하는 것이었다.

루즈벨트와 헐은 이 을안을 신중히 검토했다. 특히 문제가 된 것은 제4항이었다. 제4항은 미국에 중원원조 중단을 요구하는 것과 마찬가지로 이를 받아들이는 것은 일본의 중국침략을 승인하여 중국을 침략자에게 넘기는 것과 같으며, 나가서는 일본의 태평양 지배를 초래하여 미국의 안전에 대해서도 위협을 가하게 하는 것과 이어지는 문제였다.

그러나 국무성 내에서는 일본과 대전할 준비의 시간을 벌기 위해 을안을 기한을 정하여 받아들여, 일본과 잠정적 협정을 맺는 것이 좋다는 의견도 적지 않았다. 미국은 이만큼 유럽전선에 대한 원조에 쫓기고 있었던 것이다.

일단 일본안 거부, 혹은 무시 쪽으로 굳어졌던 루즈벨트도 이러한 의견에 밀려 3개월 내지 6개월의 잠정협정 제안 쪽으로 기울어졌다.

워싱턴에서는 '미·일타협 성립'의 관측조차 난무했다.

만일 이것이 사실이라면 이는 일본이 의도하는 바대로 되는 것이었다.

이미 소련은 10월 24일, 중국에 대한 원조 중단을 통고해왔다. 지금 여기서 미국이 일본과 타협하여 중국원조의 손길을 멈추면 중국은 고립되고, 이는 자유진영 전체에 위험을 초래하는 것이라 하지 않을 수 없었다.

4. 진주만 기습

처칠의 제언으로 협정안 포기

11월 22일(1941년) 주미 중국대사 호적은 미 국무장관 헐로부터 미국이 일본과 잠정협정을 맺으려 한다는 소식을 전해 들었다.

헐이 제시한 협정 초안은 ① 일본군은 불인남부로부터 철수하여 불인 북부의 병력을 7월 26일(불인남부 진주 전)의 수준인 2만 5천명으로 감소시킨다 ② 미·일통상을 한정적으로 재개한다 ③ 중일문제는 평화·법률·질서·공정의 원칙에 기초한 방법에 의해 해결한다—등을 내용으로 하는 것이었다.

이때 미국은 이미 일본의 암호외교 전부의 해독에 성공하여 일본의 개전 결의를 충분히 알고 있었다. 그러나 미국은 잠정협정에 의해 적어도 3개월의 시간을 벌어 그 사이에 개전준비를 갖추려 했던 것이다.

이제까지의 미국의 강력한 대일태도에서 미루어볼 때 예기치 못했던 변선에 당혹한 호적은 불인북부에 2만 5천 명의 일본군을 잔류시키는 것은 버마 루트가 공격되게 될 것임을 지적하는 동시에 '이 잠정협정의 3개월 동안 일본이 중국을 공격하지 않는다고 약속할 수 있는가?'라고 물었다. 헐은 '그것은 장래, 장기협정을 협의할 때 다시 결정할 문제다'라고 얼버무렸다.

이 초안은 이날 다시 헐에게서 영국대사와 네덜란드 공사, 오스트레일리아공사 3명에게도 제시되었으나 호적을 제외하고 반대한 사람은 한 명도 없었다.

이러한 움직임에 대해 호적은 즉시 중경의 장개석에게 타전했다. 장개석은 '미국의 타협을 중지시키도록' 곧 반전을 보내왔다.

동시에 미국에 주재중인 특사 송자문에게 미국 육군장관 스팀슨, 동해군장관 녹스 앞으로 다음과 같은 메시지를 전달하도록 지시했다.

'어떠한 형태로든 일본에 대한 경제압박을 완화하는 것은 모든 중국 군대의 사기에 중대한 타격을 미친다'

또한 영국수상 처칠 앞으로도 타전하여 미국의 잠정협정에 강력히 반대할 것을 요구했다.

24일 헐은 다시 호적 등 4개국의 대사와 공사를 불러 협정안의 정고(定稿)를 제시했다. 호적은 불인북부의 일본군이 5천 명을 상회하는 것에 반대한다고 했으나 헐은 참모총장 마샬이 일본군 2만 5천 명은 위협이 되지 않는다고 말했음을 전하고, 또한 '미국은 일본군이 1명이라도 불인에 있을 것을 용인하지 않으나, 시간을 벌기 위해서는 이렇게 하지 않을 수 없다'고 사정을 설명했다. 다만 그는 '각국의 의견을 충분히 듣기까지는 이 협정안을 일본 측에 건네지 않는다'고 덧붙였다.

호적을 제외한 3개국은 이 잠정협정에 대략 만족의 뜻을 나타냈다. 이날의 호적의 급전은 '사태를 저지하기가 용의하지 않을 것 같다'는 소식을 전했다.

이 시기가 미·일교섭의 추이 가운데 가장 위기감을 안겨주는 시기였다.

그러나 여기서 영국이 제동을 걸었다. 처칠은 즉시 루즈벨트에게 잠정협정 반대의 전보를 보내 '만일 중국이 붕괴하면 영·미의 위험은 매우 크다'고 강조했다. 처칠의 강력한 의견에 마침내 루즈벨트도 생각을 바꾸어 국무성의 스텝들과 재협의한 결과 잠정협정 포기를 결의했다.

'헐 노트'

미국이 이른바 '헐 노트', 즉 9대원칙과 10개 요항을 내용으로 하는 화평해결안을 노무라와 구루스에게 건넨 것은 26일 밤이었다.

헐 노트는 먼저 '정치에 관한 원칙'으로서 ① 모든 국가의 영토·주권의 불가침 ② 타국의 국내문제에 대한 불간섭 ③ 통상 상의 평등 ④ 국제상품 협정의 운용에 있어서의 소비국가와 민중의 이익보호 ⑤ 국제금융 기구 및 계약 수립―의 5원칙을 내건 후, 미·일 양국정부가 채택해야 할 조치로서 10항을 제의한 것이다.

그 가운데 중국문제, 3국동맹문제에 대해서 다음과 같은 내용을 정하고 있다.

(1) 일본은 중국 및 인도지나로부터의 일체의 육해군 병력과 경찰력을 철수한다.

(1) 미국과 일본은 수시로 수도를 중경에 둔 중화민국 국민정부 이외의 중국에 있어서의 어떠한 정부, 혹은 정권도 군사·정치·경제적으로 지지하지 않는다.

(1) 양국은 외국 조계나 거류지역 내에 관한 제권익과 1901년 의화단협정서에 의한 제권리를 포함한 중국에 대한 일체의 치외법권을 포기한다. 이와 동시에 영국에도 마찬가지로 포기하도록 적극 작용한다.

(1) 양국은 그 일방이 제3국과 체결하고 있는 협정에 대해 태평양

일본군 항공모함에서 진주만 기습공격 출발을 명령하는 하달식

지역 전반의 화평확립과 모순이 되지 않느냐는 식으로 해석하지 않는 데 동의한다.

이는 즉 일본의 침략군대의 무조건 철병과 왕조명 정권의 부정, 중국의 완전하고 평등한 지위의 회복, 3국동맹의 실천적인 골자의 삭제를 의미하며, 더 나아가

7·7사변, 9·18사변뿐 아니라, 중화민국 건국 이전의 열강침략 시에까지 거슬러 올라가 근본적이고도 이상적인 해결을 도모하려 한 것이었다.

헐 노트는 아시아 침략을 기도한 일본에게 있어 도저히 수락할 수 없는 것이었다.

일본은 결국 미·일교섭을 포기했다. 이는 중국 외교의 승리이기도 했다.

다음날인 27일 아침, 헐은 해군장관 스팀슨에게 전화로 이렇게 말했다.

'사태는 이미 당신들 육해군의 손에 달려 있소'

암호전보는 '신고산을 올라라'

한편 미국에 유학하여 지인들이 많았던 장개석의 처 송미령은 12월 4일 라디오 방송을 통해 중국은 민족의 생존과 인류의 자유를 걸고 민주국가의 최전선을 맡고 있음을 강조하고 '반침략 국가와 민족은 공동의 목표를 위해 책임을 분담하여 평화와 자유라는 최종목표를 위해 함께 싸우지 않으면 안 된다'고 미국의 여론을 환

기시켰다.

일본은 미·일교섭이 무위로 끝나고 말 것을 미리 예상하고 있었다.

헐 노트가 노무라, 구루스에게 건네진 11월 26일에 미나미구모 (南雲忠一: 중장)지휘의 연합함대 기동부대는 진주만 기습의 임무를 띠고 집결지인 남천도(南千島) 에트로후 섬의 단관만을 은밀히 출항했다.

11월 27일의 일본 연락회의는 헐 노트를 '최후통첩'으로 받아들였다. 호전적인 일본군부는 이를 대미개전으로 향하는 스프링보드로 이용, 일본국내의 개전 신중론을 눌렀다.

일본의 수상 도조는 11월 30일 '일·왕(왕정권)조약 1주년기념' 사로서 영·미를 '적성국가'로 칭해 '이를 철저히 배격하지 않으면 안 된다'고 말했다.

이 발언은 미국을 몹시 자극하여 루즈벨트는 휴양지로부터 백악관으로 돌아왔으며, 구루스는 미국의 신문기자들에게 집중 규탄 당했다.

12월 1일 일본의 어전회의는 마침내 '개전'을 최종결정했다. 개전일은 8일로 정해졌다

12월 2일 오후 5시 30분, 하와이로 향하고 있던 일본의 기동부대에게 연합함대 사령장관 야마모토(山本)의 명령 '신고산(新高

진주만에서 피격당한 미국 항모 아리조나함이 화염에 휩싸여 있다, 일본군의 기습공격으로 미국의 전함 5척이 격침, 3척이 격파되고 전사자 2천 4백여 명을 냈다.

山)을 올라라 1208'이 타전되었다. 12월 8일 예정대로 무력진격을 하라는 암호전보였다. 신고산이란 대만의 최고봉 옥산(玉山 : 표고 3천 9백 97미터)의 일본 통치 시대의 명령이었다.

동시에 일본은 타이 진공의 날짜도 같은 날로 결정했다. 또 말레이, 필리핀에 대한 공격준비를 위해 다수의 수송선단이 남부불인으로 향했다.

일본의 연합함대의 움직임은 극비에 붙여졌으므로 일본의 표면상의 행동에서 추측하는 한에서는 '개전지점'은 동남아시아의 일각이라 예상되었다.

한편, 영국은 1일 싱가포르에 계엄령을 발포하였고, 2일에는 프린스 오브 웨일즈·레파루스의 전함 2척과 그 밖의 함대가 싱가포르에 도착했다. 처칠은 이날, 하원에서 연설하여 '전쟁은 실로 극동에 파급되려 하고 있다'고 경고를 발했다.

12월 6일 장개석은 중국의 결의를 미국의 정치고문 라티모아를 통해 루즈벨트에게 전하도록 했다.

'중국은 결코 만주를 포기하지 않는다. 만일 포기하면 일·영·소가 중국에 있어서의 이권을 둘러싼 충돌과 투쟁을 일으켜 세계전쟁은 그치지 않을 것이다'

압류당한 천황에게 보내는 친전

1941년 12월 8일 중경 교외 황산의 산장에 긴급전화가 걸려왔다.

'하와이의 진주만이 일본 해군 기동부대의 함재기에 갑자기 습격당해, 정박 중인 미 태평양 함대가 커다란 손상을 받았다……'

국민당 중앙의 선전부 부부장 동현광(董顯光)으로부터 온 미·일 개전의 제1보였다.

일본의 대미개전이 가까우리란 것은 예상했으나, 그렇더라도 진주만습격은 너무나도 기습적인 것이었다.

이보다 앞서 미국대통령 루즈벨트는 6일 오전 9시, 주일 미국대사 글루를 통해 일본천황 앞으로 일·미교섭에 열의가 있음을 전한 친전을 보냈다. 그러나 이 친전은 동경에서 일본군부에 의해 압류되어, 8일 오전 11시 반에 겨우 천황에게 전달되었다. 그러나 이때는 이미 일본의 함재기가 공격을 위해 일제히 항공모함을 떠난 지 한 시간 뒤였다.

한편 루즈벨트의 거처에는 주미대사 노무라가 미·일교섭 결렬의 통고를 가져왔으나, 이것도 진주만 공격보다 55분 뒤의 일이었다. 게다가 그 통고는 선전포고도 아니었고 최후통첩도 아니었다. 국무장관 헐은 격노하여 노무라에게 '나는 50년간 공직에 있었지만 이렇게 야만적이고 허위에 찬 문서는 본적이 없다'고 욕했을 정도였다.

일본은 전례대로 국제법상의 수속을 전혀 밟지 않고 침략공격을 감행한 것이다.

새로운 국면의 전개

일본은 드디어 대미개전에 발을 내딛었다. 동시에 중국의 오랜 항일전도 새로운 국면을 맞이했다. 이날부터 세계는 일·독 등 침략국가군과 자유국가군으로 엄연히 2분되어, 중국은 세계의 맹방들과 함께 응전에 나서게 된 것이다.

장개석은 즉시 산을 내려와 중경으로 향했다. 이미 홍콩·필리핀·말레이도 일본기의 공습을 받았다는 전보가 도착되었다.

오전 8시, 중국국민당 중앙사무위원회 특별회의를 소집하여 중국이 취해야 할 정책을 다음과 같이 결정했다.

'(1) 태평양의 반침략 각국은 즉시 정식 동맹을 성립시켜 미국을 지도국으로 삼는 동시에 동맹국 연합군 총사령을 선출한다.

(2) 영·미·소와 중국이 독·이·일에 대해 일치단결하여 선전할 것을 요구한다.

(3) 연합국 각국은 태평양 전쟁의 승리까지 일본과 단독강화를 하

지 않을 것을 상호 약정한다'

오후 주중 미국대사 가우스·영국대사 카·소련대사 퍼뉴시킨을 개별적으로 부른 장개석은, 중국은 어떤 희생을 치루더라도 각 우방과 공동작전을 행하여 추축국의 붕괴의 날까지 싸울 결의를 전하는 건의서를 전달했다.

이날 일본군은 타이, 말레이에 상륙하여 진공작전을 확대하여 방콕에 입성했다.

미·일 개전과 동시에 일본군은 대륙 각지에 있는 미국·영국인들을 일제히 체포했다. 북경·천진·상해에 주재하는 미·영군을 공격하고, 상해의 공동조계와 천진의 영국조계, 또한 프랑스조계였던 고랑서(복건성)도 점령했다. 홍콩에도 대륙으로부터 일본군이 진공을 시작했다.

'최고(最古)의 인류'라 불리는 '북경원인'의 화석이 분실된 것은 이때였다. 고고학사의 귀중한 자료인 북경원인은 전화를 피하여 미국으로 일시 소개하기 위해 북경의 미국 영사관을 통해 미국 해병대에 맡겨졌으나 운송 도중 일본군에게 무장해제되어, 이후 오늘에 이르기까지 행방불명인 채로 있다.

만주사변 이후 10년, 마침내 선전포고

12월 9일(1941년) 오후 7시, 중화민국 국민정부는 주석 임삼의 이름으로 일본 및 독일·이탈리아에 대해 정식으로 선전포고를 발했다. 사실상의 '중일전쟁'인 9·18만주사변 이후 10년의 인내 끝에 발한 선전포고였다.

일본은 10일 말레이 해에서 영국해군에게 타격을 가해 미군의 거점중의 하나인 괌도를 점령, 필리핀 북부에도 상륙을 개시했다.

이러한 상황에서 무엇보다 중요한 것은 중국과 미국, 영국 등이 함께 공동작전 태세를 확립하는 것이었다.

중국이 일·독·이 3국에 선전포고를 한 이날 루즈벨트는 중국의

4년 반에 걸친 항일전에 새삼 경의를 표하는 동시에 공동으로 일본을 타도하자는 전보를 보내왔다.

11일 미국과 독일·이탈리아도 상호 선전포고를 발했다. 유럽대륙의 전쟁과 아시아·태평양에 있어서의 전쟁은 이날 명실공히 '하나의 전쟁'이 되었다. 중국의 대일단독 항전도 이때부터 추축국에 대한 연합전선의 성격을 띠게 된 것이었다.

곧 루즈벨트와 처칠·스탈린에게 추축국에 대항하는 연합군사회의 개최를 제안했다.

특히 루즈벨트에 대해서는 미국 군사대표단 단장 마그르다를 통해, ① 미국이 5개국 연합 군사행동의 구체적인 계획을 제시하는 동시에, 그 군사·정치적 중심이 되어주기 바란다 ② 소련이 대일선전을 하기 전에 홍콩·필리핀·싱가포르·버마·난인간의 연합 군사행동에 관해 미국이 구체적 계획을 제출해주기 바란다 ③ 5개국의 초보적 협의 장소를 중경으로 하고, 고정협의 장소는 차후에 결정한다 ④ 미국은 5개국의 군사상호원조 협정안을 체출해주기 바란다―는 4가지 제안이었다.

루즈벨트는 적극적으로 이를 받아들여 조속히 연합 군사행동을 취할 것이라는 회답을 보내왔다.

자국의 이익만을 중시하는 영국

연합 군사회의에 대해 처칠도 찬성했으나, 스탈린은 소극적인 태도로 나왔다. 스탈린은 '소련은 현재, 독일에 대한 항전으로 인해 힘을 극동에 분산시키는 것을 희망하지 않는다'고 표명, 대표를 보내려고도 하지 않았다. 네덜란드도 또한 마찬가지였다.

22일, 미군대표단 블렛, 영군대표단으로서 인도군 사령장관 웨이벨(元帥)이 잇달아 중경에 도착했다.

연합 군사회의는 23일부터 중경의 군사위원장 관사에서 개최되었다. 이 군사회의에서 장개석은 사회를 맡았는데, 공동작전을 실현하는 데 있어, 특히 고려한 것은 영국이 자국의 이익만을 중시하고, 또한 중국의 방위를 경시한 태도를 보인 점이었다.

회의 첫머리에서 영군사대표 웨이벨은 예비회의에서 검토한 결과로서 ① 버마에 있어서의 군사력 증강 ② 미국으로부터의 무기대여법에 의해 중국에 공급된 무기 중, 버마에 있는 것을 버마방위를 위해 전용한다 ③ 중국군은 버마방위에 노력한다―는 3가지의 요구를 제출했다. 군사력 증강에 대한 것은 현재 곤명(운남성)에서 작전 중인 미국 지원공군 1중대를 랑군으로 이주시키라는 것이고, 무기의 전용에는 전화기재·고사포·자동차·비행기와 트럭의 수리공구 및 부품 등이 포함되어 있었다.

중국에 있어서도 버마는 보급기지로서 중요하며, 웨이벨의 3가지 요구는 이해가 가는 것이긴 했다. 그러나 영국군에게는 아시아 태평양 전역에서 전개되고 있는 일본군의 공세에 연합군이 어떻게 대처해야 하는 지에 대한 중요한 전략적 시점이 빠져 있었다. 그저 오로지 버마를 지킬 것만을 생각해 중국에 대한 대여물자를 강력히 손에 넣으려고만 했던 것이다.

이미 랑군에서는 미국으로부터 중국에 대여된 트럭 1백 50대가 모르는 사이에 영국군에게 전용되어 트러블도 일어나고 있었다.

그러나 이 연합군사회의는 무기쟁탈 문제만을 논의하자는 것이 아니었던 만큼, 본래의 지리로 돌이가 연합군의 전반적인 계획 책정과 항구적 기구를 조직하는 데 있음을 상기시켰다.

장개석은 이 자리에서 아시아 전역에 걸친 전략을 책정하여 미국의 루즈벨트에게 보고할 것을 주장했다.

그러나 전략적 시야를 갖지 못한 영국은 이에 반대, 군사협력의 범위를 긴급조치로 묶어두고, 그 지역도 버마로만 한정하려 했다. 이로 인해 회의는 장장 11시간이나 계속되어 결론이 내려진 것은 다음날 새벽이었다.

긴 토론 끝에 최종 리포트의 초안을 수정, 6개항으로 된 '극동연합군 행동 초보계획(비밀사항)'을 루즈벨트에게 보고하는 데 겨우 합의를 보았다.

　(1) 랑군 및 버마는 중국의 항전계속에 밀접한 관계가 있으므로, 그 방위를 당면한 중요 과제로 삼아 현재 보유한 전력을 다하여 공군의 공격을 발동한다.

　(2) 중국에 대한 무기 공급을 계속한다.

　(3) 중국은 대일 군사행동에 의해 일본군을 그 전선에 견제한다.

　(4) 미국에 연합군 지휘의 총기구를 조직한다—등이었다.

　이렇게 해서 중·미·영 3국의 연합군은 공동보조를 취하기 시작했다.

　홍콩의 영국군이 백기를 든 것은 그 다음날의 일이었다.

중국 4대강국의 일각에

　한편 워싱턴에서는 루즈벨트와 처칠의 미·영 수뇌회담이 12월 22일(1941년)부터 계속되어 연합국의 협력체제와 연합국 선언의 초안이 작성되었다.

　1942년 1월 1일, 중국을 포함한 26개국은 워싱턴에서 '연합국 공동선언'에 조인했다. 이 선언은 '가맹 각국은 각각의 병력과 자원을 총동원하여 공동의 적을 타도한다. 또 어떠한 적국과도 단독으로 강화하지 않는다'고 하는 것으로, 미·일 개전일에 중국이 미·영·소 3국에 건넨 건의서 내용과 일치하는 것이었다.

　조인에 있어서는 특히 미·영·중·소 4개국이 먼저 서명하기로 되어 루즈벨트, 처칠, 소련대사 리드비노후와 함께 중국대표로서 특사 송자문이 사인하고 이에 알파벳순으로 나머지 22개국이 서명을 마쳤다.

　연합군과의 연휴를 강화하기 위해 워싱턴의 송자문에게 전보를 보낸 장개석은 루즈벨트에게 중국전구 총사부의 참모장을 맡을 수 있는 고급 장관을 파견해 달라고 요청했다. 이에 대해 육군장관 스팀슨은 1월 19일 스틸웰(중장)을 추천해왔다. 스틸웰은 주중 미국 대사관 부무관을 오랫동안 지낸 적이 있어 중국어도 능통했다. 미국은 스틸웰에게 중국전구 참모장 외에 ① 미군의 주중 군사대표 ② 버마 주재 중·소군사령관 ③ 중국에 대한 대여물자의 관리총재인 ④ 운남 버마 루트 감독인 ⑤ 중국 주재 미국 공군지휘관이라는 큰 권한을 부여했다. 그러나 이것이 이후 불행한 트러블의 원인이 되는 것이다.

이때 일본군은 1941년 12월 24일부터 3차례에 걸쳐 장사공격에 나섰다. 일본군이 동원한 것은 아나미(阿南 : 중장)가 인솔한 제11군으로 10만 명을 넘는 대병력이었다.

24일 일본군은 신장하(新牆河)를 건너 남하를 개시하고 27일에는 장사 북쪽 약 80킬로 지점인 멱라강(汨羅江)의 방위선을 돌파했다.

이에 대해 중국군은 제9전구 사령장관 설악(薛岳)의 지휘 하에 제19(라탁영)·제27(양삼)·제30(황룡기)의 3개 집단군을 주력으로 장사방위에 나서게 했다.

이때 작전은 소부대로 접촉하여 일본군을 장사 가까이로 유인해 들여 주력으로서 포위·섬멸한다는 것으로, 일본군은 후퇴하는 중국군을 쫓아 예상대로 장사로 접근, 1942년 1월 1일 마침내 장사 총공격을 개시했다.

장사에는 정예부대로 알려진 제10군(이옥당)이 포진하여 일본군의 맹공을 막아냈다.

4일, 장사 외곽에 대기하고 있던 중국군이 일제히 공격에 나서 일본군을 3면에서 역포위하여 중화기를 퍼부었다.

중국군은 달아나는 일본군을 철저히 추격하였고 하늘에서는 중국공군기가 비오는 듯 폭탄을 퍼부었다.

1월 15일, 10여 일의 격전 끝에 제3차 장사회전은 중국군의 승리로 끝났다. 일본군의 희생은 5만 6천여 명에 달했다.

이는 진주만 이후 아시아·태평양에 있어서의 연합군의 최초의
완승이며, 또한 중국전구 최고총사가 되고나서의 최초의 승리였다.
영국·미국의 여론도 이 승리를 기려 런던의 <데일리 텔레그라프>
지는, '어두운 먹구름에 가려 있던 극동, 장사 상공에만은 빛줄기가
확연히 보인다'고 보도했다.

제44장 미·일, 태평양에서의 사투

1. 일본 본토에 첫 공습

인도에서의 반영(反英)운동

1942년 2월 장개석은 인도를 방문했다.

당시 인도에서는 영국통치로부터의 해방과 인도독립을 요구하는 국민회의파가 영국에 대해 비협조운동을 전개하여 민중들 사이에는 반영감정이 들끓고 있었다.

이를 이용해 일본은 '아시아로부터 영국을 몰아내자', '아시아인을 위한 아시아'라는 구호로 민중의 마음을 선동하여 인도 민중의 회유를 책동하고 있었다. 사실 국민회의파 중에는 '친일 반영'을 주창하는 자도 적지 않았다.

이와 같은 정세 속에서 일본이 인도 공격에 나선다면 민중의 지지를 잃은 영국군대는 즉시 붕괴할 우려가 있었다. 게다가 인도 민중이 연합국의 전선에서 이탈하거나, 혹은 반연합국의 입장에 서거나 한다면 연합국에 있어서도 커다란 문제가 아닐 수 없었다.

장개석의 인도 방문은 인도에 있어서의 중영협력을 굳건히 하는 한편, 연합국 지도자 중의 한 사람, 아시아인의 한 사람으로서 영국과 국민회의파 쌍방과 진지한 대화를 통해 항일을 위한 일치협력을 설득하는 것이 목적이었다.

2월 4일 장개석의 처 송미령, 왕총혜, 주중 영국대사 카 등 10여 명과 함께 중국을 출발하여 9일 뉴델리에 도착했다.

설득에 나선 중국 측에 대해 인도 총독을 비롯한 영국 측 요인들은 이제까지의 대인(對印)정책을 변경하는 것에 거부의 뜻을 표했다.

한편 인도 국민회의파 의장 아자드와 집행위원 등 민족운동 지도자들은 영국의 인도 통치개시 이후의 갖가지 박해 사실을 들어 비협조만이 인도독립의 유력한 '힘'임을 주장해 물러서지 않으려 했다.

　중국 측은 영국 측에 대해서는 인도를 대영연방 내의 한 자치국임을 인정하도록 설득하는 동시에, 인도에 대해서는 잠시 완전 독립의 주장을 포기하여 유연한 혁명 전략을 취하도록 권고했으나 쌍방 모두 타협의 기미를 보이지 않았다.

　최후의 방법은 무저항주의를 내걸고 민중의 호응을 얻고 있는 간디를 설득하는 것이었다. 간디와의 회견에 대해 영국 측이 찬성하지 않았고 처칠도 반대의 전보를 보내왔다.

　그러나 간디 자신의 희망도 있고 하여 18일 정오 캘커타 시내의 공원에서 회담이 이루어지게 되었다.

간디와의 회견

　간디는 먼저 비폭력·비협조 운동의 기원과 그 성과에 대해 자세히 설명하고, 앞으로도 이러한 방침을 견지하여 인도의 자유획득이 이루어질 때까지 싸울 것임을 밝혔다.

　이에 대해 장개석은 다음과 같이 설득했다.

　'중국과 인도의 2대 민족은 전세계 인구의 반수를 차지하고 있다. 세계 인류의 완전한 해방을 찾기 위해서는 먼저 중·인 양 민족이 자유와 해방을 성취하지 않으면 안 된다.

　그러나 혁명에는 2가지의 요소가 있다. 하나는 시간문제이며, 또 하나는 세계의 이해이다. 전자는 중국과 인도의 긴밀한 협력에 달려 있으며, 후자는 일심으로 인도가 참전을 실행하느냐 마느냐에 달려 있다'

　간디와의 회견은 5시간이나 계속되었으나 결국 '비협력'의 태도는 바꾸지 않고, 마지막으로 '중·영간의 협력은 방해하지 않으며,

위원장(장개석)의 충고를 받아들여 앞으로 트러블이 일어나지 않도록 하겠다'는 답변만을 들었다.

장개석이 인도에서 돌아온 다음날인 22일, 영국주재 중국대사 고유균(顧維鈞)을 통해 장개석은 처칠에게 '인도정치의 현 상황을 바꾸지 않으면 일본의 침략을 막을 수 없다'는 의견을 전했다. 그리고 24, 25일 2회에 걸쳐 워싱턴의 송자문에게 '인도인의 대영 반감은 점점 더 심화되어가고 있어 이대로 가면 인도인을 적에게 휘몰아대는 것이나 마찬가지다. 동아 공동작전을 위해서도 인도의 정치현상을 개선하여 인도 국민에게 정치상의 실권을 주지 않으면 안 된다'고 루즈벨트에게 진언토록 하여 중·미 양국에서 영국에 대해 공동권고·공동보증을 행할 것을 건의했다.

이후 인도에서는 영국과 국민회의파간에 독립회담이 행하여졌으나 4월 11일 별다른 성과없이 결렬되고 말았다.

인도 방문은 이와 같이 즉효적인 효과는 없었다 하더라도, 양국의 이해를 증진하여 전쟁 중에는 인도에서 중국으로 통하는 중·인 공로를 여는 초석이 되었고, 전쟁 후의 인도 독립에도 커다란 연관을 갖게 되었다.

일본군, 버마를 침략

인도에서 귀국한지 얼마 안 된 3월 1일, 버마 전선 시찰을 위해 곤명(운남성)에서 버마 북부 요지인 라시오로 날아갔다.

랑군에서 버마를 북상하여 운남성으로 통하는 버마 루트는 중국에 남아 있는 최대의 보급로이며, 매월 2만 톤의 군수물자가 중국으로 수송되어지고 있었다. 이 루트의 방위는 중·영·미 3개국에 있어 중요한 과제였다.

일본군도 이 루트를 중시하여 보급로 파괴를 노려 1월 20일 제15군이 타이국경을 넘어 버마에 침공을 개시했다.

중국은 전부터 버마 방위를 위해 8개 사단을 파견할 것을 영국에 제의하고 있었으나 영국은 이를 일단 거부, 겨우 원조를 받아들였을 때는 이미 때가 늦어 있었다. 중국군은 나탁영을 사령관으로 한 제5·제6·제61군으로 구성된 버마 원정군을 급히 운남으로부터 파견, 남하시켰으나 일본군은 이미 2월 하순에 랑군 북동쪽 1백 킬로 지점의 방위선 시탄강을 건너 일거에 랑군을 엿보는 상태가 되어 있었다.

라시오에서 영·인도군 사령장관 웨이벨과 만난 장개석은 미국으로부터 인도 경유로 파견되어 있던 중국전구 참모장 스틸웰과도 처음 회담했다. 스틸웰에게는 이후 버마에 들어간 중국군의 지휘를 맡도록 명했다.

버마에 출병한 중국군의 선두부대, 대안란(戴安瀾)이 인솔한 제2000사가 이륙고 랑군 북쪽 250 지점의 통그에 이른 것은 3월 7일이다. 그러나 랑군을 수비하고 있던 영국군은 중국군의 원군으로도 지탱해내지 못하고, 다음날 완전히 랑군을 포기해버렸다.

중국 남쪽의 '연락구'인 랑군을 중·영 공동으로 수비한다는 구상은 완전히 무너지고 말았다.

일본군의 북상을 막기 위해 중국군은 버마 루트의 통그와 핀마나 일대를, 영국군은 이라와지강 유역의 프롬 이북의 방위를 담당하게 되었다.

그러나 중·영 공동방위는 원활하지 못했다. 첫째는 지휘계통이 중국군=스틸웰, 영국군=웨이벨이라는 2원 체제 때문이었고, 또 하나는 영국군은 버마보다도 인도 방위를 주목

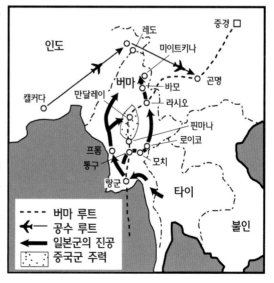

적으로 생각하고 있었기 때문이었다.

통그를 수비하는 중국군 제2000사는 장기간에 걸쳐 일본군의 공격에 응전한 후, 3월 30일 핀마나에 구축되어 있던 방위선으로 철수하여 재응전 태세를 갖추었다. 그러나 프롬의 영국군은 4월 1일 프롬을 포기하고 그대로 계속 뒷걸음질을 치고 있었다.

퇴로를 차단당한 중국군

전황악화를 지켜보던 장개석은 4월 5일 다시 라시오로 날아가 영·버마군 사령관 알렉산더와 만나, 프롬 북방의 타에묘우를 고수하도록 요청했으나, 알렉산더는 반대로 포기하고 철수할 것을 주장해 물러서지 않았다.

장개석의 두 번째 버마행은 일본군의 첩보망에 걸려 라시오에서 폭격기 20여 대의 공습을 받았다. 그중 한 발이 근거리에 떨어졌으나 다행히도 불발탄이었다. 라시오에서 돌아오는 길에도 탑승기가 일본기 18대의 추격을 받으며 겨우 중경으로 돌아왔다.

싸우지 않고 계속 퇴각하고 있던 영국군은 4월 16일 버마 유전의 중심지 에난존으로 피난했으나 이곳을 일본군에게 포위당해, 중국군은 즉시 38사(사장 손입인) 1단을 구원병으로 투입하여 영버마군 7천여 명과 차량 백여 대를 탈출시켰다.

그러나 영국구출에 전력의 일부를 빼냄으로써 핀마나 방면이 허술해진 틈을 노린 일본군은 핀마나를 동으로 우회하여 전차대를 선두로 북상, 4월 하순에는 버마 루트 최대의 요지인 라시오로 육박해왔다.

이는 중국군의 의표를 찌른 작전이었다. 왜냐하면 중국군이 갖고 있던 지도에는 이들이 통과한 도로는 기재되어 있지 않았기 때문이었다.

4월 29일 마침내 라시오가 함락되었다.

이후 스틸웰에게 중국군 주력을 속히 북상시켜 중국 국경에서 가까운 미이트키나·바모 방면으로 집중시키도록 지시했으나, 스틸웰은 수만 명의 중국군을 이끌고 북 버마를 우왕좌왕하였다. 그 사이 5월 9일에는 바모, 미이트키나도 잇달아 함락되어 중국군은 퇴로를 차단당하고 말았다.

스틸웰은 마음대로 인도를 빠져나갔다. 남겨진 중국군의 2000사 사장 대안란이 전사했으며 일부는 우기로 인해 미끄러지기 쉬운 산길을 넘어 운남성으로 돌아오고, 일부는 밀림 속을 헤매며 8개월이나 걸려 인도의 레드로 철수했다. 그 사이 많은 병사들이 기아와 열병으로 사망했다.

이러한 중·영 연합군의 버마 작전은 엇갈림을 거듭한 끝에 결국 실패로 끝나고 말았다.

5월 10일 처칠은 연설을 행하여 전국에 있어서의 소련과 미국의 역할을 칭송했으나 중국군의 버마작전에 대해서는 한마디도 언급하지 않았다.

중국으로의 물자수송의 동맥이었던 버마는 이렇게 해서 절단되어, 이후에는 '낙타의 등'이라 불리었던 험난한 히말라야 산맥을 넘는 공수루트(캘커타─친스키아─곤명)에 의존하지 않으면 안 되게 되었다.(버마의 지명 표기는 방위청 전사실 발행 지도에 의함)

파죽지세의 일본군

동남 아시아·남서태평양 일대에서는 일본군의 파죽지세의 행군이 계속되고 있었다.

1942년 1월에는 마닐라 점령(2일)을 비롯하여 보르네오, 셀레베스에 상륙했으며 괌, 웨이크에 이어 라파울로(뉴질랜드)도 점령했다.

2월에는 싱가포르가 함락 당했고 스마트라·발리 섬·티모르 섬에 침입했으며, 3월에는 자바·뉴기니·브겐빌 섬, 5월에는 구아들카낼, 6월에는 북방으로 발을 뻗쳐 말류샨의 키스카·앗츠에도 상륙했다.

그 사이 4월에는 일본의 해군 기동부대는 인도양까지 진출, 세이론(스리랑카) 서해안의 코롬보, 세이론 동해안의 트린코마미를 공습, 영국 항공모함 1척, 순양함 3척을 격침시켰다.

일본의 침략을 면한 것은 겨우 오스트레일리아와 뉴질랜드 정도였으나 오스트레일리아 북부의 해항 다윈은 2월 이래 폭격을 당하고 있었다.

'적들이 미국의 하와이와 영국령 말레이, 남양을 공격한 이래 5개월 가까이 지났으나 그 동안 적들은 연일 승리를 거두고 우리 동맹국들은 열세에 몰려 큰 손해를 입었다. 적들은 태평양에서 인도양으로 진출하여 인도, 세이론 등의 땅도 모두 폭격하였다.

그러나 적들의 이러한 승리에는 한도가 있다. 그들의 점령지가 확대되면 확대될수록 장래의 실패는 보다 가속화하게 될 것이다.

적들의 침략확대는 늦어도 올해 9월이면 그친다. 9월 이후 일본은 반드시 패배할 것이다.

정신면에서는 우리 피침략국은 침략에 대항하기 위해서 싸우며 독립·자유·평화·정의는 반드시 침략을 이겨낼 것이기 때문이다.

물자면에서는 독·일·이의 토지, 인구, 자원은 연합국은 커녕 우리 중국에도 미치지 못하기 때문이다.

또한 일본과 이탈리아의 과학은 영·미를 하회하고 있다. 독일의 과학은 학술적으로는 영·미와 어깨를 겨룬다 할지라도 물자는 부족하고 제조·발명의 역량도 미국에 미치지 못한다'(장개석이 쓴 '중국의 버마 작전의 경과와 결심 및 우리 군이 세계전국의 변화에 대해 갖고 있는 인식과 준비' 1942년 5월)

일본 본토의 첫 공습

1942년 4월 18일 오후, 중경의 전시민은 돌연 빅 뉴스에 접했다. 일본의 동맹통신이 미군기가 도쿄, 요코하마를 공습했다는 소식을 전한 것이다.

일본 본토의 첫 공습을 시작한 것은 미군항공모함 '오네트'로부터 날아오른 육군중좌 트리톨 지휘의 26대의 B25폭격기였다.

폭격을 마친 B25는 모든 비행기가 중국 절강성 등의 중국군 수비지역을 향해 날아와 탑승원은 낙하산으로 강하하여 88명 중 64명은 중국의 군대나 민간인에게 구조되었다.

이 폭격은 연전전승의 일본군에게 일침을 가한 동시에 일본의 방위력의 한계를 드러내 보인 것이었다.

중국정부는 외국인 기자의 요구에 답해,

'이 공습은 일본국민에 대해 연합국의 힘의 강대함을 가르쳐주고, 더구나 일본군부의 보증에도 불구하고 일본본토가 직접 공격될 가능성이 있음을 가르쳐준 것이다'라는 성명을 발표했다.

공중으로부터의 기습에 당황한 일본군부는 서둘러 2가지의 작전을 발동했다. 하나는 대륙에 있어서의 '절감(절강—강서) 타통(打通)작전'이며, 또 하나는 태평양의 '미드웨이 작전'이다.

절강성 방면에서는 금화 등 수 곳에 중국군의 비행장이 남아 있었다. 이 비행장이 일본을 공습한 미군기의 착륙지가 되었으므로 이를 파괴한다는 것이 절감타동작전의 의도였다.

한편 미드웨이는 미 해군 기동부대의 중요한 전초기지였다. 이 미드웨이 작전에 일본해군은 총력을 집중했으나 오히려 대실패를 맛보게 돼, 이후의 일본의 전세를 결정적으로 뒤집어 놓는 전환점이 되었다.

2. 미드웨이 해전

보복을 칭한 중국에 대한 무차별 폭격

절강성에 남아 있는 비행장을 점령하기 위해 일본군은 상해에 사령부를 두고 제13군을 중심으로 10만 병력을 항주로부터 봉화(奉化)에 걸쳐 전개, 5월 15일(1942년) 임시 성도인 금화(金華)를 향해 진격을 개시했다. 그들은 대병력과 독가스를 사용하여 5월 28일 순식간에 금화를 점령하고 이후 6월 말에는 비행장에 있는 구주(衢州)·여수(麗水)·옥산(玉山) 등도 실함했다.

동시에 일본군은 강서성 남창(南昌) 방면에서도 침공하여 절감(절강―강서)철로를 빼앗았다.

이 작전에서 일본군은 일본공습의 보복을 칭하여 철저한 무차별 폭격과 파괴를 자행, 중국인 장병과 일반 민중 25만여 명을 살상했다.

그러나 일본군은 이미 새로운 점령지를 유지할 힘을 잃고 있었다. 겨우 1개월 만에 중국군의 반격을 받아 후퇴하여 8월말에는 구주, 여수 등 비행장이 중국군의 손에 돌아왔다.

한편 일본 해군이 전개한 미드웨이 작전은 실로 '천하를 판가름하는 결전'이었다.

미드웨이는 겨우 직경 약 10킬로의 원형환초(円形環礁)이나, 하와이―도쿄의 중계 포인트로서 항공 기지, 잠수함 기지, 무선전신 기지 등이 두어져 있었다. 미 해군 기동부대가 일본 본토에 접근하기 위한 중요기지이며, 또한 일본군이 점령한 웨이크 섬을 직접 공격할 수 있는 유일한 기지이기도 했다.

B25 16기를 탑재한 미국의 항공모함 오네트

일본의 대본영은 태평양에 있어서의 제해·제공권을 확립하고, 전부터 미드웨이 기지와 미 해군 기동부대를 파괴하기 위해 미드웨이 작전을 입안하고 있었으나, 도쿄 공습 후 일본의 대연합함대 사령장관 야마모토(山本)는 이 작전을 급거 실행에 옮긴 것이었다.

미 태평양 함대 사령관 니미츠 대장: 사전에 일본군의 암호를 해독하고 일본함대를 격파하고 승전했다.

야마모토는 이 작전에 연합함대의 총력을 기울여 함정 3백 10척 총 1백 50만톤, 항공기 1천 대, 장병 10만 명을 투입했다. 일본에게 있어서는 공전절후의 대작전이었다.

이에 대해 미 태평양 함대 사령장관 니미츠는 사전에 일본 해군의 암호를 해독, 호네트·엔터프라이즈·요크타운 등의 항공모함을 기간으로 한 기동부대를 미드웨이 부근 해상에 배치, 잠복하고 있었다.

'미드 웨이 해전'의 참패

6월 5일 일본 해군은 미 해군이 잠복하고 있는 것을 모른 채 공격을 개시, 이에 대해 미 해군 항공기가 과감한 공격에 나섰다. 이 일전에서 일본의 연합함대는 '적성', '가하', '창룡', '비룡'이라고 하는 비장의 항공모함 4척을 잃는 참패를 맛보아야 했다.

일본 수상 도조(東條)는 미드웨이 해전에서의 대패배 진상을 오로지 감추려고만 했다. 그는 '정치는 대중을 어리석게 해 둘 필요가 있다. 만일 진상을 그들에게 알리면 사기를 떨어뜨리게 하고 만다' 하여 사실을 은폐했던 것이다.

그러나 전국은 이 미드웨이 작전을 계기로 크게 달라져, 일본의 패색은 결정적인 것이 되었다. 일본국민은 그와 같은 사실을 전혀 모른 채 파국을 향해 치닫고 있었다.

태평양의 주도권을 잡은 미군은 서서히 반격을 가해갔다.

일본 본토 첫 공습에 나선 B25기가 오네트 모함을 이륙 일본 동경을 향하고 있다.

　6월에는 웨이크, 7월에는 키스카를 폭격했고 8월 7일에는 솔로
몬 군도의 구아들카낼 섬, 쯔라기 섬에 기습상륙하여 반격의 봉화
를 올렸다.

　진주만 기습 후 1년도 지나지 않아, 파죽지세로 밀고 나가던 일
본군의 침략의 발을 묶은 것으로 승패의 행방은 이미 판가름이 나
있었던 것이다.

　일본의 패배와 반비례해서 4 각국 중의 하나인 중국의 국제적인
지위는 굳건해져 갔다.

　가장 두드러진 것은 중화민국 건국 이전부터 중국의 족쇄가 되어
있던 열국들과의 불평등조약의 폐기였다.

마침내 불평등조약 폐기

　조계나 영사 재판권 등 중국의 주권을 누르는 불평등조약의 철
폐는 중국에게 있어서는 실로 1백여 년간의 비원이었다. 철폐를 위
한 교섭은 전국통일 이후 거듭해 행해졌으나, 9·18사변(만주사변)
등에 의해 정돈상태에 빠져 있었다. 그러나 연합국의 일원이 됨에

따라 각국의 중국에 대한 인식도 개선되고, 때마침 4월 23일 송미령이 뉴욕 타임즈에 〈나는 이렇게 생각한다〉는 글을 발표하여 외국이 재중 영사재판권 등의 특권을 갖고 있음을 지적한 것을 계기로 불평등조약 철폐의 대화가 미·영 양국 간에 오고 갔다.

미·영 양국으로부터 불평등조약 폐기에 대한 통고가 있었던 것은 10월 9일, 마침 국경일(쌍십절) 전날이었다.

10일 오후 4시, 국경일을 기념하여 중경 부자지(夫子池)의 정신보루광장에 집결한 청년단 및 국민병에게 이러한 기쁜 소식을 전했다. 장개석은 이 자리에서 민중들에게 이를 계기로 한층 더 분투하여 자주자강을 위해 노력해야 할 것이라고 호소하고, 또한 미 대통령 루즈벨트 앞으로도 감사의 전문을 보냈다.

이날 미국에서는 필라델피아 독립회관의 '자유의 종'이 31번 타종되어, 진정한 독립에 나선 중화민국 31회째의 쌍십절을 경축해 주었다.

장개석은 외교부로부터 불평등조약의 원문을 가져오게 하여 다시 읽어보니, 새삼 조약의 1건 1건에 국치가 아로새겨져 있었다.

미·영 양국과의 대화에서는 양국이 중국에 대해 특권으로 삼은 ① 영사 재판권 ② 공사관 구역이나 북녕철로 연변 등의 일체의 주둔권 ③ 조계 ④ 조계 내의 특별법정 ⑤ 외인 수로 안내인의 특권 ⑥ 중국 영해 내의 군함 항행 ⑦ 연안무역과 국내 하천 항행권 ⑧ 중국의 주권에 영향을 미치는 그 밖의 문제—등은 모두 철폐하는 데 합의를 보았다.

그러나 철폐는 정해졌으나, 불평등조약과 관련한 신조약을 맺는 단계에서 난항이 거듭되었다. 영국이 1898년 99년간의 기한으로 조차한 구룡 조차지 등의 포기를 수락하지 않으려 했기 때문이었다.

영국이 구룡 조차지의 반환을 계속해서 거부하여 신조약 조인 예정일인 1943년 1월 1일 직전까지도 결말이 나지 않았다.

중국에게 있어서는 구룡 문제를 잠시 제쳐두는 형태로 사태를 수습할 결심을 했다. 구룡 문제로 인해 신조약이 허사가 되고, 또 연합국의 단결에 틈이 생기지 않도록 양보한 것이었다.

신조약 조인은 중국 측의 구룡 조차지 문제 보류라는 최대한의 양보에도 불구하고 영국 측이 일방적으로 연기를 요구하여 미국도 이에 동조, 지연되고 말았다.

조인이 지연되고 있는 사이, 일본과 괴뢰정권과의 사이에 새로운 음모가 계획되었다. 1월 9일 괴뢰정권이 영·미 양국에 대해 '선전 포고'를 내리는 대신, 일본은 왕 괴뢰정권과의 사이에 역시 조계 반환, 치외법권 철폐를 내용으로 하는 '신조약'을 맺은 것이다.

미·영·중의 신조약 조인

중국과 영·미간에 신조약이 조인된 것은 1월 11일의 일이었다.

신조약에서는 본래 중국의 영토인 구룡 조차지 문제는 미해결된 상태였다. 그러나 국민정부는 조약조인과 동시에 영국정부에 대해 정식 '조회'를 제출하여 중국은 구룡을 회수할 권리를 유보함을 밝혔다.

구룡(조차지)과 홍콩(할양지)은 지리적으로도 상호 연대관계에 있어 동시에 해결해야만 하는 문제여서 후일의 교섭에 희망을 건 것이었다. 이러한 문제를 안고 있는 신조약이긴 했으나, 이는 분명 중국이 열강과 평등한 독립국이 된 것이며, 이는 세계 안정에 있어서의 의의를 지니는 것이었다.

한편 태평양 지역에서는 해가 바뀌는 것과 함께 일본군은 점차 열세에 몰리고 있었다.

구아들카날에서는 이해 2월, 일본군은 2만 5천명에 이르는 전사자와 아사자를 남기고 철수했으며, 이후 연합군의 반격에 의해 솔로몬 방면 및 뉴기니 동부의 일본군은 생사의 갈림길을 헤매는 악전고투를 벌이고 있었다. 미 해·공군에 의해 일본군의 보급로가 차단되어 태평양 점령지역의 식량·탄약은 완전히 바닥이 나 있었다.

4월 18일, 연합함대 사령장관 야마모토의 탑승기가 솔로몬 상공에서 미군기에 격추되어 전사해 5월 29일, 아류샨, 아쯔섬의 일본군 수비대가 옥쇄했다.

연합군은 태평양 일대에서 제해·제공권을 회복하고 일본군이 점령한 섬들을 잇달아 탈환하여 일본에 대한 포위망을 좁혀갔다.

송미령의 미국 방문

1942년 11월 장개석의 처 송미령은 미국으로 건너갔다.

미국에서 유학한 적이 있는 송미령은 영어에 능해 평소 장개석의 전임 통역을 맡았으며, 또한 장개석과 어려움을 함께해온 동지이기도 했다. 루즈벨트도 이러한 송미령의 역할을 중시하여 시국상 장개석과의 직접 회견을 대신해 송미령을 초청한 것이다.

방미 중이던 송미령은 2월 28일 중국 여성으로는 처음으로 미국회에서의 연설을 통해 중국의 4년 반에 걸친 고독한 항일 전쟁이 미드웨이, 구아들카낼의 승리로 결실을 보게 되었음을 강조하였다. 또한 연합국이 유럽전선 편중의 사고방식을 개선토록 설득하고, 일본의 무력을 철저히 무너뜨려 두 번 다시 전쟁에 나서지 못하도록 해야 한다고 강조했다.

이 연설을 계기로 송미령은 미국 각 도시를 돌며 연설하고, 이어 캐나다를 방문 캐나다 의회에서도 연설했다.

6월 24일 송미령은 귀국인사를 겸해 루즈벨트와 최종 회담을 행하고 그 결과를 26일, 다음과 같이 중경에 보고했다.

'(1) 루즈벨트는 미군 2개 사단을 버마에 파견하여 작전하기 위해 9월까지 준비를 완료할 것을 승인했다.

(2) 처칠에게는 버마 남부 총반격을 가할 의향이 없다.

(3) 전후, 대련·여순·대만을 중국과 미국의 해·공군이 공동 사용할 것에 루즈벨트는 동의하고, 중국 측의 태세가 완전히 갖추어지면

미군은 곧 철수할 것이라 말했다.

(4) 루즈벨트는 조선을 잠시 중·미·소의 공동 관리로 할 예정이다.

(5) 일본의 관리 하에 있던 태평양의 각 섬에 대해서 루즈벨트는 전후 연합국이 접수하여 이를 잠시 공동 관리하는 조직을 만들 의향이 있다'

6월 28일 송미령은 귀국 길에 올랐다. 송미령이 중국에 돌아온 날 장개석 앞으로 루즈벨트의 친서가 전달되었다. 송미령과의 회담에 만족을 표시하며, 차후의 문제에 대해 장개석과 회담하고 싶다는 뜻을 전했다.

이에 대해 장개석도 쾌히 승낙하고 그 일자를 9월경으로 잡았다. 이렇게 해서 이해 11월 루즈벨트, 처칠과 함께 대전 후의 기본방침을 정한 역사적인 카이로 회담이 열리게 된다.

제45장 모택동의 전략

1. 공산당의 내부전략

영·미와의 이반을 꾀하는 공산당

국민정부 전복을 꾀한 중국 공산당은 태평양 전쟁을 무대로 공작을 강화해 나갔다.

공산당은 어떤 때는 일본군과 접촉, 소련과도 손잡고, 또 미국의 좌경주의자들을 선동하기도 했다. 그들은 국민당에 타격을 주어 당의 세력을 확장하기 위해 미국정부를 이용하기도 했다.

1942년 12월 10일 공산당은 다음과 같은 '태평양 전쟁을 위한 선언'을 발표했다.

'중국은 영·미 및 그 밖의 항일 제우방과 군사동맹을 체결하고 동시에 태평양의 모든 항일민족의 통일전선을 건립한다. 국민당·공산당 및 그 밖의 타당과의 합작을 공고히 해 국공 양당 간의 분쟁을 해결하고, 신4군을 회복하며, 8로군에게 봉급과 탄약을 지급한다. 동남아시아를 비롯, 각지 화교부의 내부단결을 도모하여 일본의 파시스트들의 진공에 반대한다'

공산당의 선언은 '영·미와의 동맹', '국민당과의 합작'을 강조했다. 그러나 그들이 실제로 꾀한 것은 영·미의 이반을 책동하여 공산당의 세력을 확장하는 데 있었다.

1970년 5월 5일에 모스크바 방송은 이 무렵의 모택동의 정책에 대해 다음과 같이 평했다.

'모택동은 연안에서의 10여 년의 생활을 이용하여 중국 공산당에 있어서의 그의 독재권을 완전한 것으로 구축했다. 그는 전당의 항일 행동을 자기 뜻대로 움직여 자신의 역량을 보전, 국민당에 대한 전쟁

모택동(1893년 12월 26일
~1976년 9월 9일) 중국공
산주의 혁명가, 중국 국가
주석

을 계속할 준비를 했다. 즉 그는 사실상 일본 침략자의
중국점령을 원조하여 중국 인민에게는 커다란 희생을
초래케 했다'

공산군의 '일본군 원조'는 태평양 전쟁 개시 전부
터 시작되고 있었다.

1941년 5월 일본군은 진남(산서성 남부)의 국민
정부군에게 총공격을 개시했다. 공방의 초점이 된 것
은 중조산(中條山)으로, 이곳은 정부군(제14집단군
제61군)이 전년 12월에 10회가 넘는 일본군의 공격
을 막아낸 곳이다.

이때 8로군(제18집단군)은 산서성 북부에 집결해 있었으나 국민
정부군이 일본군에게 공격당하는 것을 지켜보고만 있었을 뿐 아니
라 일본군과 협력하여 정부군을 협격, 이로 인해 국민정부군은 막대
한 손실을 입었다.

이때 일본군도 군 방송을 통해 '8로군 주력은 우리 군이 중경군
주력을 공격하고 있을 때 시종 강 건너 불 보듯 하고 있었을 뿐 아
니라, 유격대를 움직여 중경군을 측면에서 위협하여 패잔병의 무기
를 해제했다'고 전하고, 또 상해의 16일발 UP전도 '일본육군의 대
변인이 이 진남전에서 일본군과 공산군은 서로 공격하는 일은 없었
다고 전했다'는 뉴스를 전했다.

이 일은 미국 국내에서도 화제가 되어 워싱턴 스타지는 '중국 공
산당은 장개석 위원장에게 등을 돌리고 바꾸어 왕조명을 돕는 일
도 있다'는 사실을 실었다.

이와 같은 공산당의 행동에 대해 중경의 대공보는 5월 21일 사
설에서 '8로군은 왜 정부군과 협동작전을 펴지 않는가'하는 의문을
제시했다. 이에 대해 공산당의 주은래는 동 신문의 주필인 장계란,
왕예생 앞으로 '사설과 다르다'고 항의, 8로군이 거둔 전과에 대해
주장을 폈다.

태평양 전쟁 발발 후에도 공산당은 일본군과 연계하여 종종 정부군의 배후를 습격했다.

이와 같은 일본군과 공산군과의 연계작전 뒤에는 밀약이 교관되었던 사실이 전후에 국민정부 국방부의 조사(1947년 7월 22일 발표)에 의해 밝혀졌다. 즉 일본군의 화북 방면군 사령관 오카모토는 1943년 8월 20일, 산서성 신지(神池)에서 모택동과의 사이에 다음과 같은 '협정'을 맺고 있었던 것이다.

(1) 8로군과 일본군은 서로 손잡고 공동으로 국민정부군에게 타격을 가한다.

(2) 일본군은 공산군에 대해 소형 병기공장 10곳을 준다.

(3) 공산측은 국민정부군의 작전계획을 일본 측에 통보한다.

소련의 영토적 야심

중국 공산당과 함께 일본군의 침략행위를 통해 이익을 얻으려 한 것은 연합국의 일원인 소련이었다. 소련이 외몽고에 대해 영토적 야심을 품고 있었던 것은 앞에서도 기술한 바가 있다.

1941년 4월 일·소 중립조약으로 일본과 소련은 중국의 주권을 일방적으로 침해하여 외몽고와 동북 4성에 조성한 괴뢰 국가를 상호 인정한 후, 소련은 6월 독·소전 발발을 계기로 외몽고의 일부인 당노오양해(唐努烏梁海)를 병합하여 외몽고 지배의 야심을 만족시켰다.

그러나 소련의 야심은 외몽고에 그치지 않고, 중국의 서변성인 신강성에도 손을 뻗쳤다. 신강성 지배의 음모는 9·18사변(만주사변) 이후 세재(盛世才)를 독변(督弁)으로 옹립, 모든 정부기관에 소련인 고문을 파견하고, 또한 성세재를 모스크바로 불러 코민테른에 입당시켰다.

1940년 11월에는 성세재를 위협하여 '신강 석광(錫鑛) 조차 조약'을 맺었다. 이 조약은 철도·도로의 부설권, 채광, 거주, 무장경비대의 주둔권까지 포함되어 있는 불평등조약이었다.

이렇게 해서 신강성 지배 체제가 정비된 후, 진주만 기습이 있은 지 5개월 후인 1942년 4월 쿠데타에 의해 성세재를 실각시켰다. 이 쿠데타는 소련의 신강주재 영사 바크닌과 특무기관이 책동한 것으로 성세재의 동생 성세기(신강 기계화 여장)는 암살되었다.

신변의 위험을 느낀 성세재는 7월 7일 제8전구(감숙·영하·청해) 사령장관 주소량(朱紹良)에게 귀순의 편지를 보내 보호를 요청해왔다.

국민정부는 즉시 신강성을 제8전구에 편입하여 군을 파견, 성세재를 구하는 동시에 신강과 소련 사이에 정치·경제문제는 중앙이 교섭에 나선다는 방침을 정해, 7월 16일에는 주중 소련대사 퍼시킨을 불러 이를 통고했다. 또한 8월 20일에는 장개석의 처 송미령을 신강성의 성도, 우르무치에 파견하고 성세재에 대해 ① 감숙성에 있는 정부군을 난주에서 성경인 안서(安西)·옥문(玉門)에 진주시켜, 합밀(哈密)의 소련군을 견제한다 ② 신강에 외교특파원을 파견해서 외교권을 중앙에 귀속시킨다 ③ 신강의 공산당을 숙청한다 ④ 소련군을 신강성경 밖으로 철수시킨다—라고 지시했다.

장개석은 직접 서북지방을 시찰, 8월 28일에는 신강성에 인접한 청도성의 성도 서녕에서 마보청(馬步靑)과 마보방(馬步芳) 형제를 접견했다.

그들의 군대는 원래 하서(황하서방)에 주둔하고 있었으나 지금은 청해성 중앙부로 전진하여 자달목 분지의 개척에 종사하고 있었다. 마 형제에게는 서로 협력하여 철로·비행장 건설에 나서줄 것을 당부했다. 이렇게 해서 신강성에 인접한 지역의 방위와 개발의 기초를 다졌다. 이후, 신강성 회복공작은 순조로이 진행되었다. 마침 유럽 전선에서는 독일군이 소련을 일방적으로 공격, 이른바 '스탈린그라드 방위선(현재는 스탈린을 비판해 볼고그라드라 개칭)'이 전개되었다. 이 일전은 다음해(1943년) 1월 소련의 승리로 끝나 독·이 추축의 패세를 결정적인 것으로 만들었으나, 소련으로서는 신강 문제에 손을 뻗칠 틈이 없었던 것이다.

1943년 4월 소련정부는 합밀주재의 적군 제8연대와 무장경비대의 철수에 동의, 6월에는 국민정부군이 합밀에 진주했다.

2. 정풍의 회오리

정풍운동의 회오리

그 사이 모스크바에서는 또 하나의 중요한 사건이 발생해 있었다. 각국 공산당의 총본산인 코민테른의 해산(1943년 5월 22일)이다. 코민테른의 해산에는 미국의 힘이 작용해 있었다. 즉 중국을 비롯한 각국의 공산당이 코민테른의 지도하에서 반란공작을 펴고 있던 것을 주목한 미국이 소련에 대한 군사원조를 대신하여, 스탈린에게 해산을 강요했던 것이다.

코민테른의 해산은 형식적으로는 모스크바의 지도력을 약화시켰다. 그러나 그 무렵, 이미 중국 공산당은 '정풍운동'을 발동 중으로 코민테른에서도 좌지우지할 수 없는 존재가 되어 있었다. 중국 공산당의 이른바 '정풍운동'은 1942년 11월에 시작되어 장장 3년에 걸친 숙청사건이었다.

이해 2월 1일 모택동이 연안의 중앙당 개교식에서 행한 '학풍·당풍·문풍의 정돈'이라는 제목의 연설이 그 시작이었다. 모택동은 그 연설 가운데서 '주관주의에 반대하여 학풍을 정돈하고, 당파주의에 반대하여 당풍을 정돈하고, 당팔고(난해하고 무의미한 문장)에 반대하여 문풍을 정돈하는 것이 우리의 임무이다'라고 말해 '마르크스 주의의 중국화', '사상혁명'을 구실로 반모택동파의 숙청을 발동한 것이다. 당풍운동의 최종적인 의도는 모택동 1인의 권력 집중에 있었다. 즉 사상혁명이란 모택동 사상을 주입시켜, 왕명 등의 국제파를 쫓아내는 데 있었던 것이다.

당시 소련은 유럽전선에 온 힘을 집중시키고 있었으므로 각국 공산당에 대한 코민테른의 영향력은 약화되어 가고 있었다.

게다가 코민테른으로부터 파견되어 있던 왕명은 스탈린의 직계가 아니었다. 그는 부바린(전 코민테른 주석)의 영향력 아래 있었으나, 4년 전 부바린이 스탈린에게 숙청(사형)되어 왕명은 뒷배경을 잃고 있었다. 이와 같은 상황에서 모택동은 모스크바에 대들어도 큰 문제가 없을 것이라고 보았던 것이다.

모택동은 연설에서 소련유학에서 돌아온 이론가들을 '3천·5천 글자를 배우고, 사전을 찾는 법을 배웠으나, 밭을 갈 줄 모르며, 노동도 할 줄 모르고, 전쟁도 할 줄 모르며, 사무적인 일도 할 줄 모르는 지식분자'라고 비판하고 '마르크스, 레닌주의를 종교와 같이 받드는 개똥만도 못한 교조주의자'라고 깎아 세웠다. 이 소련 유학생들이란 바로 왕명 등 국제파의 중심세력들이었던 것이다. 모택동은 유소기와 특무기관을 조정하고 있던 강생(康生)을 앞세워 정풍운동을 추진했다.

공산당 중앙이 은밀히 발행한 '연안에 있어서의 방간(防奸) 경험의 소개' 등에 의하면 정풍운동은 다음과 같이 전개되었다.

정풍학습의 제1단계인 1942년 3월부터 6월까지는 '자유롭게 발상하고, 대담하게 말하자'는 슬로건을 내걸고 '논의를 환영한다. 언론에 대해서는 죄를 묻지 않는다'라고 부하들에게 강조했다.

이를 진심으로 받아들인 공산당원들은 자신의 생각대로 마음껏 의견을 말했다. 중앙연구원 교수 왕실미, 작가인 정령과 소군 등은 당이나 생활에 대한 불만을 토로했다. 그러나 이는 모택동의 교묘한 덫에 불과했다.

6월에 들어서면 제2단계의 반당집단 비판이 시작되어 왕실미 등은 '반혁명적 지식분자'로서 즉각 투쟁대회에 내세워졌다. 왕실미는 1947년까지 감금된 끝에 총살당하고 정령은 집회에서 자기비판하여 일단 죄를 면했으나 1957년 강제노동에 끌려간 후 소식이 끊겼다. 또한 소군은 이후 화북의 노천굴에서 석탄을 실어 나르는 노역 끝에 1958년 사망했다.

모택동은 또한 자백운동을 전개하여 당원 모두에게 할아버지대에까지 거슬러 올라가 자신의 사상과 역사를 반성하고 과오를 고백할 것을 강요했다. 이 고백에 의해 지식분자·청년·학생 등 다수가 체포되어 처형에 처해졌다. 정풍운동의 제3단계는 '반스파이 투쟁'이라는 이름을 빈 당간부의 심사였다.

이 '투쟁'을 위해 연안에서만 8천여 명의 특무인원이 투입되어 1943년 4월부터 12월 중순에 걸쳐 대중운동의 형태로 집행되어졌다. 당간부에게는 상호밀고를 장려하고, 밀고된 자들은 군중 앞에 내세워져 갖가지 위협을 가하여 죄를 인정케 하였다.

이와 같이 하여 모택동에게 불만을 가진 자들은 '외국특무', '국민당특무', '트로츠키스트'라는 갖가지 꼬리표를 달아 숙청시켰다. 그 숫자는 연안에서만 2천여 명, 변구 전체에서는 수만 명을 넘었다.

모택동의 정풍학습

이와 같은 피비린내 나는 숙청과 병행하여 모택동은 전당원에게 '정풍학습'을 강요하여 사상개조를 꾀했다. 지역마다에 학습위원회를 만들어 그 자신이 행한 22가지의 연설문을 교과서로 지정해서 4개월을 1학기로 하여 기말에는 테스트를 행하는 방식을 취했다.

모택동이 정풍학습에서 철저를 기한 것은 그 자신의 사상 주입으로, 그 자신의 절대화·신격화에 있었다. 그 결과 정풍운동이 일단락되기를 기다려 개최된 공산당 7전대회에서는 유소기의 제안으로 당장(黨章)을 개정하여 모택동을 '천재적·창조적인 마르크스주의자'로 추대하고 '모택동 사상을 자신의 전 활동의 지침으로 삼는다'는 구절을 당장에 집어넣는 데 성공했다.

정풍운동은 그 후, 1954년, 1957년에도 거듭 행해졌다. 1965년의 '문화대혁명', '비림비공'도 동일한 '정풍', 즉 권력투쟁의 하나였던 것이다. 그때마다 많은 반모택동파가 실각되고 죽음을 당했다. 그 결과 공산당 정권하에 있는 중국 인민은 '모택동 비판은 곧 죽음'이라는 압정 하에 놓이게 된 것이다.

더구나 묘한 일은 모택동 자신이 당시 '개 똥만도 못하다'고 비판한 '교조주의'가 당당하게 통용되고 있었던 것이다. 즉 '모택동 어록'이 그것으로, 모택동의 한마디는 신의 '가르침'과도 같은 것이라고 인민들에게 강요하였던 것이다.

3. 미국을 이용하는 공산당

공산당의 선전기관이었던 태평양학회

중·미 관계를 손상시키기 위한 공산당의 활동은 이미 태평양전쟁 개시 전부터 착수되어 있었다.

공산당의 앞잡이가 된 것은 미국의 태평양학회(1925년 성립)와 그 관계단체였다. 이후 미국 상원 사법위원회의 조사보고에서 밝혀진 바와 같이, 태평양학회의 본질은 국제공산당의 선전기관이었던 것이다.

그 멤버로는 종종 중경에도 방문했던 루즈벨트의 보좌관 큐리와, 국무성으로부터 중국에 파견되어 있던 빈센트와 서비스 등 외교관들의 이름이 나열되어 있는 것에 주목해볼 필요가 있다. 정치고문으로서 미국에서 파견된 오웬 라티모아도 또한 회원 중의 한 사람이었다. 중국인 중에는 공산당인 기조정, 일본인으로는 조르게 사건으로 적발된 소련의 스파이 오자키(尾崎)와 사이온지(西園寺) 등이 포함되어 있다.

태평양학회의 멤버는 '태평양 평론'을 비롯한 30여 개 매체에 5

백여 편의 논문을 실어, '중국 공산당은 '토지개혁자'로, 이른바 마르크스주의 정당이 아니며 소련과는 관계가 없다'라든가, '연안은 '민주중국'이며, 중경은 '봉건중국'이다'라는 등을 반복하여 공산당 선전을 계속했다.

1941년 초두에는 미국 대통령 루즈벨트 자신도 모르는 사이에 이들의 영향을 받고 있었다.

루즈벨트는 이해 1월 큐리를 중경에 파견했을 때 다음과 같은 메시지를 전달했다.

'멀리 떨어져 있는 우리에게 중국 공산당은 우리들이 말하는 사회당과 같이 보인다. 농민이나 여성, 일본에 대한 그들의 태도에 우리는 찬성하고 있다. 나(루즈벨트)는 이른바 공산당과 국민정부간에는 모순점보다는 유사점이 많다고 생각하고 있다. 나는 쌍방이 모순을 극복하고 항일전쟁이라는 동일한 목표를 위해 한층 긴밀하게 협력할 것을 희망한다'

큐리는 이때 공산당의 대표로서 중경에 와 있는 주은래와 소련대사 퍼뉴시킨과 만나고 싶다는 희망을 전해왔다. 이에 대해 장개석은 공산당은 오로지 당의 세력 확대만을 꾀하여 어느 집단과도 손을 잡을 수 있는 매국집단임을 강조하여 이들이 갖고 있는 공산당에 대한 사고방식을 환기시키려 애썼다.

그러나 이와 같은 충고는 결국 통하지 않았다. 미국이 새삼 공산당의 본질을 깨달은 것은 전후가 되고나서였다.

당시 백악관에서는 큐리가 '중국통'으로 알려져 영향력을 발휘하는 입장에 서 있었다.

정치고문 추천 의뢰에 있어서도 국민정부측은 소련주재 미국대사 브리트를 최적의 인물로 요망하고 있었으나 큐리는 이를 거부하고 태평양학회의 라티모아를 추천했다. 라티모아는 태평양 평론의 편집자로서, 반중국정부 캠페인을 벌인 인물이었다.

루즈벨트는 이와 같은 경위에 대해 알지 못한 채 큐리의 추천을 받아들여 6월 29일 라티모아를 정치고문으로 위임했다.

라티모아의 배후에는 코민테른이 있음이 확실했다. 그 증거로서 라티모아의 인사가 공표되기 전인 6월 18일 미국주재 소련대사 우먼스키가 라티모아를 워싱턴에서 점심만찬에 초대하여 2시간에 걸쳐 회담, 코민테른의 지시를 전달한 사실이 있다.

공산당은 또한 중국에 주재하고 있는 미국 대사관원에게도 적극적으로 작용하였다. 미 상원 사법위원회의 '태평양학회 조사보고'는 그 중 한 사람인 죤 서비스의 진술에 근거해 다음과 같이 기술하고 있다.

'미국 외교관 빈센트 및 서비스는 1942년 11월 20일경 중국 공산당의 리더인 주은래, 임표와 만났다. 회담 시, 이 두 사람의 공산당원은 빈센트와 서비스에 대해 중국의 정세를 움직이기 위해 미국은 다음과 같은 행동을 취해 주기 바란다는 희망을 전달했다.

(1) 미국은 국민당에 대한 영향력을 이용하여 정세를 개선한다.

(2) 미국은 중국이 진정으로 '민주'적이기를 희망하는 취지를 거듭 피력한다.

(3) 중국 공산당이 파쇼에 대항하는 작전에 참전하고 있다는 것을 승인한다.

(4) 중국에 대한 미국의 보급품은 일부분을 공산당에게 보급한다'

이렇게 해서 중경의 미국 대사관은 '반국민정부' 외교관의 아성이 되었다 1944년 주중 대사가 된 헐리는 공산당의 앞잡이가 된 11명의 미국인 대사관 직원을 미국으로 송환하지 않으면 안 되었다.

공산당에 동조하게 된 스틸웰

중국전구 참모장으로서 미국으로부터 파견되어 온 죠셉 스틸웰 또한 공산당에 동조한 인물 중의 하나였다. 연합군 내에서 가장 막강한 권한을 갖은 그가 공산당의 본질을 파악하지 못한 것은 국민정부 측에서 보면 커다란 손실이 아닐 수 없었다.

스틸웰과 중국과의 인연은 오래된 것이었다. 그가 처음 중국을 방문한 것은 1911년, 중화민국 탄생의 계기가 된 신해혁명이 일어난 해였다. 불과 2주일간의 방문이었으나 그동안 그는 신해혁명을 목격하고 중국에 많은 관심을 갖게 되었다. 이후 참모장으로서 파견되기까지 3회에 걸쳐 주중 미국대사관과 천진주재 미군으로 근무하여, 중국에서의 생활은 통산 10년간에 이르러 중국어에도 능통한 '중국통'이 된 것이다.

스틸웰과 공산당과의 접촉은 1938년 미국 대사관 부육군 무관 시절로 거슬러 올라간다. 중계 역할을 한 것은 소련 스파이 조직인 조르게 기관의 일원이었다. 미국인 여류작가 아그네스 스메들리와 공산당 지지자인 미 육군소좌 에반스 칼슨 등이다.

스메들리는 주덕에게 경도되어 연안에 묵으며 그의 전기 <자각에로의 길>을 쓴 여성이며, 또 칼슨은 1945년에 미국 공산주의자들이 전개한 '미국의 청년을 복원시키는 운동'의 극동 지도자를 역임하고 모택동의 대륙 점거에 힘 쓴 인물이다.

스틸웰 사후, 1948년에 비로소 밝혀진 것이나 그는 1938년 당시부터 워싱턴에 '공산당 칭찬'의 보고를 송부해왔던 인물이었다.

1942년 중국 전구 참모장이 된 스틸웰은 당초부터 국민정부에 대해 편견을 지니고 있었다. 스틸웰은 중국 전구에 있어서의 최초의 작전인 버마작전에 실패하여 일단 인도로 퇴각, 1942년 6월 3일 중경으로 돌아왔다.

다음날인 4일부터 장개석은 즉각 스틸웰과 만나 패전의 원인을 검토했으나 스틸웰은 공군의 부족과 버마에 원정한 중국군 사령관을 책할 뿐, 전국에 관한 전반적인 반성은 결코 하려 들지 않았다.

이와 같은 스틸웰에게 미국은 '참모장' 외에도 '미군의 주중대표', '대여물자의 관리총재', '재중 미공군 지휘관' 등 막강한 권한을 부여하고 있었다. 그는 이러한 권한을 이용하여 중국군을 지배하에 두려는 권한욕에 사로잡혀 있었다.

원래 미국은 소련이나 영국 등에 대여한 무기를 관리하는 권한을
그 국가의 책임자에게 주고 있었다. 그러나 중국에만은 별도로 취급
하여 스틸웰이 그 권한을 갖고 있었던 것이다. 그 이유는 미국정부
측 내에 있던 친공주의자들이 '국민정부에게 권한을 주면 공산당
에게 물자가 전해지지 않게 된다'고 반대했기 때문으로 중국 측에는
이에 대해 사전 동의도 구하지 않았었다.

장기 전략에 있어 무기의 배분과 보급은 승패를 결정하는 최대의
요인 중의 하나이다. 그것을 사물화한 스틸웰은 중국을 곤란하게 만
드는 일도 주저치 않았다.

잇달은 월권행위

이것이 처음 문제가 된 것은 중국전구 내의 인도에 주둔한 미군
제10공군의 이집트 이주였다. 스틸웰은 이에 대해 무단으로 허가를
내려 전 비행기를 이륙시킨 후, 6월 26일이 되서 '사후보고'를 해
왔다. 스틸웰의 이와 같은 월권행위를 힐문하자 그는 루즈벨트에게
'장위원장은 격노하고 있다 동맹국은 중국전구에 관심이 있는지, 예
스냐 노냐로 대답하라고 말하고 있다'라는 등 이를 대대적으로 보
고했다.

마침 그때 외교부장 송자문은 워싱턴에서 무기인도 촉진교섭을
벌이고 있었다. 미국이 약속한 양의 10분의 1도 아직 도착하고 있
지 않기 때문이었다. 그러나 스틸웰의 말을 믿은 미국 육군은 송자
문에게 '인도에는 물자가 남아돌고 있다. 7월분부터 인도에 대한
수송을 정지한다'고 제의해 왔다. 송자문도 몹시 분개하여 '그렇게
말한다면 워싱턴에 있을 의미도 없다. 중국은 미국에 있는 관계기관
을 폐쇄하여 전원을 본국으로 철수시키겠다'라고 회답하여 일시에
중·미 관계가 긴장하는 일막도 있었다. 이때 루즈벨트가 '중국전구
는 중요하다는 것을 보증한다. 공군의 이집트 전용은 임시 착오를
일으킨 것으로 곧 원상복귀한다'는 친전을 보내와 일단락지어졌다.

그러나 스틸웰의 '심술'은 이후에도 계속되었다. 6월 29일에는 '미군 3개 사단을 인도에 보내 중국군과 협동하여 버마 루트를 탈환한다. 8월 초두부터 중국전구의 공군력을 5백 대로 늘린다. 인도로부터 히말라야를 넘는 공수물자를 8월부터 매월 5천 톤으로 증가한다'고 하는 요구를 루즈벨트에게 전달하도록 명했으나, 그는 미국에 이를 전달하지 않고 묵살해버렸다.

이 밖에도 중·미의 합병회사인 중국항공공사에 대해 미국으로부터 중국 공군용으로 할당된 수송기 중 2대를 정부 항공위원회에 인도하도록 요구했으나 이것도 스틸웰에게 거부되었다. 그의 주장은 '미국 대여물자를 어떻게 움직이느냐는 나의 권한이다. 장 위원장은 소유권 이전을 받은 후 비로소 물자, 기재의 처분 권리권을 지닌다'고 하는 것이었다.

게다가 그러한 직후 스틸웰은 마샬에게 밀전을 보내 '우리의 임무를 유효하게 하기 위해서는 장개석의 권한을 제한할 필요가 있다'고 전해, 스틸웰이 주재하는 교련처가 추천하지 않는 중국인 군관은 모두 해임하는 등 6개항의 조건을 들어 '장개석이 이 6개 조건을 승인하지 않는 경우는 재중 미군요원의 전원 철수, 무기 원조의 정지, 인도에 있는 중국 지원물자를 영국으로 이송—등의 강경수단을 취한다'고 건의했다.

마샬도 이 건의를 채택하지는 않았으나, 대여물자를 빌미로 중국의 군정의 대권까지도 손에 쥐려 했던 스틸웰의 의도는 중·미 합작에 오점을 남긴 것이라 하지 않을 수 없다.

루즈벨트의 판단

루즈벨트도 스틸웰을 둘러싼 트러블에 골치를 앓았다. 그 결과 대통령 보좌관 큐리를 재차 중경에 파견하여 중재에 나서게 했다.

7월 21일(1942년) 미국의 대통령 보좌관 큐리는 중경에 도착하여 16일간 머물렀다. 큐리로부터는 '스틸웰은 참모총장 마샬이 가장 신뢰하는 인물이나, 중국의 요구가 있으면 경질도 고려한다'는 제의가 있었다. 이에 대해 장개석은 그 동안의 스틸웰의 월권에 대해 설명하고, 스틸웰의 경질문제는 미국정부에게 맡긴다는 의사를 표시했다.

이에 대해 큐리는 실정을 이해하고 귀국 후인 8월 24일 루즈벨트에게 스틸웰의 경질을 진언했다.

그 사이 태평양 전선에서는 6월의 미드웨이 해전을 계기로 전황이 역전되어, 미군의 반격이 시작되어 있었다. 그 결과, 미국 육군은 버마 반격작전을 입안, 그 개시 시기를 12월로 결정했다. 루즈벨트는 스틸웰의 경질을 마샬에게 타진했으나 마샬은 버마작전을 이유로 경질에 반대 그대로 중단되고 말았다.

스틸웰의 공격의 대상이 된 것은 중국군뿐만이 아니었다. 미국 공군의 퇴역군인으로 조직된 중국전선의 상공의 영웅이 된 플라잉 타이거즈의 지휘관 크레어 센노트도 눈에 가시처럼 여겼다. 플라잉 타이거즈는 워싱턴의 방침에 따라 1942년 7월 4일 '미군 주둔 공군(이후 제14공군)'으로 개편되어 센노트 자신도 현역으로 복귀하여 공군 준장으로 승진하고 미공군의 고급지휘관으로서 중국에 남아 있었다. 그러나 스틸웰의 방침에 따라 증원이나 보급은 뒤로 제쳐지고 게다가 인도 주둔 제10공군의 지휘 하에 두어져 행동의 자유를 박탈당하고 있었다. 센노트는 종종 스틸웰에게 보급의 강화를 요구하였으나, 버마주둔 육군 우선을 이유로 거부되었다.

그러나 스틸웰은 이와 같은 사실을 숨기고 워싱턴에는 '주중 미공군을 증강했다'고 보고했다. 1942년 10월, 루즈벨트의 특사 웬델 윌키가 중경을 방문했을 때 센노트는 현 실정을 밝혀 주중 공군의 어려운 상황을 호소했다.

윌키는 주중 공군의 세력이 워싱턴에 전달된 보고보다 훨씬 미치지 못함을 알고 놀라움을 표시했다. 그는 센노트에 대해 루즈벨트에게 사실을 있는 그대로 보고할 것을 권했다. 센노트는 그에 따라

'만일 내가 주중 공군의 전 지휘권을 지니고, 전투기 1백 50대, 중폭격기 12대, 또한 충분한 양의 예비품을 보급한다면 일본을 6개월에서 1년 이내에 섬멸해 전쟁을 끝낼 수 있다'는 내용의 대통령 앞으로 보내는 '직소장'을 윌키에게 전달했다.

직소의 내용을 마샬에게서 들은 스틸웰은 화를 냈다. 그는 2월 9일(1943년), 마샬에게 '미국은 대중 원조를 교환조건으로 하여, 장 위원장에게 좀 더 엄중한 태도를 표시해야 한다'고 강조했다.

루즈벨트, 센노트를 지지

마샬로부터 이를 전해들은 루즈벨트는 3월 8일 마샬에게 다음과 같이 훈계했다.

'나는 스틸웰이 장 위원장에 대해 보인 태도는 대단히 잘못되어 있다고 생각한다.

장위원장은 4억 인구를 통솔하는 행정의 수장 겸 총사이다. 어떻게 모로코나 수단과 동일한 태도를 취할 수가 있단 말인가?'

이와 동시에 루즈벨트는 중경에 전보를 보내 센노트의 공군을 제14공군으로 독립시키고, 조속히 비행기가 5백 대에 달하도록 증강할 것을 통고했다. 제14공군은 3월 3일 정식으로 발족하고 센노트가 소장으로 승진하여 그 지휘권을 맡았다. 그러나 물자의 관리권을 쥔 스틸웰은 버마 육군 우선을 끝까지 주장하여 양자의 대립은 마침내는 대통령의 판단에 맡겨지게 되었다.

4월 말 루즈벨트는 스틸웰과 센노트를 워싱턴으로 소환, 두 사람의 주장을 들었다.

대립은 5월에 워싱턴에서 열린 미·영 참모단 회의에까지 이어졌다. 이 회의에는 스틸웰, 센노트와 함께 중국 측에서 송자문이 출석하여 중국정부의 견해로서 센노트를 지지하고 ① 6월부터 3개월간 히말라야를 넘는 물자는 모두 공군용으로 공급한다 ② 9월 이후 제14공군의 비행기는 5백 대를 확보한다. 그러기 위해서는 월 4천 8

백 톤의 수송을 필요로 한다—고 제의했다.

스틸웰은 이에 대해서도 버마 육군에 대한 물자 공급이 먼저라고 강경하게 반대했다. 그러나 마침내 루즈벨트는 센노트를 지지하여 5월 18일 다음의 4개항을 결정해 송자문에게 전달했다.

(1) 7월 1일부터 인도 경유의 수송을 매월 7천 톤으로 늘린다. 그 중 5천 톤은 센노트의 공군용으로 돌리고 2천 톤을 육군용으로 한다.

(2) 인도 아삼 비행장이 예정대로 완성되면 수송을 월 1만 톤으로 늘린다.

(3) 5,6월의 공수물자는 육군에게 매월 5백 톤을 돌리는 외의, 그 밖의 모두는 공군용으로 한다.

(4) 버마 반격계획은 영국군과 합동으로 연말에 실행한다.

센노트는 이에 힘을 얻어 하계공세로 전환하여 7월 20일부터 한구·광주·형양 등에서 일본군 공군기와 격돌한 결과 이 하계공세에서 일본기 1백 53대를 파괴하는 전과를 거두었다.

그러나 이러한 대결 후 스틸웰은 루즈벨트를 '늙다리'라고 칭하며 대통령의 명령조차 무시하는 방만한 태도를 취하게 되었다.

4. 공산당의 국제적 책동

스틸웰의 완고함

1943년 5월에 워싱턴에서 개최된 미·영 참모단 회의에서는 중국군이 인도, 운남으로부터 북 버마로 출격하여 운남—버마 루트를 개척케 하는 것에 중점을 둔 버마작전의 기본골격이 정해졌다. 그 대요는 루즈벨트로부터 5월 25일 전보로 알려졌으나 지휘권을 어떻게 하느냐, 영국해군이 남 버마에서 지원작전에 나서느냐 하는 것에 대해서는 언급하지 않고 있었다.

거기서 군사위원회 변공청(弁公廳) 주임 상진(商震)을 통해 스틸웰에게 미·영 참모단 회의의 전기록 및 해군병력 사용예정표의 송달을 요청했다. 그러나 3차례에 걸친 촉구에도 불구하고, 스틸웰의 태도는 여전히 비협조적이었다.

이와 같은 반정부적 태도에 대해 이보다 앞서 방미 중이던 장개석의 처 송미령에게 다음과 같은 전보를 타전하여 루즈벨트에게 도움을 청했다.

'스틸웰은 단지 나(장개석) 개인에게 비협조적인 것이 아니고, 중국 전부대와 국민에 대해 깊은 편견을 갖고 있다.

스틸웰은 중국군에게 전투능력과 승리의 희망이 있지 않다고 믿고 있다. 나는 일반 장교들에게 스틸웰이 일을 순조롭게 추진할 수 있도록 가능한 한 그의 의사를 존중하여 우정을 유지하도록 배려, 엄중한 명령을 내리고 있다. 그러나 계속해 이러한 비협조적인 사태가 발생한다면 실로 커다란 문제라 하지 않을 수 없다. 대통령께서 이러한 진상과 상황을 잘 판단해주기 바란다'

문제의 근원은 스틸웰의 마음속에 있는 중국인의 편견에 있었다. 그가 워싱턴에 보낸 보고에는 다음과 같은 문장이 있다.

'중국인은 가장 기본적인 군사상의 잘못을 범하고 있다. 먼저 그들은 전술과 전략의 기본적인 원리를 무시하고 있다. 원조용의 무기 사용법도 모른다. 군사정보를 경시하고 있다. 사령관과 각료들 간에는 확실한 명령계통이 없다. 정보망이 확립되어 있지 않다. 수송차도 무기도 임전체제를 갖추고 있지 않다'

이러한 판단은 실로 중국 공산당이 국민정부를 비방하는 언사와 일치하고 있으며, 미국의 공산주의자나 좌파분자들의 선전과 동일한 것임을 주목해 볼 필요가 있다. 그의 편견은 공산당이 퍼뜨린 유언비어에 의해 만들어진 것이었다.

다음과 같은 사실도 있었다.

당시 국민정부 측에서는 공산군이 세력을 신장시키고 있던 섬서,

감숙 방면에 호종남이 인솔한 정예부대를 배치하고 있었다. 이는 화북의 일본군에게 서쪽으로부터 압박을 가하여, 전시 수도인 중경 북변의 수비를 강화하는 동시에, 공산군이 일본군과 내통하지 못하도록 봉쇄하는 데 그 목적이 있었다.

공산당은 이러한 호종남군을 밀어내려고 국제적 수단을 강구하여 소련의 신문과 잡지를 움직여 미국에 대한 유언비어를 유포하여 '국민정부는 중국 공산당에 대해 8월 15일까지 귀순하지 않으면 토벌하겠다는 최후통고를 내렸다'고 선전한 것이다.

스틸웰도 이러한 공산당의 책동에 한 몫을 거들었다. 그는 9월 6일 돌연 각서를 제시하여 호종남이 이끄는 부대를 산서성에 전환 배치할 것을 강요해온 것이다. 호종남의 부대가 없어지면 공산군은 일본군과 내통할 수 있는 통로가 열리는 것이었다.

이보다 앞선 8월 1일, 국민정부 주석 임삼이 77세로 서거했다. 새로운 사태에 대처하기 위해서 9월 6일부터 중경에서 개최된 국민당 제5기 중앙위원회 제11차 전체회의에서는 국민정부 조직법이 개정되어, 국민정부 주석을 육해공군 대원사(大元師)로 할 것이 결정되었다. 이에 따라 9월 13일 국민정부 주석 겸 행정원장에 선출된 장개석은 계속해서 임무를 맡아온 군사위원회 위원장과 합하여 정치·군사면의 최고책임을 한 몸에 걸머지게 되었다.

공산주의자의 정보전략

1943년 8월 19일부터 미국의 루즈벨트와 영국의 처칠은 캐나다에서 6일간 정상회담을 개최했다. 이 회담에는 중국은 초대되지 않았으나 그간 지연되고 있던 버마 반격을 1944년 2월에 발동할 것을 결정했다. 그러나 중국의 주장이었던 버마 전면 반격은 영국의 소극책에 의해 후퇴하고, 버마 북부에 한정되게 되었다. 동시에 새로이 동남아시아 전구가 두어져 영국의 마운드 버틴 경이 최고사령관으로, 스틸웰이 부사령관을 겸임할 것이 결정되었다.

10월 16일 마운드 버틴이 처칠의 편지를 갖고 미국 대표인 미 공군 보급사령 서머벨(중장)과 함께 중경을 방문하여 전략회의를 개최했다.

중국 측에서는 스틸웰의 비협조적인 태도에 대한 인내에도 한계에 달해 있었다. 이 이상의 노력은 무용한 것일 뿐 아니라 중국군의 사기에도 영향을 미쳐, 항일전 수행에도 장해가 될 것이라고 보았다.

7월 17일 저녁, 장개석은 서머벨과 1시간 가량 회담했을 때 마침내 의사를 굳혀 스틸웰의 해임을 요구할 수도 있음을 전했다.

스틸웰의 태도는 이 일로 완전히 달라졌다.

같은 날 밤, 장개석은 스틸웰을 불러 서로 이야기한 결과, 그는 즉시 이제까지의 잘못을 인정하고 이번에는 절대로 복종할 것을 맹세했다.

다음날인 18일 서머벨과 만난 장개석은 스틸웰을 용서할 뜻을 전했다.

그러나 스틸웰의 반성은 표면적인 것에 불과했다.

중경에 있는 '중국·버마·인도 전구 미군 지휘부'는 다수의 정치고문을 두고 있었다. 그들은 모두 미국 대사관원을 겸했기 때문에 특권을 이용하여 중국 정부기관이나 고관의 자택, 미·소 대사관 및 공산당의 중경주재 사무소 등에 출입하며 정보활동을 행하여, 뉴델리에 있는 스틸웰의 총사령부나 워싱턴에 보고하고 있었다.

이 정치고문 중에는 공산당과 밀착된 자가 적지 않았다. 미국 국무성이 전후 정리한 자료에 의하면 2등서기관인 데이비스와 루딘, 3등서기관인 서비스와 에머슨 등이 지적되고 있다.

그들 중 스틸웰의 신임이 가장 두텁고 활동의 중심이 되었던 인물은 데이비스였다. 2등서기관 데이비스는 1942년 3월, 스팅웰이 중경으로 들어오고 나서 곧 고문으로 맞아들여지고 이어 1943년 6월에는 서비스 등이 고문으로 취임했다.

이때 미 국무장관 헐은 중경에 주재하는 미국 외교대표가 행동을 체크하는 것을 조건으로 고문취임을 인정했으나, 데이비스 등은 대사조차 상대로 하지 않고 마음대로 정보활동을 행했다.

가짜 정보의 남발

데이비스는 중경에 들어온 후 주은래, 동필무, 임조함 등과 빈번한 왕래가 있었다. 중국어에 능통해 있던 서비스는 루즈벨트로부터 중국정부 앞으로 오는 전보의 번역을 맡았으며, 이후 중국을 방문한 부대통령 월레스 등 중국 고급관원의 통역을 담당했다.

더욱 중요한 것은 미군이 중경에서 본국으로 보내는 정보는 해군 관계를 제외하고는 모두가 그의 손에 의해 관리·조작되었다는 점이다.

미 국무성의 조사에 의하면, 데이비스 등의 그룹에서 1942년 6월부터 3년간 본국으로 보낸 정보는 주요한 것만도 1백 6건에 달했다.

그 내용은 다음의 예에서 보는 것과 같이 대부분이 공산당을 칭찬하고, 국민정부에 대해 중상하는 것이었다.

'주은래의 말에 따르면 장개석은 일본과 강화한다'(1942년 6월, 데이비스)

'국민정부는 대여물자를 비축하여 내전에 대비하고 있다'(1942년 7월, 데이비스)

'소련이 대일전에 참가했을 때는 공산군에게 전략 가치가 생겨난다. 미국은 국민정부에게 공산군 봉쇄를 해제하도록 요구해야 한다'(1943년 1월, 서비스)

'중국 공산당은 사실은 공산주의자가 아닌, 오히려 농업민주당(토지해방자)이다. 국민정부가 공산당을 토벌하면, 공산당은 소련에 원조를 요청하여 그 결과 중국은 적화할 것이다'(1943년 6월 데이비스)

'모택동은 공산주의·사회주의국가를 만들려고 생각하고 있지 않으며, 국민정부를 전복시키려고 생각하고 있지 않다. 또 소련이나 코민테른과는 관계가 없다고 말하고 있다'(1944년 7월, 서비스)

'공산당은 자본주의에 의해 그 경제수준을 높이고 싶다고 희망하고 있으며, 소련보다 미국 쪽의 의지가 된다고 보고 있다. 그들은 미국의 지지를 기초로 중국을 통일하려 하고 있다'(1944년 9월, 서비스)

'미국이 장개석을 원조하면 반드시 내전이 된다. 공산당을 원조하면 내전은 없다. 미국의 장개석 원조 정책은 공산당의 원망을 살 뿐이다'(1944년 11월, 서비스)

이후 역사의 흐름은 이와 같은 정보들이 모두 '거짓'이었음을 증명하고 있다.

그러나 이러한 정보들을 계속해서 접한 미국의 국무성·육군성·재무성을 비롯한 각 관계부문의 스텝들 중에는 이에 현혹되는 이들이 적지 않았다.

이와 같은 공산주의자들의 정보 전략은 전쟁 후에도 집요하게 거듭되어 미국이 중국정책에 잘못을 가져와 마침내는 대륙이 공산화되게 되는 원인의 하나가 되는 것이다.

제46장 연합군의 맹공

1. 카이로 회담

이탈리아의 무조건 항복

1943년 여름, 연합군은 유럽·태평양·중국 등 모든 전선에서 추축국에 대한 반격을 일제히 강화해 나갔다. 이미 전국의 형세는 결정적이었다.

유럽에서는 5월의 북 아프리카 승리 후, 7월 10일 아이젠하워가 인솔한 연합군이 이탈리아의 시실리아 섬에 상륙하여 약 1개월 만에 이곳을 점령했다. 그 사이 이탈리아는 수상 뭇솔리니가 실각하고 후임에 바드리오가 취임하였으며, 9월 8일 무조건 항복했다. 11월에 들어서며 베를린 공습도 시작되었다.

태평양에서는 6월 30일, 미국의 마커스가 서남 태평양 연합군 최고사령관에 취임하여 솔로몬 군도 및 뉴기니 방면에서의 이른바 '징검다리 작전'이 시작됐다.

수비에 나선 일본은 점령했던 남쪽의 섬들을 버리고 9월에는 '절대방위권'을 마리아나, 카롤린 제도 선까지 후퇴하지 않을 수 없었다.

가을이 되어 연합군은 섬들을 따라 북상하여 11월에는 중부 태평양의 길버트 군도를 점령하고 남 태평양의 일본의 최후의 거점인 뉴브리톤섬으로 상륙하는 데 성공했다.

이 무렵 연합국의 지도적 국가의 수뇌들 간에는 이미 제2차 세계대전을 어떻게 종결시키느냐, 대전 후의 세계질서를 어떻게 재건시키느냐 하는 것이 커다란 과제가 되어 있었다.

그러나 거기에는 열강들 각각의 의도와 이권이 교차되어 어두운 그림자를 드리우고 있었다. 전후의 냉전으로 이어질 대립양상이 이미 싹트고 있었던 것이다.

중화민국은 일본에 의해 강탈당한 실지를 수복하여 주권과 영토의 완전성을 회복할 것에 대해 열강들의 보증을 얻어두지 않으면 안 됐다. 그러한 의미에서 연합국 내부에서의 외교 또한 중요한 싸움이었다.

미국 대통령 루즈벨트는 일찍부터 중·미·영·소 4개국의 전쟁 중에 있어서이 협력관계를 그대로 유지하여, 이들 4강이 '경찰'적인 힘을 발휘하여 전후의 세계평화를 유지해 나가려는 구상을 갖고 있었다. 특히 아시아에 있어서는 소련을 끌어들임으로써 영국, 네덜란드와 프랑스를 견제하여 아시아의 식민지주의를 해방하려는 생각을 가지고 있었다.

이에 대해 영국은 프랑스를 도와 소련을 봉쇄, 중국을 고립·약체화시켜 계속해서 '대영제국'의 식민지를 확보하려는 의도를 갖고 있었다.

소련은 1943년 5월 코민테른 해산을 선언하여 '세계적화'의 야망을 포기한 듯한 포즈를 취했으나 연합군의 승리를 기다려 새로운 포획물을 손에 넣으려고 책동하고 있었다.

전후 새 질서의 검토

이와 같은 각국의 각양의 의도 속에서 미국의 루즈벨트는 1943년 8월 캐나다 회담에서 영국 수상 처칠에게 전후의 국제평화기구를 중·미·영·소 4개국이 중심이 되어 설립할 것을 건의하여 동의를 얻었다.

이해 9월, 미 국무장관 헐은 소련 외상 몰로토프에게 이와 같은 계획을 전달했다. 그러나 몰로토프는 즉석에서 거절했는데, 중국이 4강의 하나로서 나서는 것은 곤란하다는 것이 거절의 이유였다. 중국 공산당을 조정하여 중국 내부로부터 소련의 속국화를 꾀하는 소련에게 있어 중국이 소련과 대등한 지도적 국가로서 대두하는 것은 아무래도 소련에게는 난처한 일이 아닐 수 없었다.

헐은 중국의 6년에 걸친 항일전의 실적을 지적하여 '전후 중국은 아시아에 있어 중요한 강국이 될 것이다. 긴 국경선을 접하고 있는 중·소 양국이 평등한 지위에 서면 양국 상호관계는 반드시 개선될 것이다'라고 설득했으나 몰로토프는 고개를 가로 저을 뿐이었다.

10월 19일 전후 유럽문제를 검토하기 위해 미·영·소 3국 외상회담이 모스크바에서 개최되었다. 그보다 앞서 미국은 루즈벨트의 결단으로 "4강'이라는 의지를 적극 견지, 이로 인해 3국 외상회의가 합의에 달하지 못해도 하는 수 없다'는 강경한 태도를 보였다.

3국 외상회의 석상에서 미 국무장관 헐은 전후의 국제조직 설립에 관한 선언초안을 제시하여 이른바 '4강선언'으로 결정할 것을 주장했다. 영국 외상 이든도 헐의 이러한 의견을 지지했다. 이 초안은 중국에게도 보내져 중국은 이에 동의했다.

그러나 소련의 몰로토프는 이를 반대하여 '이 회의에서는 중국을 제외한 3강 선언만을 검토하며, 4강문제에 대해서는 언급하지 말도록 하자'는 의견을 제시했다.

헐은 중국을 제외하는 것에 거듭 반대하고 4강이 아닌 한 회의 유산도 무릅쓰겠다는 미국의 강경한 결의를 보이며 몰로토프를 설득했다. 이러한 미국 측의 태도에 몰로토프도 마침내 동의하여 26일 '중국의 익명 참가에 반대하지 않는다'고 양보했다. 이후에도 소련은 절차문제 등으로 브레이크를 걸었으나 10월 30일 마침내 '4강선언'이 채택되었다.

그 내용은 ① 4개국은 대전 작전 중의 연합행동을 계속하여, 전후의 평화와 안전을 유지한다 ② 공동의 적의 투항·무장·해제 등에 대해 공동행동을 취한다 ③ 가능한 한 조속히 국제평화와 안전을 유지하는 국제조직을 만든다 ④ 전쟁 후, 타국 영토 내에서 무력을 행사하지 않는다. 아울러 군비제한 협정을 서두른다—등을 내용으로 하는 것이었다. 미·영·소 3국 외상과 함께 중국의 소련 주재 대사 부병상이 서명했다.

전후의 국제연합에 있어서의 안전보장 이사회 상임이사국으로서의 중국의 지위는 이때 확립되었다.

2개의 3국회담

모스크바에서 열린 미·영·소 3국회담이 끝나갈 무렵인 10월 28일, 루즈벨트는 장개석 앞으로 전보를 보내왔다.

'모스크바회의는 현재까지 순조롭게 진행되어 가고 있다. 나는 미·영·중·소의 완전한 단결을 촉진하기 위해, 4개국의 수뇌가 한자리에 모여 11월 20일에서 25일 사이에 적당한 때를 보아, 이집트의 알렉산드리아에서 만나고 싶다'

는 내용이었다.

이보다 앞서 장개석의 처 송미령이 미국을 방문했을 때 전달한 '4개국 정상회담'이 마침내 구체화되기에 이른 것이었다. 장개석은 이에 대해 즉시 동의의 회답을 보냈다.

그러나 이어 11월 1일에 접수한 루즈벨트로부터의 전보는 사태의 미묘한 변화를 전하고 있었다.

'나(루즈벨트)는 아직 스탈린으로부터 확실한 회답을 받지 못하고 있으나, 그와는 처칠과 함께 페르시아만 부근에서 회담할 기회를 갖게 될 것 같다. 그래서 나는 각하(장개석)가 11월 26일에 카이로 근교로 와서 처칠 및 나와 회담할 수 있도록 일정을 조정해 주기 바란다'

처음의 '4개국 정상회담'이 소련을 제외한 '3국회담'으로 달라져 있을뿐 아니라, 또 하나의 '3국회담'이 중국을 제외하고 열린다는 것이었다.

소련은 원래 중국에 대해 영토적 야심을 갖고 있어, 중국이 4강의 하나가 되는 것에 반대해왔다. 게다가 소련은 미국에 대해 한 장의 '비장의 카드'를 쥐고 있었다. 이는 바로 '대일 참전'이었다. 태평양의 광대한 전선에서 싸우는 미국은 일본을 북쪽으로부터 위협하기 위해 소련이 참전할 것을 갈망하고 있었다.

그러나 소련은 이제까지 답변을 피하며 미국의 요청을 지연시키고 있었다. 중국이 출석하지 않은 '3국 정상회담'에서 스탈린이 이러한 카드를 사용한다면, 그 여파는 중국에 파급될 것이 예상되었다.

그러나 이러한 예상은 곧 적중되고 말았다.

중국 측으로서는 먼저 미·영·소 회담이 행해지기 전에 중국에 관계가 있는 종전처리에 대해 미·영 양국으로부터 동의를 얻어 둘 필요가 있었다. 이에 대해 장개석은 루즈벨트에게 미·영·중 3국회담은 미·영·소 회담에 앞서 행할 필요가 있으며, 만일 그것이 불가능하다면 약간 기일을 연기하여 다시 결정하기를 바란다는 뜻을 전했다.

11월 9일 루즈벨트는 3번째 전보를 보내와 다음과 같이 제안했다.

'나(루즈벨트)는 2,3일 중에 북 아프리카로 출발해 21일에 카이로에 도착할 것이라고 생각한다. 거기서 처칠과 만난다. 또 우리는 대략 26일이나 27일에 이란에서 스탈린과 만나는데, 나로서는 각하(장개석)와 처칠과 내가 그 전에 회담을 하고 싶다. 각하께서 11월 22일까지 카이로로 와줄 수 없겠는가'하는 것이었다.

역사적인 카이로 회담은 이렇게 해서 개최되게 된 것이다.

12월 20일, 루즈벨트의 특사로서 육군장관을 지낸 패트릭 헐리가 카이로 회담의 사전협의를 위해 중경으로 왔다. 헐리는 루즈벨트의 생각을 전하는 동시에, 아시아 문제에 대해 중국과 영국 간에 문제가 있다면 루즈벨트가 제3자로서 조정할 의사가 있음을 밝혔다.

헐리와 두 차례의 회담에서 장개석이 강조한 것은 중국과 미·영과의 합작에 의문은 없으나, 소련의 태도에 문제가 있다는 것이었다. 헐리에게는 루즈벨트가 회담할 때에는 중국의 적화와 병탄을 기도하고 있는 소련에 대해 경계심을 풀 수 없음을 루즈벨트에게 전달해 줄 것을 부탁했다. 그러나 이때 헐리는 '스탈린은 이미 세계를 공산화시키려는 기본정책을 포기하고 있다'는 낙관적인 견해를 피력했다. 미·영과의 연합작전이나 코민테른의 해산이라는 사태와 더불어, 공산주의자들의 선전에 현혹되어 미국의 공산주의에 대한 경계심이 느슨해져 있음을 보여주는 견해였다.

헐리는 장장 6시간에 걸친 회담의 결과를 다음과 같이 루즈벨트에게 보고했다.

(1) 장 주석과 중국인민은 민주·자유라는 원칙에 찬동하고 있다.

(2) 장 주석과 중국인민은 공산주의와 제국주의에 반대하고 있다.

(3) 장 주석은 루즈벨트는 당연히 민주와 자유에 찬동하고 있으나, 연합작전을 위해서는 잠정적으로 제국주의 및 공산주의 국가와도 협력하지 않으면 안 된다고 믿고 있다.

(4) 장 주석은 장래의 연합국의 합작과 단결은 서로 다른 사상을 지닌 국가를 함께 이끌고 나갈 루즈벨트의 능력에 달려 있으며, 루즈벨트는 자유로운 활동 속에서 4강이 일치하여 동의할 원칙을 찾을 필요가 있다—고 이해하고 있다.

카이로 회담

1943년 11월 14일, 카이로 회담에 앞서 중국 측이 제기하는 제반 문제들의 개요를 다음과 같이 정리했다.

'갑 : 전략방면에 있어서의 중요한 제안은 ① 버마 반격에 있어서의 해·육군 동시 출동의 총 계획 ② 중·미·영 3국 연합참모회의의 설립. 을 : 정치방면의 제안은 ① 동북과 대만·팽호(澎湖)의 중국으로의 반환 ② 조선의 전후 독립 보증 ③ 타이 독립의 보증과 인도네시아 반도 각국 및 화교의 지위. 병 : 전후에 있어서의 유력한 국제기구의 설립을 준비한다. 정 : 일본의 투항 및 처리에 대한 계획안. 무 : 중·미 경

제합작의 제의. 기 :
미국에 대한 대여물
자에 관한 제안'

또 주제를 미·
영·중 3국의 공통
문제에 한정하여 홍
콩·구룡·티벳 등
영·중 2국간의 현
안을 거론하는 것은
피한다는 방침을 결

카이로에 모인 미·영·중의 3국 수뇌 왼쪽에서부터 장개석, 루즈벨트, 처칠, 송미령.

정했다.

장개석은 루즈벨트, 처칠과 편지나 전보는 주고받았으나 직접 얼굴을 마주대하는 것은 처음이었다.

11월 18일 오전 11시, 중경을 출발한 장개석은 카이로로 향했다. 처 송미령을 비롯하여 왕총혜·동현광 등 십여 명의 수행원을 동반했다. 이들 일행은 21일 카이로에 도착, 카이로 시 중심부를 빠져나가 피라밋 근방의 회의장인 메나하우스 호텔로 향했다. 부근에는 고사포 진지와 레이다 기지가 신설되어져 영국군 1개 여단이 삼엄한 경비를 펴고 있었다.

이날 오후 처칠도 카이로에 도착했다. 장개석과 처칠은 곧 서로 만나 연합군 동남아시아 전구 최고사령관과 함께 약 반 시간가량 초대면 인사와 함께 국제정세를 중심으로 회견했다.

루즈벨트는 22일 오전 카이로에 도착하여 다음날인 23일 오전 11시부터 카이로 회담이 정식으로 개막됐다. 먼저 영국 측에서 버마 반격에 대한 계획을 보고했다.

영국이 제출한 계획은 1944년 1월 중순에 중국군이 버마 북부로, 영·인도군이 버마 서부로 동시에 진공하여 4월까지 버마 북부를 수복한다는 것이었다. 그러나 중국은 전부터 랑군을 포함한 버마 전역을 회복하여 버마 루트를 부활시켜 중국으로의 보급로를 확보한다는 전략을 주장했다.

이를 위해 처칠에게 영국의 해군이 동시에 뱅골만에 출동하여 제해권을 제압하여 일본군의 보급선을 차단시켜 버마를 남북으로부터 협공한다는 해·육 공동작전을 펼 것을 제의했다.

이에 대해 처칠은 영국의 해군이 집결하는 것은 봄부터 여름이 될 것이라고 대답함으로써 육·해 공동작전에 적극적인 자세를 보이지 않았다. 게다가 처칠은 '해군의 집결은 군사기밀이며 여기서는 밝힐 수 없다. 여하튼 장 위원장에게는 상세한 내용을 구두로 전하겠다'고 발언하여 그대로 산회되었다.

버마 반격은 카이로 회담의 중요 현안의 하나이기 때문에 이후 계속해 3회에 걸쳐 처칠과의 회담을 통해 조기실현을 꾀하였으나, 처칠은 결국 '육해군 동시출동'의 확약은 주지 않았다.

처칠이 이와 같이 버마 반격에 소극적이었던 것은 두 가지의 이유가 있었다.

하나는 처칠은 처음 루즈벨트와 단독 회담하여 유럽전선 우선의 대독일 작전을 결정하고 버마작전은 부수적인 것으로 검토하려 했다. 그러나 루즈벨트는 처칠을 제쳐두고 중국과의 협의를 먼저 추진하려 했다. 그것이 처칠에게는 불만이었던 것이다.

또 하나의 나중에 안 일이지만 영국은 뱅골만의 암다만 섬에서 스마트라, 이어 싱가포르를 목표로 한 대규모 해군작전을 입안 중이었다. 이 작전은 미국에게 알려 동의를 얻었으나, 중국에게는 비밀로 한 채였다.

버마반격에 대해서는 최종적으로 루즈벨트가 중재에 나서 11월 25일 '버마에서 반격에 나설 때는 반드시 영국해군도 동시에 출동하도록 한다'고 보증, 중국의 희망이 받아들여진 것처럼 보였다. 그러나 이후 테헤란에서 스탈린과의 회담 결과, 12월 5일이 되어 루즈벨트는 '유럽전에서 대규모 전선을 발동하기 위해 함정이 부족하기 때문에'라는 전보를 보내 카이로 회담의 약속을 파기했다.

일본의 천황제에 대해서

중국에 있어 가장 의미 있었던 것은 1943년 11월 23일 밤의 루즈벨트와의 회담이었다. 동석한 것은 송미령과 루즈벨트의 비서인 홉킨스로, 이 자리에서 거론된 문제 중의 하나가 일본의 천황문제였다.

루즈벨트는 천황의 전쟁 책임추궁의 소리가 미국 내에서 무시할 수 없는 여론이 되기 시작했음을 들어 천황제 존폐문제에 대한 중국의 의견을 물었다.

이에 대해 장개석은 '이 문제에 대해서는 먼저 일본군벌을 근본에서부터 소멸시켜 군벌이 두 번 다시 일본의 정치에 관여하지 못하도록 해야 한다. 그러나 그 이상 국체(국가형태)를 어떻게 하느냐 하는 문제는 일본의 새로운 세대 자신들의 선택과 해결에 맡겨두는 것이 바람직하다'는 의견을 말했다.

전쟁에 이겼다고 하더라도 하나의 독립국가의 국체에까지 참견하는 것은 결코 바람직한 일이 아니었다. 또한 일본민족의 정신구조상 천황이 어떠한 위치를 차지하고 있는지는 서양인에게는 이해되지 않는다 할지라도 같은 동양인인 중국인에게는 능히 이해할 수 있는 것이었다.

이러한 천황제 존폐의 문제는 태평양학회 등에서도 종종 거론되는 문제였다. 그러나 루즈벨트와의 회담에서 처음 합의에 달한 '국체의 민족자결' 방침은 최종까지 관철되었다. 전후 일본국민은 스스로 천황제의 유지를 선택했는데 그것이 일본의 국론을 통일하고, 전후 부흥의 정신적 지주가 되었음은 이미 알려진 바이다.

이 자리에서는 또한 일본점령 문제와 조선의 독립문제 등이 거론되었다. 뿐만 아니라 중국의 영토문제에 대해서도 논의되었는데 루즈벨트와 장개석은 대부분의 문제에 대해서는 합의에 도달할 수 있었으나 중국의 공산당 문제에 대해서만은 각기 견해를 달리했다.

카이로 선언의 발표

위에서 열거된 제반 문제들을 포함한 제2차 대전 처리문제와 전후 세계질서 형성의 향방을 정한 '카이로 선언'의 내용이 정리되어 12월 3일, 정식으로 발표되었다. 그 내용은 동북4성(만주)·대만·팽호 군도 등의 중국으로의 반환, 조선의 자유와 독립, 일본의 무조건 투항 등을 3대 동맹국의 이름으로 요구한 것이었다.

분명히 카이로 회담은 중국에 정치·군사·경제 각 방면에 걸쳐 커다란 성과를 거둔 것이었다. 장래의 화평회의에 있어서 중국으로서 가장 어렵고도 중대한 문제들이 모두 이 며칠간의 회담에 의해 일거에 해결된 것이다. 그러나 앞으로 많은 난제들을 안고 있음을 인식한 것도 이 카이로 회담에서였다.

최대의 문제는 미·영 양국의 세계관의 차이였다.

전후 세계의 양상에 대해 미국은 민주적인 국제조직에 의해 19세기적 식민지주의를 일소하려고 생각했으나, 영국은 반대로 대국의 힘의 균형에 의해 대영제국의 권익을 유지하려는 것이었다.

영국의 이러한 사고방식은 버마 반격문제를 비롯한 전반적인 문제에서 표출된 것으로, 영국은 카이로 선언의 원안 토의에 있어서도 '대만 등의 중국반환', '조선의 독립'에 반대하고 '일본이 포기할 것을 명기하면 그것으로 족하다'는 주장을 최후까지 견지했다. 이와 같은 영국의 태도에 루즈벨트는 개탄의 뜻을 표했다.

또 하나의 커다란 장애가 된 것은 영·미 양국이 향후 소련에 대해 서로 다른 생각을 갖고 있는 것이었다.

미국은 소련이 전후 분명히 강국이 될 것이라 보았으나 그것이 국제 정세에 어떠한 긴장을 초래할지에 대해서는 충분히 인식하지 못하고 있었다. 그러나 영국은 소련이 강국이 되면 유럽은 파괴될 것이라고 믿고 있었다.

그러한 견해차는 카이로 회담 후 연이어 개최된 미·영·소 3자 회담(테헤란 회담)에서 분명히 드러나 결과적으로는 소련을 이롭게 하는 것이 되었다.

원래 테헤란 회담 그 자체가 미국이 소련에 영합함으로써 열리게 된 경위를 갖고 있었다.

영·미와 소련과는 당시 반드시 친밀한 관계라고 만은 볼 수 없었다. 그 원인은 2년 이상이나 계속되어 온 유럽에 있어서의 제2전장 문제였다.

1941년 6월 독일로부터 공격을 받은 소련은 영·미에 대해 무기원조와 함께 미·영이 유럽 서부에서 새로운 공격에 나서 제2전장을 열어 독일군의 배후를 공격할 것을 열망하고 있었다. 처칠은 이에 대해 어려운 일이라 하여 일단은 거절했다. 그러나 루즈벨트는 1942년 5월 소련외상 몰로토프와의 회견에서 제2전장을 열 준비를 시작할 것을 약속하고 몰로토프의 요구를 문서로써 보증했다. 몰로토프는 그 '보증증명'을 처칠에게 보이며 재차 제2전장을 열도록 요구했으나, 처칠은 '준비는 하나 확약은 할 수 없다'고 답변했다. 그러나 몰로토프는 '보증증명'을 내외에 공개하여 '미·영은 제2전장을 열 것을 약속했다. 이것이 실현되느냐, 마느냐는 앵글로색슨 민족의 약속에 어느 만큼의 가치가 있는가 하는 시금석이다'라고 선언한 것이다.

처칠은 이 말을 듣고 불쾌의 뜻을 표명했다.

1942년 8월에는 영국의 처칠과 소련의 스탈린의 첫 회담이 모스크바에서 열렸다. 이때 미국으로부터 영국을 경유하여 수송되는 원조물자가 독일 잠수함의 공격으로 절단되어 있었으므로 스탈린의 영국에 대한 불만은 커져 있었다. 영국도 또한 리비아 방면의 패전으로 도저히 스탈린이 요구하는 제2전장을 열 힘이 없었다. 그 결과, 회담은 논쟁의 양상으로 발전하여 영국과 소련간의 간극은 오히려 깊어졌다.

2. 일본의 마지막 공세

미국, 소련의 대일선전을 기대

영·소 회담 후 영국군의 전장은 북 아프리카로부터 시실리안 방면으로 옮겨졌다. 이로 인해 유럽의 제2전장에는 좀처럼 지원의 손길이 닿지 않았다. 1943년 1월과 5월에 행해진 미·영 수뇌회담에서도 확정적인 시일이 정해지지 않아 마침내 화가 난 스탈린은 이해 6월 주미·영 양국대사를 본국으로 소환하기에 이르렀다. 이후 이탈리아의 항복에 의해 영국의 우세는 움직일 수 없는 것이 되었으나, 영국은 전선을 에게 해에서 발칸 반도 방면으로 전개하여 오히려 동구에 있어서의 소련의 세력을 견제하는 계획을 추진하여 스탈린의 불만은 더욱 확대되었다. 카이로 회담 당시에도 제2전장은 여전히 보류된 상태였다.

한편 미국은 대일작전의 일환으로서 시베리아에 공군기지를 건설할 것을 바라고 있었다. 원조물자에 대신하여 1943년 2월까지 전후 4회에 걸쳐 제의했으나, 스탈린에게 완강히 거부되었다. 그러나 1943년 10월, 모스크바에서 개최된 미·영·소 3국 외상회의 때 스탈린은 '시기는 모르나 일본에 대해 선전한다'는 뜻을 밝혔다.

소련의 대일선전은 미국이 바라는 바였다. 어떻게 해서든 소련이 대일선전에 나서주기를 희망한다는 미국의 의견이 간곡히 전달되었다.

루즈벨트는 이후 재차 스탈린에게 회담을 제의했으나 바쁘다는 이유와 회담장소의 선정 등을 이유로 좀처럼 실현되지 않았다. 마침내 루즈벨트는 스탈린에게 '서로 한 나라의 정치 책임자로서 바쁘기는 마찬가지이다. 나는 국외 6천 킬로인 곳까지 나간다. 당신은 6백 킬로면 된다. 그래도 싫다고 한다면 후세 역사에 비판을 받게 될 것이다'라는 친서를 보내 스탈린이 지정한 테헤란에서 회담을 행하기로 정해진 것이다.

카이로 회담 후의 테헤란 회담은 이와 같은 경위로 열리게 된 것이다. 따라서 중국으로서는 '소련 대일선전'에 관해 자세히 알고 있지 못했다. 뿐만 아니라 중국을 제외하고 행한 회담에서 미·영은 대소 저자세로 일관, 카이로 회담에서 결정한 중국관계의 조항도 중국에게는 불리하게 변경되어졌던 것이다.

11월 28일부터 열린 테헤란 회담에서 스탈린은 '중국인의 대일작전은 매우 나쁘다. 이는 지도계층의 착오에 의한 것이다'라는 등으로 중국의 항일전을 비난한 후, '독일이 항복하면 소련은 시베리아 방면의 군사력을 증강하여 일본에게 선전한다'고 재차 밝혔다.

처칠은 이를 유럽을 최우선으로 하는 최고의 구실로 삼았다. 무엇보다 연합군이 독일을 쳐부수는 것을 최우선으로 해야만 한다는 것이었다. 영국은 버마반격에 사용할 군수물자가 있으면 유럽전선으로 돌려야 마땅하다고 강력히 주장하여, 루즈벨트도 처음에는 반대하였으나 결국은 처칠의 주장을 받아들이게 돼, 카이로에서 약속한 버마 반격작전은 10일도 지나지 않아 백지화되었다.

카이로 회담에서 결정한 것은 실로 전후 세계사의 향방을 결정하는 중요한 문제들이었다. 그러나 테헤란 회담이라는 국면을 거치며 결국은 중국 측에 참담한 결론을 맺고 말았다.

즉 카이로 회담에서의 약속은 18항에 달하나 그 중 완전히 실행된 것은 3분의 1에 그쳤다. '일본으로부터 태평양의 섬들을 회복시킨다', '천황제의 자결(自決)', '대만, 동북4성 등의 중국반환', '일본의 군사점령', '중국이 4강의 일국으로서 전후 국제기구(국제연합)에 참가한다', '조선의 독립'이라는 6개 조항이었다. 이밖의 12항은, 예를 들어 '버마 반격', '홍콩의 중국반환', '소련은 동북4성의 중국의 주권을 존중하며 중국 공산당은 지지하지 않는다', '중국 군대 90개사의 장비', '10억 달러의 대미차관' 등은 모두 무산되었다.

이에 대해 테헤란 회담 후 스탈린이 획득한 소득은 대단했다.

미·영은 유럽전선 우선을 더욱 강화해 제2전선으로서 프랑스 남부의 노르만디 해안의 대 상륙작전을 실시하기로 되어 소련의 부담은 대폭 경감되었다. 더욱 중요한 것은 연합국 내부의 작전상의 상이를 조장하여, 미·영, 미·중, 영·중 3국간의 이간을 꾀하려고 한 스탈린의 모략이 훌륭하게 성공한 것이었다. 특히 대일선전을 거래 조건으로 삼은 스탈린의 모략은 1년 정도 뒤의 얄타 회담에서도 재현되어, 미·영 양국이 중국을 소련에 팔아넘긴 얄타협정을 초래케 한 것이다.

한편 영국의 유럽전선 우선책과 함께 미국도 또한 태평양 전선 우선책으로 전환해 갔다. '징검다리 작전'의 성공, 에섹스급 항공모함의 탄생에 의해 마리아나 방면에서 직접 일본본토를 노리는 전략이 확립되었기 때문이다. 이에 따라 중국의 육상기지가 갖는 전략상의 의미는 경시되었다. 당시 중국이 거액을 투자하여 성도에 건설 중이던 장거리 폭격기 B29기지도 이윽고 무용지물화되게 될 정도였다.

중국의 국제적 지위는 카이로 회담에 의해 정치적으로는 상승했다. 그러나 전략적으로는 하강하여, 중국은 다시 괴로운 입장에 놓이게 되었다.

특히 대소·대공산당 문제에 관해서는 카이로 회담은 미·중 관계의 '분수령'이 되어 전후의 대륙 공산화를 초래하는 하나의 원인이 된 것이다.

바닥이 난 국고

1944년은 중국의 오랜 항일전을 통해 가장 어려운 해였다. 항전은 8년째로 접어들어 이 해의 군사지출은 1천 12억 9천만 원에 달했다. 이는 1938년의 군사지출의 1백 38배에 이르는 것이었다.

국고는 거의 바닥이 나게 되어 국민은 물가폭등에 시달리고 있었다. 이와 같은 국가재정을 바로잡기 위해 중국은 앞서 카이로 회담에서 미국에 대해 10억 달러의 차관을 요청하여 루즈벨트로부터 호의적인 회답을 얻고 있었다. 그러나 재무장관 모겐소를 비롯, 친공분자들의 영향을 받고 있던 주중대사 가우스 등이 '정치적 이유'를 들어 강력히 반대하여 차관안은 유산되고 말았다.

이러한 상황 속에서 일본군은 1944년 봄부터 중국전선에서 '1호 작전' 혹은 '대륙 돌파작전'이라 불리는 대공세를 취해왔다. 일본이 '대륙 돌파작전'에 나서는 직접적인 계기가 된 것은 1943년 11월 25일, 강서성 수천을 기지로 한 B26 등 대형 폭격기가 대만의 신죽 주변의 일본군을 공습한 것에 있었다.

이 폭격의 행동반경에서 보아 중국 대륙의 기지로부터 일본 본토가 폭격될 우려가 있다고 본 일본의 대본영은 1월 20일, 1호 작전을 중국 파견군에게 명한 것이다. 병력 차출에 고심하고 있던 일본군은 이 작전에 동북(만주)에서 대소 방비를 맡고 있던 애지중지하던 관동군과 화북 방면군으로부터 10개 사단의 병력을 전용했다.

일본군이 먼저 공격목표로 고른 것은 하남성이었다. 당시 하남의 3천만 명의 성 주민들은 2년이나 계속된 가뭄에 의해 기아에 시달리고 있었다. 엄청난 아사자가 생겨 마을이 텅 비어버린 곳도 있을 정도였다. 일본군은 그러한 재해를 노린 것이었다.

4월 17일 화북 방면군의 제27사단(사단장 長野祐一 : 중장)이 하북성 개봉 서쪽의 우무 부근에서 황하를 건너 남하를 시작했다. 제1전구 부사령 장관 탕은백이 인솔한 중국군은 이를 맞아 싸웠으나 압도적으로 우세한 일본군에 의해 4월 20일에는 정주(鄭州)를 빼앗겼다.

최초로 평한철로(북경—한구)의 장악을 목표로 한 일본군은 정주로부터 철로를 따라 남하하는 한편, 별동대(別動隊)를 신양에서 북상시켜 5월 8일에는 평한철로를 제압했다. 게다가 정주로부터 서진한 일본군에 의해 5월 26일에는 하남의 도고인 낙양도 빼앗겼다. 계속해서 일본군은 월한철로의 장악을 기도하여 전선을 호남 방면으로 이동했다.

5월 27일, 요코야마(橫山勇 : 중장)가 인솔한 제11군이 주력이 되어 동정호(洞庭湖)주변에서 일제히 남하를 개시하여 장사를 목표로 삼았다.

장사는 설악이 인솔한 중국군이 3차례에 걸쳐 일본군을 격퇴하여 대

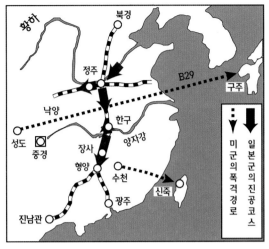

승을 거둔 곳이었다. 그러나 이때 장사를 지키던 제4군 군장 장덕능(張德能)은 일본군의 총공격을 두려워해 6월 18일 장사에서 철수하여 마침내 장사는 일본군 손에 넘어갔다. 장덕능은 이후 군법회의에 의해 처형되었다. 일본의 거센 침략이 계속되는 가운데 중국 본토로부터 일본 본토의 첫 폭격이 6월 15일부터 개시되었다.

하찌만(八幡)제철을 공격한 것은 미 제20공군의 초중폭격기단으로 연합군의 반격이 마침내 일본 본토에 이르렀음을 나타낸 획기적인 폭격이었다. 이후에도 성도로부터 일본 본토폭격이 종종 행해져 동북지방의 안산(鞍山) 등의 공업지대도 폭격목표가 되었다.

한편 장사를 공격한 일본군은 또다시 남쪽의 요충인 형양(衡陽) 총공격에 나섰다. 6월 27일 아침, 일본군은 형양 교외에 있는 B29 발착용 비행장을 점령하고 형양의 총공격에 들어갔다. 형양에는 방선각(方先覺)이 인솔한 제10군이 수비를 맡고 있었다. 방선각은 압도적으로 우세한 일본군의 공격에 대해 일보도 물러서지 않고 저항, 8월 8일까지 실로 1개월 반에 걸쳐 일본군을 격퇴하여 형양을 사수했다.

지구전으로 돌입한 형양공방

1944년 7월 11일, 2차례의 총공격에 실패한 일본군은 정면 공격을 포기하고 포위 지구전으로 들어갔다.

응전에 나선 제62군(군장—항도)도 커다란 손상을 입고 격퇴당해 방선각의 군대를 구해내는 것도 어려운 상황이 되었다.

8월 3일의 공습으로 시작된 일본군의 제3차 형양 총공격은 실로 치열하기 이를 데 없는 것이었다. 형양의 시가는 중포화에 의해 완전히 파괴되었다. 1개월 이상에 걸친 전투로 방선각 군의 저항력은 이미 떨어져 있었다. 드디어 8월 7일 오후 방선각으로부터 전보가 들어왔다.

'오늘 아침 적이 성 북쪽에서 돌입하여 시가전이 되었다. 우리 장병들은 거의 전사하거나 부상당해 더 이상 투입할 수 있는 병력은 없다. 우리는 죽음을 맹세하고 당과 국민을 위해 군인의 천직을 다할 것이다. 이것이 최후의 전보가 될지도 모른다'

형양의 방송국은 밤을 새워 '위급'을 호소하고 있었으나, 8일 오전 5시 마침내 방송은 끊기고 말았다. 여기서 형양 수비군의 조직적인 저항은 끝이 났다. 방선각은 일본군에게 체포되었으나 3주 후 형양을 탈출하여 중경으로 귀환했다.

극에 달한 군사적 좌절

형양의 공방전은 항일전 후반에 있어서의 최대의 격전이었다. 일본군도 형양을 빼앗긴 하였으나 큰 타격을 입어 태세를 정비하는데 시간이 걸려 9월 이후가 되어 광주·형양의 2방면에서 광서성으로 향했다. 9월 22일에 오주(창오)가 점령당하고 11월 10일은 미 공군 기지가 있던 계림, 유주(유강)가 함락되었다.

11월 24일에는 남녕도 빼앗기고, 이어 12월 10일 다시 남하한 일본군은 불인으로부터 북상해온 일본군과 수록(綏淥)에서 합류했다. 해가 바뀌어 1월에는 형양과 광주를 잇는 월한철도도 일본군 손에 넘어갔다.

일본이 목표로 삼은 화북에서부터 호남, 광서, 불인을 연결해 대륙 중앙부를 관통하는 대륙교통로는 이렇게 해서 빼앗기게 되었다. 그러나 잇단 패배의 소식 속에서도 전체적인 전국은 승리를 향해 가고 있음이 확실했다.

대륙을 잇는 철도를 장악했다고는 하나 일본군은 '점과 선'을 빼앗은 것에 불과하며 병력과 보급이 지연되고 있어 새로운 작전은 도저히 무리한 상황이 되어 있었다. 이후 대륙의 일본군은 수비태세를 취하며 중국군의 반격 앞에서 점차 전선을 축소해가고 있었다.

또한 일본군은 중국의 몇 개의 비행장을 빼앗았으나 미 공군의 증강에 의해 제공권은 역전되어 가고 있었다. 태평양에서도 1944년 초두부터 연합군의 포위망은 점차 좁아져가고 있었다.

미군은 2월 1일 마샬 군도의 쿠에젤린, 르오트 양 섬에 상륙하여 일본군 수비대 약 7천 명을 섬멸했다. 이어 2월 17일, 미군 기동부대는 일본 함대의 가장 중요한 전진 근거지인 트라크 섬에 대공습을 가해 함선 43척을 격침하고 항공기 2백 70대를 격파해 제해·제공권을 부동의 것으로 만들었다.

6월 17일과 20일의 마리아나 해전에서는 미군 기동부대가 '마리아나의 칠면조 잡기'라고 부른 것처럼 일본 함대를 일방적으로 격침, 일본의 함대는 남아 있던 항공모함(3척)과 항공기의 대부분을 잃었다.

10월 24일부터의 레이테 해전에서는 '가미카제(天風)특공대'가 처음으로 등장했으나, 일본은 여기서도 대패를 당해 함대는 파멸상태에 이르렀다.

태평양 전국을 결정적으로 만든 것은 사이판 섬에서의 일본군의 전멸(7월 7일)이었다. 미군은 이곳에 항공기지 건설을 서둘러, 11월 24일에는 B29가 도쿄를 첫 공습했다. 일본의 주요한 도시와 공업지대는 이후 사이판의 B29의 폭격목표가 된 것이다.

한편 유럽 전선에서는 미·영군을 주력으로 한 연합군이 6월 6일 프랑스 서부의 노르만디 해안에 상륙, 동쪽의 소련군과 함께 독일군 협공에 들어가 8월 25일 파리를 탈환했다. 10월에는 소련군은 독일 국경을 돌파하여 독일의 패전을 이미 움직이기 어려운 상황으로 만들었다.

도조 내각의 총사직

사이판 섬 점령은 일본을 전율케 만들었다. 도조 내각은 연전연패의 책임을 물어 7월 18일(1944년) 총사직당하고, 도조는 예비역이 되었다.

도조는 일본을 세계전쟁으로 이끌어 스스로 무덤을 판 것이나 다름 없었다.

후임 내각은 조선총독 고이소 쿠니아키(小磯國昭)와 전수상인 요나이(米內光政)의 육·해군 대장의 연합내각 형태가 취해져, 고이소(小磯)가 수상, 요나이(米內)가 해상, 스기야마(杉山元)를 육상으로 하여 7월 22일 발족했다. 외상에는 시게미쓰(重光葵)가 유임되었다.

고이소 내각은 8월 19일부터 최고 전쟁지도 회의(대본영 정부 연락회의를 개칭한 것)를 열어 전국을 검토했다. 그 결론으로서 8월 이후 일본 본토는 대규모 공습을 받아, 여름부터 가을에 걸쳐 전국이 중대화될 것을 예상하여 '대소 중립공작', '대중 화평공작' 등의 방침을 결정했다. 일본 본토의 직접적인 위협이 된 대미전에 총력을 집중시키기 위해 소련과는 손을 잡고, 중국에는 화평을 교섭하여 조금이라도 부담을 가볍게 하려는 것이었다.

9월 5일의 최고회의는 계속해서 소련을 이용하고, 중국에는 화평을 교섭하는 방침을 정했다.

그 내용은 '① 중국과 미·영의 관계에서는 중국이 호의적 중립에 서면 만족한다 ② 장개석은 남경에 귀환하여 통일적인 정부를 수립한다 ③ 일본과 남경정권과의 일·중 동맹조약을 폐기하고 다시 우호적 조약을 맺어, 중국의 내정문제에는 일절 간섭하지 않는다 ④ 만주국(동북)은 현상태를 유지한다'등으로 여전히 무리한 요구를 늘어놓고 있었던 것이다. 이 '만주국 문제'에 대해서는 9월 15일의 최고 전쟁지도 회의에서 소련의 대일참전을 막기 위한 거래 조건으로서 소련의 세력권에 양도하는 것이 어떠하냐는 논의도 행해졌다.

다음날인 16일, 소련주재 일본 대사 사토(佐藤尙武)는 소련의 몰로토프 외상에게 '일·소 국교 호전을 도모하고 싶다'고 특사파견을 제의했다. 이를 구실로 소련에 중·일 화평의 중개를 맡기려 한 것이었다.

그러나 몰로토프는 '현재 일·소 관계는 정상적이고도 우호적인 방향으로 발전하고 있으므로 다시 특사를 파견할 필요는 없다'고 거절, 일본의 대소공작은 실패로 끝났다. 오히려 소련은 이로 인해 일본의 어려운 상황을 간파, 역으로 대일참전에 의해 중국으로부터 영토를 빼앗으려는 야심을 품기 시작했다.

왕조명의 죽음

일본이 이용하려 했던 왕 괴뢰정권도 이미 붕괴를 목전에 두고 있었다. '주석'인 왕조명은 이해 3월부터 일본에서 지병을 치료, 요양 중이었으나 11월 10일 나고야(名古屋)의 병원에서 사망했다.

고이소 내각의 정치공작은 중도에 그치고 말았다.

일본군의 후퇴는 버마 방면에서도 시작되고 있었다.

테헤란 회담의 결과 연합군의 버마 공동작전은 연기되었으나 스틸웰은 1943년 12월, 버마 북부의 탈환작전을 강행했다. 영국 해군의 지원 없는 단독작전에 대해 동남아시아 전구 최고사령관 마운드버틴은 반대했으나, 버마에서 패배를 맛보았던 스틸웰은 명예회복을 위해 강행했던 것이다.

스틸웰은 인도의 라무갈에서 미국식 훈련과 장비를 갖춘 중국군

2개 사단을 운남·버마 국경에 투입하여 1944년 3월까지 후곤 계곡 일대의 일본군을 일소시켰다.

이어 5월 17일, 특별편제 미·중 혼합돌격대는 버마 북부 최대의 요지인 미이트키나 비행장을 기습 점령하여 미이트키나 총공격이 개시되었다. 스틸웰은 스스로 전선에 나가 지휘를 맡아 2개월 가량의 격전으로 8월 3일 미이트키나 탈환에 성공했다.

한편 운남 방면에서 버마 작전을 지원했던 중국 원정군도 11월 말 등충, 용릉, 망시 탈환에 성공하고 미이트키나로부터 남하해온 미·중 혼합돌격대와 합류했다. 이로써 인도로부터 버마 북부를 거쳐 운남으로 이르는 육상 수송로를 개설할 희망이 생겨났다.

그 사이 버마 주둔 일본군 제15군 10만 명은 3월부터 7월에 걸쳐 버마 국경을 넘어 인도 아셀 주에 침입하여 인도·네팔작전을 전개했다. 영·인군과 중국군의 반격으로 커다란 타격을 받은 일본군은 전사 3만 명, 부상자 2만 명이라는 괴멸에 가까운 피해를 입고 퇴각했다.

1945년 1월 28일 5백 대의 트럭이 물자를 만재해 버마로부터 운남성으로 들어가 곤명으로 향했다. 일본군에 의해 버마 루트를 잃은 이래, 트럭에 의해 보급물자가 수송된 것은 실로 2년 8개월 만의 일이었다.

이 길을 중국군은 스틸웰 로드라고 이름 지었다.

그러나 실제로 장개석과 스틸웰의 관계는 그가 반대를 무릅쓰고 강행했던 그 버마 작전 시에 최악의 상태에 달해 있었다.

그 이유 중의 하나는 스틸웰이 인도에 있는 보급물자를 버마작전에 전용하여 중국으로 가는 보급을 스톱시켰기 때문이다. 그때는 마침 일본군이 대륙 점령을 목표로 각지에서 대공세를 전개하고 있었다. 보급이 끊긴 중국군은 이로 인해 극심한 곤경에 처해지게 되었던 것이다.

3. 어려운 국면에 접어든 중·미관계

미국의 국공조정

형양이 위기에 몰렸던 6월 5일 장개석은 스틸웰을 급히 중경으로 불러 가솔린 등 공군물자의 긴급지급과 성도의 B29 비행장 방위용의 영격기의 일부를 일단 중국 국내의 일본군 공격용으로 돌려줄 것을 요구했다.

그러나 스틸웰은 가솔린의 긴급수송에는 응했으나 영격기의 전용에 대해서는 아무런 적극적인 의사도 표시하지 않았다.

그뿐 아니라 인도·중국 간의 물자 수송에 사용되고 있던 수송기는 반대로 버마작전에 전용되어져, '9월 이후 매월 1만 톤 수송'이라는 루즈벨트의 약속도 실상은 거의 정지된 상태가 되었다.

결국 중국은 스틸웰의 명예회복을 위한 버마 북부의 승리 대신에 일본군에게 중국본토를 돌파당하는 막대한 손상을 감수해야 했던 것이다.

한편 공산군에게 동조했던 스틸웰의 국민정부에 대한 비판도 이러한 승리를 계기로 더욱 격화되었다.

미군 시찰단이 공산당의 본거지인 연안에 파견되게 된 것도, 스틸웰의 주도에 의한 것이었다. 그는 2월 4일 미 참모총장 마샬에게 전보를 보내 '중국군 50만 명이 화북의 공산당부대를 봉쇄하고 있다. 이는 항일전에 있어 커다란 장애이다'라고 부추겼던 것이다. 마샬도 공산당의 본질을 간파하지 못했던 인물로, 루즈벨트를 움직여 시찰단 파견을 국민정부에게 받아들이도록 만들었다.

이 밖에도 공산당은 미국을 향해 국민정부에 대한 악선전을 유포하여 '운남의 국민정부군은 미군의 원조무기를 대일 항전에 사용하지 않고 몰래 후방으로 실어 날라 은닉시켜 내전용으로 비축하고 있다'는 정보를 퍼뜨렸다. 이러한 공산당의 선전은 미국 신문에 크게 보도되어 스틸웰도 국민정부에 항의를 보낼 정도로 큰 문제가 번졌다. 그러나 미군 입회하에 조사한 결과 전혀 사실이 아님이 밝혀졌다.

그러나 공산당의 선전에 불안을 느낀 루즈벨트는 6월, 부통령인 헨리 월레스를 중경에 파견시켰다.

월레스는 6월 21일 밤 제1회 회담을 시작으로 전5회에 걸쳐 공산당 문제를 중심으로 장개석과 의견을 교환했다.

월레스는 먼저 미국과 소련의 중국에 대한 견해를 다음과 같이 밝혔다.

'모스크바의 미국 대사가 스탈린으로부터 들은 바로는, 소련은 국민정부에 불만을 품고 있으며, 국민정부가 공산당을 받아들여 함께 항전할 것을 희망하고 있다. 스탈린은 중국 공산당은 이론이 박약하고 진정한 공산주의자가 아니며, 소련과도 밀접한 관계를 갖고 있지 않다고 밝혔다.

스탈린은 또 미국을 개입시켜 중·소 관계를 개선하기를 바라고 있다. 단 이는 단순한 알선역으로 미국이 중재역에 나서는 것을 바라는 것은 아니다.

미국은 소련과의 관계를 가볍게 여길 수는 없다. 그러나 미·중 관계는 미국의 극동정책의 초석이며, 미국은 장 위원장이 지도하는 국민정부를 유일의 정부라 인정, 최후까지 원조할 결의를 표명했다.

공산당 문제에 대해 루즈벨트 대통령은 결코 공산당에 편들 생각은 없다. 국민정부가 동의하면 공정한 태도로 국공간을 조정할 용의가 있다. 어떻게든 국공 해결의 길을 찾고 싶다'

이에 대해 국민정부는 공산당에 대한 방침을 다음과 같이 전했다.

(1) 공산당군은 정부의 지도를 받아들여 정부의 통할에 복종해야 한다. 중앙군 외에 각자의 군대가 존재함은 허락될 수 없다.

(2) 섬서 북부에서 중앙에 위반한 별종의 제도를 두어서는 안 된다.

동 구역 내에 있어서의 상민의 영업과 선교사의 전도를 방해해서는 안 된다.

이상의 2가지 사항을 실행에 옮긴다면 중앙은 공산당의 지위를 보장한다. 공산군은 정부군에 편입한 후, 그 밖의 군대와 동일하게 훈련과 지휘를 위해 미군장교를 파견할 수 있도록 한다.

(3) 공산당이 독립된 군대를 만들지 않고, 지역할거를 하지 않으며, 이러한 군대와 구역을 중앙에 반환한다면 중앙에서는 예정을 앞당겨 반드시 전후 1년 이내에 헌정을 실행에 옮겨도 좋다.

이와 같은 설명에 대해 윌레스는 3차례에 걸쳐 국공조정에 응하도록 거듭 설득했다.

루즈벨트의 중국 간섭

미국 부통령 윌레스와의 회담에서 장개석이 특히 강조하여 미국의 이해를 촉구한 사항은 다음의 다섯 가지였다.

'(1) 중국인민은 공산당을 국제화한 제5열로 간주하고 있으며 진정한 본국의 군민이라고는 생각하고 있지 않다.

(2) 공산당에게는 신의가 없으며, 다만 사람을 속여 목적을 달성하는 것만을 생각하고 있다. 루즈벨트도 조정에 있어 그러한 점을 충분히 고려해야만 할 것이다.

(3) 국민정부로서는 공산당에 대해 반드시 타협을 배재하는 것은 아니며, 정치적으로 해결할 방침이다.

(4) 무엇보다 미국에 바라는 것은 공산당이 선전을 충분히 이용하고 있다는 점을 유념해 주기 바란다는 것이다. 그들은 선전에 의해 미국의 여론과 정부를 움직여 국민정부에 압력을 가해 타협이나 굴복을 시키려고 책동하고 있다. 미국은 그러한 선전에 말려들지 않도록 해야 할 것이다.

(5) 중·소 관계에 대해 미국의 알선을 희망한다. 중·소, 혹은 중·소·미 회담이 가능하길 바란다'

윌레스는 이에 대해 만족의 뜻을 표시하고 6월 24일(1944년) 안내역인 외교부장 송자문과 함께 중경을 날아 곤명, 계림, 성도를 방문했다. 그러나 방문지에서 그가 접촉한 인물들은 이미 공산당의 선전에 영향을 받은 미군관계자들이었다.

그러나 윌레스는 스틸웰에 대해서는 장개석과 동일한 의견을 갖고 있었다. 귀국 후, 그는 '스틸웰은 중국정부의 신뢰를 완전히 잃고 있다. 계속해 중국 공작을 맡기는 것은 부적당하다'고 루즈벨트에게 진언했다.

그때 바로 버마작전을 둘러싸고 동남 아시아 전구 최고사령관 마운드 버틴으로부터도 '스틸웰과는 합작할 수 없다'고 하는 경질요구가 영국을 통해 마샬에게 전해져 있었던 것이다. 마샬은 이러한 영국의 기피를 역으로 이용하여, 스틸웰을 버마로부터 먼 중국 전구로 전임시키기로 작정하고 스틸웰에게 '대장으로 승진시켜 줄테니 어떠냐'고 타진했다. 이에 대해 스틸웰은 '그러기 위해서는 강경 수단을 취할 필요가 있다. 나에게 전중국군의 지휘권을 주지 않을 수 없도록 장 위원장에게 압력을 넣어 달라. 하응흠 장군(참모총장)은 그만두도록 해야 한다. 실권이 주어지지 않으면 담당할 수 없기 때문이다. 지휘권이 주어지면 공산군도 이용하여 한구 방면을 공략해 전국을 전환시켜 보이겠다'고 회답했다.

이를 받아들인 먀샬은 즉시 루즈벨트에게 보고하였다. 루즈벨트도 이러한 제안을 승인하여, 7월 7일 전보로 장개석에게 스틸웰에 대한 지휘권을 요구해 왔다.

다음날인 7월 8일 장개석은 루즈벨트 앞으로 보내는 회답을 초안했다.

'스틸웰이 전중국군과 재중 미군의 지휘를 맡는다는 제안에 대해서는 원칙적으로 찬성한다. 단 중국의 군대와 정치는 타국과 같이 간단하지만은 않다. 전체의 통솔은 버마 북부에 있어서의 소추의 군대를 통솔하는 것과는 비교될 수 없다. 따라서 일정의 준비기간을 두지 않으면 스틸웰 장군의 지도는 순조롭지 못할 것이며, 결과적으로는 기대에 역행하는 것이 될 것이다.

나는 각하가 신뢰하는 정치적 식견이 있는 사람을 전권 대표로서 중경에 파견해 나와 스틸웰과의 사이에 조정을 맡게 하여, 이로써 중·미 합작의 증진을 도모하길 바라고 있다. 이 건에 관해서는 현재 미국에 있는 공상희 박사와 직접 상담하기 바란다'

루즈벨트는 이에 대해 원칙적으로는 찬성했으나 하루라도 빨리 스틸웰이 중국군을 통솔할 수 있기 바란다는 의향을 전해왔다.

그러나 장개석은 이에 대해 공산군의 선전에 말려든 스틸웰에게 중국군을 통솔케 하는 것은 극히 위험하다고 보았다. 이는 항일은 커녕 일본군과 결탁해 국민정부에 대한 반란활동에 전념하고 있는 8로군을 스틸웰에게 맡긴다면 항일전에 아무런 도움도 되지 못할 것이라고 판단했다.

하응흠 등도 이에 강경히 반대하여 만일 미국이 끝까지 스틸웰을 고집하거나, 혹은 원조정지를 조건으로 통솔권 위양을 강요하는 경우에는 강경히 이를 거부하여 미국의 원조에 기대지 말고 단독으로 항전해야 한다고 주장했다.

스틸웰, 전선 총사령에

스틸웰의 지휘권요구 문제를 협의하기 위해 미국의 전육군장관 헐리(소장)가 대통령 개인대표로서 중경에 도착한 것은 9월 6일 (1944년)이었다.

헐리는 도중에 소련에 들러 외상 몰로토프와 회담한 후 인도의 뉴델리를 돌아 스틸웰과 협의한 뒤 스틸웰과 함께 중경으로 온 것이다.

헐리는 루즈벨트의 신임이 매우 두터운 군인 외교관으로, '루즈벨트 대통령은 마음으로부터 각하(장개석)를 옹호하고 있다'고 전했다.

12일까지의 회의에서 다음과 같은 기본적 합의에 달했다.

(1) 스틸웰의 직무 명칭은 중화민국 육·공군 전선 총사령으로 한다.

(2) 스틸웰의 권한의 범위는 최고총사(장개석)의 명령을 받아, 군사위원회의 동의하에 중국 육·공군의 대일작전을 지휘하는 것으로 한다. 작전계획은 군사위원회의 결정을 필요로 한다. 관할부대에 대해서는 중화민국의 법령에 근거하여 임면상벌의 권한을 부여한다.

공산군을 사용하는 문제와 지원물자의 배분 수속에 대해서는 후일 협의하기로 하였으며, 스틸웰을 '전선 총사령'으로 하는 것에는 합의가 이루어진 것이다.

여기서 하나의 사건이 발생했다. 스틸웰이 미 참모총장 마샬에게 국민정부를 중상하는 전보를 보낸 것이다.

이 무렵 버마전선에서는 미이트키나를 잃은 일본군이 운남성 용릉을 향해 공세를 취해오고 있었다. 용릉 부근을 수비하는 위립황의 운암 원정군은 이제까지의 버마 북부작전에서 희생을 거듭하였기 때문에 전력이 저하되어 있었다. 이로 인해 미이트키나에 있는 중국군을 남하시켜 일본군의 배후를 치도록 스틸웰에게 지시하고, 출동이 늦어진 경우에는 피해를 막기 위해 운남 원정군을 노강(怒江) 동안으로 철수시켜야만 한다고 전달해 두었다.

9월 15일 계림의 전선을 시찰하고 돌아온 스틸웰은 이에 대해 불평을 늘어놓았다. 그는 '미이트키나의 중국군도 휴양이 필요하다. 원군이 필요하면 섬서 방면에서 공산군의 감시를 맡고 있는 호종남의 부대를 부르라. 운남 원정군의 철수는 곤란하다'는 주장을 펴 논쟁이 벌어졌다.

이에 대해 스틸웰은 마샬에게 다음과 같은 전보를 타전했다.

'장 주석은 버마의 중국 원정군을 곤명으로 철수시키라 하고 있다. 그렇게 되면 오랫동안 피와 땀으로 개통시킨 운남—버마 루트는 확보할 수 없으며, 이제까지의 노력은 수포로 돌아간다. 장 주석은 싸움을 피해 실력을 보존하고, 미국이 일본을 격파시키기를 기다리고 있을 작

정이다'

마샬은 이때 캐나다의 퀘벡에서 열리고 있던 루즈벨트와 처칠의 회담에 동행하고 있었다.

그는 스틸웰의 전보의 진의를 판단치 않고 그대로 받아들여, 중경을 비난하는 전보 초고를 상신, 루즈벨트의 서명을 구했다.

이 가운데는 '나는 일본군의 중국에 있어서의 계획을 타파하는 유일한 방법은 각하(장개석)가 노강 방면의 부대를 즉시 보강하여 공격강화를 명령하는 것이라 깊이 믿고 있다. 동시에 전중국군의 지휘권을 즉시 스틸웰 장군에게 위양해야 마땅할 것이다. 이러한 제안이 실현된다면 미군의 대중 원조의 결심은 더욱 강화될 것이다' 라는 내용이 있었다.

이 전보는 스틸웰 앞의 친전으로 19일 중경에 도착했다. 스틸웰은 크게 기뻐하며 즉시 장개석에게 면회를 신청했다.

그때 마침 장개석은 헐리, 송자문, 하응흠 등과 함께 스틸웰을 전선 총사령으로 임명하기 위한 위임장을 작성 중이었다. 스틸웰은 먼저 헐리와 둘이서만 상담하고 싶다고 제의했다.

루즈벨트의 전보를 본 헐리는 놀라움을 금치 못했다. 이미 합의에 달해 위임장을 만들고 있는 때에 갑자기 위협과도 같은 전문이 날아온 것이었다.

헐리는 국가원수에게 건넬 만한 전보가 아니라고 스틸웰을 만류했으나 스틸웰은 듣지 않고, 이를 여러 사람 앞에서 장개석에게 전했다. 읽고 난 장개석은 '알았다'는 말만을 하고는 전원을 물러가도록 했다.

20일 장개석은 헐리에게 일부러 루즈벨트의 전보에 대해서는 언급하지 않고, 다만 이렇게 말했다.

'중국의 군민은 그렇게 언제까지나 스틸웰의 모욕에 참고 있지는 않을 것이다. 그들은 중·미합작의 장해가 되고 있다'

사태수습에 나선 헐리

9월 25일 오후 장개석은 다시 헐리와 송자문을 불러 헐리에게 루즈벨트 앞으로 보내는 다음과 같은 전언을 전달했다.

'전보 내용의 귀하의 의견은 물론 존중한다. 그러나 다음의 3가지 사항에 대해서는 조금도 양보할 수 없다.

(1) 중국의 기본 이념은 삼민주의로 이는 움직일 수 없는 것이다. 따라서 공산주의자들에 의한 중국 적화는 용납할 수 없다.

(2) 중국 입국의 명맥은 국가주권의 존중에 있으며, 이를 손상하는 것은 용납할 수 없다.

(3) 국가와 개인의 인격은 서로 이를 더럽히거나 손상시키거나 할 수 없는 것이다. 강제나 압박에 의한 합작은 받아들일 수 없다. 이를 강제한다면 어떠한 희생이라도 감수할 수밖에 없다'

또한 루즈벨트 앞으로 보내는 각서로서 '스틸웰에게는 협력의 의사가 없으며, 반대로 그는 나(장개석)를 지휘하려고까지 하고 있다. 그에 대한 권한 위임은 정지시키지 않을 수 없다. 우호와 협력정신이 투철한 장령을 스틸웰을 대신하여 보내준다면 진정으로 기쁘겠으며, 전력을 다해 이 작전을 지지할 생각이다'라는 내용을 전달했다.

정식으로 스틸웰 경질 요구를 받은 워싱턴에서는 의견이 둘로 갈라졌다. 백악관 막료 관계자는 '스틸웰의 행위는 우방의 국가원수를 모욕한 것이다'라고 하여 유감의 뜻을 표명해야 한다고 주장했다.

그러나 육군장관 스팀슨이나 참모총장 마샬은 스틸웰 경질에 반대했다. 루즈벨트는 결정을 내리지 못한 채로 있다가 10월 4일 공상희와의 회의에서 스틸웰을 해임하고, 센노트를 참모장으로 위임시킬 것을 결정했다.

10월 6일 루즈벨트로부터 정식 전문이 도착했다. 그러나 그 내용은 4일 회담에서 결정한 사항에서 크게 후퇴한 것이었다. 루즈벨트는 미군 당국의 압력으로 다시 태도를 바꾼 것이엇다.

'중국대륙의 정세가 이미 그 정도로 악화해 있다면 미국정부는 이후, 귀국의 육군을 통솔할 군관을 파견하지 않는 것이 좋다고 생각하고 있다. 일단 스틸웰의 참모장직과, 원조물자 관계의 사무를 해제시킨다. 그러나 버마·인도 방면의 중국군의 지휘와 훈련은 이제까지대로 스틸웰에게 맡긴다'

그러나 스틸웰은 중국전구 참모장이라는 신분으로 이제까지 버마·인도 방면의 중국군을 통솔하고 있었던 것으로, 참모장을 해임한 후에도 계속해서 맡길 수는 없는 문제였다.

후임에는 웨드마이어 장군

10월 9일 장개석은 재차 루즈벨트에게 '내가 신임할 수 없는 사람에게 중국군을 통솔케 할 수 없다. 스틸웰은 이미 그 필요조건을 갖추고 있지 못하다'는 전보를 보내고, 동시에 헐리를 통해 ① 버마작전은 스틸웰이 중앙의 반대를 무릅쓰고 강행한 것이다 ② 버마작전 중 스틸웰의 조정에 의해 중국으로의 물자보급은 중단되어, 1월분이 6월에야 겨우 도착하는 실정이다 ③ 그 결과 대륙의 전선은 보급에 어려움을 겪어 일본군의 대륙 돌파라는 손실을 초래케 했다 —는 등을 열거한 각서를 전달해 현 상황의 인식을 촉구했다.

그 사이 스틸웰은 마샬에게 '한번 더 압력을 가하면 장 주석은 받아 들일 것이다'라는 등의 전보를 보내고, 또한 중경의 미국 대사관원 데이비스 등은 '유럽 전선에서 포획한 무기를 공산군에게 지급해 양자강 남안을 점령케 한다. 그 보수로서 공산당 정권을 독립정부로 승인한다'는 '데이비스 계획'을 건의했다.

루즈벨트의 개인대표로서 중경에 남은 헐리는 사태 수습에 고심했다. 10월 12일 밤, 헐리는 오랜 고심 끝에 결단을 내려 스틸웰 경질을 진언한 루즈벨트 앞으로 보내는 전문을 작성했다. 헐리는 이 전문을 스틸웰에게 보이고 의견을 물은 뒤 일부 문장을 고쳐, 미 해군 전신소에서 워싱턴으로 타전했다. 해군을 경유한 이유는 육군은 이미 좌경분자의 영향을 받고 있었기 때문이었다.

헐리의 전보는 다음과 같았다.

'스틸웰은 오직 장 주석을 굴복시킬 것만을 생각하고 있다. 스틸웰의 잘못은 굴복시키려고 하는 상대가 한 사람의 혁명가이며, 게다가 우세한 적과 7년간이나 항정을 계속하고 있는 지도자란 점이다. 만일 귀하(루즈벨트)가 이 논쟁에서 스틸웰을 지지한다면 귀하는 장 주석을 잃을 뿐 아니라 동시에 중국 그 자체도 잃을 염려가 있다. 장 주석과 일치단결할 수 있는 젊은 장관으로 교체시켜 주기 바란다'

헐리의 진언은 백악관을 움직였다. 전보를 받은 루즈벨트는 스틸웰 경질을 결심했다. 마샬은 끝까지 반대했으나 결국 페치·웨드마이어·클루거 3인을 후임 후보자로 국민정부에 추천해왔다.

10월 19일 헐리는 장개석을 방문하여 루즈벨트의 최종결정 전문을 보여주었다.

'나는 스틸웰 장군을 중국전구로부터 소환할 것을 정식으로 명령했다. 스틸웰의 후임으로 웨드마이어 장군을 파견한다.

이와 함께 전구를 정비해 현재 중국·인도·버마 전구를 둘로 나누어 중국을 1전구, 인도와 버마를 1전구로 한다. 인도·버마전구는 샐턴 중장에게, 중국전구는 웨드마이어에게 각각 지휘케 한다. 센노트 장군의 제14공군은 그대로 머물며, 미군사령 웨드마이어의 지휘 하에 들어간다'

중·미 관계의 긴장은 이로써 풀리게 되었다. 그러나 스틸웰이 취임한지 이미 3년 가까운 세월이 경과해 있었다.

스틸웰의 보복

10월 20일 스틸웰은 귀국 길에 올랐다. 스틸웰의 귀국은 극비에 붙여졌으나 그는 출발에 앞서 공산당의 주덕에게 '함께 일할 수 없게 되어서 미안하다'는 편지를 보내고, 또한 미국인 기자들과 만나 불만을 토로했다. 이러한 기사는 한때 미국정부에 의해 발표를 저지 당했으나, 후일 뉴욕 타임즈 등에 게재되어 태평양학회 등의 친공분자들에게 국민정부 공격의 재료를 제공했다. 그러나 타임지, 뉴욕 헤럴드 트리뷴은 반대로 '공산당을 무장시키면 국민정부를 약화시켜 중국은 적화한다. 그것은 미국에게 불리하다'는 주장을 실었다.

스틸웰 사건의 결말은 미국정부 내부의 공산분자들에게 불만을 갖게 해 반국민정부적인 언동을 격화시켰다.

부통령 월레스도 미국국회에서 '항일전이 끝나면 장개석은 지위를 잃는다. 중경은 단기투자의 대상으로 삼아야 하며, 원장(援蔣)만으로 한정하는 것은 좋지 않다'고 증언하였고 데이비스·에드거·스노우 등으로부터도 같은 의견이 루즈벨트에게 전달되었다. 스틸웰 자신도 '중경 지원은 얻는 바가 적다. 별도의 분자와 합작해야 마땅하다'고 육군성에 보고했다.

이러한 의견들은 카이로 회담 이후 점차 냉각화되기 시작한 중·미 관계에 나쁜 영향을 미쳤다. 즉 이후의 얄타 회담에서 루즈벨트가 중국의 주권을 손상시키며 소련과 거래한 것도 이와 무관하지 않았으며, 전후의 '국공회담'을 둘러싼 조정에서 마샬이 취한 친공적 태도에 대해서 헐리가 후일 스틸웰 사건의 '보복'이라고 평했을 정도였다.

스틸웰은 고향에서 은거한 후 1945년 6월 미군 제10군 군장으로서 오키나와(沖繩)에 부임했으나 이때 미군을 대륙의 소련에 상륙시켜 공산군을 원조하도록 한 계획(중국의 반대로 실현되지 않았음)을 입안했다.

후임 웨드마이어는 10월 31일, 중경에 도착했다. 다음날인 11월 1일 오후 장개석은 약 1시간에 걸쳐 웨드마이어와 첫 회견을 하고, 5일에는 송자문·헐리·웨드마이어와 점심을 같이 하였는데 이 자리에서 웨드마이어로부터 헐리를 주중대사로 하는 것이 어떠냐는 이야기가 있어 이에 동의를 표했다.

11월 초 웨드마이어는 귀주성의 성부 귀양(貴陽)이 만일 함락될 경우에 대비해 중경에서 곤명으로 천도할 준비를 해야 하지 않겠느냐고 제안해 왔다.

그러나 전시 수도 중경은 이미 민족항전의 정신적 지주가 된 곳이었다.

'비록 중경이 적의 포위를 당하더라도 중경에서 일보도 물러서지 않겠다' 는 진의를 전달하자 웨드마이어는 '위원장이 중경을 떠나지 않겠다면 나도 결코 그 곁을 떠나지 않겠다'는 결의를 나타냈다.

웨드마이어는 중국군과 일체가 되어 중국전구의 정비는 순조롭게 진행되어 갔다.

이미 8월 27일(1944년) 10만 명을 목표로 지식청년들에게 종군을 호소, 12만 5천여 명의 애국청년들이 이에 응해 입영했다. 또한 전투부대 전체의 개편이 행해져 12월 25일, 하응흠을 총사령으로 하는 중국 육군 총사령부가 진남성 곤명에서 발족했다.

웨드마이어는 이중 36개 사단에 미국식 장비와 훈련을 행하여 항전승리의 원동력을 육성할 계획을 추진했다.

4. 독일의 무조건 항복

독재자 히틀러의 죽음

연합군은 전전선에서 최후의 공격을 펼치고 있었다. 유럽의 동부 전선에서는 1월 폴란드, 2월 헝가리, 3월 유고, 4월 오스트리아가 잇달아 회복하고 소련군 전차부대는 4월 22일 마침내 독일의 수도 베를린에 들어갔다. 서부전선에서는 미군이 3월 7일 라인강을 도하, 4월 25일 엘베 하천 부근의 톨고우에서 미·소 양군이 역사적인 만

남을 가졌다.

히틀러는 하루 전날 결혼한 비서 에바 브라운과 함께 베를린 지하호에서 독을 마시고 죽은 것이 나중에 밝혀졌다. 이러한 독·이 추축국은 모두 독재자를 잃고, 독일군은 5월 7일 프랑스의 랑스에서, 이어 다음날인 8일에는 베를린에서 연합군에게 무조건 항복문서에 서명했다.

태평양의 미군은 1월 9일 필리핀의 루슨 섬에 상륙하여 2월 3일 수도인 마닐라 시내에 진격해 갔다.

미군의 기동부대는 1천 2백 대의 함재기를 투입하여 2월 16일부터 17일에 걸쳐 일본의 관동 각지를 폭격했다. 사이판을 기지로 한 B29의 일본 본토 폭격도 강화되어 3월 10일 도쿄 대공습, 14일 오사카(大阪) 공습에 의해 일본의 2대 도시는 파괴되었다.

미군은 2월 19일 유황도(硫黃島) 상륙작전을 개시해 고전을 거듭하며 2만 3천 명의 일본군 수비대를 전멸시키고, 3월 17일에는 섬을 완전히 제압했다. 4월 1일 미군은 일본 본토 상륙을 앞둔 최후의 대작전인 오키나와(沖繩) 상륙을 개시했다. 이어 7일 오키나와에 해상특공대로서 돌입하려 한 일본 최대의 부침전선 '야마토(大和) : 6만 9천 톤)'가 미군기 3백 대의 공격을 받아 규슈(九州) 서남해에 침몰, 일본이 자랑하던 연합함대는 거의 전멸되었다.

일본군의 말기적 증상

한편 중국전선에서의 일본군은 단말마적인 악전고투를 계속하고 있었다. 이미 제공권은 완전히 연합군의 수중에 들어가, 일본군은 공중 공격에 시달리고 있었다. 이로 인해 일본군은 3월 하순, 연합군 공군기지가 있는 지강(芷江 : 호남성)을 육상부대에 의해 점령하려고 무모한 지강작전을 발동했다.

일본군은 제20군(중장 : 坂西一良)을 주력으로 한 8만의 대군을 형양 서방의 소양(옥경)으로부터 서진시켰다. 이를 사전에 알아차린 중국군은 공군의 원조 아래 완벽한 방위선을 깔아 두었다. 이를 무리하게 돌파하려 한 일본군은 이르는 곳마다 포위당해 괴멸에 가까운 피해를 내고, 마침내 5월 상순 약 2만 명의 전사자를 남기고 패주하기 시작했다. 이 지강작전은 일본군이 발동한 최후의 대작전이며, 중일간의 전력이 마침내 역전되었음을 드러낸 전투이기도 했다.

자신을 얻은 중국군은 이를 계기로 대반격에 나섰다. 최초의 목표는 광서성의 계림, 유주 방면이었다. 4월 27일 진공을 시작한 제2방면군(사령관 장발규)은 5월 27일 남녕을 수복, 달아나는 일본군을 추격하여 북상했다.

한편 서쪽에서는 제3방면군(사령관 탕은백)이 공세에 나서 하지(河池 : 5월 19일), 의산(宜山 : 6월 14일)을 회복하고 제2방면군과 협력하여 6월 29일 유주에 입성, 이어 7월 28일에는 중요거점인 계림을 탈환했다. 절강·복건 양성에서 일제히 반격에 나서 5월 18일에는 복주(福州)를 회복, 6월 중순에는 동남 연안의 장락·낙청·황암(黃岩)을 회복했다. 이미 일본군은 완전히 전의를 상실, 말기적인 증상을 보이고 있었다.

▶ 탕은백 휘하의 제13군 군장으로서 광서성에서 반공작전에 참가한 석각(石覺 : 현 총통부 국책고문)은 말기의 일본군의 상황을 다음과 같이 전하고 있다.

―장성전이 시작되어 대아장·무한·광서의 각지를 전전했으나, 1944년 무렵부터 일본군의 전력은 눈에 띄게 쇠퇴했다.

전쟁 초기의 일본군은 '절대로 항복하지 않는다', '죽어도 무기를 주지 않는다'는 정신이 엿보여 기관총을 빼앗긴 사수가 그 자리에서 상관에게 죽음을 당하는 것을 본 일이 있다.

그러나 전쟁 말기에는 변변히 훈련도 받지 못한 병대뿐으로, 소대장들 중에도 전투 지휘능력이 없는 장교들이 많았다. 포로들에게 물어보아도 무엇을 목적으로 싸우는지 이해하지 못하고 있었다. 1945년 8월 상순 광서성 동부를 공격했을 때는 일본군이 단 하루만에 패주해 우리 쪽이 놀랐을 정도였다.

일본의 평화공작

대반격 공세가 한창일 때 중국 측은 7·7사변의 8주기를 맞아 장개석은 전국 군민에게 고하는 글을 발표하여 군민들의 사기를 진작시켰다.

한편 궁지에 몰린 일본군은 모든 수단을 강구하여 평화공작에 나섰다. 가장 먼저 이용한 것이 유빈(繆斌)이었다. 그는 과거 강소성 민정청장을 지냈으나, 국민정부를 배신하고 왕조명 괴뢰정부에 들어가 입법원 및 고시원의 부원장이 되었다. 그러나 괴뢰정부에서 인간관계가 원만치 않아 상해에서 살고 있었다. 일본인과도 왕래가 많아 이들 일본인에게 그는 '중경과 특수한 연락이 있다'고 자칭하고 있었다.

1945년 3월 일본의 수상 고이소(小磯)는 유빈을 도쿄로 불러 화평공작을 맡게 하려 했으나, 애초에 국민정부와 아무런 연락도 없었던 그는 아무 능력도 없었다. 결국 고이소 혼자 동분서주하였으나 실패로 끝나고 말았는데, 이는 일본의 초조함을 상징하는 하나의 희극이 되고 말았다.

유빈 공작에서 신뢰를 잃은 고이소 내각은 4월 5일 총사직하고 스즈키 간타로(鈴木貫太郎)를 수상으로 하는 새 내각이 성립했다. 스즈키는 연일 중신들과 추밀원의 원로들로부터 의견을 물었으나 대부분이 정전·강화를 주장, 그에 근거해 갖가지 평화공작이 거론되었다. 5월 14일 일본의 정세분석을 맡고 있던 조사통계국장 대립(戴笠)으로부터 다음과 같은 보고가 있었다.

'5월 4일 적의 상해주재 공사 쯔찌다(土田豊) 및 대본영의 고급 참모장교 수 명이 상해에 있는 안혜경, 이상호 등에게 함께 중경에 가서 장개석과 만나 평화 교섭을 하고 싶다고 요구했다. 그러나 안혜경 등은 완곡히 거절했다'

이와 같은 일본의 패색을 간파하고 주도면밀하게 움직인 것이 소련이었다. 그중에서도 흑해 연안의 얄타에서 개최된 루즈벨트, 처칠, 스탈린의 영·미·소 3국 수뇌회담(1945년 2월)에서는 중국의 운명을 결정 짓는 밀약을 미·영과 맺었다.

이 '얄타 밀약'에 의해 중국은 공산주의자의 손에 넘어가게 되었다. 이 회담에 대해 중국 측은 당초 이로 인해 중국에 불행한 결과를 초래케 되지 않을까 염려하고 있었다.

처칠은 자국의 식민지주의적인 이익을 고집하고 있었고, 공산주의자들의 선전에 귀를 기울였던 루즈벨트 또한 국민정부 측에 냉담해져 가고 있었다. 이와 같은 두 사람이 '자기 몫'의 확보에만 골몰해 있던 스탈린의 책략에 말려들 가능성이 매우 높다고 본 것이었다.

세계사를 뒤흔든 밀약

얄타 회담 후, 루즈벨트는 3월 1일의 회의에서 '얄타 회담에서 거론한 것은 유럽에 관한 문제뿐이며, 태평양 전선에 관련한 것은 없다'고 밝혔다. 그러나 이는 사실과 달랐다. 그는 실로 세계사를 뒤흔들 밀약에 은밀히 사인하고 있었던 것이다.

그 밀약이란 ① 외몽고의 현상(독립) 유지 ② 대련을 국제항으로 하고, 소련은 특별한 권익을 보장 받는다 ③ 소련은 여순항의 조차권을 회복하고, 해군기지로 삼는다 ④ 중동철로와 남만주철도는 중·소 공동기구로 경영한다—등을 내용으로 한 것으로, 루즈벨트가 '소련의 대일참전'을 교환조건으로 받아들인 것이다.

루즈벨트는 일본의 전력을 과대평가해 '본토결전'에서 미국이 받을 피해를 우려했다. 그로 인해 소련이 하루라도 빨리 참전하기를 바란 나머지 스탈린의 요구를 받아들인 것이다. 루즈벨트는 이 밀약을 부통령 트루만에게조차 발설하지 않았다. 그러나 '밀약이 성립된 것 같다'는 정보는 각 방면에서 중국으로 전해졌다. 먼저 런던의 주영대사 고유균 및 주소대사 부병상으로부터의 전보가 도착됐다.

얄타 밀약을 둘러싼 더욱 상세한 정보는 3월 15일 주미대사 위도명(魏道明)으로부터 전달되었다.

(1) 만주철도에 대해 스탈린은 국제적으로 관리를 대행시키나 주권

은 중국에 속하게 한다고 제의했다.

(2) 스탈린은 여순 혹은 대련을 태평양으로의 출구가 되는 부동항으로서 탐내고 있다. 루즈벨트는 스탈린에 대해 이 일에 대해 너무 서둘지 말아달라고 말했다. 그러나 우리에게는 여순을 소련의 장기 조차지로 하고, 주권은 중국에 속하게 하도록 말해왔다.

소련은 1년 전의 테혜란 회담에서 일찍부터 '대일선전'을 미국에 은밀히 약속하고 있었다. 그러나 그와 같은 일조차 중국에게는 아직 전해지지 않고 있었던 것이다.

4월 3일 소련은 돌연 주중대사 퍼뉴시킨을 경질했다.

페트로프의 대사 기용은 중·소교섭을 위한 포석이었던 것이다. 이는 앞서 말한 바와 같이 페트로프는 6월 12일 얄타 밀약을 방패로 중·소 교섭에 나서도록 요구하여, 여순 조차 등 5개항의 '선결조건'을 강요해 온 것이다.

루즈벨트의 갑작스런 죽음

밀약이 갖는 중대성에 대해 가장 빨리 감지하여 그것을 해소하려고 움직인 인물은 주중 미국대사 헐리였다. 밀약의 소문을 들은 그는 2월말 '업무보고'의 명목으로 워싱턴으로 돌아가 병상에 있던 루즈벨트를 설득하여 얄타 회담의 전조건을 열람했다.

'밀약'의 부본을 살펴본 헐리는 너무나도 뜻밖의 내용에 놀라움을 감추지 못했다. 그는 그 조문을 복사해 여백에 다음과 같이 써넣어 루즈벨트에게 송부했다.

'미국에게 한 주권국가의 영토의 일부를 할양할 권리가 있는가? 미국은 제2차 대전에 참가함에 있어 선언한 모든 원칙과 목표(연합국 공동선언)을 부정하는가? 루즈벨트 자신의 3월 1일의 국회연설도 부정하는 것인가?……'

루즈벨트는 헐리에게 자신의 잘못을 솔직히 인정했다. 그는 즉시 헐리에게 런던과 모스크바로 날아가 중국에 대한 배신행위를 보상하기 위해 선후책을 강구하도록 지시했다.

그러나 이 시기에 이르러 3개국의 최고 수뇌가 실제로 사인한 '밀약'을 백지로 돌린다는 건 불가능에 가까운 것이었다. 거기서 헐리는 '대서양 헌장(본토 불확대, 민족자결 등)'의 원칙준수를 추진시키는 형태로 '밀약'의 실효에 제동을 걸어 중국 영토의 온전성·정치 독립을 보장하려고 생각했다.

헐리는 4월 5일 먼저 처칠과 회견하고 만일 영국이 대서양 헌장을 준수하지 않고, 계속해 홍콩을 지배하려 하면 소련도 마찬가지 요구를 내놓을 것이라고 설득했다. 영국이 홍콩을 내놓으면 소련의 여순, 대련에 대한 요구를 억제시킬 커다란 힘이 될 것이라고 생각한 것이다. 그러나 처칠은 식민지에 관해서는 영국은 대서양 헌장에 구속받지 않는다고 강경히 거절했다.

4월 12일, 루즈벨트가 갑자기 사망했다.

이때 헐리는 처칠과의 회담에서 성과를 거두지 못한 채, 스탈린을 설득하기 위해 모스크바로 향하고 있던 도중이었다. 이러한 루즈벨트의 갑작스러운 사망으로 헐리는 일을 성사시키려고 동분서주하던 가운데 돌연 후원자를 잃고 말은 것이었다.

헐리는 4월 15일 스탈린과 회담했으나 예상대로 별다른 실효를 거두지 못했다. 또한 회담에 동석했던 주소 미국대사 하리만은 그 뒤 미국으로 돌아와 새 대통령이 된 트루만에게 밀약의 파기 등을 요청했다.

4월 24일 장개석은 영국, 소련 순방을 마치고 돌아온 헐리의 방문을 받고 그간의 경과에 대해 보고받았다. 이에 대해 장개석은 자국의 독립과 통일에 대해 남의 나라의 동의를 얻어야 하는 현실에 대해 개탄을 금치 못하며, 지구가 아무리 넓더라도 스스로 자립·자강하지 않으면 민족자존의 여지가 없음을 뼈저리게 느껴야 했다.

일본, 본토결전에 대비

알타 회담에서 자국의 이권을 보장받은 소련은 이를 계기로 대일 참전의 시동을 걸었다.

고이소 내각이 총사직한 4월 5일(1945년), 소련은 '일·소 중립조약은 연장하지 않는다'고 일본정부에 통고했다.

상호 불가침을 협정한 이 조약은 1941년 4월 일본이 동북(만주국)을, 소련은 외몽고를 수중에 넣음으로써 성립되어 앞으로 1년의 기한을 남겨두고 있었다. 그러나 소련은 통고 5개월 후인 8월 8일 기안이 채 지나지 않은 시기에 일본에게 선전포고를 했기 때문에 이후 오늘에 이르기까지 북방 영토문제가 미해결된 채로 남아 있으며, 일·소 화평조약 체결은 난항을 거듭하고 있다.

소련의 일·소 중립조약 불연장 통고는 소련이 마침내 구체적인 대일전 준비에 들어갔음을 말해주는 것으로 중국으로서도 지대한 관심거리가 아닐 수 없었다.

6일 후 장개석은 간부를 소집해 일·소 중립조약 불연장 통고에 따른 정세와 일본의 내각개편이 미치는 영향에 대해 검토했다.

'결론은

(1) 스즈키 내각이 조직되면 반드시 화평을 요구하는 자세를 보일 것이다. 만일 화를 구하지 못하면 최후까지 전쟁을 계속해낼 내각을 재조직할 것이다.

(2) 소련의 조약 불연장 성명은 일본이 독일의 소련공격을 도와 중립협정에 위반했다는 이유를 들고 있다. 따라서 소련은 반드시 가까운 시일 내에 일본에 대해 선전할 것이다.

우리가 적극적으로 준비를 갖추어야 할 사항은

(갑) 소련이 대일선전을 행했을 때 취해야 할 태도 및 절차.

(을) 일본이 중국에 화평조건을 제출했을 때 취해야 할 태도 및 절차—2가지이다.

이를 위해 우리 군의 군사 지도자들은 철저히 각성하여 적극적으로

자강을 도모해야만 한다.

지금 우리의 최대 문제는 반년 이내에 계획에 따라 군을 비롯한 각 기관이나 군교를 정리·재편하고 부대를 3백 50만 명으로 하는 것이다. 그렇게 하면 우리나라에는 아직 건군의 기회가 있다'

세계 적화의 야망을 불태우는 소련

일본도 소련 대비책을 서둘렀다. 새 수상이 된 스즈키는 5월 11일과 12일, 14일에 걸쳐, 최고 전쟁지도 회의 구성원회의를 개최했다. 그러나 이 시점에서 그들은 소련을 만만하게 보았다. 그 결과 아직 대화의 여지가 있다고 판단하여 ① 소련의 대일참전을 방지한다 ② 소련의 호의적인 중립을 획득한다—는 방침 아래 소련이 전쟁종결에 대해 일본에 유리한 중개를 하도록 책동할 것을 결정했다.

외상 도고(東鄕茂德)는 전수상 히로다(廣田)에게 주일 소련대사 마리크와의 교섭을 의뢰했다. 히로다는 6월 3일과 4일 양일간 하코네(箱根)의 온천에서 마리크와 회담을 통해 일·소간의 평화적 관계를 유지할 방법을 강구하고 싶다고 제의, 조약의 가능성을 타진했다.

그러나 마리크는 히로다의 제안은 추상적이라고 회답을 회피하고 건강을 이유로 이후의 회담에 응하려 하지 않았다.

일본의 국회는 6월 11일 '본토결전'에 대비해 '전시 긴급조치법'을 승인, 내각에 독재적 대권을 부여했다.

6월 23일 오키나와의 일본군 수비대가 전멸했다. 9만 명의 장병 외에 일반 국민 10만 명이 희생되었다.

일본은 7월 10일 최고 전쟁지도 회의에서 소련의 종전 알선을 의뢰하기 위해 전수상 고노에(近衛)를 '천황의 내의를 받은 특파사절'로서 소련에 파견할 것을 결정했다.

그러나 이미 준비를 끝내놓고, 일본에 대한 선전포고 시기를 고르고 있던 소련은 18일 고노에 특파사절을 거부했다. 일본의 소련에 대한 낙관적인 기대는 이로써 완전히 무너지고 말았다.

소련은 대일 개전준비를 서두르는 한편, 중국에 대해 우호조약 교섭을 강요해왔다.

소련이 교섭의 방패로 삼은 것은 얄타 밀약이었다. 얄타 밀약에 중화민국은 일체 간여하지 않았으며, 국제법적으로 아무런 구속도 받지 않았으나, 기정사실로서의 밀약의 의미는 무시할 수 없는 것이었다.

이와 더불어 소련은 동북 변경에 병력을 이동 중이었으며, 또한 미국의 대소 및 대중 정책도 경시할 수 없는 것이다.

6월 21일부터 열린 장개석과 페트로프의 회담, 6월 27일부터 모스크바에서 열린 송자문과 스탈린의 회담, 장경국과 스탈린의 회담 등, 이 시기의 중·소교섭은 난항을 거듭하는 것이었다. 결국 소련은 얄타 밀약의 내용대로 교섭을 강요하고 나왔던 것이다.

그 결과가 이후의 대륙적화, 조선전쟁, 베트남전쟁을 발발케 한 것이다.

중국 공산주의자들의 선전에 말려든 미국, 식민주의의 꿈을 버리지 못한 영국, 세계적화의 야망을 불태운 소련—이 3개국의 '대국 외교'가 남긴 상처는 너무나도 큰 것이었다.

5. 일본의 항복

포츠담 선언

중국이 미국, 영국과 함께 일본의 항복을 촉구한 '포츠담 선언'을 발표한 것은 1945년 7월 26일의 일이다.

포츠담 선언은 7월 17일부터 베를린 교외인 포츠담에서 개최되어 미대통령 트루만, 영국 수상 처칠, 소련 수상 스탈린의 회담결과를 기초로 초안 되어 중국의 동의를 얻어 발표된 것이다. 당시 소

련은 여전히 일본과의 '일·소중립조약'이 유효하므로 선언에는 참가하지 않았으나, 2주일 후인 8월 8일 대일참전과 함께 선언에 참가했다.

이 선언은 일본의 항복조건으로 군국주의의 제거, 일본영토의 점

포스담회담에 참석한 3국정상 오른쪽으로부터 처칠, 트루먼, 스탈린.

령, 카이로 선언의 이행, 군대의 무장해제, 전범의 처벌 등을 열거해 '전일본군 군대의 무조건 항복'이냐 '일본국의 멸망'이냐 하는 둘 중에 하나의 선택을 요구한 것이다.

일본은 이때 이미 조직적인 저항력을 잃고 있었다. 마리아나를 비롯하여 오키나와, 유황도를 기지로 한 미군기의 반복공격과 더불어 미 기동부대가 일본 연안을 제압, 본토에 대한 함포사격도 개시했다. 그러나 일본정부는 여전히 강하게 나와 수상 스즈키는 28일 '포츠담 선언을 묵살하고 전쟁에 만전한다'는 담화를 기자단에게 발표함으로써 연합국에 대한 '회답'을 대신했다. 그러나 강하게 나오는 한편으로는, 30일 재차 주소대사 사이토를 통해 소련에 '조건부 화평'의 알선을 의뢰하는 등 최후의 몸부림을 치고 있었다.

8월 6일 아침, 테니만 섬에서 날아오른 미 제20공군 제509 혼성 연대의 B29는 무덥고 맑은 히로시마(廣島) 상공에 이르러 최초의 원자폭탄을 투하했다. 34만 명의 도시 히로시마는 섬광과 버섯구름과 함께 전시가 폐허로 변했다.

트루만은 일본에 대해 즉시 항복하지 않으면 2번째 원폭을 재차 투하하겠다고 경고했으나 일본으로부터는 아무런 회답이 없었다. 이렇게 해서 9일 나가사키(長崎)에도 원폭이 투하되었다. 불과 2발의 원폭으로 모두 30만여 명의 비전투원이 희생되었다.

파멸 직전에 이른 일본에게 소련이 '자기 몫'을 얻기 위해 참전을 서두를 것은 분명했다.

중국에게 있어 최대의 문제는 동북(만주)이었다. 만주를 군사점령한 후의 소련이 반드시 중국에게 어려운 문제를 들고 나올 것이 예상되었기 때문이다.

소련, 항일전에 참가

8월 7일, 모스크바에서 중·소 우호동맹조약의 교섭에 나서고 있던 송자문에게 장개석은 다음과 같이 지시했다.

'동북(만주)에 있는 각종 공업시설 및 기품류는 모두 우리나라 소유로 돌리고, 외구(일본)의 우리나라에 대한 전책배상의 일부로 해야 마땅하다. 이러한 점을 소련과의 조약체결 시 잘 협의하던가, 혹은 성명을 발표할 것'

예상대로 소련은 8일 밤 일본에게 선전, 소련군은 동북으로 밀어닥쳤다.

이때 중국은 중·소 조약체결에 응하지 않을 수 없는 입장이 되었다. 동북으로 침입한 소련군이 진주해 중국의 주권을 침해하는 것을 막기 위해서는 조약이라는 제어장치가 무엇보다 필요했던 것

소련의 일본에 대한 선전포고를 알리는 집회가 레닌 글라드의 한 공장에서 열리고 있다

이다.

　난항을 거듭하고 있던 모스크바 교섭도 마침내 중국 측의 교섭에 의해 14일, 체결에 이르렀다. 이로 인해 얄타 밀약이 '추인'된 것이다.

　'모스크바 교섭에서 우리는 다음과 같은 국가권익에 관한 중대한 양보를 하지 않을 수 없었다.

　(1) 외몽고의 독립자치를 승인한다.

　(2) 동북 장춘철로의 공동경영.

　(3) 대련을 자유항으로 하고 장춘철로에 의한 소련의 수출입 물자는 관세를 면제한다.

　(4) 여순을 양국 공동 사용의 해군 근거지로 한다' (중국 속의 소련, 1956년 12월)

　동시에 소련은 ① 국민정부에 대한 군수품과 그 밖의 원조 ② 중국의 동북에 있어서의 영토와 주권의 완전성의 승인 ③ 일본투항 후 3개월 이내의 완전철수—를 약속했다. 그러나 스탈린은 이러한 약속을 전혀 지키지 않았다.

8년간의 침략에 종지부

　8월 10일 일본은 대외 라디오 방송으로 '포츠담 선언'의 '조건부 수락'을 표명했다.

　그 '조건'이란 '천황제'의 문제이다. 일본은 수락에 있어 '천황을 최고 통치자로 하는 황권을 손상하는 요구는 포함되어 있지 않다는 양해 하에'라는 '조건'을 달아 천황제의 유지를 바라고 있었던 것이다.

　이에 대해 연합국측은 중국이 거듭 주장하고 있던 대로 '최종적인 정부형태는 일본국 국민의 자유로운 의사에 따라 결정된다'고 회답했다. 이 회답이 일본인의 정신적 지주인 천황제를 존속시킴으로써 일본의 전후 부흥을 돕게 되는 것이다.

8월 14일, 일본은 포츠담 선언을 무조건 수락했다.

여기서 '7·7사변(노구교 사건)' 이후 8년여, '9·18사변(만주사변)'으로부터 약 14년에 이른 일본의 중국침략은 완전히 종지부를 찍게 된 것이다.

8월 15일 '포츠담 선언 수락을 일반국민에게 고한 천황의 방송'에 1시간 앞서 장개석은 중경 중앙 방송국의 마이크를 쥐고 '항전 승리에 즈음해 전국 군민 및 전세계인에게 고하는 연설'을 중국 및 전세계에 방송했다.

이 가운데서 8년간에 걸쳐 중국인이 받은 고통과 희생을 회고하고, 이것이 세계에서 최후의 전쟁이 될 것을 희망하는 동시에, 일본인에 대한 일체의 보복을 금지시켰다.

'불념구악, 여인위선(不念旧惡, 與人爲善—구악을 생각지 말고, 사람에게 선을 베푼다)'이라는 것을 강조한 이 방송은 후일 '이덕보원(以德報怨—덕으로써 원한을 갚는다)'이라는 말로 불리어, 중국이 패전국 일본에 대처하는 기본적 신념으로 삼았던 것이다.

아시아에 있어서 중국과 일본은 같은 배를 탄 이웃으로서 서로 손잡고 돕지 않는 한 함께 망한다고 생각한 중국은 일본이 하루 빨리 패전에서 일어나 독립과 자유를 누리는 '형제의 나라'로서 전후의 세계 안정에 기여할 것을 기대하고 있었다.

1945년 9월 2일 연합국에 대한 일본의 항복조인이 도쿄 만에 정박한 미함 미조리호 선상에서 행해졌다.

일본 대표로 외상 시게미쓰(重光)·참모총장 우메즈(梅津)가 먼저 항복문서에 조인한 후, 연합군 최고사령관 마커스·미국 대표 니미츠가, 뒤이어 중국 대표 서영창 등 각 연합국 대표가 서명했다.

이날 중국군은 공로, 남경·상해에 들어갔다.

중국전구의 수항전례(受降典禮)는 9월 9일 오전 9시 남경의 구 중앙군교에 있던 육군총부의 대례당에서 행하고, 일본의 중국파견군 총사령관 오카무라(岡村)가 항복문서에 서명하여 중국육군 총사령 하응흠에게 제출했다.

오랜 고투를 거쳐 이윽고 승리를 손에 넣은 중국에게 있어 소련과 공산당은 새로운 위협의 근원이었다.

소련은 중·소 동맹조약을 일찌감치 짓밟고, 동북지방 거점의 태세를 취해 보이며 신강성의 오소(烏蘇)·정하(精河) 등의 중국군 진지에 폭격을 가해 대중침략을 개시해왔다.

공산군 또한 소련의 힘을 빌려 승리의 열매를 손에 쥐려 했다.

그들이 가장 탐낸 것은 일본군이 갖고 있던 무기와 탄약류였는데, 그 의도는 국민정부에 대한 무력의 수단으로 삼으려는 데 있었다.

일본군의 무장해제에 대해서 연합군 최고 사령부의 제1호 통고에 의해 동3성을 제외한 중국, 대만 및 북위 16도 이북의 불령 인도네시아의 일본군 1백 28만여 명은 모두 중국군에게 투항할 것을 결정하고 있었다.

이로 인해 중국 육군 총사령부는 전토를 16개의 수항구로 나누어 각 전구, 각 방면군마다 일본군의 투항 인수를 실시했다. 그러나 공산군은 그 명령에 따르지 않고 각지에서 마음대로 일본군을 무장해제시키려 하였고, 또 수송로를 파괴하여 정부군의 접수 지점 도달을 방해하려 했다.

반세기 만에 중국에 돌아온 대만

대만 수복에 대해서는 이미 1944년 4월에 중경에 대만 조사 위원회를 발족시켜 수복계획을 작성하고 1백 60명의 행정간부, 9백 32명의 경찰간부의 훈련을 끝마치고 있었다.

일본 항복 후인 9월 1일에는 중경에 대만성 행정장관 공서가 발족하여 10월 5일에 대북에 전진지휘소가 두어졌다.

10월 17일 제70군이 기륭(基隆)에 상륙, 민중들의 환호를 받으며 대북에 진주했다.

수항전례는 10월 25일 대북시 공회당(현 중산당)에서 행해져 대만성 행정장관 겸 경비 총사령 진의(陳儀)가 대만총독 겸 제10방면군 사령관 안도(安藤)의 항복문서를 받아, 대만의 통치권을 중화 민국에 반환하는 문서에 조인했다.

1945년 8월 15일, 무조건 항복의 천황 육성을 라디오를 통해 듣는 일본 국민들.

이로써 대만은 1895년 일본에 할양된 이래 반세기 만에 정식으로 중국에 돌아온 것이었다.

중국전토에서 투항이 받아들여진 일본의 군민은 약 2백 13만 명을 넘었다. 중국은 그들에게 강제노동 등의 보복적 조치를 취하지 않고, 종전 10개월 후인 1946년 6월까지 일부의 전범을 제외한 전원을 일본에 귀환시켰다.

일본에 대한 배상청구권을 포기

일본군이 침략한 구역은 동북4성을 비롯하여 하북성에서 광동·광서에 이르는 22성을 넘으며, 폭격 등의 피해를 받은 곳은 신강·차하르·외몽고 등 변경지역뿐이었다.

그 사이 전투는 대회전 22회를 포함 3만 9천여 회에 달하며, 3백 30여만 명의 병사가 전사했다. 비전투원의 사상도 8백 42만을 넘으며, 게다가 이산·기아 등의 피해자를 합하면 그 수는 실로 엄청난 것이었다.

한편 공사유 재산의 직접적인 손실은, 대략적인 것만도 약탈된 은행, 파괴된 산업·교통시설 등을 1937년 6월 현재 미국 달러로 환산하면 3백 30억 3천 13만 달러에 달했다. 같은 해 일본정부의 일반회계 세출은 7억 7천만 달러를 넘었으며 그 전액을 배상에 충당해도 반세기 가까운 세월을 필요로 할 만큼 거대한 것이었다.

1952년 미·영 등 48개국(중화민국은 제외=후술)은 샌프란시스코에서 대일 화평조약을 체결, 그 가운데 일본에 대한 배상청구권(역무제공, 재외 자산몰수)을 규정했다.

그러나 중화민국만은 동 년 일본과의 화평조약으로 재외 자산몰수(대만·팽호지구는 별도취급)를 제외, 모든 배상청구권을 자발적으로 포기할 것을 밝혔다.

중국은 이때 이렇게 생각했다. 중화민국이 받은 손해는 실로 천문학적인 숫자에 달하고, 혈육을 잃은 사람들의 슬픔은 아무리 큰 돈을 준다 해도 달래질 수 없을 만큼 크다. 그러나 여기서 다액의 배상을 내세우는 것은 전후 일본의 생명을 빼앗는 것과 같다. 적색 제국주의가 일본을 노리고 있는 지금, 다액의 배상 부담에 의해 일본을 약체화시키는 것은 피해야 한다. 아시아의 안정을 위해서는 일본이 강력한 반공국가가 되어 주지 않으면 안 된다—라고.

필리핀 대통령 키리노로부터 80억 달러의 청구 이야기가 있었을 때도 마찬가지 취지로 설명했다. 이후 필리핀의 대일청구가 5억 5천만 달러로 결정된 경위도 여기에 있었다.

최대의 피해국인 중화민국이 솔선해서 배상 청구권을 포기한 것은 연합국 각국에 커다란 영향을 미쳐, 일본의 전후 부흥을 돕는 결과가 됐다.

일본의 분할지배를 노리는 소련

이어 중국군의 점령군 파견중지 문제의 경위는 다음과 같다.

미군에 의한 일본 단독점령에 시종 반대한 것은 소련이다.

이미 종전 직전부터 소련은 소련군 극동 총사령관 바실리에프스키를 일본 점령군 최고 총사의 후보로 추천하는 등, 어떻게 해서든 일본에 소련군을 파견하려고 노력했다. 소련은 파병에 의해 일본을 분할지배하여 독일이나 조선과 마찬가지로 일본을 분열국가로 만들기 위해 책동하고 있었다.

1945년 9월 10일부터 런던에서 개최된 미·영·불·중·소 5개국 외상회의 석상에서 소련 외상 몰로토프는 돌연 이 문제를 끄집어내 미·영·중·소에 의한 4개국 공동점령으로 바꾸도록 요구해왔다.

이때 중국 외교부장 왕세걸(王世杰)이 미 국무장관 번즈와 협의한 후 이에 강력히 반대, 몰로토프의 요구를 무시했다.

이후에도 소련의 책략은 계속되어, 소련의 주일 대표단이 마커스에게 '마커스 장군이 어떻게 하든 소련군은 일본에 진주한다'고 위협하기도 해, 역으로 마커스로부터 '그렇게 되면 소련 대표단 전원을 체포, 투옥시키겠다'고 경고하는 헤프닝이 벌어졌다.

한편 중국에 대해서 미국은 전쟁종결 후부터 일본으로의 파병을 요청해오고 있었다.

당초 웨드마이어로부터 육군 10개사 및 공군 파견을 요청받은 중화민국은 일단 육군 청년군 3개사로 일본 파견군을 편성할 것을 결정했다. 1946년 3월에는 웨드마이어로부터의 각서에 의해 6월중에 1만 5천명을 파견할 방침이 정해졌다.

그러나 이 파병은 파병 직전, 중국의 결단에 의해 중지되어졌다.

그 이유는 점차 노골화되어 가는 소련의 일본점령의 야심을 막기 위한 것이었다. 만일 중국군이 일본에 진주하면 소련은 반드시 이를 구실로 적군을 진주시킬 것임에 틀림없다고 판단했기 때문이다.

당시 동북에 주둔해 있던 소련은 점

▶ 행정원장 장경국은 자신이 쓴 '중일관계 회고록' 가운데서 일본에 대한 점령군 파견중지와 배상포기에 대해 다음과 같이 쓰고 있다.

─당시 미군으로부터 점령군을 파병하지 않겠냐는 제의가 있었다. 우리가 점령군을 파견한다 하여도 반대할 사람은 없을 것이다. 그러나 소련도 또한 끝까지 교전국으로서의 권리를 주장해 군을 파견할 것임에 분명하다. 그렇게 되면 일본은 동서 독일, 남북 조선과 같이 분열되어 수습할 수 없는 혼란에 빠지게 될 것이기에 우리들은 미국 1개국군에 의한 점령을 건의한 것이다.

령하의 북한에서 적화 괴뢰정권공작을 행하고, 이어 일본을 목표로 삼은 것이었다. 전세계 적화를 기도한 소련에게 일본점령의 구실을 제공할 수는 없었다.

이렇게 해서 구실거리를 잃은 소련은 1946년 8월 스탈린으로부터 직접 트루만에게 소련군에 의한 홋카이도(北海島) 북부점령을 공식적으로 제안해왔으나 루즈벨트는 이를 거부했다.

미국을 현혹하는 공산당

항일전의 승리는 소련과 공산군에게 활기를 주었다. 그들은 정치적 책동을 강화하여 중·미 이간과 국민정부 전복을 촉진하려 했다. 그러한 전형의 하나가 이른바 '국공연합 정부결성'의 움직임이다. 그들의 연합정부안은 공산당의 본질을 미사여구로 치장해 재차 미국을 현혹하기 위해 준비한 것이었다.

연합정부안은 항일승리의 전해인 1944년 가을에 시작된다.

이 해 11월 7일 미국 대통령 루즈벨트의 특사로서 중경에 머물고 있던 패트릭 헐리는 공산당의 거듭되는 요청에 응해 공산당 대표인 임조함(섬서 영변구 정부주석)과 함께 연안으로 날아가 모택동과 회담했다. 이때 모택동으로부터 제시된 것이 연합정부안이었다. 그 내용은 다음 5항에 대해 국민정부 국민당과 공산당과의 사이에 협정하자는 것이었다.

(1) 중국의 전군대의 통일.

(2) 국민정부와 군사위원회를 개조하여, 모든 항일정당·무당파 대표를 포함한 연합정부, 연합군사위원회를 만든다.

(3) 연합정부는 손 총리(손문)의 주의를 옹호하여 민치(民治)·민유(民有)·민향(民享)의 정부를 수립하기 위한 제반정책을 실시하고, 이로써 진보와 민주주의를 촉진하여 신앙의 자유·집사의 자유 등을 확립한다.

(4) 연합군사위원회는 모든 항일군대를 승인한다. 공여물자는 평등

하게 분배받는다.

(5) 연합정부는 중국 국민당, 중국 공산당 및 모든 항일 제단체의
합법성을 승인한다…….

헐리는 이 협정안을 국민정부에 중개할 것을 약속했다. 미국 내
부에 있어서는 주중 대사관의 친공분자 데이비스나 서비스 등이 전
부터 '연합정부안'의 선전을 맡고 있었다. 미국 국무성도 그 선전에
이끌려 국무장관 헐도 과거 루즈벨트에게 '장 위원장이 당파적인
섹트주의와 편견에 찬 반공주의로부터 벗어나 하나의 연합정부를
만들도록 지도해야 한다고 생각한다'고 진언하고 있었다. '민주주의'
를 강조하여 '자유', '진보' 등 듣기 좋은 말을 하며, 실제로는 공산
당의 독재적 권력을 휘두르는 공산당의 상투수단을 이 시점에서 알
아차린 미국인은 많지 않았다.

헐리는 11월 10일 주은래(중경주재 공산당 대표)와 함께 모택동
의 협정초안을 가져와 국민정부에 제출했다. 그 초안에는 이미 모택
동이 한 사인이 있었다.

그러나 국민정부는 1924년~1927년에 이르는 '용공(제1차 국공
합작)' 및 1937년 이후의 '귀순 수용(제2차 국공합작)'이라는 두
차례의 경험을 통해 연합정부라고 하는 것이 어떠한 의도를 갖고
있는지 이미 잘 깨닫고 있었다. 실제로 모택동 자신은 항전 시기 책
동의 최종단계라고 지시를 내리고 있었다. 그러나 군을 통일적으로
장악하기 위해서는 공산당의 군사위원회 참가를 거부할 수 없었다.
이로 인해 국민정부는 연합정부를 제외한 대부분을 받아들여 11월
22일 주은래에게 다음과 같이 제시했다.

(1) 국민정부는 중국 국내의 군사력을 집중·통일하고 일본을 신속
히 격퇴할 것을 희망한다. 그와 동시에 전후 중국재건을 기해 중국 공
산당군을 개조하여 국군에 통합 편입할 것에 동의한다. 이러한 경우
공산군의 급여, 수당, 군수품, 그 밖의 공급은 다른 부대와 동등한 대
우를 받는다. 또 중국 공산당을 합법정당으로서 승인한다.

(2) 중국 공산당은 항전 및 전후 재건에 있어 국민당을 전력으로 옹호하고 그 모든 군대를 군사위원회의 직속 하에 이행시킨다. 국민정부는 군사위원회의 위원으로 공산당 안에서 약간의 고급장교를 지명한다.

(3) 국민정부의 목표는 공산당이 찬동하고 있는 바와 같이 총리 손문의 삼민주의를 실행하는 것이며 민치·민유·민향의 국가를 재건하는 동시에, 민주·문화·정치를 촉진시켜 발전시킬 정책을 취한다. 대일작전에 지장이 있는 것을 제외하고 항전건국 강령의 규정에 근거해 언론·출판·집회·결사의 자유 및 그 밖의 인민의 자유에 대한 보장을 한다.

주은래는 이에 대해 연합정부의 주장은 철회하지 않았으나, 교섭을 계속하는 것에 동의하였고 장개석은 모택동 등과 협의하기 위해 연안으로 향했다. 그러나 그 후 주은래로부터는 전혀 연락이 없었다. 이 무렵 대륙전선에서는 계림·유주가 잇달아 함락되고, 일본군은 귀주의 독산·도균으로 육박해오고 있었다. 공산당의 기관지 <신화일보>는 때를 놓치지 않고 정부군의 패배를 공격했다. 공산당은 교섭보다는 앉아서 국민정부가 무너지기를 기대하고 있었다.

12월 16일이 되어 이윽고 주은래로부터 전보가 도착했다. 과연 전보의 내용은 예기한 대로 '정부안의 거부'였다.

공산당의 목표는 연합정부

헐리는 1944년 12월 21일 주은래에게 전보를 보내 우선 중경으로 와서 협상 테이블에 마주할 것을 촉구했다. 그러자 모택동은 이를 이리저리 회피했으며, 또한 주은래는 28일 헐리 앞으로 서한을 보내 ① 변구의 봉쇄해제 ② 정치범의 석방 ③ 탄압적 단속 철폐 ④ 특무경찰의 활동정지—라는 4개항의 조건을 제시했다. 공산당에 대해 전혀 경계심을 갖고 있지 않은 헐리는 공산당의 본거지인 연안으로 가 협의를 진행시키려 했다. 다음해인 1945년 1월 6일, 국민

정부는 마침내 양보하고 헐리의 진언을 받아들였다.

1월 7일 헐리는 모택동에게 서한을 보내, 교섭을 위해 송자문·왕세걸과 함께 연안으로 갈 것을 전했다. 그러나 이에 대해서도 모택동은 회답을 꺼렸다. 이는 바로 이 무렵 공산당과 주중 미군 내의 공산분자들과의 사이에 낙하산 부대를 사용한 무장행동 계획이 추진되고 있었기 때문이었다. 이 계획은 모택동과 주은래가 극비리에 루즈벨트에게 회견을 제의한 것에서부터 밝혀져, 당시의 상황은 헐리가 루즈벨트에게 보낸 보고서(1월 14일부)에 다음과 같이 드러나고 있다.

'웨드마이어 장군(중국전구 참모장)이 중경의 중국전구 사령부를 비웠을 때 그의 부하인 일부의 장교가 미군 낙하산 부대를 공산당 지배지구에 강하시킬 계획을 세웠다. 그들은 공산당 부대를 미군 장교 지휘 하에 두어 게릴라전을 전개하려고 계획한 것이다.

이 계획은 그들의 일부 장교와 공산당과의 협의에 의해 이루어진 것으로 그들은 국민정부를 빼돌려서 공산군에게 물자를 공급하여 공산군을 직접 지도하려 한 것이었다. 이 군사계획은 또한 공산당이 집요하게 해오던 요구, 즉 공산당이 승인을 얻어 미국 대여물자를 받는 것에 의해 국민정부를 붕괴시키려는 원망을 만족시키는 것으로 우리가 국민정부를 계속해서 지지해온 노력을 수포로 돌리려는 것이었다.

이 음모는 공산당이 워싱턴에서 대통령과 협의하기 위해 모택동과 주은래의 도미를 인정해 달라고 느닷없이 웨드마이어에게 제의해온 것이 단서가 되어 밝혀졌다. 그들은 웨드마이어에게 이 제의를 국민정부와 나(헐리)에게는 비밀로 해줄 것을 요구했다. 그러나 웨드마이어의 협력으로 그들의 음모는 완전히 드러난 것이다.

현재 공산당에게는 내가 이미 군사계획을 알고 있음을 전하지 않고 있다. 나는 공산당이 미국을 이용해 국민정부를 정복시키는 것은 절대 불가능함을 그들에게 알게 해줄 때까지 전력을 다해 회담을 계속시키려고 생각하고 있다.

현재로서는 계속 국민정부에게 양보를 구해 공산당을 정부에 참가시키도록 노력할 방침이다'

음모가 발각되자 공산당도 태도를 달리했다. 1월 23일 모택동은 헐리 앞으로 주은래가 회담을 위해 중경으로 오게 된 것을 전해왔다.

주은래는 24일 중경에 도착했다. 연안 출발에 앞서 주은래는 공산당을 포함한 각 당에 의한 당파회의를 소집하여 국시회의(국가의 대계를 결정하는 회의)와 연합정부 조직에 대해 정식협의를 행하여야 한다는 성명을 발표함으로써 공산당의 목표는 어디까지나 연합정부에 있음을 밝혔다.

공산당과의 회담에는 국민정부 대표로서 송자문·왕세걸 외에 군사위원회 정치부장 장치중 3인, 공산당 대표 주은래, 그리고 헐리가 국공 쌍방의 초대라는 형식으로 출석했다. 회담에서는 먼저 왕세걸이 앞서 제시한 국민정부 3항목 제시안과 더불어 국민정부는 다음과 같은 방책을 준비하고 있음을 설명했다.

(1) 행정원 안에 전시 내각적인 기구(그 인수는 7명에서 9명으로 한다)를 두어 행정원의 정책결정 기관으로 삼는다. 이 기구에는 중국 공산당 대표 및 그 밖의 당파 대표를 참가시킨다.

(2) 군사위원회는 2명의 중국군 장교(그 중 1명은 공산군 장교)와 1명의 미국인 장교를 임명하여 공산당군의 편제, 장비 보급에 관한 구체적인 처리방안을 결정, 이를 군사위원회 위원장에게 제시해 판단을 구한다.

(3) 군사위원회 위원장은 항일전의 기간 중, 2인의 중국군 장교(그 중 1인은 공산당군 장교)와 1인의 미국인 장교를 공산군의 지휘관으로 임명한다. 미국인 장교가 총지휘관이 되고 중국인 장교 2인이 총지휘관을 보좌한다. 총지휘관은 군사위원회 위원장에 대해 책임을 진다. 각 소속전지의 명령, 정령은 모두 중앙에 통일시키지 않으면 안 된다.

성과를 거두지 못한 중경회담

주은래은 이 제안을 즉석에서 거부했다. 그는 '내가 중경에 온 것은 국·공 양당의 회의를 위해서가 아닌, 당파회의를 열어 공동강령을 토의하기 위해서이다'라고 말해, 국·공 양대표를 포함한 당파회의 소집을 제안했다. 주은래의 의도는 이 회의를 처음부터 전 당파로 확대해 연합정부안의 토의를 기정사실화하는 데 있었다. 그러나 국민정부 측은 주은래의 주장의 일부를 넣어 '당파회의'의 명칭을 '정화 자순(諮詢)회의'로 고쳐, 그 자순회의에서 ① 훈정(訓政)의 중지와 헌정실시의 절차 ② 앞으로의 시정방침과 군사통일에 대한 방법 ③ 국민당 이외의 각 당파가 참가하는 정부 방식—에 대해 협의할 것을 제안했다. 주은래는 이에 대해 연안의 지시를 받고 싶다고 답했다.

연안으로부터의 회답은 2월이 되고 나서 도착했다. 그 내용은 '국민정부의 제안을 수락할 수 없다. 국민당 1당에 의한 정치를 폐지하는 것이 선결조건이다'라고 하는 것이었다.

실질적인 검토에 들어가기 전에 '연합정부'를 대전제로 받아들이게 하려는 공산당의 책략은 회담 그 자체의 의의를 상실케 하는 것이었다. 주은래는 이후 일방적으로 국민정부를 비난하는 성명을 발표하고 2월 16일 연안으로 돌아가 버려 회의는 그대로 중단되었다.

공산군과 미군의 공동 게릴라 작전

바로 그러한 시기에, 중경에 있는 미국 관계자들 사이에서는 의견대립이 표면화 되었다.

그 계기가 된 것은 앞에서 말한 공산군과 미군 낙하산 부대에 의한 공동 게릴라 작전 음모이다.

이 계획이 발각된 이후, 중국전구 참모장 웨드마이어는 지휘 하에 있는 부대의 통제를 강화했다. 그는 2월 12일(1945년) 중경에서 기자회견을 행해 '중국전구에 있어서는 여하한 개인, 여하한 활동, 혹은 조직도 원조하지 않는 것이 미군의 정책이다. 우리 미국장교나 군사위원은 종종 각 방면으로부터 협조와 원조를 요구받고 있다. 그러나 나는 중앙 정부를 지지하도록 명하고 있으며 앞으로도 계속 전력을 다해 이러한 임무를 다할 것이다'라고 선언하여 미군의 방침을 명확히 밝혔다.

이에 대해 주중 미국 대사관 내의 전공 그룹, 서비스, 에머슨 등이 반발했다.

서비스는 2월 14일 국무성에 대해 '외교수단에 의한 해결은 이미 실패했다. 미국이 장 위원장을 하야시켜 연합정부를 만들 수 있다면 각파는 미국에 감사할 것이며, 우리로서는 진정한 통일된 맹방이 생겨나게 될 것이다'라고 건의했다. 또한 에머슨은 28일 '국·공 쌍방에 동시에 압력을 가해 먼저 군사합작을 구체화시키고 또한 정치합작에 나서게 해야 한다'고 진언했다.

이러한 가운데 헐리와 웨드마이어는 2월 19일 본국과 협의하기 위해 귀국했다. 헐리에게는 다음과 같이 국민정부의 의지를 전달하고 루즈벨트의 이해를 구했다.

'(1) 우리 정부는 공산당의 찬반 여하를 막론하고 반드시 예정대로 국민대회를 개최하여 민의를 반영한 정부를 조직한다.

(2) 소련의 중국과 중국 공산당에 대한 정책과 행동은 그 사실 자체가 증명하고 있는 것처럼 미국의 대중 정책만 분명하다면 소련은 현실을 무시하고서까지 공산당 정권을 승인하거나 공산당에 무기원조를 하거나 하지는 않을 것이다.

이상의 2가지 점은 루즈벨트 대통령이 가장 마음을 쓰고 있는 일이므로 잘 설명해서 안심시켜 주기 바란다'

그러나 서비스는 2월 중순 연안에 들어가 모택동과 접촉하여 '중국 공산당은 소련의 대일 참전을 기대하고 있으며, 그 경우 공산당은 동북 남부에 있어서 소련군과 연계해서 활동할 것이다'

'미국이 공산당을 원조하는 경우, 장 위원장의 동의를 얻을 필요

는 없다', '미국이 국민정부에 대한 정책을 근본적으로 바꾸지 않는
한 공산당은 전후, 미국과의 협력을 기대할 수 없다' 등으로 공산당
선전에 동조하는 정보를 미 국무성에 계속해서 흘려보냈다.

공산당 측에 제공된 기밀서류

4월 14일 서비스는 워싱턴으로 소환되었다. 이는 서비스의 언동
에 의심을 품은 헐리의 요구에 의한 것이었다.

이윽고 미국 FBI의 조사로 의외의 사실이 밝혀졌다. 좌익분자의
기관지인 '아메라시아' 사의 금고 안에서 미국정부의 기밀서류 사
본이 다수 발견되고, 게다가 이들 서류는 서비스의 손을 거쳐 연안
의 모택동에게 전해지고 있음이 입증된 것이다.

FBI는 6월 6일, 서비스를 비롯 아메라시아의 편집장인 필립 자
페, 마크 게인 등 6명을 스파이 용의자로 체포, 조사를 벌였다. FBI
가 압수한 기밀서류는 8백 건에 달하며, 이중 중국관계 서류로는 국
가전략 정보소에서 빼낸 '중국 육군 전투서열의 변경' 2건, 미 국
무성에서 빼낸 '중국공군의 개조' 등 절대기밀 문서도 포함되어 있
었다.

이들 문서의 중요성에 대해 1970년 2월 14일 미국 상원 사법위
원회는 '전투서열 변경' 자료는 다른 많은 자료와는 동일시 될 수
없는 가치를 지니고 있다. 당시 모택동과 그 주변 세력들이 가장 흥
미를 느끼는 무엇보다 가치 있는 중요 정보였다고 지적하고 있다.

서비스, 데이비스, 에머슨 등은 공산당뿐 아니라 소련에도 정보
를 흘리고 있었음이 밝혀졌다. 그들의 문서에는 송미령은 '백설희',
공산당은 '하버드', 워싱턴은 '정신병원'이라는 암호가 사용되고 있
었다.

이렇게 중요한 사건이었으나 이는 곧 무마되고 말았다. 서비스와
가까운 워싱턴의 '정부고관'이 이들을 눈감아 주는 데 압력을 넣었
던 것이다. 아이러니컬하게도 이 사건을 적발한 국무장관 대리 글루

는 오히려 해임되는 불운을 당하고, 반대로 서비스 등은 종전 후 마커스 사령의 고문으로서 기용되는 결과를 초래했다. 서비스, 데이비스 등이 외교관의 직위에서 해임된 것은 1953년 다레스가 국무장관에 취임하고 나서의 일이었다.

이와 같은 조치는 미국 내의 친공 분자를 점점 더 늘어나게 만들어 소련이나 공산당이 파고들 허점을 제공해주게 되는 여지를 만들어냈다.

13

공산당의 대륙석권

제47장 적극화하는 공산당의 활동

1. 난항을 거듭하는 국공회담

헐리의 귀국보고

국공회의가 중단된 후 일단 워싱턴으로 돌아갔던 주중대사 헐리는 그 후, 영국·소련을 순방한 뒤 4월(1945년)에 중경으로 돌아왔다. 헐리는 그 사이 대통령 루즈벨트의 내명을 받아 얄타 밀약의 선후조치에 분주한 움직임을 보였으나, 도중 루즈벨트의 갑작스런 죽음으로 뜻을 이루지 못하고 있었다.

4월 24일 중경의 장개석은 관저에서 헐리의 귀국보고를 들었다.

그중 특히 관심을 끌었던 것은 모스크바에서 행해진 스탈린과의 회견이었다. 헐리는 그때의 상황을 다음과 같이 설명했다.

'**헐리** : 소련은 중국 공산당을 진짜 공산당이 아닌 '마가린 공산당'이라고 보고 있다고 말했는데 그것이 사실인가?

스탈린 : 그대로이다.

헐리 : 소련은 이제까지 중국 공산당을 원조한 적이 있는가?

스탈린 : 없다.

헐리 : 소련은 정말 중국이 독립·자유·민주의 통일국가로서 스스로 그 지도자를 선택하고, 자기주장을 펼 수 있으며, 스스로 인민에 대해 책임을 질 수 있게 되는 것을 진심으로 바라고 있는가. 또한 그와 같은 중국과 친밀하게 합작할 용의가 있는가?

스탈린 : 물론 그와 같이 바라고 있다. 현재 교섭을 위해 중국은 송박사(송자문)를 모스크바로 파견할 것이 결정되어 있다. 소련 측의 사정으로 그의 출발이 늦어지고 있으나, 소련은 중국과 친밀한 합작관계를 맺기를 바란다. 중국의 국·공 양군의 군령의 통일에도 노력하고 싶

다'

헐리는 또한 스탈린의 의견을 다음과 같이 전했다.

'스탈린은 각하(장개석)가 정치조직 방면에서 어느 정도 양보한다면 군령의 통일을 이룰 수 있지 않느냐'고 말하고 있다.

스탈린이 말하는 '소련과 중국 공산당은 무관계', '중국 공산당은 진짜 공산당이 아니다'라는 논리는 전에도 이후에도 계속 거듭돼온 선전이었다. 또한 그들이 말하는 '중·소의 친밀한 합작관계'도 얄타 밀약에 의한 중국의 희생을 기정사실화하려는 것으로 중국침략을 위한 하나의 수단에 지나지 않았다. 게다가 그와 같은 '우호'를 내세우며, 한편으로는 국민정부에게 공산당에 대한 양보를 강요하려 한 것이었다. 이러한 무관계·우호·양보의 언행들은 소련의 세계적화 공작의 진의를 감추기 위한 하나의 수단에 지나지 않았다. 그러나 대다수의 미국 관계자들은 모르는 사이에 그 선전에 말려들어, 오래도록 이를 간파해내지 못했다.

모택동, 국민당에 절교장

헐리의 귀국보고를 들은 같은 날 24일, 모택동은 연안에서 개최된 공산당 7전대회(4월 23일~6월 11일) 석상에서 '연합정부를 논한다'는 제목으로 정치보고를 행했다. 전문 6만 자를 넘는 이 보고안에서 모택동은 '항전 중국이 선택해야 할 코스는 연합정부 수립 이외에는 절대 없다'고 주장하고, 국민당과 국민정부를 격렬히 비난하며 '국민당이 연합정부에 응하지 않을 경우에, 공산당은 중국 해방지구 인민대표대회를 소집하여 실력으로써 국민당과 대항한다'고 선언했다. 이 보고는 국민당에 대한 절교장과 마찬가지의 것이었다.

모택동은 또한 매국적인 얄타 밀약을 지지함을 밝혀 '얄타 전선과 중국 공산당의 동방문제 및 중국문제 해결에 관한 기본방침은 일치한다고 생각한다'고 진술했다. 이는 실로 스탈린의 주장과 밀접하게 서로 연관을 맺고 있는 것이었다.

이후 공산군의 무력에 의한 공세도 강화되었다.

이 무렵 대륙의 일본군은 중국군의 대규모 반격 앞에서 후퇴를 거듭하고 있었다. 공산당은 그와 같은 정세를 틈타 국민정부군을 습격하는가 하면 일본군이 포기한 도시에 정부군을 앞질러 진주시켰다.

그들은 정규군 65만 명, 민병 2백여만 명을 거느리고 있다고 호언하며 화북일대로부터 남방을 향해 움직이기 시작했다.

이러한 반공산군의 적극적 활동을 보이는 가운데 일본이 포츠담 선언 수락을 발표한 다음날인 8월 11일, 국민정부 군사위원회의 '현상대기'의 명령을 무시하고 '연안총부(총사령부)'를 칭해, 중국 각지의 공산군 및 동북·조선의 지하조직에 전면폭동을 지령했다. 이른바 '7도(道) 명령'이 내려진 것이다.

이어 8월 12일 주덕은 '중국 해방구 항일군 총사령'의 이름으로 일본군의 사령관 오카무라(岡村)에게 '공산군에게 투항하라'는 명령을 내리고, 더불어 전공산군에게 동북에 침입한 소련군과 호응하여 동북·화북 일대를 점거하도록 재차 명령이 내려졌다.

게다가 8월 17일, 주덕은 국민정부에 대해 '공산군이 일본의 투항을 받아들인다'는 등의 6개항의 요구를 제시해왔다.

그들은 군령의 통일을 깨고 소련과 손을 잡고 일본군의 무기를 수거하여 동북과 화북에 국민정부 전복을 위한 거점을 조속히 이룩하려고 기도한 것이다.

국민당을 비난하는 모택동

1945년 8월 30일, 모택동은 연안의 간부회의에서 항일 전쟁승리 후의 시국과 우리의 방침이라는 연설을 행해 국민정부를 비난했다.

이 연설 가운데 '장개석은 다 아는 바와 같이 극도로 잔인음험한 남자이며, 지금 그는 이미 칼을 갈고 있다. 따라서 우리도 칼을 갈지 않으면 안 된다'고 주장했다.

그러나 집요하게 계속되는 공산당의 비난에도 불구하고 국민정부는 모택동 설득의 희망을 버리지 않았다. 전후의 국가건설을 성공시키기 위한 인내 또한 필요하다고 생각하고 8월 14일과 20, 23일 3차례에 걸쳐 전보를 보내, 중경회담을 촉구했다. 그 결과 주중 미국대사 헐 리가 모택동의 '안전보장'을 위해 미군 비행장에서 연안까지 맞으러 가기로 되어 모택동도 이윽고 무거운 몸을 움직이게 되었다.

8월 28일 오후 장개석이 각 원의 원장을 소집해 협의가 한창일 때, 모택동은 중경 비행장에 도착했다. 주은래·왕약비(王若飛 ; 모두 공산당 중앙 정치국장)도 동행하고 있었다.

2월 이후 중단되어 있던 국공회의는 모택동의 중경 입성을 기다려 9월 3일부터 재개되었다.

국민정부 측 대표로는 장군(사천성 주석)·왕세걸(외교부장)·장치중(군사위원회 정치부장)·소력자(邵力子 ; 국민참정회 비서장)의 4인, 공산당 대표는 주은래와 왕약비였다.

재개된 국공 회담

회담은 10월 11일까지 행해져 그 사이 장개석은 모택동과도 9차례나 만나 직접 회담을 가졌다.

쟁점이 된 것은 공산군 개편과 공산당 지배지역의 행정문제였다.

국민정부는 항전 중, 3백 54개사까지 늘어난 중국군을, 공산군을 포함해 80~1백개사 정도로 축소해 통일할 것을 계획하고 있었다. 국민정부는 그중 12개사를 공산군으로 할 것을 제안했는데 이에 대해서 모택동은 일단 28개사를 요구했다가, 곧 의견을 바꾸어 48개사를 존속시킬 것을 강력히 주장했다. 군축 후의 중국군의 반수를 공산군으로 채우겠다는 공산당의 요구는 지나친 바가 없지 않았다.

또한 공산당은 지방행정권을 둘러싸고 그들이 말하는 '해방구'에서는 공산당이 추천하는 성 주석, 시장을 임명할 것을 주장했다. 그러나 이는 현재의 법치체제 그 자체에 역행되는 것으로, 국민정부가 행정장관과 관리의 임명권을 갖도록 되어 있었다.

교섭은 몇 차례나 결렬될 위기에 놓이며 난항을 거듭했다.

이 기간 동안 모택동은 입으로는 '중국에는 이제 한 가지 길 밖에 없다. 그것은 바로 화(和)이다. 화야말로 귀한 것이며, 이 이외의 모든 시도는 잘못된 것이다', '장 주석의 영도 아래 삼민주의를 실현한다'고 말하고, 어떤 때는 '삼민주의 만세'를 외치는 일도 있었다.

그러나 이는 공산당의 상투적 전술이었다. 공산당은 모택동이 중경에 머무르며 회의가 난항을 거듭하고 있는 사이, 화북의 2백여 성도를 점령한다는 계획을 세워놓고 있었다.

쌍십협정의 진의

10월 10일 국공회담 쌍방의 대표인 장군과 주은래는 이제까지의 회담 내용을 정리한 '회담기요'를 발표했다. 이른바 '쌍십협정'이라 일컬어지는 것으로 내용은 다음과 같다.

(1) 쌍방은 화평·민주·단결·통일을 기초로 하여 장 주석의 지도 아래 장기적인 합작을 행하며, 내전을 피해 삼민주의를 실행하는 것을 평화건국의 기본방침으로 삼는다.

(2) 정치의 민주화를 실현하기 위해 각당 각파에 의한 정치협상회의를 조속히 소집한다.

(3) 인민의 자유를 보장한다.

(4) 전 정당, 정치단체의 합법적 지위를 승인한다.

(5) 특무기관에 의한 인민의 체포·처벌을 금지한다.

(6) 정치범은 원칙적으로 석방한다.

(7) 지방자치를 적극적으로 추진하기 위한 보통선거를 실행한다.

(8) 한간의 처벌과 괴뢰군(왕조명 군)의 해체를 실시한다.

단, 다음의 4가지 구체적 문제에 대해서는 결국 합의에 이르지 못하고, 쌍방의 주장을 병기하는 데 그쳤다.

(1) 국민대회

공산당 : 국민대회 대표의 선거 재시행, 소집일의 연기, 5권(權)헌법 초안의 개정 등.

국민정부 : 대표의 정원증가(이미 선출된 대표는 그대로), 헌법초안은 개정하지 않는다.

단, 쌍방 모두 정치협상 회의를 통해 해결하는 데 동의했다.

(2) 군대의 통일

공산당 : 24~20개사로 감축하고 화중과 화남의 공산군을 용해철로 이북·강소 북부·안휘 북부의 해방구로 이동한다.

국민정부 : 20개사안을 고려한다. 주둔지 문제는 별도 협의한다.

단, 쌍방은 3인 위원회(국령부, 군정부 및 제18집단군에서 1명을 파견)를 조직하고 구체적 계획을 추진하는 데 동의했다.

(3) 해방구 지방정부

공산당 : 현상유지.

국민정부 : 정령을 통일하기 위해 가능한 한 조속히 구체적 해결 법안을 협의.

(4) 일본군의 항복 수용

공산당 : 수용 지구를 재분할하여 공산당도 항복을 수용하는 공작에 참가한다.

국민정부 : 공산당이 중앙의 명령을 받아들인 후 재고려한다.

위에서 알 수 있는 것처럼 공산당은 장기합작이라는 총론에서는 찬성했으나, 구체적인 각론에서는 모두 반대 의사를 표시했다.

중경의 국공회담은 이로써 일단락지어져 모택동은 10월 11일 연안으로 돌아갔다. 돌아가기 직전 장개석과 만나 3차례의 회담을 가졌다.

이때 모택동이 들고 나온 문제는 정치협상 회의 개최의 연기였다.

이를 조속하게 개최하는 것은 이날 발표한 '회담기요'에서 분명히 한 것이었으나, 공산당의 의도는 국민대회도 연기시켜 그 사이에 공산군을 각지에 진주시켜 이를 기정사실화하려는 데 있었다.

진전되지 않는 중경회담

모택동은 이날 오후 예정대로 연안으로 향했다. 그 후 장개석과 모택동은 두 번 다시 얼굴을 마주하는 일이 없었다.

모택동은 연안으로 돌아가자마자 각지의 공산당의 활동은 적극 확대되었다.

모택동은 10월 17일 간부회의에서 비밀보고를 통해,

'합의에 달한 사항들은 형식적인 것뿐으로, 현실도 그러하다고 할 수는 없다. 국민당이 정책을 바꾸기만 한다면 우리는 담판에 응한다'는 의사를 표명하여 장기간에 걸쳐 행해졌던 국공회담의 결정사항을 휴지로 만들어버렸다.

이 무렵 공산군은 화북을 중심으로 이미 2백 개 이상의 도시를 점령하고 있었다.

고제(청도-제남)·진포(천진-포구)·용해(해주-용관)·평수(북경-수원)·북녕(북경-산해관)·평한(북경-한구)·도청(도구-청화)의 각 철로는 각지에서 공산군의 방해를 받았고, 또한 산해관에서 항주에 이르는 해안선과 원곡에서 무척까지의 황화연안, 강소·안휘양성에 걸친 장강연안 및 운하 일대도 또한 공산군의 위협 하에 놓여 있었다.

이들 각지에 진출한 공산군은 국민정부군의 접수를 무력으로 방해해 충돌사건이 잇달아 일어나고 있었다.

모택동이 연안으로 돌아간 후 중경에서는 10월 20일부터 장군(사천성 주석)과 주은래 사이에 회담이 재개되고 있었으나 속발하는 군사충돌 사건으로 인해 회담은 전혀 진전을 보지 못하고 있었다.

10월 31일 국민정부 측은 각지의 군사충돌이 본격적인 내전으로 발전하는 것을 막기 위해 '국민정부군, 공산군 모두 현재지역에서 머물며 상호 공격하지 않는다', '공산군은 철로의 연선 10킬로밖으로 철수하고 경비는 경찰에게 맡긴다. 정치협상 회의를 조속히 개최한다' 등의 사항을 제안했다.

이 제안은 11월 3일의 국공회담에서 제시되었으나 공산당측은 반대로 일본군의 투항의 수용, 공산당 지배지역에서의 국민정부군의 철수 등을 요구하며 국민정부의 제안을 거절했다.

국공회담은 이렇게 해서 결렬 직전까지 가고 있었으나 정치협상 회의 개최에 대해서만은 공산당도 동의해, 국민당 중앙 상무위원회와 국방최고위원회의 연석회의에 부쳐져 38명으로 구성된 출석 멤버를 결정했다.

내역은 국민정부 대표 8명, 공산당 대표 7명, 청년단 대표 5명, 민주동맹 대표 9명, 무당파 인사대표 9명이었다.

그러나 곧 동북접수에 나섰던 국민정부군이 공산군에게 상륙·진주를 저지당해 대규모 전투가 벌어지는 중대한 사태가 발생하여 실제로 정치협상 회의가 개최된 것은 해가 바뀌고 나서였다.

이 무렵의 공산군의 행동계획에 대해 11월 10일 서안의 호종남(제8전구 부사령장관)은 다음과 같이 알려왔다.

'모택동은 연안으로 돌아간 후 고급간부회를 소집하여 다음과 같이 지시했다.

(군사방면)

현유부대 중 10분의 8을 요녕, 길림, 흑룡강, 열하, 산서, 수원, 산동, 안휘, 하북에 배치하여 게릴라전을 행해 국민정부군의 전진을 저지한다. 나머지 20%는 변구의 방위에 충당한다.

(정치방면)

(1) 신점령 지구에서는 먼저 정권을 건립하여 민중을 조직한다.

(2) 중국에 진주한 연합군(미군)에게는 우호적 태도를 보이고, 가능

한 한 협력해 국제적으로 좋은 인상을 주도록 하는 동시에, 기회를 보아 국민정부의 악평을 유포시킨다.

(3) 점령구의 상류사회 인사들을 가능한 한 원조해, 그들을 잘 이용한다.

(4) 국민당원으로 불만을 갖고 있는 군정 인원을 매수하여, 공산당에게 충성을 다하도록 작용한다'

미국 내 친공분자들의 입김

중경에 있어서의 국공회담을 중개한 주중 미국대사 헐리는 9월 말(1945년) 국무성과 협의하기 위해 일단 귀국 길에 올랐으나 11월 27일 돌연 트루만에게 사표를 제출했다.

중국 공산당 문제에 대해 친공분자들의 선전에 이끌린 미 국무성과 헐리의 의견 대립은 결국 친공분자들의 중상에 의해 헐리의 강제 사직으로 이어지게 되었던 것이다.

사직에 앞서 헐리는 다음과 같은 성명을 발표해, 국무성의 대중 정책을 비판했다.

'국공통일에 관한 본인의 노력은 중국 공산당에 동정을 기울이고 있는 중경 미국 대사관에 의해 방해를 받았다. 직업 외교관들은 무장한 공산군을 편 들어, 공산주의자들에게 주도권이 주어지지 않는 한 공산당과 국민정부군과의 통합을 거부하도록 조언했다'

트루만은 헐리의 사표를 즉시 수리하고 동시에 전 육군 참모총장 죠지 마샬을 대사 자격으로 중국의 대통령 특별대표(특사)로 임명했다.

트루만은 마샬의 발령과 함께 '평화·민주적 방법으로 중국 통일을 할 수 있도록 미국의 영향력을 행사해, 신속히 국공 군사충돌을 정지시킬 것'을 지시하고 또한 중국 국민정부 및 그 지도자들에게 '더욱 대담하고 솔직하게', '내전이 계속된다면, 모든 경제·군사 지원을 정지한다'는 것을 전달할 권한을 인정했다.

12월 15일 트루만은 대중 정책에 대해 '국공 쌍방은 즉시 무력 충돌을 정지해야 한다. 미국은 내전에 영향을 미치는 일체의 군사간섭을 행하지 않는다'고 발표하고 또한 국민정부를 중국의 유일한 합법정부로 인정함을 강조해 중국의 평화적 통일을 제창했다.

참모총장으로서 제2차대전을 승리로 이끌어 명성이 높았던 마샬의 중국 방문은 세계적으로도 주목을 끌었다.

그러나 마샬은 이미 중국 공산당의 선전에 이끌림을 당해 국민정부에 대해 편견을 지닌 인물이었다.

마샬은 12월 22일 중경으로 들어와 정부 측과 협의에 들어갔다.

'밤에 정치간부회의를 열어 내외정세를 검토, 공산당에 대한 방침을 다음과 같이 확인했다. 즉 공산당이 지방정권의 성립을 고집하는 한 중앙정부로의 참가를 허락할 수 없다. 공산군이 개편에 응해 교통을 방해하는 것을 그친다면 정치상의 요구를 용인하는 것도 인색치 않을 것이다'(12월 23일, 장개석의 일기)

마샬의 3인 위원회의 조정

12월 27일 마샬의 중재에 의해 국공회담이 재개되었다. 마샬은 먼저 정전을 실현시키기 위해 쌍방에게 다음과 같은 조정안을 제시했다.

(1) 일체의 전투행동을 즉시 정지한다.

(2) 모든 군대는 즉시, 이동을 정지한다. 단 동북(만주)에서의 주권을 회복하기 위해 국민정부군이 동북으로 이동하는 것은 예외로 한다. 또한 보급·행정 및 치안유지를 위해 필요한, 순수한 지방적 군대의 이동도 예외로 한다.

(3) 각 교통선에 있어서의 파괴·방해활동을 정지하여, 육로 교통선상의 장애물을 모두 제거한다.

(4) 현재의 모든 부대는 현지점을 고수한다.

이는 국민정부 측의 원안과 다를 바 없는 제안이었다. 해가 바뀐

1946년 1월 4일 공산당이 국민정부군의 동북으로의 이동을 인정한 바도 있어, 5일에는 일단 '일체의 군충돌을 정지하고, 모든 교통을 회복한다'는 '변법'에 합의를 보았다.

동시에 세부적인 것을 합의하기 위해 같은 날 마샬과 국민정부 대표 장군, 공산당 대표 주은래 3인으로 구성된 군사 3인 위원회가 발족됐다.

3인 위원회는 6회에 걸친 회담 후, 1월 10일 '모든 군대의 전투행동 정지, 이동금지의 명령'을 정식으로 발표했다.

양군 모두 1월 13일 오후 12시 이전에 정전에 들어갈 것이 결정되었다.

1월 13일, 정전협정의 실시기관인 군사조처 집행부가 북경에서 발족됐다. 구성 멤버는 미군대표 로버트슨(대령)을 의장으로 하고 국민정부 대표 정개민(鄭介民 ; 중장)·공산당 대표 섭검영 3인으로, 모든 훈령·명령은 집행부와 일치한 동의에 기초해 중화민국 국민정부 주석의 명의로 발포되기에 이르렀다.

이렇게 해서 정전의 형태가 갖추어졌다.

국민정부측은 14일 오전 1시 이전에 모든 지역에서의 군사행동을 정지했다.

그러나 공산당은 처음부터 협정을 무시하고 나왔다. 국민정부군의 취약한 지점을 노려 각지에서 공격을 속행하고 있었던 것이다.

국민정부군은 명령에 따라 일체의 발포를 중지했다. 명령에 충실한 국민정부군은 이로 인해 공산군의 공격에 응전할 수도 없어 14일에는 동북의 요항인 영구(營口)가 공산군의 손에 넘어가는 사태가 발생했다.

그러나 조정의 중개자로서 공평을 기해야 할 마샬은 이와 같은 공산당의 협정파괴를 관대히 보아 넘겼다.

초당파 회의에서의 국공 대립

마샬의 3인 위원회에 의해 정전협정이 설립한 1월 10일(1946년), 중경에서는 공산당의 비협조로 해를 넘긴 정치협상 회의가 국민당, 공산당을 포함한 각 당의 대표를 소집해 개최되었다.

이는 전년도의 국공 중경회담의 결과인 쌍십회담 개요에 근거해 헌정 실시를 위한 수속으로, 국민대회 소집문제를 토의하는 '초당파 회의'였다.

회의 시작에서 먼저 정전명령이 내려졌음을 알리고, 중지를 결집하여 일치협력해 국가의 부흥과 건설에 힘쓸 것을 요망하고 본론으로 들어갔다.

1월 31일까지의 협의를 거치며 합의된 사항은 다음의 5가지였다.

(1) 국민정부 위원을 40명으로 늘리고, 이는 국민정부가 선임한다. 40인의 내역은 반수를 국민당으로 하고 나머지 반수의 각 당파의 분배는 별도 협의한다. 국민정부 위원회를 정부의 최고국무기관으로 한다.

(2) 1946년 5월 5일에 국민대회를 소집해 헌법을 제정한다. 국민대회 대표의 수는 현재의 1천 2백 명에서 2천 50명으로 늘린다. 헌법의 제정에는 출석대표의 4분의 3의 동의를 요한다.

(3) 평화건국 요강의 요점은 삼민주의를 건국의 최고지도 원칙으로 삼아 장 주석의 영도 아래 통일된 자유민주 신중국을 건설하는 것— 등으로 한다.

(4) 군대는 국가에 속하며, 어떠한 당파나 개인도 군대를 전쟁의 도구로 이용해서는 안 된다.

(5) 헌초(헌법초안) 심의 위원회를 발족시켜, 입법·감찰·사법·고시·행정의 '5권 헌법' 원안을 기초한다.

결의 사항 중, 초당파의 '국민정부 위원회'의 설치는 공산당이 말하는 연합정부의 요구를 받아들인 것이었다.

국민정부는 위원정수 40명 중 국민당 20명 외에 공산당·청년당·민주동맹·학식경험자(무당파)에게 5인씩 배분하려고 생각하고 있었으나, 공산당은 공산당과 공산당에 동조하고 있는 민주동맹에 14명을 배당할 것을 강경하게 주장했다.

14인이라는 숫자는 정부위원회 규정에 의해 부결권을 행사할 수 있는 '정수의 3분의 1'을 넘는 숫자였다. 이 배분을 둘러싼 협의는 마침내 합의에 이르지 못해, 이후 국공이 완전히 갈라지게 되는 하나의 원인이 된다.

이러한 가운데 마샬과 정부 대표 장치중(군관계를 담당)·공산당 대표 주은래의 군사 3인 위원회가 2월 25일 재개되어, 군대의 정리·통일을 위한 기본원칙에 합의했다.

(1) 국민정부 주석을 중국 육해공군 최고통사로 한다. 최고통사자는 소속사관의 임명권을 갖는다. 단, 군대의 개편 안에 공산군의 사령관, 고급사관을 파면하는 경우에는 공산당이 지명한 사관으로 보충한다.

(2) 육군의 편제는 1년 후에는 전국군을 1백 8개사(그중 공산군 18개사), 1년 반 후에는 전60개사(동 10개사)로 한다.

이 밖에 해산부대의 복원계획을 분명히 하는 것과 각 지역별 배치계획 등이 정해졌다. 그 배치계획에 의하면 1년 반 후에는 동북 방면 6개군(이중 국민정부군 5에 대해 공산군 1, 1개 군은 3개 사단), 화북 방면 11(동 7대 4), 화중 방면 10(동 9대 1) 그 밖의 지역은 모두 정부군으로 되어 있다.

그러나 공산당에는 애초 이와 같은 '결의'를 준수할 의지가 없었다. 그들은 정부군을 약체화시켜 그들이 말하는 연합정부위를 만들 계기를 마련하기 위해 마샬을 앞세운 것에 불과했다.

3인 위원회는 2월 28일까지 6일에 걸쳐 북경, 장가구, 연안, 한구 등 각지를 시찰했다.

공산군은 3인 위원회의 협정·결의를 무시하고 곳곳에서 군사를 이동하여 국민정부군 공격을 계속했다. 특히 문제가 많았던 곳은 동북이었다. 공산군은 소련군과 손잡고 정부군에 의한 접수를 계속해서 방해했다.

3인 위원회는 이로 인해 동북시찰을 계획하고 있었으나, 바로 직전인 3월 1일 마샬이 본국에 보고를 위해 소환되어 3인 위원회의 활동이 소강상태에 놓이게 되었다.

2. 동서 긴장의 출발점

영·중간의 홍콩 귀속문제

제2차대전 종료 후 미국은 문호개방 주의를 실현해 아시아 평화를 확립시키려고 노력했다.

그러나 영국과 소련은 각각의 이권에 집착하고 있었다. 영국은 과거 식민지주의의 꿈을 버리지 못하고, 소련 또한 세계적화주의를 기도하여 중국의 영토침략을 계획하고 있었다.

홍콩은 1842년 청연(淸延)시대의 굴욕적인 외교에 의해 영국에 할양되어, 인접한 구룡(영국의 조차지)과 함께 그 처리는 장기간 영·중간의 현안이 되어 있었다.

진주만 기습 직후 영·중간에서 행해진 불평등조약 철폐교섭 시에도 그 귀속을 둘러싼 논의가 행해졌으나, 영국의 완고한 태도에 의해 새로운 조약에서는 제외시켜 둔 채로였다.

그러나 중국은 이때 영국에 '조회'를 보내 홍콩·구룡의 귀속을 장래 동시에 해결하기 위해 회수의 권리를 유보할 것을 통고하고 있었다.

그와 같이 홍콩에서는 일본군의 투항 수용을 둘러싸고 트러블이 발생했다.

연합군의 당초 규정에서는 홍콩의 일본군 투항은 중국전구의 통사부가 접수하도록 되어 있었다. 그러나 영국은 홍콩이 '할양지'인 이상 주권은 영국에 있다고 주장, 영국 해군을 단독으로 파견해 영국의 손으로 일본의 투항을 받아들이려고 책동하고 있었다.

그러나 홍콩을 영국의 영토라고는 인정하지 않고 있는 중국으로서는, 영국이 중국전구 내에서 마음대로 일본군의 투항을 받아들이는 것을 승인할 수 없었다.

이 문제에 대해 트루만도 영국에 편을 들어, 중국 측에게

'영국의 홍콩에 있어서의 주권에 의문점은 없다. 투항의식을 둘러싸고 트러블이 일어나면 돌이킬 수 없는 나쁜 영향이 있을 것이다'는 전보를 보내왔다.

하는 수 없이 중국은 최대한 양보, 8월 22일 맥아더에게 전보를 보내 '중국전구 최고통사(장개석)의 이름으로 영군사령관에게 홍콩의 일본군 투항을 받을 권한을 준다'고 전했다. 동시에 홍콩·구룡 방면의 국민정부군을 후퇴시키는 조치를 취했다.

그러나 영국은 홍콩에 대한 영국의 주권은 제2차 대전과 중·영 신조약 체결에 영향을 미치지 않는다고 끝까지 주장, 수항의 권한은 원래 영국에 있는 것으로 중국전구 최고통사로부터 주어지는 것이 아니라고 이를 거부해왔다.

그 사이 미조리호에 있어서의 일본의 정식 항복조인(9월 2일)이 가까워졌다.

영국도 이 이상 억지를 쓰지 않고 투항접수의 위탁을 받아들이는 형태를 취해 마침내 승인했다.

9월 16일 홍콩에서의 수항식이 거행되어 중국전구 최고통사 대표로서 하코트가 일본군의 투항을 접수했다.

중국을 경시한 영국의 태도

중국은 나탁영(羅卓英)을 참가시켰으나, 영국은 수항식에 있어 자국을 우선하고, 중국 대표를 한층 더 냉냉하게 대우했다.

이러한 종류의 중국 경시와 홍콩분할의 책동은 한두 번으로 그치지 않았다.

9월 1일 중국은 차량의 우측 통행을 전국에 일제히 실시, 홍콩도 당연히 포함되었으나 영국은 상업적 이익을 손상한다는 이유를 들어 홍콩에서의 실시를 거부했다.

이와 같이 홍콩에 집착하고 있던 영국은 1950년 1월 6일 서방 제국으로서는 처음으로 북경의 공산당 정권(중화인민공화국)을 승인한다고 발표했다. 당시 대륙에서는 다수의 국민정부군이 공산당의 군사들과 싸움을 벌이고 있었다. 홍콩의 기득권을 탐낸 영국은 신속히 공산정권에 미소를 보낸 것이었다.

이러한 행위는 자유제국의 결속에 영향을 미쳐, 이후 세계정세에 새로운 긴장을 초래하는 결과를 낳았다.

그 3일 후인 1월 9일, 뉴욕에 있던 송미령은 전미국을 향한 방송에서 자신의 이익만을 생각하는 영국을 신랄하게 비판, 자유와 민주주의의 보루인 미국의 이해와 지지를 촉구했다.

중화민국은 이로써 영국과는 국교를 단절, 현재 문화·경제상의 교류는 계속하고 있으나 정식 외교관계는 맺고 있지 않다.

장경국의 소련 방문

일본패전 직전에 대일선전을 행한 소련은 순식간에 동북전역을 제압했다.

소련의 동북점령에서는 앞서의 중·소 우호동맹조약에 의해 '3주 이내에 철수완료'라는 스탈린의 약속이 있었다.

그러나 소련은 당연하다는 듯이 약속을 위반, 계속해서 주둔하고 있었다. 이러한 소련의 배신행위는 전후 동서 긴장의 출발점이 되었다.

국민정부는 일본의 패전 후, 곧 군사위원회 동북행영의 주임에 웅식휘(熊式輝), 외교파견원에 장경국(장개석의 장남)을 임명하고, 1945년 10월에는 장춘(長春)에 부임시켜, 소련과의 현지교섭을 담당하게 했다.

그러나 소련 측에는 교섭에 응할 의사가 전혀 없어, 교섭이 진전되지 않은 채로 정부군이 공산군의 저항을 물리치고 금주(錦州)에 도착한 것은 11월 25일이었다. 스탈린이 약속한 철병기한 3개월은 이미 지나 있었다. 그 사이 소련은 공산군을 동북으로 불러들여 11월 11일에는 장춘에 공산군이 들어와 있었다.

12월 5일 장경국과 동북행영 경제위원회 주임위원 장가오(張嘉璈)는 장춘에서 동북 주재 적군(소련군) 사령관 마리노프스키와 회담 ① 중국은 장춘에 1사를 공수로, 심양(瀋陽)에 2사를 육로로 진주시킨다 ② 소련은 동 지역 내에 비합법 부대의 무장을 해제하고 중앙정부에 협력한다—는 등의 요구를 제출했다.

마리노프스키는 이견을 제출하지는 않았으나, 여전히 철병기한을 무시하고 있었다. 그러나 교섭 결과, 소련군의 철병기한을 '1946년 2월 1일'로 할 것이 새로이 결정되었다.

이 무렵 스탈린으로부터 장경국을 모스크바로 보내달라는 이야기가 전해졌다. 스탈린은 당시, 난국에 직면해 있던 동북문제에 미국이 개입해 들어오는 것을 극도로 우려하고 있었다. 장경국의 내방을 요구한 것도 중·미간의 이간을 꾀하려는 모략으로 생각되어졌다. 그러나 소련과의 교섭을 원만히 진행시키기 위해 12월 25일 장경국을 주석 개인대표로 모스크바에 파견, 스탈린과 직접 회담에 나서게 했다.

이때의 상황은 장경국이 다음과 같이 적고 있다.

'스탈린은 나에게, 당신들 중국인은 다음의 것을 분명히 알 필요가 있다. 미국인은 자신들의 이익을 만족시키는 도구로서 중국을 이용하려고 생각하고 있는 것으로, 필요가 없어질 때에는 결국 당신들도 희생될 것이다.

그러나 소련은 자국의 생산기계, 자동차 및 중국에는 없는 것을 중국에 공급할 것이다. 동시에 중국은 중국에서 생산된 광산품과 농산품을 소련에 공급하기를 희망한다.

소련은 또한 중국이 동북에서 중공업을 건설하고, 신강에서 경제발전을 도모하는 데 협력할 수 있다.

단, 나의 최대의 요구는 당신들은 결코 미군의 군사 1명도 중국에 주둔시켜서는 안 된다는 것이다. 미군이 1명이라도 중국에 온다면 동북문제는 극히 해결이 어려워질 것이다'

장경국의 보고는 날로 첨예화하는 미·소간의 대립이 동북에도 짙은 그림자를 드리우기 시작했음을 보여주는 것이었다.

소련군의 끊임없는 야망

국민정부는 소련이 약속한 '2월 1일 철수'와 더불어 동북의 완전 접수의 준비를 진행시켰다. 1월 22일, 국민정부는 동북의 민중과 국민정부군을 격려하기 위해 송미령을 수석 대리로서 장춘에 파견했다.

그러나 심양·장춘·하얼빈의 3대도시를 비롯, 각지를 점령한 소련군은 차량과 연료의 결핍을 이유로 철수의 기색을 보이지 않았다. 뿐만 아니라 심양에 들어온 국민정부군은 소련군에게 주둔지역을 제한 당했으며, 또 장춘에서는 국민정부가 편제한 보안단대가 소련에게 무장 해제되는 사태까지 발생했다.

2월 1일의 철수기한은 또다시 무시되었다. 소련은 '중·소 경제 합작이 완성되지 않았다', '미국이 중국에서 철수하면, 소련도 철수한다'는 등, 여러 가지 이유를 들고 나왔다.

그 사이 2월 11일에는 얄타 밀약이 미 국무성으로부터 처음으로 발표되었다. 중국을 팔아넘긴 내용에 분노한 중국 민중은 얄타 밀약에 항의해 소련군의 동북으로부터의 철병을 요구하는 대중운동을 일으켜 정세는 점점 더 긴장되어 갔다.

소련이 온갖 구실을 내세우며 동북에 눌러앉으려는 목적은 2가지였다.

하나는 동북에서의 침략을 확대하기 위해서이며, 또 하나는 중국의 공산군에게 동북을 양도하기 위해서였다.

동북에서 소련군이 행한 끊임없는 약탈행위를 들어보면, 최초의 행동은 일반병사들에 의한 것이었다. 그들은 중국인 가정이나 상점, 공장에 난입해 닥치는 대로 금품을 약탈해갔다.

심양·장춘·하얼빈에서는 열차에 타려는 중국인에게 금이나 은으로 된 장식품의 공출을 강요해, 거부하면 총살해 버렸다. 소련군의 규율은 완전히 흐트러져, 그들이 진주하는 지역은 곧장 무법천지가 되어버렸다.

그 이후에는 더욱더 대규모화되고, 조직적인 약탈이 행해졌다.

'9·18사변' 이후 14년간 일본은 1백억 달러를 넘는 자금을 동북에 투하, 막대한 발전시설을 비롯하여 동·철·석탄의 채굴, 시멘트·방적·석유·화학공업 등 최신 설비의 공장을 건설해 3천 5백만 명의 동북 동포들의 피와 땀을 짜내 일대 군사공업 시스템을 건설하고 있었다.

국민정부는 이들 동북에 있는 일본의 광공업 자산은 이미 중국에 대한 현물배상에 충당시킬 것을 소련에 통지하고 있었다.

그러나 소련 측은 이를 전혀 무시하고, 동북의 광공업은 소련의 전리품이라고 주장하며 몽땅 들어 내갔던 것이다.

민중을 격분시킨 참살사건

10월 17일(1945년), 소련은

(1) 일본이 동북에서 경영하고 있던 기업은 소련의 전리품으로 간주한다.

(2) '만주국' 및 중국인이 경영하고 있던 기업은 중국정부에 양도한다.

(3) 일본과 '만주국'의 합병기업은 중·소 양국의 정식회담으로 해결한다.

등의 요구를 중국 측에 제기했다.

또한 소련군 전권대표인 마리노프스키는 11월 24일, 동북행영 경제위원회 주석 장가오에게 그 '전리품'은 1백억 달러 이상을 넘는다는 것을 밝히고, 또한 1백 54개에 이르는 접수기업 리스트를 제출해 이를 중·소 공동관리로 할 것을 건의했다.

12월 7일 마리노프스키는 재차 동일한 요구를 반복하고 이 '경제합작문제'가 합의되지 않는 한, 소련이 언제 동북에서 철수할 것인지는 예측할 수 없다고 밝혔다. 합작이라는 이름으로 소련의 약탈을 승인하라고 강요한 것이었다.

해가 바뀌어 1월 17일에 무순탄광의 접수를 행하던 경제부 접수위원 장신부 일행 8명이 이미 이 탄광을 점거 중이던 공산군에게 밀려나, 돌아오던 길에 전원이 참살당하는 사건이 발생해 중국 민중을 격분시켰다.

일행의 안전보장에 대해서는 소련 측이 책임이 있으며, 소련과 공산군이 결탁해 있음을 나타낸 사건이었다.

2월 1일 마리노프스키는 재차 '중·소 경제협력'에 관한 성명에서 중·소 공동 경영을 요구하며 '제3자'의 참가를 희망하지 않는다고 발표했다. 이는 동북에 있어서의 독점적 지배를 노골적으로 드러낸 것이었다.

영·미, 소련을 견제

이 성명에는 미국도 민감한 반응을 나타내, 국무장관 번즈는 '소련이 동북의 기업을 전리품으로 하는 것은 국제공법의 범위를 이탈하고 있는 것이다'라고 지적하고 2월 9일,

(1) 동북의 공업을 중·소 공동관리로 하는 것은 문호개방의 원칙에 반한다.

(2) 일본의 국외자산은 연합국이 조직한 일본배상 위원회에서 최종적으로 결정을 해야 한다.

라고 하는 '조회'를 중·소 양국 정부에 제출하여 소련을 견제하고

나섰다. 영국도 미국에 동조했다.

번즈는 2월 26일에는 '소련이 동북의 공업설비를 운반해 가는 것을 인정한 협정도 없다'는 성명을 발표했다.

소련은 이럼에도 불구하고 3월 27일 '중·소 경제합작' 건의 초안을 중국에 제출하여 동북의 공업 공동경영을 요구했으나, 외교부장 왕세걸은 이를 거절했다.

바로 이러한 시기에 심양·장춘 일대에서 취재활동을 벌이고 있던 미국인 기자가 소련군으로부터 추방되는 사건이 일어났다.

추방된 미국인 기자는 귀국 후, 소련군의 동북에 있어서의 음모와 폭행을 완전히 폭로했다.

미국 내의 소련을 견책하는 여론은 날로 격화되어갔다. 이와 더불어 처칠의 미국에서의 연설을 통해 영·미 동맹을 주장, 영어권 민족의 힘을 합해 대소작전을 준비할 것을 강조했다. 이로 인해 제3차 대전이 일어나지 않을까 염려하는 사람까지 생겨났다.

일본군의 무기를 공산군에게 양도

전력 부문에서는 동북 총발전량의 65%에 달하는 전력공급 설비를 소련이 가져갔다.

안산·궁원·본계 등의 제철공장도 설비의 80%를 분실했다. 무순·본계·곳신·북표 등의 탄광 역시 약탈의 피해가 막심했다.

미 국무성이 현지조사 결과 발표한 1946년 12월의 자료에 따르면 소련군의 점령 중, 동북의 공업이 입은 손실은 20억 달러에 달했다.

소련의 약탈은 생산 설비에 그치지 않았다. 일본 관동군의 무기와 장비도 엄청나, 그 양은 관동군이 '10년간의 전쟁을 유지할 수 있다'고 호언한 것이다.

이러한 무기는 소련에 의해 공산군에게 은밀히 전달되었다. 일본의 군벌이 중국의 민중을 살상하기 위해 준비한 탄환은 사용자만이 바뀌어, 전후에도 동일한 목적을 위해 사용되어졌던 것이다.

2월 13일, 연안의 신화사는 다음과 같은 사실을 전했다.

'공산당은 동북에 30만에 가까운 '동북민주련군'을 조직해 각 현에 민주정권을 성립시켜 당 중앙의 팽진·진운·임표 등의 도착과 함께 동북에 있어서의 당의 최고지도 기관을 수립했다.

이러한 민주련군에는 장학시(장학량의 동생, 이후 학사로 개명)·여정조의 부대를 비롯해, 8로군 신4군 및 차하르·열하·요녕에 있던 이운창 등의 부대가 합류되었다.

동북의 치안은 이들 부대가 유지하게 되어 국민정부가 동북에 진주하는 병력에는 제한을 두었다'

이미 마샬 3인 위원회의 정전, 군대의 이동금지 명령이 내려지고 나서 1개월 정도가 경과해 있었다. 공산당은 스스로의 약속을 파기하고 동북으로 군사를 집중시키고 있었던 것이다.

군대의 이동금지 명령에서는 국민정부군의 동북 진주만은 예외로 되어 있었다. 그러나 소련은 정부군의 진주에 방해활동을 벌였다.

그 사이 공산군이 쉽사리 진주할 수 있었던 것은 소련의 도움이 있었기 때문이었다.

과연 공산군이 배치를 마치자 그것을 기다리고 있었던 것처럼, 소련군이 일제히 움직임을 보이기 시작했다. 특히 북방으로의 이동이 두드러졌는데, 그 이유는 바로 소련군이 은밀하게 공산군에게 바톤을 넘겨주고 철수를 시작했기 때문이다. 소련으로부터 '사후통고'를 받은 정부군이 접수에 나설 때를 기다리고 있다가, 공산군이 이를 공격한다는 계획이었다.

이러한 최초의 사건은 심양에서 일어났다. 소련으로부터 사후통고를 받은 국민정부군이 심양으로 진주하려 하자 부근에서 대기하고 있던 공산군이 사방에서 공격해왔다. 그러나 충분한 준비를 갖추었던 국민정부군은 이를 격퇴, 이윽고 심양을 완전히 수복할 수 있었다.

소련의 공공연한 공산군 원조

심양에 이어 4평가에서도 같은 혼란이 발생되었다.

3월 13일 밤, 소련군은 돌연 4평가를 철수했다. 국민정부군은 즉시 소수의 행정인원을 앞세워 보냈으나, 공산군은 이미 시가를 포위하고 있다가 일제히 공격을 가해왔다.

그 결과 4평가는 3월 16일에 공산군이 점령하게 되어, 국민정부군이 수복하는 것은 2개월 뒤인 5월 20일로 연기되었다.

게다가 북방, 동북의 심장부인 장춘(신경)의 접수는 더욱 어려웠다.

국민정부는 앞서 1개 사단을 장춘에 선임시키고 있었으나 소련군은 심양 이북의 구 만주철도의 레일을 철거한 후, 페스트가 유행하고 있는 이유를 들어 국민정부군 증원부대의 장춘으로의 이동을 거부했다. 그러한 한편으로는 공산군을 잇달아 불러들여 증강을 꾀하고 있었다.

공산군의 준비가 끝난 후 소련군은 4월 14일, 장춘으로부터 갑작스럽게 철병했다. 철병 30분 후에 공산군 3만 명이 소련제 전차, 중포를 거느리고 진공을 개시하는 바람에 국민정부군은 퇴각하지 않을 수 없게 되었다.

4월 26일, 소련은 하얼빈에도 국민정부군에 앞서 공산군을 입성시켰다. 차하르에서도 소련군의 철병과 동시에 공산군이 들어갔다. 그 결과 동북의 중부·북부의 주요도시는 거의 공산군 점령 하에 들어갔다.

소련군은 일본의 관동군으로부터 압수한 무기를 공산군에게 제공했다. 군대병기에 어두운 공산군의 병사들은 처음에는 이러한 무기의 사용법을 알지 못했으나, 소련군은 군사교관을 파견해 조작법을 훈련했다. 그러한 결과 1946년 말에는 공산군의 '정예부대'가 탄생되게 되었다.

국민정부는 중·소간의 조약에 근거해 소련 측에 3차례에 걸쳐 무기 인도를 교섭했다. 그러나 소련은 회답을 한동안 지연시킨 뒤, 최종적으로 이렇게 답해왔다.

'할 말이 없다. 관동군의 무기는 철도역에 놓아 두었는데 잘못 쌓아 두는 바람에 모스크바로 실려가 버렸다'

국민정부 측은 재차 공문으로 문의했다. '이와 같이 대량의 물자를 어떻게 잘못 쌓아둘 수가 있다는 말인가?'

이에 대해 소련 측도 정식 회답을 보내왔다.

'동맹우호관계에 기초해, 우리들은 관동군의 무기를 여러분에게 인도합니다. 총계 보병총 3천 정, 승마도 1백 48자루, 현물은 하얼빈에 있으니 직접 가지러 와주시기 바랍니다'

그러나 하얼빈에는 이미 공산군이 자리잡고 있는 것이었다.

미국의 가혹한 조건

이러한 동북정세의 변화로 인해 일시 귀국해 있던 미 대통령 특사인 마샬은 4월 17일 급히 귀임했다. 마샬은 북경으로 직행하여 군사조처 집행부의 보고를 받은 뒤 18일 중경으로 돌아왔다.

다음날인 19일, 장개석에게 면회를 요구하여 장개석은 마샬과 회담했다.

이 자리에서 마샬은 '공산군과 타협해야만 한다'고 주장했다.

이에 대해 장개석은 '마샬 자신의 공산당에 대한 태도와 방침을 변경하지 않는 한, 결코 조정의 목적을 달성할 수 없다. 미국이 국민정부에 대해 적극적 협력 정책을 견지하는 것만이 비로소 소극적인 '용공'의 목적을 달성할 수 있는 것이다'라고 솔직한 의견을 피력했다.

다음날인 22일에도 마샬과 장개석의 회담은 계속되었다.

그러나 마샬은 국민정부군이 공산군과 타협하지 않으면 미국은 국민정부군의 동북 이송의 지원을 중지한다고 잘라 말했다. 소련이 전력을 기울여 공산군을 지원하고 있는 지점에서, 미국은 국민정부군의 지원을 중단하겠다고 하는 것이었다.

국민정부군의 수송이 미국에 의존하지 않으면 안 되는 상황에서, 이러한 미국 측의 요구는 곧 국민정부가 소련에 굴복하는 것임을 알지 못하고 있었다.

4월 24일 장개석과 마샬의 회담 시, 동북에 있어서의 정전조건을 다음과 같이 제안했다.

'(1) 1월 10일의 제1차 정전협정 및 그 부속문건으로 결정된 약속을 동북에서 완전히 실행한다.

(2) 동북에 있어서의 모든 군 및 각군 부속단위의 이동은 2월 25일의 정군협정의 규정에 근거해 행한다.

(3) 동북 경계 내의 장춘철로 전선 및 그 양측 30킬로 이내의 지역은 모두 정부군이 접수하며, 공산군은 정부군의 접수를 방해하지 않는다.

(4) 제3항 이외의 공산군 주둔지역의 정치문제에 대해서는 정부 및 공산당 쌍방의 대표가 협의하여 해결한다'

이 제안은 새삼스러울 것이 없는 것으로 이미 합의에 달한 '원점'을 재확인한 것에 불과했다. 그러나 마샬은 이를 받아들이지 않고, 오직 국민정부 측의 일방적인 양보만을 요구했다.

4월 29일, 마샬로부터 공산당 대표 주은래와의 교섭과정을 보고받았다.

이에 따르면 마샬은 주은래에 대해 동북정전의 '절대조건'으로서 공산군이 장춘을 철수하여, 중앙군의 접수를 받을 것 및 마샬 3인위원회의가 파견하는 소위원회가 현지에서 감시를 맡을 것을 제시해 '그렇게 하지 않으면 나(마샬)는 조정에서 손을 떼겠다'고 전했다. 주은래는 구체적인 의견을 제시하지 않고 연안에 반드시 전보를 알려야 한다고 말했다고 한다.

보고를 들은 장개석은 마샬에게 다음과 같이 전하고, 미국이 동북에 있어서의 영향력을 발휘해 줄 것을 권고했다.

'미국은 동북에 대한 정책과 소련, 공산당에 대한 태도를 다시 검토해 신속히 결정해야만 한다. 이는 실로 아시아 전국의 문제에 대응하는 열쇠가 되는 것으로, 적극적으로 나서서 아시아에 참가·지도하든가 아니면 소극적으로 아시아를 벗어날 것인가를 선택해야만 한다.

이제 공산당은 이미 말로써 제지할 수 있는 형세가 아니다. 다만 실력을 배경으로 적극적 행동으로 국민정부를 도와 미국의 결심을 보인다면 공산당은 결국 굴복할 것이다. 그렇지 않으면 미국은 아시아에 있어서의 지도력을 유지하기 어렵게 될 것이며, 제3차 대전 또한 여기서 기인될 것이다'

5월 5일 국민정부는 8년 만에 남경으로 환도했다. 이에 앞서 5월 3일 장개석은 한구로부터 송미령과 함께 공로를 통해 남경으로 들어와 연도에 늘어선 시민들의 열렬한 환영을 받았다.

다음날인 5월 6일, 스탈린으로부터 주중 소련무관 로신과 장경국을 통해 방소 요청이 들어왔다. 그러나 장개석은 이러한 소련의 초청이 다름 아닌 미국과의 관계를 이간시키려는 것임을 간파하고 완곡하게 거절했다.

그 사이 국민정부군은 5월 19일 4평가를 접수하고 이어 장춘으로 향했다.

장개석이 처 송미령과 함께 쟁점이 되고 있는 동북으로 발을 옮긴 것은 5월 23일이었다. 1914년 손문의 명을 받아 혁명정세를 조사하기 위해 왔던 이래, 실로 32년 만의 동북 입성이었다.

제2차 정전명령

이와 더불어 이날 국민정부군은 장춘을 완전히 접수하고 또한 소련으로부터는 '5월 3일 소련군은 만주로부터의 철수를 종료했다'는 보고는 받았다. 전선으로부터의 보고에 따르면 공산군은 이미 심한 타격을 받아 재기불능의 상태가 되어 있었다. 이로써 동북문제도 이윽고 순조롭게 해결되어갈 전망이 보였다.

6월 6일, 마샬의 요청을 받아들여 7일 정오부터 15일간의 정전명령(제2차)을 발표했다.

'정전은 공산군에게 그들의 잘못을 뉘우치게 하기 위해 국가에 충성할 기회를 부여한 것이었다.

그러나 실은 이 제2차 정전명령이야말로 국민정부가 동북에서 행한 크나큰 실수였다.

이때 정부군은 하얼빈에 육박한 1백 킬로 이내의 쌍성 부근에 있었다. 그 추격부대가 만일 추격을 정지하지 않았더라면 중동철로의 전략적 중심인 하얼빈을 점령할 수 있었을 것이다.

그렇게 되면 공비는 동북 전토에서 용이하게 평정할 수 있었을 것이며, 소련 또한 그들을 도울 수 없어 모든 문제가 원만하게 해결되었을 것이다.

이후 1948년 초겨울, 정부군이 동북에서 최후로 실패한 원인은 이때 제2차 정전명령이 불러내 결과였다'(장개석의 〈중국 속의 소련〉 1956년 12월)

소련의 개입을 우려한 미국

제2차 동북 정전명령의 기한은 6월 22일(1946년)까지의 15일간이었으나, 마샬의 강력한 요망에 의해 다시 30일 정오까지로 연장되었다.

그 사이 공산당은 정전명령을 무시하고 동북의 송화강 방면에서 국민정부군을 공격하고, 산동·열하·차하르·산서·수원의 각 성에서도 군사를 집결하여 국민정부군의 취약지를 노려 침입을 계속했다.

한편 3인 위원회의 공산당 대표 주은래는 동북으로의 공산군의 증원 주둔, '해방구'로의 출입 거부 등, 이제까지의 협정이나 약속을 뒤집어엎으려는 난제를 들고 나와 조정성립을 방해했다.

이러한 공산당 측의 움직임에 대해 장개석은 다음과 같이 분석했다.

'공산당의 음모는, ① 먼저 전면적이고도 장기적인 정전을 주장한다 ② 각종 협정은 별개로 해결해나간다 ③ 정치와 군사를 뒤섞어 해결에 나선다 ④ 조정에 소련을 끌어들여 함께 참가시킨다 ⑤ 미국 대표의 중재권은 국부적인 사건 또는 특정사건에만 한정시키고, 전체적인 사건에 대해서는 3인 위원회 안에서 미국 대표가 최종적 결정권을 갖지 못하도록 한다—는 것을 들 수 있다. 이러한 모든 문제들이 해결되기 전에 스스로의 세력을 확장하려는 시간을 벌려는 것이다.

공산당의 책략은 부전불화(不戰不和 : 싸움도 화평도 하지 않는다)·사전사화(似戰似和 : 싸우기도 하고, 화를 구하는 것이기도 하다)의 국면 아래에서 결정을 유보해 국가를 혼란 상태에 빠뜨리고 정치를 동요시키며, 경제를 파산시켜, 이로써 정치를 전복해 중국을 적화할 것을 기도하고 있는 것이다'(6월 22일, 24일의 일기)

6월 30일 정전명령은 마침내 기한을 다하게 되었다. 국민정부는 '공산당 문제에서는 계속 평화적 통일방침을 버리지 않으며, 이번에는 정치적 해결을 목표로 한다'는 성명을 발표했다.

이에 대해 공산당은 7월 7일 항일 9주년 '7·7선언'을 통해 '반동파가 무리하게 도전한다면, 우리들은 일체의 준비를 갖추어 그들을 철저히 때려눕히겠다'는 성명을 발표한 동시에 '마샬과 웨드마이어는 집단적 무장간섭 정책을 취하고 있다'고 미국의 조정을 '내정간섭'이라며 격렬히 비난하고 미국의 중국으로부터의 철수를 요구했다.

마샬이 경계한 것은 공산당을 압박함으로써 소련을 자극해, 소련의 개입의 초래시킨다는 점이었다.

모스크바 방송은 22일, '소련은 미국의 대중정책을 좌시해서는 안 된다'고 미국을 공격했다. 공산당도 또한 마샬 등에 대해 '중국

공산당은 모스크바의 지도를 따른다'고 천명하고 국공조정은 미·소 공동으로 할 것을 요구해왔다.

이러한 사태를 맞이한 마샬은 중국에서 오랫동안 지냈던 북경·연경대학의 교장 스튜어트를 공석이었던 주중 미국대사로 추천하여 조정의 정돈상태를 타개하려고 시도했다.

당초 신임대사로 내정되어 있던 인물은 국민정부 측의 신임이 두터운 웨드마이어였다. 그러나 발령 직전 그러한 사실이 공산당 측에 새어나가, 주은래가 마샬에게 강력히 반대함으로 인해 내정은 취소되어 스튜어트가 결정된 경위를 갖고 있었다.

스튜어트는 양심적인 교육자였으나, 무력으로 정권을 잡으려는 공산당의 강권정치의 실태를 이해하지 못했다. 게다가 그의 비서인 부경파는 공산당으로부터 투입된 스파이로, 미국 측의 정보가 곧바로 공산당에게 전달되는 상황이었다.

모택동의 '종이호랑이 발언'

미국이 공산당을 얼마나 무르게 대하고 있었는지에 대해서는 7월 29일 북경 교외의 평안진에서 일어난 미 해병대 습격사건의 처리를 통해 짐작할 수 있다. 이 사건은 '미국의 중국 내정간섭 반대'를 외치며 미국의 중국으로부터의 철병을 요구한 공산군이 천진에서 북경으로 이동 중인 미 해병대를 공격해 3명을 살해하고 12명을 부상시킨 사건이었으나, 마샬 등은 공산당에 대해 강력하게 나가지 못하고 오히려 그들을 비호하는 태도로 나왔다.

미국의 이러한 태도는 그렇게 함으로써 조정을 성공시킬 수 있다고 생각했으나, 공산당과 소련은 이미 다른 생각을 품고 있었다.

▶ 모택동이 미국의 여성 저널리스트인 안나 루이스 스트롱과의 인터뷰에서 '원자폭탄은 미국의 반동파가 사람을 위협하기 위해 사용하고 있는 종이호랑이로, 겉보기에는 무서운 것 같지만 실제로는 하나도 무서운 것이 아니다'라고 한 이른바 '종이호랑이 발언'을 한 것도 바로 이 무렵의 일이다.

공산당은 이와 같이 한쪽에서는 협정에 의해 국민정부군을 묶어 두고 또 한쪽에서는 소련의 힘을 빌려 미국을 위축시켜, 그 사이에 전면 활동에 나설 준비를 착실히 진행하고 있었다.

공산군은 태원 공략 총사령에 섭영진(聶榮臻), 평한철로 전선 총 사령에 유백승, 진포철로 전선 총사령에 진의(陳毅), 북경 포위 총사 령에 양성무(楊成武), 천진 포위 총사령에 진갱(陳賡) 등을 각각 임 명하여 태세를 정비했다.

8월 14일 항전승리 1주년을 맞아 장개석은 '전국동포에게 고하 는 글'을 발표하여 헌정의 추진, 정치협상 회의의 존중 등을 확인하 는 동시에, 공산당 문제에 대해 다음과 같은 방침을 밝혔다.

'우리는 정전의 원 협정을 반드시 준수하여 이행한다. 우리는 공산 당이 정전발령 후에 점령한 지역으로부터의 전면적 철수를 요구하는 것이 아니라, 평화의 장해가 되거나 교통저해의 위험이 있는 약간의 지역으로부터의 철수를 요구하고 있는 것이다.

정치분쟁에 대해서는 여전히 정치적 해결방법을 채택한다. 단, 여기 에는 공산당이 정전을 실행해, 군사조처 집행부의 개편을 존중하여 군대의 국가화를 도모하는 등, 협정을 어기지 않을 것을 보장해야만 한다'

이에 대해 공산당의 연안방송은 8월 16일 '전해방구 군민총동 원'을 부르짖음으로써 이에 답했다. 이 '총동원령'은 국민정부에 대 한 전면적 반격 선언으로, 조정의 정지를 일방적으로 선고한 것이었 다.

이 시기에 이르러서도 미국은 여전히 중국정책을 바르게 취하지 못하고 있었다.

트루만은 8월 10일, 주미 중국대사 고유균에게 서한을 보내 '만 일 중국의 국내문제의 평화적 해결의 협의가 단기간에 진전을 보이 지 않을 경우에는, 나(트루만)로서는 미국의 입장을 재검토 하지 않 으면 안 되게 될 것이다'라고 전했다.

한 단계 더 강화된 미국의 압력

이어 18일 트루만은 국민정부에 대해 잉여 무기수출 금지의 시행명령을 발표했다. 국민정부군의 장비·무기는 대부분이 미국제로, 이 수출금지에 의해 보급의 길이 막혀버린 정부군의 전력은 급격히 저하되어 갔다.

국민정부군으로부터 무기를 거두어들여 공산군의 반란을 진압할 수 없도록 하여, 국민정부에게 타협을 강요한다는 이번 조치는 이후의 전황에 결정적 영향력을 미치는 것이었다.

이 무렵 공산군은 산서성 북부의 요충인 대동에 대규모 공격을 가하고 있었다. 이로 인해 현지에서 조정에 나서고 있던 군사조처 집행부의 소위원회는 8월 16일 북경으로 철수하지 않을 수 없게 되었다.

국민정부는 3차례에 걸쳐 공산군의 진공정지를 요구, '만일 공산군이 대동으로의 진공을 정지하지 않는다면, 국민정부군은 공산당의 거점인 승덕(열하성)·장가구(차하르성) 및 연안을 공격한다'고 경고했다. 그러나 공산당은 이에 전혀 귀를 기울이려 하지 않았다.

이에 대해 국민정부군은 8월 29일에는 승덕에 진공하고, 9월 14일에는 대동을 포위하고 있던 공산군을 몰아냈으며, 10월 11일에는 장가구를 회복했다.

이와 함께 동북·산동 등지에서도 소탕전을 실시했고, 10월 말에는 통화·안동 등을 수복했다.

11월 8일, 국민정부는 공산당이 태도를 바꾸도록 마지막 바램을 담아 11일 정오부터 전군에게 정전(제3차)을 실시하도록 명령했다. 그러나 공산당의 강경한 태도는 바뀌지 않았다.

11월 12일부터 개최될 예정이었던 국민대회는 공산당이 출석을 거부하자 민주동맹도 이에 동조했다. 국민정부는 그들의 참가를 기다려 3일간 개회를 연기했으나, 13일 주은래는 마샬과 만나 대회

보이코트를 선언했다.

마샬도 마침내 조정 중단을 결의했다.

12월 18일, 미 대통령 트루만은 중국의 내정 불간섭을 발표했으며, 마샬도 또한 1947년 1월 8일 '평화의 장해는 국·공 양당에 있다'는 성명을 남기고 귀국하여 곧 국무장관에 취임했다.

무기수출 금지, 조정 중단이라는 미국의 '중국 분리'는 중국대륙의 정세악화에 박차를 가하는 커다란 전환점이었다.

그 후 마샬은 미국 의회에서 비난을 받아, 1947년 7월 7일 미국은 재차 웨드마이어를 트르만의 특사로서 중국에 파견했다.

웨드마이어는 트루만에게 '동북의 국제관리, 중국으로의 군사·경제원조의 부활, 군사고문의 파견'을 요청하는 보고를 제출했으나, 트루만은 소련을 의식하여 이를 받아들이지 않았다.

미 의회도 대중 원조의 재개를 상신했으나, 트루만을 비롯하여 주중대사 스튜어트 등이 최후까지 반대하여 겨우 재개하기로 결정이 내려진 것은 1948년 4월이었다. 그 사이 동북은 공산군의 점령하에 들어가, 대륙의 상황은 진퇴양난의 위기에 처해져 있었다.

1949년 1월 미국의 존 F. 케네디(당시 하원의원, 후에 35대 대통령)는 국회 연설에서 미국의 대중 정책의 잘못을 다음과 같이 지적했다.

'1941년 1월 미국은 극동정책의 목표가 중국의 통일을 실현해 국민정부와 공고한 관계를 유지함에 있음을 명확히 선언했다.

그러나 전후, 국민정부를 지원해야 하느냐, 그렇지 않으면 재중 원조를 대신해 국민정부에게 중공을 받아들이게 하느냐 하는 것으로 국론은 둘로 갈라졌다.

그 결과, 미국의 대중정책은 스스로 나쁜 보상을 초래케 했다. 만일 미국이 연합정부에 집착하지 않았더라면, 국민정부가 이와 같이 비참한 타격을 받는 일은 없었을 것이다. 중국의 적화를 막지 못한 것은 미국의 이해에 중대한 영향을 주었다. 우리는 자유중국을 유지하기

위해 일전을 아껴서는 안 된다. 미국의 외교관과 대통령이 모든 것을
'무'로 만들어 버린 것이다'

제48장 공산당의 대륙점령

1. 국민정부군, 각지에서 전황악화

중화민국 헌법의 제정

중화민국 헌법을 제정하기 위한 국민대회는 예정보다 3일 늦은 1946년 11월 15일부터 남경의 국민대회당에서 개막됐다. 대회에는 각당·각계의 대표 1천 3백 55명이 출석했다. 결석한 것은 공산당과 민주동맹 2파였다.

12월 25일, 중화민국 헌법이 국민대회를 통과, 이듬해 12월 25일부터 실시될 것이 결정되었다.

헌법은 정치협상 회의(1946년 1월)의 결의를 존중한 것으로, 국부인 손문의 중화민국 창립의 이념에 기초하고 있었다. 이는 현재에 이르기까지 중화민국의 초석이 되고 있는 것이다.

전문은 14장 175조로 이루어졌는데 그 제1조는 '중화민국은 삼민주의를 기초로 한 민유, 민치, 민향의 민주공화국이다'라는 건국의 정신을 밝히고, 이하 주권은 국민에게 있음과, 모든 민족의 평등과 국민의 자유와 인권을 보장했다. 또 행정·입법·사법·고시(공무원의 시험)·감찰의 5원을 두어 5권을 분립시킨 것이 특색이다.

헌정실시에 대비해 국민정부는 개각을 단행하여 각 당파로부터 인재를 받아들였다. 그러나 공산당과 민주동맹은 더욱더 무력행동을 강화했다. 정부도 마침내 공산군 평정을 결의했다.

아직까지 국민정부군은 공산군 병력 80만에 비해, 그 4배인 3백 20만 명을 거느리고 있었으며, 장비 면에서도 우세한 위치에 있었다.

연안함락으로 모택동 패주

정부군의 중점전략은 다음의 3가지였다.

(1) 동북에서는 주요도시 및 철도를 중심으로 공세, 지구전의 태세를 갖춘다.

(2) 연안을 공격해 공산당의 사무·정치의 중추를 빼앗는다.

(3) 공산군의 난동이 극심한 산동성 방면에는 병력을 집중시켜 이를 섬멸하고 황하를 도하해 북경·천진·보정의 3각지대를 평정해 하북평원을 통일한다.

연안을 목표로 삼은 것은 화중을 전전하던 호종남 지휘하의 7개 사단이다. 동 군은 공산군의 완고한 저항을 뚫고 1947년 3월 19일, 연안으로 돌입했다. 10만 명의 공산군은 1만 6천 명의 전사자와 2만 명의 포로를 남기고 패주했다. 모택동은 일단 자동차로 달아났으나, 후에 말로 바꾸어 타 추격의 눈길을 따돌려 멀리로 달아났다.

산동성 방면에서는 남부에 진의, 서부로부터 하남성 동부에 걸쳐 유백승의 공산군이 공격을 가하고 있었다. 국민정부군은 2월 강소성에서 산동성으로 북상하여 임기 등을 수복했다. 유백승의 부대는 서쪽으로 진의의 부대는 북쪽의 기산·몽산 방면으로 후퇴했다.

4월 1일, 정부군은 공산당의 거점인 태안을 수복하여 진포철로 서주—제남간을 확보했다. 8월에는 고제철로를 회복했다. 그러나 동북의 국민정부군은 고전을 거듭하고 있었다. 공산군은 일본 관동군이 남기고 간 무기로 완전 무장을 하고 있던 것에 반해, 미군식 장비의 국민정부군은 미국의 원조정지로 인해 무기의 보급과 수송에 애를 먹고 있었다.

1947년 2월 임표의 공산군은 동북 북부에서 송화강을 건너 남하, 5월에는 회덕·공주령이 공산군의 손에 넘어가고, 장춘·4평가는 고립화되었다. 동북 남부에서도 조선 방면으로부터 공격이 행해져 봉성이 실함되었다. 이러한 전투에는 소련군이 협력하였고, 포로가 된 옛 관동군의 일본 군사도 투입되어 있었다.

국민정부의 최고법원 검찰서는 6월 28일, 모택동의 체포령을 내렸다. 이때 검찰장인 정열(鄭烈)은 다음과 같은 담화를 발표했다.

'모택동이 정부 전복을 의도한 내란범임은 일찍부터 세인들이 모두 알고 있는 일이나, 최근 조선인 병사와 결탁하고 일본병 포로를 이용해서, 조국을 말살하려 하고 있다. 법은 이를 방치할 수 없다'

▶ 이 체포령은 1976년 9월 9일 모택동의 사망 시까지 계속되었다.

또한 7월 4일 국민정부 국무회의는 '여행(勵行)전국 총동원·감평(평정) 공비반란 방침'을 통과시켜 18일 '동원·평정·헌정실시 요강'을 공표했다. 공산당을 '중화민국의 국적'이라고 공식적으로 인정하고, 무력을 사용해 평정하기 위해 국가의 모든 총력을 기울이기 위한 조치였다.

수송망의 중대한 타격

1947년 11월 이후, 공산군의 공격은 점차로 강화됐다.

전국의 각 전장에서 국민정부는 열세를 면치 못하고 있었다. 특히 유림(섬서성), 운성(산서성)은 포위된 지 오래였으나, 원병을 보낼 수도 없는 실정이었다. 11월 12일 석가장(하북성)이 함락되고, 북방의 민심과 사기는 완전히 동요되고 있었다.

더불어 공산군의 진의의 군대도 서주(강소성)에 위협을 가해 황구(강소성)에서 내왕(하남성)에 이르는 용해철로를 절단하고 그 후, 서주·숙(안휘성)에 육박하려 하고 있었다.

또한 진갱의 군대가 하남성 서부를 공격하여 남양 등도 동요하고 있었다.

강남의 각 성들도 위급에 처해져 불안을 떨치지 못하고 있었다. 광동·광서·호남·하남·절강·복건에서는 잠행한 공산군들이 준동하였다. 이제심과 풍옥상은 멀리 서로 호응하여, 공공연한 반국(反國)을 선고했다.

12월 2일, 국민정부는 부작의(傳作義)를 하북 초비 총사령으로 임명하여 산서·하북·차하르·열하·수원의 통일지휘를 맡겼으나, 운성은 12월 28일 실함, 또한 용해·평한 양 철로의 교차점인 정주·허창·개봉도 완전히 절단·파괴되어 수송망은 중대한 타격을 입었다.

해가 바뀐 1948년 총병력은 국민정부군이 3백 20만에서 2백 70만으로 감소해 있었으며, 공산군은 1백 15만 명을 유지하여 과거 1대 4의 병력은 1대 2로 좁혀져 있었다. 국민정부군은 각지에서 출몰하는 공산군으로부터 민중을 지키기 위해 각 수복지에 널리 분산시키지 않으면 안됐다.

공산군은 분산된 국민정부군 중 가장 취약한 지점에 병력을 집중시켜 고립시키는 전술을 취했다. 원군을 보내면 원군이 빠져나간 지점에 새로운 공격을 퍼붓는 전략이었다.

동북에서도 1월로 접어들며 임표가 이끄는 공산군이 이제까지와는 다른 대규모 공격을 개시했다.

마침내 2월 7일 요양(遼陽), 19일 안산(鞍山), 26일 영구(營口), 28일 개원(開原)이 잇달아 실함당하고, 4평가도 3월 14일 공산군의 손에 떨어졌다.

국민정부군은 오로지 장춘·심양·금주의 3대 요충지역에만 남아 있을 뿐이었다. 육상교통은 이미 절단되어 보급은 모두 공수에 의존하지 않으면 안 되었다. 그 양도 극히 한정되어, 3개 도시의 식량·연료는 극도로 부족해, 장춘에서는 연일 1백 명이 넘는 아사자가 속출하고 있을 정도였다.

한편, 하남 방면에서도 4월 4일 낙양을 빼앗겨, 공산군은 황하 남안으로 지배 지역을 넓혀갔다.

장개석, 중화민국 정부의 초대 총통에

헌정실시에 따라 중화민국 초대 총통을 선출하기 위한 제1회 국민대회가 남경에서 개최된 것은 3월 29일이다.

국민대회 대표는 1947년 11월, 중화민국 건국 이래 처음 실시된 전국적인 선거에 의해 선출되어졌었다.

이때의 선거인은 2억 5천만 명에 달하는 대규모적인 것이었으나, 공산당의 무력활동지역 등지에서는 선거를 행하지 못하고 결국 12월말에 걸쳐 총수 3천 45명의 3분의 2를 선출하는 데 그쳤다.

장개석은 거정(居正)과 함께 총통 후보에 추대되어 4월 19일 출석대표 2천 7백여 명 중 2천 4백여 표를 얻어 초대 총통으로 선출되었다.

이어 4월 23일의 부총통 선거에서는 국부 손문의 장남으로 국민정부 부주석인 손과(孫科), 호남성의 장로 정잠(程潛), 광서파의 지도자 이종인(李宗仁) 3명이 치열한 접전을 벌였다. 어느 쪽도 법정 득표를 얻지 못해, 4월 29일 제4차 투표에서 이종인이 손과를 간신히 누르고 부총통으로 선출됐다.

이종인은 전국의 악화를 악이요, 화평을 바라는 '반전주의자'들을 이용하여 표를 모았다. 이러한 이종인은 얼마 못가 공산당에게 조정되어 화평공작을 주도, 중화민국에 반기를 들었다.

총통취임 선서식은 5월 20일 남경에서 행해졌다. 총통제 실시와 함께, 이제까지의 '국민정부'는 '중화민국 정부'로 개칭되었다.

취임 성명을 통해 장개석은 내정에서는 헌법에 따라 국권을 강고히 하며, 민권을 보장하는 실정 방침을 취하며, 외교관계에서는 국제연합의 옹호를 강조했다.

6월 23일, 유백승의 공산군은 하남성 개봉을 점령했다. 즉시 정부군은 구청천(邱淸泉)·손원량(孫元良) 양 군대를 이를 회복하는 데 투입하여 3일 후에 탈환하고, 또한 10여 일 간의 전투를 통해 공산군에게 사상자 8만이라는 막대한 피해를 주어 북쪽으로 몰아냈다.

한편, 진의 등은 9월 16일, 11만의 대군을 이끌고 제남을 포위했다.

2일간의 전투 중, 정부군 제84사 사장 오화문이 돌연 공산군 측으로 돌아섰다. 오화문의 군사는 제남성 남방의 산 속에 진지를 구축하고 있었다. 공산군은 그곳에 포를 설치하여 오화문이 통보한 성내의 방어시설을 향해 격심한 포화를 퍼부었다.

23일 공산군은 전차를 선두로 성내에 진입하여 격렬한 시가전을 벌였으나, 24일 오후 5시 마침내 제남의 정부군으로부터의 통신이 두절됐다.

이는 화북과 화중을 연결하는 가장 중요한 거점을 상실한 것이었다.

2. 전국을 결정지은 대회전

금주 실함에서 7만의 정예를 잃은 정부군

제남 공격과 보조를 맞추듯, 동북에서는 임표의 공산군이 1949년 9월 25일 20수만의 병사들을 이끌고 금주의 포위망을 좁혀왔다.

금주는 동북과 화북을 연결하는 가장 중요한 거점이었다. 만일 금주를 잃는다면 동북에 남은 최신장비의 신7군의 퇴로를 차단당해 고립되게 되어버리는 상황이었다.

그러나 금주에 공산군을 붙잡아 두고, 그 배후를 급습하면 공산군을 섬멸할 수 있는 찬스가 있었다.

즉시 심양의 동북 초비 총사령 위립황(衛立煌)에게 지급 증원부대를 금주 방면으로 보내, 금주 수비군과 협력하여 공산군을 협공토록 명령했다. 그러나 위립황은 즉각적인 조치를 취하지 않아 증원부대의 출발은 10월 8일에야 움직였다. 그사이 공산군은 영격체제를 갖춘 뒤였다.

9월 30일, 장개석은 직접 북경으로 날아가 10월 2일에는 심양에서 군사회의를 열어 군사를 격려했다. 그러나 9일 남경으로 돌아와 보니 기다리고 있는 것은 금주가 격심한 공격을 받고 있다는 보고였다. 13일에는 성벽이 무너져, 시가전이 되었다.

15일 밤 결국 금주는 공산군의 손에 넘어가고 말았다. 이로써 정부군은 7만의 정예를 잃고 말았다.

이 무렵 반년에 가까운 포위 속에 있던 장춘의 수비군은 극도의 기아에 시달리고 있었다. 최소한의 식량으로 연명하고 있는 데 지나지 않았으며, 연료도 바닥이 나서 도로의 아스팔트를 뜯어 연료로 쓸 정도였다.

이에 대해 공산군은 정치선전을 강화하여, 내통자들에게는 식량을 주는 등 내부분열을 꾀했다.

10월 19일, 수비군의 제60군이 공산군에 가담, 제102군도 또한 무장해제에 응해 공산군을 장춘시내에 끌어들였다. 부총사령 정동국은 불과 2개 대대의 잔존부대를 이끌고 저항했으나 전멸되어, 20일 밤 장춘도 또한 공산군에게 빼앗기게 되었다.

한편 뒤늦게나마 심양에서 금주의 원호에 나섰던 료요상(廖耀湘)의 병단 5개 군은 도중에서 금주 실함 소식을 듣고 되돌아오려 하다가 잠복하고 있던 공산군에게 포위공격당해 1월 26일 모두 전멸했다.

정부군의 동북의 최후의 거점은 심양만이 남았다. 전국은 이미 절망적인 상태였다.

그러나 나머지 심양도 31일부터 격심한 공격을 받게 되고, 뿐만 아니라 이곳에서도 제30사·제53사가 공산군 측으로 돌아서 심양 또한 공산군에게 점거되었다.

공산군의 '인해전술'

동북에 남았던 국민정부군 13만 8천여 명은 11월 4일부터 영구, 호노도(胡蘆島)로부터 해로를 통해 화북으로의 철수를 개시했다.

이에 따라 일본의 군벌지배로부터 일단 벗어났던 동북은 불과 3년 만에 이번에는 공산당의 지배하에 놓이게 된 것이다.

이 무렵, 화중에서는 제남을 빼앗은 공산군이 서주를 목표로 쇄도해 왔다. 유백승, 진의, 진갱 등이 인솔한 80만 명의 대부대였다. 이에 대해 정부군은 45만의 병력을 서주, 방부(蚌埠)시로 집결시켰다.

전투는 11월 8일부터 이듬해 1월 11일까지 실로 65일간 동안이나 계속됐다. 전후의 공산군과의 싸움에서는 가장 대규모적인 것이며, 또한 전국의 향방을 결정 짓는 대회전이었다.

정부군은 공산군에게 사상자 46만 명이라는 막대한 손해를 주었으나, 정부군 측의 희생도 사상·행방불명자가 30만 4천에 달해 마침내 서주, 방부를 철수하지 않을 수 없게 되었다. 그 결과 공산군은 장강(양자강)에 육박, 남서의 안전까지 위협하는 지경에 이르렀다.

이 회전에서 공산군은 '인해전술'을 취했다. 그들은 깊이 5킬로 이상에 걸쳐 바둑판의 눈금처럼 병력을 분산시켜, 실로 '면'의 배치로써 제압해왔다. 포폭격이나 전차공격도 이러한 거대한 '인해' 앞에서는 효과가 없었으며, 또한 보병에 의한 공격도 공격해 들어갔다가는 포위되어버려 숫자상으로 열세한 정부군은 결국 이러한 인해를 뚫을 수가 없었던 것이다.

1949년에 들어서면 이미 서로의 전력은 역전되어 숫자상에서도 공산군이 우세를 점하게 되었다.

동북을 차지한 공산군은 임표의 지휘 하에 화북으로 방향을 바꾸어 북방으로부터 북경, 천진으로 육박해 왔다. 섭영진, 하룡 등의 군대도 이들과 합류하여 병력은 1백만 명 가까이로 불어나 1월 초에는 북경, 청진을 포위했다.

1월 15일 천진은 공산군의 인해전술 앞에 실함되고, 이어 22일 북경에 있던 화북 초비 총사령 부작의는 공산군의 위협에 의해 화평에 응해 공산군의 무혈 입성을 허락했다.

제남을 잃고 나서 4개월, 동북을 철수하고 나서 불과 2개월 만에 국민당군은 화북의 대부분을 공산군에게 빼앗겼다.

'지난 1년 사이 제남을 잃은 후 금주, 장춘, 심양이 잇달아 실함되어 동북은 다시 9·18 만주사변의 비극을 연출했다. 화동·화북의 상공 사업이 집중된 구역, 학술·문화의 꽃을 피웠던 도시도 이제 모두 비환의 위협하에 놓이게 되었다. 정부의 호국·위민의 의지는 아직도 달성되지 못하고, 국가와 민족의 위기도 더한층 심해졌다. 이는 나(장개석) 개인의 지도에 꾀가 없었으며, 조치를 잘못 내려 국민의 신망의 무게를 지탱하지 못했기 때문으로, 실로 수치를 견딜 수 없는 일이다. 무엇보다 나 자신의 책임을 책하지 않을 수 없다.

나는 혁명을 위해 전쟁에 참가한 이래 40년, 모든 장기전역은 고난과 좌절로 가득찬 것이었다. 그러나 나는 항상 필승의 신념으로 최후에는 반드시 성공에 도달케 할 것이다. 우리들이 의지로 삼고 있는 것은 민족정신이며, 인류의 정의세계의 공리이다. 공산당 비군은 폭력으로 동북을 빼앗을 수는 있었으나, 우리의 민족정신을 정복할 수 없음을 인정해야 할 것이다.

정의야말로 승리를 결정하는 역량이다. 공리는 최후에는 반드시 폭력을 이겨낸다. 우리의 세대는 지금 중국 5천 년의 역사 속에서 미증유의 변국에 직면해 있다. 이는 5천 년의 역사 속에서 과거에 있는 사명을 지고 있는 것이라 하지 않을 수 없다……'(국민 38년 정초 〈전국 군민 동포에게 고하는 글〉, 장개석(1949년 1월))

반공전 좌절의 근본원인

공산군 평정전의 개시 때에는 공산군에 비해 4배에 이르는 병력을 거느리고 있던 국민정부군이 비참한 좌절을 당한 원인은 어디에 있었던 것일까.

'항일전쟁을 발동한 때부터 우리는 '항전건국 방침'을 확립해, 항전

중에는 정신동원을 강화하여 건국공작을 추진하였고 승리 후에는 삼
민주의에 의한 부강평안한 현대국가를 건설할 계획을 진행시켰다. 그
러나 이를 본 소련과 중공은 우리의 건설계획을 방해했다. 그들은 장
기 항전 중, 한편에서는 일본군의 침략과 호응해 정부군을 내외로부터
협공하고, 한편에서는 사회 각층에 침투·잠복하여 선동을 벌이고 유
언비어를 퍼뜨려 은밀하게 국민정부의 신용과 명예를 손상시켜 정부
군의 사기를 저하시켰다.

항전이 끝난 후, 그들은 수단을 가리지 않고 매국해민의 전면적 무
장반란을 일으켰다. 그들은 우리나라의 모든 건설 사업을 파괴하고
복원공작을 방해해, 경제를 혼란 속에 빠뜨렸으며 사회를 동요시켰다.

특히 인민에 대해서는 장기전에 피폐해 있던 심리를 이용, 패배주의
라는 독소를 퍼뜨렸다. 그 결과 일반사회는 옳은 것과 그른 것이 전도
되고 이익과 손실을 구별하지 못하게 되어, 눈앞의 평안만을 구해, 장
해를 도모하는 정신을 잃고 말았다. 이로써 국민혁명 30년의 전통적
정신은 매장되어 버리고, 민족고유의 덕성도 거의 소멸되어 버렸다. 우
리나라의 입국의 기초인 윤리도덕도 완전히 동요해, 그와 함께 반공의
식도 와해되었다. 이것이 반공의 싸움에서 좌절한 근본 원인이다'(중
국속의 소련, 1946년 12월)

군사면에서 말하면, 국민정부군은 당초 숫자상에 있어서도, 장비
와 훈련에 있어서도 공산군보다도 압도적인 우위에 있었다. 그러나
심리면에서 불리한 상황에 있었음은 부정할 수 없었다.

먼저 첫째로 항일을 유일의 목표로 삼아 8년간 싸움을 계속해온
국민정부군에게는 심리적으로 같은 민족인 공산군과 싸울 준비가
결여되어 있었다. 이에 비해 처음부터 항일 승리의 날을 내란개시의
날로 예정해 두고 있었던 공산당 측은 완전한 준비를 갖추고 있었
다.

마샬을 중개로 한 조정도 정부군 관병의 심리적 부담이었다. 3
차례에 걸친 정전명령은 전투 기회를 놓쳐, 관병의 사기를 저하시키

고, 전의도 악화시키는 결과를 낳았다. 8년이라는 장기 항일전의 피로는 조정으로 해결할 수 있는 것이라면 조정에 나서보려는 의식을 낳았다. 그러나 공산군은 당초부터 조정이나 정전명령에 응할 의사가 전혀 없었다. 공산군에게 있어서는 일시적으로 조정에 응하는 자세를 취한 것도 국민정부 타도의 한 수단에 지나지 않았던 것이다.

이와 같은 정신의 와해는 공산당에게 있어서의 절호의 공격목표가 되어 주었다. 그들의 역선전에 의한 심리작전에 동요되어, 정신적인 내부 붕괴를 초래했다. 제도상, 국민정부군의 내부감찰과 정치훈련을 맡을 당 대표제가 폐지되어 있던 것이 그에 박차를 가하게 했다.

공산당의 교묘한 심리작전은 일반 민중들의 마음속에도 침투했다. 그들이 이용한 것은 전후 극단적인 인플레에 대한 민중들의 불만이었다. 8년간의 항전에 의한 소모는 중국에 악성 인플레를 초래시켰다. 승리 후, 일단은 안정될 기미를 보였으나, 곧 공산당의 무력활동에 의해 인플레는 재연되어졌다. 통화발행액에서 보면 정쟁 전에는 14억 원에 지나지 않았던 것이 1946년 말에는 3조 5천억 원, 이듬해 7월에는 10조 원에 달해 1948년 8월에는 대 달러 환율도 1달러에 1천 2백만원으로 악화됐다. 쌀이 15킬로에 2천만 원, 담배 한 갑에 20만원이라는 상태가 되었다.

정부는 1948년 8월 3백만 분의 1 데노미네이션(통화단위변경)을 행한 것을 비롯하여 잇달아 물가 억제책을 강구했으나, 인플레는 멈추지 않고 민중의 생활은 곤란한 지경에 이르러갔다. 공산당은 이를 이용해 민중을 선동하여 '내전반대'의 학생운동이나 식량강탈 사건을 각지에서 일으켜 사회불안을 조성해갔다.

와해 직전의 국민정부

공산당의 심리공작은 인플레에 시달리는 민중뿐 아니라 국민정부나 군 내부에도 깊이 침투해 있었다.

그중에서도 부총통 이종인은 동북의 위기가 가까워졌던 1948년 8월 신문기자들과의 회견에서 '공산당과의 화평교섭 회복'을 발언하는 등, 국민정부 내부의 보조를 흐트러트리는 행위가 두드러졌다.

동북, 서주에서 국민정부군이 패한 것은 이들 좌경주의자들에게 정부 공격의 구실을 제공해 주었기 때문이다.

12월 24일 한구의 화중 초비 총사령 백숭희로부터 '공산당에 대한 작전을 정지해, 미·소 양국에 내전정지의 조정을 의뢰하라'는 전보가 도착된 것에 이어, 호남성 주석 정잠, 하남성 주석 장진 등으로부터도 '총통의 하야, 화평교섭 재개'를 촉구하는 요구가 있었다.

이종인·백숭희와 같은 광서파인 입법위원 황소횡은 이제심 등과 함께 홍콩에 '국민당 혁명위원회'라는 괴뢰조직을 만들어 공산당과 접촉을 시작했다.

이와 같은 움직임을 안 모택동은 1949년 1월 14일 '화평8조약'을 라디오 방송으로 발표, 국민정부 내의 동조를 부르짖었다.

이는 ① 전범의 징벌 ② 헌법의 폐지 ③ 중화민국의 법률제도의 폐지 ④ '민주' 원칙에 의한 정부군의 개편 ⑤ 관료자본의 몰수 ⑥ 토지제도의 개혁 ⑦ '매국' 조약의 폐기 ⑧ '반동분자'를 제외한 정치협상 회의의 소집, 민주연합정부 수립—의 8개항으로 이루어진 것이었다.

천진이 실함되고 북경이 공산군의 포위 아래 놓여졌던 1월 19일 행정원은 마침내 화평을 주장하는 자들의 요구에 굴복하여 화평교섭 재개를 결정하였고, 다음날인 20일 국민당 중앙정치 회의도 이에 동의했다.

장개석의 하야

1월 21일 오후 2시, 장개석은 국민당 중앙 상무위원회 임시회의를 소집하여 정식으로 하야를 선언하고 국부 손문이 잠들어 있는 중산릉(中山陵)을 돌아본 후 고향인 봉화현 계구진으로 향했다. 이로써 수도인 남경과 결별하였다.

이종인은 1월 2일 대리총통으로 취임하자 곧 총동원령을 폐지하고 계엄법의 집행을 정지했으며, 정치범 석방 등의 조치를 취했다. 27일에는 단독으로 모택동에게 전보를 보내 8개항의 조건을 수락, 화평교섭의 기초로 삼고 싶다고 표명했다.

이 8개항의 조건 수락은 당 중앙 및 행정원의 동의를 얻지 않은 것으로, 분개한 행정원장 손과는 '반대'를 통전, 2월 1일 이종인을 위해 대리총통 변공처(弁公處)만을 남경에 남겨두고 그 밖의 정부기관을 광주로 옮겨버렸다.

손과는 이후 3월 8일에 사직하고, 23일 하응흠이 조각, 또다시 3개월 후인 6월 3일에는 염석산으로 바뀌었다.

거듭 양보를 계속한 이종인에 대해 공산당은 점차 정식 교섭에 응하려 하지 않는 태도로 나왔다.

공산당은 2월 5일 방송을 통해 '이종인을 대표로 하는 남경정부를 승인하지 않는다'고 밝혔다.

2월 26일 공산당은 '전범' 명부를 발표하여 정부에 대해 '장개석·송미령·장군·하응흠·송자문·진립부·탕은백·장경국 등 45명을 체포해 공산당에게 인도하라'고 요구했다.

이윽고 북경에서 화평교섭이 개시된 것은 4월 1일이었다. 정부측 대표는 소력자·장치중·황소횡·장사교·이증·유비 등 6명이었다. 그러나 후일 6인 모두가 공산당 측으로 돌아서는 인물들로 구성된 대표단이었다.

교섭 개시에 앞서 3월 30일 중국 국민당은 ① 정전은 화평교섭 전에 실현한다 ② 국체는 변경하지 않는다 ③ 헌법수정은 법정수속에 의한다 ④ 인민의 자유로운 생활방식을 보장한다 ⑤ 토지개혁을 먼저 실시하나, 폭력에 의한 혁명에는 반대한다―는 5개 항목의 화평교섭원칙을 결정했다.

4월 12일 장개석은 이종인에게 편지를 보내 공산당의 위협에 기가 죽지 말도록 당부했다.

4월 15일 주은래가 제안한 '국내평화 협정' 최종안은 모택동의 '화평8조건'을 24항목에 걸쳐 상세히 규정, 정부의 법적 정당성을 부정하고 중국을 공산당 정권하에 두는 것을 요구한 것이었다.

북경에서의 교섭으로 이미 굴복적인 태도를 취하고 있던 장치중 등은 이종인에게 수락을 요청했다. 이종인도 이에 응하려 했으나, 행정원장 하응흠이 강경히 반대하고 나서 20일 이를 거부하여 교섭은 결렬되었다.

4월 21일 모택동과 주덕은 공산군에게 전면 공격을 지령, 장강을 넘어 남하를 시작했다.

국민정부는 대공전 완수를 재차 국민 앞에 천명하고 전면작전에 들어갔으나, 이미 전도는 한쪽으로 기울어져 있는 상황이었다.

3. 대만으로 향하는 장개석

고향 산하와의 결별

장개석이 은신처였던 고향 계구진(절강성)을 뒤로 한 것은 4월 25일(1949년)이었다.

출발에 앞서 장개석은 비봉산 정상에 올라 고향의 산하를 둘러보며 기필코 다시 돌아올 것을 맹세했다.

봉화를 출발하여 곧장 상해로 향했다. 이미 국민정부군은 그 전날, 수도인 남경으로부터 철수했기 때문에 상해의 위기 또한 목전에 다가와 있었다.

장개석은 상해의 방위를 시찰한 뒤 5월 5일 상해를 떠나 대만으로 향했다. 비록 대륙을 잃었어도, 주산·마조·금문·팽호·대만을 잇는 섬들을 연결, 반격의 실마리로 삼아 국가건설의 출발점으로 만들 계획을 세웠다.

고웅에서 다시 대북으로 옮겨, 6월 24일 대북시 교외의 초산(현; 양명산)에 주거를 정했다.

7월에는 필리핀, 8월에는 한국을 방문했다. 이 시점에서는 이미 대륙의 적화는 막을 수 없는 상태가 되어 있었다. 만일 공산주의가 아시아 전역에 퍼진다면 아시아의 평화는 혼란에 빠져 제3차 대전의 여지도 안고 있었다. 필리핀 대통령 키리노, 한국 대통령 이승만도 공산주의의 위협에 골치를 앓고 있는 때라 함께 반공국가 연맹을 결성해, 힘을 모아 공산주의와 싸울 것에 동의했다.

이 무렵 미국은 여전히 공산당에 대해 이전의 태도를 바꾸지 않았다. 주중대사 스튜어트는 공산당 지배하인 남경에 남아 공산당과의 접촉을 계속하고 있었다.

이와 같은 미국의 대중정책에 대해 8월 5일 '중국백서'라는 국무성의 발표가 있었다. 이는 청연시대부터 1949년에 이르기까지 중·미 관계를 상술한 것으로, 특히 1944~49년의 대 공산당문제에 대해 중국정부에 심한 공격을 가하고, 공산당을 비호하는 것에 중점이 두어져 있었다. 미 국무성 내의 친공주의자들의 존재를 입증하고 있는 문서였다.

이에 대해 국민정부 외교부는 16일 엄중한 이의를 표명했으나 중국의 우방이었던 미국이 국민정부에 대해 이러한 태도를 표명한 것은, 국민정부에 있어서는 낙정하석(落穽下石 : 우물에 빠진 자를 구해주지 않고 오히려 돌을 떨어뜨리는 것) 격으로, 이는 국제적으로는 중국의 위신을 실추시키고, 국내적으로는 국민정부와 정부군의 사기를 크게 저하시키는 것이었다.

정부, 대만으로 이동을 결정

그러나 미국의 태도는 이를 끝으로 변화하기 시작했다. 동년 10

월 1일 공산당이 북경에서 '중화인민 공화국'이라는 정권성립을 선언하자 미국은 '중화민국이 중국의 유일한 합법정부이다'라는 성명을 발표하고, 이듬해 1월에는 모든 외교기관을 대륙으로부터 철수했다. 이후 미국과 중화민국은 함께 자유세계를 지키는 우방의 관계를 맺어왔다.

11월이 되자 국민정부군의 지배 아래 있던 지역은 광서, 귀주, 운남, 서강을 남겨놓고 있을 뿐이었다.

11월 14일 장개석은 대만에서 중경으로 향했다. 국민정부는 이미 광주에서 중경으로 옮겨져 있었다. 그러나 최고책임자였던 총통대리 이종인은 중경으로 오려 하지 않고, 3차례에 걸친 설득에도 불구하고 20일 '위장병의 치료를 위해 미국으로 간다'고 칭하고 홍콩으로 빠져나갔다.

이종인은 이후 12월 5일 미국으로 망명하여 공산당의 앞잡이가 되어 중화민국의 역선전을 담당한 후, 1965년 북경으로 투항했다.

귀주의 귀양도 11월 15일 실함되고, 공산군은 중경으로 향했다.

11월 29일 밤 장개석은 중경의 관저를 떠났다. 공산군은 이미 시가로부터 12킬로 지점까지 육박해와 있었다. 포성이 들리는 가운데 백시역 비행장에서 날이 밝기를 기다린 장개석은 성도로 향했다. 이날 중경도 함락되었다.

12월 7일 국민정부는 대북으로의 이동을 결정하는 동시에 서창에 대본영을, 성도에 방위 총사령부를 설치했다.

12월 10일 통신이 두절되어 있던 곤명의 운남성 주석인 노한(盧漢)으로부터 성도에 있던 서강성 주석 유문휘(劉文輝) 앞으로 전보가 들어왔다. 그 전문은 '장개석을 체포하라. 그렇게 하면 '인민정부'의 제1공로자가 될 수 있다'고 하는 것이었다. 장개석은 그들의 배신에 의해 대륙도 이미 절망적임을 깨달았다.

마침내 대륙을 떠날 때가 다가왔다.

숙사인 중앙군관 학교분교 주변에는 유문휘의 편의대가 출몰해 있었다. 호위병들은 장개석에게 뒷문으로 몰래 탈출할 것을 권했다.

그러나 장개석은 '나는 정문으로 들어와, 정문으로 나간다'고 잘라 말했다.

학교를 떠나기에 앞서 장경국과 장개석은 둘이서 중화민국 국가인 '삼민주의'를 불렀다.

봉황산에서 비행기로 대북을 향해 출발한 것은 오후 2시였다. 눈 아래로 펼쳐진 대륙의 산하를 내려다보며, 장개석은 작별을 고했다.

이후 호종남의 군대가 서창에 최후까지 남아 고분분투했으나, 1950년 3월 28일 마침내 실함, 대륙에서의 조직적 전투는 막을 내렸다.

이어 5월에는 주산 제도·황해도로부터도 철수하여 대만·팽호·금문·마조가 공산당과의 전투 거점으로 남게 되었다.

입법원의 결의와 국민당 중앙 상무위원회 및 국민대회 대표의 요청에 의해 장개석은 3월 1일 복직을 수락, 총통의 직권대행을 재개했다.

장개석은 복권에 있어, 다음의 4가지 점을 중점시책으로 내세웠다.

  (1) 대만을 견고한 군사기지로 삼아, 대륙광복을 도모한다.

  (2) 국제적으로는 자력갱생을 제1로 하며, 또한 민주국가와 연합해 공산주의와 싸운다.

  (3) 경제적으로는 절약을 제창하고, 생산을 장려해, 민생주의를 수행한다.

  (4) 정치상 민권을 보장하고, 법치를 힘써 행한다.

대만에 침입한 공산분자

장개석이 자유중국의 지도적 지위에 있으며 '하야―복권'을 경험한 것은 이번이 세 번째였다.

첫 번째는 1927년 8월 공산당의 책략에 의한 영한(寧漢) 분열

의 국면을 맞아 국민혁명군 총사령의 직을 사임한 것이고, 두 번째
는 1931년 12월 왕조명의 광동분열을 수습하기 위해 국민정부 주
석의 자리를 물러났던 것이다.

세 번째 복직에 앞서 1950년 3월 13일, 당·정부·군의 간부들에
게 다음과 같은 반공산국의 결의를 표명했다.

'나(장개석)는 이제까지 복직할 때마다 소정의 목표를 완성하지 않
은 적은 없었다. 첫 번째 복직에서는 북벌의 성공을, 두 번째 복직 후
14년의 장기전 끝에는 일본을 항복시켰다. 세 번째 복직 후의 혁명목
표는 중화민국의 회복이며, 공산국제의 소멸이다. 이 사명은 반드시
완성할 수 있다고 나는 믿는다'(복직의 사명과 목적, 1950년 3월)

5년 전에 일본의 식민지로부터 해방되어 중화민국에 복귀한 대
만에서는 이미 새로운 건설이 시작되어 있었다.

대륙으로부터의 철수작전도 순조롭게 행해져, 1949년 1월 말경
에는 상해의 중앙은행에 보관되어 있던 보유 금 50만 온스 가량도
이종인의 방해를 피해 무사히 대만으로 운송되어 대만건설의 경제
적 기반을 지탱하고 있었다.

중국문화의 정수를 모아놓은 고궁의 문물들도 같은 무렵 대만으
로 운송되었다. 중국의 역대 왕조들로부터 전해진 25만 점의 문물
은 현재 대북시 중화민국 국립고궁 박물관에 전시되어 중국문화 5
천 년의 역사를 전하고 있다.

그러나 이곳에도 공산주의자들의 마수가 뻗치기 시작했다. 그중
하나가 1947년 2월 28일에 일어난 대규모적인 군민충돌사건(2·28
사건)이다.

이 불행한 사건은 대륙으로부터 해남도를 경유해 대만으로 침입
한 공산분자가 군중을 선동해 일으킨 소요였다. 후일 공산당은 이
사건을 모택동이 동 년 2월 1일에 발표한 '중국혁명의 신고조(新高
潮)에 대응하라'는 지령에 근거한 것이라 발표했다.

사태수습을 위해 대만 행정장관 진의에게 민중에 대한 보복행위

를 금지할 것을 친전한 장개석은, 모든 이들의 자중을 호소했다. 진의는 이 사건 2년 후, 공산당 측에 전향하려 했던 것(대북에서 공개 사형)에서도 알 수 있듯이 공산당에게 이용되고 있었던 것이다.

사건 후, 정부는 진의를 경질하고 전 주미대사 위도명(魏道明)을 새로이 대만성 주석에 임명하여 민심을 일신하려 했다. 또한 1948년 12월 29일에는 진성이 주석에, 장경국이 국민당 대만성 당부주임 위원에 올라 군민일치의 대만 건설 태세를 보다 확고히 했다.

삼민주의가 유일한 길

넓은 대륙은 공산주의자들의 지배하에 들어갔고, 대만·팽호·금문·마조 등의 제 섬들은 자유민주의 기지로서 유지되고 있었다.

돌아보면, 1924년 국민혁명군의 모체인 황포(黃埔)군관 학교가 처음으로 출발한 것은 광주시 교외의 주강(珠江)에 떠 있는 작은 섬에서였다.

'면적은 5평방킬로에 지나지 않았으며, 전교 학생은 5백 명에도 미치지 못했다. 내일분의 식량도 마련되어 있지 못했고, 게다가 4면은 적들로 둘러져 있었다. 그러나 마침내 군벌을 소탕하고 중국을 통일할 수 있었던 것이다.

지금 우리는 대·팽·금·마라는 광대한 기지가 있다. 대만 하나만 보더라도 인구, 면적 모두 황포의 몇 천 배나 된다. 또한 정치·군사·경제면에서도 나은 조건에 있는 우리가 무엇을 두려워하겠는가?'(금후의 군사교육의 방침, 1950년 1월)

대만을 대륙반격의 기지로 삼기 위해 국민정부가 취한 방침은 '7부정치, 3부군사'였다.

이는 본래 삼민주의의 정신이며, 특히 공산주의와 싸우는 데 있어서 정치가 갖는 의미는 무거웠다. 공산주의는 항상 민심의 동요를 불러오려 하고 있었다. 정치·경제·교육, 모든 면에 걸쳐 국민 한 사람 한 사람이 마음 놓고 살아갈 수 있는 사회, 즉 '대동사회'야말로 삼민주의가 지향하는 바이며, 이 또한 공산주의를 극복하는 유일한 길이라 보았다.

　'삼민주의(민족·민권·민생)는 윤리, 민주, 과학이 융합되어 이루어지는 것으로 3자는 상호연관되어 있으며, 하나라도 결여되어서는 안 된다. 그러나 그 경중, 완급은 국민혁명의 시기에 따라 선후의 구별이 있다.

　청연에 대한 혁명시기는 민족주의가 그 중심이며, 군벌에 대한 혁명시기는 민권주의가 중심이었다. 금일 공비를 평정, 국가회복의 국민혁명 시기에 있어서는 민생주의가 그 중심이다'(장개석의 청년절에 즈음해 전국 청년에게 고하는 글, 1968년 3월)

　민생주의 실천의 기점이 된 것은 1949년의 375감조(減租)로 시작된 일련의 토지개혁이었다.

　'375감조'는 수확수입에서 비료 등의 실비 25%를 제외한 나머지를 지주와 소작농이 37.5%씩 균등하게 나누는 방식이다. 종래 50%에서 70%에 이르렀던 소작료는 이로써 대폭 인하되어졌다.

　뒤이어 1951년에는 '공지방령(公地放領)'이 개시되어, 12만 헥타르에 이르는 공유지가 26만 6천 호의 소작농에게 분배되었다.

　또한 1953년에는 '경자유기전(밭을 경작하는 자가 그 밭을 소유한다=모든 토지를 자작농에게)' 개혁을 실시했다. 토지의 보유지는 수전 3헥타르(밭은 6헥타르)로 제한되어 그 이상의 토지는 정부가 사들여 소작농에게 분배했다.

　도시부에 있어서도 1956년부터 '도시평균지권 조례'가 실시되어, 소유지의 토지가 인상분에 지가세를 과함으로써 토지소유의 평준화를 꾀했다.

　이러한 일련의 토지개혁은 공평한 토지제도를 목표한 삼민주의의 '지권평균'의 구체화에 해당되는 것이었다. 이러한 조치에 의해 생활 기반을 확보한 농민의 경작의욕은 고취되고, 아시아에서도 굴지의 번영된 농촌, 자급자족할 수 있는 국가를 이룩했다.

공산당의 지배하에 있는 대륙에서는 사유지 몰수, 인민공사 등에 의한 정책에 의해 광대한 토지를 갖고 있으면서도 현재에도 여전히 자급자족에 이르지 못하고 있는 실정이다.

토지 정책의 성공을 기초로 경제발전은 순조로이 진행되어, 1960년 이후에는 공업화와 대외무역 확장의 단계에 들어갔다. 특히 1972년부터 시작된 대제철소(연간 생산량 6백만 톤), 고웅 조선소(50만 톤급), 석유 콤비나트, 원자력 발전소 등의 건설을 내용으로 하는 '10대 건설'은 중화민국의 산업구조를 일신시킨 것이었다.

경제발전이 반공복국(反共復國)의 물질면을 지탱한다면, 그 정신면을 지탱하는 것은 문화·교육이었다.

적화된 대륙에서는 문화대혁명, 공자비판 등에 의해 중국문화를 완전 말살한 데 반해, 자유중국에서는 5천 년의 전통을 계승한 교육이 행해지고 있었다. 특히 1968년부터 실시된 9년간의 국민의무교육, 대학생 장학금 제도는 중국 자유교육 역사상 중대한 개혁이었다.

또한 '문무합일'의 교육을 실시해, 스카웃 활동에 의한 훈련을 하고 고등학교 과정에서는 군사훈련이 행해지고 있었다. 또한 1952년에 조직된 '중국청년 반공구국단'은 청년들을 대상으로 학술연수, 단체훈련, 해외교류를 행해 착실한 성과를 거두고 있었다.

군 장비에도 충실을 기함

한편 민권주의면에서 말하자면, 대만이 자유중국으로 복귀한 이듬해인 1946년에는 대만성 참의회가 발족하고, 1950년에는 지방자치가 행해져, 지역의 장과 의원은 직접선거에 의해 선출됨으로써 민의를 반영하는 정치가 본궤도에 올랐다.

대륙 수복의 선봉이 될 군대도 부단한 혁신과 충실을 기하고 있었다.

공산군과의 커다란 전투는 1958년의 '8·23포전' 이후에는 없었다. 이 전투에서는 금문도는 2시간에 5만 7천여 발, 40일간에 47만여 발이라는 맹렬한 폭격을 받고, 해·육·공으로부터의 공격도 받았으나, 국민정부군의 반격으로 비행기 격추 29대, 함선 격침 1백 7대라는 전과를 올리고 격퇴시켰다. 그 후 금문·마조 양전선에서는 하루걸러 '정기적인 오랜 기간 동안까지 포전'이 계속되었다.

현재 정부군은 상비 60만이 항상 출동태세를 갖추고 있다. 1965년까지 계속된 미군 원조를 기초로 화력도 증강되어 현재는 노쓰롭사와의 제후로 F5E제트 전투기를 국내 생산하는 힘을 길렀다.

제49장 중·일 관계의 암전(暗轉)

1. 일본, 국제사회로의 복귀

중국 대표권을 노리는 공산정권

무조건 항복한 일본을 국제사회로 복귀시키기 위한 대일 강화의 움직임은 제2차 대전이 끝난 2년 후인 1947년부터 시작됐다.

그러나 당시의 대소대립, 소련과 대륙의 공산정권과의 결탁, 영국의 대륙접근 등이 장해가 되어 갖가지 트러블이 발생하여 결국 대만정부는 샌프란시스코 강화조약에서 따돌림을 당해, 하는 수 없이 대일 단독강화를 맺을 수밖에 없었다.

최초의 제안자는 미국이었다. 1947년 7월 미국은 극동위원회를 구성하고 있는 13개국 회의에서 대일강화조약 초안을 심의해, 3분의 2의 다수결로 결정할 것을 제의했다. 그러나 소련은 이에 반대, 중·미·영·소 4개국 외상회의를 열어 만장일치로 결정하기로 합의되었다.

대만정부는 대립하는 미·소 사이에 서서 3차례 조정에 나섰으나, 소련은 강경한 태도를 바꾸지 않아 일단 중지되게 됐다.

1950년에 들어서며 2가지의 커다란 국제적 사건이 일어났다.

하나는 동 년 2월, 대륙의 공산정권과 소련이 맺은 '중·소 우호 동맹 상호조약'이다. 그 조약은 일본을 '가상적국'으로 명기한 것으로, 그들의 의도 중에 하나는 대일강화에 있어서의 중국대표권을 대륙의 공산정권에게 부여하는 국제적 정세를 조성하려 하는 데 있었다.

이어 6월 25일, 한국동란이 발발했다. 이 전쟁은 미국에게 공산주의의 위협을 다시금 깨닫게 한 것이었다. 미국은 무방비 상태인 일본을 공산세력의 침략으로부터 지켜, 자유진영 안으로 끌어들이기 위해 대일강화를 서둘렀다.

10월 20일, 중국의 주미대사 고유균은 뉴욕 교외의 레이크 석세스(국제연합 본부의 구 소재지)에서 미 국무성 고문 존 포스터 더레스와 회담했다.

이때 더레스는 이제까지 소문으로만 떠돌고 있던 '대일 강화 7원칙'의 내용을 처음으로 밝혔다.

그것은 ① 당사국은 일본과 교전관계에 있는 일부 혹은 모든 국가로, 화평을 성립시킬 의사를 지닌 국가로 한다 ② 일본의 국제연합 가입은 고려시킨다 ③ 일본은 한국의 독립을 승인한다 ④ 일본은 유구(琉球) 제도 및 오가사와라(小笠原) 제도를 미국을 시정권자로 하는 국제신탁통치에 둘 것에 동의한다 ⑤ 대만·팽호 제도·남 가라후토·천도(千島)열도의 지위에 대해서는 영국·소련·중국 및 미국의 장래의 결정을 수락한다—등으로 되어 있다.

더레스의 제안은 대만 및 팽호 제도의 지위에 대해서는 명확성이 결여되어 있었다. 이들 섬은 역사와 종족과 법률·사실상으로도 오직 중국의 영토의 일부이며, 1943년 11월의 카이로 선언에서도 '중국으로의 반환'이 제창되었고, 또한 일본이 무조건 수락한 포츠담 선언 안에서도 재확인되어 있던 것이었다.

대만 지위를 동결

고유균의 질문에 대해 더레스는 다음과 같이 설명했다.

'미국은 얼마 동안 대만의 지위를 동결하고 싶다고 생각한다. 이는 미국은 세계대전이 다시 발발하기를 바라지 않고 있으나, 자신이 없기 때문이다. 단, 대만이 미국이 감시하고 있는 자의 손에 떨어지는 것은 절대로 바라지 않고 있으며, 더구나 소련에 이용되는 것은 바람직하지 못하다고 생각하고 있다. 미국은 해·공군을 이용해 태평양에 확고한 방위선을 수립해, 일단 유사시에는 아시아 대륙 연안을 통제할 수 있다. 대만은 이 방위선 안에 포함된다. 대만의 지위를 동결하는 것은 자유중국의 지위를 유지하려 하기 때문이다'

당시 대륙의 공산정권은 대만을 포함한 중국의 대표권을 손에 넣으려고 책략하고 있었으며, 중·소 우호동맹 상호조약을 체결한 소련이 이를 후원하고 있었다. 자유진영의 일원인 영국도 또한 공산정권을 승인해, 영연방 제국들도 이를 따르려 하고 있었다. 세계를 동서로 갈라놓은 냉전 구조 안에서 '대만문제'는 쟁점의 하나가 되어 있었으므로, 미국은 '동결'을 꾀한 것이다.

고유균은 12월 19일 더레스와 제2차회담에서 '대만 등의 영토 문제는 포츠담 선언에 의해 이미 명확해졌다. 그 소속에 대해 일본이 일일이 추인할 필요는 전혀 없다'는 것을 명확히 밝히고, 1951년 1월 22일 대일 강화조약 체결에 동의한다는 자유중국의 의향을 정식으로 전했다.

3월 말 미국은 강화조약의 제1차 초안을 관계있는 53개국에 송부했다.

그러나 4월 중순이 되어 영국정부가 이에 대안을 제출하였는데, 그 안에는 '중국을 대표해 중국 공산당을 대일강화 회의에 출석시킨다'고 주장하고 있음이 전달되었다.

7·7사변(노구교 사건) 이후 일본과 전쟁한 것은 국민당 정권이며, 일본이 항복한 상대가 국민당 정권임은 역사적인 사실이다.

공산당이 대륙에서 아무리 세력을 확장한다 해도, 자유중국이 평화조약을 체결한 당사국이라 할 수 있었다.

이와 같은 영국의 태도는 대만정부에 대한 모욕에 가까운 조치였다.

소련도 또한 5월과 6월, 2차례에 걸쳐 '대일 강화조약은 미·영·소 및 대륙의 공산정권의 4자 외상회의에서 검토해야 한다'고 주장했다.

더레스는 소련의 주장은 무시하려 하였으나, 영국과는 조정을 꾀하려 해, 6월 중순 영국을 방문해 노동당 내각의 외상 모리슨 등과 절충을 벌였다.

그 결과는 6월 15일에 더레스로부터 고유균에게 전달되었는데, 대만 정부 측으로서는 그 내용이 매우 실망스러운 것이었다.

'중국 공산당의 참가를 요청해야 한다는 영국 외상의 주장에 대해, 나(더레스)는 완강히 반대했으나, 영국도 또한 대만정부를 참가시키려는 미국의 제안에 강력히 반대했다. 내가 마지막 절충안으로서 대만정부를 제외한 약간의 국가가 일본과 다수 조약을 맺을 것을 제안했다.

그 후 어느 쪽의 중국을 선택하느냐는 일본의 자주적 선택에 맡겨, 별도로 2개국 조약을 맺을 것을 제안했다. 영국도 이에 동의했다. 이는 귀국(대만정부)에 있어 불만족스러울 것이겠으나 십중팔구는 귀국의 의사대로 될 것이다……'

더레스는 또한 비밀엄수 사항으로서, 고유균에게 다음과 같이 확약했다.

'나(더레스)는 일본정부의 귀국에 대한 태도가 매우 좋다는 것을 알고 있다. 일본은 반드시 귀국과 조약을 맺기를 바라며, 중국과의 관계를 성립시키지는 않을 것이다'

샌프란시스코 조약 조인

더레스의 영국에 대한 타협안은 자유중국의 주권이 걸린 중대한 문제로 대만정부 측은 이를 받아들일 수 없었다.

6월 18일(1951년), 다음의 성명을 발표해 대만정부의 입장을 밝혔다.

'중화민국정부가 대일강화에 참가할 권리를 가졌음은 절대 의심의 여지가 없다. 중화민국 정부는 다만 평등한 지위에서만 대일강화에 참가할 수 있으며, 차별적인 것을 포함한 조인 조건은 어떠한 것도 받아들일 수 없다. 중화민국의 상술은 엄정한 입장에 위반해 체결된 여하한 대일강화도, 법률·도의상 그 힘을 상실할 뿐 아니라, 연합국 공동 작전의 역사에 영원히 지울 수 없는 오점을 남기는 것이 될 것이다. 그 책임과 영향의 중대성이 큼에 대해 나(장개석)는 감출 도리가 없다. 왜냐하면 그와 같은 진실성을 상실한 대일강화는 제2차 대전의 진정한 종결을 가져올 수 없을 뿐 아니라, 극동정세의 혼란을 더욱 심화해, 장래 세계의 무궁한 우환의 씨를 부리는 것이 되기 때문이다'(장개석의 대일강화에 대한 성명, 1951년 6월)

최종적인 대일 강화조약안은 7월 6일 미 국무성에서 더레스로부터 고유균에게 전달됐다. 그러나 그 안에는 이미 대만정부의 이름은 들어 있지 않았다.

이와 같은 경로를 거친 대일강화회의는 9월 4일부터 샌프란시스코의 오페라 하우스에서 개막되었다. 출석한 것은 대일참전 55개국 중 51개국과 일본이었다. 참가하지 않은 4개국은 영·소의 방해에 의해 초청되지 않은 자유중국과, 조약안의 내용에 불만이 있다고 해 보이코트한 독일·버마·유고였다.

회의에서는 소련 대표 그로미코가 여전히 대륙 공산정권의 참가를 요구했으나 모두 부결되었다.

또한 일본 대표인 요시다 시게루(吉田茂 : 당시 수상)는 7일 밤, 강화조약의 수락연설을 행했다. 이 가운데서 그는 '중국의 대표가 이 자리에 출석하지 못한 것을 가장 유감스럽게 생각한다'고 말하고, 이어 '공산주의의 압박과 전제를 동반한 음험한 세력이 극동의 불안과 혼란을 심화, 공공연한 침략에 나서고 있다. 이 집단적 침공에 대해, 일본은 자유국가의 집단적 보호를 구하기 위해, 미국과 안전보장조약을 맺는다'는 반공의 입장을 밝혔다.

9월 8일, 대일 강화조약(샌프란시스코조약)은 일본과 연합국 48개국과의 사이에 조인되었다. 소련과 폴란드·체코 등의 공산 3개국은 조인을 거부했다.

이날 저녁에는 일·미간에서 교섭이 추진되어 지고 있던 일·미 안

전보장 조약이 조인되었다.

이렇게 해서 패전국 일본은 이윽고 연합군의 점령에서 풀려나 자유진영의 일원으로 국제사회에 복귀하는 길이 열리게 되었다.

이후 조약의 비준을 둘러싸고 일본 내에는 사회당·공산당이 전면강화(교전국 모두와 동시에 강화)를 주장해 거세게 반대했으나, 10월 26일에는 중의원, 11월 29일에는 참의원이 강화조약과 일·미 안전보장조약의 쌍방을 승인했다.

대만정부와 일본과의 2국간 강화조약의 체결교섭은 미국의 중재에 의해 샌프란시스코 회의 직후부터 개시되었다.

대일강화에 임하는 대만정부의 기본원칙은 다음과 같았다.

(1) 중화민국은 대일참전 동맹국과 평등한 지위를 유지하지 않으면 안 된다.

(2) 일·중 2개국간 강화조약은 샌프란시스코조약의 내용과 대략 동일해야만 한다.

(3) 중화민국정부가 중국 전영토의 주권자임을 승인해야만 한다.

9월 17일 주중 미국대사 란킨은 외교부장 섭공초(葉公超)에 대해 '미국은 일본정부에 대해, 무역대표의 신분으로 인원을 파견하고, 2개 국간 조약의 회담을 개시하도록 촉구했다. 일본정부는 이에 동의했다'고 연락해왔다.

그러나 일본정부는 구체적인 진행이 되자 극히 소극적인 자세로 나왔다.

10월 25일 동현광(董顯光 : 후에 주일대사)과 만난 요시다 내각의 관방장관 오카사키(岡崎勝男)의 태도는 다음과 같이 믿음직스럽지 못한 것이었다.

'동현광 : 우리나라와의 조약체결 문제에 신중한 것은 영국의 간섭이 있기 때문인가?

오카사키 : 아니다. 일본은 진정으로 자유국가가 되려고 하고 있으며, 앞으로는 일본의 외교정책을 행한다. 거기에는 일본 자신의 이익

이 선결 문제이다.

동현광 : 그렇다면 국내 정치정세와의 관계인가? 예를 들면 사회당은 소련이나 중공에 대해 우호적이지 않은 정책에 반대하고 있는데
…….

오카사키 : 일본이 깊이 염려하고 있는 것은 귀국(대만정부)과 2개 국간 조약을 맺으면 대륙의 중국 국민이 일본을 적시하게 되는 것이다.

동현광 : 공산당의 주요간부 이외의 중국 국민은 실제로는 한결같이 공산주의에 반대해 자유중국정부를 100% 지지하고 있다. 귀국이 중화민국정부와 친선의 길을 열면, 중국 국민은 모두 찬성해, 귀국과의 친선은 더욱 깊어질 것이다.

오카사키 : 공산당은 정치적으로 매우 교활하다. 그들은 일본과 귀국과의 2개국 조약을 전 중국인민의 일본적시를 도발하는 호기로 이용할 것이다. 그것이 곤란한 것이다.

동현광 : 일본의 영수는 우리나라와의 조약체결에 대해 어떻게 생각하고 있는가?

오카사키 : 우리나라의 현재 정책은 천천히 때를 기다리는 것이다. 샌프란시스코조약 비준 전에는 어떠한 움직임도 보일 수 없다. 우리나라가 독립 자유국이 되는 것을 기다려, 언제 중국과 조약을 맺을 것인지, 혹은 어느 '중국'을 선택할 것인지 연구하고 싶다. 우리나라는 중화민국정부를 무엇보다 존중하고 있으나, 유감스럽게도 중화민국정부의 영토는 대만에 한정되어 있다……'

일본 수상 요시다의 태도는 더더욱 애매했다.

그는 10월 29일(1951년) 참의원 조약 위원회에서 '만일 중국으로부터 상해에 재외 사무소를 설치해 달라고 한다면 통상을 위해 이를 두어도 좋다'고 발언하였다. 게다가 10월 30일에는 하니 고로우(羽仁五郎 : 일본의 역사학자, 평론가)의 질문에 답해 '일본은 현재 강화의 상대를 선택할 권리를 갖고 있다. 이 권한을 행사하는 데

있어서는 객관적 환경과 중국의 정세는 고려해야 하며, 중국과 일본의 장래의 관계는 가볍게 결정할 수 없는 문제다'라고 말했다.

이와 같은 발언은 일본이 대륙의 공산정권에 신경을 쓰기 시작했음을 나타내는 징조였다.

중·일 평화조약의 체결

강화의 상대를 선택할 권리를 갖고 있다고 한 일본의 수상 요시다(吉田)의 국회발언은 대만정부와 미국을 경악케 했다. 요시다는 과거 더레스에게 2개국 조약은 대만정부와의 사이에 체결한다는 양해를 얻고 있었으나, 그의 발언은 그것에 반하는 것이었다.

외교부장 섭공초는 요시다 발언의 다음날인 10월 31일 미국공사 란킨을 불러 '요시다의 발언은 자유세계에 대한 도전이다. 미국은 일본을 자유진영에 두고 자유중국과 강화시킬려고 노력하고 있다고 하나, 요시다가 이런 식으로 나온다면 샌프란시스코 강화조약의 의의를 잃게 된다'고 경고했다.

란킨은 '나는 워싱턴이 고의로 여러분을 속이려 하고 있다고는 생각하지 않는다. 여러분이 분개하는 것은 정당한 것임을 워싱턴에 보고하겠다. 그 전보의 사본은 일본으로도 보내 그들이 참고하도록 하겠다'고 답했다. 워싱턴으로부터의 회답은 11월 5일에 도착하였는데 미 국무성은 '미국은 일본이 중공과 관계를 갖는 것, 일본정부가 중공과 해외대표를 교환하는 것에 반대한다'는 의사를 재차 밝혔다.

미 국무성은 또한 12월 10일 더레스를 특사로서 일본에 보내 요시다와 회담케 했다.

2차례의 회담 결과 요시다는 12월 24일부로 서한을 더레스에게 보내 일본은 대만정부와 강화조약을 맺을 것을 정식으로 표명했다. 이 가운데서 요시다는 '중국의 공산정권은 국제연합의 결의에 따라 침략자로 비난받고 있으며, 일본도 국제연합의 의향에 동조한다. 일본은 대만정부와 조약을 맺을 용의가 있다'고 밝혔다.

그러나 이때 영국이 간섭에 나섰다. 1952년 1월 5일 미국에서 트루만·처칠 회담이 행해졌을 때, 영국의 외상 이든이 일본과 대만정부가 외교관계를 수립하는 것에 반대한 것이다.

그러나 1월 16일 요시다 서한이 공표된 후에 사태는 순조롭게 진행됐다.

1월 30일 일본정부는 전장상 가와다(河田烈)를 강화회의에 나서는 수석전권에 임명했고, 대만정부 측도 2월 15일 외교부장 섭공초를 전권에 임명했다.

가와다 등 일본 대표단은 2월 17일 대북에 도착했다.

2월 20일 대북시의 자유중국 외교부 회의실에서 정식으로 개막된 중·일 평화조약 회의에서 최대의 쟁점이 된 것은 평화조약의 '적용영역' 문제였다. 이미 대륙은 공산정권의 지배하에 들어가, 대만정부는 대륙에 국제법상의 주권을 갖는다고는 하나, 실제적인 지배는 공산정권이 하고 있었기 때문이다.

요시다 서한은 이 문제에 대해 '중화민국 국민정부의 지배하에 현재 있고 '또는' 금후 들어올 모든 영역에 적용된다(원문 그대로)' 라고 표현하고 있었다. 대만정부로서는 '또는'의 표현은 2자택일의 의미를 갖게 됨으로 조약 안에서 이를 '및'으로 개정할 것을 요구, 일본 측과 극명하게 대립했다. 그 결과 교환공문에서는 '또는'을 양해하는 대신, 동의의사록에서 "및'이라는 의미를 취할 수 있다'는 취지를 명기하기로 했다. 이에 따라 중·일 평화조약은 대만정부 중국의 영토상의 주권을 갖음을 확인하게 된 것이다.

또한 배상문제에 대해서도 대만정부는 샌프란시스코조약 제14조의 체결에 의한 '역무배상'을 자발적으로 포기했다. 이로써 중·일 평화조약은 '배상'에 대한 문구를 하나도 포함하지 않는 전례를 남겼다.

80년 만의 중·일 결속

중·일 평화조약의 조인은 4월 28일, 대북빈관에서 양 전권에 의해 행해졌다. 같은 날 샌프란시스코 강화조약도 발효, 일본은 비로소 국제사회로의 복귀를 인정받았다.

동 년 7월 행정원장 진성은 입법원에 평화조약의 취지를 설명하고, '자유세계가 공산주의의 침략에 위협당하고 있는 지금, 중·일 화약의 실현에는 특별한 의의가 있다'고 밝혔다.

중·일 평화조약은 8월 5일에 발효, 이로써 중·일간의 오랜 '전쟁상태'는 마침내 끝을 고했다. 이는 1871년 '중·일 수호조규'이래, 아시아의 안정에 암적인 존재가 되어 있던 중·일간의 껄끄러운 관계는 80년 만에 결속되게 된 것이다.

발효 직전인 8월 2일에는 총통부 자정(資政) 장군을 총통특사로서 일본에 부임시켜 양국의 우호를 확인했다. 이어 8월 9일 전후 일본의 초대대사 요시자와(芳澤謙吉)가 대북에 부임, 대만정부 측은 16일 동현광을 대사로 임명했다.

그러나 이러한 '안정'도 불과 20년에 지나지 않았다. 1972년 9월 일본의 외상 오히라(大平正芳)는 대륙의 공산정권(중화인민공화국) 승인에 있어 '중·일 평화조약은 그 의의를 상실, 종료했다'고 발표, 일본과 대만정부의 외교관계는 단절되기에 이르렀다.

2. 중국에 접근하는 일본

북한의 남침

세계적화를 노리는 중국과 소련이 조선반도 또한 그들의 세력 하에 두려고 일으킨 침략행위가 1950년부터 53년까지 계속된 한국전쟁이다. 이 전쟁은 대만 방위의 필요성을 미국을 비롯한 자유세계에 다시금 인식시키는 사건이기도 했다.

북한의 기습 남침: 북한은 소련제 탱크를 앞세우고 38선 전 전선에서 일제히 포격을 개시했다. 85미리 고사포로 사격하는 북한군.

1950년 6월 25일 새벽, 북한군 3개 사단이 돌연 38도선을 넘어 남으로 진공을 개시하고 28일에는 서울을 점령했다.

국제연합 안전보장 이사회는 25일 북한을 침략자로 인정하였고, 이어 27일에는 국제연합 가맹국에게 북한군의 격퇴와 한국 원조를 권고하는 결의를 채택, 이에 근거해 28일에는 미 육군이 부산에 상륙했다. 또한 7월 8일에는 국제연합군 최고 사령관에 맥아더가 임명되어, 16개국이 참가한 연합군이 편성되었다.

북한의 남하와 호응해 대만의 대안에 있는 복건성 등에도 공산군 15만 명이 집결했다. 미 대통령 루즈벨트는 이제까지 애매한 태도를 취해왔던 대만 방위의 결의를 명확히 해, 6월 27일, '정세는 태평양 안전에 직접적인 위협이 되고 있다'는 성명을 내고 대만해협에 제7함대를 출동시켰다.

트루만은 동시에 자유중국에도 대륙에 대한 공격을 일시 정지(대만의 중립)하도록 요청했다. 대만정부는 대륙반격의 원칙에 영향을 미치지 않음을 명확히 한 후에 이를 받아들였다.

7월 31일 맥아더가 막료들을 동반해 대만을 방문했다. 장개석은 31일과 8월 1,2일간에 걸쳐 이들과 회담하고, 공산주의의 위협에 대처하기 위한 대만의 공동방위와 미·중 군사합작에 대한 합의에 일치했다.

이보다 앞서 대만정부 외교부는 6월 29일 미국정부에 대해 3만 3천 명의 육군정예를 한국에 파견해 연합군에 참가시키고 싶다는 의사를 전했다. 이미 서울이 북한군의 손에 넘어가, 한국군은 부산을 향해 퇴각 중이었다. 대만정부군은 한국에 가장 먼저 도착할 수 있는 우군이었다.

맥아더는 총합 참모본부에 대해 대만정부의 신청을 받아들일 것을 제안했다. 그러나 이미 대륙의 공산정권을 승인하고 있던 영국이 '대만정부군과의 공동작전은 할 수 없다'고 반대하고 나서 자유세계를 지키기 위한 제안은 묵살되고 말았다.

한국의 전황은 일시적으로 연합군이 한반도 남단으로 밀려날 정도로 악화했으나, 9월 15일 연합군의 인천상륙 작전으로 전세는 역전, 10월에는 연합군이 38도선을 넘어 북한군을 한국의 동북 국경까지 몰아냈다.

이때 대륙으로부터 중공군이 국경을 넘어 출동했다.

10월 25일 임표가 지휘하는 공산군 제4야전군의 주력이 '지원군'을 칭해 압록강을 건너 연합군에게 반격을 가하고 나섰다.

대만으로 투항해오는 중국병사들

이로써 한반도의 싸움은 국제연합에 통솔된 자유주의 연합군과 대륙 공산정권과의 싸움으로 변했다. 국제연합은 1951년 2월, 대륙의 공산정권을 침략자로서 비난하는 결의를 채택하여 공산정권을 '세계공동의 적'으로 인정한 것이다.

대륙으로부터 증강된 공산군은 서울을 다시 빼앗고, 이를 다시 연합군이 탈환하는 경로를 거쳐, 일단 38도선 부근에서 교착상태에 빠졌다. 이윽고 휴전협정에 의해 전화가 정지된 것은 1953년 7월이었다.

그 사이 중국 공산당은 사상자 1백 54만 명을 헤아렸다. 이중 약 1백만은 옛 국민정부군의 병사로, 그들은 공산당 간부에게 '공을 세우면 죄를 용서하겠다'고 위협당해, 억지로 끌려나온 것이었다.

이들 옛 국민정부군들 중에는 자유를 찾아 투항해 오는 자가 적지 않아 그 숫자는 1만 4천 명을 넘었다. 그들은 청천백일기에 '반공 항소'를 혈서로 써 국민정부로의 귀복을 원해, 국민정부는 이들을 기쁘게 맞아들였다.

한편 한국전쟁은 자유 국가들의 연대를 강화시켜주는 결과를 낳았다.

1953년 1월 미 대통령에 아이젠하워가 취임하자 미국의 대만정부에 대한 정책은 더욱 적극화되었다. 2월 2일 아이젠하워는 미 연방회의에 대한 연두교서를 통해 '대만의 중립화를 해제해, 대만정부군 무장부대가 대륙으로의 행동에 나서는 것을 막지 않는다'고 언명했다.

또한 1954년 12월 2일 워싱턴에서 섭공초와 더레스에 의해 중·미 상호방위조약이 조인되어 아시아 평화유지의 축으로서 대만정부의 방위가 국제법적으로 확립된 것이다.

그러나 당시의 미국의 대 아시아 정책의 저류에는 '봉쇄 정책', '화평공존책' 등이 있어, 공산주의자에 대한 철저한 조치가 결여되어 있음을 부정할 수 없다. 한국전쟁 중, 공산정권 지배하의 중국대륙을 폭격할 것을 진언한 맥아더가 국제연합군 최고사령관에서 해임된 것도 그런 상황의 일면을 반영한 것이다.

이후 공산주의자들의 야망은 베트남으로 행해져, 침략이 격화되었으나, 미국은 거기서도 대화 해결의 길을 몇 차례나 열려고 해, 결과적으로는 베트남은 공산주의자들의 손에 넘어가고 말았다.

'나는 솔직히 말해 자유세계는 아시아의 냉전에 실패했다고 생각한다. 자유세계의 외교에 중립주의를 유지하고, 촉진하는 듯한 인상을 준 것은 적어도 아시아에 관한 한 극히 불행한 일이었다.

오늘날의 중립주의는 한쪽에서는 공산주의 집단의 수확을 점차 확고하게 하고, 한편으로는 소련과 중공의 정치경제상의 사악한 세력의 침투·발전을 불러들였다. 그 최대의 영향은 서방 국가가 최종적으로 공산당에게 어떻게 대처하느냐에 대해, 자유 아시아 인민들에게 혼란을 가져오게 한 것이다. 아시아가 냉전에서 이기기 위해 무엇보다 중요한 것은 미국이 분명한 반공정책을 취하는 것이다'(장개석과 UPI통신사 사장과의 회견, 1956년 3월)

경제적 이유로 대륙에 접근하는 일본

중·일 평화조약이 체결(1952년) 되었다고는 하나 일본과 대만 정부와의 관계는 여전히 풍파가 그치지 않았다.

그 원인을 깊이 파고들면 일본이 대만정부를 중국을 대표하는 유일의 정통 정부로 승인하면서도, 한편에서는 끊임없이 대륙의 공산정권에 손짓을 보내고 있었기 때문이었다.

이와 같은 태도는 공산당의 통일전선 공작의 그물에 스스로 몸을 던지는 것이어서, 이윽고 1972년 공산정권과의 '관계 정상화'—중(대만)·일 국교단절이라는 사태를 불러왔다.

일본의 대륙접근은 처음에는 주로 경제적 이유에서 기인한 것이었다.

일본의 중국대륙과의 무역은 1949년 말부터 연합군 총사령부의 동의를 얻어 개시되었으나, 1952년 4월 일본이 독립을 회복한 것과 동시에 좌파세력을 중심으로 무역촉진의 움직임이 활발화 되었다.

동년 4월 22일 '중·일 무역촉진' 대회가 성립된 것에 이어 좌파 사회당 국회의장 호아시(帆足計) 등 3인이 모스크바로부터 북경에 들어가 6월 1일, 수출입총액을 각각 3천만 파운드로 하는 제1차 '중·일 무역협정'을 맺었다.

이른바 민간협정에 의한 무역의 시작이었다.

1953년 한국 휴전협정이 성립되자 군수품 생산에 의해 호황을 누리고 있던 일본 경제는 일변하여 대불황을 맞게 되었다. 이러한 가운데 중참 양원의원 3백 명을 거느린 '중·일 무역 촉진회원연맹'

(1952년 12월 성립)은 국회를 움직여, 7월 30일 '중·일 무역촉진 결의'를 성립시켰다.

한편 공산정권은 이를 계기로 정치공세를 강화해, 자유당 의원 이케다(池田正之輔) 등 10명을 불러 10월 29일 제2차 '중·일 무역협정'을 맺었다. 규모는 제1차와 동액이었다.

대만정부는 일본과 공산정권과의 무역에 관해서는 원칙상, 일관해서 반대해왔다.

대륙의 공산정권은 대만정부에 대한 적대집단이며, 일본이 대만정부를 유일한 중국정부라고 인정해 외교관계를 확립한 이상, 이들의 세력을 조성하는 여하한 행위도 대만정부로서는 허락할 수 없었다.

그러나 4개의 섬에 1억 가까운 인구를 거느린 일본은 무역입국을 확립하는 데 박차를 가하고 있었으며, 미국도 또한 국내적으로는 불경기로 일본제품의 유입을 꺼려, 오히려 일본—중국의 민간무역을 장려하는 태도를 취했다.

'민간'의 영역을 벗어난 협정

일본의 민간협정 무역의 최대의 환상은 '정치배제, 경제만을'이라고 하는 '정경분리'였다. 그러나 공산정권을 상대로 이와 같은 편의적인 정책은 통용될 리가 없었다. 공산 측에 애당초 '민간' 등은 존재하지도 않았으며, 무역·문화·인사왕래 등의 모든 대외조치는 일본의 분열과 적화라는 공산정권의 정치목적을 달성시키기 위한 수단의 일환이었다.

그러한 의도가 분명히 드러난 것이 제3차 '중·일 무역협정'이다.

이는 1955년 5월, 뇌임민(雷任民)을 단장으로 한 중국의 '일본무역 대표단'과 '일본 국제무역 촉진협회', '중·일 무역촉진 의원연맹'과의 사이에 조인된 것이다. 동 협정에서 정해진 무역규모는 여전히 제1차, 제2차와 같이 3천만 파운드로 억제되어 있었으나, 이 이

외에 다음과 같은 협정이 있었다.

(1) 상호 견본시를 개최한다. 그 사무 집행과 요원의 왕래에 모든 편의를 제공할 것 및 그 안전을 보장하는 것에 대해, 각각 본국정부의 동의를 얻도록 한다.

(2) 상호 상대국에 상주 통상대표부(도쿄, 북경)를 둔다. 쌍방의 통상 대표부 및 부원은 외교관 대우의 권리를 부여한다.

이는 실로 민간협정의 범위를 벗어나, 대륙의 공산정권을 승인하는 것과 다를 바 없었다.

이보다 앞서 대만정부 주일대사관은 4월 22일 대륙으로부터 온 일행이 일본의 홍콩 총영사관으로부터 국적란에 '중화인민공화국'이라고 써넣은 비자를 발급받은 것을 알고, 이를 강력히 항의하는 동시에 만일 무역대표 기구(통상대표부)를 설치하는 일이 있다면,

'공산정건은 반드시 일본에 있어서의 정치활동을 확대해, 일본과 자유국가의 우호·합작을 파괴해, 중·일 양국 간의 마찰과 알력의 일대 근원이 될 것이다'라고 경고했다.

이에 이어 '외교관 특권'의 조항이 대두되어진 점으로 인해, 일본정부는 대만정부의 항의에 의해 통상대표부의 설치를 허가하지 않는 데 동의했다.

그러나 점차로 공산정권의 페이스에 말려들어가고 있는 일본의 조야에 대해 대만정부는 거듭 경고를 발해, 각성을 촉구했다.

이 무렵 특히 중국대륙에서는 1954년~55년, 2년 계속해 대기근이 들어 농민이 반수 가량이 기아에 시달리고 있었으나, 수출하는 원료나 공업제품이 없는 공산정권은 농민들로부터 농산물을 징발해 일본으로의 수출에 충당하고 있었다.

현직 일본 수상 기시 노부스케의 첫 방문

1956년 4월 대만정부는 입법원 원장 장도번(張道藩)이 인솔한 우호방문단을 일본에 파견하였다. 이에 대해 일본은 8월, 이시이(石

井光次郎 : 후에 중의원 의장이 됨)를 단장으로 한 일행이 대만정부를 방문하여 이 교류를 통해 양국 간의 민간자본에 의한 '중·일 합작책진 위원회'를 조직할 것을 결정했다.

동 위원회는 1957년 4월 1일부터 도쿄에서 제1회 전체위원회 회의를 열어, 정식으로 발족했다.

회의에는 자유중국 측의 아시아 인민반공연맹 중국 총회 이사장 곡정강 등과 일본 측의 도쿄 상공회의소 회장 후시야마(藤山愛一郎), 오사카 상공회의소 회장 스기(杉道助) 등의 정·제·학술계 인사들이 모여 '중·일 양국 간의 정치·경제·문화 제 방면의 친선우호와 상호합작을 촉진한다'는 것을 서로 약조했다.

동년 6월 2일 일본 수상 기시 노부스케가 대만을 방문했다. 1912년 개국 이래 대만정부가 처음으로 맞은 일본의 현직 수상이었다.

기시는 외교방침으로서 '아시아 정책책정에 있어서는 대만정부의 의견을 존중한다. 공산정권을 승인하지 않는다'고 선언하였다. 이는 과거 3년간 '중립외교'라는 이름 아래 공산제국에 접근해, 일·소 복교 등을 행해온 하토야마(鳩山) 전내각의 노선을 대폭 수정해 중·일 관계를 재차 긴밀화시키려는 노력을 보인 것이었다.

장개석과 기시는 6월 3일과 4일 양일간에 걸쳐 아시아와 세계의 정세 및 양국 간의 협력문제에 대해 의견을 교환했다. 이 자리에서 특히 장개석은,

'(1) 소련을 일본과 대만정부의 공동의 적으로 삼을 것.

(2) 일본과 대만정부는 어떻게 해서든 공동으로 공산주의에 반대한다'

는 것을 강조했다.

일본 수상 기시의 방문에 응답하는 의미로, 대만정부 측은 1959년 8월 16일 총통부 지서장 장군을 특사로 방일시켰다.

장군은 일본의 국빈으로서 천황과 회견하는 한편, 많은 조야의

요인들과 회담했다. 그가 일본에 머무르는 동안 특히 강조한 것은 '대륙과의 무역은 일본적화의 음모를 꾸미는 중국 공산당을 끌어들여, 자유세계의 화근이 될 것이다'라고 하는 점이었다.

이러한 취지는 10월 2일, 기시와의 공동성명 안에서도 '특사와 수상은 일본 경제의 안정은 대외무역에 의존하는 바가 극히 크다는 것을 인정했으나, 그 무역을 확대할 때는 자유국가와의 협조를 저해하는 일이 없도록 주의할 필요가 있다는 점에서도 쌍방의 의견은 일치했다'고 하는 말을 넣고 있다.

이 무렵 소련의 아시아에 있어서의 침략의 실태를 분명히 한 장개석의 '중국 속의 소련'이 일본에서도 번역, 공개되어 식자들의 평판을 얻고 있었다. 서문에서 '그들이 중국에 취한 정치·사회·심리적 전술은 금일 이미 일본에도 퍼져가고 있다'고 썼던 바와 같이, 일본이 공산주의의 위협 아래 놓여 있음을 경고하고, 자유진영의 영구적 합작을 촉구시켰다.

그러나 한때의 이익에 대국을 바로 보지 못한 일본의 경제계는 이와 같은 경고를 귀담아 들으려 하지 않았다.

1958년 2월 16일, 일본 철강대표단(단장=八幡제철 상무 이나야마(稱山嘉寬)=현 신일본 제철회장)이 북경에서 총액 2억 파운드의 '철강 5년 무역협정'을 체결하고 전략물자인 철강을 중공에 대량 공급할 것을 약속한 데 이어, 3월 5일에는 제4차 '중·일 민간무역협정'이 북경에서 조인됐다.

동 협정은 재차 '통상대표부'의 설치를 주장, 각서에는

(1) 통상대표부의 소속인원에 대한 출입국의 편의 통관의 우대 및 무역활동을 목적으로 한 여행의 자유 등의 '특권'과,

(2) 공산정권의 '국기 게양권'—등을 정하고 있다.

대만정부는 이 '무역협정'에 항의하여 3월 14일에는 대북에서 열리고 있던 일본과의 무역교섭을 중지하고 대일 수입을 정지할 것을 밝히는 동시에 17일에는 일본정부에 각서를 제출해,

(1) 일본정부는 중공을 불승인 및 중공의 상무 대표에게는 공적 신분이 없고, 외교특권을 부여하지 않는다는 성명을 발표할 것.

(2) 중공기는 게양하지 말것—을 요구했다.

일본정부는 이에 대해 일단 주저했으나, 4월 9일 내각 관방장관인 아이치(愛知撥一)가 담화를 발표해,

(1) 일본정부는 현재 중공을 승인할 의향은 없다.

(2) 민간통상대표부에 대한 특권적인 공적 지위를 인정할 예정은 없다.

(3) 일본과 대만정부와의 관계, 그 밖의 국제관계를 존중한다.

(4) 중국의 국가를 민간 통상대표부가 게양할 권리를 인정하지 않는다—고 약속했다.

이로부터 얼마 지나지 않은 5월 2일, ‘나가사키(長崎) 국기 사건’이 발생했다. 나가사키 시의 백화점에서 있은 우표 전시회에 게양되어 있던 중국의 ‘5성홍기’를 일본의 청년이 끌어내린 사건이다.

공산정권은 이 사건의 처리방법에 구실을 달아 대일무역을 단절시켰다. 대만정부의 항의에 의해, 민간무역 협정의 골자가 빠져버린 것에 대한 보복 조치였다.

또한 이 무렵, 공산정권과 소련과의 관계는 점차 냉각화되어 가고 있었다. 게다가 대륙에서는 ‘인민공사’ 설립을 주로 한 이른바 ‘대약진’이 막 시작된 무렵이어서 인민들의 불만이 확산되어, 대일무역에는 손이 미치지 못한 실정에 놓여 있었다.

이 ‘대약진’은 실패로 끝나버려, 대륙 인민들의 기아와 궁핍이 더욱 심화되었다. 〈大尾〉

중국현대사 연표(1936~1949)

1936 '2·26 사건' 발생(2·26)
사천성 성도에서 일본인 기자 등 4명이 중국 민중들에게 폭행되는 '성도사건' 발생(8·24)
중국 공산당, '중국 국민당 앞으로의 서한'을 발표, 반장, 반국민당의 슬로건을 내검(8·25).
광동성 북해의 일본인 상점이 흉한에게 피습, 주인 살해(9·3 북해사건).
일본군에게 선동된 내몽군이 자치를 요구, 국민정부군을 공격(11·14 수원사건).
서안의 동쪽 화청지에 투숙한 장개석을 반란군이 급습(12·12 서안사건).

1937 국민정부군 소공전을 중단.
서안에 있던 초비 총사령부를 폐지(1월).
중국 공산당이 국민정부의 요구에 따라 '귀순' 서약(2·10).
남경에서 국민당 제5기 3중전회를 개최(2·15).
노구교 사건 발생(7·7).
북경을 철수. 30일 천진 철수(7·28).
중·일 양군 상해에서 충돌, 이로 인해 전면전 개시를 고함(8·13)
국민당 외교부장 왕총혜와 소련대사 몰로토프에 의해 '중·소 불가침조약' 조인(8·21).
공산군의 주력을 국민혁명군 제8로군으로 해, 국민정부군의 편성(8·22).
중국의 제소를 받은 국제연맹은 제99회 이사회를 소집(9·10).
송미령 미국의 라디오 방송을 통해 미국 국민들에게 중국의 난국을 호소, 미국의 지지와 지원요청(9·12).
국민정부, 공산당의 귀순을 인정함을 공식 선언(9·22 제2차 국공합작).
국방 최고회의에서 수도를 중경으로 옮길 것을 결정(11·19).
남경이 함락. 이후 2개월에 이르는 일본군의 '남경대학살'이 시작됨(12·13)

왕극민·탕이화 등이 참가해 북경에 일본의 괴뢰 정권, 중화인민 임시정부가 발족(12·14).

1938 일본 정부 '국민정부를 상대로 하지 않는다'는 '제1차 고노에 성명' 발표(1·16).
국민정부, 주일대사 허세영을 귀국시킴. 28일, 일본정부도 주화대사 가와고시를 소환시킴으로 인해 양국의 대화의 길 단절(1·20).
국민당, 무창에서 임시대표 대회를 개최, 총재제를 채용, 초대총재에 장개석 선출(3·29).
일본군의 대아장에서의 대패(4·6).
광주·무한이 잇달아 함락, 북경·천진 등 7개 도시가 일본군 손에 넘어감(10월).
'신동아 질서'의 건설을 표명한 제2차 고노에 성명 발표(11·3)
제3차 고노에 성명(12·22)

1939 국민당, 임시중앙 상무위원회를 소집, 왕조명의 당적 영구 박탈(1·1).
일본군, 해남도에 상륙, 일본의 남진정책이 시작됨(2·10).
호남성 평강에서 정부군과 신4군(공산군)이 충돌한 평강사건 발생(6·12).
독·소 불가침조약 체결(8·23).
독일, 폴란드에 침입. 제2차 세계대전 시작(9·1).
제1차 장사 회전, 국민정부군 일본군에게 괴멸적 타격을 주다(10·11)
공산당, 섬서, 감숙, 영하 등의 변구에서 일제히 반정부운동의 무력행사에 나섬(12월).

1940 남경에 왕조명의 괴뢰 정부 발족(3·30)
독일군, 파리 입성(6·14).
일·독·이 3국동맹의 체결(9·27)
백단대전(공산군이 화북전선에서 전개한 일본의 교통 통신마비의 파괴전) 일어남(8~12월).

1941 신4군이 안휘성 남부에서 국민정부군을

기습 공격한 환남 사건(신4군사건) 발생
(1·5).
신4군에게 해산 명령(1·17).
미·영·중·네덜란드에 의한 극동방위 협동
작전 계획이 워싱턴에서 개최. 'ABCD포
위망' 형성(2·22)
일·소 중립조약 조인(4·13).
헐의 4원칙 제시(일본은 정복과 침략의 정
책을 포기하고, 평화적 원칙으로 돌아와야
한다)(4·16).
독·소 전 발발. 동부전선에 집결해 있
던 독일군이 일제히 소련 침공에 나섬
(6·22).
미국, 일본에 대해 석유수출 전면 금지
(8·1)
처칠과 루즈벨트 영·미 공동선언(대서양
헌장) 발표(8·14).
일본 진주만을 기습(12·8).
중국은 일·독·이에 대해 정식으로 선전포
고(12·9)
1942 중국을 포함한 26개국은 워싱턴에서 연합
국 공동선언에 조인(1·1).
3년간에 이르는 공산당의 '정풍운동' 시
작(2월).
장개석 독일 방문, 항일을 위한 일치협력
요청(2·9).
일본, 미드웨이 해전에서 대패(6·5).
1943 중국, 불평등조약 폐지를 조건으로 영·미
와 신조약 조인(1·12).
각국 공산당의 총 본산인 코민테른 해산
(5·22).
국민당 제5기 중앙 위원회 제11차 전체회
의를 개최. 장개석은 국민당 주석, 육·해군
대원사, 행정원장에 선출(9·6).
이탈리아 무조건 항복(9·8).
카이로 회담(루즈벨트, 처칠, 장개석).
30일 전후의 세계정세의 향방을 정한 카
이로 선언 발표(12·23).
1944 도죠 내각 총사직(7·18).

왕조명, 일본 나고야에서 사망(11월).
헐리 모택동과 회담(11월).
1945 얄타 회담(루즈벨트, 처칠, 스탈린)(2월)
루즈벨트 사망(4·12).
독일 무조건 항복(5·7).
히로시마에 원폭 투하. 9일 나가사키 피폭
(8·6).
소련, 일본에 선전포고(8·8).
중·소 우호동맹조약 체결(8·14).
일본, 포츠담 선언 수락(8·15).
모택동·장개석 회담(8·30).
미조리 호 선상에서 일본의 항복문서 조인
(9·2).
쌍십협정(10월).
국공 내전 시작(11월).
1946 중경에서 정치협상 회의 개최. 국공 정전
(1·10).
국민당 정부 남경 천도(5·1).
국공 만주정전 협정(6·15).
국공 전면 내전 개시(7·12).
1947 국민당 정부, 중화민국 신헌법 공포(1·1).
국민정부군 연안 점령(3·19).
공산군 민주연합정부 수립(7·7).
공산군 총반격전 선언(9·12).
1948 국민당 혁명위원회 성립(1·5).
공산정권, 신정치협상회의제안(5·1)
공산당, 화북인민정부 성립 선언(8·19)
공산당군 북경에 무혈 입성(12·17)
1949 국제연합 총회 중국내전 불개입 결의
(1·6).
모택동 '화평 8조건' 제시(1·14).
장개석 하야, 총통대리 이종인(1·21).
공산군 북경에 정식 입성(1·31).
공산군 양자강 도하 개시(4·21).
공산군 상해 점령(5·27).
중국인민정치 협상회의 개최(9·21).
'중화인민 공화국' 성립, 주석 모택동
(10·1).

다큐멘터리 중국현대사 3

2014년 3월 10일 개정판 인쇄
2014년 3월 15일 개정판 발행

엮은이 서문당 편집실
펴낸이 최 석 로
펴낸곳 서 문 당

주   소 경기도 고양시 일산서구 법곳동 1155-3
전   화 031-923-8258
팩   스 031-923-8259
홈페이지 Http://seomoondang.com
창립일자 1968년 12월 24일
출판등록 제 406-313-2001-000005호

ISBN 978-89-7243-663-8